21세기에 새로 조명하는 고대사(2)

-고조선의 망명정부와 6가야 연맹 연구 등-

정 진 만 편저

圖書出版 修書院

이 도서의 국립중앙도서관 출판시 도서목록(CIP)은 서지정보유통지원시스템 홈페이지(http://seoji.nl.go.kr)와 국가자료공동목록시스템(http://www.nl.go.kr/kolisnet)에서 이용하실 수 있습니다(CIP제어번호 : CIP2018027569).

서 문

필자는 지난 1권에서 환인 12분국의 비정과 환웅의 곰 문명에 대하여 기존 고고역사학의 터전에 인류문화사적, 비교언어학적으로 분석하여 증명을 하였다. 사실, 우리의 기억에서 망각된 수 천년 전의 국가와 그 정체성과 흔적을 찾는다는 것은 상당히 어려운 작업이었다.

제1권에서 찾아 낸 고조선은 삼한관경제의 연방을 운영하였으나 기원전 640년경에 마한이 붕괴되어 연방 칸으로서 그 구실을 할 수 없었으며, 켈트로, 인도 16국으로, 중국 산동지방(발조선-프리기아) 등으로 진출한 것을 알 수 있었다. 이러한 마한의 붕괴는 아나톨리아의 타발국가(프리지아, 리키아, 카파토키아등 도시국가)가 마한권이었는데, '북부여기 상'에 "기원전 194년 기준(箕準)이 떠돌이 도적 위만에게 패하여 바다로 들어가 돌아오지 않았다. 이에 오가의 무리가 상장 탁(卓)을 받들고 대규모로 여정에 올라 곧 바로 월지(月支, 쿠샨제국)에 이르러 나라를 세웠다. 월지는 탁이 태어난 곳이다. 이를 일러 중마한(中馬韓)이라 한다." 이 기록으로 크레타, 아나톨리아권의 마한이 아프가니스탄의 '카불' 중심으로 월지국(쿠샨제국)이 된 것이었고, 이 지역을 거점으로 하여 마한영역이 변경되고 아주 좁혀져서 기원전 194년엔 속칭 '가운데 마한(중마한)'이 된 것으로 식민사관인 한반도의 마한과는 아무런 관계가 없음을 밝혀둔다.

고조선의 연구는 '단군세기'에 기록된 "오색종족과 9환"을 토대로 삼한관경을 풀어나갔고, 그 중 마한은 이집트 람세스 3세의 '빈소사원' 기록과 서양학자들이 연구한 "바다 사람들"을 통하여 그들이 9문 집단(9성, 9환)으로 마한의 동맹군이었음에 "9환"을 증명하게 되었다. 터키를 비롯한 마한권의 동맹에 북아프리카의 '리비아' 참전을 통하여 오색종족 중 한단고기에서 설명이 누락된 흑색 종족을 찾게 된 것으로 고대사의 큰 획을 긋는 연구와 주장을 하기에 이른 것이다.

제1장에서 먼저 게르만족에 들어간 고조선족 연구에서 고대 터키의 '프리지아(Prygia)족은 게르만과 네델란드에 정착하였고, 일단의 프리지아족은 루카족과 함께 인도 16국의 브리지(Vrjii)왕국을 건설하게 되었다. 중국 사서에 기록된 '발조선'은 프리지아의 종족으로 연구하여 프리지아 종족의 3갈래 이주설을 세계에서 처음으로 주

장하였다. 더하여, 독일 100대 성씨 연구와 포르투칼 성씨 연구를 통하여 '광명, 달, 스키타이의 정체성인 어머니' 등을 찾아내어 그들이 고조선의 종족이란 것을 증명하였다. 고조선은 최근에 발굴된 투르크메니스탄, 박트리아권 고고역사학적 발굴에서 서양학자들은 기원전 20세기 중반의 오아시스문명이라고 밝혀 역시 세계 최초로 필자가 주장하는 중앙아시아의 아무다리아 상류권이 고조선의 건국지란 것을 다시 한 번 증명해 준 것이다.

오늘날 타타르(Tatar, Tartaria)의 종족 분류에서 기존 서양의 학자들은 모두 북방 민족을 기준으로 하였지만 기존 타타르의 분류에서 벗어나 세계에서 처음으로 뉴기니를 포함한 남방타타르와 아프리카 타타르설을 주장하였다.

제1권에서 논한 고조선의 정체성인 '달(Dari, Tari)'은 역시 제2권에 실린 '고조선의 망명정부 연구와 6가야 연맹체 연구'에 큰 도움을 주었고, 고조선의 망명정부가 간다라(Gandhara－달의 칸) 지방에 진출한 시점으로 하여 인도의 리그베다(Rigveda)시대가 기원전 13세기에 열린 것으로 역시 인도의 리그베다, 마하바라타, 프라나 등의 대서사시의 기록을 근거로 세계적인 주장을 하였다.

차츰 중앙아시아의 스키타이 종족들이 인도 북서부(간다라 주변)에 진출하여 정착하게 되었고, 6가야 연맹체(Kekayas－위대한 가야의 집단)를 결성하게 되었으며 인도 동부의 뱅갈, 중부, 남부를 비롯하여 스리랑카까지 6가야의 사람들이 진출한 것을 증명하였다. 그들은 소위 음력왕조(달 왕조) 사람들로 '달 언어'를 사용하였으며 달 언어 사용자 중 '드라비다(Dravida)어'는 '달의 아버지 머리' 언어로 인도 남부에 있던 왕국의 사람들이었다. 이 드라비다인들은 힌두교에 속한 지식인의 주요 2가지 그룹 중 하나로 오늘날 판차－드라비다(Pancha－Dravida)로 자리 매김되었으며, 또 다른 그룹은 판차－가우다(Pancha－Gauda)로 고조선족을 표방하는 '가우, 카우족'이 인도사회의 구심점이 된 것이다.

고대에 인도로 진출한 중앙아시아의 스키타이족은 그들 선조들이 내세웠던 성소인 '태페, 태베'를 이곳 인도에서 '광명'이며 태백(太白, Tepec), 백두(白頭)와 그 정체성이 동일한 '힌두교'(Hinduism－태양의 머리, 흰 머리)를 창시하게 된 것으로 주장하였다.

필자는 고대 인도의 역사가 세부적으로 분류되지 않았으며, 연구가 안된 '음력왕조와 달 언어'에 대하여 세계에서 처음으로 연구를 하여 간다라 왕국을 시작으로 다양한 달의 왕국과 달의 언어가 형성되었음을 연구한 바, 오랫동안 영국에 식민지배를 당한 인도의 고대 역사 규명에 진일보하였다는 자부심을 가지고 있다. 또한 기원전 3

세기경 칼링가 제국이 멸망하면서 아소카왕 시기에 인도네시아와 멕시코로 진출한 '달 사람들'을 연구하여 그들이 멕시코에 '달의 피라미드'를 건설한 종족이라고 세계 최초로 밝히는 연구를 하였고, 멕시코에 산재된 86개소의 성소인 태펙(태백, Tepec)의 이름 어원을 분석하여 진출한 종족과 관련 있는 성소를 발견하였으며 엉터리로 소개된 태백 성소를 하나 하나 그 어원을 추적하여 분석하였다.

또한 멕시코에 진출한 루카와 카우족은 북미와 남미에 진출하여 무역을 하였으며 콜럼비아 등지에 '카우' 이름의 여러 지명을 남긴 것을 연구하였다. 더하여 테오티우아칸(Teotiuakan) 피라미드는 앞서 중앙아시아에서 건너 온 태양족에 의해 건설한 피라미드로 "태호(복희)와 치우"를 경배한 피라미드로 연구하였다.

필자는 곰이 천문학에서 논하는 '큰 곰자리'이며 그 성단은 '플레이아데스 성단'으로 우리말로 북두칠성이었다는 것과 인근의 밝은 별 3개를 천문학에서 '황소자리'라 명명하여 고조선의 긴 강인 아무다리아(Amudaria)강이 일명 옥서스(Oxus－이제 시작하는 황소)강으로 황소 숭배와 더불어 삼성(三星)으로, 3의 숫자는 후에 3수 사상으로 켈트 시대에 흘러 들어갔던 것을 증명하게 되었다.

본서의 6장에서 고대 터키의 언어에서 발견된 '히타이트법령'은 '단군세기'에 기록된 고조선의 8조 금법이 주 내용이었다는 것을 밝혀 나가며 고조선 기원전 2,181년에 제정된 38자의 가림토(加臨土)문자와 그리스, 로마, 히브리어, 페니키아, 타타르 어등의 비교·검토를 통하여 많은 글자가 가림토의 영향을 받았다는 것을 연구하였다.

제1권을 출판하고 나서 많은 격려와 성원을 받았지만 아직도 본서를 접하고도 이병도식 식민사관의 망령 때문인지, 다소 헷갈리고 이해가 잘 안된다는 사람들이 있었다. 이해가 안 된다는 것은 그 당시의 인류문명사에 대한 지식의 부족과 그 동안의 고대사에 대한 편견과 식민사관도 한 몫을 한 것으로 판단하였다.

본서의 제1권을 내고 나서 1년이 흘러 제2권을 출판함에 너무나 그동안 지치고 지친 심신의 고단함을 감출 수 없다. 경제적으로 여력이 안되어 1년이란 시간을 기다린 끝에 고민하던 차 마침 본서에 대해 큰 애착을 가지시고 필자의 연구, 주장을 "지동설에 버금가는 큰 충격"의 책이라며 칭찬을 아끼지 않으신 김종길 신경정신과 박사님께서 제2권을 내놓을 수 있도록 출판 후원을 해 주신 것이다. 이 서문을 빌어 다시 한 번 감사를 드립니다.

또한 종이대와 편집 등 최소한의 경비만 받고 출판해 주시는 도서출판 수서원 대표 손광춘 사장님께 감사의 말씀을 드립니다. 이러한 도움을 주시는 분들로 인해 제2권을 출판할 수 있음에 필자의 큰 복이 아닐 수 없으며 더 채찍질을 가하여 본서의 각주 작업 및 보정 작업에 매진하도록 하셨던 삼신 하늘님께 머리 숙여 고마운 마음을 간직하고자 합니다.

2018년 7월 초복

부산 장산 자락에서

만불(萬不) 정 진 만 拜

고대사를 해독하는 키워드(Key word)의 이해

필자는 영어의 어원 분석으로 많은 단어의 어원을 찾아 보았는데 사실 영어에서 찾아낸 고대사의 키워드(Key word)는 대략 14개로 이루어졌으며, 우리 한글은 우랄알타이어족으로 분류되었으나 유라시아 언어, 최근에 와서는 영어, 라틴어, 그리스어와 같은 인도유럽어로 분류하여 연구되고 있다. 고대의 영어는 언어의 가계도에서 서 게르만어의 한 갈래인 고대 프리지아어에서 온 것으로 연구되었으며, 고대 그리스어와 라틴어의 어휘에서 가져와서 현대 영어로 발전한 것으로 이 14가지 용어가 없으면 영어의 형성이 안된다는 것이며 언어학적으로 고대사를 옳게 조명할 수 없다고 결론 지었다. 독자들은 먼저 고대사의 키워드를 이해 해야만이 이 책을 이해 할 수 있다고 생각되어 제일 앞에 싣었는데 그 14개의 키워드를 살펴보면

1) 위대한, 거룩한, 훌륭한, 새로운

S, Sa, Si, Se, So, Za, Zi, Zu, Ze, Zo, Z으로 단어의 어간이나 어미에 붙어 수식한다. 새로 종족이 진출한 곳에 붙이는 표기이다.

2) 신(神)의 변형

An, En, Un, In, On으로 Ani, Anu, Ana 등으로 어미가 바뀌며 기록된다.[1)]

3) 우리에 대하여

Uri, Ur, Uru, Ari, Ara, Aru, Aro, Er, Eru, Ero, Ero, Eli, Ela, Ir, Iri, Iro, Iru, Or, Ori, Oru, Joli, Jori, Jor, Joru 엄격히 따지면 우리는 '태양'을 말하며, 너와 나를 포함한 영어로 'We'가 된다. 그런데 영어의 '위(We)'는 북아프리카의 언어체계로 Wa, We, Wi, Wo, Wu 등으로 표기되며 '아버지'를 말한다. 결국 아버지는 '우리'와 동격이 되었는데, 아버지는 태양족이었던 것이다.

---

1) https://en.wikipedia.org/wiki/Anu_(disambiguation)

4) 태양의 이름 변형으로 3개의 별칭이 있는데

H, Ha, Hi, Hu, He, Ho, Hera, Heri, Her, Hero, Heru, Hara, Hari, Haru, Haro, Har, Hir, Hiri, Hire, Hiro, Hiru, Hor, Hori, Hora, Hore, Horu, 헬라, 헬리, 헬레, 힐리, 힐레, 힐라, 할레, 할리, 할루, 할로, 할라(그리스어 표현)등으로 무수한 변형이 이루어지며, 수리(Suri), Sur, Suro, Suru, Sure, Suru, Sara, Sari, Sar, Saru, Saro, Sera, Seri, Seru, Sero, Ser, Sir, Siri, Sira, Sire, Siru, Siro, Sor, Sora, Sore, Soru, Soro, 살레(Sale), 살리, 살루, 살라, 셀리, 셀라, 셀루, 셀로, 실리, 실라, 실루, 슬로 등으로 많은 변형이 이루어 지며 자음인 'S'가 자음 'Z'으로 변형되어 Zar, Zari, Zaru, Zer, Zor, Zur, Zir, Ziri 등으로 변형되며, 또한 이집트에서 기원된 '라(La)'의 변형으로 로마(Roma-태양의 어머니), 루마니아(Rumania-태양의 어머니족), 리비아(Libya-태양의 아버지)등이며 우리말의 모음조화 현상(인도유럽어의 프로토 조어)으로 다양한 변형이 있다.

5) 머리(D, T)의 이름 변형

Da, Du, Di, De, Do와 Ta, Tu, Ti, Te, To, Tha, Thu, Tho, The, Thi 등의 변형되며 사람의 머리를 나타내는 표기이다. 그런데 영어의 Tha, Thu, Tho, The, Thi 등은 해석해보면 "흰 빛나는 머리'로 태양을 상징하는 자음 H이 붙어 있다. 태양은 흰 빛으로 생각하였기에 백두(白頭)는 '흰 빛나는 머리, 흰 머리로 통용되고 이해되었다. 역시 태백(太白)은 매우 흰 것을 나타내는 것으로 같은 성질로 독자들은 그리스, 고대 터키, 유라시아, 이집트, 북미등에 산재된 성소인 태백(태배, 태페, 태팩)을 만날 것이다. 즉 태백은 광명(光明)의 성소이었다. 머리 사람들은 단(Dan), 둔 (Dun), 딘(Din)으로 표기되었고, 인도-유럽어로 탄(Tan), 툰(Tun), 틴(Tin)이 되었다.

6)아버지 이름의 변형

B, V, Ba, Va, Bi, Vi, Bu, Vu, Be, Ve, Bo, Vo와 인도유럽어의 표기로 Pa, Fa, Pi, Fi, Pu, Fu, Pe, Fe, Po, Fo, Abi, Avi, Abe, Ave, Ab, Ab, Ebi, Eb, Ev, Ibi, Ivi, Ib, Iv, Ub, Ubai, Bai, Bei, Bay, Bui, Pai, Pei, Pui 등으로 많은 변형이 있다. 아버지의 표기는 자신의 아버지가 아닌 절대자, 권능자를 말하였으며, 우수한 문명을 전달 해 준 사람을 극존칭으로 '아버지'라 불렀다.[2]

---

2) https://en.wiktionary.org/wiki/%EC%95%84%EB%B9%84

7) 어머니 이름의 변형

M, Ma, Mi, Mu, Me, Mo, Am, Em, Im, Um, Om으로 나타나며 '가림토' 문자의 하나이다.[3, 4]

8) 달(月) 이름의 변형

다리(Dari), Dar, Daro, Daru, Dare, Dir, Diri, Dire, Diru, Diro, Dira, Dur, Duri, Duro, Duru, Dure, Der, Deri, Deru, Dero, Dere, Dera, Dor, Doru, Doro, Dora, Dore, Dori, Dr, Dri, Dre, Dru, Dro, Dra 등이 있으며 인도유럽어의 프로토 조어로 표기되면 타리(Tari), 타라(Tara), 타르, 타루, 타로 등으로 수많은 변형이 있고, 탈리(Talli), 탈라, 탈레, 탈로, 틸리, 틸라, 틸루, 톨라, 톨루 등으로 또 다른 변형이 있다.

고조선의 정체성은 달이었다. 지금까지 고조선의 큰 정체성이 하늘에 떠 있는'달'이란 것을 아무도 발표한 적이 없다. 고조선을 신화로 규정한 터전에 고조선의 정체성 찾기는 호사였는지도 모른다. 한인으로부터 전승된 '머리'는 달과 어울려 타타리(Tatari), 타타르(Tatar)가 된 것이다.[5] 인도유럽어의 특성과 변형만 숙지하면 금방 알게 될 것을 서양의 사학자들이 아직도 '타타르'의 어원을 모른다고 하니 이해가 되지 않는다. 오늘날 달은 문(Moon), 태양은 선(Sun)으로 해석하려고 하니 도저히 해석이 안 되었던 것으로 결론 지었다. 머리인 다, 타는 독립명사이므로 문장의 앞(어간)에 붙던, 뒤에 붙던(어미)간에 그 어원에는 아무런 변화가 없다, 타타리, 타타르를 '타리테(Tarite)'라고 부르는 현상이며, 키타리테(쿠샨제국〈월지국〉의 계승), 에프탈리테(키타리테의 계승 왕조)가 바로 필자의 이러한 언어학적 주장을 증명한 것이다.

9) 고리(Gori-고을 골, 環)[6]

고리는 한 무리의 씨족, 종족들이 살던 땅을 우리말로 고을, 골이 된 것이며, 한단고기에서 기록된 9환의 이름이기도 하다. 크고 작은 무리의 연방체가 9환인 것이며, 지금까지의 역사적인 수많은 기록에서 한인, 한웅, 고조선에 이르기 까지 '고리'는 다문

3) https://en.wiktionary.org/wiki/MA
4) https://ko.wikipedia.org/wiki/%EA%B0%80%EB%A6%BC%ED%86%A0
5) https://en.wikipedia.org/wiki/Tatars
https://en.wikipedia.org/wiki/Turkic_peoples(달의 집단)
https://en.wikipedia.org/wiki/Anatri(달의 신)
6) https://ko.wiktionary.org/wiki/%EA%B3%A0%EC%9D%84

화, 다언어로 뭉친 집단이었고, 오색종족이었다. 이 고리의 표시는 글자의 앞이나 중간, 혹은 어미에 붙어 다니며 '고리연방'을 나타낸 것으로 조사, 연구되었다.

이 고리도 수많은 변형이 있는데 고리에서 고르(Gor), 고레(Gore), 고루(Goru), 고라(Gora)로 표기되고 인도유럽어로 코리(Kor), 코르(Kor), 코레, 케레 등으로 표기, 발성된다. 이 고리도 모음조화(인도유럽어의 프로토 조어) 현상에 따라 수많은 변형으로 나누어진다. 우리가 즐겨 마시는 콜라(Kola)도 '고리(Gori)'의 변형에서 온 것이다. 중앙아시아권에서 '케레이'라고 부르는데 우리말로 '겨레'가 된 것이다.

10) 이제 시작하는, 처음, 돋아 오르는

아시(Asi), 아쉬(Ashi), 아사(Asa), 아스(As), 아수(Asu), 아소(Aso), 에스(Es), 에시(Esi), 에소(Eso), 이스(Is), 이시(Isi), 이쉬(Ishi), 이소(Iso), 이수(Isu), 오스(Os), 오시(Osi), 오세(Ose), 우스(Us), 우시(Usi), 우쉬(Ushi) 등으로 변형되어 기록에 나타난다. 고조선의 '아사달(이제 시작하는 달, 돋아오르는 달)'[7]이 대표적이며 이스트리아, 오스트리아, 오스트레일리아가 그 예이다. 대저 그 종족들이 살던 곳에서 새로 진출한 곳에는 반드시 이스, 오스, 우스 등을 붙이는데 켈트족에 진출한 고조선의 9환족이 사용한 것으로, 부록 편에서 조사된 각국의 성씨 연구에서 Os, Us, Is가 성씨의 뒤에 붙어 다닌다.

11) 어머니 사람들(Man), 아버지 사람들(Ban, Van, Pan, Fan)

앞에서 설명한 바와 같이 모계사회의 주축은 어머니이었기에 어머니가 앞에 오는 종족이 있으며(아마존의 스키타이족), 아버지는 영도자, 칸을 의미하며 나아가 훌륭한 조상을 아버지라고 불렀던 것으로 조사되었다. 아버지 사람들은 반(Ban, Van), 분(Bun), 빈(Bin), 벤(Ben), 본(Bon)으로 변형되고 인도유럽어에 의해 판(Pan, Fan), 폰, 푼, 핀, 펜으로 변형되며 발성, 표기된다. 또한 북아프리카의 아버지의 호칭인 wa, wi, wu의 호칭에 자음 'N'이 붙어 반(Wan)으로도 표기되며 특히 파키스탄, 인도의 지명과 종족이름에 많이 표기되고 있다.[8]

7) https://ko.wikipedia.org/wiki/%EC%95%84%EC%82%AC%EB%8B%AC
https://en.wikipedia.org/wiki/Austria(오스트리아 – 이제 시작하는 달)
https://en.wikipedia.org/wiki/Istria(이스트리아 – 이제 시작하는 달)
https://en.wikipedia.org/wiki/Estonia(에스토니아 –이제 시작하는 머리족)
https://en.wikipedia.org/wiki/Astana(아스타나 –이제 시작하는 머리족)
8) https://en.wikipedia.org/wiki/Vinca(빈카– 아버지족의 집단)
https://en.wikipedia.org/wiki/Tungusic_languages(Ewenki, Evenki)

12) 가이아(Gaia), 카이아(Kaia)는 “깨우친 사람을 말하였다.”

이 깨우친 사람의 변형도 모음조화의 변형으로 카이(Kai), 케이(Kei), 쿠이(Kui), 코이(Koi)등으로 변형되며 기록에 나타난다. 물론 원형은 가이(Gai), 구이(Gui) 등이다. 남미에선 Que, Qui, Qua 등으로 표기된다.[9)]

13) 광명의 이름 ‘바르(bar. var)’

태양에서 내리는 흰 빛(햇빛)을 광명으로 표현하였는데 영어 어휘에서 이 광명의 변형이 없으면 영어사전의 구성이 안되는 것으로 ‘광명(光明)’은 고대인의 삶이었고 정신세계이었다. 이 광명인 ‘바르(Bar, Var)’의 변형도 아주 다양한 변형이 있다.

바르(Bar, Var), 바리(Bari, Vari), 바레(Bare, Vare), 바루(Baru, Varu), 바로(Baro, Varo), 비르(Bir, Vir), 비리(Biri, Viri), 비레(Bire, Vire), 비라(Bira, Vira), 비루(Biru, Viru), 부르(Bur, Vur), 부리(Buri, Vuri), 부레(Bure, Vure), 부라(Bura, Vura), 베르(Ber, Ver), 베리(Beri, Veri), 베라(Bera, Vera), 베로(Bero, Vero),베루(Beru), 보르(Bor, Vor), 보레(Bore, Vore), 보리(Bori, Vori), 보루(Boru, Voru) 등이며 자음 ‘ㄹ’이 붙어서 발레, 발리, 발루, 발로 등으로 나타나며, 인도유럽어의 변형으로 파르(Par), 파리, 파레, 포리, 포르, 페리, 페르 등으로 다양한 변형이 나타나며 다시 팔레, 팔리, 폴리, 필리, 필레등으로 변화하여 기록되고 있다. 오늘날의 영어의 많은 어휘들이 태양을 비롯한 광명에서 비롯된 것이라고 아는 사람은 지극히 드물다고 할 것이다. 왜냐하면 필자가 세계에서 처음이며 국내에서 처음 발표되는 광명(光明)의 변화를 말하는 이유이기 때문이다. ‘광명(Bar)’의 글자는 국가 이름, 도시, 촌락에 이르기 까지 전 세계에 백사장의 모래알처럼 지천으로 널린 이름이었다.[10)]

---

https://en.wikipedia.org/wiki/Colombia(어머니, 아버지의 집단)

9) https://en.wikipedia.org/wiki/Gaia
https://en.wikipedia.org/wiki/Que
https://en.wikipedia.org/wiki/Kuy_people
https://en.wikipedia.org/wiki/Kay%C4%B1_tribe

10) https://en.wikipedia.org/wiki/Brittany(광명의 머리족)
https://en.wikipedia.org/wiki/Barcelona(광명의 집단)
https://en.wikipedia.org/wiki/Paris(최고의 광명)
https://en.wikipedia.org/wiki/Berbers(광명은 최고의 광명)
https://en.wikipedia.org/wiki/Volvo(광명의 아버지)
https://en.wikipedia.org/wiki/Peru(광명)
https://en.wikipedia.org/wiki/Iberian_Peninsula(훌륭한 광명의 사람들)
https://en.wikipedia.org/wiki/Belize(최고의 광명)
https://en.wikipedia.org/wiki/Brazil(태양의 광명)

14) 곰(Gom, Kom, Guma, Kuma, Cuma, Gama, Kymi, Kama 등)

곰의 이름은 인류문명과 더불어 시작되었다. 고대 천문학에서 큰 곰자리는 중앙아시아의 고조선 자리이었으며, 작은 곰 자리는 그리스 이었다. 큰 곰자리는 일명 북두칠성 자리이었다. 그러므로 곰 자리는 '플레이아데스 성단'의 북두칠성과 동일시 된 것으로 고조선은 배달시대부터 내려오는 '칠회제신력(七回祭神曆)으로 60갑자의 책력을 만들었다(5세 단군-기원전 2096년)이 책력은 별자리등 천문을 알 수 없으면 만들지 못하는 것이었다.[11)]

일찍이 기원전 7000~7300년 전의 '빈카문명(아버지 사람들 고리)'의 유적에서 곰 인형, 곰신, 곰 여신했다라는 정제가 발견되었다. 곰 문명은 바로 인류문명을 가리키는 것이며, 아프리카를 비롯하여 고대 그리스, 홍산(요하)문명의 곰 옥기, 북미, 남미, 중앙아시아에 이르기 까지 곰의 유물이 출토되었고, 많은 지명에 이름이 녹아 있으며, 곰 이름의 왕조, 곰 언어등으로 곰은 고대문명(태양의 광명)의 또다른 별칭 이었다.

고조선이 개국한 지역은 카라쿰(Karakum-곰의 고리) 사막과 키질쿰(Kizilkum-고리 태양의 곰) 사막인 속칭 산해경(山海經)에서 논하는 대황(大荒-크게 거친 땅-사막)으로 칸이 이곳에 있었다는 것이며, 아무다리아(Amudarya-어머니의 달)상류에서 달지국(月支國-달의 나라)을 거점으로 건국하게 된 것이다. 여기에서 곰은 다양한 표기가 되는데 콤, 쿰,

---

https://en.wikipedia.org/wiki/Belarus(이제 시작하는 우리의 광명)
https://en.wikipedia.org/wiki/Buryatia(광명의 머리)
https://en.wikipedia.org/wiki/Siberia(최고의 광명)
https://en.wikipedia.org/wiki/Yablonoi_Mountains(광명이야!)
https://en.wikipedia.org/wiki/Anabar_River(광명의 신 강)
https://en.wikipedia.org/wiki/Verkhoyansk_Range(광명의 흰 빛나는 집단 사람)
https://en.wikipedia.org/wiki/Ballet(광명의 머리-브리야트)
https://en.wikipedia.org/wiki/Volga_River(광명의 강, 밝은 강)

11) https://en.wikipedia.org/wiki/Guma,_Nigeria
https://en.wikipedia.org/wiki/Guma,_Abkhazia
https://en.wikipedia.org/wiki/Guma,_Pishan_County
https://en.wikipedia.org/wiki/Cuma
https://en.wikipedia.org/wiki/Kymi,_Greece
https://en.wikipedia.org/wiki/Cumans(곰 사람들)
https://en.wikipedia.org/wiki/Coma,_Egypt
https://en.wikipedia.org/wiki/Kama,_Iran
https://en.wikipedia.org/wiki/Koma_tou_Gialou
https://en.wikipedia.org/wiki/Koma_language
https://en.wikipedia.org/w/index.php?title=Koma_language_(Bantu)&redirect=no

킴, 코무, 쿠무, 키무, 카무, 카미, 카마, 카메, 케미, 케마 등으로 변하며 원형은 가마, 구마, 가무, 가미 등이다. 이러한 곰의 어원의 변화는 그리스와 펀잡의 사투리(방언)에서도 잘 나타나 있다. 특히 곰 문화이며 백색문명으로 일컫어지는 고대 그리스문명과 아프리카 나일강의 곰 문화(쿠마-Kuma)와 더불어 아프리카의 많은 지명에서, 북미, 남미에서 무수한 곰의 지명이 나타난 것으로 연구되었다. 고조선의 왕검(王儉)에서 '검'은 곰 의 표기로 곰족의 칸이 되는 것이며 단군(Dangun)은 "머리 사람들의 칸"을 지칭한 것이었다. 결국 필자가 연구한 이 14가지의 어휘들이 고대사의 맥이었으며 핵심이었다. 고대사는 14가지의 키워드(Key word)에서 형성되었고, 고대사의 비밀이 이 글속에 숨어 있었던 것이다.[12, 13, 14]

이상 14가지의 키워드(Key word)로 필자는 고대의 인류문화사를 이해 할 수 있었던 것이며 오구즈비문, 라틴비문을 나름대로 해독할 수 있었다. 고대엔 사용할 수 있는 어휘가 그리 많지 않았던 이유이며, 주로 부족, 씨족의 개념과, 태양, 달, 광명(빛), 어머니, 아버지, 신(神) 등으로 주로 종족의 이름엔 그 종족의 정체성을 드러낸 것이 표기되었음을 캘트족의 연구에서 알 수 있었다.

이러한 정체성의 연구는 한인,한웅의 태양족=광명의 사람들=곰의 사람들=아버지, 어머니 사람들=머리 사람들(상투튼 사람들)=깨우친 사람들=칸의 고리 사람들, 달사람들(Darian, Tarian)로 그 등식이 성립되는 것이며 고조선은 한웅으로부터 상속받은 태양과 머리의 얼인 달(Dal)을 그 표상으로 삼아 고조선의 9환족은 '달의 고리 사람들'이 되었고 삼한관경제로 통치 해 나갔으며, 북아프리카의 리비아를 포함하여 그리스의 크레타, 중앙아시아, 파키스탄 펀잡의 사람등 소위 '오색종족'이었으며 신정(神政)으로 통치하여 나갔던 것이다. 또한 유라시아에 널리 퍼져 있는 곰 신화와 곰 축제는 곰의 문명을 말해 준다 할 것이다.

필자가 바라 본 하나(1)는 Hana로 '태양족'이며, 둘(2)은 Dul로 '달'이며 셋(3)은 Sed, Set로 ' 새로운 머리'가 되었다. 태양족과 달이 바로 머리 사람들이었으며 1과 2를 합친 정체성이 3이란 정체성으로 귀결되었던 것이다. 1은 1자신과 2, 3을 포함하는 것이었다 하는 것을 우리는 이 책을 통하여 배워 나갈 것이다. 그러므로 우리(Uri)란 바로 '태양과 달, 새로운 머리' 를 지칭한 함축된 단어 이었다. 그러기에 곰족과 호족(호랑이)으로 대변되는 고대 역사는 신화가 아니며 사실(史實)이었다.

12) https://en.wikipedia.org/wiki/Karakum_Desert
13) https://en.wikipedia.org/wiki/Kyzylkum_Desert
14) https://en.wikipedia.org/wiki/Amu_Darya

〈추천사〉

귀한 인연의 책

김 종 길*

2016 유로스포츠 수영경기를 시청하고 있었습니다. 레인마다 선수들이 출발선에 섰고 그 앞의 수면으로 국기들이 떠올랐습니다. 숨 막히는 경주가 시작되고 순간을 다투는 선수들의 몸놀림이 긴박히 물살을 가르다가 경기가 끝나자 메달을 딴 선수의 레인에는 선명하게 그 나라의 국기가 떠올랐습니다.금메달, 영국의 유니언 잭! 다음 경기에서는 금메달에 헝가리기… 번개 같은 궁금증이 일었습니다. 많은 국기들이 서로 닮아 있다는 사실입니다.

가령 십자가를 그린 영국기와 십자가들이 그려진 아이슬란드, 룩셈부르크, 그리고 프랑스의 삼색기와 같은데 종횡으로 다를 뿐인 네델란드 깃발… 참으로 흥미로웠습니다. 무심히 보아오던 국기들이 유난스레 관심을 끄는 것은 그 연유가 궁금해졌다는 것입니다.

왜 이토록 국기들이 닮았을까? 색깔로 된 깃발들은 하나같이 세 가지 색입니다. 적백청의 프랑스기, 황록적의 리투아니아기 등 모두가 셋으로 분할된 색의 배치입니다. 그것 참 신기하다싶어서 아프리카 깃발들을 조사해 보았지요. 에티오피아를 필두로 수 많은 국기들이 삼색기가 아닙니까. 심지어 가나, 세네갈, 말리, 기니, 카메룬 등은 같은 색들의 위치만 다를 뿐입니다. 남미 대륙으로 가봤지요. 멕시코를 비롯하여 볼리비아 페루도 삼색입디다. 중앙아시아로 와서 보니 우즈베키스탄도 적청적, 아르메니아도 적청황의 삼색입니다. 인도도 삼색인데 중앙에 법륜을 넣었지요. 약간의 변형들이 있지만 너무나 많은 깃발들이 닮았습니다.

닮은꼴을 크게 보면 두 개의 핵심 요소, 즉 십자가와 삼색이 남지요. 이것은 결코 우연일 수가 없다는 결론에 이릅니다. 필연적인 곡절이 숨어 있을 것 같군요. 문득 떠오르는 생각, 십자가의 기원이라는 절대수 +로 표시된 고대유물이 떠올랐습니다. 터키의 Alacahoyuk 유적에서 발굴된 '9환'을 상징하는 청동디스크입니다. 3개의 고리 안에

* 수필가, 의학박사, 김종길신경정신과의원, 가톨릭의대 외래교수, 대한신경정신의학회장(2010)

+가 있고 새 2마리가 둘레를 싸고 거기에 9개의 상징물이 붙은 모양새이지요. 여기서 3개의 +는 절대자의 상징으로 보이는데 바로 삼신을 상징한다고 설명됩니다. '三神七星'문화를 말해주는 환웅, 배달 시대의 유물이라고 추정되는 것이고, 고조선의 가림토문자에서 여러 글자가 그리스 등 후대문자로 이어져 현대에는 영어 알파벳이 되었다는 사람이 있으니 이 책의 저자 정진만 선생입니다. 고조선, 옛날 연방체제의 9 환 12국이 존재하고 그 후손들이 지구촌에 널리 퍼지면서 흔적들을 남겼다면 아마도 깃발들이 닮은 이유를 충분하게 설명되겠다는 생각이 드는군요. 그는 언어학적 분석을 통하여 설득력 있게 주장합니다. 지난 십여 년 저는 우리의 상고사에 관심이 많았던 터인지라 다소 이해는 하고 있었고, 카자흐스탄의 고대역사가 우리의 것과 유사하여 신기하게 생각하던 참이었습니다.

한 달에 걸쳐서 〈21세기에 새로 조명하는 고대사〉를 읽었습니다. 이 책이 아직 발간되기 전인데 저자로부터 제공받은 가본(假本)으로 읽게 되었지요. 2,700쪽이 넘는 4권으로 된 분량이었습니다. 저자는 부산의 수필작가인데 오랫동안 상고사를 연구해 왔고 그간의 연구 결실로 이 책을 집필하였다고 하였습니다. 저는 이 책의 제1번 독자가 되었습니다. 책은 너무나 혁신적인 주장으로 가득하여 경이롭습니다. 저자는 저에게 추천사를 부탁했고 흔쾌하게 응했습니다. 왜냐하면 이 책을 통하여 다음의 몇 가지 사실들을 새롭게 이해하고 깨닫게 되었으며 이 책의 영향력은 매우 심대할 수 있다고 느꼈기 때문입니다.

첫째, 서두에 느낀 점, 세계의 국기들이 왜 서로 닮아 있을까? 이 의문에 쉽게 설득력 있는 답이 가능해 졌습니다. 영국의 지배를 받던 식민국들이 비슷한 연방국으로써 닮아 가듯이 고래로부터 이 책이 설명하는 뿌리와 인연을 가지고 있다면 국기들은 서로 닮을 수밖에 없는 숙명을 내포하게 되는 것입니다. 언어학적 연구를 통하여 그 뿌리를 이해하게 되니 의문은 절로 풀립니다. 위대한 인도의 시인 타골이 왜 한반도를 일러 '동방의 등불'이라는 단어를 썼는지 절로 납득이 되더군요. 그는 진실을 알고 있었던 것으로 보입니다.

둘째, 정신과 전문의 시험 준비를 할 때 기억나는 단어 중에 Ur-delusion이란 말이 있었지요. Ur는 원시요, Delusion은 망상입니다. 정상인들은 '나는 죽지 않을 것이다', '나의 형제와 친구들은 나를 배반하지 않을 것'이라는 믿음(망상)을 갖고 있으나 현실은 그렇지가 않은 것입니다. 저자는 Ur란 단어를 너무나 쉽게 '우리'의 변형이라고 말했습니다. 우리말이 영어의 기본 골조를 이루고 있다는 그의 설명이 너무 쉬워서 '설마 ~'하는 믿기지 않는 마음이 들었지요. 책을 읽어 나가면서 작가의 주장은 매우 설득력이 있었고 빠져 들었습니다. 장편이기에 반복되는 의미 해설에 지루함을 느끼기도 하였으나 주장하는 내용이 너무나 새로웠기에 수용하면서 따라갔더니 눈이 밝아지고 세계관이 달라지더군요.

셋째, 저는 종교적 갈등을 겪으며 성장하였습니다. 어린 시절 교회를 다녔고 군에서는 불교, 40대에 천주교에서 영세를 받았습니다. 어린이 성경학교에서 듣기 시작한 '형제, 자매'라는 단어가 나이가 들어서도 이해되지 않았습니다. 전쟁의 역사 속에서 아귀다툼인 세상살이를 하면서 사해동포에 형제자매라니… 황당한 요구로 느껴졌습니다. 이 책에서 말하는 오랜 세월 이전에 고조선 연방대국의 고리에 속하던 다양한 민족, 국가들이 형제국으로 지내다가 흩어지면서 지구상 곳곳에 살게 되었다니, 태고부터 모두가 형제라고 불러도 되는 것이겠구나… 이해가 되었습니다. 석가모니, '사카야'는 스키타이 후손이라는 설명도 쉽게 이해가 되었고요. 그러니까 한반도는 기독교나 불교가 정착할 수 있는 본질적 바탕이 준비되어 있었던 것입니다. 기독교가 출발한 땅도 고조선의 후예와 무관한 땅이 아니고 12제자라는 숫자도 무관한 게 아니었다는 말입니다.

넷째, 우리의 고조선 살림터가 중앙아시아의 너른 평야에서 좋은 삶을 살았는데, 한반도 작은 땅으로 밀려났고 강국의 틈바구니에 끼어 사는 주제에도 중국이나 일본국을 깔보는 한국인의 배짱이 이해되지 않아요. 도대체 이 나라 백성들은 왜 이리도 도도한 기질이 유전되고 있는 것일까? 의문이 풀리지 않았습니다. 이제 그 뿌리를 이해하게 되니 골프 한류니 한류 열풍을 불러일으키는 그 등등한 기세의 저류에 흐르는 역사의 정기가 진심으로 이해가 되었습니다.

다섯째, 언제나 궁금하던 의문, 나는 왜 김씨일까? 기원은 어디인가? 〈김해 김씨〉라는 3권으로 된 소설, 역사서를 보기도 하였으나 의문은 풀리지 않았고 답답했지요. 겨우 진시황제의 신하 노릇을 하다가 도피하여 정착한 땅이 김해란 말인가? 인도 아유타국의 공주가 중국에서 망명하여 김해로 찾아왔다는 전설은 얼마나 신뢰성이 있는 것인가? 알 듯 모를 듯 설명은 그저 신화였지요. 중국과 일본의 역사 왜곡 속에서 우리는 올바른 역사관을 갖지 못했던 겁니다. '金海는 황금벌판'이라고 훈독을 들었을 때 바로 이해가 되었습니다. 우리의 고향은 중앙아시아였구나. 알타이산을 중국에서 금산(金山)이라고 지칭하는데 '황금산'이 되는 것이고 김해는 바로 "황금 벌판(넓은 들)"의 훈독이 되는 것이며, 김해 김씨의 기원은 한반도 남단의 조그만 지역인 김해가 아니라 중앙아시아의 드넓은 광역이 "김해(金海)"가 되었다는 것입니다. 저자가 주장한 빛나고 밝은 태양의 대칭이 빛나는 황금이며 그것은 얼(알, 엘)로 승화되었고, 동일시되었다란 이야기를 듣고 김해 김씨의 고향은 고조선의 영토의 핵심 부분인 중앙아시아이고, 우리 김씨는 소위 세계에서 유래 없는 '황금씨'로 고조선에 이어 신라, 김수로의 금관가야로 이어지는 로얄패밀리로 자부심을 가질 수 있었으며 자손들에게도 자긍심을 심어주어야 하겠다고 생각합니다. 바다 海는 예전에 '들'의 의미가 있다는 설명입니다. 김해 김씨는 고대 선조의 중심세력의 로얄 패밀리였다는 주장입니다. 혹 마음이 끌리는 것이었습니다.

여섯째, 세계적인 소설가 베르나르 베르베르(Bernard Werber)가 한국을 7번 방문하고서 '제2의 조국'으로 느낀다는 말을 했습니다. '그저 하는 말일까?' 의문이 들었지만 그의 이름을 풀이해 보면 그렇지가 않습니다. 그의 이름은 '광명족 '의 후손입니다. Ber와 Wer에서 B와 W는 같은 말이고, Ber는 Bar이니 곧 광명이기 때문입니다. 이렇듯이 저자의 풀이대로 하면 세계의 도시와 국가 이름, 각 대륙의 도시들, 강 이름, 촌락 이름이 서로 연관되어 집니다. 베르베르가 한국을 제2조국 같다는 느낌이 이해되는 것입니다. 그의 소설 '제 3 인류 '의 여주인공은 한국여인으로 고고학자입니다. 그녀는 단군의 피라미드에서 별자리를 보았다는 주장을 하는 대목이 나옵니다. 그는 무엇인가를 알고서 상상의 날개를 펼쳤다는 증거가 아닌가 합니다.

저는 저자의 범세계적인 연구 성과를 추앙합니다. 이 연구는 매우 혁신적이고 시대에 걸맞는 연구라고 생각하며, 작가를 훌륭한 역사해설가로 이해하고 싶습니다. 그는 아마추어 학자이지만 연구결과는 놀랍습니다. 세계의 언어학자, 사학자들이 해독하지 못했던 라틴문명의 비문을 수월하게 풀어서 이 책 안에 제시하고 있습니다. 잘못된 세계의 역사, 특히 한국 고대사를 바로 잡아 제시합니다. 중국역사의 왜곡을 신랄하게 지적하고 그 부당성을 논합니다. 어쩌면 세계역사는 기초부터 대폭 수정해야 하는 혁명적 변화를 맞이할 것이라고 기대합니다. 지동설이 던진 충격과 이상의 영향을 가져올 수도 있습니다. 저자의 천재적인 구상과 끈질긴 연구에 찬탄과 경의를 보내며 독자들도 함께 정독해줄 것을 추천 드립니다.

목 차

제3장 남방으로 진출한 고조선의 9환족 / 210

제6장 고조선의 8조 금법을 체계화한 '히타이트의 법' / 398

제7장 고서와 고지도에 나타난 '여인국'(아마존)에 대하여 / 414

제8장 언어학상으로 증명하는 환웅시대와 고조선 / 418

제1장
게르만 민족에 들어간 고조선 9환족의 집중 연구

1. 고대 게르만 민족의 부족에 대하여

1) 제(諸) 부족에 대하여[1)]

(1) Adrabacampen(달의 아버지, 곰의 아버지 사람들) 부족

독일의 슐래스비히 홀 슈타인 주에 북 프리슬란구역에 있는 랜드 섬 북쪽에 위치한 캄펜(Campen)이다. 캄(Cam)은 곰으로 즉, Campen은 '곰 아버지족'이 된다.

(2) 엘베오네스(Aelvaeones-얼 있는 처음 아버지족, Helvaeonae, Helvecones) 부족

고대 프러시아, 프러시아가 함유된 게르만으로 폴란드어로 Elbing, 실레지아 타키투스의 하나로 엘 블라그에 정착. '엘(Ael), 알(Al)은 우리말의 "얼"과 같은 뜻이다. '얼 있는 아버지, 흰빛의 아버지'가 된다.

(3) 알레마니(Alamanni-우리 어머니족)족

알레마니족은 이란종족으로 기원전 260년경 핵심지역인 바덴 뷔르템베르크, 알자스바이에른 슈바벤, 리히텐슈타인, 포어 알 베르크, 북부 스위스에 정착하였고 3세기에 수비안(Suebian-새로운 아버지족) 무리와 같이 정착하였다.

중국에서 이 종족을 "엄체족"으로 분류하고 있다. 서양에서 '럼족'으로 불리며 소위 '엄족'인 것으로 한단고기에 나오는 '엄독홀'에 살았던 종족이다. 이란의 바크티아리족(박고, 포고족)과 같은 이란계 종족인데 중국은 산둥성에 '엄독홀'을 비정하여 역사왜곡을 하고 있는 것이다.[2)]

(4) 암피시바리(Ampsivarii-어머니, 아버지의 위대한 광명)족

바리(varii)는 '바르'에서 온 것으로 이 부족은 '엠스'로 유입하였으며 네덜란드-독일의 국경에서 대부분 정착하였다. 암(Am)은 어머니이다. "어머니와 아버지의 새로운 광

---

1) 출처 : https://de.wikipedia.org/wiki/Liste_germanischer_St%C3%A4mme

2) https://de.wikipedia.org/wiki/Alamannen

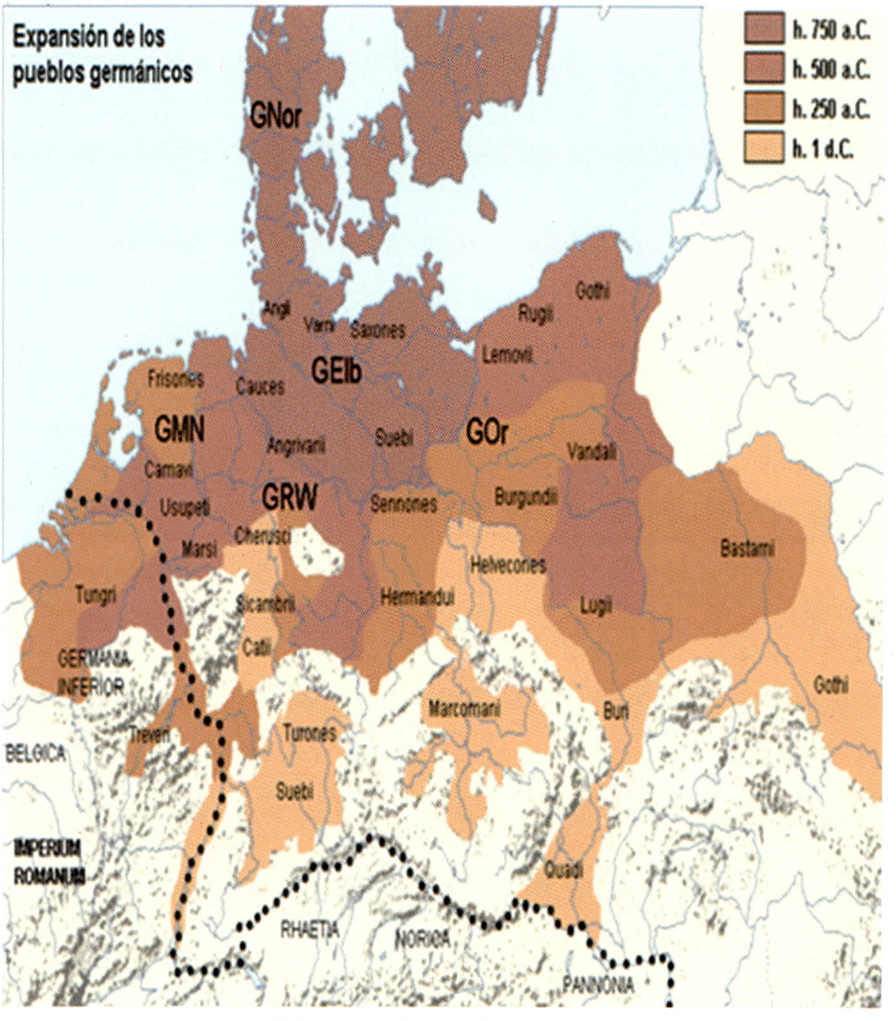

〈기원전 750 이후의 게르만의 확장〉

출처 : https://de.wikipedia.org/wiki/Germanen

명"이 된다.

(5) 앙그리(Anglii-고리의 신)족

Angeln에 있는 지역(발트 해안)-슐레스비히 홀슈타인, 대부분 북부 독일에 정착하였다. '그리(Glii)'는 '고리'이다. "신의 고리"족이다.

(6) 앙그리바리(Angrivarii-신의 고리의 광명, Angeri, Angarii,,Angeriensis)족

Engern의 서쪽 '베저' 근처의 강, 토이토부르크 숲에 정착했다. 여기서 '앙(An)'은 하늘님, 신이었다. '그리'는 9환족의 '고리'이다. '바리'는 '바르'의 변형이었다. 같은 "하늘

님의 광명 고리"족이다.

(7) 안시바리(Ansibarii-새로운 신의 광명, Ansivaroi, Ampsivarii-새로운 광명의 신)족

프러시안의 남쪽에 거주하였다(1세기 하단 경). 역시 "하느님의 새로운 바리(광명)족"이 되었다.

(8) 앵글로 색(Saxons)족

그들은 잉글랜드 남동부로 이주하였다. 이 종족은 앵그로(Englo)족과 색슨족이 합친 종족의 이름이다. '앵글로'는 앵, 잉은 '안'(하늘님)에서 온 것으로 '글로'는 고리의 변형된 이름이다. 색슨족은 사발링기족에서 분기된 종족이라고 하였다. '사'는 '위대한' 이며 '발링'은 '발리'에서 복수가 된 것이다. 그러므로 사발링기(Sabalingi)는 '새로운 광명족'이며 색슨은 고조선의 중국식 이름인 '숙신'과도 같은 이름이다.

(9) 아투아투키(Atuatuci, Aduatuci, Teutones, Tungri-머리족의 고리)족

Tungri의 영역에서 유래되었는데 덴마크와 동부독일, 벨기에에 정착하였다. 퉁그리(Tungri)는 '단 〈머리족〉'의 고리 〈연합〉족이란 뜻이다. 즉 고조선의 "단족(Dan, Tan)-머리족"에서 왔다는 것을 언어학적으로 증명해 주고 있다.

(10) 아나르테스(Anartes-우리 신의 새로운 머리, Anarten, Anarti)족

'안'은 하나님 신이며 '테스'는 머리족으로 합하면 "하늘님 머리족"이 된다. 이들은 독일과 다키안 사이의 국경에 있었던 게르만 부족으로 헝가리와 루마니아로 들어갔다.

(11) 바타비(Batavi-아버지와 아버지의 머리)족

이들은 라인강 델타의 근처에 정착하였다. 로마인들은 '바타비아'라고 불렀다. 아버지를 뜻하는 '바(Ba)'와 머리를 말하는 '타(Ta)'가 붙은 이름이다.

(12) 바티니(Batini-아버지 머리족)족

역시 "아버지 머리족"인데 엘베 남쪽, 폴란드, 체코의 작센에 정착했다.

(13) 바바리(Bavarii, Baiuvarii, Baiovaren, Baioaren)족

트리아와 남부 티롤, 보헤미안 숲에 정착하였다. 바바리족은 북아프리카의 '베르베르족'을 가리키는 것이다. 이들은 처음에 이베리아(스페인)반도에 침입하였으며 나중에 일부는 북상하여 게르만족이 되었다고 한다. 바(Ba)는 아버지임에 "아버지 광명족"이 되었다.

(14) 브리스가비(Brisgavi-광명의 고리 아버지)족

'브리스'는 광명의 새로운 아버지족을 말한다. 이들은 독일의 남쪽 검은 숲에 살았다고 한다.

(15) 브룩테리(Bructeri-광명의 달)족

이 부족은 북서 독일의 노르트라 인베스트 팔렌에 정착하였다. 그들의 영토는 라인강 서쪽과 토이토 부르크 숲, 베저 동쪽의 강이었다.

'브루(Bru)'도 역시 '바르'의 변형으로 광명을 말한다. '테리'는 '타리, 타리아'에서 온 이름이다. 즉, "광명의 달(테리)"족이 된다.[3)]

(16) 부키노반테스(Bucinobantes-아버지 칸의 아버지에 새로운 머리족)족

'아라마니족(이란)'은 4세기 경의 부족으로 보고 있다. 이들은 독일의 '마인츠'에 정착하였다. 실제로 이란은 고조선 9환족의 한 기둥이었다.

'단군세기'에서 말하는 '엄독홀'은 이란의 땅이었고, 그 중 바크티아리족(포고, 박고)도 이란의 중앙 지방 종족이었다. 서양 학자들은 '알레마니족'을 줄여서 '럼족'이라고 하였다. 중국인은 한문표기상 '럼'의 글자가 없으므로 대차하여 '엄족'으로 지칭하였다. 알레마니족은 '엄체'족으로 지칭한다. 이 부족의 끝 글자에 '테스'(머리족)가 붙어 있다. 이란 종족은 엄족(알레마니족은-엄체족)으로 9환족인데 이란을 환단고기에선 '엄독홀'이라고 불렀다.

(17) 브레이스가우르(Bresgauer-광명의 새로운 우리 고리)족

이 부족도 5세기에 '알레마니'족의 부족으로 진출하였는데 '브라이스 가우'에 정착했다. 이 도시 이름이 부족이름에서 온 것으로 '브레'도 역시 '바르'에서 변형된 이름이다. 가우(Gau)는 아나톨리아의 '카오족'(리카오니아)을 연상케 한다. 해석하면 "우리 광명의 가우"가 된다.

(18) 부르군트(Burgundiones, Burgundiones-광명의 칸, 머리 사람들)족

늦은 고대왕국으로 동쪽 게르만 사람들이었다. 나중에 라인강의 '론' 지방에 정착한다. 부르(Bur)도 '바르'에서 변형된 언어이다. "광명의 칸 머리족"이 된다.

(19) 부리(Bouroi, Burii)족

이 부족은 북부 카르파티아 산맥 사이 남부 폴란드 엘베(수 데티산맥), 상부 비스에 수

3) https://de.wikipedia.org/wiki/Liste_germanischer_St%C3%A4mme

에비(Suebi)족과 함께 이베리아 반도에서 설립하고 포르투갈과 갈리아에 5세기경 진출한 것으로 추정하고 있다. 독일지역엔 카바도, Homem 지역에서 알려진 '부리의 땅(Terras 드 Bouro-달의 새로운 광명의 머리)'이 있었다.

여기에서 부리족은 이곳 독일에 테라(탈리아, 타라)인 Terras〈새로운 달〉란 성소를 만들어 숭배하였던 것이다. 부리(Burii)도 바르의 변형으로 "광명"이다.

(20) 칼루코네스(Calucones, Kaloukones-고리의 처음 칸족)족

이 부족은 폴란드의 '엘베' 지방의 아래와 양쪽에 이주하였고, Silingae, Silesians 지방에도 정착하였다. '칼루'는 '칼리'에서 변형되었고 칼리는 갈리이며 '고리'에서 나온 것이다. 영어의 표기는 필자처럼 일일이 뜯어서 해독하는 것이 아니지만 고대 부족의 이름이나 도시, 강, 산의 이름은 합성어로 형성된 것이 아주 많으므로 서양 학자들처럼 해독하려고 달려들면 한 가지 부족도 해독이 안된다는 것을 앞에서 전부터 설명해 왔다.

(21) 카수아리(Casuari-우리 고시)족, 카리트니(Caritni-고리의 머리)족

'카수'는 '고시'에서 변형된 것인데 코시, 코스, 코수, 카스, 카수, 카세, 카시, 케스, 케시, 키스, 키시, 쿠스, 쿠시, 쿠쉬, 쿠스 등으로 지역에 따라 모음이 변하여 나타난다. 역시 '고시'이다. 이 고시족은 환웅시대부터 있어 온 아주 오래된 고대부족으로 북아프리카부터 메소포타미아지역, 지중해, 중앙아시아, 인도, 파키스탄지역까지 널리 분포되어 있었던 종족으로 여기 게르만 민족의 구성원으로도 진출한 것을 볼 수 있는 것이다.

대저 세계에서 아주 광범위하게 퍼진 종족으로는 이 종족 밖에 없다.

'아리'는 우리이다. '카리'는 '고리'에서 왔고 '트니'는 머리의 종족을 말한다. 이 부족은 독일의 동쪽과 북쪽의 라인강 중심으로 '엠스' 오스나브 뤼크, 사이 베저강 근처에 정착하였다.

(22) 카투아리(Chattuarii-고리의 우리 머리족, Chattuarier, Chasuaren)족

이 부족은 라인강 '잔텐' 지방에 정착하였고 일부는 3세기에 로마의 갈리아에 도착하였다. '투'는 머리족이며 '아리는 우리란 뜻이다.

(23) 카우키(Chauci-카우 〈가우, 加優〉족, Chauken, Chauchi, Cauci,Kaukoi)족

이 부족은 강사이의 저지대 '엠스'와 '엘베'의 양면, 베저지방에 정착하였는데 일부는 3세기에 섹슨 족에 합병되었다고 한다. 이 카우족은 아나톨리아에서 넘어 온 '리

카오니아'의 부족이 아닌가 보고 있다. 색슨족과 합병의 상황도 학술상 매우 불안정한 문제이며 기원전 1세기에 로마의 침공과 식민 지배를 받았으며 그 이전의 정체성에 대해선 알 수 없다고 한다. 이 카우키족은 환웅시대에 '신지'를 따로 '가우(加優)'라고 불렀으며 아나톨리아의 리카오니아, 이탈리아로 진출한 카오족, 게르만종족의 카우키족은 모두 같은 '카오족'이다. 필자가 연구한 바에 의하면 카오족 일파는 프리지아 족과 인도의 16국시대에 인도(비하르 지방)로 흘러 들어갔던 흔적이 발견되고 있으며 멕시코에 루카종족과 함께 '달의 피라미드'를 건설하였다.

(24) 캄아비(Chamavi-곰 아버지)족

아주 놀라운 이름의 부족이다. 캄(Cham)은 '카무'로 곰을 말한다.

'아비(Avi)'는 경상도 사투리로 아버지를 뜻한다. 그러므로 '곰 아버지족'을 말하고 있는 이름이다.

(25) 케루스키(Keruski-고리는 새로운 고리〈집단〉)족

'하노버' 근처 지역과 독일의 북서부 숲에 정착하였다. '케루'는 고리에서 변형된 이름이다. 코리,케르,키르, 키레, 케루등으로 변한다. "새로운 고리족"이 된다.

(26) 카루데스(Charudes -새로운 고리의 머리)족

이 부족은 유틀란트 반도에 정착하였다. '카루(Charu)'는 Karu로 표기되며 '고리'의 변형이다.

(27) 킴브리(Cimbri, Cimbrins, Combri, Kimbroi-곰의 광명족)족

이 부족의 '킴'은 '캄'에서 변형된 것으로 보고 있다. 킴은 '키미'가 되며 캄은 '카미'가 되고, 콤은 '코미'가 된다. 그렇다면 곰족이 되는 것이다. '브리(Bri)'는 '바르'에서 변형되었다. "곰의 광명족"이다.

킴브리카족(Cimbrica-곰 광명의 고리)과 연관이 있어 보인다. 북부 유틀란트에 정착하였는데 120년경 갈리아와 이탈리아에도 진출하였다고 한다.

(28) 카티(Cattii, Chattii)족

중부와 북부의 '헤세'와 니더작센 상류지역, 에델, 풀다, 베저강 지구에 정착하였다. '고리의 머리족'을 말한다.

(29) 에브로네스(Eburones-처음의 광명족)족

네덜란드 남부·동부, 벨기에, 독일의 라인강 근처에 정착했다(로마의 정복 직전) '브로

(Buro)'는 '바르'에서 기인한 것이다.

(30) Frisii(프리지아의 독일식 이름)

변종으로 Firaesi부족이 있으며 동부 스칸디나비아에 정착하였다.

친척부족으로 Phiraisoi 부족, Frisiavones 부족이 있었다. 프리지아는 자위 더르 해와강 엠스 사이 지역의 저지대에 정착하였다. Frisiavones 부족은 Rheindelta 지역에 정착하였다. 프리지아 부족은 별도로 상술할 것이다.

(31) 하리부(Harii-태양족)족

'하'는 흰 것을 나타내며 해, 히, 히, 후, 흐 등으로 변화되어 나타난다. "광명(태양)족"으로 해석해야 한다. '에인 헤 랴르'에 정착하였다.

(32) 캄펜(Kampen-곰 아버지족 Kampoi) 부족

북쪽의 다뉴브와 남쪽의 보헤미아 지역으로 2세기에 정착하였다. 역시 '캄'은 곰이다. "곰 아버지족"이 된다.

(33) 카르펜(Karpen, Carpen-고리의 아버지족) 부족

캄펜 부족과 이름이 비슷한 부족으로 3세기경 모이시아에 정착하였다. '카르'는 '고리'의 변형으로 "고리의 아버지족"이 된다.

(34) 마르코마니(Marcomanni-우두머리 곰족) 부족

'마르(Mar)'는 '마리(머리)'에서 온 것이며 코만(Coman)은 우크라니아 북부와 남부지방의 '코만어'를 생각나게 하는 부족이다. 이 부족은 1세기에 보헤미아에 진출하였다.

(35) 마르시(Marsi, Marsoi, Marsigni-새로운 우두머리족) 부족

역시 '마르'는 머리를 말한다. 이 부족은 독일 라인강 사이의 '루르'와 Lippe에 정착하였다. 시(Si)는 "새로운"으로 "우두머리의 새로운 종족"이다.

(36) 바리스키(Varisci-광명의 새로운 고리, varisten, varaskrt, varisti, varistae) 부족

광명의 새로운 머리 보헤미안 숲과 북부 바바리아에 정착하였다. '바리, 바르(Var)'는 광명을 말한다.

(37) 수감브리(Sugambri, sugsmbroi, sugumbri, sugamber-새로운 곰의 광명) 부족

'수(Su)'는 새로운의 뜻으로 쓰이는데 사는 수, 시, 세, 시 등으로 변화되어 나타난다. '감(Gam)'은 '곰'을 의미한다. '브리(Bri)'는 광명을 뜻하므로 "새로운 광명의 곰 부

족"을 의미한다 할 것이다. 이렇게 켈트부족에서도 곰 부족이 자주 등장하는데도 아직도 '신화'라고 주장하며 귀를 틀어막는 사학자들은 한시 바삐 강단을 떠나야 우리 역사 발전에 도움이 될 것이다. 이 부족은 기원전 7세기에 라인강의 왼쪽에 위치하였으며 '티베리우스'가 격파하였다고 하는데 1세기엔 '마르'지방에 정착하였다.

(38) 잉그리오네스(Ingriones-처음 고리의 신, Ingvaeones) 부족

여기서 '잉(In)'은 '안(An-하느님, 신)'에서 변화된 것으로 앙, 엥, 잉 등으로 나타난다. 영국을 말하는 '잉글랜드'의 '잉'은 이런 예에 속하며 '글랜'은 '글레의 사람들'을 말하는 것으로 '글레'는 '고리'에서 2차 변화된 언어로 '고리족'을 말한다. '드'는 '머리'와 같다 할 것이다. 그러면 '잉글랜드'는 "고리족의 하느님 머리"에 도달하는 것이다. 앞전에 설명한 바와 같이 고대 아일랜드와 스코틀랜드엔 중앙아시아의 고리족이 진출하여 고대 영국의 역사를 써 내려갔던 것이다. 잉그리(Ingri)는 누가 뭐래도 '고리족의 하느님(삼신)'을 뜻하는 것이다.

(39) 라크린기 부족(Lacringi-태양의 고리족)

고대 로마제국의 강 국경인 '마르쿠스'〈우두머리 고시〉에 진출하였다고 한다. '크린(Crin)'은 '크리(고리)'를 말하는 것인데 크리에서 N이 붙어 복수가 되었다.

(40) 사발링기(Sabalingi-새로운 광명의 고리)

이 종족은 다시 Salii, 섹숀(Saxons), Scirii, Segni, Semnones, Sibini, Sigulones, Silingi, Sistones, Suarini, 수에비(Suebi), Suevi, Suiones, Sugambri, Sunici부족 등으로 분화되어 나갔다고 한다. 사발링기에서 '사(Sa)'는 '새로운'이고, '발린(Balin)은 광명의 사람들이 된다고 불러 "새로운 광명의 고리족"의 뜻이다.

(41) 퉁그리(Tungri, Tongri) 부족

이 부족은 Turoni(달 사람들), Turciling(달의 집단), Tubanti, Triboci(달의 아버지), Treveri(달의 광명), Toxandri, Thuringii, Theustes, Thervingi, Teutons, Tencteri(머리족의 달), Taetel(달의 머리) 부족 등으로 분화되어 나갔는데 라인의 동쪽인 '통 에런'에 정착했다고 한다. 이들은 벨기에, 네덜란드에서도 그 흔적이 Tongerloo, Tongelre 부족의 이름으로 있었다. '퉁'은 '단'에서 나온 것으로 탄, 툰 등으로 변화되어 나타난다. '그리'는 '고리'에서 변화된 발음이다. 즉, "고리의 단족(머리족)"을 말함이다. 게르마니(Germani)는 이 부족에서 나온 것으로 추정하고 있다. '게르' 역시 '고리'에서 파생되어

변화된 이름이다. '마니(Mani)'는 Man(어머니족)에서 바뀌어 나타난 것으로 "고리의 어머니족"이 '게르마니안'이며 오늘날 '게르만'으로 굳어진 것이다. 투로, 투르, 트리, 트레, 투리, 테르의 부족 이름이 나오는데 이것은 고조선의 '타리(다리-달)'가 다양한 언어로 변해 온 것을 직시하는 것이다.[4)]

(42) 바리니(Varini-광명의 사람들)족

북부 독일에 정착한 부족으로 Varni, Varinae, Waerne, Werne, Warmii 등으로 분화되어 갔다고 전한다. '바리'는 '바르'의 변형된 이름이다.

(43) 트레베리(Treverians-달의 새로운 광명사람들, Treverii, Treviri) 부족

이 부족은 '트레'와 '베리'로 이루어진 종족이다. '트레'는 타라, 타리, 트르, 트레, 티레, 티리 등으로 나타나며 타리아, 트리아를 가리킨다. 이 용어는 중앙아시아의 타리아를 말하는 것이고, '베리'는 바르의 변형이다. 종합하면 "타리아의 광명족"이 된다. 이 종족은 강한 게르만 부족으로 소개되었으며 라인의 땅 'Remer(태양의 우두머리)'에 정착하였다고 한다. 친척 그룹으로 투로네스(Turones-처음 달 종족) 부족이 있다.[5)]

(44) 반달(Vandali, Wandilier, Vandliler, Vandaloi, Wandeloi)족

이 반달족은 5세기경 로마제국을 침범한 게르만족의 일파로 북아프리카의 카르타고를 중심으로 국가를 건설한 종족이다. 반(Van)은 "아버지"이며 다리(Dali)는 타리, 타리아, 타탈리아를 말한다. "아버지 타리아(달)"이다. 406년 반달족은 도나우강을 건너 판노니아로 진격하였으며 라인강을 넘어 갈리아(프랑스)를 황폐화시키고 아키텐까지 공격하였다.

409년 반달족은 남하하여 피레네 산맥을 넘어 히스파니아로 진격하여 알란족을 굴복시키고 정착하기도 하였다. 이스파니아(스페인)에 정착한 반달족은 바이킹처럼 해적으로 변신하였고 일부는 다시 북아프리카로 돌아갔다고 한다. 여기에서 눈여겨 볼 것은 반달(Vandali)의 이름에서 '다리(Dali)'는 타리로 변형되기 전의 이름이다. '다리'는 아무다리야의 '다리'(달)를 말하며 반(Van)은 아버지를 뜻하는 '바(Va)'에서 복수형으로 '반'이 된 것으로 "다리(다리아)의 아버지족"에 도달하게 된다. 이것은 고고학상 커마문화로 소개되는 북아프리카에 문명을 개척한 쿠시왕조(누비아, 수단-이집트 25왕조)의 오랜 전통을 보여준다 하겠다. 쿠시는 바로 '고시'로 환웅시대부터 강력한 종족이었다.

---

4) https://de.wikipedia.org/wiki/Tungerer

5) https://en.wikipedia.org/wiki/Treveri

그들은 정통을 주장하였고, 로얄 패밀리로 고조선의 "다리(다리아, 달)의 아버지족"으로 자리 매김한다 할 것이다.[6)]

(45) 랑고바르드(Langobardes, Langobardi－태양족의 고리, 광명의 머리) 부족

스칸디나비아 반도에서 기원한 게르만족의 일파로 1세기엔 수에비족의 일부를 형성하였다. 도나우강 연안에 살다가 568년 이탈리아를 침공하여 774년 프랑크족에게 정복시까지 이탈리아를 지배하였다고 한다. 일명 '롬바르드'라고 부른다. 이 종족도 태양, 광명인 '바르'를 앞세운 부족이다.[7)]

(46) 튀링기(Thuringii, Thuringin, Thüringer－달의 고리사람들) 부족

이 부족은 독일의 하르츠 산맥을 중심으로 정착하였다(서기 280년경) 학자들은 이 부족이 알레마니아(알레마닉)의 작은 부족일 것이라고 하였다. 이 부족은 5세기 후반에 제국을 설립하였으며 오스트로고틱, 롬바르드왕(590~616)도 튀링겐의 후손이었다고 전해진다. 알레마니아는 이란계로 '럼족'이 된 것인데 이탈리아에서 '롬족'으로 표기, 인식하고 있어 '롬바르드(Lombard)'라고 하였다. 중국식 표현으로는 '엄체족'으로 '엄족'이 되었다.[8)]

이 부족의 '투린(Thurin)'은 '투리의 사람들'이 되었는데 '투리'는 타리에서 변형된 것으로 '타리'는 타리아, 투타리아, 타타리아라고 불리는 중앙아시아의 옥서스권역이었던 것이다. 학자들은 이 부족이 Hermandury(흰빛〈태양〉나는 어머니족의 달)족과 연관성을 추정하고 있다. 필자가 보기엔 맞는 말이다. Hermandury족의 허, 헤(Her)는 '흰 것(태양)'을 말하며 만(Man)은 '어머니족'이기에 "흰 어머니 두리족"이 되는 것이다. 그러므로 친척부족이 당연한 이야기이다. 서양학자들은 어원 해석에서 "두리(Dury)"는 투리(Thuri)에서 손상된 것이며 Ing는 '두리의 자손을 의미한다'고 하였다. 하나, 잘못 해석한 것으로 투리(Thuri)는 두리(Dury)의 인도유럽어의 표기로 투리가 되었으며 투르, 투레, 투라, 투리 등으로 변하여 나타난다.

Ing는 '두리의 자손을 의미'하는 것이 아니며 '투리(Turi)'에 자음 n이 붙으면 '투리 사람들(달)'이 되며 마지막으로 철자의 제일 뒤에 오는 기(Gii)는 '고리'를 뜻하는 '꼬리표'로 필자가 본 것으로 어간이나 어미에 G, Ga, Ge, Gi, Go, Gu, K, Ki, Ku, Ko, Ke, Ka, Ca, Ce, Ci, Co, Cu 등으로 나타난다.

---

6) https://en.wikipedia.org/wiki/Vandals

7) https://en.wikipedia.org/wiki/List_of_ancient_Germanic_peoples

8) https://en.wikipedia.org/wiki/Thuringii

'기(Gii)'는 '고리' 〈집단〉를 말함이다(시아, 기아, 지아, 치아 등-支). 필자의 해석이 맞는지 서양의 학자들 주장이 맞는지 독자들은 비교를 해 보시라! 오늘날 독일의 중앙부분 튀링겐은 튀링기 부족(Thuringi-달족의 고리)에서 온 것이었다. 오스트로고틱(고트족)과 롬바드도(랑고바르드)는 이 부족의 후손이라고 하였다. 결국 '투리의(달) 사람들'은 누구인가? 타타르족이며 〈예족〉, 분명 고조선의 9환족이다.

(47) 허문두리(Hermunduri, Hermanduri-태양 어머니족의 달)족

이 부족은 튀링겐, 보헤미아, 작센, 프랑켄 북부에서 바이에른, 다뉴브국경 근처에 정착한 부족이며 이 부족에서 수에비족, 카티족(Chatthi), 케루스키족, Tencteri족이 같은 조상의 라인에서 내려 온 것으로 추정하고 있다. '테리'도 같은 '타리'에서 온 것이었다.[9]

문(Mun)은 달을 뜻하는 Moon에서 따 온 것이 아닌 무(Mu)로 어머니의 표시이며 복수였다. '달'이란 용어는 이미 앞서 설명한 '달리아 타'는 스코틀랜드의 달리아타(Dal Riata-탈리아타)에서 인용한 것이 아닌가 보고 있다. '허(Her)'는 하, 히, 헤로 이어지는 것으로 모두 '흰(하얀)'을 의미하며 태양의 별칭이었다. 그들의 시원은 필자가 생각하기엔 이란계의 알레마니아(스키타이)와 비슷한 곳으로 보고 있는데 학자들은 어디에서 온 종족인지 아직 밝혀내지 못하였다고 한다. 이것은 독일 학자들이 "후계자로 추정되는 조상라인의 종족"은 올바른 지적이다.

두리(Duri)는 다리와 같고 다리는 타리, 타타리가 되고 앞서 튀링기의 '투린'의 '투리'도 두리에서 투리가 되며 같은 타리아에서 온 부족인 것이었다. 또한 Tencteri족의 텐(Ten)도 '단(머리족)'에서 변형된 것이고 테리(Tri)도 역시 '타리'에서 온 것이니 옥서스권

〈북아프리카 반달왕국의 영역〉

9) https://en.wikipedia.org/wiki/Hermunduri
https://de.wikipedia.org/wiki/Liste_keltischer_St%C3%A4mme

의 같은 친척부족, 같은 씨족의 집단이 온 것으로 이해를 해야 마땅하며 독일학자들의 분석 또한 놀라운데 시원을 밝히지 못하였다는 것이 아쉬운 감이 든다.

오스트로아시안 언어에 문다어(Munda)가 있는데 문두(Mundu-어머니족 머리)가 문다(Munda)로 변형되었는데 언어학상으로 인도유럽어의 '프로토 조어' 현상인데 이 종족의 일파가 인도로 진출한 것으로 보인다.

왜냐하면 문두리, 문다리는 같은 어원으로 스키타이의 달 종족들이 남과 북으로 진출하였는지 연구할 과제인데 필자는 남쪽으로 인도로 들어가 인도 16국을 건설한 종족이 "타리아의 9환족"이라고 결론지어 설명하려고 한다. 특히 인도네시아에 오스트로아시안 언어 중 "산타리언어"와 "문다리언어"가 있다. 쿠바에 '산타리아교'가 있는데 쿠바인은 아프리카에서 건너온 종족이다. 산타리(Santali-위대한 사람들의 달) 언어와 쿠바의 산타리아교는 같은 언어에서 출발하였음을 나타낸다.

(48) 수에비(Suebi-새로운 아버지, Suebi, Sabelli, Sabini, Saninites)족

어원을 독일학자들은 "우리 자신의 사람들"이라고 하며 켈트어로 "배가 본드"라고 밝히고 있다. 허나, 그것은 어원을 잘못 분석한 것으로 사베리(Sabelli)와 사비니(Sabini)에서 정확히 드러나는 것은 '베리, 비리(Belli)인 것으로 사(Sa)는 '새로운'이니 "새로운 광명족〈새로 진출한 광명족〉"이 되는 것이며 또는 "새로운 아버지족"이 되는데 '에비'는 아버지를 '에비'라고 한 것이며, '바르'를 줄이면 '발'이 되며 마리를 줄여서 '말', '몰'로 나타내기도 한다(말레이시아, 몰타니). 독일학자들은 이 수에비(Suebi) 종족이 독일의 절반을 경영하였다고 하였다.[10]

(49) 고트(Gutones, Gotlander-달의 집단, 달의 신)족

고트족의 기원이 되는 왕조는 아마리(Amali-큰 우두머리) 왕조로서 이탈리아를 지배한 종족이었다. 370년에 시작된 아마리 왕조는 동고트족이 되었다. 서양 학자들은 이 부족이 이미 튀링기 부족(Thuringi-달 사람들의 고리)에서 비롯되었다고 한다.

학자들은 어원에서 Giutan(붓다), 혹은 Gutans(주둥이)에서 유래되었다고 한다. 살펴보면 서양 학자들이 우리의 광명사상과 고리를 이해하지 못한데서 오는 무지와 오해에서 기인된 엉뚱한 해석이 나오는 것이다. 원래 Gutans(머리의 집단)은 구티안(Gutian)으로 이란계 사람들이었다. 물론, 하티안(Hatian)은 9환의 상징인 고조선족이며 아버지족이었다.[11]

10) https://en.wikipedia.org/wiki/Suebi
11) https://en.wikipedia.org/wiki/Gotlander)

구탄(Gutans-새로운 머리족의 고리)은 바로 고조선의 9환족을 말하는 것이다. 탄에서 단으로 모두 같은 어원이다. 고조선 멸망 후에 많은 9환족의 종족들이 유럽의 신대륙으로 흘러 들어갔다는 것을 종족의 비교에서 알 수 있는 것이다. 고트족(Gutones-처음 고리의 머리족)의 어원 분석에서 알 수 있는 것처럼 유럽의 신대륙에 '처음(Es, Us, Is, Os, As, Asi, Usi) 들어간 고리의 머리족'이 된 것이었으며 이란계 종족이 바로 '구티안'(Gutian-고리의 머리 사람들)이며 고트족이 된 것이다. 또한 아마리(Amali) 왕조의 '아마리'는 큰, 훌륭한 우두머리를 지칭한다.

출처 : https://de.wikipedia.org/wiki/Liste_germanischer_St%C3%A4mme

2. 게르만 종족의 정체성에 관하여

지금까지 독일의 게르만 종족에 대하여 9환족과 관계가 깊은 부족을 검토해 보았다. 여기에서 우리가 알 수 있는 것은 47개의 부족집단을 통하여 광명인 '바르'와 9환족의 표상인 '고리' 그리고 우두머리(머리)와 투, 타, 테로 연결되는 머리쪽을 알 수 있었으며 타리, 투리, 다리, 두리, 테리로서 '타리아, 타타리아'의 옥수스권역을 지정한 부족을 나타내었던 달의 부족을 우리는 보았다.

또한 킴, 캄, 쿰으로 이어지는 '곰족'이 있었다는 것을 밝히고 있었다. 퉁그리족과 고트족의 탄은 머리족의 '단(Dan)'을 의미하는 종족인 '머리 사람들'로 보다 확실한 정체성을 보여준다 할 것이며 독일학자들이 이미 퉁구스족에서 '게르마니'가 나왔다 하는 것을 연구하였다. 이렇게 볼 때 게르만 종족의 대부분은 이란(알레마니족)을 비롯한 중앙아시아의 9환족에서 넘어 온 부족이고, 스키타이족이 세운 나라이며 독일을 뜻하는 '게르마니(Germani-고리의 어머니 사람들)'가 9환족의 '고리'를 뜻하므로 오늘날의 독일의 정체성은 9환족이다. 특히 '수에비족'(Suevi -새로운 아버지))은 독일의 절반을 통치하였다고 하니,[12] 독일은 고조선 9환족의 토대 위에서 건국한 것이라는 것에는 아무도 부정할 수 없는 것이라 하겠다.

필자가 생각하기엔 '게르마니'의 원음은 '게르만(German-고리의 어머니족)'이었다고 본다. "고리의 어머니족"으로 스키타이족이 중심이 된 국가 이름으로 북아프리카, 이탈리아 남부, 시리아권인 지중해 문명의 결과에서 비롯된 언어형태로 German이

https://de.wikipedia.org/wiki/Kategorie:Germanischer_Stamm

12) Arnulf Krause : 독일인의 역사 , 캠퍼스, 2005 년 프랑크푸르트, ISBN 3-593-36885-4

Germani, Germania로 변한 것으로 보았다.

한편, 필자는 환인의 12국 분기 시에 흩어져 나간 비리국(피리, 프리)의 일파는 브리지아(프리지아)로 보았고, 그 일부는 일찍부터 일리리아와 트라키아로 흘러 들어가서 토착종족이 되었으며 아나톨리아 남부에 있었던 루카(루비안)와 팔라릭연합의 종족은 리카오니아와 합세하여 이탈리아 남부를 공략하여 오늘날 이탈리아의 주축을 만들었다. 기원전 8세기에 등장한 아나톨리아에 있었던 프리지아가 독일 게르만 종족의 일원으로 진출하여 게르만족의 일부가 되었으며 프리슬란, 프러시아, 프로이센으로 발전하였던 것을 알 수 있는데 프리지아는 별도로 설명하고자 한다.

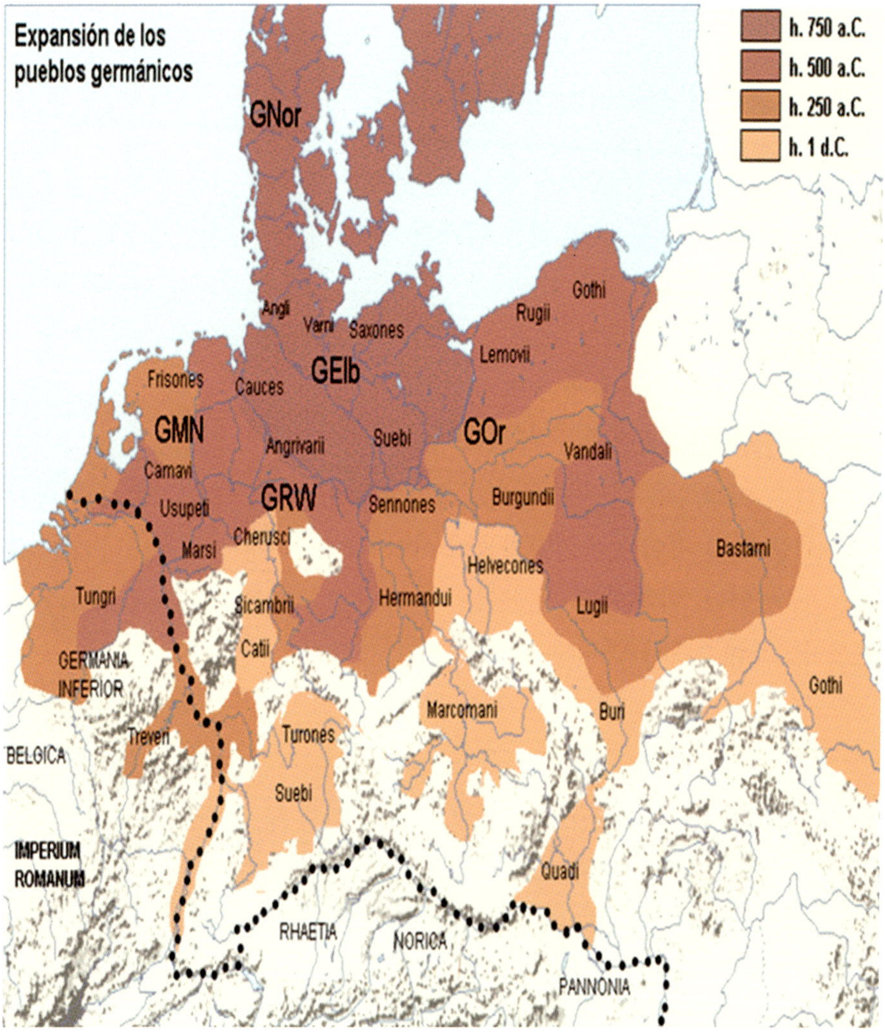

〈기원전 750 이후 게르만의 확장(지도에 제 종족이 보인다)〉

출처 : Von Davius−H. Kinder and W. Hilgemann : Atlas zur Weltgesichte(Deutscher Taschenbuch Verlag GmbH & Co.), Gemeinfrei

〈게르만의 프리지아, 카우키(Chauci-가우-加優) 부족(AD 150)〉

By my work - John Haywood's Dark Age Naval Power: Frankish & Anglo-Saxon Seafaring Activity (1999, ISBN 1-898281-43-2). The peoples are named in the text, with their locations shown on page 18. Also given in the text is the division between regions using clinker-built ships/boats and carvel-built ships/boats, with the dividing line at the Rhine River (which itself was in the carvel-built ship/boat-building region, from the Lower Rhine through the Middle Rhine). Use Tacitus' Germania for Canninefates placement.The topographic map is from DEMIS map server, appropriately tagged {{Demis-pd}} prior to any modification. All modifications and annotations done by myself., CC BY-SA 3.0, https://commons.wikimedia.org/w/index.php?curid=15120428

3. 게르만과 네덜란드에 들어간 프리지아(Frisia)

유럽에서 가장 오래된 프리지아에 대한 기록은 기원전 325년 Massilia의 피데아스에서 비롯되었다고 하는데 독일의 자위 더르해와 엠스강 유역에 살던 종족으로(약 3세기) 카우키, 색슨, 앵글족이 거주하였다. 로마의 계정에서 제공하는 프리시아는(23~79) 그들의 땅이 키가 큰 나무와 호수의 가장자리에 숲이 덮여 있었다고 하였다. 로마는 독일의 라인강 유역을 파괴하고 공격하여 약 200년간 프리시아는 로마와의 조약의무를 부담하였다고 한다.

서기 297년 Panegyrici 티니 C에서 프리지아를 마지막으로 언급하였다. 그 후 3세기동안 그들에 대한 언급이 없다가 565년 고딕양식의 전쟁에서 언급이 되었고, 프리슬란트로 나타나는데 이것은 프리시아족이 동부프리지아(북서 해안)가 네덜란드와 북부프리슬란트로 이동한 것을 알 수 있다. 현재 그들의 언어는 네덜란드 지방에 집중되고, 프리슬란트, 흐로 닝언, 독일, 동부프리지아, 북프리슬란트에서 프리지안이 프리지아 언어를 구사하고 있다고 한다.[13)]

6세기말 프리지아 영토는 서쪽으로 확장하였고 남쪽으로도 확장하여 프리슬란트가에 의해 지배되었다. 8세기에 독일의 니더 작센에서 서쪽의 프리슬란트, 네덜란드와 북부 프리슬란트(Fohr, Amrum, 헬리 골란) 및 유틀란드반도(주로 섬)에 정착하였다. 현대

〈550년경 수에비족-히스파니아(로마제국)〉

---

13) https://en.wikipedia.org/wiki/Frisiavones

에 이르러 북한 프리지아인들은 17세기부터 포경선을 운영하였다고 한다. 프리지아인들은 결국 프로이센 지역을 쟁취하였으며 오늘날 프러시아는 프리지아(프리시아)에서 온 것으로 '프리센'으로 명명되었다.[14, 15, 16, 17] 이 프리지아인의 일부는 인도로 들어가서 '브리지아 언어'를 형성하며 살았다고 전해지는데 인도의 언어 목록에 '브리지아(Brigians)' 언어가 존재하고 있다.

결국 환인시대에 비리국으로 출발한 브리지아인들이 아나톨리아에서 정착하다가 그 일부는 일리리아와 트라키아로 진출하여 세브비아를 건설하였고, 그 일부는 남하하여 아라비아(우리 큰 아버지)를 형성하였다. 기원전 8세기에 아나톨리아에서 정착하다가 북방 킴메르의 공격과 아나톨리아 지역이 열강의 각축장이 된 시기에 루카와 팔라릭, 리카오니아, 리키아, 프리지아가 유럽으로 진출한 역사를 종족의 연구에서 우리는 알 수 있는 것이다. 게르만족의 일원으로 프리센 문화와 언어를 형성하였다. 종족들의 어원 분석에서 광명과 고리, 머리의 정체성이 나타나는 것으로 확실히 증명된다 하겠다.

〈프리지아 부족들(Frisiavones, Frisiabones, Frisiavoni, Frisiavons)〉

바티안스 (Bartians–광명의 머리 사람들)	나두루비안스 (Nadruvians–다리 아버지의 새로운 사람들)
나탕기안스 (Natangians–머리의 고리 사람들)	포게사니엔스 (Pogesanians–아버지 고시 사람들)
포메사니안스 (Pomesanians–부모의 새로운 사람들)	삼비안스 (Sambian–위대한 부모의 신)
바미안스 (Warmians–프로이센의 로얄가문–폴란드–광명의 어머니 사람들)	아우툰 (Auctune–머리 사람들)
디반우스 (Diwanus–처음 머리 아버지족)	그렌즈 (Glands–새로운 고리 머리사람)
그레포 (Glappo–고리의 아버지)	카슈비안스 (Kashubians–고시의 새로운 아버지 사람들)
마수리안스 (Masurians–어머니의 새로운 신의 사람들)	스칼비안스 (Skalvians–새로운 고리 아버지 사람들)

13) Reallexikon der Germanische Altertumskunde(Rga). 2판. 제10권, Walter de Gruyter, Berlin/New York 1998, ISBN 3-11-015102-2, 82~84쪽(Gruyter에서 유료 게르만 고대의 역사 온라인).

14) Hermann Reichert : 올드 게르만 이름의 백과사전, 제1권 : 텍스트 양. Wilibald Kraml과 공동으로 오스트리아 과학 아카데미, 빈 1987, ISBN 3-7001-0931-8, pp. 292~293.

15) Alexander Sitzmann, Friedrich E. Grünzweig : 오래된 게르만 민족의 에스토니아어. 로버트 네도마(Robert Nedoma)의 서지를 사용하여 어원의 핸드북. 헤르만 라이 커트 편집(=Philologica Germanica. 29). Fassbaender, Vienna 2008, ISBN 978-3-902575-07-4, pp. 134~136.

16) https://en.wikipedia.org/wiki/List_of_Celtic_tribes

스코만타스 (Skomantas-새로운 곰의 머리족)	가린디안스 (Galindians고리족,머리족)
쿠메랜드 (Kulmerland-고리 우두머리의 신)	스카비안스 (Skavians-새로운 고리 아버지 사람)
수도비안스 (Sudovians-새로운 머리 아버지 사람)	

출처: https://en.wikipedia.org/wiki/Frisians,
https://en.wikipedia.org/wiki/List_of_Germanic_tribes
https://en.wikipedia.org/wiki/Friesland
https://fr.wikipedia.org/wiki/Frisiavons
https://en.wikipedia.org/wiki/Frisiavones

〈수에비족〉

〈복원한 범선(1세기)〉

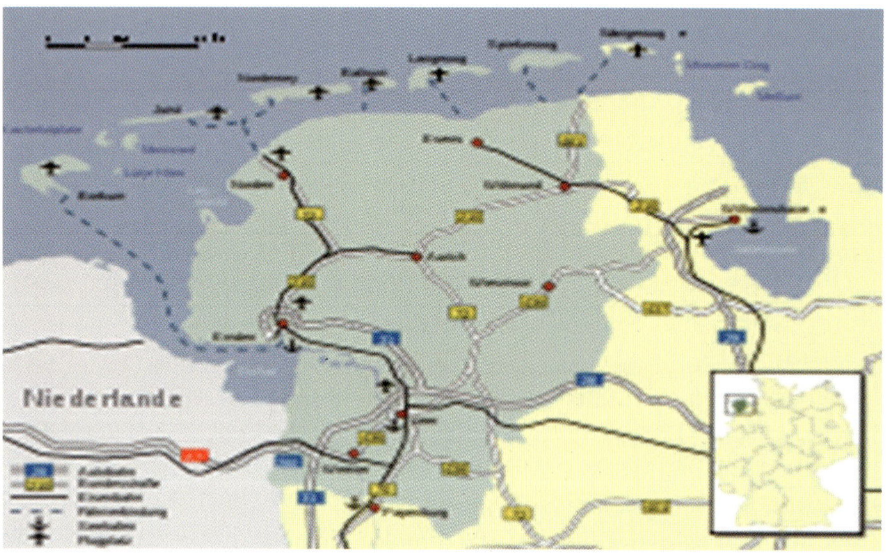

〈북서부 독일의 동부 '프리지아' 영역〉

출처 : https://en.wikipedia.org/wiki/East_Frisia

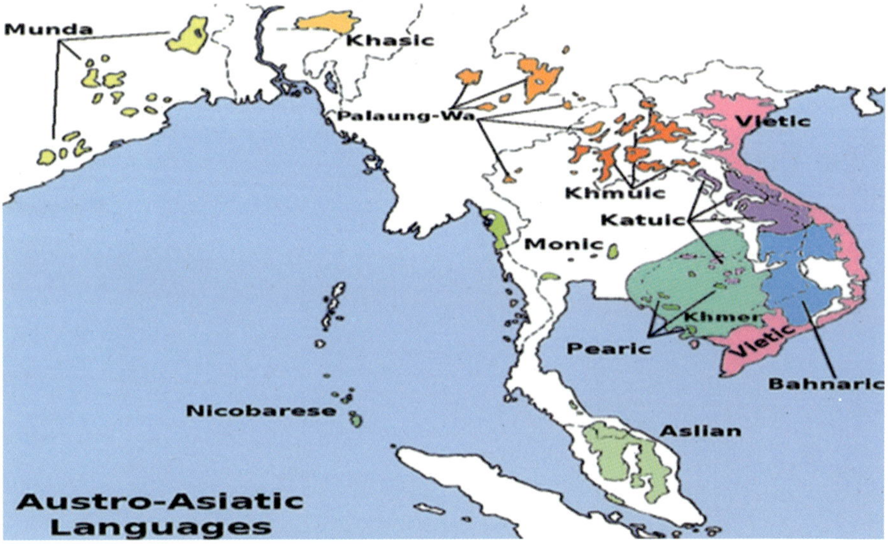

〈오스트로아시아 언어의 영역(문다언어〈Munda〉, 문다리언어－좌측노랑)〉

출처 : 프랑스 위키 Par Rursus－Travail personnel, Copyrighted free use,
https://commons.wikimedia.rg/w/index.php?curid=3258607

〈언어의 영역도〉

※프리지아어는 노랑색, 적색은 네덜란드, 노란색은 홀슈타인(독일), 주황색은 슬레스비히(독일)

〈프리슬란트(프리지아, Frisians)〉

* https://en.wikipedia.org/wiki/List_of_ancient_Germanic_peoples
(고대 게르만 민족의 명부에서 48개 종족 참조)
출처 : https://en.wikipedia.org/wiki/Frisia

4. 프리지아(不例拘倻, 부레구야)의 동쪽 진출과 정체성

프리지아(Phrygia) 종족은 우리 사학계에 널리 알려진 종족으로 먼저 출판된 국내의 자료를 인용해 본다. "잃어버린 역사, 보이는 흔적"의 재야사학자인 이진우의 pp. 152~154를 인용해 보면, "당시 흑해지방 원주민인 킴메르(Cimmer)가 스키타이에 쫓기면서 소아시아 북부지방(아나톨리아)에서 히타이트의 공백을 대신하여 번영하던 프리지아를 공격하였다. 결국 기원전 7세기 초에 이르러 프리지아인들은 수도 고르디온(Gordion)을 버리고 청동기 전파루트를 따라 탈출하여, 박트리아(大夏)를 넘고 신강(新疆)위구르, 동아시아로 동진을 감행한 것으로 보인다. 고대국가 프리기아에 대한 연원을 정리하면, 그들은 기원전 16~14세기경 이란계 주민이 설립한 국가로 미타국, 미타니국(미탄니)으로 불렸는데, 히타이트가 멸망한 지역에서 발생한 국가로 종교적으로는 조로아스터교를 신봉하였다. 이처럼 프리기아는 히타이트 지방에 위치하면서 전대문명의 수혜를 받아 철기와 농경문화를 향유했던 나라였다.

한나라 시대에 개척되었다고 한 '사기'의 기록과는 달리, 기원전 2세기 보다 훨씬 오래 전 이미 동서방의 무역통로로 '청동기루트'가 개척된 것으로 추정된다. 그러한 증거로 소아시아로부터(아나톨리아) 서안(西安)에 이르는 루트의 중간 기착지인 신강위구르 지방에서 이미 기원전 20세기 전에 유럽계(Europoid)와 몽골계(Mongoloid)의 인류문화 교류가 발생했던 증거들이 보고되고 있다.

이런 이진우의 주장은 일단의 프리지아(不例拘倻, 부레구야)가 동진하였음을 말하는 것이고, 또한 이진우의 p.145, '조선상고사'에서 "기원전 6~5세기경 불리지(弗離支)가 조선의 군사를 거느리고, 직예(현 하북성), 산서와 산동 등을 정복하였다. 마침내 불리지는 산서 대현(代縣)에서 '불리리국(弗離支)'을 세웠다." 신채호는 "주서(周書)의 불령지(弗令支), 사기의 이지(離支)가 모두 불리지국이다. 또한 요서의 비여(肥如)나 산동의 부역(鳧繹)이나 산서의 비이(卑耳)가 모두 불(弗)의 번역이다.(중략)"라고 인용하였다.

이진우는 이 책에서 조심스레 아나톨리아의 프리지아가 동진하여 부여를 건국하였음을 주장하는 것이고 '관자'에 기록된 발조선(發朝鮮)은 일단의 선진적 군가 및 문화체계를 보유한 부여족이 조선의 백성을 이끌었다고 할 수 있다. '단군세기'에서 선대단군과 다른 계열인 '색불루' 즉, 색족(塞族-두막루, 스키타이계) 계열과 연결되는 것으로 보아야 한다고 주장하였다. 이진우의 주장은 일부 정확한 지적이라고 할 수 있고, 색불루 이후 고조선의 지배계층은 소위 '두막루'로 몽골 접경에 스키타이(유목민) 종족으로 기원전 13세기부터 스키타이화된 것이었다. 이진우의 주장으로 발조선의 종족이 조선의 종족이란 개념이 되는 것이고, 바로 고대 터키 종족이 고조선의 관경에 들어있다는 것을 확인시켜 주는 것이라 할 것이다.

필자는 한국지 '한전'에 기록된 고진국(古辰國)은 삼한 중 마한의 붕괴로 칸의 지위에서 힘을 잃은 고조선의 새로운 이름으로 한글로 풀이하면 "옛 고조선"이므로 한문으로 고진국(古辰國)이란 표기가 정확하다 할 수 있고, "고진국이 월지국(아프칸)을 다스렸다"는 기록에서 결국 고진국은 필자가 주장한 아프칸 북부 및 타지기스탄 남부의 고르노바다흐샨주(아무다리아강 상류)에서 건국한 고조선이 그대로 증명된다고 볼 수 있는 것이다. 그 고진국은 12국가로 형성되었다(아주 축소된 동맹권)는 '한전'의 기록으로 볼 때, 오늘의 중국인이 동쪽으로 진출한 프리지아(부레구야)의 일부 세력은 진한의 한 축을 맡게 되는 것이고, 고진국의 관할로 보는 것이다. 새로운 마한은 북부여기에 기록된 '상장 탁'이 월지에 이르러 '중마한(中馬韓)'을 세웠다. 기원전 194년의 기록을 근거로 마한이 아프카니스탄의 카불(월성)을 중심으로 재편된 것을 말해 주는 것이다.

기원전 640~630년경 아나톨리아의 타발(Tabal-머리의 광명족)국가가 궤멸되어 리카오니아의 카우족(신지)과 함께 일단의 프리지아 종족이 켈트로 진출하여 정착하게 된 것으로 본다. 고대 터키(아나톨리아)의 마한 세력이 아프칸 국경을 넘어 '동진하여 아프칸 종족은 가운데 있는 마한(중마한)이 된 것이고, 프리지아(카우족 포함한 종족)는 진한의 한 갈래로 결국 동부여'를 형성한 것으로 주장할 수도 있다. 그렇다면 색불루를 기점으로 하여 스키타이 세력들이 중심이 된 종족은 고조선의 연장선상에 있는 고진국이지만, 그 시대적 연도(기원전 7세기 초~6세기 후반)와 고진국이 아직 패망이 안된 시점 등을 고려해 볼 때, 또는 북부여가 먼저 형성된 것이 아니기에 터키계인 프리지아 일부 종족을 고조선의 새 이름인 고진국의 관할에서 벗어난 독자적인 '동부여'라고 보기는 어렵다. 고진국의 제후 국가(12국의 하나)인 진한의 관할 종족(12국가의 하나)으로 보아야 하고, 다만 타지(아나톨리아 반도)에서 진출한 종족을 구분하여 중국 사서에서 '발조선'이라 칭한 것으로 보인다.

필자의 이러한 주장의 이면에는 앞서 1권에서 설명된 프리지아족은 이미 고대의 일리리아 종족의 계보에 프리지아 종족이 있고, 켈트에 진출한 일단의 프리지아 종족은 카우족과 함께 북부 독일에 프러시아를 건설(지도 참조)하였으며, 나머지 프리지아족(카우, 루카족 포함)은 인도 16국으로 진출하여 브리지(Vrijii, 프리지아) 왕조를 형성한 것으로 주장한다. 다만 프리지아는 3갈래로 진출하게 되었다는 필자의 주장은 기원전 7세기 초부터 6세기에 이르는 기간으로 보며 프리지아족 전부가 동쪽으로 진출한 것이 아니란 사실이다. 왜냐하면 켈트의 이동과 인도 16국의 성립이 같은 동시대에 이루어졌던 이유이며 고르디온의 함락이 기원전 640년경이란 이유이다.

이러한 프리지아의 3갈래 주장은 한국에서 처음이며 세계사적인 면에서도 처음의 주장이 된다. 프리지아족(카우, 루카족 포함한 아나톨리아의 유민)의 3갈래 진출은 고조선의 삼한관경(동맹)이 완전히 분열되었음을 말해 주는 것이고, 고조선의 마한이 멸망함을 뜻하는 것이다. 삼한관경의 제도가 유명무실함을 말해 주는 것이고, 나아가 삼국지 한전에 기록된 고진국(古辰國)의 축소된 12국가로 만족해야 했던 것으로 보인다.

처음 마한권인 북아프리카의 리비아, 튀니지, 그리스의 크레타지역, 이탈리아 남부, 조지아권, 이란권, 시리아권이 고조선의 마한 동맹(9환의 동맹)에서 빠져 나갔다. 아나톨리아의 대다수 유민이 빠져 나간 상태에 흑해는 무주 공산 형태가 되었고, 이란은 메디아 왕조 이후에 급속도로 아케메네스 제국을 형성하기에 이른 것이다.

〈인용〉 "잃어버린 역사, 보이는 흔적", 도서출판 수서원, 이진우 저

5. 이베리아의 켈틱 지도에 기재된 모호한 지명 분석

이 학자는 고대 이베리아(히스파니아)의 지명 연구에서 2006년 '위스콘신 밀워키 대학 셀틱 연구 센터'의 학자로 외국의 수많은 켈트 연구 학자들의 연구 논문을 토대로 하여 나름대로 지명에 대하여 이론을 제시하고 논거를 대었지만, 필자가 바라 본 바 모든 지명은 엉터리였다는 것이 밝혀진 것이며, 단순히 켈트 종족이나 지명은 호수, 강, 언덕으로 지명을 해석하였으며, 필자는 세계에서 켈트 종족의 정확한 어원과 더불어 지명을 밝힌 학자는 거의 없다고 결론지었다.

사실, 켈트족이나 셀틱족들은 고조선 9환의 종족으로 중앙아시아에서, 이란에서, 터키에서, 지중해에서, 혹은 북아프리카의 리비아·튀니지 등에서 이주한 종족이다. 먼저 그 종족에 대한 특징과 정체성을 알려면 그 종족의 종교와 통치형태등을 명확히 이해한 바탕에서 연구가 되어야 함에 앞서 그림에서 설명된 "3머리의 신"이 바로 그

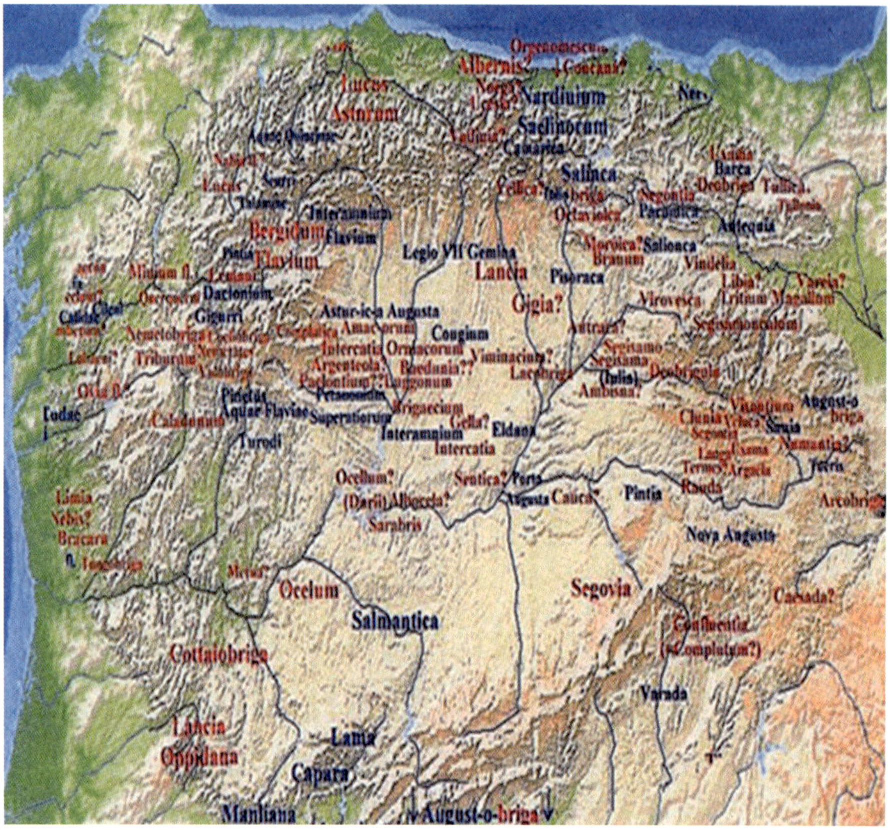

셀틱(적색) 및 비 셀틱 또는 두에 고원의 모호한 이름(파란색).
Briga 이베리아 반도에서 Toponyms-, -Briga 고대 히스 파니아의 이름-
'후안 루이스 가르시아 알론소' 살라망카 대학의 연구. 지도 인용.

종족의 정체성을 말해 주는 것이다. 심하게 비유하자면 지금까지 캘틱 연구는 거의 엉터리이거나 장님이 코끼리를 만지는 형태라는 것을 독자들에게 밝히는 것인데 그 저변에는 서양 사람들이 연구한 기존의 고대사 자체가 엉터리로 되었다는 것을 지적하고자 한다. "셀틱(적색) 및 비셀틱 또는 두에 고원의 모호한 이름(파란색)"의 지도에서 그 학자가 찾지 못한 모호한 지명의 이름과 그 어원을 필자가 확대경으로 판독한 해석으로 올바르게 제시하고자 한다.

지 명	해 석
포루타 (Paroota)	포로(Paro)는 원형인 보로(Boro)가 되고 바르(Bar)의 변형인데 인도유럽어로 표기되어 포로(Paro)가 되었다. 타(Ta)는 '머리'이다. "광명의 머리"를 말한다.
아스테크니아 (Asteqnia)	아스(As)는 Es, Us, Os, Is로 변화 표기되며 '돋아 오르는'의 뜻이며 폭 넓게 '막 시작하는'으로 해석이 가능하며, 함축된 뜻으로는 '처음'(돋아 오르는 태양이 뜨는, 달이 뜨는, 이제 올라오는)의 해석이 적당하리라고 보아 필자는 '처음'으로 통일하여 해석하였다. 고조선의 9환족이 정든 고향을 버리고 신 개척지인 켈트의 지역에 와서 그들이 처음 시작하는 새로운 땅에 '이스트리아, 에스토리아, 오스트리아'의 이름을 지어 처음 온 것(이제 시작하는)의 이름을 지명에 붙인 것이다. 이러한 역사적, 인류문화사적인 증명이 있는데도 서양 학자들은 그 지방의 호수, 강, 산, 우거진 숲, 늪지대에 비교하여, 지명 해석과 종족의 이름을 붙여 해독한 것으로 엉터리 연구가 된 것으로 필자는 결론 지었다. 그것은 뒷장에 소개할 미국학자의 켈트연구 본문에서 독자들은 상세히 이해하게 될 것이다. 종합으로 해석하면 "처음 온 머리의 고리 사람들"이 된다.
Salionca	살리(Sali)는 태양의 별칭이다. 온(On)은 안(An)의 변형으로 "태양의 신 고리"가 된다.
피소라카 (Pisoraca)	피(Pi)는 변형되기 전의 비(Bi)에서 온 것으로 '아버지'이다. 소라(Sora)는 태양의 별칭이다. "아버지 태양의 고리"가 된다.
Leglo vllgemla	레(Le)는 태양의 별칭인 '라(La)'에서 변형된 것이고, 글로(Glo)는 '고리'의 변형으로 글라, 글리, 글레, 글로, 글레 등으로 나타나며 앞서 지명 해석에서 많은 인용이 있었다. 블(Vll)은 브르, 브리로 나타나며 '바르(Bar)'의 변형이 된다. 게(Ge)는 '고리'의 꼬리표이다. 믈라(Mla)는 '마리(Mari)'의 변형으로 므르, 므라, 므리에서 믈라(Mla), 믈리, 믈레로 이어지는 변형이다. 합한 해석은 "태양의 고리, 광명의 우두머리"가 된다.
Astur-ica	아스투르리카 아우구스타(Augusta)에서 아스(As)는 '처음'이 되고, 투르(Tur)의 원형은 두르(Dur)이며 '다리(Dari-달)'의 변형으로 두리, 두르, 두레, 두루, 디리, 디르, 디레, 도르, 도리, 도라, 도레 등으로 나타난다. 합하면 "처음에 온 달의 고리"가 된다.
Cougium	코우(Cou)는 카우(Cau-가우, 가오)의 변형으로 보며 '기(Gi)는 '고리'의 표시인 꼬리표이다. 움(Um)은 암(Am), 엠(Em), 임(Im), 옴(Om)으로 이어지는 변형으로 '어머니'이다. 합하여 해석하면 "가우(加優) 고리의 어머니"가 된다. 필자는 아나톨리아의 '리카오니아'의 종족이 진출한 것으로 보고 있다. 『한단고기』에 신지를 가우(加優)라고 불렀다는 기록이 있다. 신지의 종족인 가우, 가오족이 이곳 이베리아에 진출한 것이다.
페타트로니딤 (Petatronidim)	페(Pe)는 아버지인 베(Be)에서 인도유럽어의 표기로 페(Pe)가 된 것이고, 타(Ta)는 '머리'이고, 트로(Tro)는 원형인 '드로(Dro)'이며 '다리(Dari)'의 변형이다. D도 '머리'이고, Im은 '어머니'이다. 합한 해석으로 "아버지 달 사람들의 머리 어머니"가 된다.
Eldaon	엘(El)은 알, 얼(Al)의 변형으로 '이스라엘' 엘도라도의 이름이 있다. 다(Da)는 '머리'이고, 온(On)은 신(神)인 안(An)의 변형이다. 해석하면 "얼이 있는 머리의 신"이 된다.

지 명	해 석
Perta legusta	페르타레구스타에서 페르(Per)는 원형인 베르(Ber)에서 온 것이며 '바르(Bar)'의 변형이다. 레(Le)는 태양의 별칭인 '라(La)'의 변형으로 루(Lu), 로(Lo), 리(Li), 레(Le) 등으로 나타난다. 구스(Gus)는 성경에 나오는 종족 이름으로 환웅의 '고시' 종족이다. 합한 해석은 "광명의 머리 태양의 고시 머리"가 된다.
Superatierum	수(Su)는 사(Sa), 세(Se), 시(Si), 소(So) 등으로 나타나며 '새로운'의 뜻이다. 페라(Pera)는 원형인 베라(Bera)이며 '바르(Bar)'의 변형이다. 티(Ti)는 '머리'이고, 에르(Er)는 우르, 우루, 아르, 아리와 같이 사용되며 '우리'이다. 마지막의 움(Um)은 '어머니'의 변형이다. 합하여 "새로운 광명의 우리 머리의 어머니"가 된다.
살린카(Salinca)	살(Sal)은 사리, 사르로 나타나는데 변형은 사리, 사라, 사르, 사례, 수르, 수리, 수라, 수루, 세르, 세라, 세리, 소르, 소루, 소리, 소라, 시리, 시르 등으로 변화되며 표기된다. 즉, 태양의 별칭인 '수리(Suri)'의 변형으로 보아야 한다. 특히 시리아, 수리남, 세르비아, 사라센, 사로(신라의 별칭), 수로(금관가야의 별칭) 등으로 나타난다. 이 변형에서 다시 자음인 ㄹ이 붙어 살리, 살레, 살라, 살레, 실리, 실레, 실루, 슬로, 슬레, 슬리 등으로 나타나는 변형이 된다. 슬로베니아, 슬로바키아, 오슬로 등이 대표적인 이름이다. 다음의 인(In)은 안(An)으로 신(神)이 되며 엔, 엥(En)으로도 나타난다. 카(Ca)는 '고리'의 수식어이다. 합하면 "태양신의 고리"이다.
Pinetus	핀(Pin)은 원형인 빈(Vin, Bin)이며 '아버지족'이다. 에트(Et)는 '머리'이고, 우스(Us)는 '처음 온 것'으로 "처음 온 머리의 아버지족"이 된다.
Salmantica	살(Sal)은 태양의 별칭이며 사리, 사르로 대신한다. 만(Man)은 현재 영어의 해석으로는 '사람들'이 되지만, 고대의 지명에 나오는 만(Man)은 '어머니 사람들(어머니족)'이 되는 것이다. 즉, "태양의 어머니족의 머리, 고리"가 된다.
Pisoraca	피(Pi) 역시 '아버지'이며, '소라(Sora)'는 태양의 별칭인 수리(Siri)의 변형으로 수르, 수라, 수레, 소르, 소레, 소라로 변형된다. 카(Ca)는 '고리'의 꼬리표이다. "아버지 태양의 고리"가 된다.
Varada	바라(Vara)는 '바르(Var, Bar)의 변형으로 "광명의 머리"가 된다.
Lama	라(La)는 태양의 이름이며 로마, 리마, 라마의 이름이 된다. "태양의 어머니"가 된다.
Manliana	만(Man)은 '어머니족'이며, 리(Li)는 태양의 별칭인 '라'의 변형으로 보며, Ana의 안(An)은 신(神)이다. "어머니족의 신"으로 해석되었다.
Capara	카(Ca)는 '고리'의 꼬리표(수식어)이며, 파라(Para)는 그 원형인 바라(Vara, Bara)이며 '바르(Bar)'의 변형이다. "고리의 광명"이 된다.
네바안구스타(Nevaangusta)	구스(Gus)는 '고시'이며 "아버지신, 고시의 머리"가 된다.
August	August는 역시 "고시의 머리"가 된 것이다.

6. 프로토-인도-유럽언어에서 파생된 고대 색슨용어의 어원 연구

(Old Saxon terms derived from proto-Indo-European)

* Af 아버지	* Aha 큰 태양	* Ahsa 새로운 태양	* Ahto 큰 흰빛의 머리
* Ahsla 큰 흰빛의 태양	* Akeran 큰 고리의 사람들	* Akkar 큰 고리	* Akus 큰 고시
* Aldar 큰 달	* Aif 큰 아버지	* Ambaht 어머니, 아버지의 흰 머리	* Ang 신의 고리
* Anst 새로운 머리 신	* Ars 새로운 우리	* As 처음, 시작하는	* Ask 처음의 고리
* Balu 광명	* Bannan 아버지족의 신	* Bed 아버지 머리	* Beran 광명의 신
* Berg 광명의 고리	* Bidan 아버지 머리 사람들	* Bididian 아버지 머리의 머리 신	* Bili 광명
* Bindan 아버지족은 머리족	* Biodan 아버지는 머리족	* Bli 광명	* Bitan 아버지 머리족
* Bium 아버지, 어머니	* Bivon 아버지의 아버지족	* Blad 광명의 머리	* Bloian 광명의 신
* Bodom 아버지 머리의 어머니	* Bona 아버지 사람들	* Brawa 광명의 아버지	* Bregdan 광명의 고리 머리족
* Brekan 광명의 칸	* Brengian 광명족은 깨우친 사람	* Brestan 광명의 새로운 머리족	* Brothar 광명의 우리 머리
* Brukan 광명의 칸	* Burg 광명의 고리	* Dag 머리의 고리	* Del 달
* Dernian 달 사람들의 신	* Diop 머리 아버지	* Dohtar 흰 머리의 달	* Dragan 달의 칸
* Drepan 달의 아버지 사람들	* Duru 달	* Durran 달의 신	* Drivan 달의 아버지 사람들
* Dung 머리족의 고리	* Egan 큰 칸	* Eggia 큰 고리의 깨우친 사람	* Egislik 고리는 태양의 큰 고리
* Egithassa 큰 고리는 위대한 처음의 머리	* Ekhorn 큰 고리는 태양족	* Elina 우리들	* Endi 머리의 신
* Etan 큰 머리 사람들	* Ek 큰 고리	* Eth 크고 흰 머리	* Euwi 아버지
* Fadar 아버지의 달	* Fagar 아버지의 고리	* Fallan 광명의 신	* Far 광명

*Fehtan 아버지는 흰 머리족	*Fehu 아버지의 태양	*Fif 아버지와 아버지	*Findan 아버지족은 머리족
*Fingar 아버지족의 고리	*Fisk 아버지는 새로운 고리	*Fiuwar 아버지의 광명	*Fliogan 광명의 칸
*Flod 광명의 머리	*Folm 광명의 어머니	*Forth 광명의 흰 머리	*Fot 아버지 머리
*Fregnan 광명 고리족의 신	*Fri 광명	*Friohon 광명의 큰 태양족	*Friosan 광명의 처음 신
*Frithu 광명의 머리	*Fui 아버지	*Gard 고리의 머리	*Gas 고시
*Gel 고리	*Geldan 고리의 머리 사람들	*Gest 고시의 머리	*Gevan 고리의 아버지 사람들
*Gimang 고리는 어머니족의 고리	*Gimed 고리는 어머니의 머리	*Gimeni 고리의 어머니사람들	*Glas 새로운 고리
*Gravan 고리의 아버지 사람들	*Glidan 고리의 머리 사람들	*Gripan 고리의 아버지 사람들	*Hagal 태양의 고리
*Hamar 태양의 우두머리	*Hano 태양 사람들	*Hard 태양의 머리	*Harm 태양의 어머니
*He 태양	*Hebbian 태양 아버지의 신	*Hel 태양	*Helpan 태양의 아버지 사람들
*Herta 태양의 머리	*Hevan 태양의 아버지 사람들	*Hlopan 태양의 아버지 사람들	*Hlud 태양의 머리
*Hnigan 태양족의 칸	*Hof 태양의 아버지	*Hord 태양의 머리	*Horian 태양의 신
*Horn 태양 사람들	*Hrinan 태양족의 신	*Huria 큰 태양	*Hwal 태양의 광명
*Hwat 태양 아버지의 머리	*Hwelp 흰 광명의 아버지	*Hwinan 태양 아버지족의 신	*Hwit 흰(태양)아버지의 머리
*In 신	*Is 처음, 시작하는	*Kald 고리의 머리	*Kalf 고리의 아버지
*Kamb 곰의 아버지	*Kara 고리	*Kerian 고리의 신	*Kinni 칸 사람들
*Kiol 고리의 얼	*Kiosan 처음 고리의 신	*Kliovan 고리의 아버지 사람들	*Kliopan 고리의 아버지 사람들
*Kuman 곰 사람들	*Kunnan 칸 사람들의 신	*Ledian 태양 머리의 신	*Libbian 태양 아버지의 신

* Land 태양족의 머리	* Liggian 태양의 깨우친 사람들	* Lik 태양의 고리	* Liof 태양의 아버지
* Lioht 태양의 흰 머리	* Liomo 태양의 어머니	* Luva 태양의 아버지	* Maht 어머니의 흰 머리
* Makon 어머니의 칸	* Manuth 어머니 사람들의 흰 머리	* Menian 어머니족의 신	* Metan 어머니의 머리 사람들
* Middi 어머니의 머리	* Mikil 어머니의 고리	* Modar 어머니의 달	* Morgan 우리 어머니의 칸
* Mugan 어머니의 칸	* Mus 새로운 어머니	* Muth 흰 머리의 어머니	* Oa 우리, 큰 태양
* Oga 큰 고리	* Radur 태양, 달	* Rath 흰 머리의 태양	* Ridan 태양의 머리 사람들
* Risan 태양의 새로운 사람들	* Rod 태양의 머리	* Riki 태양의 고리	* Roggo 태양의 고리
* Sad 새로운 머리	* Se 새로운	* Si 새로운	* Seggian 새로운 깨우친 사람들
sehan 새로운 태양 사람들	* Self 태양의 아버지	* Sigan 새로운 칸	* Sin 새로운 사람들

7. 프로토-게르만으로부터 상속된 고대 색슨용어의 어원 해석

(Old Saxon terms inherited from proto-Germanic)

* Barn 광명의 사람들	* Bedian 아버지 머리의 신	* Beldian 광명의 머리 신	* Belgan 광명의 칸
* Ben 아버지 사람들	* Beni 아버지 사람들	* Beran 광명의 사람들	* Berg 광명의 고리
* Bergan 광명의 칸	* Bet 아버지의 머리	* Bethia 아버지의 흰 머리	* Betiro 아버지 머리의 태양
* Betiron 아버지 머리의 태양족	* Betst 아버지 머리는 새로운 머리	* Bi 아버지	* Bibrekan 아버지 광명의 칸
* Bidan 아버지는 머리족	* Biddian 아버지 머리의 신	* Bigetan 아버지 고리의 머리 사람들	* Biginnan 아버지 칸 사람들의 신
* Bihelan 아버지의 태양 신	* Bikuman 아버지 곰 사람들	* Bili 광명	* Bilinnan 광명족의 신
* Bilivan 광명의 아버지 족	* Bindan 아버지족은 머리족	* Biniotan 아버지족은 머리족	* Bitan 아버지는 머리 사람들

* Bittar 아버지의 달	* Bium 아버지, 어머니	* Blidi 광명의 머리	* Blad 광명의 머리
* Blikan 광명의 칸	* Blind 광명족의 머리	* Bliuwan 광명의 아버지족	* Blodian 광명의 머리 신
* Bli 광명	* Bloian 광명의 신	* Blothi 광명의 흰 빛 머리	* Bodom 아버지, 어머니의 머리
* Bogo 아버지의 고리	* Bok(복) 밝은이며 〈Bak, Bak의 변형이다.〉	* Boka 아버지의 고리	* Bona 아버지 사람들
* Bosi 새로운 아버지	* Bradan 광명의 머리 사람들	* Brawa 광명의 아버지	* Bred 광명의 머리(빵의 어원)
* Af 아버지	* Aftar 아버지의 달	* Aha 큰 태양	* Ahar 우리는 흰 빛
* Ahsla 태양의 흰 빛	* Ahto 크고 흰 머리	* Ahtotein 크고 흰 머리와 머리의 신	* Akeran 고리의 신
* Akkar 큰 고리	* Akus 큰 고시	* Al 얼	* Ald 얼 있는 머리
* Aldar 얼 있는 달	Aldari 얼 있는 달	* Aldiro 얼 있는 달	* Alf 얼 있는 아버지
* Ambaht 어머니, 아버지의 흰 빛나는 머리	* Amsla 어머니의 태양	* And 신의 머리	* Andswor 광명의 새로운 머리의 신
* Andwordi 광명의 머리는 신의 머리	* Andwordian 광명의 머리족은 머리 신	* Ang 신의 고리(Arirang의 경우)	* Ankel 고리의 신
* Anst 새로운 머리의 신	* Anud 머리의 신	* Apo 큰 아버지	* Appel 아버지의 광명
* Arm 우리 어머니	* Arn 우리들	* Arundi 우리들의 머리	* Arved 우리 아버지의 머리
* Arvedian 우리 아버지의 머리 신	* As 처음, 시작하는	* Ask 시작하는 고리, 처음	* Aska 시작하는 고리, 처음
* Ast 처음의 머리	* Avand 아버지족의 머리	* Apreotan 큰광명의 머리족	* Aband 아버지족의 머리
* Bak(박) 밝은	* Bakkan 밝은 칸	* Bald 광명의 머리	* Balu 광명
* Bannan 아버지족의 신	* Bano 아버지 사람들	* Bar 광명	* ~Bari 광명

* Brahtum 광명의 흰 머리의 어머니	* Bregdan 광명의 고리 머리족	* brekan 광명의 칸	* Brengian 광명족은 깨우친 사람들
* Brennian 광명족의 신	* Brestan 새로운 광명은 머리족	* brothar 흰빛과 밝음의 달	* Briuwan 광명의 아버지족
* Brud 광명의 머리	* Bruggia 광명의 고리는 깨우친 사람들	* Brukan 광명의 칸	* Brustian 광명의 새로운 머리의 신
* Buan 아버지의 신	* Bugan 아버지는 칸	* Buggian 아버지 고리의 신	* Bur 광명
* Burdian 광명 머리의 신	* Burg 광명의 고리	* Dad 머리와 머리	* Dal 달
Del 달	* Delian 달의 신	* Dernian 달 사람들의 신	* Diop 아버지
* Dior 우리의 달	* Disk 새로운 머리의 고리	* Diuri 우리의 머리	* Dohtar 흰 머리의 달
Doian 머리의 신	* Domian 머리 어머니의 신	* Don 머리 사람들	* Dopian 머리 아버지의 신
* Dor 달	Dragan 달의 칸	* Drenkian 달 사람들의 고리 신	* Drepan 달의 아버지 사람들
* Drinkan 달 사람들의 칸	* Driogan 달의 칸	* Driosan 달의 새로운 사람들	* Drivan 달의 아버지 사람들
* Drohtin 달의 흰 빛나는 머리족	* Drom 달의 어머니	* Dropo 달의 아버지	* Drovian 달의 아버지 신
* Druknian 달 고리족의 신	* Dugan 머리의 칸	* Durran 달의 신	* Duru 달
* Dweian 머리 아버지의 신	* Efni 아버지 사람들	* Eft 아버지의 머리	* Egan 큰 칸
* Eggia 크게 깨우친 사람	* Egislik 큰 고리의 태양	* Egithassa 큰 고리의 흰 머리는 새로운 시작	* Eht 크게 흰빛나는 머리
* Eld 얼 있는 머리	* Eldi 얼 있는 머리	* Eli 우리	Elina 우리들
* Ellevan 우리 아버지 사람들	* Ellian 우리의 신	* En 신	* Endi 머리의 신
* Endon 머리족의 신	* Engi 고리의 신	* Ent 머리의 신	* Entisk 새로운 고리의 머리 신
* Er 우리	* Era 우리	* Eriwit 우리 아버지의 머리	* Eron 우리의 신

8. 프로토-인도-유럽언어에서 파생된 알바니아 용어

(Albanian terms derived from proto-Indo-European)

* Afat 아버지 머리	* Afēr 우리 아버지	* Afsh 새로운 아버지	* Aft 아버지 머리
* Agull 큰 고리	* All 얼	* Allosua 얼 있는 새로운 태양	* Ang 고리의 신
* Angērr 고리의 신	* Angēsht 고시 신의 머리	* Arbēn 우리 아버지 사람들	* Arē 우리
* Arēz 처음의 우리	* Arg 우리 고리	* Argsh 새로운 우리 고리	* Ari 우리
* Arati 우리의 머리	* Arrē 우리의 태양	* Asht 처음의 흰 빛 머리	* Ata 큰 머리
* Ath 큰 흰빛나는 머리	* Avdos 아버지의 새로운 머리	* Avē 아버지	* Avēr 우리 아버지
* Avull 큰 광명	* Badēr 아버지의 달	* Bahe 아버지의 태양	* Bak(박) 밝은
* Balē 광명	* Baltē 광명의 머리	* Bar 광명	* Bari 광명
* Bark 광명의 고리	* Bashke 새로운 흰빛 아버지의 고리	* Be 아버지	* Belbēt 광명의 아버지 머리
* Bend 아버지족의 머리	* Ber 광명	* Bile 광명	* Bind 아버지족의 머리
* Bir 광명	* Birē 광명	* Birq 광명의 고리	* Bisht 아버지의 새로운 머리
* Bled 광명의 머리	Blegērin 광명 고리의 신	* Blertē 우리 광명의 머리	* Bli 광명
* Blokēr 광명의 고리	* Bolle 광명	* Bre 광명	* Brenda 광명족의 머리
* Bresē 새로운 광명	* Brimē 광명의 어머니	* Brisk 광명의 새로운 고리	* Brit 광명의 머리
* Brumē 광명의 어머니	* Bruz 새로운 광명	* Bukur 아버지의 고리	* Bun 아버지 사람들
* Bung 아버지족의 고리	* Burbuqe 광명의 아버지 고리	* Buron 광명의 신	* Burth 광명의 흰 머리
* Buzē 새로운 아버지	Bythē 아버지의 흰 머리	* Dak 머리의 고리	* Dal 달

*Daltē 달의 머리	*Darē 달	*Darkē 달의 고리	*Dars 새로운 달
*Dash 새로운 흰 빛 머리	*Degē 머리의 고리	*Cipē 고리 아버지	*Cun 칸
*Dele 달	*Dell 달	*Dem 머리 어머니	*Deng 머리족의 고리
*Derdh 달의 흰 빛나는 머리	*Derr 달	*Dhen 머리의 태양 사람들	*Dhe 머리의 태양

* 알바니아(Albanian–얼있는 아버지족), 인도, 인디아(Indo–머리의 신)

9. Cividate(머리는 새 아버지의 머리) Camuno(곰족)에서 발견된 로마시대의 비문

〈필자의 비문 해독〉

* C. Pladic Ivs-고리 ; 광명의 머리는 새로운 아버지 * C. Fqvir-고리 ; 광명
* Casdianvs ll-〈고시의 새로운 아버지 머리 사람들 2세〉(카스디아누스 2세)
* Vir-광명 * Camvnnis-이제 시작하는 곰 아버지족
* Aed- 머리 : Qvaest-고리의 아버지는 이곳에 온 머리
* Praf-광명의 아버지-I.D. Brix-광명에 머리
* 000Exvdec-아버지 머리의 고리 * Praef-광명의 아버지
* Coh-흰 빛의 고리 * Itrib-큰 달의 아버지 * Mil-우두머리
* Leg-태양의 고리 * Are-우리 * Camvnnor-우리 곰 아버지족
* Pecvniam-흰 빛나는 아버지, 어머니
* Legavit-머리는 태양의 고리 머리 * T.P.I -머리, 아버지, 우리

〈* 카시오스디오(Cassius Dio)-로마의 역사가〉

〈게르만 부족의 확장 BC 750~AD 1(1988년 세계 펭귄지도 후)〉

1) 붉은색 : BC 750 이전의 정착촌, 2) 주황색 : BC 750~500, 3) 노랑색 : BC 500~250, 4) 녹색 : 새로운 정착촌 BC 250~AD 1 라인강의 입을 향해 북해 연안을 따라 남쪽 스칸디나비아에서 가장 빠른 확장을 위해 기원전 750년 기준

출처 : https://commons.wikimedia.org/w/index.php?curid=1664249

근사 정도치를 나타내는 지도 센텀(파란색)와 Satem(적색) Rreals를 폰 브레이크(Bon Bradke)의 가설에 따른 포화(Satemization)의 기원은 어두운 붉은 색으로(Sintashta/Abashevo/Srubna 고고학 문화의 범위로 표시됨) 표시되어 있지만 이 가설은 대다수의 언어 학자들에 의해 받아들여 지지 않는다.

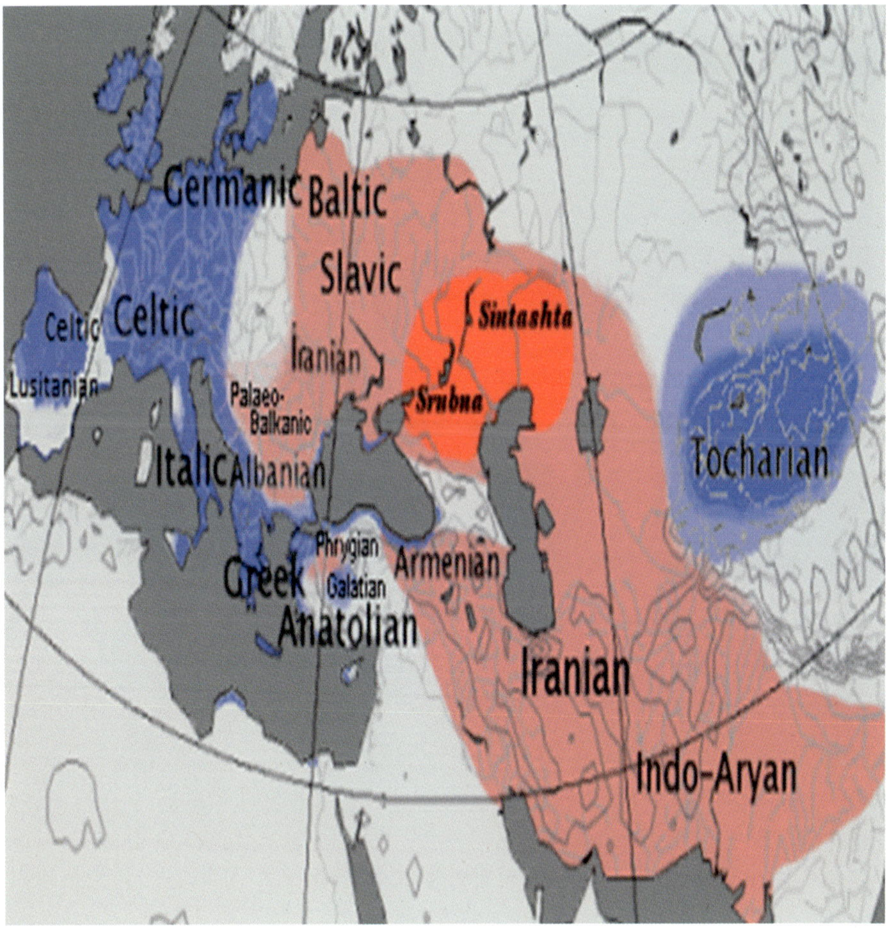

By en : 사용자 : Dbachmann – Dbachmann
By en : User : Dbachmann – Dbachmann, CC BY-SA 3.0,
출처 : https://commons.wikimedia.org/w/index.php?curid=286875

Centum－satem 부문은 인도 유럽 언어의 딸 언어(기원전 500년경)의 다른 주요 동위 원소와 비교된다.

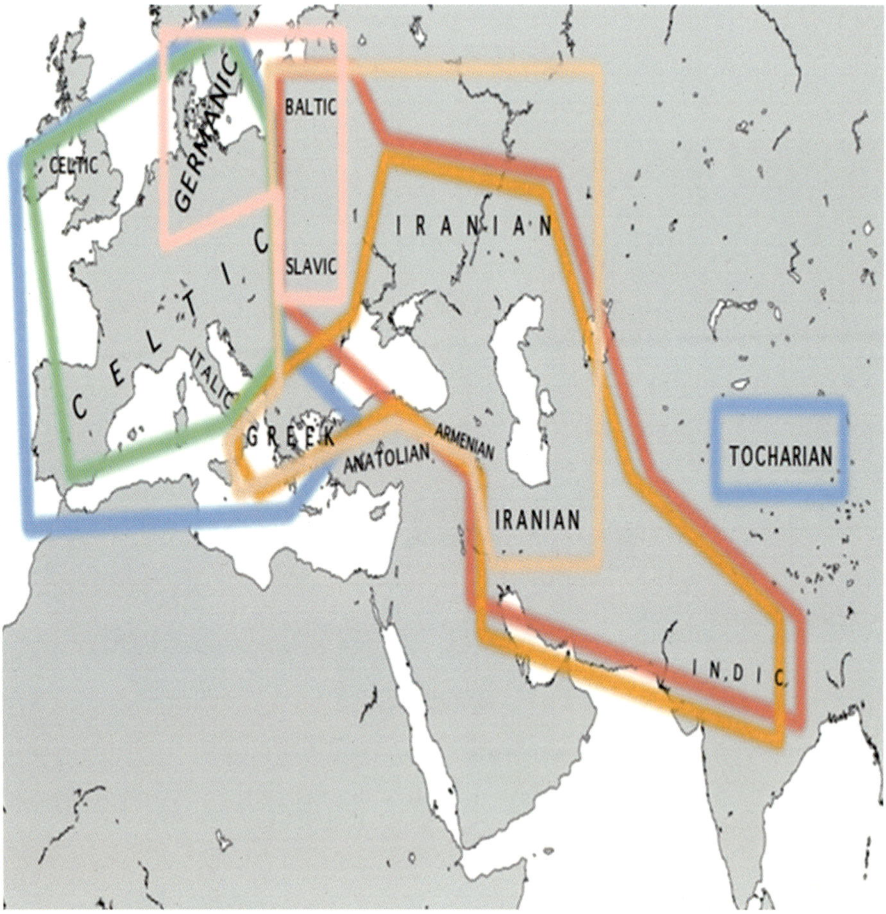

파랑 : Centum 언어, 빨강 : Satem 언어, Orange : 증가된 언어, Green : PIE＊－tt－〉－ss－가 있는 언어, Tan : PIE＊－tt－〉－st－가 있는 언어, Pink : 도구, 세부 사항 및 절제 복수형과 특정 단수형과 이중형은 보통＊－m－로 시작하는 결말을 가지고 있다.

https://en.wikipedia.org/wiki/Centum_and_satem_languages#/media/File:Indo-European_isoglosses.png

〈인도 유럽 지점의 대략적인 현재 분포도(Hayden120 Georgia - 직각 투영법)〉

유럽과 아시아의 본국에 있는 인도 유럽 지점의 대략적인 현재 분포를 보여주는지도. 다음 범례는 시간순으로 주어진다. 각 지점의 초기 생존 기록 증명의 그리스(그리스어)

① 인도·이란, ② 기울임(포함 로맨스), ③ 틱, ④ 게르만, ⑤ 아르메니아어, ⑥ 발트-슬라브(발트어), ⑦ 발토-슬라브(슬라브) 알바니아어, ⑧ 비 인도 유럽어 언어 점선/줄무늬 영역은 다국어 지원이 일반적인 위치를 나타낸다.

By Indo-European branches map.png:
Hayden120Georgia(orthographic-projection).svg : Giorgi Balakhadze, Flappiefhderivative work: Alphathon-Indo-European branches map.png, CC BY-SA 3.0, https://commons.wikimedia.org/w/index.php?curid=44354198

〈콜키스(Colchis), 우라르투(Urartu),아시리아(Assyria) 기원전 715~713의 키메리아 침략〉

*이 지도로 아시리아가 깊숙이 흑해 북부지방까지 진출한 것을 알 수 있으며 고조선의 삼한체제 중 마한이 붕괴 직전임을 알려주는 지도이다.

By © Sémhur/Wikimedia Commons, CC BY-SA 4.0,
출처 : https://commons.wikimedia.org/w/index.php?curid=3366769

10. 독일인의 100대 성씨 분석으로 고조선 9환족의 정체성 증명

1) 독일인의 성씨에 대하여

9세기에 '베니스의 가문'의 이름을 상속받은 이후로 10세기에 확산되었고, 11세기에서 12세기에 이르는 동안 북부 프랑스, 잉글랜드, 스위스, 서부와 북부 독일 도시를 정점으로 하여 확산되다가 1875년 시민에게 성씨가 공식적으로 등록되기 시작하여 1935년 1월 5일 성씨에 대한 관련법률이 공포되었다. 독일인의 성씨는 ① 직업명(전문 행정 명칭), ② 아버지와 어머니의 이름에서 따 온, ③ 사람의 특성(별명)이 성씨로 굳어진 것, ④ 지리적 원산지명, ⑤ 특수성 있는 집(성-케슬)으로부터 성씨가 형성되었고, 다른 언어 영역인 슬래브 기원, 프랑스어 기원, 발트(Balte-밝은 머리), 유태인 기원등이 있으며 아버지와 어머니의 이름에서 따 온 성씨엔 서부 게르만 언어, 북부 게르만 언어, 네덜란드, 덴마크어, 스웨덴, 노르웨이, 아이슬란드, 미국, 슬라브 언어, 로맨스어, 셀틱언어, 인도어, 우랄알타이 어족(핀란드, 에스토니아어, 터키어, 몽골어), 오스트로네시아 어족, 기타 다른 언어에 의해 형성되었다.[18, 19, 20, 21] 다른 어느 국가보다 독일사람의 정체성을 찾는 것은 고조선의 9환족들이 들어간 큰 흔적이 켈트(Kelt-고리의 머리)에 있는 것으로 '머리'는 환웅과 고조선의 정체성이었다. 물론 이베리아(Iberia-큰 광명, 고대 스페인), 이탈리아(Italia-큰 달)에서도 그 정체성을 찾을 수 있다.

2) 독일인의 100대 성씨 분석

(1) 뮐러(Müller)

이 성은 독일, 스위스에서 가장 흔한 성씨로 바스-라인강과 모젤지방에 많으며 오스트리아에서도 다섯 번째 흔한 성씨라고 한다. 남부독일, 오스트리아, 스위스엔 '밀러'와 '몰러'의 성씨로 북부, 중부 독일과 네덜란드에 있다고 한다.

먼저 Müll은 물로 무리, 무르로 나타나며, 밀러는 Miller로, 몰러는 Moller이 되는 것인데, 이런 비슷한 현상은 지역에 따라 표기, 발성되는 사투리에 기인한 것이며 인도-유럽어의 프로토 조어 현상(한국어의 모음조화)이라고 한다. Mill은 미리(Miri), 미르

18) Josef Karlmann Brechenmacher : 독일 성의 어원 사전. ISBN 3-7980-0355-6

19) Hans Bahlow : 독일어 이름 사전(Munich 1967). Suhrkamp, 1972, ISBN 3-518-36565-7

20) Ernst Schwarz : 독일 이름 연구. 제1권 이름 및 성 괴팅겐 1950.

21) https://de.wikipedia.org/wiki/Familienname ,
https://de.wikipedia.org/wiki/Liste_der_h%C3%A4ufigsten_Familiennamen_in_Deutschland

(Mir)가 되고, Moll은 모리(Mori), 모르(Mor)로 나타나는 경우로 모두 우두머리(牛頭머리)를 지칭하는데, 우두는 즉, 쇠머리(소의 머리)를 나타내는 것이고, 머리 중 가장 높은 머리를 지칭하는 것이다.

고조선은 쇠머리와 연관이 깊다. 삼신(三神)의 대명사가 되었던 하늘의 황소자리를 '타우루스'라고 하며 그 황소자리는 고조선의 마한영역인 고대 아나톨리아(터키)의 '루카(Luka)' 영역이었다. 중앙아시아의 옥서스(Oxus)강을 아무다리야(Amudarya)강이라고 부른다. 여기에서 옥스(Ox)는 황소를 가리킴이고, Us는 '이제 시작하는', 처음의 뜻으로 "이제 시작하는 황소"의 해석이 되며 아무(Amu)는 어머니를, Dary, Dari는 '달'로 "어머니의 큰 달"로 해석한다. 그러기에 고조선의 수도를 관통하는 강 이름에서 고조선의 정체성인 크고, 밝은 달이 나온 것이다. 그래서 우두머리는 머리 사람들 중 가장 힘세고, 지도자를 '우두머리'라고 불렀으며 영어로 마리(Mari-어머니의 태양)로 불렀다. 마리의 변형이 미리, 미르, 미루, 미라, 모리, 모르, 모루, 모로, 모라, 메리, 메르, 메루, 메라, 무리, 무르, 무루, 무라, 마리, 마르, 마라, 마루 등으로 변형 표기된다. 그러기에 밀러, 뮐러, 몰러, 뮬러, 멜러, 몰러, 말러 등의 변형된 성씨는 그 어원이 똑같은 것이란 것을 알 수 있다 할 것이다.

어원 해석은 "우리의 우두머리" 또는 "우리는 우두머리(칸)"가 되는 것이다. 우두머리는 칸, 왕(King)을 지칭한다. 그러고 보면 한국의 김해 김씨, 경주 김씨가 과거에 신라의 왕족이었 듯이 뮐러, 뮬러, 몰러, 멜러, 밀러 등의 성씨도 왕족의 개념에 해당되는 것이라고 본다. 즉, 왕족, 귀족인 로열페밀리에 해당된다 할 것이다.

(2) 슈미트(Schmidt)

Schmied로 '대장장이, 금속세공인'을 의미하였다고 전해지며 영어권에서 '스미스(Smith-새로운 어머니의 머리)'와 동일하다고 한다. 그러나 슈미트의 고대 어원은 "새로운 흰 빛 고리의 어머니 머리"가 된 것이다. 고대에 사람들은 씨족 집단으로 옹기종기 모여 살았다. 이런 현상을 한국에서 '고리(Gori)'로 지칭하며 그 고리는 문고리와 같은 형태로 쉼 없이 멈추지 않는 순환하는 태양, 달과 같은 동그란 원을 상징하였다. 한국에선 고대에 고을, 골 〈시싯골, 남산골, 버들골, 야시골〉 등으로 불려졌다. 이 동그란 형태의 집합은 곧 동맹으로 뭉쳐진 것이며, 요즘 미국의 연방과도 같은 성질이었다. 어머니의 흰 머리, 아버지의 흰 머리가 백두(白頭-흰 머리)신앙으로 나타났으며, 크게 흰 것은 태백(太白)으로 나타나며, 전 세계에 유적으로 남아있는 '테페(Tepe-머리 아버지)', 테베(Tebe), 태펙(Tepec-머리의 밝음 〈멕시코의 성소〉)으로 나타났던 것이다. 이런 태백, 백두신앙, 사상은 고조선 이전의 환웅(桓雄)문명의 산물로 저자의 연구에서 밝혀진 것이다.

대저 '흰 머리란 태양의 광명의 머리'를 말하는 것이었으며, 할아부지(Halabuzi), 할머니, 할매(Halme)로 변형되었는데, 나이가 들어 머리가 희면 모두 할아버지, 할머니, 할매가 된 것이었다. 여기에서 할(Hal)은 하리(Hari), 하르(Har)로 태양을 나타낸 어원이다. 태양의 어머니, 태양의 아버지가 할아버지, 할머니, 할매가 된 것이다.

필자의 연구에서 전 세계가 공통적으로 사용한 어머니의 호칭은 마(Ma), 모(Mo), 무(Mu), 메(Me), 미(Mi)이며 암(Am), 엠(Em), 임(Im), 움(Um), 옴(Om)으로 표기된다. 변형적인 표기로는 우마(Uma), 에마(Ema), 오마(Oma), 아마(Ama) 등이 있으며 때로는 마마, 미미로 불리워졌다. 한국어로는 오메, 에미, 옴마, 엄마 등으로 지칭되며 아버지는 에비, 아비, 아부지, 아바, 아빠, 아부바, 이비 등으로 불려졌다. 영어권에선 파파(Papa, Fafa)로 불리워졌는데 Baba, Vava에서 인도유럽어의 변형으로 자음 'ㅂ'이 'ㅍ'으로 변한 것이다.

그러면 슈미트를 해독해 보면 자음 S는 '새로운'의 뜻이고, Ch는 Kh(흰 빛의 고리)와 동일하게 사용되며 C, Ca, Cu, Ci, Ce, Co, K, Ki, Ku, Ko, Ke, Ka 등이 글자에 붙으면 고리를 나타내는 일명 '꼬리표'로서 수식하는 용어라는 것을 필자가 밝혀낸 것이다.

즉, 고리를 지어 같이 살지 않는 종족은 이방인이었으며 고리에서 제외된 종족이었다는 것이다. 슈미트의 자음인 'H'는 태양을 나타낸 것이며 태양의 광선인 흰 빛을 나타낸 것이었다. 자음인 미(Mi)는 어머니를 지칭한 것이었고, Dt는 같은 자음이 중복하여 오는 것을 회피한 것으로 자음 D나 T는 그 어원이 같다.

한국어에서 복자음인 따(Dda), 또(Ddo)가 같은 자음을 중복하여 사용하는 방법으로 머리를 표시하는 다(Da), 두(Du), 디(Di), 데(De), 도(Do)는 인도-유럽어에 의하여 마찰음(파열음)으로 변하여 타(Ta), 투(Tu), 티(Ti), 테(Te), 토(To)로 변형·표기되는 것이다. 그러므로 슈미트의 독일어 표기인 'Dt'도 같은 복자음과 같은 성질로 보아야 한다는 것이다. 종합하여 해석해 보면 "새로운 흰 빛나는 〈태양〉 어머니의 머리"가 슈미트의 어원인 것이다. 고대에 환웅, 고조선의 종족들이 세르비아, 크로아티아, 슬로베니아 등지에서 또는 중앙아시아에서 흘러 들어온 흔적이 성씨의 어원 연구에서 극명하게 밝혀지는 것이다. 그런데 많은 세월이 흘러 그 종족들이 금속세공이나 대장장이 일을 하게 된 것으로 보고 있다.

Schmied로 '대장장이, 금속세공인'에서 그 해석도 똑 같은 어원이 해석되는 것으로 영어권의 '스미스(Smith)'를 해석해 보면 "새로운 어머니의 흰 빛나는 머리"가 되는 것으로 '머리(頭)'는 환인, 환웅시대의 정체성이었으며 고조선에 승계된 정체성이었다.

그러기에 태양족은 천손족=황금족=흰 머리족(Th)=고리족(겨레)=우리=얼로 나타난 것이다. 하늘에 떠 있는 밝은 달은 '달(Dal)'로 "머리의 얼"이 된 것이다.

머리족의 태양이 머리의 얼인 것이고, 밤에 밝게 떠오르는 달은 태양과 동일시하였다는 것을 알 수 있다. 그러기에 고조선은 중앙아시아의 '아사달'에서 달지국으로 건국하였다. '아사달'의 '아사(Asa)'는 처음 시작하는 것, 이제 돋아 오르는 어원으로 '처음'이라는 농축된 설명이 된다. 한국어에 '아시빨레' 또는 '아시옷'이 있다. 처음의 빨래와 처음에 입는 옷을 지칭함이다. 그러므로 아사달은 "이제 돋아 오르는(시작하는) 달"을 의미하였다. 한낱 대장장이나 금속세공일을 맡아 하는 천한 신분의 사람들이 노벨상을 수상하고 유명한 정치인, 수많은 학자, 저명한 작곡가들이 배출될 수 있단 말인가? 그것은 "위대한 흰 빛나는 〈태양〉 어머니의 머리" 종족이 일찍부터 깨우친 사람들로 그 계몽되고 깨우친 사람들의 유전자가 죽지 않고 발현되었던 이유라고 보아야 한다.

(3) 슈나이더(Schneider)

독일어에서 '맞춤형'으로 동사에서 '자르는 사람(재단사)' 또는 Schneiden(인하)로 보기도 한다. 변형으로는 Schnaider, Schnieder, Snither(영어권), Snyman(아프리칸스어), 슈나이더, 슈니더(스위스, 독일어), Sznajder(폴란드어), Znaider 등이 있다고 한다. 자음 Z는 자음 S와 호환되므로 어원은 변함없다. 특히 자음 'Z'는 중앙아시아권의 지명에서 많이 발견되고 있다. 이러한 자음 'Z'는 중남미에서 더러 발견되고 있어, 중앙아시아에서 진출한 것을 언어학적인 측면에서 엿볼 수 있는 것이다. 독일에서 슈나이더(Schneider) 가문은 어쩌다 '재단사 가문'으로 자리 매김되었는데, 그 어원을 언어학적으로 살펴보면 재단사하고는 아주 거리가 먼 뜻임을 알 수 있게 된다.

필자가 약 3년에 걸쳐 고대 종족과 지명, 국가의 이름에서 발견된 자음 'S'는 새로운의 뜻이었고, 자음 'H'는 태양을 상징하며(흰 빛을 포함) 글자 속에 자음이 포함되던지, 별도로 태양을 표시하곤 하였다. 다시 언급하지만 필자가 연구한 바에 의하면 태양은 세 가지 호칭이 있었다. 일찍이 이집트에선 '라(La)'를 태양으로 불렀으며, 그 변형은 로(로마-태양의 어머니), 리(리비아-태양의 아버지), 루(루마니아-태양의 어머니 사람들), 레(레바논-태양의 아버지가 계시는) 등으로 표기되었으며, 한국에선 '해'라고 불렀다. 해(He)는 하(Ha), 호(Ho), 후(Hu), 히(Hi)로 표기되었으며 변형으로는 헤라(Hera). 헬라(Helra), 헬리 등으로 불려졌다. 또한 태양을 '수리(Suri)'라고 하였는데 한국에서 5월 5일을 중앙절

(中陽節)로 양의 기운이 가운데 모이는 날로 '수릿날'로 삼았다. 수리(Suri)는 그 변형이 인도-유럽언어의 프로토화되어 다양한 변화를 가져 온다.

수리에서 수리남(태양의 어머니), 수레, 수르, 수로(한국의 금관가야, 건국자-김수로), 수라, 사라, 사리, 사르, 사로(신라의 옛 이름), 사루, 시리, 시르, 시루(떡 시루), 시라, 시로, 시리(시리아-큰 태양), 세르(세르비아-태양의 큰 아버지), 세루, 세라, 세리, 슬로(슬로바키아-태양의 아버지 고리), 슬로베니아(태양의 큰 아버지 사람들), 슬래브(슬라브족-태양의 아버지) 등으로 변화하여 표기되었다.

슈나이더(Schneider)의 자음 nei는 아프리카와 중남미 언어에서 더러 발견되는 것으로 Nei, Nai, Noi, Nui, Nii로 나타나는데, 필자는 어미의 자음인 der에서 자음 'R'이 반복하여 오는 것을 꺼려하여 자음 'R'이 생략된 것으로 보았다.

그러면 Neri, Nari, Nori, Nuri, Niri로 나타나며, 자음인 'N'을 생략하여 해석해 보면 에리(Eri), 아리(Ari), 오리(Ori), 이리(Iri)가 되므로 같은 카테고리(울타리)인 우리(Uri)가 된 것으로 보았다. 종합하여 해석하면 슈나이더는 "새로운 흰 빛나는 고리는 우리의 달"로 해석된다.

달(月)은 다리(Dari)가 그 원형이며 데르(Der), 데리(Deri), 데루(Deru), 데라(Dera)로 나타나는 것이며, 도르(Dor), 도리(Dori), 도레, 도로, 디리, 디르, 디레, 디루 등으로 나타난다. 인도 유럽어의 영향을 받으면 타리, 테르, 테리, 테루, 테라, 토르, 토리, 토레, 토로 등으로 나타나고, 다시 자음인 'R' 또는 'L'이 붙으면 탈리, 텔리, 틸리, 톨리, 툴리 등으로 나타난다. 여기에서 환웅과 고조선의 정체성인 머리(다, 타)가 표기되는데, 어간이나 어미에 머리가 붙어도 독립명사인 이유로 그 어원엔 아무런 변함이 없다는 것이다. 예를 들면 투타리아, 투탈리아가 탈리아테, 타리아티, 타리아토와 같다는 것이다. 해석은 '머리의 달'이다.

이 성씨의 성에서 우리의 달이란 정체성이 나온 이유로 슈나이더의 조상은 아마도 기원전 6세기를 전후로 하여 켈트의 이동시에 고조선의 종족인 중앙 아시아권에서 진출한 것으로 보고 있다. 달을 숭배한 종족들이 독일에 진출한 것을 언어적 해석에서 우리는 보고 있는 것이다. 많은 세월이 흘러 중세기인 14~16세기경에 이 종족의 일부가 귀족과 왕족의 옷을 재단하여 만든데서 시작된 '재단사'란 별칭을 얻게 된 것으로 보고 있다. 이 종족도 음악가, 극작가, 식물학자, 문학가, 가수, 유명스포츠 선수 등 다양한 계층에서 두각을 보이며 배출하였는데 특히 운동선수들이 많이 눈에 띄게 된다. 역시 고대로부터 깨우친 종족으로 고조선 종족의 우수한 유전자가 발현되어 오늘에 이르고 있다 할 것이다.

(4) 피셔(Fischer)

이 성씨는 영어의 피쉬(Fish-물고기)에서 물고기 잡는 사람인 '어부'로 Fisher이 되었다. 고대 영어엔 'Er'은 에르로 '우리'란 카테고리였다. 현대에 와서 Speak(말하다)에서 'Er'이 붙어 '말하는 사람' 등으로 변질되었을 뿐이다. 그런데 물고기인 영어의 Fish를 해독해 보면 "새로운 흰 빛나는아버지"이다. 아버지는 북아프리카, 파키스탄 번잡, 인도 등지에선 Wa, Wi, Wu, Wo로 나타내며 아버지이다. 일반적으로 Ba, Bi, Bu, Be, Bo로 나타나며, 인도유럽어로는 Pa, Pi, Pu, Pe, Po 또는 Fa, Fi, Fu, Fe, Fo로 나타난다. 그러기에 물고기는 '새로운 흰 빛 아버지'가 되었는데, 혹자는 물고기와 아버지가 무슨 상관이 있느냐고 반문하지만 그렇지 않다. 새로운 아버지로 불린 시기는 기원전 최소한 6세기이며, 그 당시엔 사유재산보다는 공동생산하여 공동분배하는 한국의 오랜 전통인 '두레'작업이었다. 그렇기에 새로운(진출한) 아버지로 불리우는 족장, 칸 등이 잡은 물고기를 공동으로 분배하여 생활하였다고 보아야 한다. 물론 물고기를 잡는 방법, 그물 치는 방법도 이미 깨우친 아버지 사람들이 지도하여 잡게 하였을 것이다. 그러므로 물고기의 이름에 '새로운 아버지'의 이름이 나온 것이다. 종합적으로 해석해 보면 "아버지는 우리의 새로운 흰 빛나는 고리"로 된다.

아버지의 의미를 더 상세하게 알기 위해선 라틴(Latin) 사람들을 이해해야 한다.

라틴은 '태양의 머리 사람들'이었다. 머리 사람들은 누구인가? 머리 위엔 하늘이고 태양이 있다. 머리족은 태양족이며 태양족은 아버지 사람들, 어머니 사람들이었으며 그들은 한 울타리에서 살았다. 그 울타리가 '고리(Gori, 집단, 연방)'로 나타난 것이다. 라틴족은 이탈리아의 라티움(Latium-태양의 머리 어머니) 지방에서 시작된 것으로 연구가 되었다. 나중엔 이베리아(고대 스페인) 지방까지 확산된 것으로 이해를 해야 한다.

태양(흰 빛나는)의 고리와 아버지는 세르비아, 크로아티아 등의 기원전 7,300년경의 '빈카문명'이었으며 그 문명의 주인공은 필자가 연구한 바 환인, 환웅으로부터 그 문명이 차츰 남하하여 남쪽으로 진출하였다. 파키스탄의 '메르가르' 문명도 '빈카문명'의 시기와 같은 기원전 7,300년으로, 그 하위 문명이 중앙아시아의 '옥서스문명을 일구게 된 것이며 그 옥서스 문명은 바로 중앙아시아에 자리 잡은 고조선이었다.

독일의 피셔(Fischer) 가문은 '어부'라고 하지만 물고기 잡는 천한 직업과 천한 바탕에서 우수한 두뇌가 발현될 리 없다. 수많은 학자와 교육자, 건축가, 유명 정치인, 화가등 독일의 어느 성 못지않게 많은 우수한 두뇌를 배출하였다. 고대로부터 피셔 종족도 깨우친 종족으로 오늘날까지 다방면에 걸쳐 수 많은 인재를 배출하고 있는 것이다.

그러므로 피셔 가문은 어쩌다 물고기 잡는 어부의 가문으로 전락되었지만, 고대엔 깨우친 종족이었고, 태양의 고리족으로 전통있는 종족이며 고대 문명의 전파자로 자리 잡고 있는 태양족의 한 일원이었던 것이다. 이젠 이 가문은 남다른 자부심과 자긍심을 가져야 할 것이다.

(5) 메이어(Meyer)

고대엔 어머니를 Mey, May, Muy, Mei, Mai, Mui, Moi로 불렀으며, 보통 Ma, Mu, Mi, Mo, Mu로 호칭하였으며 때로는 Am, Em, Im, Um, Om으로도 표기·발성하였다. 한국어의 북한 사투리엔 '오마이(Omai)'가 있다. 지금도 카자흐스탄에서는 오마이, 아바이(아버지)라고 지명에서 사용하고 있다. 그러므로 성씨인 메이어(Meyer-우리 어머니)는 카자흐스탄 지역에서 독일로 진출한 것으로 보고 있다. 언어학자들은 네덜란드인, 독일의 유태인이 그 기원이라고 하지만 Mei, Mai의 변형인 Mey, May는 카자흐스탄에서 인용되어 변형된 것으로 필자는 추정하고 있다. 고대 색슨문화에서 이름이 파생되었으며 고대 영어로는 시장(市長), 법률문제를 담당하는 장교의 Maire(어머니의 태양)에서, 또는 독일어, 유태인의 독일어 단어인 Meiger(어머니 고리)에서 유래되었다고 한다.

현대 영어에선 명사나 동사 뒤에 'Er'이 붙어 ~하는 사람(농부, 아나운서) 등으로 변질되었지만, 고대엔 'Er'는 Eri, Era, Ero, Eru, Ere, Eli, Ir, Ira, Iri, Ira, Iro, Ur, Ura, Ure, Uro, Yori, Yoru, Yolli, Yor, Or, Ore, Ori 등으로 다양하게 변형되었으며 '우리'라는 카테고리를 나타낸 것이다. 즉, '우리'란 피부가 다르고, 언어도 다르며 문화와 습관이 다른 제 종족들이 한 울타리인 '고리(Gori)' 체제(일종의 연방형태, 동맹)로서 살았던 것이다. 해석하면 "우리 어머니"이다. 이러한데도 아직까지 서양에서 어원이 연결되지 않은 이름으로 정의가 되어 있다고 하니 무언가 잘못되어도 심한 경우라고 본다. 필자가 게르만 이동과 켈트로 들어간 종족의 연구에서 그 종족의 정체성을 하나하나 밝혀 나갔는데, 서양 학자들은 아직도 그 종족의 정체성은 고사하고 그 종족의 어원도 엉터리로 해석하는가 하면, 켈트 연구가 아주 걸음마 수준인 것을 발견하였다.

그러므로 독일인의 정체성에 대하여 많은 관심과 조상의 뿌리 찾기에 신경을 쓰는 것이 아닌가 내다보고 있다. 이런 사안은 유럽의 켈트 연구가 절름발이 연구이며 심지어 라틴문화에 등장하는 '라틴비문'의 해독을 하지 못하고 있는 실정이다. 물론 필자는 여러 개의 라틴 비문을 세계에서 처음으로 그 정체성을 해독하였다. 해독을 하게 된 이면에는 필자가 정확하게 고대 종족의 정체성을 찾아낸 덕분에 비문 해독이 가능한 것이었다.

고대엔 모계사회이므로 고리를 통치한 칸(Khan, Kan, Gan) 다음에 '어머니'는 권능이었으며 대표자였다. 어머니를 부르는 호칭은 필자가 연구해 본 바 아주 다양하며 Ma, Mo, Mu, Mi, Me로 표기되고, 때로는 Am, Em, Im, Um, Om으로 표기되고, Omai, Omay, Umai, Umay로 표기되며 한국어로는 오메(Ome), 어메(Aeme), 옴마(Omma), 에미(Emi) 등으로 불리워진다. 물론 핀란드 성씨엔 니에미(Niemi-너희 엄마) 성씨가 있다. 서양에선 마마(Mama)라고도 한다. 아버지는 파파(Papa)이다.

복잡한 이름도 아니며 단순히 '어머니'를 부르는 것이 어떻게 독일에서 그 어원이 정리되지 않았다고 하니, 필자의 입장에서 보면 기가 찰 노릇이다. 이 종족의 자손도 아주 다양한 분야에서 두각을 나타내며 우수한 유전자를 드러내고 있다.

한 번 더 언급하지만 고조선이 멸망하고 난 뒤인 기원전 6~5세기경에 고조선의 변한 지역인 카자흐스탄(아랄해와 카스피해 포함) 주변의 카작(Masageten, 스키타이)들이 진출한 것으로 추정하고 있다. 물론 '카작족'은 근대에 용맹한 코샥, 코샥크로 불리며 고대의 루마니아, 폴란드를 건국하였다고 전해진다.

(6) 웨버(Weber-아버지의 광명)

영어권 국가에선 '위버(Wiber)'라고 한다. 앞에서 인용한 대로 웨(We)는 아버지를 지칭하였다. 북아프리카의 리비아(Libya-태양의 큰 아버지), 알제리(Algeri-얼 있는 고리), 튀니지(Tunisia-크고 새로운 머리 사람들)에서 사용하는 언어체계로 Wa, Wi, We, Wo, Wu는 Ba, Bi, Bu, Be와 동일시되었으며 '아버지'의 호칭이었다.

인도유럽어의 표기, 발성으로는 Pa, Pi, Pu, Po, Pe, Fa, Fi, Fu, Fe, Fo로 표기되고 때로는 아바이(Abai)로 호칭되며(한국의 북한 사투리), 아베(Abe), 아비(Abi), 에비(Ebi)로 불리고 있다.

베르(Ber)는 그 원형이 바르(Bar)이며 인도유럽어의 간섭을 받으면 Par, Far가 된다. 바르는 '광명(光明)이 되며 흰 빛이 아주 밝게 비치는 '태양'의 빛을 말하였다.

그러기에 광명인 바르(Bar, Var)는 태양족을 의미하였으며 태양족은 '머리족'이고, 고리를 이루고 살았기에 '고리족'이 된 것이며 태양은 황금과 동일시하게 된 것이다.

이 모든 것이 얼, 알(Al)로 농축·발현된 것이다. 이 알, 얼은 풀어 해석하면 아리(Ari),

아르(Ar)가 되므로 '우리'란 카테고리가 되는 것이다. 해석하면 "아버지의 광명"이 되는데, 여기서 아버지란 절대자이며 칸을 의미하기도 하였다. 이 광명, 태양족들은 '세르비아의 빈카문화'와 파키스탄의 '메르가르(Mergar-우두머리 고리)', 아프리카(Africa-큰 광명의 고리) 문명으로 나누며 메소포타미아와 다시 아나톨리아 문명으로 구분된다 하겠다. 이 광명, 태양족들의 구심점은 고대 한국인의 환인, 환웅의 정치체제였다. 북아프리카와 지중해문명, 메소포타미아문명으로 이어지는 문명은 소위 '키쉬문명(Kish-환웅의 고시)'으로 기원전 40세기경이라고 서양의 고고학계에서 밝히고 있다. 이 문명이 고대의 한국인의 구심점이 된 '환웅문화'이며 메소포타미아의 '우바이드(Ubaid-아버지 머리)'문명인 것이다.

아리(Ari)가 해석, 설명되었기에 실로 아리랑(Arirang)은 "우리는 태양족의 고리"가 되는 것이며 스리랑(Srirang) 은 "태양의 우리들 고리"가 되는 것이다.

그러므로 스리, 스리랑은 "태양의 우리들 고리"로 이어지는 것이며 이런 진단과 해석은 고대 인류문화를 올바르게 해석한 것이 되는데 그것은 올바른 고대왕조의 정체성 찾기에서 비롯된 것이다. 아리랑 후렴의 '나를 버리고 가신 님은 십리도 못가서 발병난다'의 '십리'란 개념은 고대에 없었기에 후대에 개사를 한 것으로 연구되었으며 '아리랑'은 어느 연인과 작별하는 것이 아니고, 고리를 지어 살았던 다문화 사람들이 함께 불렀던 노래인 것이다.

이 종족은 환웅시대에 빈카문화권에서 진출한 종족으로 볼 수 있고, 라틴권에서 진출한 종족일 수도 있다. 특히 북아프리카에서 사용되는 언어인 'We'는 지중해를 거쳐 중앙아시아와 파키스탄의 번잡지방, 인도에 까지 진출하여 지금 인도에서 사용되고 있는 언어체계이다.

북아프리카의 리비아, 알제리, 튀니지는 고조선의 마한권역이었기에 아나톨리아의 여러 부족, 이탈리아의 부족과 동맹하여 이집트 본토까지 쳐 들어가 이집트의 항복을 받아낸 역사적 사실에 기인한 것이다. 이 기록은 이집트 람세스왕의 '빈소사원'의 기록에 나타나 있다.

이 종족도 일찍부터 깨우친 문명의 후예답게 다방면에서 두각을 나타내며 세계적으로 알려진 사람은 '막스 웨버'이고, 독일뿐만 아니라 변형된 성씨로도 유럽에서 활동하고 있는 것으로 추정된다.

(7) 슐츠(Schulz－새로운 흰 빛나는 고리는 거룩한 우리)

비추이는 '태양'의 빛을 말하였다. 북부 독일의 가문으로 치안판사, 집행관, 시장, 현지 법집행 임원경찰로 정의되어 있다. 이름의 해석에서 보듯 '로얄 페밀리종족'이다. 변형의 슐츠로는 Schul Theis(새로운 흰 빛나는 고리는 이제 시작하는 흰 머리), Schulten(새로운 흰 빛나는 고리는 우리의 머리 사람들), Schulzke(새로운 흰 빛나는 고리는 우리의 거룩한 고리), Schultheib(새로운 흰 빛나는 고리는 우리 아버지의 흰 머리), Schuldt(새로운 흰 빛나는 고리는 우리의 머리), Sulc(새로운 우리의 고리), Szulc(새롭고 거룩한 우리의 고리) 등이며, 특히 실레지아 지방에선 'Ul'이 'Ol'로 변형된다. 즉, Scholtz로 모음이 바뀌어도 그 어원엔 아무런 차이가 없다. 울(Ul)은 우리(Uri), 우르(Ur)로 나타나며 올(Ol)은 오르(Or), 오리(Ori)로 나타난다. 올과 울은 '우리'란 '울타리(Ultari－우리의 달)인 카테고리'(공동체)를 말한다.

Schulz에서 자음인 'Z'는 원래 자음인 S가 변하여 Z가 된 것으로 주로 중앙아시아의 우즈백, 카자흐스탄의 국가 지명 등에서 많이 인용되고 있다. 이런 언어학적인 변화현상을 그대로 가져다 성씨에 붙인 것으로 우즈백, 카자흐스탄 등지에서 독일로 진출한 것으로 추정하고 있다.

앞에서 인용한 슐츠의 변형인 성씨에서 드러난 정체성은 '머리와 고리'이었다. 머리족은 태양족으로 환인, 환웅시대에서 나타나는 정체성인 것이고 나중에 고조선에 이식되며 상속된 것이다. 이 종족도 다양한 계층에서 두각을 나타내고 있다.

(8) 여덟 번 채 많은 성씨인 바그너(Wagner－밝은 우리들)

필자가 독일어의 문법에 문외한이어서 설명하기가 어려운데 앞에서 설명한 웨버(Weber)와 마찬가지인 와(Wa)가 '바'로 발음되고 있다. 아마도 독일어의 모음에 따라 자음 'ㅇ'이 'ㅂ'으로 변하며 발성되는 것으로 보이고, 일반적으로는 모두 와, 위, 유, 예(Wa, Wi, Wu, We)로 되어야 한다는 것이다. 바그는 '박'에서 온 것이고 표기는 Wag이 Bag, Bahk으로 변하며 '밝음'을 나타내는 것이다. 역시 어미의 'Er'은 '우리'란 해석이 되어 "밝은 우리들"로 된다.

성씨의 해석에서 미국과 독일의 소개에 의하면 마부, 마차바퀴 제조(자동차 제조)의 일을 하는 사람으로 정의가 되어 있으나, 그 정체성은 '아버지'라고 불리는 종족으로 중앙아시아 또는 반달족(Bandal－아버지족의 달〈月〉)이 유럽에 진출하였을 그 일부가 잔류하였다고 역사에 기록되어 있는데, 잔류한 것에서 파생된 성씨인지는 확인할 길이 없다. 다만 Wa, Wi, We의 언어는 북아프리카가 우선으로 보아서 '반달족'으로 본 것이다. 북아프리카는 앞에서 설명한 대로 고조선의 마한권역이었던 것이다.

특히 독일, 오스트리아 등지에 진출한 고조선의 9환(桓)족의 정체성에서 아버지, 어머니, 머리(D, Da, Di, Du, De, Do, T, Ta, Ti, Tu, Te, To), 고리(Gori), 달(Dari), 태양(La, Suri, H), 광명(Bar, Var), 신(神-An)이 정체성이고, 이런 정체성이 반드시 게르만 종족에 있는 것이며 영국, 프랑스, 스페인도 예외가 아니었다는 것을 필자의 책에서 소상히 밝히고 있다. 이 종족도 수많은 두뇌를 배출하고 있으며 유명한 음악가인 '바그너'도 있다.

중세에 들어와 이동수단인 마차가 상용화되었는데 이 종족의 일부가 마부나 마차를 만드는 일에 종사하여 붙여진 성씨로 본다. 하나 마부, 마차 제조가 그 종족의 정체성이 아니기에 마부, 마차 제조가문으로 인식하면 큰 오류가 되는 것으로 보여지며 주로 독일이나 미국에서 소개되는 자료에서도 고작 17~18세기의 유명한 사람을 소개하고 있기에 이 가문 사람들도 고대에 깨우친 종족으로 태양신을 숭배한 종족이니 자부심과 자긍심을 가져야 할 것으로 본다.

(9) 베커(Baecker-밝은 사람들〈집단-고리〉)

박(Bhak, Bak, Bac), 백(Bek, Bec, Bhek-白(흰 백))을 의미하며 '제빵사'의 이름으로 시작되었다고 하지만 백(Baec)은 백(白)과 같은 것으로 정의되어 있다. 그러나 그 정체성은 먼저 '밝다'의 광명과 태양에서 비롯된 것이며 박트리아(Bacteia-밝은 달), 박타르(Bakhtar-밝은 달)에서 달도 밝음의 대상에 포함된 것을 알 수 있는 것이다.

결국광명 족이 '밝은 종족'인 것으로 일찍부터 깨우친 종족을 내포한 것입니다. 제빵사라고 하지만 영어로 빵은 브레드(Bread)로 브레+에드가 합쳐진 것으로 '브레(Bre)'는 광명인 바르(Bar)의 변형이며 에드(Ad)는 '머리'를 나타냄에 "광명의 머리"에서 빵이란 용어가 나온 것을 알 수 있는 것이다. 광명의 머리족은 환웅족으로 대략 기원전 23세기 이전으로 환웅시대인 것으로 깨우친 종족들이 빵을 구워 먹은 것이 효시가 되어 빵의 이름에 '머리'가 나타난 것이다.

밝은 종족(광명족)들은 고대 문명을 선도한 사람들로 독일의 10대 가문에서 제일 오래된 종족으로 보아야 한다는 것이 필자의 주장이고, 빵의 이름인 영어의 브레드(Bread)가 증명한다고 본다. 그러므로 제빵사는 고조선이 있기 전인 코리아의 환웅시대에 제빵된 것으로 보아야 하므로 가장 오래된 종족이 되는 것이다.

이 종족도 성씨에서 나타난 정체성처럼 밝은 사람들로 깨우친 DNA로 수많은 두뇌를 다양한 계층에서 배출하고 있다.

(10) 호프만(Hoffman - 태양의 아버지, 어머니 사람들)

이 종족은 태양과 아버지, 어머니를 내포하고 있음에 역시 고조선이 아닌 세르비아의 '빈카문화권'에서 남하한 환웅족으로 내다보고 있다. 그 이유는 변형된 성씨의 후버(Huber-태양의 광명)와 Hofer(태양의 광명)에서 증명된다 하겠다. 주로 독일 서부와 남부 실레지아에서 많이 보이는 성씨이다. 변형으로는 Hobemann, Havemann(저지대 독일), Hofbauer(태양의 우리 아버지), Hoffrichter(태양의 아버지는 우리 머리, 고리의 광명), Hoffemeister(태양의 아버지, 어머니의 새로운 달), Hofstätter(태양의 아버지는 새로운 머리이며 달), Hoffner(태양의 아버지는 우리의 아버지 사람들) 등으로 그 변형이 있다. 어원에서 서양학자들은 아첨꾼, 농민으로 정의를 하였다. 수준 높은 문명의 전파자이며 깨우친 종족들이 고작 농민과 아첨꾼으로 그 어원이 정리된 것은 큰 오류라 할 수 있다 하겠다. 아버지를 Be, Ve, Off로 같은 어원이다.

후버(Huber)는 독일어권에서 5~10%권에 든다고 하며, 오스트리아와 스위스에 변형인 Huemer(태양의 우두머리), Haumer(태양의 우두머리), Humer(태양의 우두머리), Huober(태양의 광명), Huama(태양의 어머니), Huebmer(태양의 아버지 우두머리), Huaba(태양의 아버지) 등의 변형 성씨가 있다고 한다.

이렇듯 그 종족의 어원에서조차 엉뚱한 어원이 해석되므로 서양에서 연구된 켈트와 게르만에 들어간 종족 연구는 절름발이이며 엉터리 연구가 될 수밖에 없는 한계와 모순을 제공하는 것이라고 결론 지었다. 고대 독일로 진출한 종족의 구심점이 고대 한국인의 구심점이 된 고조선 이었기에 결자해지(結者解之)란 말처럼 한국인이 올바른 켈트, 게르만 연구를 하여 전 세계에 발표해야 할 것이라고 본다. 실로 켈트(Kelt)는 "고리의 머리"가 된다. '머리족'이 진출한 것이며 이동한 것이다. 대저 그 종족의 정체성을 모르고 연구를 하면 올바른 연구가 되지 않는다

호프만과 변형된 호프만 성씨와 함께 저지대에 사는 후버와 그 변형된 성씨들 모두 다양한 계층에서 두각을 나타내며 활동하고 있다고 한다. 호프만은 '아첨꾼'이 아니며 어원 해석에서 '태양의 밝은 사람(광명족)'으로 고대로부터 일찍 깨우친 종족이었다는 것을 다시 한 번 강조하고자 한다.

(11) 세퍼드(Schäfer-새로운 흰 빛나는 고리는 큰 광명)

Fer는 원형인 Ber, Ver에서 인도유럽어에 의하여 Per, Fer로 변한 것으로 광명인 Bar, Var의 변형이다.

(12) 코흐(Koch－고리는 흰 빛나는 고리)

앞서 설명한 대로 '고리(Gori)'를 나타내는 수식어(꼬리표)는 K, Ka, Ki, Ku, Ke, Ko이고, C, Ca, Ci, Ce, Co, Cu로 표기되기도 하며 G, Ga, Gi, Gu, Ge, Go로도 표기된다. 여기에 태양의 흰 빛을 나타내는 자음인 'H'가 들어가면 '흰 빛나는 고리(Ch, Kh)'가 된다.

(13) 바우어(Bauer－우리 아버지)

(14) 리히터(Richter－태양과 달의 흰 빛나는 고리〈집단〉)

먼저 태양의 별칭이 3개로 표기된다고 설명한 바 있다. 먼저 이집트에서 표기된 태양의 별칭은 '라(La)'이었다. 라의 변형으로는 리, 루, 로, 레다. 테르(Ter)는 원형이 데르(Der)이며 달(月)을 표기하는 다리(Dari)의 변형이므로 데리, 데르, 데루, 데라 등으로 변화 표기된다.

(15) 클라인(Klein－고리의 신 〈재산으로 형성된 성씨〉)

(16) 볼프(Wolf－영어로 울프, 늑대를 말한다. 광명의 아버지)

타타르 공화국의 전설에 늑대가 젖을 먹여 키우는 늑대소년의 전설이 내려 오고 있으며 중앙아시아권엔 개, 늑대 등의 토탬을 사용하는 나라가 많다(구가〈狗家〉). 이 늑대 이름으로 하여 '볼프'의 가문은 중앙아시아의 '타타르종족'에서 진출한 것으로 추정한다. 늑대의 Wolf 이름은 아버지 광명시대에 형성된 것이고, 클레(Kle)의 원형은 글레(Gle, Glle)이며 그레(Gre)이다. '고리'에서 그레, 그리, 그라, 그루로 변형된 것이다. 그리고 자음이 붙으면 글리, 글라, 글레의 표기가 된다.

(17) 슈나이더(Schroder－새로운 흰 빛나는 고리의 달)

Schneider의 변형이다. 물론 달을 말하는 데르의 인도유럽어의 표기로는 '테르(Ter)'가 된다.

(18) 노이만(Neumann－어머니의 신〈재산으로 형성된 성씨로 정의되어 있다〉)

신(神)을 말하는 AN에서 중복으로 N이 붙은 경우이다.

(19) 검은 머리(Schwarz－새로운 흰 빛나는 거룩한 광명)

재산으로 형성된 가문 '와르(War)'는 Bar, Var와 동일하며 '광명'을 말한다. 어미의 자음인 Z는 자음 S에서 변한 것으로 중앙아시아(카자흐, 우즈벡 등)에서 흔히 지명에 인용되고 있다.

(20) 짐머만(Zimmermann–새로운 어머니는 우두머리의 어머니 사람들)

이 가문은 발트해 근처인 우크라이나 남부의 스키타이 발생지에서 진출한 것으로 보이며 '아마존 〈여자 전사〉'의 발상지로 보고 있다. 우두머리가 어머니이며 어머니족이기 때문이다. 여기서 어머니를 나타내는 '임(Im)'이 붙어 있다. 물론 마(Ma)도 어머니이다.

(21) 브라운(Braun은 Brunhold〈광명의 흰 빛은 우리 태양의 머리〉)

태양의 별칭인 자음 'H'이고 Ha, Hi, Hu, He, Ho로 표기되며 헤라(Hela, Hera), 헤르(Her), 헤리(Heri), 헬라(Hella), 헬리(Helli)로도 표기된다. 홀(Hol)은 호리(Hori), 호르(Hor)가 되므로 태양이 된다.

(22) 크루거(Kruger–고리와 고리)

크루의 원형은 '그루(Gru)'이며 게르(Ger), 게리(Geri), 게루(Geru), 게라(Gera) 등으로 변형 표기된다. 모두 고리의 변형이다.

(23) 호프만

이 성씨는 10대성에서 인용하였다.

(24) 하트만(Hartmann–'이름'으로 전해진 성씨)

"태양의 머리는 어머니 사람들" 역시 태양의 이름인 '하르(Har)'이다.

(25) 랭(Lange–태양족의 고리)

태양인 '라(La)'에서 자음인 'N' 복수가 붙어 '태양족(사람들)'이 된 것이다.

(26) 슈미트(Schmitt–새로운 흰 빛나는 고리는 어머니의 머리)

성씨 2위인 '슈미트(Schmidt)'와 변형된 성씨이다.

(27) 베르너(Werner–우리는 광명의 사람들)

북아프리카에서 먼저 사용된 'Wer'는 Ber, Ber가 되며 '광명'을 말한다.

(28) 슈미츠(Schmitz–새로운 흰 빛나는 고리는 거룩한 어머니)

(29) 크라우세(Krause-새로운 고리)

여기에서 Se, Su, Si, So, Sa, S는 새롭다는 뜻이다. 물론 크라(Kra)의 원형은 '그라(Gra)'이며 '고리'의 변형이다

(30) 메이어(Meier-우리 어머니)

6위 성씨인 메이어(Meyer)의 변형이다.

(31) 레만(Lehmann-태양의 흰 빛나는 어머니)

태양의 별칭인 '라(La)'의 변형으로 레(Le)이며 로마(Roma-태양의 어머니), 루마니아(Rumania-태양의 어머니 사람들), 리비아(Lybia-태양의 큰 아버지) 등으로 표기된다.

(32) 슈미트(Schmid-새로운 흰 빛나는 어머니의 머리)

성씨 2위인 '슈미트(Schmidt)'와 변형된 성씨이다.

(33) 슐츠(Schulze-새로운 흰 빛나는 거룩한 우리)

9대 성씨인 슐츠(Schulz)의 변형된 성씨로 본다.

(34) 마이어(Maier-우리 어머니)

6대성씨와 30대 성씨인 Meier의 변형된 성씨로 어원은 동일하다. 큰집, 작은 집의 형태로 본다. 어머니를 부르는 Mai, Mei, Mui, May, Mey와 동일한 것이다.여기에 한국어의 북한 사투리처럼 모음이 앞에 붙어 '오마이(Omai)'가 된다. 카자흐스탄의 지명에서 어머니를 마이(Mai)라고 지칭한다. 이 성씨는 아마도 카자흐스탄에서 진출한 종족으로 추정한다.

(35) 쾰러(Köhler-우리 태양의 고리)

'흘(Hl)'은 흐리(Hr), 흐리(Hri)가 됨에 태양이 된다.

(36) 헤르만(Herrmann-태양의 어머니 사람들)

유명한 작가인 '헤르만 헷세'가 있다.

(37) 킹(König-알파벧 순서가 영어와 다르다)

King으로 아마도 중세기(12~18세기)에 형성된 성씨로 본다. 고대엔 킹(King)이란 단어가 없었으며 간, 칸(Gan, Kan, Khan)으로 불렸다.

(38) 월터(Walter－광명의 달)

Wal은 Bal, Val과 동일하며 발(Bal, Val)은 바리(Bari, Vari), 바르(Bar, Var)가 되므로 '광명'이 된다. 테르(Ter)는 달(月)이다. 빛나고 밝은 달을 의미하므로 고조선의 큰 정체성인 '달'을 표기하므로 고조선이 있었던 중앙아시아에서 진출한 것이 확실시 된다 하겠다.

(39) 메이어(Mayer)

독일인의 6대성과 30, 34대 성씨와 같은 성씨에 해당된다.

(40) 후버(Huber)

독일 10대성인 '호프만' 성씨의 변형 성씨로 소개한 바 있다.

(41) 카이저(Kaiser－깨우친 태양)

여기에서 깨우친 〈계몽된 사람〉을 가이아(Gaia), 카이아(Kaia)라고 하며 변형으로 Gui, Gei, Goi가 있으며 Kui, Kei, Koi로도 표기된다. 남미에선 Kue로도 표기된다. 태양의 별칭인 '수리(Suri)'에서 변형된 것으로 세르(Ser－세르비아), 세리(Seri), 세라(Sera) 등으로 표기되고, 때로는 슬로(Sllo, Slo)－슬로베니아, 슬로바키아로 표기된다.

(42) Fuchs(은행 이름의 姓－아버지의 새로운 흰 빛 고리)

(43) 피터(Peters－아버지의 새로운 달)

아버지는 Pi, Pe, Po, Pu, Fi, Fo, Fu, Fa, Fe로 표기된다(인도－유럽어 형태). '달'이란 이름이 성씨에 붙은 것으로 틀림없는 고조선의 9환족이 이곳에 정착한 것으로 본다.

(44) 랭(Lang－태양족의 고리)

재산의 성씨

(45) 슐츠(Scholz－새로운 흰 빛나는 고리는 거룩한 우리)

독일의 9대 성씨인 Schulz, 33대 성씨인 Schulze와 같은 가문으로 보이며 한국에서 분류하는 ～파(派)의 개념으로 본다(예：동래 정씨 동평군파, 충선공파, 설학제파). 자음인 '울(Ul)'은 우리, 우르가 되며 자음 'Ol'는 오리, 오르가 됨에 같은 '우리'란 개념이 되는 것이다. 자음 'Z'와 'Ze'도 같은 어원으로 '거룩한, 훌륭한'의 뜻이 된다.

(46) 몰러(Mōller－우리의 우두머리)

'몰(Mōll)'은 모리(Moli), 모르(Mor)로 '우두머리'를 뜻한다. 물론 독일의 1대성씨인 뮐러(Muller) 집안과 사촌 집안이나 약간 다른 파벌의 집안으로 본다.

(47) 흰색(WeiB-아버지와 아버지)

이 종족은 분명코 '웨이, 베이(Wei)'로 아버지를 뜻하는 웨, 베(We)로 아버지가 되며 '이브(Ib)'도 아버지가 되는 것인데, 독일 자료에선 '흰 색'으로 표기되고 있다. 번역의 오류인지, 실제 독일에서 그렇게 부르는 것인지 알 수 없다. 다만, 필자의 해석대로 하면 '아버지와 아버지'가 된다.

사실, 고대 인류사를 들어가 보면 '흰 머리(Bak, Bhak-밝은, H는 흰, 밝음을 말한다)'는 '아버지'로 귀결되었다. 고대에 '아버지'는 절대자이었고, 그 종족의 구심점이었으며 칸과 동일시하였다.

즉, 아버지란 칸이나 윗대로부터 숭상해 온 훌륭한 조상을 '아버지'로 대칭하여 불렀던 것이 아닌 인류문명을 만드신 조물주, 삼신하늘님으로 파악되었다. 그러므로 '아버지'의 이름을 따서 독일인이 '성씨'를 가지게 된 것은 우연이 아닌 역사적 사실에 기인한 것으로 보아야 한다. 고대에 '태양족'과 '우수한 문명을 만든 깨우친 사람들'이 '아버지'이었기에 아버지의 빛난 얼을 상속하고, 거울삼아 승계하는 것이 사람이 행해야 할 도리(道理)이었던 것이다.

즉, 아버지는 '흰 머리'로 동일시 하였기에 '흰 색'이란 이름이 나온 것으로 추정한다. 흰 색=아버지=흰 머리=절대자=영도자=칸, 숭배하는 조상의 영웅으로 등식이 성립되는 것이다. 영어의 흰 색을 지칭하는 'White'를 분석해 보면 화이(Whi)로 아버지의 이름인 위(Wi -Bi)에서 흰 빛을 상징한 자음 'H'가 들어있어 '흰 아버지'가 되었으며 '테〈Te〉'는 '머리'를 뜻하므로 "흰 빛 아버지의 머리"가 흰색의 이름인 화이트(White)가 된 것이다.

오늘날의 영어는 고대 그리스어와 라틴어의 어휘를 모두 가져와서 만든 것이 되며 고대 영어인 크로아티아어에서 왔다고 되어 있다. 그러므로 영국과 미국 사람들이 자기네 언어로 사용하는 영어는 고대 그리스와 라틴문명을 만든 사람들의 어휘에서 온 것이 되는 이유이다. 라틴(Latin-태양의 머리 사람들)은 '머리 사람들'의 문명이었다. 라틴은 이탈리아의 '라티움(Latium-태양의 머리 어머니)' 지방에서 시작되었다고 전해지고 있다. 만일 독일에서 '흰 색'이란 성씨로 통용된다면 '흰 빛나는 아버지'로 바꾸어 사용할 것을 권하는 바이다. '흰 아버지, 태양의 아버지, 흰 빛나는 아버지'가 인류문화사적으로 올바른 표현 방법이기 때문이다.

또한 고대의 영국인 아일랜드, 스코틀랜드도 고조선의 9환족들이 기원전 6~5세기 경에 진출하여 고대 영국을 개척한 것이며 프랑스, 이탈리아, 이베리아(고대 스페인)도 예외가 아니었다. 그러기에 영어는 '머리 사람들'의 언어인 것이며 그것은 세르비아권의 '빈카문명(기원전 7,300년경)'의 터전 위에 하위문화인 여러 문명(고대 그리스문명 등)과 고조선의 문명의 토대 위에서 형성되고, 발전·확장된 것이 오늘날의 영어가 된 것이다.

이런 주장은 영어의 스펠에 그 정체성이 녹아있는 것으로 '잉글리쉬(English)'는 '영어'가 되는 것인데 분석 해독해 보면 먼저 '잉(En)'은 인(In), 안(An), 엔(En)으로 구분되며 예수가 있기 전인 신(神)을 의미하였다. 다음엔 '글리(Gli)'는 원형이 '그리'이며 고리(Gori)에서 변형된 것이다. 고리에서 골리, 골레, 골루, 글리, 글레, 글라로 이어지며 인도유럽어의 간섭을 받으면 클리, 클레, 클라, 클루 등으로 변형, 표기, 발성되는 것이다. 마지막의 '쉬(Sh)'는 '새로운 흰 빛'이 된다. 종합하면 "새로운 흰 빛 고리의 신"이 영어의 이름이며 그 정체성인 것이다. 영어는 "흰 빛나는 신"을 믿는 종족으로부터 전래된 것을 말하는 것이다.

그러면 영국의 정체성을 분석해 보면 잉글랜드(England)로 글라(Gla)는 '고리'에서 변형된 것이고, 복수인 자음 'N'이 붙어 "고리의 사람들"이 된 것이며 마지막의 어미인 자음 'D'는 '머리'를 나타낸 것이다. "고리 사람들의 머리 신"을 믿는 종족이 영국인이 된 것이다. 고대에 '머리족의 신'은 한국인이 이야기하는 삼신(三神)과 칠성(七星)이었는데, 삼신을 믿는 사상은 필자의 책에 소개되어 있는 켈트로 진출한 종족이 포르투칼의 '3머리의 신'에 상세하게 나타나 있으며 독일 우표에 '3머리의 사람'을 실은 사진이 있다.

그러므로 영어란 글자 속에 숨은 정체성과 영국이란 국가의 이름에 그 정체성은 모두 '고리와 흰 빛나는 고리, 머리로, 삼신'을 의미한 것으로 서양의 고대사는 새로 작성해야 한다는 명제에 도달한다 할 것이다.

내친 김에 역사를 영어로 '히스토리(History)'라고 한다. 필자가 해독하면 "새로운 태양과 달"이 역사인 '히스토리(History)'가 되는 것으로 고대 태양족과 달을 숭배하는 사람들의 흔적이 '역사'가 된 것이다. '히(Hi)'는 하, 후, 헤, 호와 같이 '태양'을 말하고 '스(S)'는 새로운의 뜻이다. 토리(Tory)는 때론 'Tori'로 표기되며 그 원형은 도리(Dori)이고, 다리(Dari)의 변형이 되었으며 인도유럽어의 간섭으로 '토리'가 된 것이다. 달(月)은 다리, 다르로 나누어지며 다양한 변형으로 유럽의 지명과 종족 이름, 중앙아시아의 지명에 무수히 나타나는 것이다.

고대에 이스티리아(Istria-처음 시작하는 달)는 중앙아시아의 고조선족들이 기원전 6~4세기경 아스트리아, 에스트리아, 이스트리아로 '달의 종족'들이 유럽에 진출하여 만든 이름이 된 것이다. "처음 시작하는 달"의 해석이 되며 이탈리아도 예외는 아니었다. '탈리아'의 원형은 타리아, 다리아(Daria)는 달로서 이탈리아의 국가 이름은 '큰 달'이 된 것이다.

이 달(月)의 이름에서 다리, 타리, 탈리로 변화되는 것이며 오늘날의 '타타르(Tatar) 족은 "머리의 달족"으로 서양 학자들이 기존 연구한 이란인으로부터 시작하여 형성된 것이 아니고, 중앙아시아에 있는 고조선으로부터 그 정체성이 전해져 '타타르족'이 형성, 분화된 것이다. 이 타타르는 볼가타타르, 크림타타르, 킵착타타르, 시베리아 타타라, 몽골 타타르로 분류되어 연구되어 왔는데, 필자가 연구한 '타타르'는 비단 북방의 타타르 뿐만 아니라 네팔, 부탄, 티벳으로 이어지는 남방 '타르종족'과 그 언어가 있으며 뉴기니아 타타르, 아프리카 타타르도 있다는 것을 세계에서 처음으로 발표 주장하는 바이다.

타리(Tari)에서 타르(Tar), 타루(Taru), 타레(Tare), 티리(Tiri), 티르(Tir), 티레(Tire), 토리(Tori), 토르(Tor) 등으로 변화되어 표기되는데 한국어의 '모음조화' 현상인 것이며 인도 유럽어의 프로토 조어 현상이라고 밝히고 있다.

(48) 정(Jung -신의 고리)

Jun의 '운(Un)'은 An, En, In, Un으로 모두 신을 의미한 것인데 독일에서 '재산'에 붙은 성씨로 정의되어 있다. 정씨 종족이 가지고 있는 성(케슬) 등 자본에서 출발한 것이 아닌가 보고 있다. 일명 제사장 종족으로 칸에 다음 가는 종족이기에 많은 토지와 성이나 토지, 유산을 상속받은 것으로 추정하였다.

(49) 한은(Hahn-태양의 흰 빛 사람들)

독일인의 성씨 계보에서 '별명'으로 성씨로 만든 것으로 정의되어 있다. '태양의 흰 빛 사람들'이 훌륭하며 위대하고, 거룩한 깨우침의 종족이 왜? '별명'의 성씨 계보에 들어갔는 지는 알 길이 없다. 다만, 이 종족의 정체성은 광명(흰 빛)의 사람들로 그 정체성에서 정통의 종족을 읽을 수 있는 것이다.

(50) 슈베르트(Schubert-새로운 흰 빛나는 고리의 광명의 머리)

이 성씨는 직업의 분류에 들어가 있으며 변형의 종족으로는 'Schuhmacher(슈메이커

–새로운 흰 빛나는 고리는 우리의 흰 빛나는 어머니의 고리)'가 있다. 유명한 음악가인 '슈베르트'가 있다. 이 종족의 정체성에서 보듯 '고리와 흰 빛'이 중심이었다.

(51) 조류(Vogel–아버지의 고리)

성씨의 분류에서 이 종족은 '별명'으로 성씨를 개창한 것으로 정의되어 있다. 한글 해석으로 '조류'라고 되어 있는데 번역의 오류인지, 아니면 실제 조류(鳥類)의 한 가지를 말함인지 모른다. 다만, 필자가 해석해 보니 아버지를 뜻하는 '보(Vo, Bo)'가 붙어 있음에 틀림 없는 '아버지'가 된 것이며 겔(Gel)은 게리(Geri), 게르(Ger)로 나타남에 고리(Gori)의 변형이 된 것이다. 이런 증명은 한글의 모음조화와 인도유럽어의 프로토 조어 현상이 같은 것이다. 다만 인도유럽어는 파열음(된소리)으로 자음이 변화되는 것으로 자음 'ㄱ'은 'ㅋ'으로, 자음 'ㅂ'은 'ㅍ'으로 변화되며 표기·발성되는 방식이다.

이름의 철자에서 '새'를 상징하는 아무런 스펠도 없는데 어찌하여 '새의 한 종류'로 '별명'의 성씨에 올려 졌을까? 고대엔 많은 종족들이 '새'를 숭배하였다. 한국인이 열광하며 자부심과 자긍심으로 보는 새는 '태양 속에 사는 검은 까마귀'로 소위 삼족오(三足烏)로 '세 발 달린 까마귀'였다. 아버지 사람들은 반드시 요즘의 연방과도 같은 '고리'를 지어 살았다. 아버지 사람들은 태양을 숭배하였으며 삼신을 숭배하였고, 하늘의 별을 숭배하였다(칠성사상). 또한 하늘에 떠 있는 밝은 달을 숭배하였다. 이런 인류문화사적인 토대 위에서 고찰하면 '새를 숭배한 종족'의 일원이 'Vogel–아버지의 고리로 '별명'으로 만든 성씨 계보에 등재된 것으로 추정하고 있다.

만약에 그렇다면 이 종족은 아주 오래된 고대의 종족이 되는 것이다.

(52) 프리드리히(Friedrich–밝음〈광명〉은 흰 빛나는 고리의 달)

Fri의 원형은 Bri, Vri이며 '광명'으로 밝음을 말한다. 달(月) 이름인 '드리(Dri)'는 드라(Dra), 드레(Dre) 등으로도 변하며 인도 유럽어의 간섭을 받으면 트리, 트라, 트레, 틀리, 틀라, 틀리로 변화되기도 한다. 고조선의 첫 번채 정체성인 '달'에서 온 종족으로 필시 고조선이 있었던 중앙아시아권에서 진출한 종족으로 보고 있다.

(53) 켈러(Keller–우리의 고리)

켈(Kell)은 원형인 '겔(Gel)'이며 게리(Geri), 게르(Ger)로 나누어 지며 다양하게 변형된다. 게루, 게라, 게루, 게로 등이며 케르, 케리, 케라, 케로 등으로도 나타난다. 자음이 다시 붙으면 켈리, 켈루, 켈라 등으로도 표기된다.

(54) 귄터(Günther-칸은 우리의 흰 빛나는 머리)

이 종족은 독일인 성씨의 게보 분류에서 '이름'이 붙은 것으로 정의되어 있다. 칸을 모시는 흰 빛나는 머리족으로 정통성이 있는 종족으로 짐작된다. 변형된 '군터(Gunth)'도 같은 일가로 보여진다.

이 흰 빛나는 머리족은 한국(코리아)의 고조선 이전의 왕조로 '환웅시대(고시, 구시, 구스, 기시, 키쉬문명)'의 종족으로 일명 백두(白頭 -흰 머리)사상과 태백(太白 -크게 흰)사상을 만들었고, 고대 그리스와 중앙아시아, 아나톨리아(터키), 이집트, 멕시코 등지에 산재된 테페(Tepe-아버지의 머리=흰 머리), 테베(Tebe-아버지의 머리=흰 머리)가 이를 증명해 준다는 것으로 서양의 고대사를 새로 작성해야 하는 것인지에 대하여 테베, 테페가 올바른 답변을 해 주는 것이다. 이 흰 빛나는 머리족은 로얄페밀리로 보여지며 아주 오래된 종족으로 보여진다. 특별한 종족이기에 종족의 '이름'에서 따 온 성씨로 분류된 것으로 파악하고 있다.

(55) 프랭크(Frank-광명족의 고리)

독일 성씨 게보의 분류에서 프랑스에서 그 기원이 된 것으로 보고 있다. 프랑스(France)에서 프란(Fran)은 그 원형이 브라(Bra, Vra)이며 프라(Pra, Fra)로 변형되고, 복수인 자음 'N'이 붙어 "광명의 사람들"이 된 것이며 어미의 'K'는 고리의 꼬리표로 수식하는 것이다. 프랑스에서 그 기원이 되었다고 하지만, 실제 그 기원은 고조선의 9환족이었다. 그 사람들은 일찍이 깨우친 종족으로 우수한 문명을 만들었으며 세계 최초로 기원전 20~30세기 경에 카트(Cart-2륜마차)를 제작하기도 하였다. 프랑스에 들어간 셀틱(켈트, 켈틱)도 고대 영국과 스페인에 들어간 같은 종족인 고조선의 9환 종족이었다.

(56) 버거(Berger-광명의 고리)

베르(Ber)는 '바르(Bar-광명)'의 변형이다. 인도유럽어의 간섭을 받으면 페르(Fer, Per)가 된다. 이 성씨는 분류에서 집의 이름에서 따온 것으로 정의되어 있다. 아마도 넓은 영지(성)를 가진 종족으로 보여지며 집 이름에서 따 온 것이 된다 하겠다. 하나, 그 정체성은 '광명의 사람들 고리'이다.

광명의 사람들은 환웅시대부터 고조선시대에 이르는 사람들의 정신사상이었으며 깨우친 사람(계몽된)의 척도로 생각하였다고 보아야 한다. 오늘날 '햄버거'는 빵(Bread-광명의 머리)을 만든 사람이 광명의 머리족이기에 빵의 기원이 된 것이 당연하다 할 것이다. 햄버거(Ham-Burg-Er)는 '태양의 어머니 광명의 고리'가 된 것으로 광명의 머리 사람들이 광명의 고리 사람들이란 것이니 실로 빵은 태양의 고리사람, 머리 사람들로부터 그 기원이 된 것이다. 이와 비슷한 이름으로는 독일 북부의 항구도시인 함부르그(함부르크-Ham-burg-태양의 어머니 광명의 고리)가 있다.

(57) 윈 클러(Winkler-아버지 사람들의 고리)

Win은 '아버지족'으로 아버지인 'Wi'에서 복수가 되었다. 클(Kl)은 크리(Kri), 크르(Kr)로 구분되며 변형된다. 원형은 그리, 그르이다. 그러므로 '고리'의 변형이 된 것이다. 오늘날 영어로 'Win'은 승리자로 변질되었는데, 실로 아주 넓은 광역에서 우크라이나, 중앙아시아, 파키스탄, 네팔, 티벳, 크레타섬, 이탈리아 남부, 북아프리카의 리비아, 튀니지, 지중해의 고대 도시, 이란, 시리아, 레바논을 아우르는 영역이 모두 동맹이었고, 그들은 고리족이었으며 고대에 한 가족이었다. 이러한 큰 동맹을 도저히 이길 수 없었기에 승리자의 표본은 '빅토리(Victory -밝은 달)'로 표시되고, 대칭된 것으로 보여진다

(58) 로스(Roth-태양의 흰 빛나는 머리)

로마(Roma-태양의 어머니), 루마니아(Rumania-태양의 어머니 사람들)과 같다. 이 종족도 흰 빛나는 머리족으로 그 정통성이 있는 성씨로 보여진다. 장미(Rose)는 '위대한 태양'에서 붉은 꽃이 대칭되었으며 빨강색의 이름인 영어의 '레드(Red-태양의 머리)'도 태양에서 그 붉은 것을 차용하였던 것이다. 물론 '머리족이 태양족'이었던 등식을 우리는 알 수 있는 것이다.

(59) 백(Beck-밝음, 白)

중앙아시아인 카자흐, 우즈백에선 백이 'Bhek'으로 표기되며 또한 Bek, Bok, Bik, Bak으로 변형이 되며 나타난다. 한국의 백(白)씨 성씨를 가진 사람이 많다. 이 성씨는 '밝음'의 백(白)이 된 것이고, 백두산의 이름에서 '흰 머리'가 바로 '밝음의 머리'로 귀결되는 것을 알 수 있다 할 것이다. 이런 성씨는 고조선 이전의 왕조인 환웅시대(고시, 고스, 구스, 쿠쉬, 키쉬)의 정신사상으로 태백문명이 있었던 기원전 23세기 전의 문명에서 일어난 사상으로 아주 오래된 성씨로 유추할 수 있다. 이곳 독일에서 같은 백씨(白)를 보니 너무 반가운 마음이 앞선다.

(60) 로렌스(Lorenz-새로운 태양 사람들)

아라비아의 '로렌스'가 생각난다. 달이 아닌 태양의 사람들이기에 필자는 '빈카문명권'인 그리스 북부인 '세르비아, 크로아티아에서 남하한 사람들로 추정한다. 그러기에

이 종족은 아주 오래된 성씨로 최저 기원전 6세기 이전의 사람들로 보고 있다.

(61) 바우만(Baumann－아버지와 어머니 사람들)

바(Ba)는 아버지이며, 어머니는 마(Ma)이다. 복수가 되어 Man으로 변하였으며 자음 'N'이 다시 붙은 형태이다.

(62) 프랑케(Franke－광명의 고리)

독일인의 55대 성씨인 '프랭크'와 같은 어원으로 같은 종족으로 본다.

(63) 알브레히트(Albrecht－얼이 있는 광명의 흰 빛나는 고리의 머리)

얼은 빛나는 얼로 인식, 표기되는데 알, 엘(El－앨살바도르, 이스라엘의 경우) 대저, 얼(Al)은 태양족이고, 머리족은 황금과 동일시하였으며 얼은 태양=황금=우리란 등식의 울타리가 된 것이다.

(64) 슈스터(Schuster－새로운 흰 빛나는 고리)

처음 〈이제 시작하는－여기에 진출한〉의 달(테르－Ter)이다. 고조선의 '달족'이 진출한 것으로 본다.

(65) 사이먼(Simin－새로운 어머니 사람들)

스(S), 시(Si), 소(So), 수(Su) 등으로 변화되며 표기된다.

(66) 루드비히(Ludwig－태양의 머리 아버지 고리)

루(Lu)는 태양의 별칭인 '라(La)'의 변형이 '루'이다.

(67) 뵘(Bōhm－흰 빛나는 아버지와 어머니)

보헤미아 지방에 있는 성씨이다.

(68) 겨울(Winter－아버지 사람들의 달)

영어로 번역하면 '겨울'이 된다. 역시 고조선의 달 종족들이 진출한 것으로 본다.

(69) 크라우스(Kraus－처음 시작하는 고리)

이 성씨는 중앙아시아 등 다른 지역에서 진출하여 새로운 동맹(고리)을 만든 것으로 해석된다. 그런데 독일의 성씨 계보 분류에서 '재산'에 이름 붙여진 성씨라고 정의되어 있다. 이 성씨가 고대에 넓은 영지(城)를 가져 그 성의 이름에서 따 온 것이 성씨의 기원이 되었는가 추정한다.

(70) 마틴(Martin-우두머리의 머리 사람들)

이 성씨도 독일의 성씨 계보 연구에서 아버지의 '이름'에서 성씨가 유래된 것으로 조사되었다. 머리 사람들(머리족)은 환웅왕조로부터 고조선에 이르기 까지 머리족이며 고리(동맹, 연합)로 살았던 종족으로 그 정통성이 있는 종족으로 자리 매김된다.

(71) 슈마허(Schumacher-새로운 흰 빛나는 고리의 어머니는 우리의 흰 빛나는 고리)

Cher은 영어로 Kher과 동일하여 그 어원도 같다.

(72) 크레이머(Krämer-고리의 우두머리)

메르(Mer)는 마리(Mary)의 변형이며 유럽의 왕족, 귀족 이름과 성씨에 수많은 '마리'가 들어 있다. '마리'는 우두머리로 영도자, 지도자, 왕을 칭하였음에 귀족, 왕족으로 드러난 것이다. '머리'란 정체성이 우두머리, 지도자로 표기됨에 유럽의 정체성은 '머리'에서 벗어날 수 없는 것이고, 유럽 사람들은 '머리족'에서 그 정체성이 발현된 것이었다. 특히 그 머리의 구심점은 고대 한국인이었다.

(73) 보그(Vogt-아버지 고리의 머리)

직업의 분류에서 변호사, 청지기, 집안〈귀족〉의 집사 등으로 분류되고 있다. 그 정체성은 '머리 사람들'이다.

(74) 슈타인(Stein-새로운 머리의 신)

독일의 성씨 계보에 따르면 '집의 이름'에서 유래가 되었다고 한다. 필자가 판단하기엔 신을 모시는 성소(기도처)에서 성씨가 파생된 것으로 추정하고 있다.

(75) 헌터(Jäger-큰 고리)

(76) 오토(Otto-큰 머리)

역시 '이름'에서 파생된 성씨로 영어로는 '자동'이 된다. 영어의 Other는 "우리의 흰 빛나는 큰 머리"가 일반 다른 사람들의 머리와 다르게 〈구별〉됨을 강조한 글자이다. 본래 비교급이므로 Than을 수반할 수 있다. 이때 Than은 '흰 머리의 사람들'이 된다.

오토만(Otto-Man-큰 머리의 어머니 사람들)은 오스만 제국의 터키사람을 말한다. 고대 터키(아나톨리아 반도)는 고조선의 '마한'영역으로 고조선의 제후이었다. 그러기에 그 국가의 이름과 종족의 이름에 '머리'란 정체성이 붙은 것이다.

(77) Sommer(새로운 어머니는 우두머리)

번역에서 여름 시즌에 사회적으로 결정된 관계라고 독일어의 번역이 있었는데 영어 섬머(Summer)의 변형으로 본 경우이다. 그러나 이 어원은 그렇지 않다. 계절의 여름하곤 아무런 관계가 없는 성씨이다. 즉, 아마존(어머니의 새로운 사람들), 아마조네스처럼 여자가 우두머리인 것을 말하고 있으며 모계사회를 말해주는 '새로운 어머니'로부터 설명된다 하겠다. 이 성씨는 '어머니'로부터 그 성씨가 기원된 것으로 파악된다.

(78) GroB(고리의 아버지)

이 성씨는 독일의 성씨 계보에서 '재산'에 붙여진 성씨로 정의되어 있다. 역시 넓은 영지의 이름에서 따 온 성씨로 추측한다.

(79) 델(Seidel-새로운 달)

지그프리트〈Siegfried-위대한 고리는 광명의 머리〉, Seiwald-새로운 광명의 머리. 역시 중앙아시아의 '달족'이 진출한 것이다.

(80) 하인리히(Heinrich-태양의 신은 흰 빛나는 고리의 태양)

(81) 브란트(Brandt-광명족의 머리)

'빌리 브란트' 수상이 유명하다. 역시 로열 페밀리족으로 그 정통성이 있는 가문이다.

(82) 하스(Haas-처음의 태양)

이 성씨는 독일의 성씨 계보에서 사냥꾼에 대한 별명, 또는 '이름'에서 기원되었다고 하지만 태양족이었다. 처음의 태양으로 '빈카문화권'에서 이주한 태양족으로 보여진다. 새로 건설한 곳에서 '처음 시작하는 태양족'이 된 것이다.

(83) 슈라이버(Schreiber-새로운 흰 빛나는 고리의 태양은 광명)

(84) 그라프(Graf-고리의 아버지)

그르(Gr)와 아버지(Af, Ap, Ab, Av)의 혼합된 이름이며 '고리'의 변형이 그르, 그리, 그레, 그루 등으로 변형되어 나타난다

(85) 슐트(Schulte-새로운 흰 빛나는 고리는 우리의 머리)

이 성씨는 독일의 9대성씨인 '슐츠(Schulz)'의 성씨와 비슷한 성씨로 같은 종족이며

사촌, 6촌 간인 일가의 씨족으로 본다.

(86) 디트리히(Dietrich-머리는 흰 빛나는 고리의 달)

이 종족도 고조선의 '달 종족'에서 진출한 것으로 본다.

(87) 지글러(Ziegler-새로운 우리의 고리)

글(Gl)에서 그리, 그르가 파생되며 '고리'의 변형이 된다.

(88) 쿤(Kuhn-칸, 왕)

이 성씨는 '재산'에서 성씨가 형성되었다고 한다. 칸이므로 왕인데 수많은 영지와 재산이 있는 종족이다.

(89) 쿤(Kühn-칸, 왕)

역시 앞에 쿤과 같은 왕족이다.

(90) 폴(Pohl-광명)

폴(Pol)에서 흰 빛을 뜻하는 자음 'H'가 붙은 것으로 폴은 포리(Pori), 포르(Por)가 되며 그 원형은 보리(Bori), 보르(Bor)이다. 광명인 '바르(Bar)'의 변형이 된다.

(91) 천사(Engel-고리의 신)

천사란 이름은 번역이 잘못된 것으로 영어의 번역이 된 듯하다. 물론 영어로 '천사'가 되지만, 인류문화사적으로 그 어원은 젤, 겔(Gel)은 게리(Geli), 게르(Ger)로 나타남에 '고리(Gori)'의 변형이 된다. 엔, 엥, 잉(En)은 신인 안(An)이며 그 변형인 아누(Anu), 아니(Ani), 아노(Ano) 등으로 변화한다. 고리족이며 머리족의 신은 세 머리의 신을 숭배하였으며 그것은 '삼신'으로 나타난 것이다.

(92) 혼(Horn-태양의 사람들)

독일에선 '집의 이름'이라고 하지만 전혀 그렇지 않다. 정체성은 '태양의 사람들'인 것이다.

(93) 부시(Busch-아버지는 새로운 흰 빛의 고리)

미국의 전 부시대통령 이름을 연상케 한다.

(94) 버그만(Bergmann-광명의 고리는 어머니 사람들)

독일의 56대 성씨인 '버거(Berger-광명의 고리)'에서 파생되었거나, 버그만에서 '버그'

로 파생된 성씨로 보인다.

(95) 토마스(Thomas-흰 머리의 어머니는 이제 처음)

이 성씨의 해독에서 '흰 머리족이 이제 처음으로 이곳에 진출한 것을 보여주는 것이다.

(96) 보이트(Voigt-아버지 고리의 머리)

반드시 머리족은 '고리'를 지어(무리를 지어) 연방형태로 살았던 것이다. 전쟁 등이 일어나면 모두 동맹에 가입하여 전투를 치른다.

(97) 사우어(Sauer-새로운 우리)

잔인한 성씨라고 정의되어 있는데 이 종족의 일부가 중세에 악행을 저질러 가문전체가 악의 소굴, 또는 잔인한 성씨로 매도된 듯하다.

(98) 아놀드(Amold-큰 우두머리의 머리)

머리족 중에 우두머리이며 다시 머리를 강조한 종족으로 그 정체성에 아주 정통성이 있는 종족으로 보인다(예 : 아놀드 파마).

(99) 울프(Wollff)

늑대를 상징하나, 원 어원은 '광명의 아버지'로서 고대엔 광명족(태양족)이 늑대를 토템으로 삼아 온 것이 오늘날 영어의 '울프〈늑대〉'가 된 것이다.

카스피해 연안, 킵착 지역은 늑대 종족이 살았다. 중국에서 말하는 서융(西戎)이라고 지칭한다. '반고'의 남하시 정착한 지역이 '청구'인데 필자는 '푸른 늑대' 종족이 있던 지역으로 본다.

(100) 파이퍼(Pfeiffer-아버지의 광명)

Fer(페르)의 원형은 Ber(베르)이며 '바르(Bar)'의 변형이 된다. 아버지(Bei)에서 인도유럽어의 간섭으로 페이(Fei)가 된 것이다.

* 독일어의 정관사와 부정관사를 해석, 해독하면

(1) 독일어의 정관사

	남성형	여성형	중성	복수형
주 격	de	die	das	die
소유격	des	der	des	der
여 격	dem	der	dem	den
목적격	den	die	das	die

* 여기에서 De(머리), Die(머리), Das(새로운 머리)가 되고 Des(새로운 머리), Der(달)이 되며 Dem(머리 어머니), Den(머리 사람들)이 되어 큰 정체성인 '머리와 달, 머리 사람들'이 독일어에 발현되어 표기에 이른 것으로 본다. 이런 해석은 한글의 동사에 모두 ~하다(Hada-태양의 머리, 흰 머리), 이다(Ida -머리)와 같은 표기 방법으로 연구하였다. 또한 겸양어인 ~했습니까?의 까(Gga)는 '고리'의 꼬리표로 보았다.

(2) 독일어의 부정관사

	남성형	여성형	중성	복수형
주 격	ein	eine	ein	-
소유격	eines	einer	eines	-
여 격	einem	einer	einem	-
목적격	einen	eine	ein	-

* 여기에서 Ein(신-神), Einer(우리의 신), Eines(이제 시작하는 신), Einem(어머니의 신), Einen(신을 숭배하는 사람들)로 분석·해석하였다.

* 여기에서 게르만족들이 숭배한 신은 세 머리의 신, 즉 삼신인 것이다.

3) 다른 게르만 언어의 언어학적 해석

아프리칸스어 : Duits-머리는 새로운 머리

덴마크어 : Engelsk-신이 깃든 고리는 거룩한 고리

페로어 : Týskt-머리는 새로운 고리의 머리

프리지아 : Dútsk-머리는 새로운 고리의 머리

아이슬란드어 : þýska-아버지의 새로운 고리〈집단〉

이디시어 : Daytsh(דײַטש)-머리는 새로운 흰 빛나는 머리
룩셈부르크어 : Däitsch-머리는 새로운 흰 빛나는 고리의 머리
저지 독일어(D)에서 : Düütsch-머리는 새로운 흰 빛나는 고리의 머리
저지 독일어(NL)에서 : Duuts-머리는 새로운 머리
네덜란드 : Duits-머리는 새로운 머리
노르웨이어 : Engelsk-신이 깃든 고리는 새로운 고리
핏 케언 영어 : Doich-머리의 흰 빛나는 고리
스웨덴어 : Engelska-신이 깃든 고리는 새로운 고리

이탈리아, 영국, 스페인(고대 이베리아), 프랑스도 예외가 아니나 독일어의 정관사, 부정관사에 나타난 '머리, 머리 사람들, 달, 신'은 게르만 민족의 정체성을 지칭하는 것이었으며, 독일 북부로 진출한 '프리지아(Frisia)'는 고조선의 마한 사람들이었다. 나중에 프로이센이 되며 프러시아가 된 것이다.

이렇듯 게르만으로 진출한 고조선의 9환족의 진출에서 필자가 앞서 게르만으로 진출한 종족을 상세히 분석·설명하였는데, 그 종족들은 오늘날 독일의 100대 성씨가 형성된 것이다. 성씨 분석과 해석에서 드러난 그 정체성은 '머리족'이었으며 태양, 광명족이었고, 달의 이름으로 고리를 지어 살아왔다는 것이 명백하게 증명된 것이었다. 독일 100대 성씨의 분석에서 사(Sa), 수(Su), 시(Si), 세(Se), 소(So), 스(S)로 표기되었으며 "새벌, 샛별"과 같이 '새로운'의 의미로 새롭게 진출한 것을 직시한다 할 것이다.

11. 게르만(German-고리의 어머니 사람들) 루트로부터 변화된 이탈리아의 개인 이름을 통하여 그 정체성을 증명

이탈리아(고대영어 : Italia, 영어 : Italy-큰 달)는 '큰 달'의 이름으로 고대인 기원전 11세기엔 고조선의 9환(고리의 동맹)의 일원으로 이집트의 북상을 저지하기 위한 소위 '카데스 전투'의 기록인 람세스 2세의 '빈소사원'의 기록에 '샤르데나(Sharderer)'지방의 군대가 동맹으로(9문-이집트 기록) 이집트 본토를 공격하였던 역사적 사실로 고조선의 '마한권역(필자의 연구)'이 된 것이다. 물론 이집트의 '빈소사원'의 기록에 '새르데나(Sherdena)'가 기록되어 있다. 일찍이 고조선은 기원전 2,333년 아사달(처음 시작하는, 돌아 오르는 달)에 '달지국(月支國)'으로 건국하였다. 실로, 대한민국에서 처음 고조선의 정체성을 찾아낸

사람은 필자이며 그것은 '달'이었다. 이탈리아의 정체성은 '달'이다. 국가 이름이 '큰 달'이다.

이탈리아의 탈리아(Talia)의 어원은 다리(Dari)에서 온 것으로 인도유럽어의 간섭으로 타리가 되며 자음이 붙어 탈리(Tali)가 되는 형태이다. 타리아는 테리아, 티리아, 토리아, 투리아 등으로 변화되며 다시 탈리아는 텔리아, 톨리아, 틸리아, 툴리아 등으로 변화되며 표기된다. 여기에서 '머리'인 다, 도, 두, 데, 디가 인도유럽어에 의해 마찰음이 되면 타, 토, 투, 티, 테가 되며 '탈리아' 앞에 붙으면 투탈리아, 타탈리아가 된다. '머리'의 명사가 어미에 붙으면 탈리아테, 탈리아티, 트리아티, 테리아타의 형식으로 표기된다. 고조선은 고대에 '투탈리아'(머리의 달)로 불려졌다. 이 '투탈리아'는 고대에 토카리스탄이었으며 중앙아시아의 아프가니스탄을 포함한 넓은 영역이 토카리스탄, 토하리스탄이었다는 것이 밝혀진 것으로 고조선은 아프카니스탄의 북부와 타지기스탄의 남부인 '옥서스강(아무다리아-어머니의 달)' 상류에서 건국한 것이다.

그러기에 마한권역은 이란을 비롯하여 지중해의 고재도시인 '비블리스, 시돈, 타이어' 등이 고조선의 제후국이었고, 시리아, 레바논, 히타이트(고대 터키), 크레타의섬 지역, 이탈리아의 남부섬 지역, 북아프리카의 리비아(이집트 기록에 리비아 왕이 직접 참전, 동맹한 기록이 있다), 튀니지, 알제리 등이 마한권역이 되었다.

변한과 진한 지역은 생략하더라도 엄청난 큰 광역을 중앙아시아와 함께 보유한 왕중의 왕이 고조선의 칸(단군)이었다. 터키와 제후국인 동맹국들은 칸을 '마스타'라고 불렀으며, 터키에서 발굴된 '루비안 언어'에서 '투탈리아'란 정제를 발굴하게 된다.

투탈리아(머리의 달)가 고조선의 큰 정체성이었던 것이다. 필자가 소설을 지금 쓰는 것이 아니다. 엄연한 역사적 사실이 이집트의 기록에 남아 있고 터키의 기록에 나와 있는 역사적 사실을 가지고 설명하며, 비정(比定)하는 것이다.

그러므로 고대로부터 이탈리아는 고조선의 제후국이었기에 그들의 지명과 산, 강의 이름에 고조선과 환웅왕조의 정체성이 그대로 남아 있는 것을 필자가 낱낱이 정리하여 설명하고 있는 것이다. 서양의 고대사는 새로 써야 한다는 주장을 하고 있는 것이다. 또한 고대 터키의 아나톨리아(영어 : Antolia, 터키어 : Anadolu)는 "달의 신"으로 고조선의 제후였으며 마한권역이었고, 중국이 말하는 '하나라'가 된 것이다. 이미 켈트(켈틱)와 셀틱(프랑스로 들어간 켈트) 등으로 진출한 그 종족의 정체성을 찾아내었고, 고조선이 기원전 638년경에 멸망하여 켈트와 인도 16국 등지로 진출한 역사를 언어학적으로 고대사를 새롭게 조명하는 것이다. 이탈리아의 정체성은 이미 완전히 드러난 것으로 새삼 들추어 설명할 이유가 없으나 게르만족(독일)의 이동으로 발생된 현 이탈리아의 이름에서 그 정체성을 증명하고, 독자의 이해를 돕기 위하여 필자가 연구한 이탈리아의 지명을 게재하기로 한다.

오늘날 이탈리아의 수많은 이름은 게르만에서 그 기원이 되었는데 남자 이름은 종종 ~O, 여자 이름은 ~A로 끝나는 이름이 많다고 한다.

예를 들면 애들레이드(Adelaid)를 Adelaida(여성-큰 달의 머리), Adelaido(남성), 또는 Edmonda(여성-머리 어머니족의 머리), Edmando(남성), 헤르만(Herman)+Mund=Hermund(태양 어머니족의 머리), Adelgis(달의 고시)는 Adalgisa(여성), Adalgiso(남성)의 이름으로 변형되었다. 또한 Walchiri(광명의 고리)에서 Walchiria(여성), Walchirio(남성)으로 변화되며 롬바르디아(Lombardina-태양 어머니 광명의 머리 사람들)에서 롬바르도(Lombardo-남성)로 변형된 것이고, 알레마노(Alemano-남성)는 알레마니(Alemanne)에서 변형된 예이다.

또한 이름에서 시작하는 부분에 자음 'H'가 붙는 '힐레가르트', Heribert 혹은 '사라', 게르하르트, 제라르, Ildegarda로 붙는 경우와 'W'가 붙는 것으로 Wido, Walbert이며 Gualberto, 빌헬름, 굴리엘모, Geltrude, Eliberto 등이다.

* 게르만 루트로부터 이전된 이탈리아어 분석 해부로 정체성 증명

Bertrando(밝은 달 사람들의 머리), Beltrando	Beltrand(광명-밝은 달 사람들의 머리)
Brunaldo(광명 사람들의 얼 있는 머리)	Bruno(부루노-광명의 사람들)
Carlo(태양의 고리, 카를로)	Karl(칼)
Clodomir(고리 머리의 우두머리)	독어 번역에서 Corr(고인)+Hlut(유명한)+세균, Meriz(반짝)의 어휘에서 온 것으로 알고 있으나 잘못 인용된 것임
Corrado(태양 고리의 머리)	Konrad(태양 칸의 머리)
Dagoberto(머리의 고리는 광명의 머리)	Dagobert(머리의 고리는 광명의 머리)
Eberardo(큰 광명은 우리의 머리) Everardo, Evrado, Everaldo (광명의 얼이 있는 머리)	Eberhard(희고 밝은 것은 〈광명〉 태양의 머리)
Edelberto, Edilberto(달은 광명의 머리에서)	Adal(달)+Beraht(광명의 흰 빛나는 머리)=달은 밝게 빛나는 머리에서
Edmondo(머리는 어머니 사람들의 머리)	Edmund(머리는 어머니 사람들의 머리)

Edorardo(우리 달의 머리)	Eduard(머리는 우리의 머리)
Emerico(큰 우두머리의 고리)	독일어 Haus〈집〉, Amal〈실력〉+Rihhi에서 파생된 것으로 알고 있으나 역시 어휘를 잘못 입력한 것이다. 'Emmerich 〈에머리히〉'
Engelberto, Angilberto(고리의 신은 광명의 머리에서)	Engelbert ('엥겔')
Enrico(태양 신의 고리), Errico(우리 태양의 고리), Arrigo, Anrico, Rico	Heinrich(태양의 신은 태양의 흰 빛나는 고리에서, '하인리히')
Erberto, Eriberto, Eliberto, Ariberto(우리 광명의 머리)	Herbert(태양의 광명의 머리, '허버트')
Erardo(우리와 우리의 머리)	Erhard(우리 태양의 머리, '에어하드')
Cuniberto(칸의 광명의 머리)	Kunibert(칸의 광명의 머리)
Emando, Ermando, Ermano(우리의 어머니 사람들)	Hermann(태양의 어머니 사람들 '헤르만')
Ermenegildo(태양의 어머니족의 고리의 머리)	Hermenegild(태양 어머니 사람들 고리의 고리)

출처 : https://en.wikipedia.org/wiki/Category:Ancient_Germanic_peoples

*Clodomir(고리 머리의 우두머리) 독어번역에서 Corr(고인)+Hlut(유명한)+세규, Meriz(반짝)의 어휘에서 온 것으로 알고 있으나 잘못 인용된 것으로 클로(Clo)는 Klo이다.

*Corr의 어휘는 '고인'이 아니라, Cor을 인용하여 코르(Cor)가 되어야 올바른 해석이 되는 것이다. 코르의 원형은 고르(Gor)이며 '고리(Gori)'의 변형이다. 고리, 고르, 고레, 고루, 고라 등으로 변한다.(인도유럽어의 프로토 조어-한국어의 모음조화 현상)

앞서 '머리'는 다, 두, 디, 데, 도로 변하며 인도유럽어의 마찰음이 붙으면 타, 토, 투, 테, 티, 트가 된다. 영어의 브라이트(Bright)는 "광명의 흰 빛나는 머리의 고리"가 되며 '흰 빛나는 머리'로부터 '밝음'이 기원이 된 것을 알 수 있다 할 것이다.

이탈리아의 이름	독일어의 대응/선언
Adalberto, Edelberto, Edilberto(달 광명의 머리)	Adel+Bert(광택) 달의 밝게 빛나는 머리
Adalgerio(달의 고리)	Adalger(달의 고리)
Ademaro, Adimaro(머리의 우두머리)	Hadu-태양의 머리(Streit-무장)+Mări-우두머리(Berzuhmt-유명한)
Ado, Adone(큰 머리, 큰 머리 사람들)	Adal-(큰 달)

Adolfo(달의 아버지), Adinolfo(머리족의 아버지)	Adolf(아돌프, 큰 달의 아버지)
Agilulfo(큰 고리의 우리 아버지)	Agilulf(큰 고리는 우리의 아버지)
Araldo(우리의 얼 있는 머리)	Harald(태양의 얼 있는 머리)
Alarico(얼 있는 우리의 고리)	Alarich(얼 있는 우리의 흰 빛나는 고리
Alberico(얼 있는 광명의 고리)	Alberch(얼 있는 광명의 흰 빛 고리)
Alberto, Aliberto(얼 있는 광명의 머리)	Albert(얼 있는 광명의 머리)
Alboino(얼 있는 아버지의 신)	Albuin(얼 있는 아버지의 신〈神〉)
Aldebrando, Aldobrando(얼 있는 머리는 광명의 머리), Altobrando, Alibrando, Aliprando(우리 광명족의 머리)	Aldo+Brand(Schwert-새로운 흰 빛나는 고리의 광명의 머리)
Aldegardo(얼 있는 머리는 고리의 머리)	Al+Gard(얼 있는 고리의 머리)

*Emerico(큰 우두머리의 고리)에서도 어휘를 잘못 입력하여 어원 분석이 안되었는데, 독일어 Haus〈집〉, Amal〈실력〉+Rihhi에서 파생된 것으로 알고 있으나 역시 어휘를 잘못 입력한 것이다. 'Emmerich〈에머리히〉' 역시 '메리(Meri)'는 '마리(Mary)'에서 변형된 것으로 메리, 메르, 메라, 메루 등으로 변하며 표기된다. 어미의 '코(Co)'는 고리의 수식어로서 꼬리표이며 때로는 'Ch'와 같이 사용된다. 어간의 E는 A, O, U, I로서 '큰, 훌륭한'의 뜻을 내포하고 있으며, 다음 올 단어에 수식하는 글자이다. 이처럼 '고리'와 고리의 변형을 모르는데서 기인된 억지 해독이 된 것이다.

이탈리아의 이름	독일어의 대응/선언
Emesto(어머니의 새로운 머리)	Emst(어머니의 새로운 머리)
Ervino(우리 아버지 사람들)	Erwin(우리 아버지 사람들, '어윈')
Evaldo(큰 광명의 머리)	Ewald(큰 광명의 머리, '에발트')
Federico, Federigo(아버지 달의 고리)	Frid(e)rich(광명의 달의 고리)
Ferdinando(광명의 머리족 신의 머리)	Frith(광명의 흰 머리)+Nanth(신의 머리)
Filiberto(광명과 광명의 머리)	Filibert(광명, 광명의 머리)
Franco(광명의 고리, '프랑코')	Frank(광명의 고리, '프랑크')
Galdino(고리의 머리 사람들)	Walten(광명의 머리 사람들)
Garibaldo, Gherardo(흰 빛 고리는 우리의 머리)	Gerhard(고리, 태양의 머리, '게르하르트')
Gandolfo(칸의 달의 아버지)	Gandolf(칸의 달의 아버지)
Germano(고리의 어머니 사람들)	German(고리의 어머니 사람들)

Gilberto, Giliberto, Ciliberto(고리의 광명에 머리)	Gilbert(길버트, 고리의 광명에 머리))
Gilfredo(고리 광명의 머리), Gisfredo(고시 광명의 머리)	Bűrge〈광명의 고리〉+Fridu〈광명의 머리〉
Gismondo(고시 어머니 사람들의 머리)	Pfand〈아버지족의 머리〉+Munt〈어머니족의 머리〉
Gisberto(고시, 광명의 머리)	Gisbert, Giselbert(고시의 얼 있는 광명의 머리)
Gontrano(달 사람들의 칸)	Guntram(칸은 달의 어머니) '트람'
Gottardo(고리 달의 머리)	Gotthard(고리, 흰 빛 달의 머리) '타드'
Grimoaldo(고리의 어머니 얼 있는 머리)	Grimoald(고리의 어머니 얼 있는 머리)
Guidalberto(깨우친 밝은 달의 머리)	Wido(아버지 머리)+Albert(얼 있는 광명의 머리)
Guidobaldo(깨우친 머리는 광명의 머리)	Wido(아버지 머리)+Bald(광명의 머리)
Gualberto(고리 광명의 머리), Valperto(광명, 광명의 머리)	Walbert(광명, 광명의 머리)
Guelfo(고리의 얼 있는 아버지)	Welf(광명의 아버지)
Guido(깨우친 머리)	Wido(아버지 머리)
Gustavo(고리의 새로운 머리 아버지)	Gutav(고리의 새로운 머리 아버지, '구스타프')
Ildebrando(우리의 머리는 광명 사람들의 머리)	Hildebrand(힐데브란트-태양의 머리는 광명족의 머리)
Ildefonso(우리의 머리는 새로운 아버지 사람들의 머리)	Hildefons(태양의 머리는 아버지 사람들의 머리)
Irmino, Irmo(우리 어머니)	Irmo(우리 어머니)
Lamberto(태양의 어머니 광명의 머리), Amberto(어머니 광명의 머리)	Lambert(렘버트-태양 어머니 광명의 머리)
Lando(태양족의 머리)	Landolfo(태양족, 달의 아버지), Orlando(우리 태양족의 머리), Rolando(태양족의 머리)
Landolfo(태양족, 달의 아버지)	Landolf
Lanfranco(태양 사람들은 광명 사람들의 고리)	Corr〈고인〉, Lant〈국가〉+프랑케로 되어 있는데 옳은 어휘 선택이 아니다.
Leopoldo(태양의 광명에 머리)	Leopold(레오폴드, 태양의 광명에 머리)
Liduino(태양의 머리 신)	Leutwin, Luitwin(태양의 머리는 아버지 사람들)
Lodovico, Ludovico(태양의 머리, 아버지의 고리)	Ludwig(태양의 머리는 아버지 고리), '루드비히'
Luigi, Luisi, Luiso(새로운 태양)	Ludwig(루드비히), Luis(새로운 태양, '루이스')
Mainardo(어머니 신은 우리의 머리), Mainaldo(어머니 신의 얼은 머리)	Mainhard(어머니 신은 태양의 머리)
Manfredo(어머니 족 광명의 머리)	Manfred(어머니족 광명의 머리)
Norberto(우리 광명의 머리)	Norbert(우리 광명의 머리)

Normano, Normando(우리 어머니 사람들의 머리)	Norman(우리의 어머니 사람들)
Odorico(큰 달의 고리) 도리, 도르, 도레, 도루(Doru) 등으로 변화한다.	Corr〈고인〉, Ot〈재산, 부〉 Ahd, Rihhi 등으로 그 어휘를 찾았으나 독일학자들은 달(月)의 어원을 찾지 못한 것이다.
Osvaldo(처음 광명의 머리), Esvaldo(이제 시작하는 머리)	Oswald(오스왈드-처음 광명의 머리)
Oscar(이제 시작하는 고리)	Oskar(이제 시작하는 고리)
Otto(큰 머리), Ottilio(큰 머리와 큰 달), Ottorino(큰 머리와 큰 달사람들)	Otto(큰 머리)
Poldo(광명의 머리)	(Leo-) Pold
Prando(광명 사람들의 머리)	(Hilde-) Prand〈힐데브란트〉
Raimondo(태양의 어머니족의 머리)	Raimund(라이문트)
Rainardo(태양 신은 우리의 머리)	Rainhard(라인하르트-태양신은 태양의 머리)
Riccardo, Ricardo(태양 고리의 머리)	Richard(리차드-태양고리의 머리)
Rigoberto(태양의 고리는 광명의 머리)	Ahd, Hruod+Waltan〈광명의 머리 사람들〉
Tancredi(머리 사람들의 고리는 머리)	Dankrad
Ubaldo(광명의 머리)	Hugu(태양의 고리)+Bald(광명의 머리)
Umberto(어머니 광명의 머리)	Humbert(태양의 어머니, 광명의 머리)
Uberto, Oberto(광명의 머리)	Hubert(휴버트-태양 광명의 머리)
Valdo, Waldo(광명의 머리)	Wald(광명의 머리)
Waldemaro(광명의 머리는 우두머리)	Waldemar(광명의 머리는 우두머리)
Volfango, Wolfango(광명의 아버지 사람들 고리)	Wolfgang(광명의 아버지는 칸의 고리) '볼프강'

12. 포르투갈의 성씨 분석으로 환웅, 고조선의 정체성 증명

성씨(姓氏)	근 원	변 종	고풍맞춤법	스페인 버전
Abasto(아버지의 위대한 머리)		Avasto		
Abelho (태양의 광명)	아버지 이름에서			
Abrantes(광명족의 위대한머리)		Avranches		
Abreu(광명)	Toponimica (머리 아버지족의 어머니 고리)		Abreo	Abreu
Adarga (큰 달의 고리)				

성씨(姓氏)	근 원	변 종	고풍맞춤법	스페인 버전
Afonso(새로운 아버지 사람들)	Patronimica (아버지 달 사람들의 어머니)		Affonso	
Agueda (깨우친 사람의 머리)				
Aires(새로운 우리)			Ayres	
Aguiar(깨우친 사람은 우리)	Toponimica(머리 아버지족의 어머니 고리)			Aguilar (깨우친 사람의 태양)
Albernaz(처음의 얼 있는 광명의 사람들)				
Albuquerque(깨우친얼 있는 우리 아버지의 고리)				Alburquerque
Alcaide(얼 있는 깨우친 머리)				
Alcāntara(얼 있는 칸의 달)				Alcāntara
Alcoforado(얼 있는 고리의 광명의 머리)				
Aldeia (얼 있는 머리)				Aldea
Alencar(얼 있는 고리의 신)	Toponimica(머리 아버지족의 어머니 고리)			
Almada(얼 있는 어머니의 머리)				
Almeida(얼 있는 어머니의 머리)	Toponimica(머리 아버지족의 어머니 고리)		Almeyda	
Alvarenga(얼 있는 광명의 고리의 신)				
Alpuim(얼 있는 아버지와 어머니)				
Alvaro (얼 있는 광명)				
Alves(얼 있는 새로운 아버지)	Patronimica(아버지 달 사람들의 어머니)	Alvares(얼 있는 광명은 처음)		Alvarez

성씨(姓氏)	근 원	변 종	고풍맞춤법	스페인 버전
Alvim(얼 있는 아버지와 어머니)	Toponimica (머리 아버지족의 어머니 고리)			
Amado (어머니의 머리)	Alcunha			
Amaral (우두머리의 얼)				
Amarante (우두머리 신의 머리)				
Amaro (우두머리)				
Amorim (우두머리의 어머니)				
Andrade (머리 달의 신)	Toponimica (머리 아버지족의 어머니 고리)	Andrada		Andrade
Angelim (어머니 고리의 신)				
Anes(처음의 신)			Annes	
Anhaia(태양의 신)				
Anjos(처음의 신)				
Anlicoara(우리 고리의 태양의 신)	Acrōnimo (고리족의 어머니)			
Antas (새로운 머리 의 신)	Toponimica(머리 아버지족의 어머니 고리)	Dantas(머리족의 새로운 머리)		
* Antunes (이제 시작하는 머리족의 신)	Patronimica (아버지 달 사람들의 어머니)			Antûnez
Aquino (깨우친 사람들)				Aquino
* Aragão (우리의 가오) 〈가우-加優〉				Aragōn(우리의 칸)
Aranha (우리는 태양)	Alcunha (얼 있는 칸의 태양)			
* Arantes (이제 시작하는 우리 머리의 신)				

성씨(姓氏)	근 원	변 종	고풍맞춤법	스페인 버전
* Areosa(이제 시작하는 우리)				
Argolo (우리의 고리)			Argollo	
Azenha (처음 태양의 신)				
Arouca (우리의 고리)	Toponimica (머리 아버지족의 어머니 고리)			
Arruda (우리의 머리)	Toponimica(머리 아버지족의 어머니 고리)			
Assis (처음과 이제 시작함은 새롭다)	Religiosa			Asis
* Assuncão(이제 시작하는 거룩한 사람들 카오 〈가우〉)	Religiosa		Assumpcão	
Ataide (머리와 머리)			Athayde	
Aveiro (아버지의 태양)	Toponimica (머리 아버지족의 어머니 고리)			
Avelar (광명의 우리)		Avella		Abelar
Avila (광명)	Toponimica (머리 아버지족의 어머니 고리)			Avila
* Azeredo(이제 시작하는 우리의 머리)		Azaredo (태양의 머리)		
* Azevedo(이제 시작하는 아버지 머리)				Acevedo
* Bacelar (밝은 우리의 얼)				
Baia (아버지)			Bahia (아버지의 태양)	Bahia
Bairros(위대한 태양의 아버지)		Bairos(위대한 태양의 아버지)		Barrios

성씨(姓氏)	근 원	변 종	고풍맞춤법	스페인 버전
Baldaia (광명의 머리)			Baldaya	
Balsemão(광명의 새로운 어머니)				
Bandeira(아버지족의 우리 머리)				Bandera (아버지족의 달)
Banha (아버지족의 태양)				
Batista(아버지 머리는 새로운 머리)		Baptista		Bautista
Barata (광명의 머리)	Alcunha (얼 있는 칸의 태양)			
Barateiro (광명은 우리의 머리)				
Barabalho(광명은 아버지 태양의 얼)				
Barbosa(광명의 새로운 아버지)			Barboza	
Barcelos(광명의 새로운 고리)			Barcellos	
Barra(광명)				
Barreira (우리 태양의 광명)	Toponimica(머리 아버지족의 어머니 고리)			
Barrico(광명은 태양의 고리)				
* Barrocas (태양 고시의 광명)				
Barroqueiro(우리의 깨우친 태양의 광명)				
Barroso(새로운 태양의 광명)				
Basilio (아버지의 태양)		Bazilio		
Bastos(아버지의 새롭고 거룩한 머리)				
Beiriz(아버지의 새로운 태양)				

성씨(姓氏)	근 원	변 종	고풍맞춤법	스페인 버전
Belchior (광명의 우리 고리)				
Belēm (광명의 어머니)				Belēn (광명의 신)
Belo(광명)			Bello	
Beltrā(광명의 달)				Beltrān (광명 달의 신)
Bencatel (아버지고리의 달)				
Benevides(아버지족의 새로운 아버지 머리)	Patronimica(아버지 달 사람들의 어머니)		Benavides	
Bentes(아버지족의 처음 머리)	Patronimica(아버지 달 사람들의 어머니)		Benitez	
Bento (아버지족의 머리)				
Bernardes(우리 광명족의 처음 머리)				
Bezerra (아버지의 태양)		Beserra		Becerra
Bicalho(아버지 고리의 태양)				
Bilhalva(아버지 태양의 광명)				
Bingre (아버지족의 고리)		Hebingre	Huebinger	
Bivar (아버지의 광명)				
Boaventura(아버지는 아버지족의 달)				Buenaventura (아버지 신은 아버지족의 달)
Borba (광명의 아버지)				
Borges (광명의 고시)				Borges (광명의 고시)
Botelho(아버지 머리는 태양의 얼)				Botello
Botica(아버지 머리의 고리)				

성씨(姓氏)	근 원	변 종	고풍맞춤법	스페인 버전
Braga (광명의 고리)	Toponimica (머리 아버지족의 어머니 고리)			
Braganca(광명 칸의 고리)	Toponimica(머리 아버지족의 어머니 고리)			Braganza(광명의 위대한 칸)
Brās(처음의 광명)			Braz(시작하는 광명)	
Brasil(태양의 광명)	Toponimica(머리 아버지족의 어머니 고리)		Brazil(브라질)	
Brites(광명의 새로운 머리)				
Brito(광명의 머리)			Britto	
Brochado(광명 고리의 머리)				
Bugalho(아버지 태양의 고리)		Bogalho		Bugallo
Bulhōes(광명의 태양은 처음)				
Cabral (고리 광명의 얼)				
Cabreira(고리는 우리의 광명)				Cabrera(고리는 태양의 광명)
Caetano (고리의 머리족)				
Cafē (고리의 아버지)				
Caiado (깨우친 머리)			Cayado	
Caires(깨우친 새로운 태양)			Cayres	
Calcada (고리의 머리)				
Calado (고리의 머리)				
Caldas(고리의 새로운 머리)				Caldas(고리의 새로운머리)

성씨(姓氏)	근 원	변 종	고풍맞춤법	스페인 버전
Caldeira(우리 머리의 고리)				Caldera(고리의 달)
Calheiros(고리는 처음 우리의 태양)				
Camacho(곰의 흰 빛나는 고리)				
Cāmara(태양의 곰)				
Camargo(곰은 우리의 고리)				Camargo(곰은 우리의 고리)
Cambezes(곰은 처음 새로운 아버지)				
Camelo(태양의 곰)			Camello	
Caminha (태양의 곰 신)				Camina (곰 사람들)
Campelo (곰의 광명)			Campello	
Campos(새로운 곰의 아버지)				Campos (곰은 새로운 아버지)
Canto (칸의 머리)				
Canadas (칸의 새로운 머리)				
Candal(칸의 달)				
Canela(우리의 칸)				
Cantanhede(칸은 머리족인 태양의 머리)				
Caparica (고리의 광명)	Toponimica(머리 아버지족의 어머니 고리)			
Capistrano (고리의 아버지는 새로운 달 사람들)				
Cardim(고리 머리의 어머니)				
Cardoso(고리의 새로운 머리)			Cardozo	
Carmo (고리의 어머니)				

성씨(姓氏)	근 원	변 종	고풍맞춤법	스페인 버전
Carmona(고리의 어머니 사람들)				Carmona(고리의 어머니 사람들)
Cameiro(고리 어머니의 태양)				
Coronel (고리족의 얼)				
Carreiro(고리는 우리의 태양)				Carrero (고리의 태양)
Carvalho (고리 태양의 광명)	Toponimica(머리 아버지족의 어머니 고리)			Carballo (고리의 광명)
Casado (고시의 머리)				Casado (고시의 머리)
Cascais(고시는 새로운 깨우친 사람)	Toponimica(머리 아버지족의 어머니 고리)		Cascaes(고시는 처음의 고리)	
Castelo (고시의 달)	Toponimica(머리 아버지족의 어머니 고리)		Castello (고시의 달)	Castelo (고시의 달)
Castilho (고시의 태양과 달)				Castillo (고시의 달)
Castro(고시의 달)				Castro (고시의 달)
Castanheda (고시의 머리족은 태양의 머리)				
Castanheira (고시의 머리족은 우리의 태양)				
Cedraz(고리의 새로운 달)				
Cedro(고리의 달)				
Chagas (고리의 고시)				
Chaves(고리의 새로운 아버지)				Chavez(고리의 새로운 아버지)
Cidreira (우리의 달 고리)				
Cobra(고리의 광명)				

성씨(姓氏)	근 원	변 종	고풍맞춤법	스페인 버전
Coelho (태양 얼의 고리)				Coello (태양 얼의 고리)
Coimbra (고리 어머니의 광명)	Toponimica(머리 아버지족의 어머니 고리)			
Conde(칸의 머리)				Conde(칸의 머리)
Cordeiro (고리는 우리의 머리)				Cordero (고리의 달)
Costa(고시의 머리)				Costa(고시의 머리)
Cotrim (고리 달의 어머니)				
Covinha(고리 아버지족의 태양)				
Cruz(새로운 고리)				Cruz(위대한 고리)
Cunha(태양의 칸)				Acuña(큰 칸)
Curvelo (고리의 광명)		Corvelo		
Damascen(머리 어머니의 새로운 칸)				
Dias(처음의 머리)				
Damasceno(머리 어머니의 새로운 칸)		Damascena(머리 어머니의 새로운 칸)		
Dinis (머리족은 처음)			Diniz (머리족은 처음)	
Drão(달)				Durān(달의 신)
Freire (우리의 광명)				Freire (우리의 광명)
Freitas(광명에 처음의 머리)				Fleitas(광명에 처음의 머리)
*Frias (시작하는 광명)				*Frias (시작하는 광명)
Frois (돋아 오르는 광명)		Frōis (시작하는 광명)	Froes (처음의 광명)	*모두 같은 뜻임
Frota(광명의 머리)				
Furquim				

성씨(姓氏)	근 원	변 종	고풍맞춤법	스페인 버전
Gabeira(고리 아버지의 태양)				
Galante (고리 신의 머리)				
Galindo (고리 신의 머리)			Gallindo (고리 신의 머리)	
Gama(Apelido-곰, 광명의 머리)		Gamma (곰은 어머니)		
Gameiro (우리의 곰)				
Gaspar (고시의 광명)				
Gentil(칸의 달)				
Gois(처음의 고리)				
Gomes(위대한 곰)				
Gomide(곰의 머리)				
Grande (고리 신의 머리)				
Gravato(고리 아버지의 머리)			Guedez	
Guedes(깨우친 사람은 새로운 머리)			Guedezs(깨우친 사람은 새로운 머리)	
Guimarães (깨우친 사람은 처음의 우두머리)		Vimara (아버지는 우두머리)	Guimaraens (깨우친 우두머리의 새로운 신)	
Guterres (처음 달의 고리)	Patronimica (아버지 달 사람들의 어머니)			Gutiērrez(고리 머리는새로운 우리의 태양)
Hemandes (태양의 어머니족은 새로운 머리)				Hemandez(태양의 어머니족은 새로운 머리)
Hipōlito (태양 광명의 머리)				
Holanda (태양족의 머리)				
Horta(태양의 머리)				
Inēs(처음의 신)				

성씨(姓氏)	근　원	변　종	고풍맞춤법	스페인 버전
Jardim(우리 어머니의 머리)				
Lages (태양의 고시)				Lages (태양의 고시)
Lagos (태양의 고시)				Lagos (태양의 고시)
Landim(태양족의 어머니 머리)				
Lima (태양의 어머니)				* 페루의 수도 (Lima)
Taborda(머리는 광명의 머리)				
Tabosa(새로운 아버지의 머리)				
Tavares (처음 광명의 머리)				
Teles (처음의 달)	Patronimica (아버지 달 사람들의 어머니)		Telles (시작하는 달)	Tēllez (돋아 오르는 달)
Telinhos (달의 신은 새로운 태양에서)				
Terra(달)				
Toledo(달의 머리)				Toledo(달의 머리)
Torres(처음의 달)				Torres(처음의 달)
Torquato (달은 고리의 머리)		Torcato (달은 고리의 머리)		Torcuato (달은 고리의 머리)
Travassos (처음 아버지의 달)				
Trigueiro(달은 우리의 깨우친 사람)				
Trindade(머리는 달의 신 머리)				
Tristão (달의 새로운 머리)				
Urias(이제 시작하는 우리)				

성씨(姓氏)	근 원	변 종	고풍맞춤법	스페인 버전
Vidal(아버지의 달)				
Veloso (새로운 광명)				
Veiga(아버지 고리)				Vega(아버지 고리)
Valim (광명의 어머니)				
Valido (광명의 머리)				

지금까지 포르투갈(Portugal, Pur Tu, 포르투갈어: Portuguesa)의 성씨 일부를 인용하여 우리말로 해독·해석하였다. 포르투갈은 선사시대부터 사람이 정착하여 생활을 한 것으로 조사되었다. 성씨에 '곰(Gom)'의 이름을 가진 성씨가 많은 것이 특징이었는데, 이것은 '빈카문화' 권에서 남하한 것이 증명된다고 할 것이다. 이러한 단정은 성씨의 해석에서 엄청난 '광명(Var, Bar)'과 머리, 고시의 이름에서 그 단초가 된다 할 것이다. 훗날 고조선의 멸망으로 '달의 종족'이 진출해 온 것을 알 수 있으며, 그 달은 태양이란 구심점에서 상속·승계받은 것을 포르투갈 성씨에서 설명하고 있는 것이다.

포르투갈은 라틴어의 포르투스 칼레(Portus Cale–광명의 새로운 머리 고리)에서 그 어원이 생성되었는데 "Portus Cale"는 "광명의 새로운 머리, 고리"로 해석되고 Uguesa는 '깨우친 새로운 사람'으로 정의된다. 이 어원으로 기원전 약 7,000년경의 '빈카(Vinca–아버지족의 고리)' 사람들이 아버지족이며 그들은 깨우친 사람이었고, 태양을 숭배하는 태양족이었으며 "머리"를 정체성으로 삼은 사람들이었다. 그 사람들이 남하하여 형성된 것이 고대의 포르투갈 사람이며 여기에 더하여 기원전 6세기경에 고조선의 멸망으로 달의 종족이 진출하여 더불어 살았던 것을 알 수 있다 할 것이다. 특히 재미있는 것은 남미에서 사용 중인 쿠에(Que), 구에(Gue)가 붙어 있다는 점이다. 남미는 포르투칼, 스페인의 식민지임에 이 구에(Gue, Que–Kui–깨우친)가 진출된 것으로 본다.

포르투갈의 성씨 해독으로 '빈카문명'의 곰 문화가 이곳에 진출한 것을 알 수 있는데, 그 문명의 벨트를 환웅의 정체성인 '고시와 머리, 광명'은 빠트릴 수 없는 증명이 된다 할 것이다. 이 책의 집필 중에 생각하지도 않은 큰 수확에 매우 만족한다. 포르투갈의 '포르(Por)는 그 원형이 보르(Vor, Bor)이며 광명인 바르(Var, Bar)의 변형이 되는 것으로 보르, 보리, 보레, 보라, 보루 등으로 변화하며 역시 인도유럽어의 표기, 발성으로 포르(Por, For)가 되는 것이다. Portuguesa(새로 깨우친 광명의 머리)의 '구에(Gue)'는 남미 언어에서 쿠에, 구에가 더러 발견되고 있다.

서양 학자들이 연구한 바에 의하면 포르투갈 사람의 성씨에 'Es'가 많이 붙는데 그것은 접미사로 Muniz(Munio의 아들), Luiz(Lui의 아들), Simoes(Simo의 아들) 아버지의 이름을 따서 'Es'를 붙이게 되었다고 설명하지만, 아주 잘못된 설명으로 그들이 접미사로 말하는 'Es'는 접두사로도 사용되고, Esperando(처음 광명 사람들의 머리, 처음 광명 신의 머리)가 되며 이 'Es'는 Is, Us, Os, As, Ashi, Asi, Usi, Esi, Eshi, Osi, Oshi, Asa, Asa 등으로 변화한다. 그 어원의 뜻은 "이제 시작하는, 동이 터 오르는, 처음"의 뜻으로 다른 곳에서 이주한 사람들이 타향에서 붙이는 명칭인 것이다.

다만, 아버지의 이름을 딴 형태가 아니며 아버지가 아니고, 그 종족의 정체성에서 카피한 것이다. 그 진출한 부족의 이름에서 따 온 것으로 결코 아들이 될 수 없는 것이다. 예를 들면 달인 타리(Tari)에서 'Tarias', Astari는 처음의 달, 이제 시작하는 달의 해석이 되고 아들과는 아주 거리가 먼 것을 표기하는 것이다.

또한 광명(Bari)도 'Baries'는 처음 '광명'의 뜻이 되는 이치이다. 이처럼 자기네의 성씨에서 조차 그 정체성을 모르다 보니 엉뚱한 어원 해석과 더불어 옳지 못한 정체성으로 자기네들의 성씨를 만천하에 잘못 전하게 된 것이다. 이런 오류는 필자가 여러 번 지적한 바 있으며 지금까지 유럽의 학자들이 고대사를 잘못 해석하고 있다는 것을 다시금 확인시켜 주는 것이라 생각한다. 필자의 짐작대로 수많은 광명과 머리, 고시와 곰, 달의 이름이 포르투갈 사람의 성씨에서 쏟아져 나온 것으로 포르투갈의 성씨에 대하여 그 정체성을 바로 잡아야 할 것이라고 본다.

대저 고대의 포르투갈엔 찬란한 광명문화가 있었다고 보아야 하고, 그 사람들은 깨우친 사람들이었으니 고대에 인류문화사가 형성된 포르투갈의 정체성은 '광명의 국가'이며 '고시의 나라이었고, 달 사람들의 터전이었다. 성씨에서 포르투갈 사람들은 선사시대부터 '빈카문명'에서 남하한 사람들이 원주민이고, 기원전 6~5세기경에 이베리아(고대 스페인)의 '달리아타(Daliata, Taliata-달의 머리족)' 종족과 수에비(Suevi-새로운 아버지)족이 진출하여 많은 달의 이름을 가진 성씨가 형성된 것을 알 수 있다 하겠다. 이렇게 진출한 사람들이 성씨의 앞이나 뒤에(접두사와 접미사) 일련의 'Es, Is, Os, Us, As'(처음, 이제 시작하는)가 붙은 성씨가 형성되었던 것이다. '달의 종족'은 고조선 9환의 종족이며 그 정체성이었던 것으로 파악되었다.

13. 고조선은 오아시스 문명(Bactria-Margiana : 밝은 달-깨우친 우두머리)에서 시작되었다.

1) Aorsi 종족의 유럽 진출

그리스어로 Aorsoi, Aoirsoi로 잘 알려진 고대 이란의 사람들로 Sarmatian의 방계혈족으로 Aorsi로 연구되고 있다. 학자들 연구에 의하면 Pontic 스텝지역에서 기원전 1세기경의 종족으로 중국의 고대 기록에 언급되는 Yancai(깨우친 사람들) 또는 Yantsai로 유라시아 대초원의 사람들로 알라니(Alans)족은 Aorsi의 후손으로 간주되고 있다.[22)]

그러나 켈트로 진출한 알란족과 사르마티아인들은 기원전 5~6세기에 이미 진출하여 활동하고 있었기에, 스트라보가 직시한 Aorsi 종족이 사르마티아의 방계혈족이다. 대부분의 학자들은 알란족과 사르마티아인들이 1~3세기에 유럽으로 진출한 것으로 연구하였는데, 알란과 켈트로 진출한 알레마니아(Allemania)도 Aorsi 종족이 되므로 굳이 그로부터 수백년이 지난 1세기와 3세기에 켈트로 진출하였다고 연구함은 잘못이다.

역사적으로 Aorsi와 관련 종족인 Siraces는 기원전 5세기 후반에 중앙아시아에서 카스피해 북쪽과 서쪽으로 이주한 것으로 추정하고 있다(Brzezinski & Mielczarek, 2002, pp.7~8). 이 종족의 근원은 그리스 지리학자인 Strabo였다. 그는 Aorsi가 Maeotis호수와(Azov의 바다) Caspian 사이의 지역에 거주한 Siraces의 북동에 위치하고 있었다고 제안하였다. 또한 인근의 Massageci(Massagetae), 사르마티안(Sauromaten), Issedonen의 종족들이 서쪽인 유럽으로 진출하게 된 것이다.

또한 Aripharnes(BC 310~309) 또는 Arypharnasha Thataean이고, Issedonen의 이웃의 종족으로 '보스, 푸란 내전'(Bosporan_Civil_War)으로 인정된 종족이었다.[23, 24, 25)]

Massagetae는 헤로도토스가 페르시아 키루스 II(페르시아 : 𐎤𐎢𐎽𐎢𐏁 Kūruš [뉴 페르시아어 : کوروش Kuruš, 히브리어 : כורש, 현대 코레스, 베리안 코레스]. BC 600~530) 죽음의 글에서 키루스는 마싸 게타(Masagetae)를 자신의 지배하에 두기를 바랐다고 적었다. 키루스 2세가 기원전 6세기 사람이므로 당연히 Massagetae를 1세기나 3세기의 종족으로 연구한 것은 아주 잘못된 분류이다.

22) https://en.wikipedia.org/wiki/Alans, https://en.wikipedia.org/wiki/Aorsi
23) https://en.wikipedia.org/wiki/Bosporan_Kingdom
24) https://en.wikipedia.org/wiki/Bosporan_Civil_War(보스푸란 내전)
25) https://en.wikipedia.org/wiki/Aripharnes

아래에 Siraces(Siracena) 종족도 기원전 4세기의 지도에 등장함에 Aorsi 종족과 이웃 종족이 같이 서쪽으로 진출하여 켈트로 간 것으로 필자는 주장한다.[26)]

특히 Khush Tepe(Tepe Fullol)는 아프가니스탄 북부의 마을로 청동기 시대의 금·은으로 된 20개의 그릇이 발견되었다. 1965년에 발견되었는데 이것이 북부 아프가니스탄에서 Oxus 문명(Bmac)의 첫 번째 증거를 제공하였다고 한다. 이러한 부(富)는

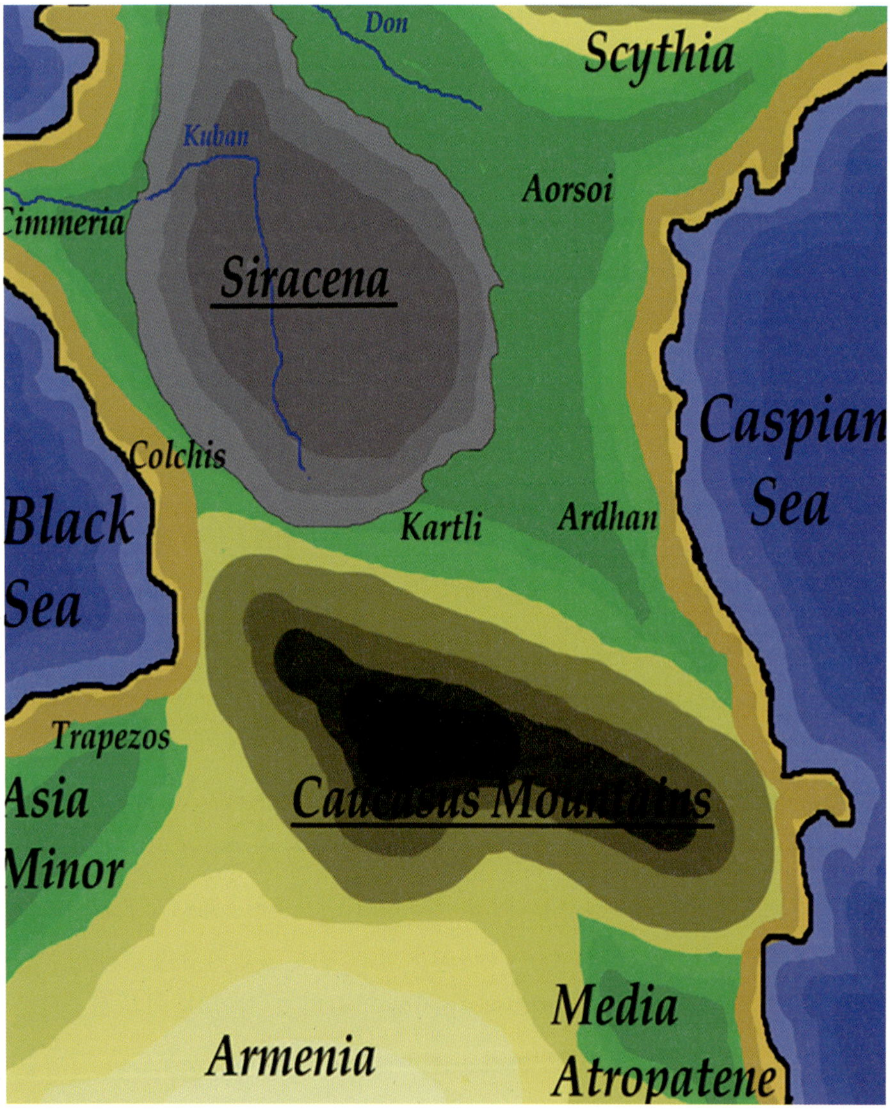

〈Bosporan Civi War시 기원전 4세기의 코카서스의 지도〉

By Tim Beelen－Own work, CC BY－SA 3.0
출처 : https://commons.wikimedia.org/w/index.php?curid=33035460

26) https://en.wikipedia.org/wiki/Siraces

Badakshan의 lapis lazuli(청금석, 청람석)에서 유래된 것으로 추정하였다.[27)]

〈Aral과 Urals에서 서쪽으로 진출하는 Aorsen(Aorsi) 종족〉

By Wikipedia – with Aorsen, CC BY–SA 4.0
출처 : https://commons.wikimedia.org/w/index.php?curid=46123680

27) https://en.wikipedia.org/wiki/Tepe_Fullol

〈기원전 323년경의 토카리안 서북의 Massageci(Massagetae)〉

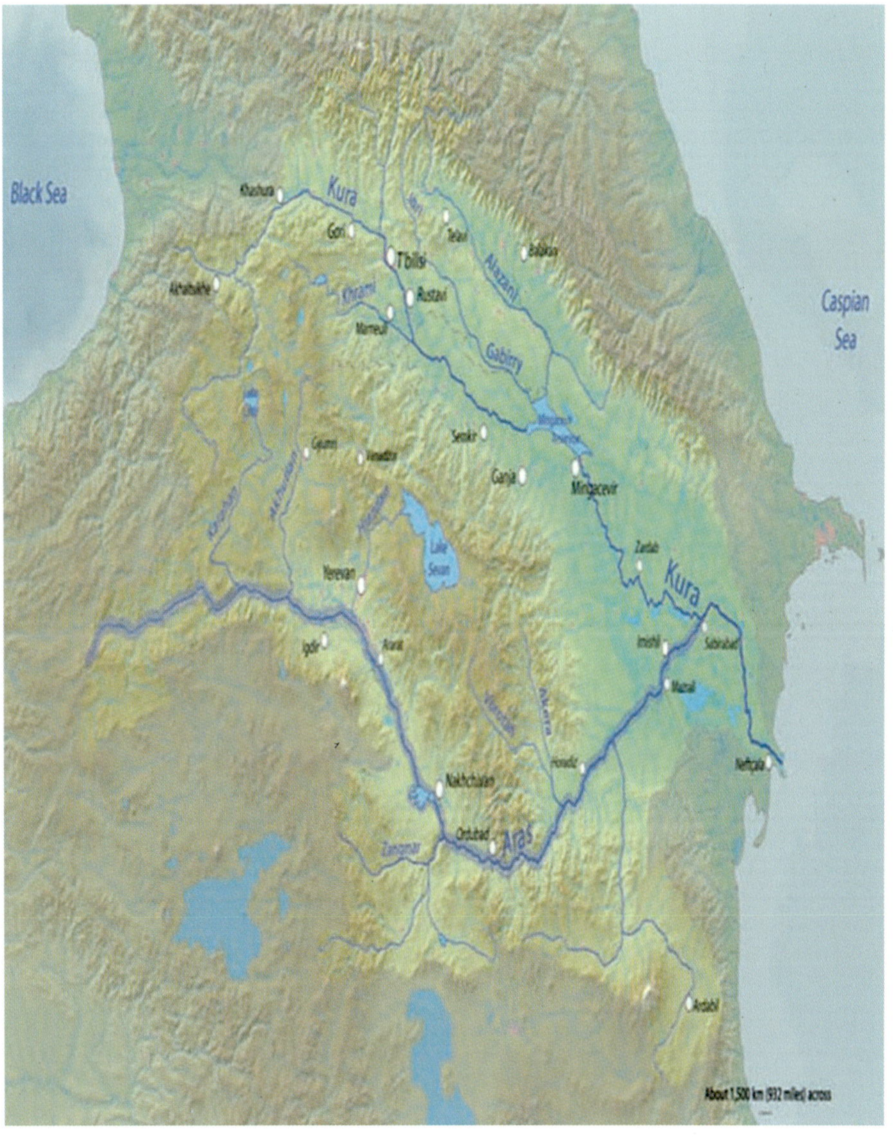

〈Kura강과 Aras강〉

Von Shannon-Background and river course data from http://www2.demis.nl/mapserver/mapper.asp, CC BY-SA 4.0

출처 : https://commons.wikimedia.org/w/index.php?curid=9716370

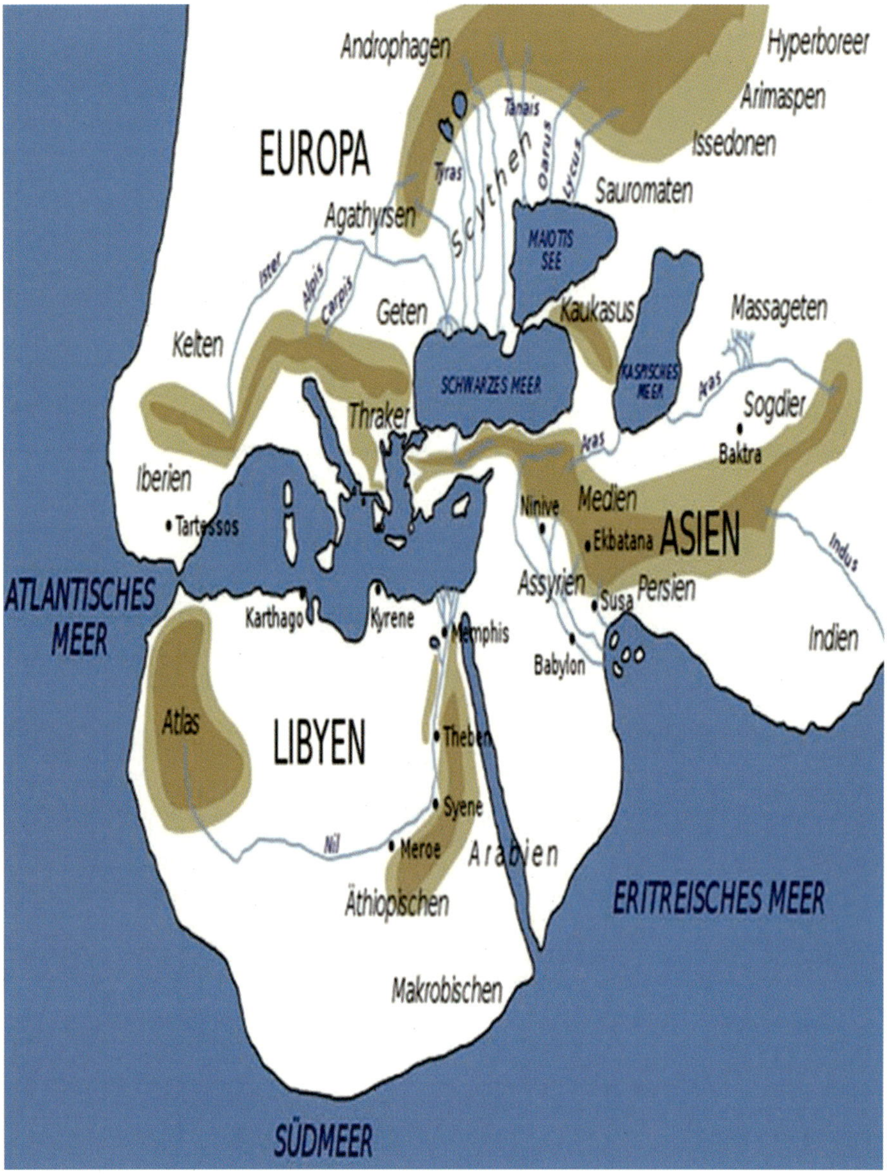

〈Herdotus의 지도에 나타난 동부의 Masageten, Issedonen〉

Von User : Bibi Saint-Pol-Own work(based on the GIF by Marco Prins and Jona Lendering from www.livius.org, see http://www.livius.org/a/1/maps/herodotus_map.gif, with fixes from http://www.mediterranees.net/geographie/herodote/cartes.html, http://www.meer.org/herodotus-world-map-1a.jpg and http://www.henry-davis.com/MAPS/Ancientimages/109A.GIF)., Gemeinfrei,

출처 : https://commons.wikimedia.org/w/index.php?curid=1461475

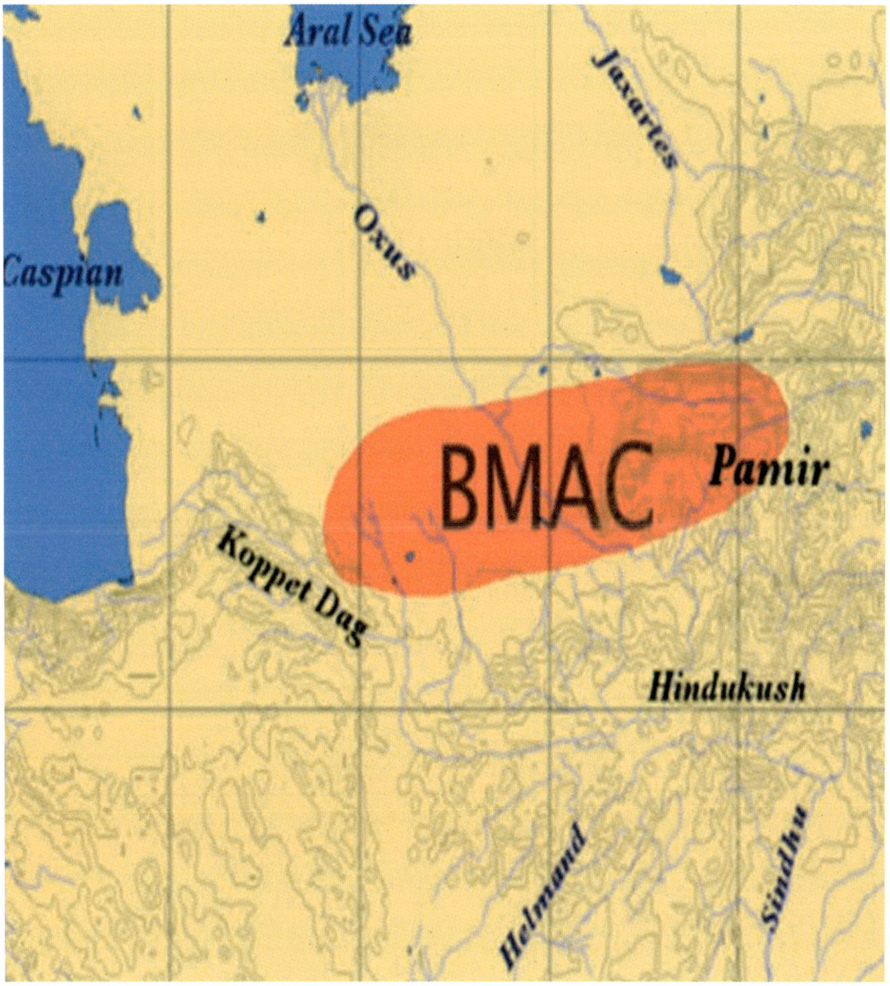

〈오아시스 문화(Bmac) 및 기타 주변 문화〉[28)]

28) Fredrik T. Hiebert : 청동기 시대의 기원. 중앙 아시아의 오아시스 문명(=미국 선사 연구 학교, Bulletin, Vol. Harvard University, Cambridge MA 1994, ISBN 0-87365-545-1).

〈대략적인 오아시스 문화의 확산(BMAC : Bactria-Margiana Archaeological Complex)〉

고조선이 박트리아(밝은 달)로부터 동·서양의 중심지로(中土-中國) 많은 제후(연방, 고리)를 거느리면서 박트리아 마르기아나 문명(BMAC)을 꽃피워 나간 것을 알 수 있다.
출처 : https://de.wikipedia.org/wiki/Oasenkultur#/media/File:BMAC.png

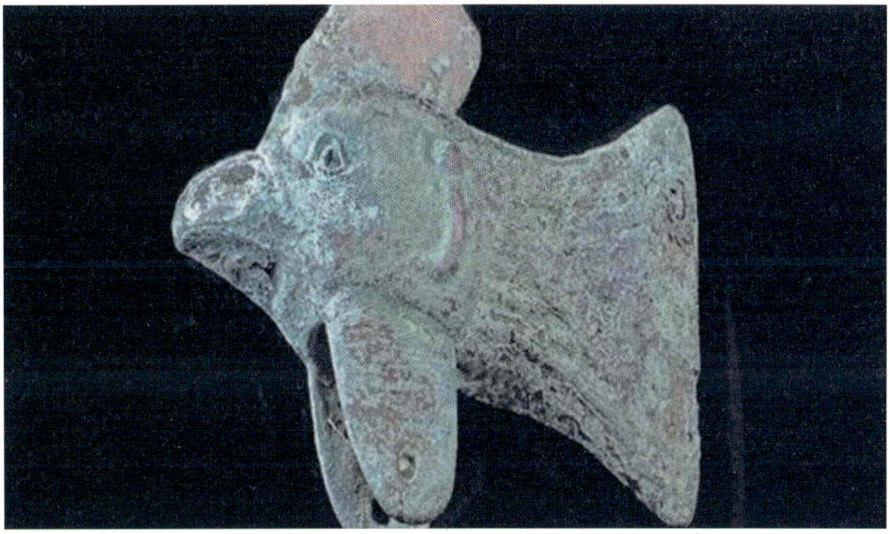

〈투르크 메니스탄의 보물이 Neues Museum Berlin에 전시된
수탉 머리 모양의 웅장한 도끼(기원전 1,500)〉

https://www.tagesspiegel.de/kultur/neues-museum-berlin-die-vergessene-goettin/21209640.html#

2) 투르크메니스탄에서 발굴된 보물(Neues Museum Berlin) '잊혀진 여신'

고고학과 Herlinde Koelbl의 사진 예술 : Neues Museum Berlin은 투르크 메니스탄에서 보물을 보여줍니다 - 고고학적 감각. 롤프 브록 슈미트
수탉 머리 모양의 웅장한 도끼, 적어도 3,500년 전에 발견된 고누르데프(Gonur Depe)의 발견. Mehr Artikel

Margiana, 그건 이상하게 들린다. 신비스럽다. 아무도 그것 뒤에 무엇을 정확하게 말할 수 없습니다. 극동 투르크 메니스탄의 2300에서 1800 BC에 청동기 시대에 번성 진보된 문명이 있어야 한다는 소련 고고학자 빅토르 사리 아니 디, 1972, Gonur Depe의 발굴입니다. 그동안 전체 지역을 위한 물을 공급했던 Amu Darya강의 고대 이름이 알려지면서 수박 문화라는 용어가 알려지게 되었습니다. Gonur Depe는 회색 언덕만큼의 의미를 지니고, 그곳은 오늘날 또 다른 강이 흐르는 Murgab의 삼각주에 자리 잡고 있습니다.

4,000년 전, Sarianidis의 연구 결과에 따르면 번성한 풍경이 여기에 확장되었습니다. 그는 실제로 철기 시대의 언덕 파기를 희망하면서 2013년 사망할 때까지 이곳에

〈앉아 있는 여인〉

있었습니다. 그러나 그가 발견한 것은 훨씬 오래된 도시였습니다.[29)]

투르크 메니스탄 밖에서 아직도 알려지지 않은 이 고요한 문화의 260개 물체가 처음으로 공개됩니다. 수년 간의 노력 끝에 베를린에서의 일회성 오프 쇼를 위해 1월에 허가를 받았습니다. 이제 New Museum의 지하에 있는 Gonur Depe의 발견은 선사시대와 초기 역사 박물관의 전시에서 볼 수 있습니다. 그는 박물관 사장인 Herlinde Koelbl에게 그녀의 카메라로 가끔 4000년된 물건에 접근하여 Margiana의 마법을 포

〈동부 투르크 메니스탄에서 일출 'Gonur Depe' 도시의 전망〉

29) https://de.wikipedia.org/wiki/Wiktor_Iwanowitsch_Sarianidi9(오아시스 문명 주장-러 학자)

착하라고 요청했다.

수십 년 동안 Herlinde Koelbl은 정치가와 유명인을 촬영하고, 독일 거실을 들여다보며 남성과 여성의 이미지를 연구했으며 최근에는 유럽의 변방에서 난민을 묘사했습니다. 그것은 일출 직후 자체로 매일 제시하는 방법인 Gonur Depe 두 조명으로 거대한 사진이 있습니다. 입구에서 붉은 빛의 모델링 Lehmmauerreste를 더 자세히 살펴보면 성벽과 거대한 궁전을 볼 수 있습니다. 벽에는 작은 삼각형 창이 뚫려 있습니다. Wemhoff는 적어도 2층 이상이었을 것입니다.

Margiana-청동기 시대의 신비한 높은 문화

동부 투르크 메니스탄에서 일출 Gonur Depe 도시의 전망. 삼각형의 창문과 요새화된 구석 탑이 있는 궁전은 전경에 도시 벽이 있는 그림의 위쪽 절반에 명확하게 표시됩니다. 백그라운드에서는 비옥한 늪지대가 수평선을 향합니다. 사진은 10월 7일까지 베를린 노에스트 박물관(Neues Museum, Berlin)의 "Margiana : 투르크 메니스탄 청동기의 왕국 Herlinde Koelbl의 사진" 전시회에서 볼 수 있습니다.

동부 투르크 메니스탄에서 일출 Gonur Depe 도시의 전망. 궁전의 상반부에는 도기류 생산을 위한 탑과 수 많은 가마가 있는 고대 대도시가 어떻게 여행자처럼 행동했

〈Gonur Depe, 왕의 묘지에서 발굴된 황금 새〉

사진 : Herlinde Koelbl/SMB
https://www.tagesspiegel.de/kultur/neues-museum-berlin-die-vergessene-goettin/21209640.html#

는지 상상할 수 있습니다. Gonur Depe의 고등 문화는 이집트와 메소포타미아의 문화와 동등한 조건이었으며 Elam(오늘날 이란)과 Indus 문화와의 접촉 또한 입증되었습니다. 그 당시 도시들은 물을 가지고 배급을 관리했을 때만 생존할 수 있었습니다. 이는 번영의 기초였습니다. 이것은 이미 그 당시 전체 지역을 가로 지른 두 개의 사운드 튜브에 의해 입증됩니다. 이 도시는 아프가니스탄의 아랄해 대초원 지역에서 주석이 추출된 오늘날의 우즈베키스탄과 접촉을 유지했습니다. 그곳에는 베를린에서 볼 수 있는 아름다운 체인을 위한 청금석이 나온다.[30)]

이러한 모든 영향과 무역 관계에도 불구하고 Oxus 문화는 그 특성을 유지하고 있습니다. 작은 전시 케이스에서는 동물 모양, 금속 물개, 돌 용기 및 얇은 벽으로 된 세라믹 물체로 전투 도끼 머리를 발견할 수 있습니다. 특히 메소포타미아(Mesopotamia) 또는 지중해(Mediterranean)와 비슷한 제품에 더하여 도자기를 볼 수 있습니다. 이 높은 문화의 성서는 알려지지 않았지만 많고 작은 동물과 인물, 동물과 인간의 표현이 알려졌습니다.[31)]

무엇보다도 복합 재료는 매우 인기가 있어야 합니다. 그래서 작은 머리가 마치 여자가 후프 스커트를 입은 것처럼 넓은 옥석에 앉아 있습니다. 아마도 여신이었을 것입니다. 찰흙 또는 돌의 작은 조각의 대부분은 아마 여신이다. Koelbl은 그 중 한 명만 머리를 찍은 다음 그것을 확대 했습니다. 이 여성은 각도 또는 조명에 따라 겸손하거나 자랑스러워합니다. 찢어진 눈과 물결 모양의 코를 가진 여신, 그녀는 다른 것과 마찬가지로 입이 하나도 없다. 어떤 이들은 젊은 투르크멘 여성들의 의상에 여전히 속한 그네 모양의 머리 장식을 착용합니다. 또한 Herlinde Koelbl이 촬영했습니다. 전시회의 하이라이트는 동물이나 장식적인 표현이 담긴 금속 물개와 아름답게 만들어진 화장품 병입니다. 아름다움은 이 문화에서 중요했음에 틀림 없습니다. 왕의 묘에 차와 동물들이 묻혀 있는 것을 볼 수 있습니다. 일상 생활에서 낙타는 교통 수단으로 이용되었을 가능성이 높습니다.[32)]

골드와 Faience의 Faience 새는 Gonur Depe의 왕 묘지에서 유래되었으며 이제는 Neues Museum Berlin에서 볼 수 있습니다(사진 : Herlinde Koelbl/SMB).

회의장에서 Herlinde Koelbl은 잠겨 있는 국가의 이미지를 전통적이고 현대적인 투르크메니스탄 에서 보여주며 조심스럽게 열립니다. 감정 이입과 감성을 통해 사진 작

30) https://en.wikipedia.org/wiki/Greco-Bactrian_Kingdom
31) https://en.wikipedia.org/wiki/Komi_peoples
32) https://en.wikipedia.org/wiki/A%C5%9Bvaka(Ashvakas)

가는 사람들에게 접근할 수 있는 기회를 찾았으므로 멀리에 있는 신기원에서 현재에 이르는 활을 그립니다. 예술적 사진을 통한 고고학의 부활과 실험을 통해 더 많은 프로젝트를 보고 싶습니다.

지금까지 서양의 수 많은 학자들은 고대 이란 사람들의 분류에서 동남부 이란인으로 Arachosia, Pakhtuns(아프칸), Rhoplutae, Sidri, Bactrian, Komi, Kambojas, Ashvakas(아프칸의 파슈툰족, Ashvakayansa, Ashvayanas, Assakenoi), Margian 종족을 에둘러 이란인의 범주에 포함시켜 연구한 것이 아주 잘못된 것으로 지금 드러나고 있는 것이다. 앞서 러시아의 Wiktor Iwanowitsch Sariani 박사는 기원전 2000~1700년의 박트리아와 화래즘 지역의 오아시스 문화를 발굴하였고, 이 발굴로 Fredrik T. Hiebert 펜실베니아의 고고학 박사는 "이제 우리는 고대 세계에 관한 모든 역사책을 고쳐 쓰고 있다."라고 주장하였다.[33, 34]

실제 이란의 역사는 기원전 9세기에 아시리아의 기록에 처음 등장하였다고 한다. 학자들이 기원전 9세기경에 기록된 이란을 모델로 하여 중앙아시아의 제 종족을 모두 이란권에 편입시키고, 분류하여 오늘날까지 엉터리 연사(連辭) 연구를 해 온 것이 백일하에 드러난 것이다. 그런가 하면 타타르(Tatar)족과 투르크(Turcic)족이 모두 이란 사람에서 파생되어 이란에서 형성되었다고 하는 것이 절름발이 학설이 되었고, 왜곡된 연구가 된 것이며 캄보쟈는 옥서스권이 중심이 된 국가이었다.[35]

필자는 고조선이란 대제국이 기원전 2333년에 오아시스 문화권인 아무다리아 상류에서 시작하였다고 주장하였는데, 1978년에 발굴된 투르크메니스탄권의 화래즘 발굴로 필자의 주장을 다시 한 번 증명시켜 주는 것이라 생각한다.

결국 달의 정체성을 가진 타타르족과 투르크족은 오아시스 문명권이 화래즘지역의 고조선 영역 종족들인 것이 증명되었다. 이란의 종족으로부터 출발한 것이 아님이 만천하에 드러난 것으로 필자의 세계 고대사에 진일보하는 주장은 우리 한민족이 풀 한 포기 나지 않는 사막의 오아시스권에서 건국한 것이 삼국유사에 나오는 '무엽산(無葉山– 잎이 하나도 없는 산)'이 맞다는 것을 다시 한 번 주장한다.[36]

---

33) https://en.wikipedia.org/wiki/Drangiana
34) https://en.wikipedia.org/wiki/Arachosia
35) https://en.wikipedia.org/wiki/Kambojas
36) https://ko.wikipedia.org/wiki/%EC%82%BC%EA%B5%AD%EC%9C%A0%EC%82%AC

BMAC(박트리아-마르구 고고학 단지) 문명은 기원전 2300~1700년으로 현재 북부 아프가니스탄, 투르크메니스탄 동부, 우즈베키스탄 남부 및 타지기스탄 서부, 아무다리아(Amudarya-Oxus)강 상류에 위치한 것으로 1976년 러시아 고고학자인 Viktor Iwanowitsch Sarianidi(1929~2013)에 의해 발굴·지명되었다. 박트리아는 현재 아프칸 북부에 있는 Bactra(현대 발흐)지역의 이름이었고, Margiana는 투르크메니스탄 남동부의 Merv로 페르시아식 표기로 그리스 이름이었다고 한다. 1970년대 후반부터 Sarianidi의 발굴은 수 많은 기념비적인 구조물을 밝혀 내었다.

보고서는 소련 저널에 국한되었으며 Sarianidi의 작품은 1990년대에 번역되기 시작하였다(2013년 사망). 필자는 옥서스 상류에 고조선이 형성되었다고 주장하였는데 고고학적으로 딱 맞아 떨어진 것이다. 러시아 고고학자인 Sarianidi(태양족의 머리)는 아프칸 북부 Juzjan 지방의 Amudarja 남쪽에 있는 오아시스 Daschly에서 41개의 고대 유적지 중 높이가 88×84m인 궁전을 발굴하였다. 그는 기원전 2000년 중반의 것으로 추정하였다(고조선 BC 2,333).

출처 : https://de.wikipedia.org/wiki/Daschly

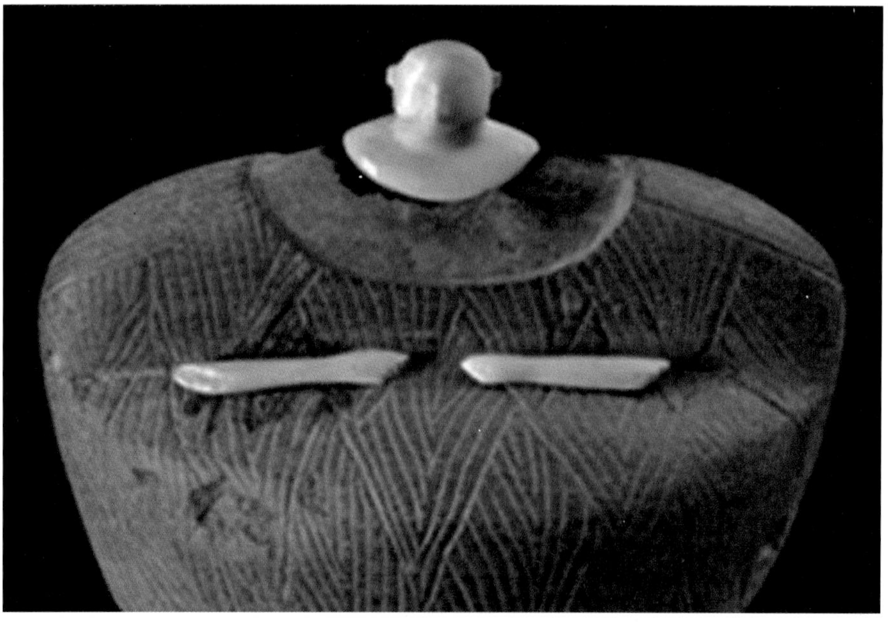

〈투르크 메니스탄의 황후〉

* 하단부의 '박트리아 황후'와 너무 많이 닮은 작품이다.
https://ko.wikipedia.org/wiki/%EC%82%BC%EA%B5%AD%EC%9C%A0%EC%82%AC

〈박트리아(Bactria-밝은 달, 달지국, 고조선)의 황후〉

출처 : http://collections.lacma.org/node/197476

이 가부좌한 상은 박트리아 여신, 공주로 추정하는 것으로 기원전 2500~1500으로 발표되었다. 필자는 단군의 황후로 본다. 즉, 단군의 의상과 같은 나무결 옷이 이를 증명하는 것이고, 특히 양팔을 가지런히 모은 자세는 외국 학자의 연구에서 조상이라고 결론 지었다(염소, 석회석 재료, 13.33cm).

〈Anau Tepe의 독수리, 원숭이 및 여신-초기 청동기, BC 2200~1800, 청동-보스턴 미술관-By Daderot-Own work, CC0〉

* 서양 학자들은 중간의 유물이 독수리라고 명명하였지만 필자는 '삼족오'로 본다. 독수리 문양의 국장, 방패는 근세에 이르러 형성된 것이며 고대엔 독수리를 토템으로 상징하지 않았다. 좌측의 원숭이는 원숭이가 아닌 사람이 포효하는 모습으로 우측에 신월(초승달)이 그려져 있는 것으로 분석되고, 여인상에서 여인이 아닌 곰 여신상으로 추정한다 . 그 근거는 아나톨리아 테페에서 발견된 '곰 여신상'의 가부좌한 상에서 좌우의 곰을 대동하고 있는 것으로 미루어 추정된다.

3) 중앙아시아(Anau tepe)에서 발견된 청동 인감(기원전 2300년)

펜실베니아 대학 박물관 중앙 아시아 고고학 프로젝트는 최근 투르크 메니스탄의 아나 우파에서 3번째 조사를 완료했습니다. 20세기 대부분의 소비에트 연방의 일부였던이 지역은 고대문학 문명-중국, 인더스 계곡, 메소포타미아 및 이란으로 둘러싸여 있었습니다. 중앙 아시아의 고대 사회에는 도시, 사원, 궁전과 관계된 경관 및 생생한 삽화가 있었지만 최근까지 숫자나 필기 시스템에 대한 증거가 부족했습니다.

아나(Anau)의 작은 고고학 유적지에서, 우리는 금년 6월 청동기 시대(기원전 2300년)에 이르는 큰 방 단지의 침식된 정상을 밝혀 냈습니다. 우리는 그런 크고 잘 지어진 건축물을 기대하지 않았습니다. 우리는 전성기를 이 건물을 굴착하는데 보냈습니다. 이 방을 채우기에는 세밀하게 만들어진 도자기와 그릇이나 소포를 봉인하는데 사용되는 많은 점토가 들어 있었습니다. 건물 내에서 우리는 여기에 그려진 주목 할만한 새겨진 스탬프 도장을 발견했습니다.

〈Talmage Hiebert Fredrik "중앙 아시아에서 발견된 독특한 청동기 시대 도장"〉

Expedition Magazine 42.3(2000) : n. pag. 탐험 잡지. 펜박물관, 2000년 웹, 2018년 6월 9일 〈http://www.penn.museum/sites/expedition/?p=6173〉

이 객체는 Altyn Depe의 중앙 아시아 사이트에서만 유사점을 가집니다. 새겨진 기호나 문자는 알려지지 않았습니다. 처음에 우리는 비문이 인더스 계곡의 하라파일지도 모른다고 생각했지만 메소포타미아, 이란, 하라파 또는 중국의 글쓰기 시스템과 연결되어 있지 않다는 것을 알게 되었습니다. 로컬 심볼 시스템을 반영할 가능성이 큽니다. 물개는 사원, 막사 또는 궁전을 위한 물품과 같은 물품을 추적해야 하는 경제의 행정 시스템에 사용됩니다. 아나 우(Anau)와 같은 작은 장소 조차도 건축적 유적이

〈Turkmenistan의 Anautepe와 옥서스권 지도(By Ardeth Abrams에 의해 그려짐)〉

https://www.penn.museum/sites/expedition/unique-bronze-age-stamp-seal-found-in-central-asia/

강하다. 아나(Ana)가 관리 시스템에 참여했음을 보여주는 증거가 있다. 엘리트 및 관료주의 기능이 있는 크고 작은 사이트의 이러한 패턴은 중앙 아시아 청동기 시대에 고유합니다.

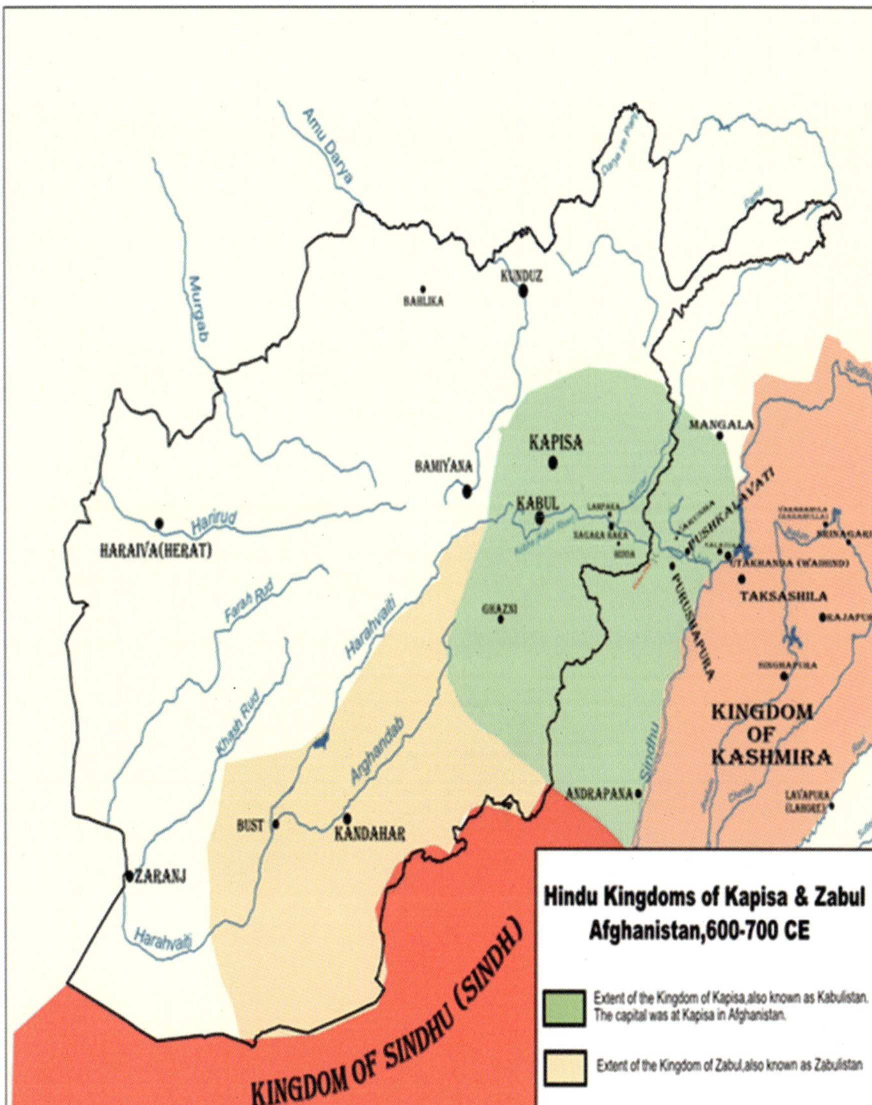

〈Amudarya강 남부의 Kandahar, Afghanistan, Sindh, Kashimira〉

Von Yogeshwar Shastri – http://jambudveep.wordpress.com/2010/09/12/kabul-shahi-the-hindu-kings-of-kabul-zabul/, CC BY-SA 4.0, https://commons.wikimedia.org/w/index.php?curid=36268493

14. 켈틱(Celtic) 갈리아 신 '케르눈노스(Cernunnos-처음의 고리족의 신들)'

어원 해석에서 서양학자들은 웨일즈어의 카안, 브로타뉴어의 '깐, 껀(Ggan, ggeon)이라고 하며 '아름다운 뿔'로 해석하였다. 사실, 서양학자들은 지금까지 옳게 라틴 비문을 해독하지 못하는 실정으로 왜곡된 어원이 양산되었는데, 케르(Cer)는 케르(Ker)와 같고 그 원형은 게르(Ger)이며 고리(Gori)의 변형이다. 그러므로 복수인 자음 'N'이 붙으면 고리 사람들(족)이 되며, '운(Un)'은 안(An)의 변형이다. 이 운(Un)에 자음 'N'이 붙어 '신들'이 되며 마지막 철자인 '오스(Os)'는 아스(As), 우스(Us), 이스(Is), 오스(Os)로 이어지는 변형으로서 "이제 시작하는 고리족의 신들"이 정확한 해석이 되는 것이다. 다만, 황소의 뿔에 양쪽에 걸쳐 있는 두 개의 고리(Gori)는 강력한 동맹을 의미하는 것으로 많은 씨족과 부족이 함께 한다는 의미로 황소의 '칸'이 된 것이다.

15. Gundestrup 가마솥의 '케르눈노스(Cernunnos-처음의 고리족의 신들, 칸)'

케르눈노스(Cernunnos-처음의 고리족의 신들, 칸)로 추정하며 인도사람처럼 가부좌한 상태로 양 머리에 솟은 2개의 뿔은 흡사 '칠지도(七支刀)'를 연상케 한다. 특히 고리로 된 방울과 한 손엔 뱀의 목을 움켜 쥐고 있다. 이것으로 강력한 칠성신앙과 고리체계를 이해할 수 있다. Gundestrup은 "칸의 새로운 머리는 달의 아버지"로 해석된다. 칸이며 달의 아버지를 '케르눈노스(Cernunnos-처음의 고리족의 신들, 칸)'로 불렀다. 스키타이의 작품으로 본인다.

출처 : https://commons.wikimedia.org/w/index.php?curid=192624

16. 그리스 크레타의 '메사라(Messara)' 사이트에서 출토된 청동도끼

고조선의 반월형 청동무기로 고대 히타이트 군인이 소지했던(본서 제1권) 손도끼와 그 모양이 같다.

출처 : https://en.wikipedia.org/wiki/Labrys

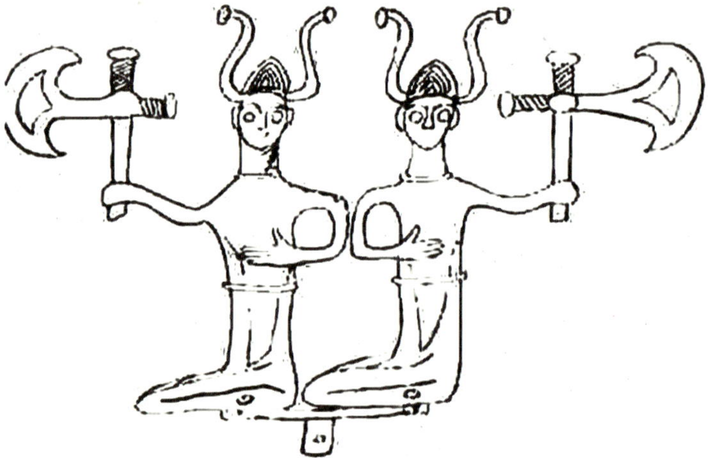

〈미케네(Mykenae)에서 이집트 여인의 청동도끼〉
출처 : http://www.braasch-megalith.de/1-himmelsscheibe.html

17. 기원전 17세기로 추정되는 고대 그리스 Apa〈아버지〉 유형의 청동검

* 손잡이와 칼 몸통이 반월형으로 전형적인 고조선의 청동무기(형가리 출토의 단검과 같다)

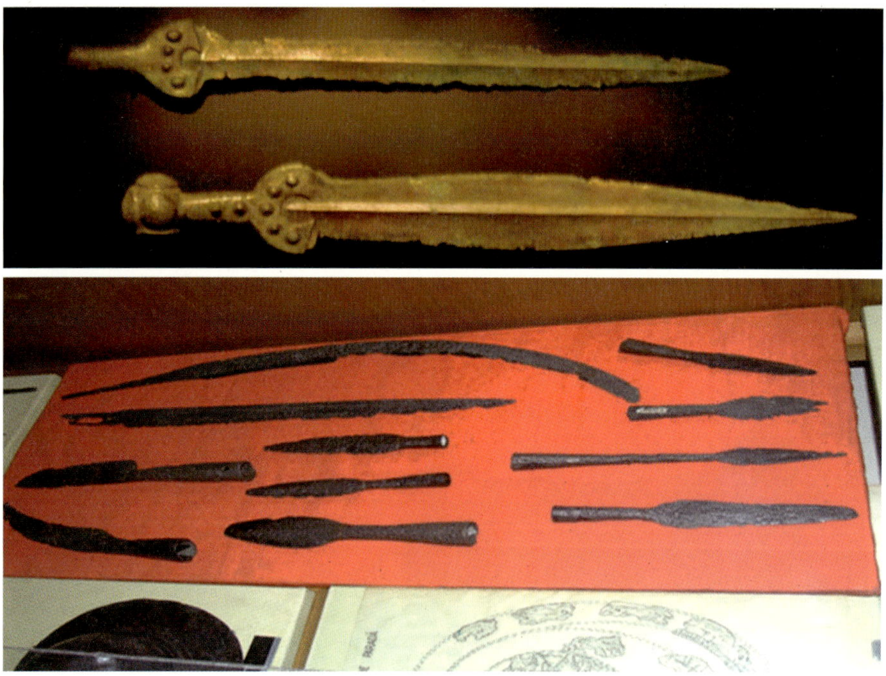

〈Dacian Weaponry including a falx (top) exhibited in Cluj National History Museum〉
출처 : https://en.wikipedia.org/wiki/Bronze_Age_sword

＊트란실바니아 박물관에 소장된 철제 무기도 그 몸통이 고조선의 반월형으로 청동 반월형에서 유래된 것을 알 수 있다.

〈로마시대(기원전 3세기)에 사용된 글라디우스(Gladius, 히스패닉 칼)〉

＊철제 검의 몸신이 고조선의 반월형 검신과 사뭇 다름을 알 수 있다.

〈기원전 13~12세기 Perati(광명의 머리) 무덤에서 출토된 청동검(반월형 손잡이)〉

〈Konistsa 평원 Liatovouni 언덕에서 출토(BC 13~12세기)〉
출처 : http://www.salimbeti.com/micenei/weapons1.htm

18. 기원전 5세기의 Knossos 쌍도끼 디자인의 대형 보관함

＊도끼에 새겨진 연결되는 이중 나선형 문양(태양)은 그리스의 크레타문명에서 발견되었으며 반월형 모양의 도끼날은 고조선의 반월형 청동 무기와 판박이라고 할 수 있다.

출처 : http://www.braasch-megalith.de/1-himmelsscheibe.html

* 고조선은 황소의 국가이었으며 태양의 문명을 상속받은 달의 국가이었다.

〈황소의 두 뿔과 쌍도끼(반월형), 이마에 그려진 태양의 형상(미케네 그림)〉
출처 : http://www.braasch-megalith.de/1-himmelsscheibe.html

19. Phaeton의 Cos가 기원전 1,000년경에 그리스에 도착한 후에 도리안(Dorian)에 그려진 '이중 나선형 문양'(태양문명의 증명)

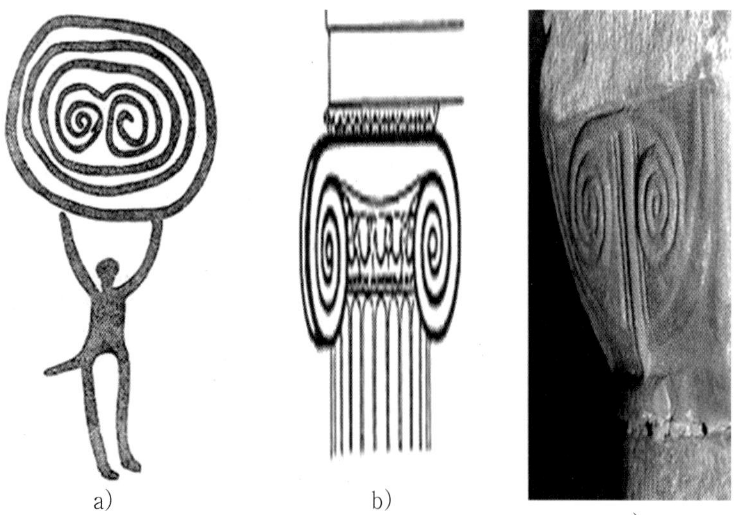

a) b) c)

a) 바위 조각, Oestergotland, 청동기 시대
b) 이오니아 자본 500 BC.
c) Zeitz의 Crypt에서 •Ionic column •북 독일(10세기)

* 이오니아·더블 나선형은 중부 및 북유럽의 Bronce(광명족의 집단) 시대와 조지아 에서 수 없이 입증되었다.

출처 : http://www.braasch-megalith.de/1-atlantis-phaethon-sparta.html

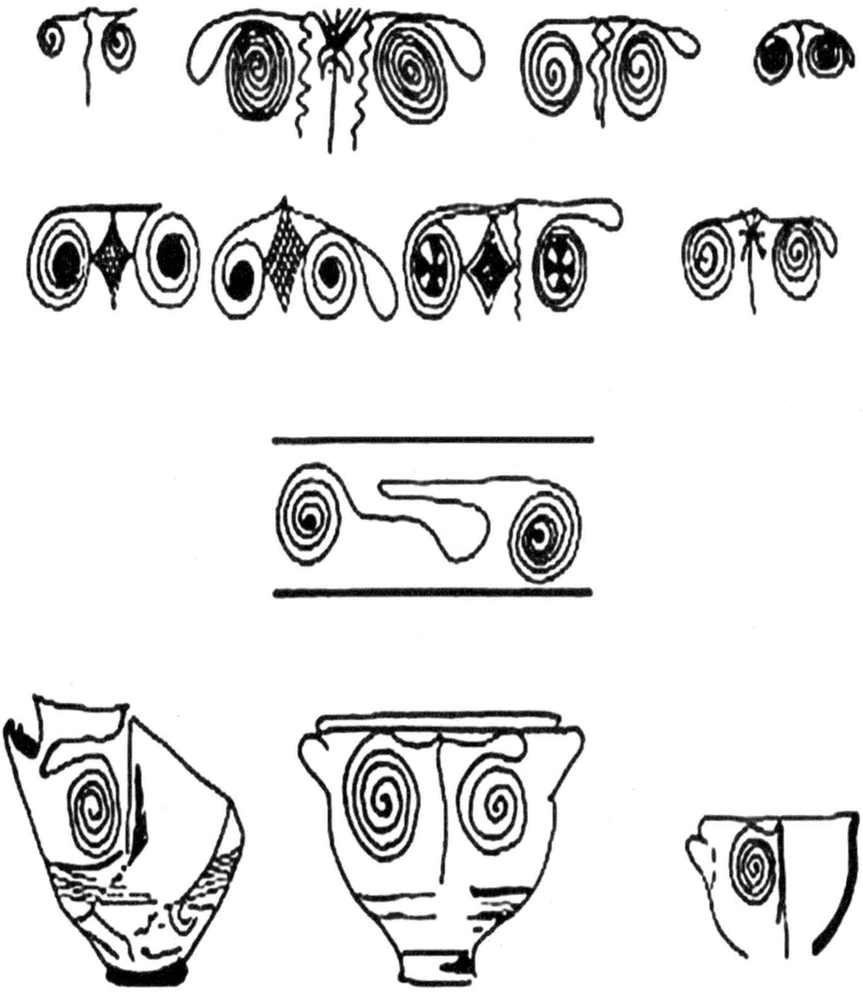

〈태양문명의 증명-그리스 도리안(Dothan, Dorier), 블레셋(Bleset-광명의 새 머리) 나선형〉

출처 : http://www.braasch-megalith.de/1-atlantis-phaethon-sparta.html

20. 다산(多産)을 위한 '봄 의식'의 일부로 살아있는 나무 주위에 고대 한여름 춤

〈Mayavole in Bavaria/Germany-Sweden-원형의 이중 나선형 구조〉

고틱시대(서기 1140~1500, Proto-Gremanic)에 행해진 태양숭배 문화
출처 : http://www.braasch-megalith.de/1-edda-pyr-cosmos.html

21. Gutasagan(Gotland)의 Trojeborg, Visby 지역의 '돌의 미로'

출처 : http://runeberg.org/nfci/0434.html

* 스웨덴의 섬인 'Visby'에서 출토된 고틱(Gotic, Goths) 사람들의 태양의 정신세계 '이중 나선형 구조'

* 스웨덴(Sweden, Swedes-새로운 아버지 머리족)은 Proto Germanic〈광명의 머리 어머니 집단〉으로 분류되고 있다(독일어 Svear-우리 새로운 아버지).

22. Gutasa(Gotland-Goths-고틱족-태양의 머리 집단)에서 발견된
'이중나선형 구조'

출처 : By Mollberg-Own work, CC BY-SA 3.0,
https://commons.wikimedia.org/w/index.php?curid=21135920

23. Kykladen-pan, 3천년 기원전 박물관 Athene의 나선형 문양

〈고대 터키 Acemhöyük(Purushanda), 도장의 느낌이 있는 점토 노들(씰링)〉

출처 : http://www.braasch-megalith.de/1-index.html

24. Gotland, 스웨덴, 5세기의 나선형 문양

〈이집트 18왕조의 이중나선형 문양〉

출처 : http://www.braasch-megalith.de/1-index.html

25. 태양 코스의 상징인 '나선형' – 유럽에 널리 퍼진 나선문양

출처 : http://www.braasch-megalith.de/1-spirale-sonnenbahn.html

26. 태양 코스의 상징인 '나선형' 문양들

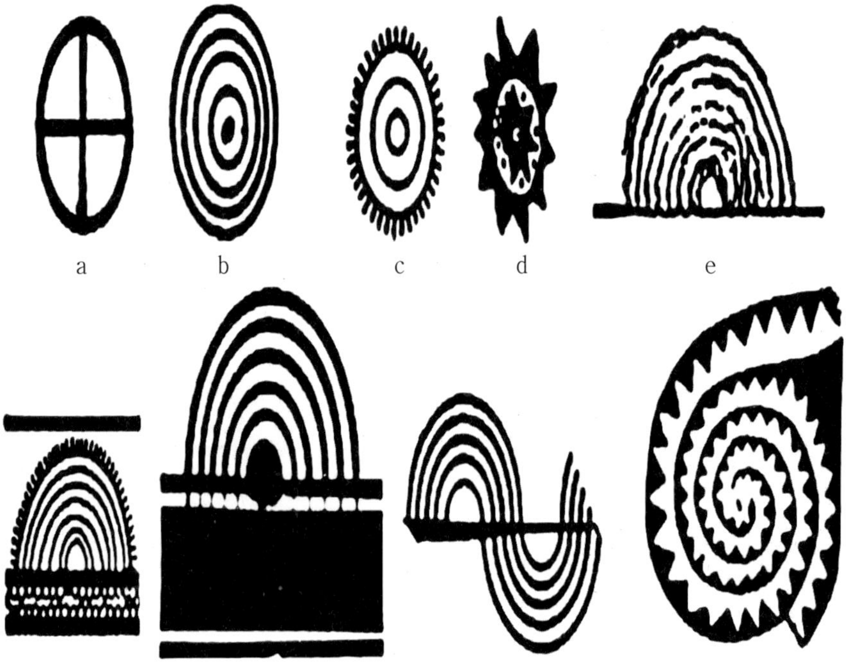

a b c d e

f g h i

출처 : http://www.braasch-megalith.de/1-spirale-sonnenbahn.html

a : 태양 광선, 스칸디나비아.

b, c, d : 기호는 종종 동심원으로 사용됩니다. 외부 원은 '방사'를 나타낼 수 있다.

e : 동심원의 태양-원은 수평선으로 반으로 나뉜다. 반원형의 일일 코스. 중간 코스의 짧은 코스. 여름 코스의 긴 코스 바깥.

f, g : 매일의 일 코스는 야간 언더 월드에 가는 선으로 들어갑니다. 새벽에 대한 언급? 기원전 1000년경 그리스의 꽃병. Protogeometric 기간.

h : 야간 일광 코스와 매일 연결하는 것을 실패?

i : 태양의 코스, 크레타섬(BC 17000)

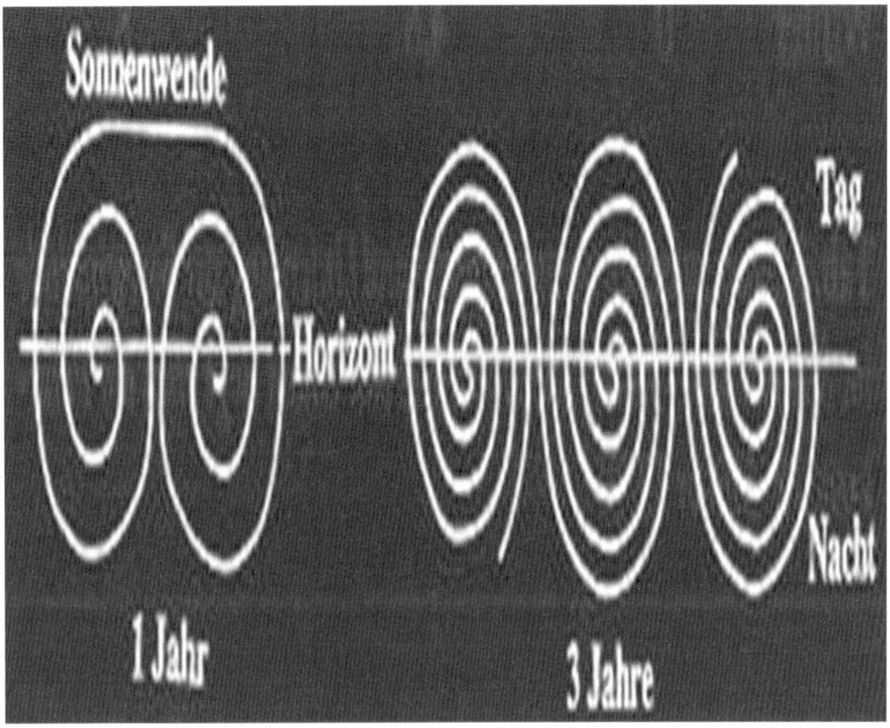

〈연속 반대 방향으로 이동(Sonnenwende = 한여름)〉
(Jahre–Years)

출처 : http://www.braasch–megalith.de/1–spirale–sonnenbahn.html

반원(E, F, G)을 상징한다는 가정 매일 고에 겨울(센터)에서 떠오르는 태양 코스 여름이 지워된다. f를 함께 롬 집 unrs을 야간 반원 6. BC Tochheim. Hall–(7 statt range) 참조. 집–urns가 널리 보급되었습니다. 북유럽. 그들은 symbo–어떻게든 지하에 Abode를 논리적으로 그 다음엔 야행성의 지하 세계 일광 코스가 아래 방향으로 향하게 됩니다(Menghin). 이온 이중 나선에서 겨울과 여름의 상하 과정은 물리적으로 정확하게 1년 동안 표시됩니다.

27. 이중 나선형 문양들

그리스 건축양식(고틱)

그리스 도자기(650~800)

출처 : http://www.braasch-megalith.de/1-spirale-sonnenbahn.html

Swatiska

아일랜드 크로스(Castdelamot)

Vollgriffschwert

출처 : http://www.braasch-megalith.de/1-spirale-sonnenbahn.html

십자가 Cramponnée

감마디온 십자가

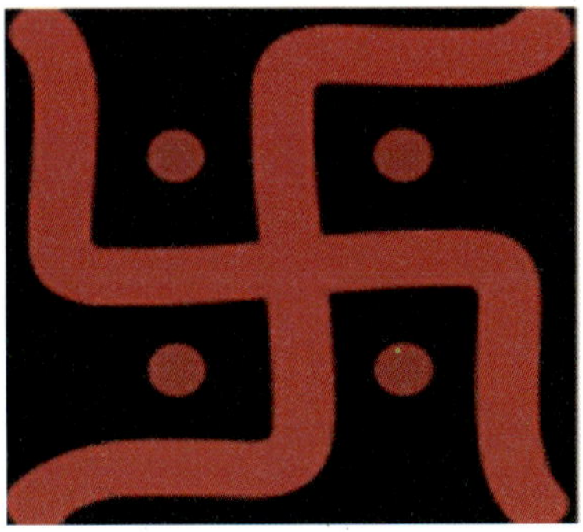

힌두교 '만자'

만자의 암석조각(아르메니아)

출처: https://en.wikipedia.org/wiki/Swastika

'만자'라는 이름은 Sanskrit(Devanagari : स्वस्तिक)에서 유래되었으며 "건강에 도움이 되는 길"을 의미한다. 힌두교에서는 시계 방향 상징은 Surya(태양) 및 번영을 상징하는 '만자문'이라고, 반 시계 방향 상징은 밤 또는 Kali의 Tantric 양상을 상징하는 Sauvastika이라고 칭한다. Reza Assasi에 따르면, '만자'는 Zeta Draconis를 중심으로 북쪽의 황도를 나타내는 하늘의 기하학적 패턴이다. 이 원시적인 점성술 상징이 후에 고대 이란에서 미트라(Mithra)의 4마차라고 불리우며 별의 지도에서 황도의 중심을 나타내고, 또한 이란 신화에서 우주가 자전하는 4개의 하늘 말들에 의해 끌어 당겨지는 것으로 믿었다는 것을 증명한다고 주장한다. '축 방향 세차 운동'이라고 불리는 천문학적인 현상을 지구 중심적으로 이해했기 때문에 시계 방향으로 고정된 중심을 중심으로 할 수 있다. 그는 이 개념이 서쪽으로 전해졌으며 로마의 미트라교에서 번성했다고 제안한다. 이 상징은 미트라의 도상학과 점성술에 나타난다.

28. 루브르 박물관(Loure Museum)에 보관된 '에트루리아인의 만자(卍) Pendant'

* 기원전 700~650 Bolsena, 이탈리아

출처 : https://en.wikipedia.org/wiki/Swastika#/media/File:Etruscan_pendant_with_swastika_symbols_Bolsena_Italy_700_BCE_to_650_BCE.jpg

29. 3개의 원(태양)의 연결(고리-Gori) 스웨덴에서 발견된 철기시대 항아리

출처 : By Nordisk familjebok-Nordisk familjebok(1910), Vol. 13, Till art. Järnåldern. II[1], Public Domain.
https://commons.wikimedia.org/w/index.php?curid=937373
https://en.wikipedia.org/wiki/Gotlander#/media/File:Trojeborg_Nordisk_familjebok.png

〈인체는 이중 나선형 구조이다〉

즉 주위의 에너지를 흡수하는 구조입니다. 토션장은 좌선형, 우선형 두 가지가 있는데 N선형장에서 상쾌함을, S토션장에선 불쾌감을 느낍니다. 회전방향이 반대이기 때문에 그 에너지를 흡수해서 유전자가 힘들어지는 원리라고 생각이 듭니다. 이런 이유로 거대한 인체는 코일이라고 생각을 해도 무관할 정도입니다. 아주 작은 코일 수조개가 모인 것이 인체라는거죠. 뇌 세포는 거기에 영구자석의 구조로 되어 있습니다. 토션장을 흡수하는 인체는 그 걸리는 시간이 순간적입니다. 인체 주위의 주파수 흡수

또한 순간적으로 이루어 진다고 보여 집니다. 제 경험상 이건 확실합니다. 정말 순간에 토션장을 흡수합니다. 몸에 꼬인 토션장을 푸는 것은 스칼라 파장입니다. 영점을 흔드는 에너지인 스칼라 파장은 꼬인 토션장을 다 풀어서 제로로 평평하게 만드는 거죠. 그래서 생활 주위의 전자파를 발생하는 장치들을 조심해서 사용해야 하는 것이구요. 접지는 참 중요한 일로 여겨 집니다. 낮은 주파수는 고압선에서 발생하는 파형이며 인간이 분노할 때 나타나는 주파수입니다. 아주 높은 고주파 또한 인체에 해롭습니다. 고압선 근방에 사는 분들이 병이 많은 이유가 바로 이런 이유입니다. 인체의 유전자는 바로 이중나선형 구조입니다. 여기에 모든 에너지 요법들의 해답이 있습니다.

이중나선(二重螺線)은 두 개가 서로 대칭인 나선이 같은 축 방향으로 놓여있는 모양이고, DNA가 이중 나선 구조라는 것은 1953년에 J.D. Watson과 F. H. C. Crick에 의해 밝혀졌으며 1962년 J.D. Watson는 노벨상을 수상하였다.

고대 그리스, 아나톨리아, 시리아, 조지아권에서 발굴된 도자기엔 이중나선형 문양이 많이 발견되고 있다. 또는 맥시코, 남미의 유적이나 그림 등에서도 나타나고 있다. 이런 규칙적인 이중나선형 구조는 고대로부터 인체의 구조가 이중나선형으로 되어 있다는 이치를 알았을 개연성이 매우 높다고 할 것이다. 이런 주장은 고대인이 천문학인 '황도 12궁'을 해석하여 정치와 농경생활에 반영하였다는 것으로 반증된다 할 것이다.

*그리스, 터키, 중앙아시아, 유럽에서 발견된 '이중나선형 구조'는 '태양의 문명'을 말해 주며 결국 사람은 소우주이고, 태양을 닮은 인체가 '이중나선형 구조'로 형성된 것으로 최근에 증명된 것이다.

출처 : 짐험블 MMS요법 및 양자역학 정보 원문보기 ▶글쓴이 : 김형후

30. 켈트사회에서 드루이드(Druid－달의 머리)는 무엇인가?

드루이드(웨일스어 : Derwydd, 올드 아일랜드어 : Druí, 게일어 : Draoidh, 오래된 콘월어 : Druw, 중간 웨일스어 : Dryw)를 어원 해석에서 원시 켈트 단어는 "오크－지식"을 의미하는 *Dru-Wid-s(pl. *Druwides)로 재구성하여 고대의 고위 전문 클래스의 일원이었다. 켈트 문화. 종교 지도자로 어원학에서 밝히고 있다. 고대 로마 작가들이 켈트족의 고향인 셀틱어 Gaulish에서 유래한 것으로 간주되었으며 다른 로마 교과서는 또한 Druidae 형태를 사용하고, 같

은 용어는 그리스 민족 학자에 의해 δρυlδης(Druidēs－처음 달의 머리)로 사용되었다.[37)]

서양의 언어학자들은 고고역사학에 바탕을 둔 인류문화사를 이해하지 못한 바탕에서 그 정체성을 찾지 못함에 고작 드루이드(Druid)를 "오크에서 얻어진 지식"으로 어원을 정리하였다. 이 종족이 진출한 지역에 오크(참나무)가 많은 이유로 '참나무에서 얻어진 지식'으로 드루이드를 어원 분석하였지만 엉터리인 것으로 그리스 민족학자가 주장한 Druidēs는 "처음의 달의 머리(아사달)"로 해석된다. 달은 드루(Dru), 드르(Dr), 드라(Dra), 데르(Der), 디르(Dir)로 다양한 모음의 변화를 가져 온다.[38)]

이런 모음의 변화는 웨일스어의 Derwydd(달의 아버지 머리), 올드 아일랜드어 : Druí(달위에), 게일어 : Draoidh(흰 머리의 달), 오래된 콘월어 : Druw(달의 아버지), 중간 웨일스어 : Dryw(달의 아버지)이며 로마 교과서의 Druidae(달의 머리)로서 정체성은 달(月)인 것이고, 달의 정체성을 가진 집단이 켈트로 진출한 것이며 드루이드(Druid)는 당연히 제사장이었다

그들은 천문, 지리는 물론 국가의 전쟁이나 가뭄, 홍수 등 천재지변에 대한 자문을 하였고, 민간에게는 농사 짓는법과 가축의 방목 등을 지도하였음에, 율리우스 카이사르(Julius Caesar)는 이 지역의 가장 중요한 사회 집단 중 하나(귀족 과 함께)였으며 Gaulish, British, Irish 사회에서 예배와 희생, 점 치기, 사법 절차를 조직할 책임이 있다고 주장했다. 또한 법 당국, 심사 위원, 로커, 의료 전문가 및 정치 고문이었다고 한다.[39)]

기원전 36년경에 기록된 Diodorus Siculus는 드루이드가 "피타고라스 교리"를 어떻게 따라 갔는지, 인간 영혼은 불멸의 상태이며 몇 년 후에 새로운 몸으로 새로운 삶을 시작한다고 설명했다. 또한 1928년, 민속학자 도널드 A. 매켄지는 불교 선교사가 인도의 왕이 보낸 것으로 추측, 아쇼카 드루이드를 자세히 묘사한 최초의 현존 텍스트는 줄리어스 시저(Julius Caesar)의 기원전 50년대 또는 40년대에 쓰여진 제6권의 비평 갈라 코피 아리(Commentarii de Bello Gallico)이다. 갈리아와 영국을 정복하려고 했던 군 장군인 카이사르는 드루이드를 신성한 예배와 희생 제사, 사적 또는 공적, 의식 질문의

37) ρουίδης, 헨리 조지 리델, 로버트 스콧, 그리스 영어 어휘페르세우스에를
38) pokorny의 Indogermanisches etymologisches Wörterbuch를 보기, 아메리칸 헤리티지 사전(4에드), Δρυίδης을
39) Wallace, Patrick F., O'Floinn, Raghnall eds. 아일랜드 국립 박물관의 보물 : 아일랜드 유물, 2002, Gill & Macmillan, Dublin,ISBN0－7171－2829－6, pp. 88～89, 100～101

해석과 관련있다고 설명하였으며 신학, 우주론, 천문학은 물론 행정관, 판사의 역할을 하였다고 주장하였다.[40]

켈트로 들어온 종족들의 정체성을 너무도 모르는 이유에서 엉뚱한 어원 해석과 인도 아쇼카왕의 불법 전수 등 황당한 주장을 하기에 이른 것이다. 고조선의 9환족은 천문과 지리에 능통하였고, 그들은 태양족이었으며 깨우친 사람들이었다. 고조선 시대에 이르러 달이란 정체성을 가지고 고리(Gori, 동맹) 개념으로 뭉쳐 씨족과 부족을 영위해 나갔으며 삼신과 칠성을 숭배하고, 천부경, 단군의 팔리훈과 삼일신교 등을 익혀 서양사람들이 말하는 신학, 천문학에 능통한 사람들이 되었다.

필자가 1권에 인용한 우실하 교수의 '북유럽에 퍼진 3수사상'과 이중나선형 문양이 유럽에 많이 펴졌다고 주장하였다. 이미 언어학적으로 분석하여 그 정체성을 밝혀내었는데 켈트에 진출한 고조선의 제종족들은 고리를 지어 왔으며, 깨우친 머리와 태양, 달 사상을 가지고 진출한 것이었다. 그들은 유럽에 타라(Tara－달)란 성소를 만들어 숭배하였고, 제사장인 '드루이드(Druid)'를 통하여 정사를 펼쳐 나간 것으로 조사되었다. 이러한 필자의 주장은 오스트리아(Ostria－처음의 달, 아사달), 이스트리아(Istria－처음의 달, 아사달), 아나톨리아(Anatolia－달의 신), 오스트레일리아(Australia－처음의 새, 우리달, 아사달)에서 증명된다 하겠다.

고대엔 달(Dal)을 어떻게 불렀는지에 대하여 서양학자들이 모르고 있는데서 인도－유럽어의 푸로토조어 현상(모음조화)을 설명할 도리가 없는 것이다. 서양학자들은 태양은 Sun이며 달은 Moon으로만 알 뿐이므로, 켈트의 정체성은 영영 찾을 수 없게 된 것이라고 주장한다. 이 드루이드는 로마의 갈리아 침공에 뒤이어 드루이드 계급은 1세기 황제인 티베리우스와 클라우디우스에 의해 로마 정부에 의해 억압되었고, 2세기경 기록에서 사라졌다고 한다. 특히 아일랜드 신화에선 여성 드루이드가 영주와 왕을 섬기며 예언자로서 제사장의 직무를 했던 것으로 조사되었다.[41]

40) Druides, 찰튼 T. 루이스, 찰스 짧은, 라틴 사전페르세우스 프로젝트
41) 도널드 맥켄지(Donald A.Mackenzie), 기독교 이전의 불교(1928 : 21)

https://www.britishmuseum.org/research/collection_online/collection_objec

〈Druid가 점치는데 사용된 숟가락 1벌〉

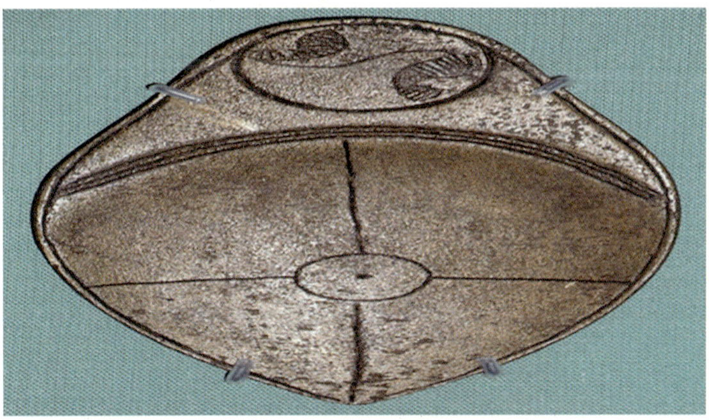

〈양의(兩儀)와 삼태극 형상이 아주 돋보인다.〉
출처 : https://commons.wikimedia.org/w/index.php?curid=15941829

아일랜드 켈트족의 신화(Cuchulainn, Seadanda, Setanta)에서 '전투 까마귀'

〈TW Rolleston, 1911 Joseph Christian Leyendecker〉

출처 : https://fr.wikipedia.org/wiki/C%C3%BAchulainn#/media/File:Cuinbattle.jpg

제2장
유럽 등 아프리카에 퍼진 '타리아', '타라'에 관한 연구

1. 타라(Tara)의 국가, 지명, 왕조에 관하여

(1) 타라피타(Tharapita－달의 아버지 머리)

12세기 에스토니아의 연대기 신화에서 아름다운 숲이 우거진 신성한 언덕으로 '타라의 정원'으로 핀란드에선 전쟁의 신으로 투리사스(Turisas－처음의 거룩한 달)라고 불렀으며 수확과 행운, 성공의 신으로 불렀다. 프로토 우랄언어에선 '높은'의 뜻으로 해석하고 있다.

(2) 티툴루스(Titulus－머리의 새로운 달)

5세기의 로마시대에 소유자의 이름을 표시하는 대리석 또는 목록으로 주로 교회의 교구 앞에 '티툴루스(Titulus)산 마르코'라고 하여 사제관(제사장)을 의미하였다고 한다. 티툴루(Titulu)는 변형되면 '타탈리(Tatali)'가 된다. 타탈리(Tatali－머리의 달)가 성소의 의미이므로 사제관(교구)의 이름에 반드시 '티툴루'를 붙였다.

(3) 투리아강(Turia)

스페인의 발렌시아 지방의 테루엘 지역의 강으로 예전에는 '아스투리아스'강이라고 불렀다고 한다. '투리아'는 '타리아(Talia)'의 변형으로 고조선의 '타리아, 탈리아(달)'를 지칭하는 것이다.[1)]

(4) 타르 투(Tartu－머리의 달)

고대 에스토니아의 지역으로 5세기에 형성되었다고 한다.[2)]

'에스토니아'의 이름도 '에스토리아'에서 변형된 것으로 "처음 건설한 타리아"였다. 그곳에서 '타르 투'는 성소(聖所)이며 '투'가 앞에 오면 '투탈리'가 된다.

---

1) https://en.wikipedia.org/wiki/Turia_(river)

2) https://en.wikipedia.org/wiki/Tartu

(5) 이스트리아(Istria, 라틴어 : 히스트리아 – 처음 시작하는 달, 아사달)

'이스'는 에스, 아스, 아시와 같이 쓰이며 '처음'이란 뜻이고, 트리아는 타리아에서 변형된 것이다. 즉, "처음 건설하는 타리아(달)"란 뜻이다. 고조선 삼한 붕괴 후에 유럽으로 진출한 9환족은 그들이 머무는 것에 반드시 '타리아'를 지었다. 그 이유는 정체성의 표식이었다. 이곳은 아드리아 해안으로 크로아티아, 슬로베니아, 이탈리아가 공유하는 해협이다. 아드리아(Adria–큰 달)도 '다리아(Daria,Talia)'에서 변형된 언어이다.

출처 : https://en.wikipedia.org/wiki/Istria#/media/File:Istria.png

(6) 아스투리아스 왕국(Asturorum – 처음 달의 우리 어머니)

718년 고트족의 귀족인 아스투리아스 펠라기우스가 건설한 왕조이다. 역시 앞의 예처럼 "처음(As) 설립하는 어머니 타리아(달) 왕조"를 말한다.[3]

(7) 아틀라스, 트로아스, 다르다 누스의 기슭

그리스 신화에서 제우스와 일렉트라의 딸이 '아틀라스'였으며 그 도시의 설립은 다르다 누스의 기슭이라고 하였는데 그리스 신화는 우리의 환인, 환웅의 역사를 모조리 카피하였다. '다르다(Darda)'는 다리다(Darida), 타리다(Tarida)가 되는데 다시 탈리타(Talita)로 변화한다. 그러면 다르다의 기슭이 어딘가? 다르다, 즉 탈리타는 옥서스권을

3) https://en.wikipedia.org/wiki/Kingdom_of_Asturias

말한다. '트로아스'에서 거꾸로 하면 '아스트로'가 된다. 아스트로는 아스테리아, 아스티르, 이스트리아, 아스트리아 등으로 변화한다. '처음 트로의 장소'가 바로 '트로아스'이다. 그리스 신화에서 말하는 '다르다 누스'는 아나톨리아 남부해안인 '다르다넬스'를 지칭한다. 마한영역인 '루카'(루비안) 지역인 셈이다.

(8) 테우타테스(Teutates)

켈트 신화에서 전쟁과 평화의 아버지의 선두주자로 "사람들의 아버지"라고 불려졌다. 영국에서 발견된 두 비문에서 테우타테스(Teutates-이제 시작하는 머리는 태호의 머리)를 인용하였다고 한다. '아일랜드 하나님' 웨일즈의 투드(Thd, Tuath)라고 하였다. 여기서 투드(Thd), Tuath는 '머리는 흰빛 나는 머리'를 말한다. 그곳이 어딘가? 옥서스권역의 고조선을 지칭하며 '백두족(白頭-흰 머리, 흰 빛나는 머리)'이 있던 곳이다.

(9) 카탈로니아(Catalonia-고리의 큰 달)

카탈로니아는 스페인의 바르셀로나, 지로나, 레리다, 타르를 포함하는 영역이다. 역시 '탈로'는 탈리에서 변형된 것으로 탈루, 탈레, 탈리, 탈라 등으로 변화된다. '탈로'는 탈리아를 지칭한다.[4)]

(10) 타란토 만(Tarentinus-처음 머리족의 달 사람들)

남부 이탈리아의 이오니아해를 말한다. '타란'은 '타라'에서 변형된 이름으로 타레티, 타라토는 탈레티·탈레타·탈레토로 연결되며 나아가 탈리타가 되고, 투, 타가 앞에 오면 투탈리아, 타탈리아가 된다.[5)]

(11) 히스트리아(Histria, Istria-흰 빛의 새로운 달, 처음의 달)

라틴어로 나타낸 글자로 히스트리아가 되었는데 앞전의 '이스트리아'와 같은 이름이다. 루마니아의 다뉴브강 근처에 위치한 도시이고 기원전 630년에 설립하였다고 한다. 고조선이 기원전 630년경에 멸망하였는데 이곳 루마니아에서 같은 연대에 설립된 것으로 아주 소중한 고고학적 유적지라 할 것이다. 트리아(Tria)는 타리아(Taria)와 같은데 7세기에 도시이름이 사라졌다고 한다.

(12) 타라코(Taraco-달의 집단〈고리〉)

이스파니아(스페인)의 도시로 기원전 5세기에 건설했다고 한다. 이베리아 식민지도

4) https://en.wikipedia.org/wiki/Catalonia
5) https://en.wikipedia.org/wiki/Gulf_of_Taranto,

그 때부터 시작되었다는데 '타라'는 타리에서 변형된 이름으로 지금은 유네스코의 문화유산으로 자리매김되고 있다.

(13) 타리(Tari－달)

파푸아 뉴기니에 위치한 고원에 있는 마을이며 헬라지방에 속한다. 독일의 식민지배를 받았는데 식민지배 당시에 독일 사람들이 이곳에다 '타리'의 성소를 만들었으며 도시 이름이 전해지는 곳으로 파악된다.

(14) 타라(Tara－달)

아일랜드의 전설에 나오는 언덕 이름이다. 일명 '타라의 힐(언덕)'로 하나님은 '타라'에서 나타났다고 전해진다. '타라'의 원형은 '다리'이며 '달'에서 온 것이다.[6)]

(15) 파 타라(Patara－아버지 달)

'파'는 아버지인 '바(Va, Ba)'에서 왔으며 '타라'는 '타리'에서 변형된 이름이다.

즉, "아버지 타리아"란 뜻이다. 이곳은 아나톨리아의 '리키아'의 도시이다. 파타라엔 로마의 극장이 세워졌고 그리스시대엔 아폴론의 '신탁'이 이루어졌다고 전한다.[7)]

(16) 타라 산(Tara mt－달)

세르비아의 서부에 있는 '타라 산'이다. 타라는 타리, 테리이며 달이다.

(17) 타라 강(Tara－달)

보스니아와 알바니아 국경 근처로 흐르는 강이다. 강의 길이는 약 120km이다. 일명 드리나 강으로도 불린다.

(18) 타라(러시아어 : Тара－머리 아버지)

서부 시베리아 옴스크주에 위치한 대도시 타라주의 두 번째로 큰 도시 이름이다. 1594년에 설립된 코사크(Ostrog)에 의해 남쪽에 있는 강의 이름을 따서 명명하였다고 한다. '아스타라(Astara)'와 '오스트로(Ostro)'는 그 어원이 같다.

(19) 안테라(Anthela－달의 신)

국가 간 우정을 다지는 형태의 여신으로 '데메테르'는 안테라(Anthela)와 같은 것으로 '테르 모 필레'라는 만남과 회의의 시작에 그녀에게 공양을 바쳤다고 한다. '안테라'

---

6) https://en.wikipedia.org/wiki/Hill_of_Tara

7) https://en.wikipedia.org/wiki/Patara,_Lycia

는 '안'은 신이며 하나님이다. '테라는 타리의 변형'으로 '달의 신'이다.

(20) 아스테리아, 아스테로디아(Asterodia－처음의 달, 처음 달의 머리)

아스테리아와 아스테로디아는 동일한 이름으로 그리스 신화의 여인이다.[8)]

그리스인들은 '테리아'를 옥서스 권역에서 모두 인용하였다.

(21) 아에토리아(Aetolia－달)

그리스의 북쪽 해안에 코린토스만, 현대의 동부 형성(에톨리아-아카르나니아 현), 여기서 아에토리안리그(기원전 290～189년)가 생겨났다. '톨리아'는 '탈리아'에서 변한 이름이다.

(22) 아에토루스(Aetolus－새로운 달)

그리스 신화의 엔디미온의 아들이다. '토루'는 '타리'에서 변형된 이름이다.

(23) 테라 드 부리(Terras 드 Bouro－새로운 달의 광명)

게르만 부족 '부리'가 수에비족과 함께 이베리아 반도를 설립하고 북부 포르투갈과 갈리시아에 정착하였다. '부리(Bouro)'는 '바르'에서 온 것으로 "광명의 테라〈밝은 달〉"가 되는 것이다. '테라'도 '타리'에서 변한 것이다.

(24) 툴루즈(새로운 달, 톨로사)

기원전 2세기에 건설된 도시로 이베리아 고트족의 수도였다(툴루즈).

'툴루'는 탈로, 탈리, 탈레, 툴리, 틸리, 틸레 등으로 변화된다.

(25) 테르 강(달)

중앙 북부에 위치한 터키의 도시이다. 약 50km로 해안도시 삼순 동쪽으로 흐르는 강이다. '테르'도 '타리'에서 변화된 이름이다.

(26) 이쉬타르(Ishtar－처음의 달)

아시리아와 바빌로니아의 여신으로 사랑, 전쟁, 불임, 성욕의 여신으로 북서 셈족의 아람의 여신 '아스타르테'와 동일하다.[9)]

'이쉬'는 이시, 아시, 에스, 아스와 같이 쓰이고 '처음'이란 뜻이며 '타르'는 '타리'에서 변형된 이름이다.

---

8) https://en.wikipedia.org/wiki/Asterodia

9) https://en.wikipedia.org/wiki/Ishtar

(27) 툴라(Tulla-달)

러시아의 산업도시, 행정중심의 '툴라주'는 '우파강' 근처에 있는 도시다. 도시의 이름이 '발트'에서 그 기원이 왔다고 전해지고 있다.[10]

또한 아일랜드의 중서부 도시의 마을이름이다.

(28) Taurida(타우리다) 베르니(1783~1917) 왕조

크림 타라르의 왕조로 크림반도와 하부 사이의 본토 드니프로강, 해안 흑해, 아조프해로 구성되었다. 행정구역은 8개로 분할되었는데 타리다(Taurida)는 탈리아타와 같으며 타탈리아, 투탈리아와 같다고 하겠다.

(29) 이탈리아(Italiana-큰 달의 사람들)

국가 이탈리아는 바로 9환족의 정체성을 말한다. 중앙아시아 옥서스권인 고조선의 영역을 말해주는 '탈리아'(달)가 그대로 들어간 경우이다.

(30) 타우라(Taula-우리 머리)

카탈로니아의 '발레 아레스'섬의 미노르카에서 발견된 거석 사이트.

스페인어로 '델니아'라고 부른다. 일명 Talaiotic 문화라고 부르는데 기원전 1,000~300년 사이에 건설된 종교시설로 고고학자 '마이클 Hoskin'은 고대의 치유 숭배 장소로 본다고 하였다.

Talati〈달의 머리〉, Torrellissa, Trepuco〈달의 아버지 집단〉 근처를 포함한다고 하였다. 이 문화는 지중해에서 공격적인 침략의 문화에서 기인하였다고 한다. '타우라'는 '타라'로 '타리'에서 변형된 이름이다. 필자는 페니키아 식민지의 성소로 본다.

〈타우라(Taula-스페인)〉

〈타우라의 무덤〉

10) https://en.wikipedia.org/wiki/Tulla

(31) 탈리안 방언(Talian－달 사람들)

주로 이탈리아 베네치아의 언어의 방언이며 북부 이탈리아, 지역 포르투칼어의 합성어인데 약 1,875년 이민자의 지속적인 물결에 브라질 남부언어가 이 언어로 차용되었다고 한다. 베네치아는 강력한 갈리아 부족인 'Veneti(아버지족의 머리)'족에서 이름이 붙여진 것이며 브라질에서 사용되는 방언이름이다.

(32) Asturia강(아스투리아강－처음〈떠 오르는〉 달)

스페인 북서부의 긴 강으로 91km이다. 그 하구는 갈리시아 영역 사이의 경계를 형성하였다고 한다. 스페인의 아스투리아스 공국의 타라문디(Taramundi－달의 어머니족 머리) 도시를 흐르는 작은 강(9km)도 있다. 역시 아스투리아는 "처음 투리아"란 뜻이다. 타라문디(Taramundi)는 오스트로아시안 언어의 한 갈래인 '문디다리아어'와 같은 어원인데 다리아(타라)를 앞과 뒤로 바꾼 것으로 어원은 같다.

(33) 아스투레스, 아스투리아(Asturs, Asturia－처음 시작하는 달, 아사달)

스페인 북서쪽 지역으로 현대의 '레온지방' 북부·'자모' 북동쪽 포르투갈에 '아스투리아강'을 끼고 기원전 207년에 건설한 부족국가 연합이었다. 특히 루쿠스(루카, Lucus－태양의 고시), 쿠룬다(Curunda), 베르기둠(Bergidum), 브리게티움(Brigaetium) 등의 부족과 함께 설립하였다. 여기에서 루쿠스(Lucus)는 아나톨리아의 루카였다. 학자들은 오스투레스가 종교의 중심지로 설립되었다고 말하였다. 이 왕국은 910년에 멸망하였다.

(34) 타라코(Tarraco－고리의 달)

로마제국 시대의 도시로 이베리아 반도로 히스파니의 Tarronensis이었다. 이곳에 식민지의 증거는 기원전 5세기로 추정하였다.

(35) 안달루시아(Andalusia－처음 시작하는〈돋아 오르는〉 달의 신)

이곳은 스페인에서 두 번째로 큰 자치지방이며 수도는 '세비야'이다. 스페인의 남쪽에 위치하며 지중해를 끼고 있다. 서쪽으로 포르투갈과 대서양에 맞닿고 지브롤터 해협과 만난다. '타르테시안' 문명이 발견된 곳으로 로마 초기시대에 페니키아인들은 안달루시아 해안가의 상당 부분을 식민화하였고 기원전 1,100년경 카티스지방이 가장 주요한 식민 거점이었다. 페니키아 식민도시의 몰락으로 카르타고가 지중해 서쪽 지방에 해상권역으로 진입하였으며 1, 2차 카르타고 전쟁 이후 안달루시아 전역과 스페인 전체로 영역을 확대하였다. 특히 반달족은 5세기 이후 이 지역에서 세력을 떨쳤으

〈스페인의 '안달루시아(Andalusia) 지방(적색)〉

며 서고트족 왕국이 들어와 비잔틴 제국의 영향하에 놓이게 되었다.[11] 현 아메리카 대륙에서 사용하는 스페인어는 거의 '안달루시아' 방언에 기초하고 있다고 한다. '안'은 하느님 신이고, '달루'는 달리, 달라로 변형되며 탈루가 된다. 그러므로 '안달루'는 "신의 탈리아"에 연결된 것으로 '시아, 지아, 키아는 부족을 말하므로 중앙아시아 옥수스 권역인 고조선의 종족이 이곳으로 진출한 것을 우리는 알 수 있는 것이다. 수도 '세비야'는 '사'에서 수, 세, 시 등으로 변화하며 새로운으로 정리되고 '비야'는 아버지족을 말한다 할 것이다. '새로운 아버지족의 땅'이 세비야이다. 백제의 '사비'는 '세비'와 그 어원이 같다.

(36) 에스티안(Aestiorum－처음의 우리 어머니 머리, Aestian, 에투리아, 에스토니아) 동 프로이센

현재 칼리닌그라드주 지역에 위치하였던 국가로 '에스토니아'의 에스는 '처음'이란 뜻이며 '토리아'에서 '토니아'로 변형되었다.

'토리아'는 '타리아'와 같은 것으로 그리스의 타키루스에 의하면 어머니 신을 숭배하였으며 발트(Balt－광명의 머리) 해안(수에비안 바다)을 따라 영역을 확장하였다고 한다. 역시 '타리아'와 머리의 지명을 가지고 진출한 고조선 종족으로 보고 있다.

(37) Autariate(아우타리아테－큰 달의 머리) 부족

일리리아 부족으로 켈틱의 역사에 늦게 등장한 종족이다. 기원전 5세기에 진출한 것으로 보고 있으며 6세기말엔 큰 정치적 단위로 성장하였다고 전해진다. 그들의 국

11) https://en.wikipedia.org/wiki/Andalusia

경은 코소보, 세르비아, 몬테네그로 지역으로 보고 있다.[12)]

'탈리아테'의 '테'가 앞의 접두사로 오면 '테탈리아'가 되며 투탈리아, 타탈리아가 된다. 이것은 고조선의 영역을 정확히 말하는 것이다.

이 부족도 고조선의 9환족 부족 중 중앙아시아의 영역에서 진출한 부족으로 고조선 삼한의 붕괴 전후로 진출한 부족이라고 본다.

(38) 타르테 수스(Tartessus - 이제 시작하는 새로운 머리의 달)

이베리아 반도의 남쪽 해안에 설립된 문화이었다. 현대의 안달루시아 - 스페인의 입이며 과달키비르강 주변으로 시작된 문화인데 기원전 4세기에 Ephorus는 "셀틱 땅에서 금과 구리 뿐만 아니라, 강에 의해 많은 주석과 함께 '타르테 수스'라는 매우 번영하는 시장"에 대하여 설명하였다. '타르테 수스' 문화는 이미 기원전 8세기에 페니키아인의 존재가 인근 자신의 항구를 건설하였다고 적고 있다.

(39) Tatari(타타리 - 머리의 달, 지금 지명은 '탈린')

핀란드 북부해안에 있는 도시로 에스토니아의 전체 인구의 32%가 살고 있는 지역이다. 고조선의 "타타리"와 똑 같은 이름이다. '에스토니아' 국가의 이름도 '에스'는 아사, 아시와 같은 것으로 '처음'이란 뜻이고, '토니아'는 톤(머리 사람들)에서 변형된 것으

Tartessus(새로 시작하는 머리의 달 - 아사달)의 문명 지역도

출처 : By Téy kriptonita based on Image : Iberian Peninsula base map.svg created by Redtony-self-made. Data taken from the same titled article in wikipedia spanish and [1], CC BY-SA 3.0, https://commons.wikimedia.org/w/index.php?curid=3184056

12) https://en.wikipedia.org/wiki/Autariatae

로 "처음 머리 사람들"이 건설한 곳"이다.

(40) 타루티노(Tarutino－달의 머리사람들)

러시아의 칼루가주, 나라의강 근처에 있는 도시이다. 1812년 나폴레옹이 이곳에서 '타루티노(Tarutino)' 전투를 하였다고 한다. 틴은 '머리족'이다.

'타루'도 타라에서 변형된 것으로 타라는 타리아이다.[13)]

(41) 타르테시안 언어(Tartessian－새로운 머리의 달)

멸종된 언어인데 남서 이베리아반도, 주로 포르투갈의 남부, 스페인의 남부(서부 안달루시아 포함) 언어였는데 5개의 비문이 발견되었다. 주로 언 필드의 엘리트 접촉에서 기인된 것으로 보고 있으며 기원전 825년으로 추정하고 있다. 특히 스페인 묘지의 비문은 기원전 625～650년으로 보고 있다(Darada－다라다 왕조는 카슈미르, 신드에 있었다). 타라타, 타타라로 이어지는 변형이다.[14)]

(42) 타루틴(Tarutyne－달의 머리족)

우크라이나 남서부에 있는 도시의 이름이다. 이곳에 '타루티'란 성소를 만들었고 성소 이름을 따서 타루틴(Tarutyne)으로 남아있는 것으로 보고 있다. 역시 '타루티'는 '타라티', '타리아 티'가 되고 다시 '티'가 앞으로 오면 '티타리아'가 되니 변형되면 "투타리아, 투탈리아, 타탈리아"가 되는 것이다.[15)]

(43) 프라스탈라(Prasthala－광명의 새로운 달)

이곳은 인도 16국의 Trigarta 왕국의 수도였다고 한다. 현대의 펀자브의 잘란 다르이다. '프라'는 '바르'에서 변형된 것이며 '탈라(Thala)'는 중앙아시아 옥서스권역의 '타리아, 탈리아'에서 온 것이었다. 즉, "광명의 탈리아"가 된다. 인도 16국 중에 '탈라'는 유일하다.[16)]

(44) 수메르권의 국가 '마리'의 "이슈타르 성전"(새로 흰 빛나는 달)

이 성전은 기원진 약 2,600년경 건설한 성전이라고 한다.

아마도 환웅시대에 만들어진 성전으로 보고 있는데 수메르 지역에 환웅의 문화가 존재하였다는 것을 보여주는 증표이다. '타르(타리아)'의 이름으로 제일 먼저 건설한 성

13) https://en.wikipedia.org/wiki/Tarutino
14) https://en.wikipedia.org/wiki/Tartessian_language
15) https://en.wikipedia.org/wiki/Trigarta_Kingdom
16) https://en.wikipedia.org/wiki/Prasthala

〈트라키아의 파이오니아(기원전 350년)〉

소로 본다. 루브르 박물관에 이 성전의 유물인 '동물과 싸우는 영웅을 표시한 인영과 인장'이 보관되어 있다.

(45) 마타라(Matara－어머니의 달)

아프리카 예멘 남부의 고대도시 Qohaito의 사이트에서 '마타라를 발굴하였다. 악숨 왕조시에 있었던 성소로 파악하고 있다. 또한 에리트레아의 고고학적 유적지이다.[17] 그리고 스리랑카의 마트라 지구의 행정도시 이름이다.

'마타라'의 '마(Ma)'는 어머니를 가리키며 '타라(Tara)'는 역시 '타리아'를 말한다 그러므로 "어머니의 타리아"로 해석되는데 아프리카로 건너 온 9환의 종족(스키타이 계열)이 이런 고조선의 성소 이름을 붙인 것으로 필자는 보고 있다. 아프리카에 까지 '타리아(타라－달)를 건설하였다는 것은 대단히 놀라운 것이며 환웅과 고조선의 '타라의 성소 문화'가 유럽과 중동, 네팔과 인도네시아, 아프리카로 연결되는 문화란 것을 우리는 알 수 있다 하겠다.

2. 타라, 탈리아가 유럽의 많은 지역에 퍼지게 된 이유

앞서 기술한 아일랜드의 전설에 나오는 '타라의 힐' 프랑스의 '타라'와 스코틀랜드

17) https://en.wikipedia.org/wiki/Matara,_Eritrea

'9얼스터' 지방에 진출한 "달리아 타" 부족에 관하여 설명한 바 있다. 소개된 타라에 관련된 신, 국가, 지명 등은 고조선 삼한 붕괴 전에 없었던 지명으로 나타났으며 켈트, 갈리아시대에 건설한 것으로 나타났다. 그리스 신화의 인물은 환웅, 고조선의 지명과 신, 역사를 카피하여 나간 것으로 알 수 있다. 환인, 환웅의 역사를 카피한 것이 유태인이라면 환인, 환웅, 단군에 이르기까지 카피한 것은 그리스 신화이다. 특히 유럽으로 퍼져 진출한 9환족의 사람들이 고조선의 타탈리아, 투탈리아로 대변되는 타라, 트리아, 타리아에 심취하였다. 그들의 생활이며 종교로서 숭배하는 성소로 '타리아'는 빼 놓을 수 없는 카테고리였다고 볼 수 있는 것이다.

웅녀숭배, 어머니신 사상, 삼성과 칠성사상, 태양에 의한 지구의 세차운동인 '이중나선형 문양'과 먼 지역에 가서 성소를 만들어 이식하였다는 것은 '아스트리아'와 '에스트리아' 등에서 입증되었고 진출한 지역엔 반드시 타리아, 타라(달)였다는 것이다. 이것은 이미 많은 서양의 학자들이 종교 숭배대상으로서의 가치와 목적에 대해서 연구하여 입증하였다. 그러므로 이것은 많은 9환족이 고조선의 문화와 종교를 가지고 진출한 역사가 되는 것이다. 이미 앞장에서 필자가 연구하여 수 많은 9환의 종족들이 유럽에 진출한 역사를 상술하였던 바 독자들은 이 점을 상기하길 바란다.

〈아나톨리아의 다르다넬스(노랑)〉

3. 네팔과 인도네시아의 타리족 연구

1) 네팔의 타루족(Tharu – 흰 빛나는 달)

남부 히말라야 네팔의 '타루족'은 2009년 집계에 따르면 1,737,000명이라고 밝히고 있으며 전체인구의 13.5%이고, 대부분이 네팔에 살고 11지구에 걸쳐 살아가고 있으며 Bihar 및 Uttar Pradesh주에 거주하고 있다.[18]

① 모이 타루 Kailali과 Kanchanpur까지 서부 네팔 테라이의 지역, 인도의 나이리탈, 우타라칸, Kheri테라, 우타르프라데시, 푸트족(라나 타루)
② 대부분의 Kathoriya 타루, Kailali 지구(인도)
③ 서부 테라에 Dangaura 타루족(Deukhuri, 방케와 Bardia〈광명의 머리〉 지역)
④ Rautar 타루 Rupandehi, Nawalparasi
⑤ Purbaha 타루 Rupandehi, Kapilvastu
⑥ 중앙 테라에 Aarkutwa 또는 Chitwania 타루(신드후리, 치트 완)
⑦ Kochila 타루 동부 테라(샤프 타리, 바라, Parsa, Rautahat, Sarlahi, Mahottari, Udayapur) 지구
⑧ 동부 테라에 Danuwar(Udayapur, 샤프 타리, Morang 지역)
⑨ 손하의 Surkhrt 지구
⑩ Paschuhan 타루, Nawalparasi
⑪ Lamputchwa 타루 Morang 지구

그들은 수백 년 동안 숲에 살면서 이동 재배를 하고, 농사와 사냥을 겸하며 살아왔다. 서부 테라의 사람들은 바다하르(Badaghar)에서 왔다고 한다.

'바다하르'는 아프간의 '바다하르 흐샨'을 말하는 것이다. 그곳은 타지키스탄과 아프간 국경지대로 옥서스 유역의 상류이며 고조선의 도읍지였다.

이 '바다하르'는 지명인데 반하여 이곳에선 '바다하르(Badghars)'가 마을에서 추수가 끝난 뒤에 선출된 족장을 일컫는다고 하였다. 대부분 1월과 2월에 선출한다고 하였다. 선출된 족장은 마을의 복지와 자신의 지시를 이행하지 않는 사람에게 처벌한 권한이 있으며 의료진과 대제사장인 "구루바(Guruwa–고리의 아버지)"를 임명할 수 있다고 하였다.

"구루바(Guruwa)"는 무엇인가? 이 용어의 '구루'는 앞장에서 많이 설명하였던 '고리'

18) https://en.wikipedia.org/wiki/Tharu_people

의 변형으로 "고리의 아버지"가 된다. 네팔의 중서부와 서쪽에서 온 타러스(Tharus)는 바그가(Badghar) 제도를 실천하고 있다.[19]

바(Wa, Va)는 아버지를 일컫는 말이다. '구루바'는 고리의 '아버지'로서 '고리의 지도자'를 말함이다. 그들의 독자적인 타루 언어는 없으며 다양한 풍토에서 서부 네팔과 인도 인접지역의 '타루스(Tharus)'는 변종된 언어로서 힌디어, 우르두어, Awadhi어를 사용한다. 중앙 네팔에선 Bhojpuri 언어를, 네팔 동부에선 변형된 마틸리(Maithili-어머니 달) 언어를 구사하는 등 방언이 많다고 하였다. 특히 인도 유럽어에서 살아남은 언어는 Kusunda, Santhali(어머니족의 달)어가 있다

타루족 사람들의 기원은 신화나 구전에 의하여 분명하지만 주로 '라지' 푸트족을 기원으로 하고 네팔의 타르사막, 극동 서부 테라이 지역, 동쪽에서 왔다고 하는 '사카(쿠샨)'와 '꼴리야(Koliya-고리)'에 살고 있는 사람들의 후손이라고 생각하였다.[20]

'꼴리야(Koliya)'는 인도 석카족(고타마 붓다)과 결혼한 가문의 종족이었다. 석가가 28세 나이였을 당시 '꼴리야(Koliya)' 가문과 석가족이 전쟁을 하였다. 이 전쟁을 말리지 못한 석가는 출가하였다고 전하고 있었다. 글자 자체로 보면 '꼴리야(Koliya)'는 바로 코리아인 우리 친척이고 같은 울타리인 종족이었던 것이다. 네팔 정부는 2000년 7월 17일에 하나의 결합된 노동력으로 하나의 작품을 만드는 행위는 불법이라고 선언하였다. 즉, 마을공동체의 생산(두레)을 말하는 것으로 공동생산의 관습이 지금까지 이어져 왔음을 알 수 있다.

타루족과 달리 '산타리족'이 있다. 인도, 방글라데시, 네팔, 부탄 등지에 사는 산타리(Santali-새로운 달) 사람들은 독자적인 산타리 언어를 사용한다.[21] 이 언어는 문다 언어(Mundari-어머니족의 달)의 유형으로 대부분은 인도에 살지만 자르칸트, 아삼, 비하르, 오리사주, 트리 푸라, 서쪽 뱅골에서 사용하고 있다.

또한 '문다리 언어(Mundari)가 있다. 이 언어는 문다(Munda) 부족사람들의 언어로 주로 인도와 방글라데시, 네팔에 분포한 언어로 4종류의 방언이 있다.[22, 23]

---

19) https://en.wikipedia.org/wiki/Tharu_people

20) SKÄR, HO (1995). 원산지의 신화 : Janajati 운동, 네팔의 지역 전통, 민족주의 및 정체성. 네팔 연구 22(1) : 31-42.

21) https://en.wikipedia.org/wiki/Santali_language

22) https://en.wikipedia.org/wiki/Mundari_language, 5) Newberry, J. (2000). 북 문다 방언 : 문다리, 산타 탈, 부미야, 빅토리아, BC : J. 뉴베리. ISBN 0-921599-68-4.

23) Hammarström, Harald ; 포겔, 로버트 : Haspelmath, 마틴, eds. (2017). "Toraja-Sa'dan." Glottolog 3.0. 예나, 독일 : 막스 플랑크 인류 과학 연구소.

(1) 하사다 방언(Hasada-태양의 새로운 머리)

Ranchi의 동쪽 카이바사(Chaibasa) 도로

(2) 나구리 방언(Naguri)

Ranchi의 서쪽 카이바사(Chaibasa-깨우친 새로운 아버지) 도로 역시 '구리'는 "고리"에서 변형된 언어이다.

(3) 타마리아 방언(Tamari-Latar-태양과 달)

Panchpargana의 영역(Bundu, Silli, Baranda, Rhe) '마리'는 머리를 말한다.

(4) 케라 방언(Kera-고리)

오라온(Oraon)에 살고 란치 도시지역. 이 언어는 오스트로-아시아어족의 계파로 카시어, 크레르어와 함께 조상 언어이며 프로토 언어라고 한다. 문다리(Mundari)의 '문'은 어머니를 뜻하는 '마'에서 변형되어 '무'로 나타났고, 복수를 뜻하는 N이 붙어 '문(Mun)'으로 변형된 것으로 필자는 보고 있다. 다리(Dari)는 아무다리아의 다리이며 '타리'가 되는 것인데 문다리(Mundari)는 "어머니족의 달"이 되는 것이라고 본다.

〈인도네시아 토라야족의 버펄로〉

〈태양의 광선-Pa barre(아버지 광명)〉

〈토라야의 장로회의〉

〈축제 중의 제사장(부라카)〉

〈타라족(네팔, 인도)의 고유의상〉
＊흰 옷을 걸쳐 입은 형상

〈스페인의 아스투리아스(842)〉

결국 문다리는 중앙아시아의 '아무다리야'와 같은 어원에 직결되는 언어라고 확신하는 것이다. 현재 영어의 문(Moon)은 달을 의미하므로 '달다리'라고 해석할 수 있으나 약 1,500년 전에 영어의 표현을 사용하여 이름을 지었다고 생각하지 않는다. 우리 민족이 흔히 사용하는 이름으로 지었기에 어머니인 '마'에서 비롯되었다고 보는 것이다.

앞서 인용한 산타리족(Santali)은 '산'은 새로운 뜻의 '사(Sa)'에서 복수가 되어 타리아가 붙은 이름으로 보고 있다. 일러 '새로운 타리족(달)'이 된 것이다.

별도로 타타리(Tathali)란 도시가 네팔의 박타프르(Bhaktapur) 지구에 있었던 것으로 확인되었고 1991년 기준으로 인구는 4,520명이었다고 한다. 이것은 글자 한 자 고칠 것 없는 고조선의 '타타리'(Tatari, Tathali-머리의 흰 빛나는 달)이다.

2) 인도네시아의 토라(Toraja, 토라야, 달)족 고찰

인도네시아의 남쪽 슬라웨시와 서쪽 슬라웨시에 '토라'족이 살고 있다.

그들은 사단(Sa'dan-새로운 머리족) 지역 주위를 "타나 토라 자(토라의 땅-달의 땅)라고 불렀으며 Tae어로 루부왕국(Luwu-태양의 아버지)의 영역을 주장하였다. 그들은 근친간의 결혼을 하지 않았고, 공유하는 "조상의 집(Tongkonan)"을 통하여 마을과 마을을 결합시켰으며 문화적 관계를 구축하였다. 그들은 귀족, 평민, 노예의 세 계층이 있었으며 다신교 정령숭배 사상을 가지고 있었다.[24)]

또한 아루크(Aluk-우리 고리)는 법률, 종교, 습관의 조합으로 생활을 해 왔고 조상의 의식을 행하였다고 한다. 이들의 생활에서 장례의식은 특별한데 3가지의 짐승을 희생으로 삼아 제를 지내고 춤과 음악이 깃든 장례의식에서 야자 잎으로 만든 고유 악기인 파페레(Pa'pelle-아버지 광명)와 파카롬비(Pa'karombi-고리족의 아버지)라는 버전형 턱 하

24) http://www.ethnologue.com/18/language/sda/

프를 연주한다고 하였다. 여기에서 Pa'pelle의 '파(Pa)'는 아버지인 '바'에서 온 것이며 페레(Pelle)는 광명의 '바르'에서 변형된 것이라 하겠다. 즉, "광명의 아버지"가 된다. 또한 '파(Pa)'도 역시 아버지를 칭하고 '카롬비(Karombi)'는 '카로'에서 변형된 것으로 '카로'는 '고리'에서 변형된 언어이다.

고리에서 코리, 카리, 쿠리, 카르, 카로가 되는 것이다. "아버지 고리"를 뜻한다고 필자는 보고 있다. 특히 사단의 지역인 '사단(Sa'dan)'에서 '사'는 '새로운'으로 쓰이고 '단(Dan)'은 단군의 단이 되며 탄으로 대표되는 '머리족'으로 해석된다. 언어는 오스트로아시안 언어에 속하며 토라 언어 사이에 여러 방언이 생겨났다고 한다. 그들의 방언을 살펴 보면 아래와 같다.[25)]

(1) 카룸팡(Kalumpang – 고리 어머니, 아버지족) 방언

Karataun(고리 머리의 신), Mablie(어머니의 광명), Mangki 방언이 있다.

'카롬'은 '카로'에서 변형되었고, '카라(Kara)' 역시 '고리'에서 변형된 것이 확실한데 마빌레(Mablie)의 '마(Ma)'는 어머니를 뜻하고 '빌레(Blie)'는 광명을 뜻하는 '바르'에서 온 것으로 "광명의 어머니 방언"이 된다(12,000명).

(2) 마마사(Mamasa – 새로운 어머니 방언)

북부 마마사, 중앙 마마사, 남부 마마사, 바테탄가(Anteapi), 비누앙 방언이 있는데 '마마사'의 '마마'는 어머니를 뜻하고 '사'는 새로운 뜻으로 "새로운 어머니 방언"이 된다. 안테아피(Anteapi)의 '안'은 신을 뜻하며 '테'는 머리를, 아피(Api)는 아버지를 말한다 할 것이다. 그러면 "아버지 머리의 신"이란 해석이 된다(10만명).

(3) 타론도 방언(Talondo – 달 사람들의 머리)

"타로(타라, 트리아)의 사람들 머리"(500명)

(4) 토아라 방언(Toala) – 팔리(Palili – 광명, 3만명) 토라(트라, 타라)

(5) 토라얀–사단(Torajan – Sa'dan – 달의 신, 새로운 머리족) 방언

마카레, 케수(Krsu) 토라 바라트 방언이 있다(50만명).

(6) 태(Ta'e–머리) 방언

롱콩(Rongkong), 동북 루부(Luwu), 사우스 루부, 부아 방언이 있다(25만명).

25) https://en.wikipedia.org/wiki/Category : South_Sulawesi_languages

이 방언에서 타론토 방언의 '타론'은 '타로'에서 복수형태의 영어 N이 붙어서 '타론'이 되었는데 '타로'에서 타리, 타라, 타리아로 연결지어 지는 것이다. '토아라' 방언에서 '토아라'는 '토라'에서 살짝 변형된 것으로 '토라'는 다시 트라, 타라, 타리아, 탈리아 등으로 변형되어 지는데 '토라얀' 방언의 '토라'도 같은 형식으로 변화되면 고조선의 타리아를 지칭하는 것으로 본다.

여제사장은 부라카(Braka)로 불리며 황소뿔(버팔로)의 큰 머리로 치장하여 신성한 나무 주위에서 춤을 춘다고 하였다. 그들의 행정도시 등 지명을 살펴보면 마카레(Makare), 쿠라(Kurra), 바루(Barru), 타카라(Takalar) 등이 있는데 마카레는 "어머니 고리"이며 '쿠라'는 역시 고리이고, 바루는 '바르'에서 변형된 이름이다. 타카라는 "머리카라"로 '고리'를 말하므로 9환족을 일컫는 '고리' 용어가 있다. 환웅시대의 광명을 뜻하는 바루(바르)가 지명에 있음에 9환족의 일파가 정착한 것으로 추정되는데 마침 인류언어학자인 C.Salombe 박사는 Luwu에서 그 어원을 팔리어와 부기스웨어에서 마루카(Malucca), Malutu라고 해석하였다. 하나, 루부(Luwu)는 아나톨리아의 루비안(Luwian)의 경우와 같이 앞에다 태양의 별칭인 '라(La)'를 먼저 도입하여 '루(Lu)'로 변형되었으며 부(Wu)는 아버지이다. 결국 '루부족'은 태양의 아버지 종족이 된 것이다.

이것은 아나톨리아에서 건너 온 루카족을 말하는 것인데 마루카(Malucca)는 "어머

〈인도네시아 슬라웨시의 지도〉

Celebes(새로운 아버지 집단)섬의 Bugis〈아버지 고시〉 언어
* Sulawesi(태양의 새로운 아버지), Parepare(광명!, 광명)〉
출처: https://commons.wikimedia.org/w/index.php?curid=4562299

니 루카"로 이곳에 정착한 사람들이 루카족임을 확인시키는 것이라 할 것이다. 루부(Luwu)족은 캄보디아에서 왔다고 전해지는데 아나톨리아의 루카(Luwi-lukka)에서 온 것이 되므로 배를 타고 캄보디아를 거쳐 진출한 것으로 보아야 한다. 이 종족에 9환족의 흔적이 살아있는 것은 '루카(루비안)'족이 9환족의 마한영역에 있었다. 그들은 아나톨리아 북부지방인 팔라릭(팔리족)과 합세하여 아나톨리아 반도의 히타이트(하나라)를 견제하였고, 나아가 고조선 삼한의 붕괴 후엔 리키아(리시아), 리카오니아와 함께 이탈리아 남부에 진출하였다는 것이 증명되고 있으며 이탈리아의 래티언어와 고대 루비안언어에서 공통점을 찾을 수 있다고 하였다. 또한 루카는 히스파니아(스페인)의 북부지방에 아스트리아를 건설하기도 하였다. 이미 인도의 16국 시대에 많은 9환족의 일파가 진출하였는데 리카오니아족의 진출을 필자가 발견하였으며 프리지아로 진출하여 고대 인도의 언어목록에 '브리지아 언어'가 등록되었다.

4. 아프리카 대륙에 퍼진 '타라'(Tara-달)의 언어학적 증명

1) 테테라 언어(Tetela-머리의 달)

이 언어는 콩고의 루바 사람들(Ruba-태양의 아버지)의 '반투언어'의 한 가지로 콩고의 북부 언어이다. 혹은 '카사이' 언어라고 부른다. Lusambo 어퍼 콩고강 지방, Sankuru, 마니에마주의 사람들의 언어이다. Motetela, Batetela라고도 부른다. 학자들은 '쿠스 사람들-고시'와 연관이 있다고 결론을 지었다.[26)]

2) 키타라(Kitara-고리의 달) 언어

우간다의 표준 언어인 서부지방 언어의 한 가지다. 이 언어와 함께 Kiqa, Nkore, Nvoro, Toooro 언어를 사용한다고 한다. 여기에서 '코레'는 '고리'를 말하고 '보로(Voro)는 '바르'에서 변형되었다. 쿠샨왕조를 이어 받은 '키타리테'와 이름이 비슷하다.[27)]

3) 투로(Tooro-달) 언어

역시 우간다의 반투언어 중 한 가지의 언어이다. Kyegegwa 지구에서 많이 사용된다(오클라호마 분류-JE10A). 투로는 투로, 투르, 투라, 투레, 투리로 나타나며 '다리(달)'의

26) https://en.wikipedia.org/wiki/Tetela_language
27) https://en.wikipedia.org/wiki/Empire_of_Kitara

인도유럽어 표기의 변형이다.[28]

4) 토테라(Totela－머리의 달) 언어

반투언어의 한 가지로 니제르－콩고어족 잠비아의 언어이다. 학자들은 '나미비아' 인근 Totela(머리 달)로 분류하고 있다(오클라호마 코드 분류－K41, 411).[29]

5) 케냐의 '타라(Tala－달)'

키 캄바(Kamba－곰 아버지) 사람들은 스와힐리어와 영어로 사용하는데 케냐의 낮은 동부지역의 마을이름이다. Matungulu(어머니 머리족의 고리)주에 속한다.

6) 케냐의 '타라카'(Tharaka－달의 고리)

케냐의 동부지방으로 인구는 36만이다.

7) 케냐 북서부의 '투르카나 카운티'

이곳에 '탈라'와 '탈레'의 마을이 존재한다.

8) 탈레(Talle－달)

부르키나파소의 Ganzourgou 지방에 존재하는 도시이다.[30]

9) 타로 사람들(Taro'a－큰 달)[31]

이 종족들이 사용한 언어는 북아프리카의 '티그레(Tigre)' 어파로 이민 아랍인의 혈통을 주장한다. Bait Sarah Are〈우리 태양의 아버지 머리〉, Bait Mose Are로 언어로 나누어 지며 Assaborta(처음 광명의 머리) 종족으로 Tsenadegle 지구에 정착하였다.

이상 아프리카에 '타리아'란 이름이 수입된 것은 반달민족이 이베리아와 이탈리아 등을 침략할 때 들어온 것으로 추정하고 있다. 이것으로 미루어 언어학상 아프리카에 '타리아', 테테라, 키타라, 투로 언어가 존재하고 있고, 현재의 지명에도 '타라'의 이름이 존재하는 것은 그 당시 '타리아'의 성소를 모신 것으로 이해를 해야 하는 것이며 그

28) https://en.wikipedia.org/wiki/Tooro_language
29) https://en.wikipedia.org/wiki/Totela_language
30) https://en.wikipedia.org/wiki/Tall%C3%A9
31) https://en.wikipedia.org/wiki/Tigre_language

언어를 사용하는 사람들은 '타타르족'이 되는 것이다. 이런 이유로 일찍이 아프리카에 '타타르'의 종족이 생겨났다고 주장하는 것이다. 타리아의 성소문화가 반달족에 의해 이식되어 지금까지 반투어의 한 갈래로 '타리아' 언어를 사용하고 있는 것이다. 또한 뒷장에서 설명할 '파푸아뉴기니족'의 '괌타리어족과 티리오어'가 있는데 이 언어종족도 타타르족에 합류해야 할 것으로 본다.

필자는 '타리(Talle, 달) 언어'를 사용하는 종족은 '타타르'의 범주에 넣어야 할 것이라고 생각한다.

5. 기존 세계의 역사학계에서 분류한 '타타르'와 필자가 밝혀낸 '타타르'의 비교 분석

1) 서양학계에서 보는 '타타르(Tatar－머리의 달)'설

필자는 켈트와 갈리아의 진출에 고조선 9환족의 진출 역사를 조명하면서 "타라, 타리"의 성소도 언급하였다. 연구한 바에 의하면 고조선 삼한의 붕괴 후에 일부는 남쪽인 네팔과 인도, 캄보디아, 인도네시아 등지로 내려왔으며 대다수의 9환족들은 켈트족에 합류하였거나 갈리아 부족에 합류한 것으로 조사되었다. 아시리아 연대기에서 인용한 기원전 630년 고조선의 삼한 붕괴는 유럽에서 나타난 에스트리아, 아스타리아를 근거로 붕괴의 시점이 다시 한 번 입증되었다. 특히 인도유럽어를 통한 분석에서 9환족의 표상인 '고리'와 광명을 뜻하는 '바르'와 마리(머리)를 통하여 고조선족이 진출한 것이 입증되었다.[32]

지금까지 서양의 학계는 종족의 분류로 '타타르'의 기원은 5세기 고비 사막 북동부의 유목민 몽골 타타르 연합(Mongolic Tatar contederation)에서 유래하였다. 크림 타타르, 몽골타타르, 킵착타타르, 시베리아타타르, 오구즈타타르 등으로 분류하였고 언어학상으로 볼가 타타르, 크리미안 타타르, 아스트라한 타타르, 시베리안 타타르 등으로 나누기도 하였다.

타타르의 이름은 오르콘 비문(732년)에 타타르어가 처음 기록된 것을 바탕으로 터어키어와 페르시아어의 "타타르"를 인용하였고 고작 13세기의 징기스칸의 침략에 따

32) Tatar. (2006) 에서 브리태니커 백과 사전 . 2006 년 10 월 28 일 Encyclopædia Britannica
https://en.wikipedia.org/wiki/Tatars , https://fr.wikipedia.org/wiki/Tatars
https://global.britannica.com/topic/Tatar,
https://ru.wikipedia.org/wiki/%D0%A2%D0%B0%D1%82%D0%B0%D1%80%D1%8B

른 용어에서 비롯되었다 하는 것이 그동안 세계사학계의 이론이었고 다수설이었다.

2) 필자가 언어학적으로 해석한 '타타르'(타타리)

하나, 이런 형태의 분류에 기존 세계의 사학계가 타타르를 민족의 집단이란 개념에 대해 조사한 것이라면 필자는 타타르의 기원이 환웅시대에서 나온 것임을 밝히고 고조선에 이르러 다양한 표현으로 '타타리아'가 변천되었던 것을 인도유럽어를 통한 분류에서 찾을 수 있었다. 그리스와 아나톨리아, 캘트와 갈리아시대에 흩어져 진출한 종족의 역사와 지명에서 성소(聖所)인 타리아, 타라를 추적하여 상술하였다. 뒤이어 남방으로 내려간 '타타르(투르크 계열)족이 인도의 16국 시대를 열어 갔다는 것을 설명하고자 한다. 고조선 삼한의 붕괴 후에 대부여, 북부여가 건국되었기에 동쪽으로 분기해 나간 것이 중국의 북방과 오늘날 만주권 문화라고 본다면 필자는 북방인 유럽으로 분기해 나간 켈트족과 셀틱을 조명하였다. 나아가 남방으로 진출한 인도의 16국시대를 개척한 것은 9환족의 일파라고 주장한다. 기원전 6~3세기에 반달족의 유럽 진출 당시에 '타리아의 성소문화'가 아프리카에 재이식되었고, 남쪽의 뉴기니까지 퍼져 살았다는 것을 필자는 주장한다.[33]

이 이론은 필자가 이미 켈트의 이동에서 나타난 부족의 연구에서 우리말과 인도유럽어의 비교 언어학으로 입증되고 있으며 인도 16국의 성격과 이주과정 등을 파헤쳐 설명하고, 키다리테 왕조와 에프탈리테 왕조를 조명하며 쿠산제국, 키타리테, 에프탈리테 왕조와 고조선의 9환족과 연결시키고자 하였다.

특히 고조선에게 그 자본과 자산을 물려 준 환웅시대를 고고학에서 인정한 커머문화와 쿠시왕조를 통해서 입증하였고, 뒷장에서 베르베르인의 언어와 스와힐리어의 언어, 반투어를 통하여 아프리카에 '타리아의 성소문화'가 상륙하였던 것을 증명하고 있다.

사실, 환웅 말기와 고조선 초기시대의 백두, 태백사상을 대표하는 태페, 혹은 태배(태백)문화가 "타리아"와 타탈리아, 투탈리아로 대변되는 성소문화로 바뀌어져 온 것을 알 수 있었다. 성소의 건설자는 그리스인, 캘트족과 갈리아족으로 진출한 9환족과 아프리카의 반달족인 것으로 입증되었다. 이것은 고리형성으로 9환족을 이루었던 중앙아시아의 신정통치 문화가 사라지지 않고 유럽과 아프리카에 이식하여 되살아난 것을 볼 수 있는 것이라 하겠다.

앞서 기술한 바와 같이 타탈리아, 타타리아, 투타리아, 투탈리아는 같은 어원이며 "투

33) https://en.wikipedia.org/wiki/Vandals

탈리아"는 아나톨리아의 루비안 비문에서 아나톨리아 반도의 '히타이트 제국'을 통치하였던 마스터(아버지 나라, 왕중의 왕) 나라를 "투탈리아"라고 하였다. 그 나라는 광의로는 박트리아 마르기아나 유역을 포함한 옥수스권역인 타지키스탄과 아프칸, 키르기즈를 포함한 광할한 지역을 시리아어로 "투탈리아"라고 불렀으며 그 지역은 고대에 "토하리스탄"(토카리스탄)이었다고 불가리아 소피아대학교 정길선 교수는 이야기하고 있다.[34]

그러나 필자는 "협의의 투탈리아"는 박트리아를 포함하는 옥서스권역으로 보고 있다. 그러므로 서양의 사학자들이 이야기하는 '타타르'는 환웅시대에서 그 기원이 나온 것으로 '타타리'는 타리아(달리아)타, 타탈리아가 되며 '타타리'는 곧 '타타르'로 표기되기 때문이다. 필자가 연구해 본 결과에 의하면 서양 학자들은 지금까지 고조선에 관련된 종족의 기원에 대해 전혀 다른 해석을 내놓았으며 일체 알지 못하는 것은 서양사람들이 환웅제국과 고조선이란 국가를 이해하지 못하였고, 켈트와 갈리아부족에 대한 종족의 분류나 연구가 활발하게 연구가 이루어지지 않은 결과이기도 하였다. 예를 하나 들어보면 옥서스강을 "아무다리야"강으로 부르고 있는데 "다리아(야)"를 그냥 '강'이라고 해석하였다. 혹자는 페르시아어로 '다리아'가 강이었다고 하는데 그렇다면 페르시아권에 수많은 강이 있는데, '다리아'라는 이름이 페르시아권의 다른 지역에서 전혀 없다는 것이니 잘못 와전된 것이 분명하다 할 것이다. 이 다리아에서 '타리아'가 생겨나고 다시 '타리아'는 '탈리아'로 변화되었고 투탈리아, 타탈리아로 불리게 되었던 것이다.

다리아는 두 군데가 있다 '아무다리야와 시르다리야'이다. '시르다리야'의 '시르'는 '사르'와 같고 '사르'는 세르비아의 '세르'와 같다. 시르, 세르는 태양이며 시르다리야강은 "태양과 달"의 강이 되는 것이다.

그러므로 그 당시 성소(聖所)의 핵심이 이곳 탈리아였던 것이기에 소위 서양 학자들이 주장하는 "타타르"의 용어가 고조선의 이곳에서 기원하리라곤 꿈에서도 생각하지 못했을 것이다. 학자들은 "타타르"의 용어를 "투르크"족에서 찾았을 뿐 그 기원에 관해서 명확하게 내 놓은 것은 고작 타타르 비문(732년)과 12세기에 몽골 종족 연합의 이름에서 따 온 것일뿐 필자의 연구처럼 "타타르"의 용어가 루마니아의 '투탈리아 정제'에서 나왔으며, 기원전 약 14세기경 루비안의 비문 문자에서 처음 "투탈리아"로 인용되었고 '탈리아'의 시원은 빈카문화권인 세르비아권에서 시작되었으며 고조선에서 이어받아 발전되었다. 뒤에 켈트족의 진출로 타라, 타리의 성소가 세워졌고, 여러 국

34) 정길선-일본 도쿄대학 역사문화학(터키, 이슬람문화사 전공), 불가리아 소피아대학, 유라시아 고고인류학 연구소

가나 지명에도 인용되었으며 멕시코에서도 "토루(달)의 언덕"이 발견되기도 하였다. 특히 아프리카 지역과 네팔, 인도네시아, 파푸아뉴기니에 까지 '타리아(다리아) 종족'이 있으며 '타리아(다리아)언어'로 사용되었다는 것을 언어학적으로 세심하게 연구·발표하여 저술한 사람은 세계에서 필자가 처음이다.

고조선 삼한의 붕괴 후에(대략 기원전 630~638년) 유럽으로 진출한 9환족의 종족들은 이 다리아강을 타리아, 타라, 테라, 티리, 투루, 툴루, 탈리아, 트리아, 테리아, 투탈리아, 타탈리아 등으로 불렀고, "아스트리아"와 에스트리아 등에서 우리는 확인할 수 있었으며 고조선의 삼한의 붕괴 시점을 알 수 있게 되었다. 그러므로 종합적으로 생각해 보고 검토해 보면 '타타르의 세계사'도 왜곡되어 전해온 것이 명백하게 밝혀졌다고 하겠다.

조사해 본 바 타타르족이 흑해 연안의 크림반도와 북방 몽골, 시베리아에만 국한된 것이 아니라 네팔과 인도, 인도네시아에 까지 타타르족이라 할 수 있는 토라야족과 타루족이 지금까지 존재하고 있다. 그들의 언어인 산타리 언어와 문다리 언어가 있으며 키다리테(Kidarites) 왕조와 에프탈리테(Hephthalites) 왕조(달리테, 탈리테는 테탈리아, 투탈리아가 된다)를 통하여 입증하였고, 같은 투르크 종족이며 '타타리'란 네팔의 도시 지명을 통하여 남방으로도 퍼져 나갔다. 아프리카에 아직도 '타리아(다리아) 언어'를 사용하는 타타르족이 있으며 파푸아뉴기니에도 타리아어를 사용하는 종족이 있다는 이론을 주장하는 것이다.

쿠샨 왕조를 이어 받은 '키다리테'의 '다리테'는 '탈리테'로 변하는 것이며 '탈리테'의 '테'가 앞으로 나와 접두사가 되면 '테탈리'가 되고, '테탈리아, 투탈리아, 타탈리아로 표기되는 것이다. 접미사가 되면 '달리아(다리아) 타(달의 머리)'가 되고 '다리 테'가 되는 것이다. 또한 '키다리테'의 왕조를 승계 받은 '에프탈리테'(아버지 다리의 머리)도 마찬가지로 '탈리테'가 된 것이다.

모두 옥서스권역의 고조선 지역을 말한다. 타리아 언어를 사용하면 '타타르족'인 것이다. 필자가 연구한 바 중국인들이 '대월지'를 "따 예지"라고 부름에 '동예'는 '타타르족'이 된 것이고, 맥족은 소위 '메디안, 메대'라고 불렀음에 고대 페르시아 제국을 만든 이란인이었다. 달(月)은 다(Da-머리)와 알(Al-알, 얼)로 이루어진 합성어로 "머리의 얼"이 '달'이었다. 그러므로 '달'은 고조선의 정체성으로 국호가 처음에 '달지국(月支國, 월지국)'이었으며 환웅시대의 정체성을 승계하는 '머리의 얼'을 '달'로 표기하였다. '달'에 대한 표현은 인도유럽어로 마찰음이 붙어 '다리, 다르'에서 '타리, 타르'로 표기되어 '타타르(마리의 달)'의 용어가 생겨난 것이다.

달(Dal, 月)은 '머리의 얼'이므로 환웅제국의 문명은 인도, 파키스탄, 중앙아시아, 아프리카, 지중해, 그리스, 메소포타미아권역, 세르비아권을 아우르는 대권역의 문명임에 세계의 사학계는 앞으로 인도를 비롯한 남방 타타르족과 아프리카 타타르족을 인용하고 세계 역사를 고쳐나가야 할 것으로 필자는 보고 있다.

3) 루비안 비문의 '투탈리아'와 정제에서 나온 '타탈리아(Tartaria)' 연구

아나톨리아의 루비안 비문에서 "투탈리아의 위대한 왕! 투탈리아의 위대한 영웅! 이란 해독문으로 인해 "태수정치와 신정정사(神政)"를 하였던 고조선의 강역이 풀리고 있었던 것이다. 이 토하리스탄은 다음 장에서 설명하는 '화래즘'(카레즘)이란 옥서스 문명권인 것이다. 또한 세르비아 빈카문화권의 루마니아 타탈리아(Tartaria)마을에서 소위 타탈리아 점토판의 정제와 함께 다양한 유물이 발견되었다. 대략 기원전 5300년경으로 추정하고 있다. 같은 이름이 그리스 북부인 루마니아의 마을에서 발견된 것은 단군이 개국하기전 대략 3,000년 전부터 있어 온 이름이다.

(1) 타르 쿠마와 (Tarcondemos)의 '루비타' 상형 문자로 찍은 스탬프

De Anónimo(Anatolia)–Museo Walters : Home page Info about artwork, Dominio público, https://commons.wikimedia.org/w/index.php?curid=18844269

(2) 루위안 (Luwian) 상형문자

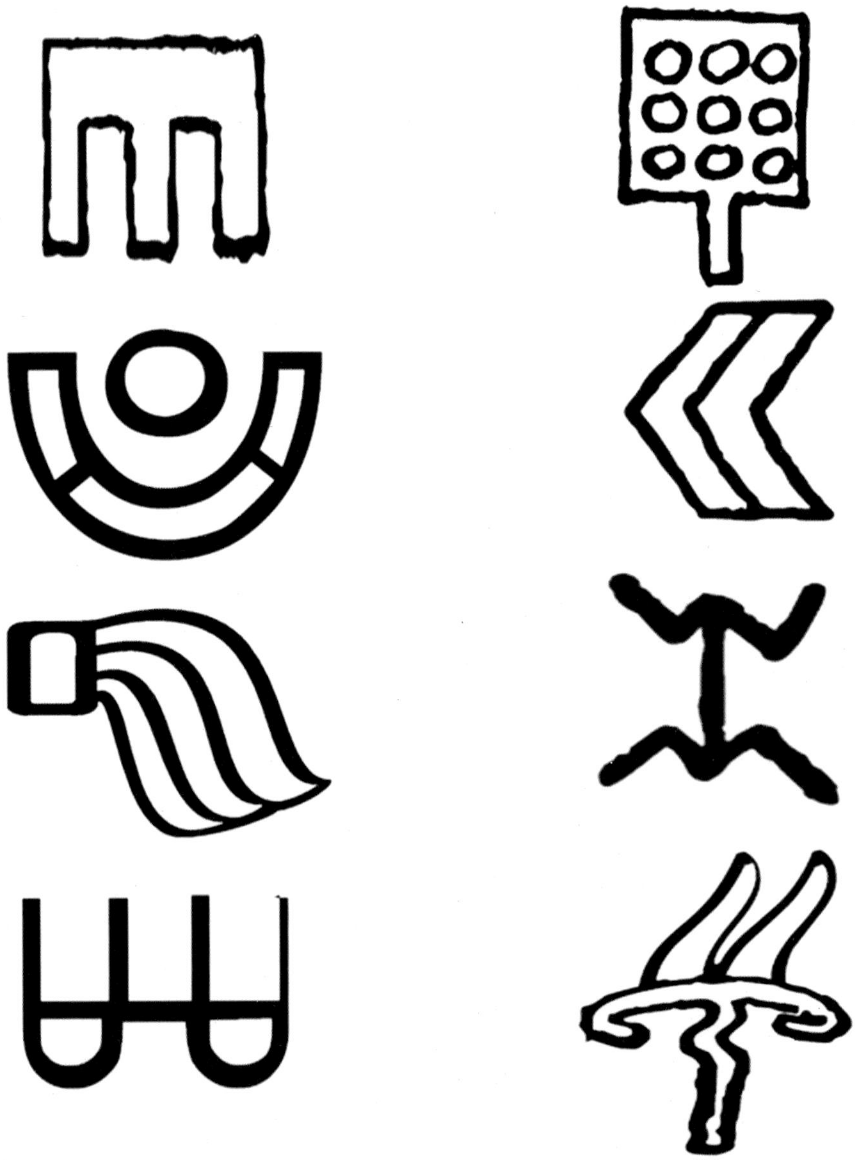

https://commons.wikimedia.org/wiki/Category:Luwian_hieroglyphs

(3) Tartaria 기념비

By Țetcu Mircea Rareș(Transferred by codrinb/Originally uploaded by Țetcu Mircea Rareș)-operă proprie, CC BY-SA 3.0, https://commons.wikimedia.org/w/index.php?curid=17626215

(4) 기원전 5500~5300년경의 Tărtăria 정제

Tărtăria 태블릿 세트의 일부인 신석기 시대 태블릿 부적은 기원전 5500~5300년이며 Turdaş-Vinča 문화와 관련이 있다(빈카 기호 포함).

고고학자 니콜라 블라사(Nicolae Vlassa)에 의해 1961년 루마니아 알바군 타타리아(Tartaria)에서 발견.

https://commons.wikimedia.org/w/index.php?title=Special:Search&limit=500&offset=0&profile=default&search=Tartaria&searchToken=80vef7spbp7ch6psvpopq80pj#/media/File:T%C4%83rt%C4%83ria_Amulet.png

＊우측 하단의 글자가 "환웅"의 '녹도문자'와 아주 흡사하다.

(5) Grande Tartarie-타르타르 마그나-Lielā Tartārija, 1754

https://commons.wikimedia.org/w/index.php?curid=65981624

* Tărtăria(달은 위대한 달)의 영역이 한반도를 포함한 극동과 시베리아, 알류열도, 몽골, 유럽을 연결하는 광역의 지도이다(남방 뉴기니에 타타르가 있다).

(6) Abraham Ortelius의 'Tartaria' 지도. 테라 룸 Orbis Terrarum(런던, 1606)

By Antars59 Own work, CC BY-SA 4.0

https://commons.wikimedia.org/w/index.php?search=Tartaria&title=Special:Search&go=%EA%B0%80%EA%B8%B0&searchToken=7d22vprvgrly711vr3kukl58x#/media/File:Map_of_Tartaria_by_Abraham_Ortelius.jpeg(오늘날 중국을 포위한 타타르 권역)

(7) 붉은 경계선(몽골, 일부 유럽 포함)의 Tărtăria(달은 위대한 달)

Gerardus Mercator－1595년 간행, 1628년 재발행

https://commons.wikimedia.org/w/index.php?title=Special:Search&limit=250&offset=0&profile=default&search=Tartaria&searchToken=4iabuw76mcxnwg4ooep6baj2n#/media/File:CEM-15-Asia-Mercator-1595-Tartaria-2532.jpg

(8) 한가운데 붉은 경계선의 Tărtăria(달은 위대한 달)

Tartaria, Sive magni Cham Imperium ex credisis amplissimi viri

By Nicolaes Witsen–http://purl.pt/4107, Public Domain, https://commons.wikimedia.org/w/index.php?curid=1334391

(9) 카스피해에서 태평양으로 뻗어 나가는 Tărtăria(달은 위대한 달)

존 윌크스(John Wilkes)에 의한 By Wilkes of Milland House, Sussex, John－http://dl.wdl.org/154.pngGallery: http://www.wdl.org/en/item/154/, Public Domain, https://commons.wikimedia.org/w/index.php?curid=31545731(1801～1828년)

＊뉴기니아를 포함한 호주 일부 지역에 타타르의 적색이 있는 곳은 '남방타타르'를 말해 준다.
동남아시아·뉴기니·호주 일부가 '타타르'의 붉은 색채로 되어 있다.

(10) Tărtăria(달은 위대한 달)가 중토(中土)이며 중국이란 것을 증명

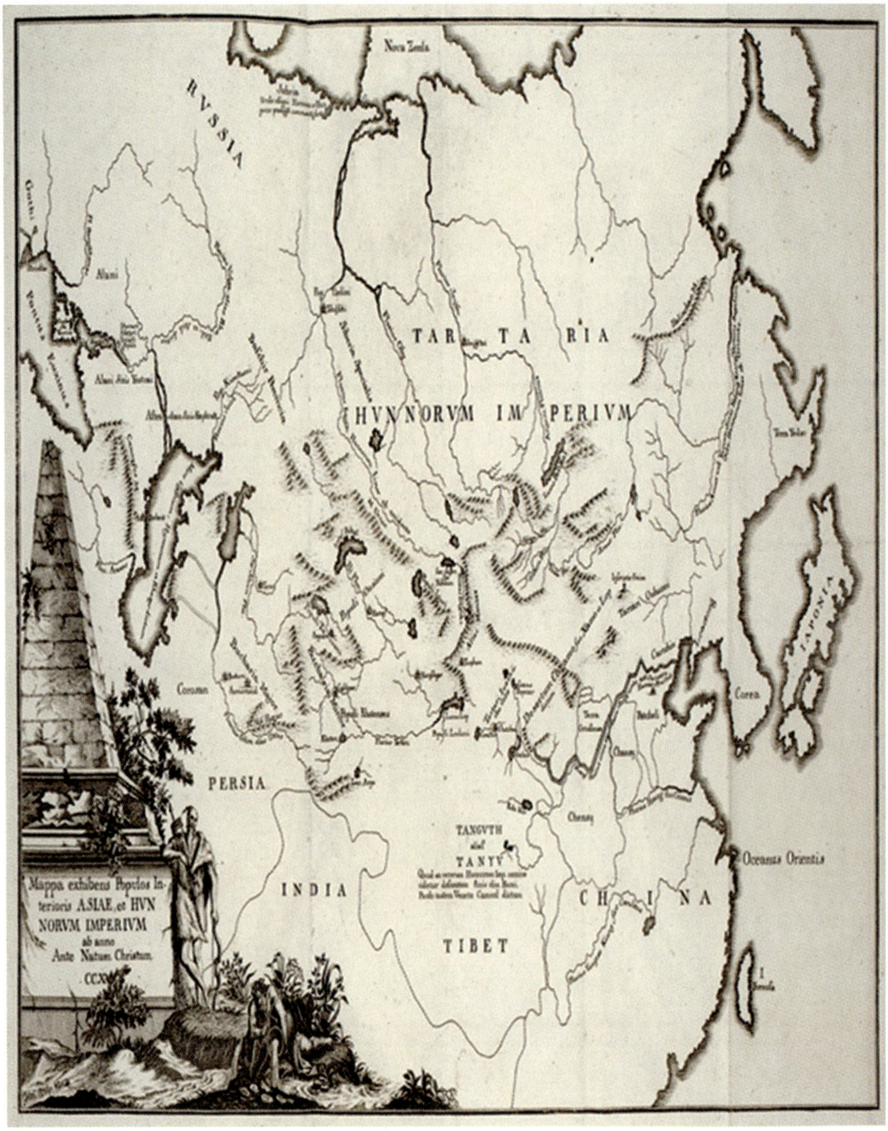

https://commons.wikimedia.org/w/index.php?title=Special:Search&limit=500&offset=0&profile=default&search=Tartaria&searchToken=euvzni3n34rbtpi2xoerw7qwo#/media/File:Tartaria_%26_Asistic_Sarmatia._Cosmographia._Sebastian_M%C3%BCnster.jpg

(11) 피터 대제의 죽음에서 국가의 위대한 러시아 제국의 새로운 지도

* 타타르(적색) 안의 우측 꼬리에 'Corea'가 있다.

https://commons.wikimedia.org/w/index.php?title=Special:Search&limit=500&offset=0&profile=default&search=Tartaria&searchToken=euvzni3n34rbtpi2xoerw7qwo#/media/File:Grand_Russie.jpg(피터대제로 인하여 타타르가 양분되어 있는 모습의 지도이다).

* 타타르 경계는 붉은 색으로 이 지도에서 필자의 남방타타르(동남아시아) 주장을 증명하게 되고, '코리아(Corea)'는 우편에 길게 늘어진 지도에 해당되며 유럽 외곽과 뉴기니가 같은 타타르 범주에 들어간 것이다.

(12) 아시아인과 훈 제국(HUNS)의 사람들(중앙에 타타르)

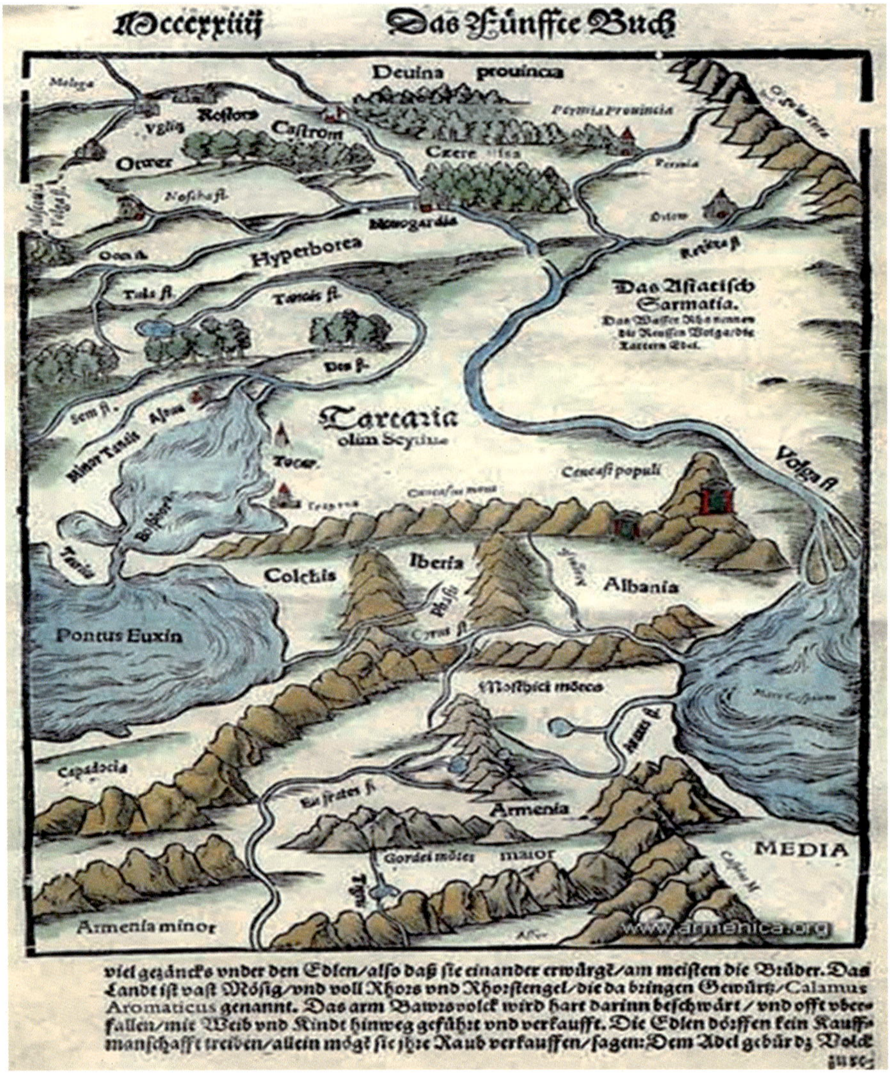

https://commons.wikimedia.org/w/index.php?title=Spccial:Search&limit=500&offset=0&profile=default&search=Tartaria&searchToken=euvzni3n34rbtpi2xoerw7qwo#/media/File:CEM-19-Asiae-nova-description-1610-Jodocus-Hondius-2538.jpg

(13) 가장 중앙에 위치한 Tărtăria(Tatar, 달은 위대한 달, 머리의 달)

https://commons.wikimedia.org/w/index.php?title=Special:Search&limit=500&offset=0&profile=default&search=Tartaria&searchToken=euvzni3n34rbtpi2xoerw7qwo#/media/File:Georgius-Pray-Annales-veteres-hunnorum-avarum-et-hungarorum_MG_0362.tif

(14) 새로운 질서의 아시아(적색 경계는 타타르, Tartaria)

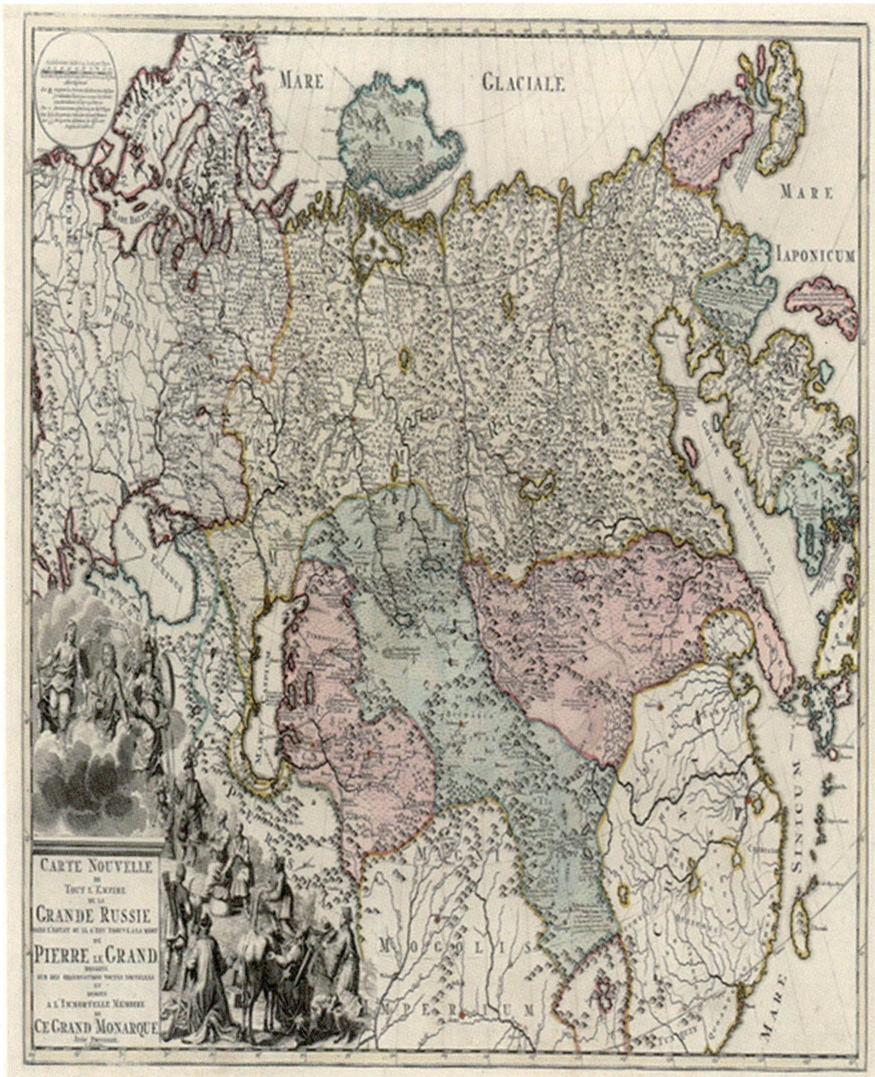

https://commons.wikimedia.org/w/index.php?title=Special:Search&limit=500&offset=0&profile=default&search=Tartaria&searchToken=3z8qe47n7gfw7i0pa9ezfzdel#/media/File:Grand_Russie.jpg(우측 꼬리에 Corea〈코리아〉가 있다).

＊제작년도 : 미상

'타탈리아'의 이름은 인도유럽어로 표시되는 이름으로 불과 기원전 23세기 밖에 되지 않는다. 그렇다면 기원전 3000년 더 훨씬 전에 '타탈리아'란 고고학적 사이트가 존재하였다는 것으로 보아야 하며 중앙아시아 타지기스탄 지방에서 왜? 그리스 북부인 루마니아까지 가서 같은 이름을 사용했었나에 대한 의문이 남게 된다.

필자가 보기엔 기원전 5300년경이면 고조선이 건국하기 약 3,000년 전이므로 환인시대로 거슬러 올라간다고 볼 수 있다. 파미르에서 분기된 환인의 일파이므로 파미르를 지나 거대한 강인 '아무다리야강'을 건너 갔을 것이고, 아무튼 이곳에서 '아무다리야강'의 이름을 루마니아에 가서 그대로 사용했었는데 그로부터 약 3천년이 지나서 '다리야'가 인도유럽어로 '탈리아'로 되었으며 환웅족의 일파는 '머리'족이었으므로 자연스럽게 글자 앞에 머리를 뜻하는 접두사인 '다'를 붙였는데 역시 '타'로 소리가 표현되어 지금에 발굴된 것으로 "타탈리아로" 나타난 것이다. 이것으로 루마니아로 건너 간 사람들이 이곳 '아무다리야강'을 통해 갔다는 것을 증명해 주는 중요한 단서인 것이다.

이런 것은 고대 사람들이 고향땅이나 중요한 숭배지명 등은 자기가 살고 있는 그곳에 똑같은 이름을 지어 사용한다는 인류사학적 발표가 있었다. 우리 한반도 땅에 백두산과 태백산이 있고, 대동강이 있는 것은 그런 이유인 것이다. 그런데 이 '타탈리아'는 아나톨리아의 루비안 비문에서 해독되었던 '투탈리아'와 그 어원이 같으며, 앞서 러시아 고고학자는 빈카연구에서 나타난 유물에서 테테리(Terterii), 테테리야(Terteriya-머리의 달)를 위한 종교 숭배 목적이라고 밝혔다.

모음인 ㅏ, ㅏ가 ㅔ, ㅔ로 바뀌어져 발음이 되는 것으로 인도유럽어의 프로토 조어 현상인데 타탈리아, 투탈리아, 테테리아는 공통적으로 같다는 것이며 나아가 고대인도 갠지스 남쪽의 마우리아왕국의 고대도시인 '파탈라푸트라'도 같은 이름에서 파생되어 온 것을 알 수 있는 것이다. 여기서 파탈라는 원형인 '바달라'이고 타탈은 역시 '다달'이며 투탈라는 '두달라'이다.

고조선은 달지국(達支-月支)을 건국하였다. 달지는 인도유럽어로 탈지가 되며 나아가 '달리', '탈리'가 되는 것인데 '탈리'란 용어는 바로 고조선의 이름에서 나온 것으로 즉, 탈리-달리-다리-달로 된 것이다.

그럼에도 불구하고 타타르의 어원이 어디서 온 것인지에 대해 연구가 되지 않고 있다. 서양의 언어학자와 고고학자들은 타타르족(이란계)에서 나온 것으로 '타타르'의 정확한 어원의 해석을 하지 못하고 고작, 이 타타르를 시베리아 타타르와 카스피와 흑해를 연결하는 타타르, 몽골일대, 크림의 타타르 등으로 나누어서 연구하고 있다. 필자는 독일, 러시아, 미국, 터키, 프랑스 등 여러나라의 서브와 링크를 통해 다양한 학자의 학설을 종합·연구하였으며 특히 '타탈리아'란 용어가 라틴어의 발음이라고 하였다.

하나, 라틴어는 '라틴족'이고 '라틴(Latin)'은 "머리의 태양족"이 된 것이며 '태양의 머리족'이 된 것이다. 그것은 빈카의 고대 문화를 이끈 환인종족으로부터 나온 것이기에 바로 환웅의 머리족이 주인공이 되는 것이고, 세계의 학계에서 통용되고 있는 종족명인 '타타르'는 "타타리와 타탈리에서 온 것"으로 원류는 환인의 빈카문화로 한웅이 발전시켰으며 고조선이 승계하였다.

필자는 언어학적으로 규명하여 이 '타타리아'가 어떻게 변모되고 수 많은 종족에 의해 사용되었나 하는 것을 심도 있게 해부하였다. 실로 , '타리'는 다리로 그 원형은 '달(月)'이었다. 환웅시대에도 '달(다리)'에 대한 언급은 있었지만 체계화되고 다양한 변형은 없었다는 것이 필자가 20개국 지명 연구에서 살펴 낸 것이었다. 환웅시대의 정체성이 태양을 중심으로 한 '광명과 태백, 백두사상과 고시, 머리족을 앞세운 것이라면, 고조선은 달(다리)과 머리족, 고리로 대변되는 정체성이었다.

'타'는 머리를 이야기 하며 탈리(달지)국을 강조하는 이름으로 타탈리아, 혹은 타타라, 타탈라(머리의 달)가 되는 것이다. 루비안 비문에서 역시 해독된 '투탈리아'도 '투'는 머리를 뜻하니 똑 같은 이름이 되는 것이다. 결국 '타와 투'(다와 두)는 같은 머리를 뜻하는 것으로 백두신앙과 태백신앙을 의미하는 "테페, 테베의 성소"인 것이며 '투와 타가' 붙어 달지국을 표시하였다. '머리탈지국'은 투탈리아, 타탈리아로 표현되었고 그 모체는 12분국으로 파생되었던 강인 '아무다리아(어머니의 달), 옥서스(처음의 황소)'가 되는 것으로 보아야 한다.

테데리아는 원형인 투달리아나 타탈리아에서 모음이 변형되어 전음되었기에 역시 같은 단어가 되는 것이다. 현재 터키의 고대국가인 '아나톨리아'도 탈리아에서 근원이 온 것이다. 이탈리아도 마찬가지이다. '아나톨리아'의 '아나'는 아나(Ana)로 신(神)인 An을 북아프리카나 이탈리아 남부의 방언처럼 표기한 것으로 보았다. 이집트나 메소포타미아에선 안(An)을 아누(Anu)로 표기하였다. 그러므로 아나톨리아는 고조선의 작은 집 처럼 한 식구와 같은 이름인 같은 "아나톨리아(Anatolia-달의 신")가 된 것이다. 실로 고조선의 정체성은 '달(다리)'이었다. 그러면 고대 인도 비하르주의 중심도시인 '파탈리푸트라'(파트나)를 생각해 보자

이 이름은 아직 세계의 고고학계에서 '파탈리'에 대한 올바른 정의를 내리지 못하고 있다고 한다. 그러나 필자가 보기엔 너무 간단하다. 파(Pa)는 원형인 '바(Ba)'에서 온 것으로 아버지를 나타내며 '탈리'는 바로 고조선을 나타내는 용어로 다리이며 달이다. 외국의 학자들이 옥서스권의 고조선을 이해하지 못하고 타리, 탈리가 하늘에 떠 있는 '달'이란 것을 알지 못했기에 생각조차 하지 못했으므로 '파탈리'란 용어를 지금까지 해석을 하지 못한 것으로 필자는 결론지었다.

'푸트라(Putra)'는 서양의 학자들이 '아들'이란 해석을 내놓고 있다. 그러면 붙여서 해석해 보면 '아버지 탈리의 아들'이란 이름이 나오게 된다. 하나, 필자는 '파탈리푸트라(Pataliputra)'의 '파탈리'와 '푸트라'는 같은 해석이 나오는 이름으로 '베르베르어'와 같은 중복의 이름이라고 본다. '파탈리'는 '아버지 탈리'가 되는 것이고 '푸(pu)'는 역시 파에서 변형되며 푸, 포, 피 등으로 이어지는 것인데 '아버지'를 말한다. '트라'는 '다리'의 변형이므로 이런 이유로 '파탈리푸트라'는 "아버지 탈리아"를 재삼 강조하는 이름인 것이다. 고조선의 멸망을 상기시키기 위한 명칭으로 보고 있다. "아버지, 우리 아버지와 같은 중복의 뜻"이다.

'푸트라'의 '트라'는 역시 타리에서 어원이 시작되며 트라, 트리, 트레 등으로 나타나고 나중에는 '탈리'가 되는 것이다. 그러므로 '푸트라'도 "아버지 타리아"가 되는 것이다. 이런 해석을 하는 것은 앞서 투탈리아와 타탈리아에 대한 해석이 가능했기에 나온 것으로 고대 인도엔 마가다(Magada-어머니 고리의 머리)왕조가 '파탈리푸트라'를 수도로 하고 건국한 것이었고, 마우리아왕조(기원전 322~185), 굽타왕조(기원전 240~550), 팔라왕조(기원전 750~1174)에 이르기까지 많은 왕조의 수도였다.

여기서 캄은 바로 '곰'이다. 순수 우리말의 왕조이다. '캄보자'는 '곰의 아버지'란 이름이다. 그러므로 웅족의 본거지인 고조선이 아버지가 되는 것이고 달리인 탈라를 붙이게 되는 것이다. 여기서 아버지란 표현은 아나톨리아의 하투샤 유적의 정제와 루비안 비문에서 자주 인용되고 있다. 아버지는 하늘이며 주권자였다. '아버지 하나님', '아버지 위대한 왕' 등으로 극존칭을 나타내며 아버지(고조선의 칸)는 황소로 대표되는 신앙체계와 웅녀로 대변되는 다산의 사상, 광명사상으로 거대한 '히타이트'를 태수로 내세

워 통치해 나갔던 것이다.

앞의 지도 여러장(16세기와 18세기 초)에 나타난 'Tartaria'(달은 위대한 달)의 광역에서 알 수 있듯이 필자가 주장하는 중앙아시아 강역을 포함하여 극동, 시베리아, 동남아를 포함한 영역에서 증명된다 할 것이며 코리아는 중국의 속국이 아닌 자주 독립국으로 큰 타타르의 범주에 들어 있다 할 것이다.

고조선의 삼한 붕괴 후(대략 기원전 630~638) 유럽으로 진출한 9환족의 종족들은 다리아강을 타리아, 타라, 테라, 티리, 투루, 툴루, 탈리아, 트리아, 테리아, 투탈리아, 타탈리아 등으로 불렀고, 고조선의 삼한 붕괴를 기정 사실화한 것을 "아스트리아"와 에스트리아 등에서 우리는 확인할 수 있었으며 붕괴 시점을 알 수 있게 되었다. 그러므로 종합적으로 생각해 보고 검토해 보면 '타타르의 세계사'도 왜곡되어 전해온 것이 명백하게 밝혀졌다고 하겠다.

조사해 본 바 타타르족이 흑해 연안의 크림반도와 북방 몽골, 시베리아에만 국한된 것이 아니라 네팔과 인도, 인도네시아에까지 타타르족이라 할 수 있는 토라야족과 타루족이 지금까지 존재하고 있다. 그들의 언어인 산타리언어와 문다리언어가 있으며 키다리테(Kidarites)왕조와 에프탈리테(Hephthalites)왕조(달리테, 탈리테는 테탈리아, 투탈리아가 된다)를 통하여 입증하였고, 같은 투르크 종족이며 '타타리'란 네팔의 도시 지명을 통하여 남방의 뉴기니아로도 퍼져 나갔다. 아프리카에 아직도 '타리아(다리아) 언어'를 사용하는 타타르족이 있으며 파푸아뉴기니에도 타리어를 사용하는 종족이 있다는 이론을 주장하는 것으로 이 서양의 지도로 필자의 주장을 재증명하게 되는 것이다.

쿠샨왕조를 이어 받은 '키다리테'의 '다리테'는 '탈리테'로 변하는 것이고, '탈리테'의 '테'가 앞으로 나와 접두사가 되면 '테탈리'가 되며 '테탈리아, 투탈리아, 타탈리아로 표기되는 것이다. 접미사가 되면 '달리아'(다리아) '타'(달의 머리)가 되고 '다리테'가 되는 것이다. 또한 '키다리테'의 왕조를 승계 받은 '에프탈리테'(아버지 다리의 머리)도 마찬가지로 '탈리테'가 된 것이다.

모두 옥서스 권역의 고조선 지역을 말함이다. 타리아 언어를 사용하면 '타타르족'인 것이다. 필자가 연구한 바 중국인들이 '대월지'를 "따 예지"라고 부름에 '동예'는 '타타르족'이 된 것이고 맥족은 소위 '메디안, 메대'라고 불렀음에 고대 페르시아제국을 만든 이란인이었다. 달(月)은 다(Da-머리)와 알(Al-알, 얼)로 이루어진 합성어로 "머리의 얼”이 ‘달’이었다. 그러므로 ‘달’은 고조선의 정체성으로 국호가 처음에 ‘달지국’(月支國, 월지국)이었으며 환웅시대의 정체성을 승계하는 ‘머리의 얼’을 ‘달’로 표기하였다. ‘달’

〈스페인의 ‘타라코(Tarragona)’〉

https://es.wikipedia.org/wiki/Tarragona

〈이집트 25왕조 ‘타라의 스핑크스’ (Kush 왕국-수단)〉

지중해 ‘타르테 소스(처음 달의 머리)’의 문명(기원전 8세기경)

에 대한 표현은 인도유럽어로 마찰음이 붙어 '다리, 다르'에서 '타리, 타르'로 표기되어 '타타르(마리의 달)'의 용어가 생겨난 것이다.

〈대영박물관 소장 '타라(달)의 스핑크스'〉

〈이탈리아 반도〉

달(Dal, Dari, Tari, 月)은 '머리의 얼'이다. 인도, 파키스탄, 중앙아시아, 아프리카, 지중해, 그리스, 메소포타미아권역, 세르비아권을 아우르는 대권역의 달 문명임에 세계의 사학계는 앞으로 인도네시아를 비롯한 남방 타타르족과 아프리카 타타르족을 인용하고 세계 역사를 고쳐 나가야 할 것으로 필자는 보고 있다.

〈기원전 391～192 셀트 부족-이탈리아〉

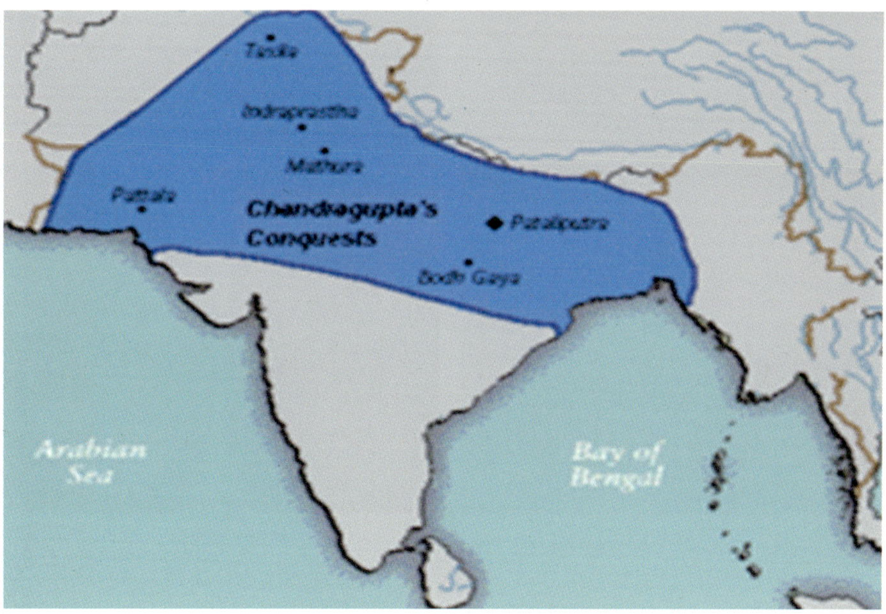

〈인도의 난다제국(기원전 325년)〉

〈유연왕조〉

〈408~670년 '에프탈리테'〉

〈에프탈(에프탈리테-아버지 달의 머리)의 동전 및 은화〉

〈'쿠루(고리)' 왕국과 '판차라(아버지 사람들의 고리) 왕국〉

출처: https://en.wikipedia.org/wiki/Panchala

〈마케도니아 침공 시의 주변 국가〉

Alexander_III_empire_map-fr.svg: historicair 23:11, 18 August 2007 (UTC) derivative work : Mircalla22(talk)derivative work : Mircalla22 (talk)derivative work: Mircalla22 (talk)- MacedonEmpire.jpgMapa_de_Alejandrías.svg, CC BY-SA 3.0, https://commons.wikimedia.org/w/index.php?curid=8009534

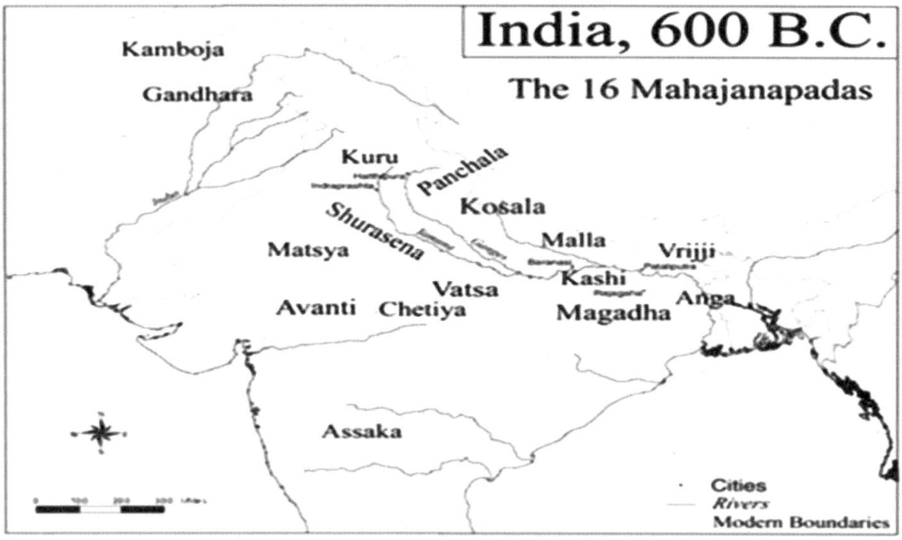

〈베다시대의 인도 16국〉

〈아프간의 '파슈토(Pashto-아버지 흰 빛 머리)어'에 나타난 국자모양의 '칠성(七星)'〉

* Pakhtoons은 Hephthalite와 Pakhtas의 혼합된 종족의 자손이다.

출처 : https://en.wikipedia.org/wiki/Pashto

ث	ت	پ	ب	ا	آ
sey	tey	pey	bey	alef	alef mad
ذ	د	خ	ح	چ	ج
zaal	daal	khey	hey	chey	jeem
ص	ش	س	ژ	ز	ر
swaad	sheen	seen	zhey	zey	rey
ف	غ	ع	ظ	ط	ض
fey	ghayn	ayn	zoy	toy	zwaad
ن	م	ل	گ	ک	ق
noon	meem	laam	gaaf	kaaf	qaaf
			ی	ه	و
			yaa	hey	wow

〈아프가니스탄, 동부 이란인이 사용하는 다리어(Dari-달)〉

출처 : https://en.wikipedia.org/wiki/Eastern_Iranian_languages
*방점이 1~3개 찍혀서 글이 형성되었다.

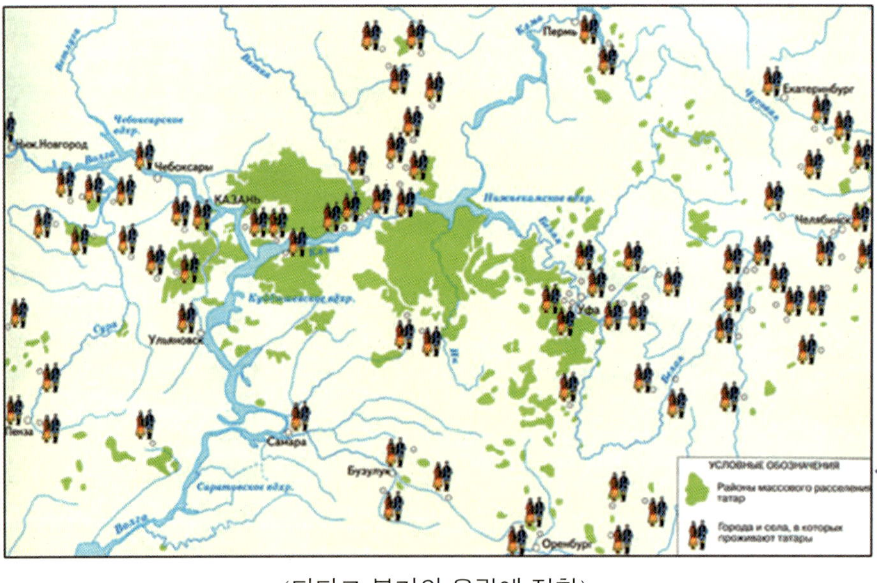

〈타타르 볼가와 우랄에 정착〉

출처 : 타타르공화국 http://www.tataroved.ru/obrazovanie/textbooks/2/3/

〈Kultegin(고리의 머리 칸)을 기리는 기념물〉

왕자, 사령관 VIII. C, 오르홍강 유역. 투르크 사람들의 새로운 조상 기념탑의 큰 비문에 그들은 [헤드-Head], 그들은 '머리 족'으로 "활로 상대방에 [무릎] 꿇기를 강요했다."

〈늑대의 젖으로 키우는 아이〉

출처 : 타타르공화국 *http://www.tataroved.ru/obrazovanie/textbooks/2/3/

4) 다리어(Dari-달)에서 정체성 증명

Bey(아버지), 페이(Pey-아버지)와 Fey(아버지), Sey(새로운), 체이·케이(Chey-고리), 센(Sheen-흰 빛의 새 신)의 철자에 3개의 방점이 있다. 특히 Alef Mad(얼 있는 아버지, 어머니 머리) 〈I-(얼 있는 아버지)〉는 우리에게 시사하는 바가 크다. 그리고 Swaad(새로운 아버지 머리), Gaaf(고리의 아버지), Kaaf(고리의 아버지), Qaaf(고리의 아버지), Daal(머리의 얼, 달)은 아프칸이 고조선의 고리국가였음을 증명하는 언어인 것이다. 또한 테이(Tey-머리), 토이(Toy-머리)는 '머리족'으로 대변하는 광명족인 환웅제국의 정체성을 보여주는 것이고, 헤이(Hey-흰, 태양)은 광명을 뜻하는 것이다.

덧붙여 Ghayn은 가인-까인-깨우친 사람이 된 것이니 광명족이 깨우친 사람이었다. 이 다리어는 아프가니스탄의 공용어 중 하나이며 언어 인구는 약 1,500만~1800만명으로 추산하고 있다. 기본적으로 페르시아의 방언 형태로 보며 대부분은 페르시아어와 같지만 '파슈토어(아버지의 위대한 머리)'나 '우르두(우리 머리)어'로부터 차용어가 많다고 한다. 발음은 페르시아어의 E, O가 다리어 에선 I, U로 되는 특징이 있다.

달(月)은 다(Da-머리)와 알(Al)로 이루어진 합성어였다. 그러므로 '달'은 '머리의 얼'이 된 것이고, 달을 숭배하는 것은 '머리의 얼'을 숭배하는 것이며 나아가 광명의 상징인 달은 한통속으로 묶여져 있음을 알 수 있는 것이다. 달의 밝은 빛이 태양과 함께 '광명(光明)'이 된 것이고, 흰 빛으로 보았던 것이다. 그래서 흰 머리(백두, 힌두)가 생겨난 이유이며 광명의 머리, 흰 빛의 머리는 절대자이고, 우두머리인 '아버지'라고 고대인들은 생각하였으며 수 많은 지명에서 나타나고 있다.

서양 학자들이 분석했던 '타타르(Tatar)'는 '머리 달'인 것이고, '머리의 얼'인 것인데 세계의 학자들이 고작 고조선의 제후국인 '이란'에서 그 원류를 찾는다는 것이 왜곡된 학설이 된 것이다. '타타르'의 '타'는 '머리'를 강조한 것이다. 특히 고조선 시대엔 '달'을 숭배하였는데, 그것은 광대한 영역을 유산으로 물려받은 환웅의 징체성인 '흰 머리(Dal-머리의 얼)'를 계승하기 위함이었고, '고리'와 함께 그 정체성을 이어받기 위함이었다는 것이 지명 연구에서 밝혀졌다. 고조선의 이웃에 있으며 제후국이었던 '낙랑국'인 파키스탄 '펀잡'의 지명 연구에서 소상하게 증명해 주고 있는 것이다.

필자가 이미 비정한 중앙아시아권이 고조선의 시원이라는 가설을 확실히 입증해주는 것은 지금도 약 1,800만 명이 사용하고 있는 아프가니스탄의 '다리어(Dari-달)'에서 독자들에게 보여주고 있는 것이다. 아프가니스탄에서 사용 중인 '파슈토(Pashto-아버지의 흰 빛나는 새 머리)'어나 '우르두(Urdu-우리 머리)'어의 해석에서 '머리'가 들어간 언어를 사용함이 그 두 번째 증명이 된다 할 것이다.

세 번째 증명으로는 파키스탄의 '카슈미르어(Kashmiri-고시의 우두머리)'와 고대 인도의 문자인 '데바나가리어(Devanagari-머리 아버지족의 고리)'와 힌디어(Hindi-흰 사람들의 머리), 브라흐미(Brahmi-광명의 흰 빛에 어머니) 문자의 해석에서 모두 '머리'가 나타나므로 환웅제국이 인도의 고대 시대를 열어 간 '아리안(Arian-우리 신)' 종족이었다고 밝히는 바이다. 찬란했던 인도, 파키스탄의 하라파의 문화유산을 자연스레 유입한 고조선은 중앙아시아의 박트리아 마르기아나 문명이며, 사막의 오아시스 문명으로서 그 시원을 열어 간 것(아사달)을 필자는 증명하고 있다.

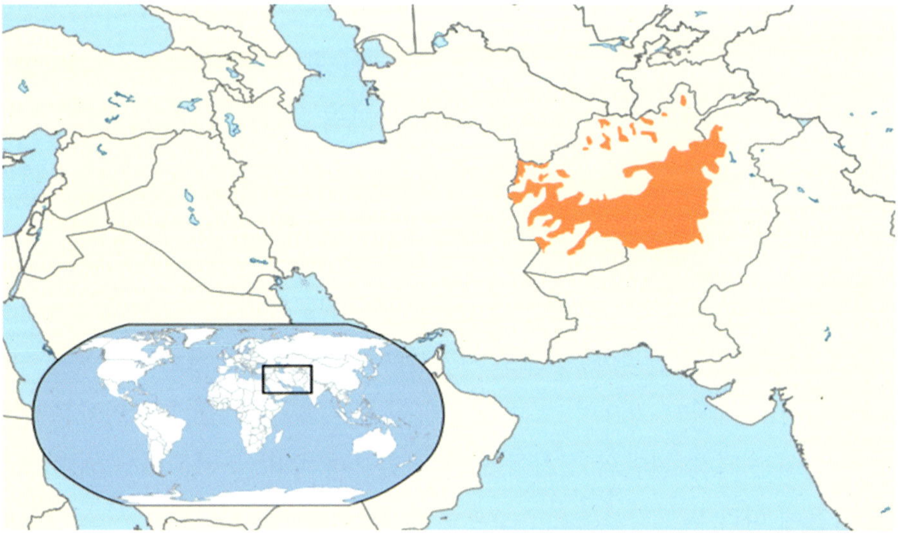

〈Pashtun-speaker가 모국어로 사용되는 지역〉

By ArnoldPlaton - Own work, based on Areas pachtun.jpg, CC BY-SA 3.0,
출처 : https://commons.wikimedia.org/w/index.php?curid=23267083

제3장
남방으로 진출한 고조선의 9환족

1. 인도 16국으로 진출한 고조선의 9환족

1) 진출의 배경과 그 과정

고조선은 기원전 6세기경(640년경)에 멸망하였다고 아시리아 연대기에 나와 있다. 그 근거로 히타이트 도시국가를 멸망시킨 나라는 아시리아였으며 히타이트는 수도인 '하투샤'를 거점으로 건국한 국가로서 소위 "하나라"였다. 하나라의 수도인 "하투샤"를 풀이하면 흰 머리산, 백두산이다. '하'는 흰 것(태양)을 의미하고 '투'는 머리이며 '샤'는 새로움을 의미하여 "새로운 흰 머리"가 되었고, 하나라인 히타이트는 고조선의 번국(제후국)이었다. 히타이트인 하나라는 여러 번 왕위 승계 문제로 정국이 안정되지 못하였으며 종국엔 칸에 의해 옹립된 조카를 밀어내고 왕위를 찬탈하였고, 적국인 이집트로부터 식량 원조를 받아 아시라아와 전쟁 등 칸의 눈밖에 난 이유로 나중에 마스터인 고조선의 출병과 더불어 상나라인 아시리아에게 멸망당하게 된 것으로 연구되었다. 고조선의 망하지 않았지만 삼한의 붕괴를 말한다 할 것이다.

하나라(히타이트)는 발굴된 히타이트의 정제와 이집트 왕에게 보낸 편지, 특히 루비안 비문에서 밝혀진 "투탈리아" 등으로 자기들(히타이트)은 마스터로부터 왕을 하사받은 제후국이라고 밝히고 있으며 그 마스터를 아버지, 왕중의 왕, 투탈리아로 불렀다. 마스터의 위치는 흑해 연안의 근처에 있다 하였으며 루비안 비문에서 "투탈리아"의 용어가 나옴에 따라 박트리아(Bactria-밝은 달), 마르기아나를 포함한 옥서스권역이 "투탈리아"(머리 다리아 머리의 달)인 것이 확인되었고, '타타르(Tatar)'와 '투탈리아(Tutalia)'가 같은 표기이며 같은 어원으로 밝혀진 것이고, 중국식으로 '달단'이 된 것인데 그 지역이 고대의 토하리스탄(Tokharistan)이었다.[1)]

위작된 한단고기에는 하나라 멸망의 연대가 다른 것으로 중국이 하상주의 역사를

1) https://en.wikipedia.org/wiki/Bactria
https://en.wikipedia.org/wiki/Takhar_Province

만들기 위하여 춘추시대부터 고친 것으로 드러났다. 그러므로 중국 사서를 인용한, 왜곡된 사실(史實)에 의해 편찬된 '환단고기'는 중국 사서와 함께 위작을 피할 수 없는 것이다(하상주의 허구와 한단고기의 위작은 따로 상술할 것이다).

멸망 시점은 각국의 학자들 간에 조금 이견이 있으나 통설은 기원전 1180년으로 보고 있다. 순망치한(脣亡齒寒)이란 옛말이 있다. 이빨이 없으면 잇몸이 시리다란 이야기인데 당시의 고조선 왕이 이것을 간과하여 9환을 출병시켜(바다 사람들) '하나라'(히타이트)를 멸망시킨 이유로 삼한관경제 중 마한의 동맹 균열을 가져와 고조선제국의 삼한 붕괴를 앞당긴 것으로 나타났던 것이다.

후에 시리아를 포함한 중앙 아나톨리아 반도가 상나라인 아시리아에게 넘어가며 완충지대에 후르리인이 세운 미탄니도 멸망하고, 카스피해 북부인 아르메니아를 거점으로 하는 '우라르투'(우리 머리) 왕조가 북방을 차지하여 9환의 결속이 무너지게 되었다. 기원전 8세기경 아나톨리아 반도엔 프리지아, 리키아, 폰투스, 카파도키아, 팜필리아, 리카오니아 등 다양한 도시국가가 형성되었는데 이집트와 아시리아 간의 북부 팽창정책과 흑해 연안에 있던 스키타이와 키메르(킴메르)가 기원전 630년경에 아나톨리아 반도에 침략하는 등으로 인해 팔라릭연합과 루카연합 등 마한의 영역이 심히 흔들렸음에 삼한관경제의 '마한(馬韓)'이 무너지게 되었다.

키메르의 침공과 스키다이의 침공으로 프리지아 등 도시국가는 멸망하였고, 그들은 이탈리아반도로, 켈트에 합류하여 유럽으로 진출하기도 하였으며 일파는 인도로 들어가기도 하였다. 하나라의 멸망으로 무주공산이 된 지역에 군웅이 할거하고 북방의 민족이 침략하는 등의 과정을 거치며 춘추전국시대에 접어 들면서 고조선의 영역을 흔들었으며 와해된 삼한체제는 다시 일으키지 못하였고, 기원전 640년경에 고조선은 마한의 붕괴로 12개국의 연방(변한, 진한)이 된 '고진국'의 초라한 국가가 되었다.

한단고기엔 대부여부터 기원전 108년까지 왕조를 승계시켜 단군시대로 만들었는데 중국사가의 농간으로 기자조선, 위만조선을 만든 것으로 보고 있다. 대부여와는 별도로 중국은 기자조선과 위만조선을 내 세워 지금까지 역사왜곡을 우려 먹고 있다.

고조선은 중국의 제후국이란 것이다. 실로 기자조선과 위만조선은 가공된 고조선으로 북부여를 비롯한 동부여, 남부여 등 부여에 관한 활발한 연구가 있어야 할 것이다. 사학계도 단군의 역사를 새로이 수정하여야 한다. 대부여하고 고조선은 다른 국가명칭이기 때문이다.

고조선의 삼한 붕괴 당시 9환의 삼한관경제는 무너졌지만 많은 국가들에 속해 있는 부족집단들은 새로운 신천지에 눈을 돌려 영국, 프랑스, 이탈리아, 스페인, 독일 등지로 이주하게 되었다. 대규모로 진출한 9환족의 이주과정이 바로 서양에서 이야기하는 "켈트족(고리의 머리족)의 이동"이다. "켈트"의 '켈'은 케르이다. 케르는 케리, 케라, 카라, 카리, 카르, 카레, 쿠르, 쿠리, 쿠레. 쿠루, 키르, 키리 등으로 소리가 다양한 모음 변화로 나타나는데 다시금 이중 변화가 되면 칼리, 칼레, 칼라, 켈리, 켈라, 켈루, 킬리, 킬레, 쿨루, 콜로, 콜라 등으로 나타나며 모두 다 원형은 "고리"에서 변형된 것이다.

"고리"는 도대체 무엇인가? 우리가 일상생활에서 사용하는 문고리를 연상하면 아주 쉽게 이해가 될 것이다. 고리는 환(環)이다. 원형을 의미한다. 9환족의 결성은 원을 중시하는 고조선의 통치체제이며 사상이고, 신앙이었다.

즉, 고리족은 고조선족(고조선의 동맹)이다. 이 고리에서 코리로 변화되었고 오늘날 코리아(Korea)가 여기에서 온 것이다. 필자가 인도유럽어를 인용하여 고조선의 9환족을 풀이하였는데 환웅시대와 단군시대를 표방하는 용어는 많지 않다. "바르"(광명), "마리(머리)", "고시", "고리", 곰, '다리'(달)가 있다. 이 여섯 가지 용어로 전 세계에 흩어져 불리고 있는 도시와 강, 산의 이름을 빼 버린다면 세계사가 존재하지 못하고 인류역사를 써 내려 가지 못한다 해도 과언이 아니다.

특히 "바르"는 종족의 이름뿐만 아니라 유럽의 많은 도시에 "바르"의 이름이 붙어 있다. "바르"의 변형으로는 바리, 바레, 부리, 부루, 부르, 베르, 베리, 베라, 비리, 비르, 비루, 비레로 나타나고 다시 이 중 변화되는 발음으로 발리, 발레, 불리, 벨레, 벨리, 빌리, 빌라 등으로 나타나는 것이다. 또한 인도유럽어로는 팔리, 팔레, 팔로, 팔라, 폴리, 폴라, 폴레, 필리, 필라, 필루, 펠레, 펠리, 펠라 등으로 변하며 우리에게 나타난다. 필자는 집약된 이 6가지 용어와 14가지 키워드로서 추적하여 변천되어 온 세계사를 재조명하여 책을 집필하는 것이다. 독자들도 잘 아시다시피 켈트족이 바로 우리 고조선의 9환족이었다. 갈리아족도 마찬가지이다. 독일의 정체성은 우리 9환족이었고 고대 영국을 건설한 종족도 고조선의 9환족이었고, 프랑스의 갈리아족도 마찬가지였으며 히스파니아(스페인)도 예외가 아니었다.

일찍이 그리스문화를 꽃피운 종족이 환웅족이며 9환족이었고, 북아프리카와 동아프리카에 진출하여 이집트왕조를 잠시 지배한 종족도 환웅족이었다. 메소포타미아

문명과 인도의 베다시대를 열어간 아리안이 바로 환웅족이었으며 고조선의 9환족이었다. 지중해 문화와 인도양 문화를 열어간 페니키아족과 베르베르족은 환웅족이었으며 수메르문명도 환인시대부터 분기해 나간 종족이었으니 세계문화와 문명을 일군 종족이 바로 우리가 아닌가?

잠시 접어두고 기원전 6~7세기로 시작된 켈트족의 이동은 우리의 9환족에서 이루어졌다고 밝혔는데 북방으로 진출한 케이스였고, 남방으로 진출한 9환족의 이주 과정이 배다 시대의 인도 16국으로 드러났다. 공교롭게도 인도 16국 시대는 켈트와 같은 기원전 7세기로부터 시작되었다고 한다. 별도로 학계에서 증명되었던 쿠샨제국의 인도 침략과 뒤이어 키다리테왕조, 에프팔리테왕조가 있었던 이유도 남방 진출의 한 획이라 할 것이다.

2) 인도 16국의 성립

인도 16국 시대는 학자들 간에 약간 이견이 있으나 대략 기원전 7세기로부터 출발하며 그 영역은 간다라 북서쪽(박트리아, 페르가나 지역포함)과 인도대륙의 동쪽 부분인 앙가왕조(Anga)를 포함하고, Vindhyan지역까지 총칭하는 광활한 지역에서 이루어진 16국의 왕조시대를 말한다.

그러므로 고조선의 낙랑국은 파키스탄의 펀잡주에서 시작하였음에 고조선 삼한 붕괴 후에 '캄보자왕국'을 먼저 건설하게 되는 것으로 연구하였다.

(1) 캄보자왕국(Kambojas-처음 아버지의 곰)

캄보자왕국을 혹은 인도 사카(Sakas-새로운 고시)라 부른다고 한다.

특히 사카의 왕실가문에서 출발하였다고 전해지며 힌두쿠시 산맥에서 페르가나와 카슈미르의 남쪽, 서쪽 부분에 뻗어 있고 카불, 가즈니와 칸다하르, 바다흐샨, 파미르 고원, 우타라파타(Uttarapatha-다리의 아버지 머리), 펀잡에 이르는 넓은 지역에서 건국하였다.[2] 우타라파타는 북부 인도 전체와 앙가왕조의 동쪽과 히말라야 북쪽을 포함한다. 이 왕조는 고조선의 첫 건국지인 바다흐샨지역과 낙랑 지역인 펀잡을 포함한 제국으로 16국 중 가장 큰 제국이었다. 인도의 고대 문학에 의하면 캄보자제국은 간다라(칸의 다리), 다라다(Darda-다리의 머리), 누리스탄(아프간 북부-우리 새로운 머리족), 박트리아를 포함한다고 하였다. 캄보자왕조의 '캄'은 곰을 말한다. '보(Bo)'는 아버지인 '바'에서 변

2) Purana, Vol. VI, No. 1, 1964년 1월, p.207 sqq ; Asoka의 비문 : 번역 및 용어집, 1990, p. 86, Beni Madhab Barua, Binayendra Nath Chaudhury-비문, Prakrit.

형된 것으로 "곰 아버지 제국", "아버지 곰의 왕조"를 말한다. 이 왕국은 5세기에 티벳과 네팔을 경영(동부 캄보자)하였으며 11세기 캄보자-팔라왕조까지 존재한 것으로 알려졌다. 이 제국은 기병으로 유명하였고 알렉산더의 군대와 충돌하였는데 Aspasioi와 Assakenoi 부족의 엄청난 저항에 직면 하였다고 한다.[3)]

고조선의 웅녀숭배사상이 그대로 드러난 왕조의 이름으로 고조선의 전통과 고조선을 대신 한다는 이념이 "곰 아버지"로 나타난 것으로 보고 있다. 그 영역도 고조선이 건국한 바다흐샨주와 박트리아권역과 일부 이란, 파미르 고원에서 펀잡에 이르는 지역을 아울렀다고 하는 것은 고조선 시대의 부활을 의미하는 제국으로 인식해야 할 것이며 고조선의 제후인 이란은 후에 페르시아를 건국하게 된다. 제국의 수도는 라자푸라(Rajapura-태양의 광명)이며 현대엔 Rajori(우리의 태양)이다.

'푸라(Pura)'는 '바르'(광명)의 변형된 이름이다.

(2) 카시, 카사왕조(Kasa-고시)

인도의 북서부 부족의 왕국으로 카자흐스탄의 부족을 말하는데 Sakas, Yavanas, Kiratas, Kanchis, Dravidas, Savaras, Malavas, Daradas부족(간다라 종족)과 동맹을 하였다고 한다. 카시, 카사는 '고시'에서 변형된 이름이다.

(3) Surasena(수라세나, 새로운 태양) 부족[4)]

이 왕조는 인도 Braj에서 우타르프라데시, 앙구타라 니까야에 거점을 둔 왕조였다고 한다.

(4) 트리가르타 왕조(Trigarta-달의 머리 동맹〈고리〉)[5)]

인도의 서사시에 언급된 왕조로 인도의 서쪽에서 펀잡지역으로 확장한 왕조였다. 유명한 하위 씨족은 Jaswal, Guleria, Sibaia, Dadwal(머리는 광명의 머리)왕조가 있었다고 한다. 이 왕조의 이름은 '트리'와 '가르', '타'로 이어지는 것으로 "타리아(달)의 고리, 머리족"이란 뜻이다.

(5) 슈마왕국(Suhma-새로운 흰 빛의 어머니)

웨스트 벵갈, 방글라데시 왕국이었다. Angas, Vangas, Kalingas, Pundras와 공통 조

---

3) Panjab Past and Present, pp. 9~10 ; Porus의 역사, 12, 38, Buddha Parkash, https://en.wikipedia.org/wiki/A%C5%9Bvaka

4) https://en.wikipedia.org/wiki/Surasena

5) https://en.wikipedia.org/wiki/Trigarta_Kingdom

상을 공유하였다고 한다. '수'는 사에서 수, 시, 세 등으로 변형되는데 '새로운'의 뜻을 가지고 있다. '미'는 슈마(Suhma)로 "새로운 흰 빛나는 어머니"족이란 해석이 된다. 힌두교의 소마(Soma)와 같은 어원이다.[6)]

(6) 마가다왕국(Margada-우두머리 고리의 머리)

난다스(Nandas)와 Mauryas는 이 왕조를 지배하였다. 특히 Mauryas는 마우리아 제국(기원전 322~185)을 건설하기도 하였다. 마우리아 왕조는 우타르프라데시의 동부에서 파탈리푸트라를 수도로 하여 인도에서 가장 큰 제국이었다. '마우리아'의 '마'는 어머니이며 '우리야'는 우리이다. "우리 어머니 왕조"를 말한다.[7)]

(7) 간다라왕국(Gandhari-칸의 빛나는 달)

파키스탄의 페샤와르, 탁실라를 거점으로 한 왕국이었다. 소태 단군의 망명임시정부(아사달)로 연구되었으며 후편에 상술한다. '간'은 큰, 칸으로 읽히는데 'Dhari'는 '흰 빛나는 달'을 말함이다.[8)]

(8) Matsya 왕국(어머니의 새로운 머리)

기원전 6세기에 자이푸르에 있는 '라자스탄'과 '바랏푸르'를 거점으로 한 왕조로 '바랏푸르'는 이 왕국의 수도였다.[9)]

〈아프가니스탄의 누리스탄 지역〉

6) https://en.wikipedia.org/wiki/Suhma_Kingdom
7) https://en.wikipedia.org/wiki/Markada
8) https://en.wikipedia.org/wiki/Gandhari_people
9) https://en.wikipedia.org/wiki/Matsya

(9) 체디왕국(Chetyas, Chetis－새로 시작하는 머리의 집단)[10]

네팔에 있었던 왕국이었다. 이 왕조는 칼링가 왕국을 만들기도 하였다.

Suktimati마하바라다는 수도였다. 이 왕조는 고대 인도에서 Var로 명명되기도 하였다. 왕의 이름은 Sisupara라고 하였다. '파라'는 '바르'의 변형된 이름이다.

(10) 판차라왕국(Panchala－아버지 사람들의 고리)

인도 북부의 고대 왕국으로 현대의 겐지스평야와 서부 우타르 프라데시올 지방이었다(기원전 850~500). 남아시아의 가장 강력한 국가 중 하나였다고 한다. 기원전 5세기에 여섯 과두 정치연합이 되었다가 마우리아제국(기원전 322~185)에 합병될 때 까지 굽타제국(기원전 4세기)으로 남아 있었다.[11]

(11) 코살라 왕국(Kosala－태양의 고리)

이 왕국은 우타르프라데시올 지방의 아요디아, Shravasti, Setavya, Ukattha를 거점으로 건국하였는데 수도는 Shravasti였다고 한다.[12]

(12) 쿠루제국(Kuru－고리)

이 왕국은 인도 북부의 왕국으로 우타라파타(Uttarapatha)의 지점이다. 이것은 인도 북부 전체와 히말라야 북부를 의미한다. 이들은 "부루, 바라의 가족이라고 전하였다." 부루나 바라는 모두 광명을 뜻하는 "바르"인 것이다. 즉, 광명족에서 건너 온 것을 의미한다 할 것이다. 역사에 의하면 이들은 동부 펀잡(하리아나)을 지배하였고 펀자브에서 이동하여 인도 북부로 진출하게 되었다고 한다. 아마도 고조선의 다양한 부족의 동맹 부족으로 보인다. 수도는 Jatakas이었다고 한다. "쿠루"는 "고리"의 변형된 이름이다. 카스(Kas)는 "고시"에서 변형된 이름이다.[13]

(13) 반티왕국(Avanti－아버지 사람들의 새로운 머리)

이 왕국은 Haihayas의 다섯 가문이 연합한 왕조로 Vitihotras, Bhojas, Avantis, Tundikeras, Sharyatas이었다. 두 부분으로 분할하여 통치하였는데 Vindhyas와 Ujjayini와 남부 일부에 있었다. 여기에서 '반'은 아버지인 '바'에서 복수가 된 것이고 "티스"는 머리족이다. "아버지 머리족"이 된 것이다.[14]

10) https://en.wikipedia.org/wiki/Cheti_Chand
11) https://en.wikipedia.org/wiki/Panchala_Kingdom_(Mahabharata)
12) https://en.wikipedia.org/wiki/Kosala
13) https://en.wikipedia.org/wiki/Kuru_Kingdom
14) https://en.wikipedia.org/wiki/Avanti_(India)

(14) 밧지왕국(Vajji-아버지족)

이 왕조는 파니니, Chanakya, Xuanzang 부족에 의해 건국하였다고 한다. 영토는 북쪽에 위치한 갠지스강 유역과 고대 네팔과의 경계였다고 한다.[15]

수도는 바이살리였고 여덟 씨족의 연합이었다고 하는데 그 중에 Atthakula, Vajjis, 루카(Licchavis), Videhas가 중심이었다. 그 외에 Bhogas, Kauravas, Ugras 씨족과도 관련이 있다고 한다.

가스(Gas)는 '고시'이다. 여기에 카우라바스(Kauravas)가 있는데 '카우'는 아나톨리아의 '리카오니아'란 도시국가가 있었다. 이 종족이 인도로 흘러들어 왔을 것으로 보인다. 원래 '카오'는 고조선의 '신지' 직책의 종족이었다. 후에 가우(加優)로 변하였다고 환단고기에 적혀 있다. 이 가우가 인도유럽어의 영향으로 마찰음인 '카'로 변하게 되며 '카오'로 쓰이게 되는데 '카오족'은 '머리족'이나 '마리족', '고시족에 비하여 많지 않은 편인데 고대 인도의 종족은 카우라바스(Kauravas)의 후손이라고 정의되어 있다.

(15) 앙가왕국(Anga-신의 고리)

"하느님 왕국이다." 왕국의 수도는 참파(Campa-곰 아버지)이었다. 영어로 표현하면 '캄'으로 곰을 의미한다. 파는 아버지인 '바'를 의미하니 '곰 아버지'가 된다. 갠지스강 참파의 근처로 매우 번창한 도시인 바갈 푸르가 에비하르였다. 동부 비하르, 서부 뱅골, 방글라데시를 그 영역으로 하였다. 그들은 Magadhas, Gandharis, Mujavatas로 언급되었고, 앙가스, Vangas, Pundras를 포함하였다고 한다. '타스(Tas)'는 켈트부족에서 보아오듯이 테스, 티스, 타스 등은 모두 '머리족'을 일컫는 이름이었다.[16]

(16) 아사카왕국(Assaka, Asmaka-처음의 사카, 처음 어머니 고리, 스키타이)

인도의 '고다바리 강' 사이에 Manjira의 남쪽에 위치하였고 Vindhya 범위에 있었다고 한다. 나중에 남쪽으로 확산하여 Rashtrakuta제국을 건설한다. '아사'는 '아사달'의 '아사'와 같다. '처음'이란 뜻이다.[17]

(17) 말라왕조(Malla-우두머리)

말라가 제국의 하나로 작은 왕조이었고 카쿠타(Kakuttha, 현재 하루 쿠쿠), 쿠사바티(Kusavati 현재 Kasia), 파바(Pava, 현재 Fazilnagar)의 영역이었다. '쿠사'는 '고시'의 변형된 이

15) https://en.wikipedia.org/wiki/Vajji
16) https://en.wikipedia.org/wiki/Anga
17) https://en.wikipedia.org/wiki/Assaka

름이다. '타(Ttha)'는 머리를 뜻한다. 이 종족은 동부 인도의 강력한 일족이었다. '말라(Malla)'는 '마리'의 변형된 이름으로 역시 '머리족'을 말한다.[18] 인도의 16국 시대는 기원전 6세기부터 3세기까지 존속한 왕조의 국가들인데 중간에 굽타제국과 마우리아 왕조에 의해 병합되거나 동화되어 갔다고 전해지고 있다. 앞에서 언급하다시피 고조선 삼한 붕괴 후에 초기 고조선의 건국지인 옥서스권역과 박트리아, 낙랑국인 펀잡주에서 여러 제국이 형성되었고 북부 인도와 동·서부 인도, 벵갈에 이르기까지 많은 왕조가 생겨났던 것이다. 여기에서 왕조의 이름이나 부족명을 보면 거의 고조선의 9환족에서 분기되어 나갔던 것을 알 수 있었다.

이 왕국들은 Kurukshetra의 전쟁을 통하여 많은 고대국가가 동맹국으로 참전하였는데 인도-아리안 왕국 사촌의 두 그룹 사이의 왕조 승계 투쟁에서 발생한 충돌이었다고 한다.

이상 인도 16국의 이름을 분석해 보았는데 거의 9환족에서 진출한 부족들이 건국한 나라로 규명되었다. 기원전 6세기 고조선의 삼한 붕괴 후에 남과 북으로 또는 동쪽으로 진출하였던 것이 증명된다고 보아야 한다. 동쪽으로 진출한 흔적은 러시아에서 중앙아시아와 발트 연안에 있던 사람들이 대거 동쪽으로 이주해 온 것은 인류사적으로 유럽이나 러시아학계에서 증명되었다. 특히 9환족의 하나인 프리지아족은 사서에 發, 弗離, 沸琉, 令支, 離支 등으로 불리었다. 이것은 프리지아의 음차한 한음(漢音)이다. 신채호는 조선상고사에서 부여의 위치를 산서성 북쪽 代지방이라고 비정하였는데 "기원전 5~6세기경에 불리지(弗離支)라는 사람이 조선의 군사를 거느리고 직예, 산서, 산동 등을 정복하고, 대현(代縣) 부근에 나라를 세워 자신의 이름으로 나라 이름을 불리지국(弗離支國)이라 하니 주서(周書)의 불령지(弗令支)와 사기(史記)의 이지(離支)가 다 불리지국을 가리킨 것이다.(중략) 요서의 비여(肥如)나 산동의 부역(鳧繹)이나, 산서의 비이(卑耳)가 다 불의 번역이다.(중략) 발해의 발(渤)도 음이 불이고 불리지가 준 이름이다.[19]

프리기아인은 킴메르에 의해서 기원전 6세기 초 고르디온(Gordion)에서 전멸적 패배 후 소아시아 지역에서 쫓겨나고 이후 스키타이가 그 지역을 평정하지만 필자는 '비류백제'가 이 프리지아의 비류(沸琉), 비리(弗離)에서 시작된 것이 아닐까 생각한다(*이 진우 박사의 카페에서 일부 용어 인용).

이미 앞서 설명한 바와 같이 프리지아는 북쪽으로 가서 켈트에 합류되었으며 네덜

18) https://en.wikipedia.org/wiki/Malla_(India)

19) 〈조선 상고사〉, 신채호, 1998.

란드와 덴마크, 독일지방에 정착하였다. 프리지아는 프리슬란트 지역에 정착하여 프러시아가 되었는데 "조선사연구회"의 최두환 박사는 "프리지아가 건국한 프러시아가 바로 고대의 발해(渤海)라고 보았다. 고대의 발해는 사기와 산해경에 '발해군왕'으로 적혀 있는데 대조영이 세운 발해와 구분을 해야 할 것으로 본다고 하였다." 발해는 바로 '발트해'이기 때문이다.

박트리아는 '발흐'라고도 부르는데 박트리아권역에서 건국한 고조선이므로 발해는 삼국의 성립 이전부터 있었던 국가일 수도 있는 것이다. 프리지아의 일부 종족은 인도로 진출하였는데 앞으로 프리지아에 대한 상세한 연구가 있어야 한다고 생각한다.

이미 고대 트라키아, 일리리아 지방에 속해 있던 세르비아, 보스니아, 크로아티아 등지의 도시 이름에서 "부리"나 브리, 베리의 지명이 많이 보이는 것은 오래전부터 프리지아인이 일리리아인과 트라키아인이 어울려 살았던 흔적일 수도 있고(켈트의 분류엔 일리리아 부족과 트라키아 부족의 종류에 '프리지아'가 있다), 기원전 7세기에 고조선의 삼한 붕괴와 함께 켈트족으로 합류하여 그리스 북부로 흘러들어 갔던 것일 수도 있는 것이다.

필자가 앞에서 제시한 바와 같이 "타라, 트리아, 탈리아 등의 용어가 유럽으로 진출하였으며 아프리카에서도 발견되었다. 또한 러시아에서도 발견되었다. 이것은 9환의

〈인도 Kurukshetra의 전쟁의 묘사-Mahabharata 원고에서〉

출처 : https://en.wikipedia.org/wiki/Kurukshetra

종족들이 서진, 동진을 하였다란 귀결에 도착되는 것으로 활발한 연구 과제라 할 것이다. 필자가 고고학적, 종족학적, 언어학적으로 고조선의 시원이 중앙아시아에서 시작되었다란 가설을 제시하고 고조선 삼한 붕괴 후에 9환족의 이동에 대하여 상술하였던 바 앞으로 북부여, 동부여, 남부여에 대한 연구와 함께 가야의 연구, 고구려와 백제, 신라에 대한 연구도 새로 되어야 한다고 본다.

〈인도 16국의 청동전차를 모는 Krisna왕〉

출처 : https://es.wikipedia.org/wiki/Kurukshetra

〈인도 Kurukshetra의 전쟁시 '아르주나' 킬〉

〈인도 16국의 쿠루 왕조, 판찰라 왕조〉

출처 : https://es.wikipedia.org/wiki/Kuru_(India)#/media/File:Map_of_Vedic_India.png

〈히브리인들이 내다 본 "바다 사람들"(9문)의 지역〉

*이 지도에서 '바다 사람들'은 그리스 반도와 아나톨리아, 지중해 연안과 카스피해, 흑해 근처로 국한되었다. 고조선 9환족의 영역과 비슷하나 발칸 지역인 아르메니아, 중앙아시아가 빠져 있다.

2. 대월지국(달지국-쿠샨제국, 인도스키타이)

우리가 이해하는 것은 흉노의 단편적인 것만 알고 있다. 그것도 북방에서 중국과 각축을 벌인 정도로 이해할 지 모른다. 사실은 인류문명의 역사가 '수메르와 스키다이의 역사'라 해도 과언이 아니다. 이 대월지국은 서양에선 쿠샨왕조와 인도사카로 이해하고 있다. 하나, 월지국은 고조선의 '달지국(達支國)'과 이름이 같다. 중국에서 월지국으로 불렀지만 한문으로 달 '월'이다. '달지'인 것이다. 그러기에 우리는 고조선의 정통성을 승계한 왕조로 이해를 해야 할 것이고, 나아가 옥서스와 타림분지를 거점으로 하였다면 고조선의 종족이며 타림분지 인근인 간쑤성과 신강성에 남아 있었던 소월지인 구자국, 선선국 등의 소국가들은 '소가야'가 되는 것이다.

대월지국 거처는 남씨성(藍氏城)이다. 호구는 10만, 인구는 40만 명이다. 처음에 월지가 흉노에 멸망당하자 마침내 대하(大夏-박트리아)로 이주하고, 나라를 휴밀(休密), 쌍미(雙靡), 힐돈(肹頓), 도밀(都密), 귀상(貴霜)으로 나누어 모두 다섯 부(5부족)의 흡후가 되었다. 여기서 남씨성(藍氏城)은 아프가니스탄의 카불이다. 이것으로도 중국이 남이, 남씨, 남국으로 불러 중국의 산동에다 처박은 국가가 아니란 사실을 다시 한 번 보게 되는 것이다. 그후 100년이 지나서 귀상흡후인 구취각(丘就卻-쿠즐라 카드피세스)이 다른 4흡후를 멸하고 스스로 왕이 되어 국호를 귀상이라 하였다(AD 30년-한서, 후한서 서역전).

안식(安息-파르티아)을 침공하고 고부(高附-이란)의 땅을 취하였다. 또한 복달과 계빈(북인도)을 멸하고 그 나라를 모두 차지하였다. 구취각은 80여세에 사망했고, 그 아들 염고진이 뒤를 이어 왕이 되었다. 다시 천축을 멸하고 장군 1인을 두어 그곳을 감령(監令)케 하였다. 여러 나라들은 모두 그것을 칭하여 귀상왕이라 하지만 한나라는 그 옛날의 칭호를 써서 "대월지"라고 부른다(후한서 외국전 서역편).

'쿠산제국(대월지국) 기원전 128년~기원후 450년경 중앙아시아와 북인도를 통치한 고대민족이다.'라고 소개되어 있지만 기원전 194년에 건국한 것이다. 기원전 2세기 초의 중국 문헌에 중국 북서부 간쑤성[甘肅省] 서부지역에 거주하는 유목민으로 처음 언급되어 있다. 하나, 사실 우랄산맥을 넘어 온 서쪽 기마민족은 기원전 9세기경에 로마 등 유럽에 소개되고 있다. 단지 중국의 한서와 후한서에 대월지가 간략하게 소개될 뿐 오랜 역사는 이미 타림분지의 누란국(선선국)에서 발견되었던 여자 미이라로 탄소 측정결과 기원전 18세기경으로 분석되었다.

이것으로 보아 약 4천년 전에 우랄산맥을 넘어 남진, 동진한 것이 "쿠르간 가설"의 핵심인 것이며, 이 가설을 증명하는 것이 지중해 문화와 메소포타미아 문화를 이끌었던 '기시문화(고시)'이다. 학자들은 이 문화가 기원전 약 40세기로 추정함에 '쿠르간 가설'을 증명한 것이다. 이미 고조선은 9환의 종족을 중심으로 삼한관경제를 실시하여 통치하였다. 다만, 고조선 삼한 붕괴 후에 남은 종족의 일부가 옥서스강을 중심으로 하여 고조선 부흥운동의 연장선상이라 할 수 있는 대월지국(대달지국)을 건설한 것으로 보아야 하며(5부족을 중심) 그 이름만 다를 뿐 러시아 학자들은 '타림가야'라고 이미 명명하였으며 고대 그리스에선 '토가라'로 불렀다. '토가라'는 타가라, 트가라, 테가라와 어원이 같고 '토가라'는 토카리스탄의 지역이기도 하였다. 옥서스와 박트리아 지역은 고대의 '토카리스탄'이었다.

그 중 금관가야는 소가야인 구자국에서 왕자가 탈출하여 건국하는 가락국(駕洛國)의 김수로 왕조가 쓰촨성의 '성도'에 도읍을 정하게 되는 것이고, 김수로의 후손이 신라와 합병하였으며 나아가 중국의 "정주(鄭州)의 관산성 전투"에서 백제 성왕은 매복된 신주(新州)의 군주이며 김수로의 후손인 김무력의 군사에 의해 사망하게 되는 것이다(* 신주(新州), 정주(鄭州)는 중국의 지명이다).

이런 이유로 애초부터 '신라'는 한반도에 없었다는 것이 이 전투에서 밝혀지고 있는 것이다(2013년 필자의 학술발표).

아리아인들은 인도유럽어를 사용했고 대월지도 같은 언어를 사용하였다. 훈족도 인도유럽어를 사용했다. 그러므로 아리안들은 유목민족으로 정의되어 있다. 남하, 서진하면서 자연스레 목축을 일삼는 아리안민족이 바로 유목, 기마민족인 스키다이인들이 되는 것이다. 그러면 스키다이의 역사는 기원전 20세기 혹은 그 이전으로 거슬러 올라가게 된다.

그 유목 기마민족 중 "후르리인"은 미탄니제국을 형성했고, "아모리인"들은 아모리 왕조를 건설하기도 했다. 철새가 그 지방에 남아 있으면 텃새가 되듯이 국가를 형성하여 세력을 확장해 갔던 것이다. 일리리아족은 오늘날 알바니아의 조상이 되기도 하였다. 또한 '킴메르족'은 코가서스 지방의 국가 민족으로 자리 매김되어 갔다.

알타이계 동방흉노(匈奴)의 통치자인 라오샹(기원전 174~161년경 재위)이 월지를 무찌르고 왕을 죽이자(흡후), 중국 국경 근처에 있었던 월지부족들은 서진하기 시작했고, 남겨진 부족들은 소월지라 부르게 되었다(한서, 후한서 서역전).

대월지부족은 아프가니스탄과 이란에 근원을 둔 아시족(또는 아시안족, 아사달의 후예로 본다)과 토카리아족(또는 토카라족-토하리스탄의 부족) 등 5부족이 기원전 128년경에 월지는 옥수스강(지금의 유고슬라비아 아무다리야강) 북쪽에 살면서 월지의 다섯 족장은 박트리아를 점령했고, 그 가운데 쿠산족의 족장이 새로운 왕조인 쿠샨왕조를 세웠다. 쿠산제국은 남쪽과 동쪽으로 세력을 뻗쳐 북인도로 영토를 넓혔고, 북쪽의 중앙아시아로도 세력을 확장하여 소아시아인 아나톨리아의 동부와 서부를 흡수하였으며 아프가니스탄, 우즈벡기스탄, 카자흐스탄, 이란을 아우르는 대제국이 되었다.

•일부 학자들은 대월지의 원거주지를 아무다리야 유역으로 보고, 그 중 일부가 기원전 4~3세기경 중국 서부로 진출해 동서교역에 종사하다가, 기원전 2세기 흉노에게 쫓

겨 본거지로 돌아왔다고 주장한다. 초기 고조선의 강역은 진국(타지키스탄, 아프가니스탄)을 중심으로 우즈백, 키르키즈스탄과 카자흐스탄, 이라크, 이란, 아나톨리아, 그리스, 지중해, 캅카스 지역을 아우르는 지역이었다. 강대한 제국이었고, 한단고기에 기록된 중마한(기원전 193년)이며 월지(月支)였다.[20]

일찍이 기원전 20~24세기경에 중앙아시아에 아리안족으로 불리는 대집단족이 흩

〈인도스키타이(쿠샨 왕조)의 북인도 강역도〉

* Barigaza(광명의 새로운 고리), Sogala(새로운 고리), Sigal(새로운 고리), 마투라(Mathura-어머니의 흰 빛나는 달), Pataliputra(아버지의 달! 아버지 달)

20) 한단고기의 북부여 상-"오가의 무리가 상장 '탁'을 받들고 '월지(月支)'에 이르러 나라를 세웠다 이를 일러 '중마한'이라 한다."(기원전 194년, 상장 '탁(Tak)'은 Vi ma Tak tu〈아버지 어머니의 머리 '탁'〉로 정의되었다.)

어져 캅카스에 토착민족으로 살아왔던 서방서키다이(우랄계)가 동방흉노에 밀려 서방으로 갔다는 중국 측 사서는 잘못 기록한 것으로 보아야 한다. 왜냐하면 그 당시 중국은 장건의 서역사행으로 서쪽 국가들에 대한 정보를 접할 수 있었고, 그것도 고작 기원전 136년경이었기에 한서와 후한서는 그 전의 사정을 모르고 왜곡되게 집필한 것으로 보아야 한다.

그러나 3세기부터 쿠샨 왕국의 세력은 약해지기 시작했고, 4세기경에는 간다라에 키다라 왕조가 일어났다. 그러나 키타라(Kitaites - 이제 시작하는 머리의 달 집단) 왕조는 고작 50

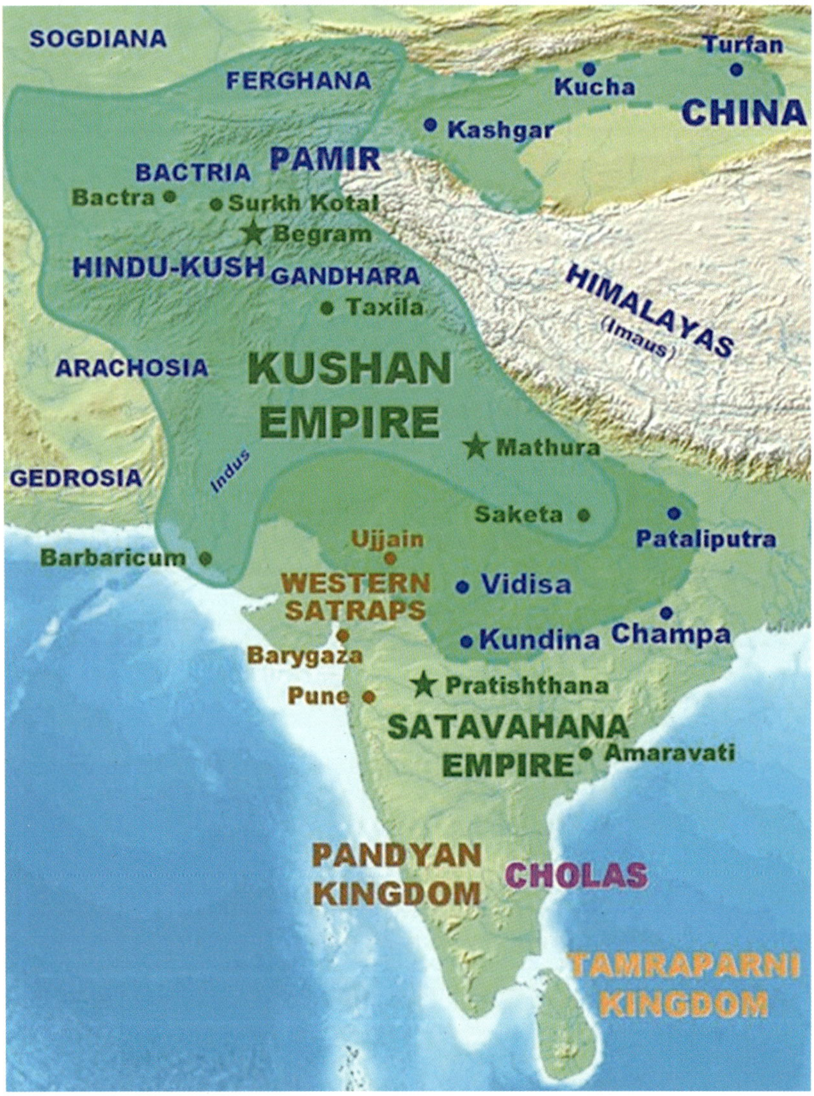

〈쿠샨 왕조(Kushan_Empire - 대월지국)의 강역도〉

출처 : https://en.wikipedia.org/wiki/Kushan_Empire

〈아케메네스 제국시대의 박트리아(Bactria)〉

https://ru.wikipedia.org/wiki/%D0%91%D0%B0%D0%BA%D1%82%D1%80%D0%B8%D1%8F%D1%8F#/media/File:Map_achaemenid_empire_en.png, CC BY-SA 2.5-2.0-1.0, https://commons.wikimedia.org/w/index.php?curid=1122623

년 밖에 존속하지 못하고 450년경에 에프탈리테족(원래 월지의 한 부족)에게 멸망당했다.

3. 키다리테 왕조(Kidarites－고리의 새로운 달의 머리)

키다리테 왕조를 조명하기 전에 우리는 이 왕조가 쿠샨왕조를 계승하였다는데 주목 할 필요가 있다.

1) 쿠샨왕조(貴霜, Kushan)의 과정

쿠산제국(대월지국) 기원전 128년~기원후 450년경 중앙아시아와 북인도를 통치한 고대민족이다. 기원전 2세기 초 중국 문헌에 중국 북서부 간쑤성[甘肅省] 서부 지역에 거주하는 유목민으로 처음 언급되어 있다.

사실 쿠산왕조의 전신인 대월지국은 그 당시 파키스탄 북부의 페샤와르에 수도를 가지고 있었고, 다만 동방흉노와의 마찰은 동진한 대월지의 한 흡후가 기원전 1세기경 실크로드인 지역을 두고 중국과의 국경을 맞대고 있었으며 무역을 하는 과정에서 서방흉노인 대월지국의 흡후와 동방흉노의 충돌로 이어진 것으로 이해를 하여야 할 것이다.

일부 학자들은 대월지의 원거주지를 아무다리야 유역으로 보고, 그 중 일부가 기원전 4~3세기경 중국 서부로 진출해 동서교역에 종사하다가 기원전 2세기 흉노에게 쫓겨 본거지로 돌아왔다고 주장한다. 맞는 말이다. 초기 고조선의 강역은 진국(타지키스탄, 아프가니스탄)을 중심으로 우즈백, 키르키즈스탄과 카자흐스탄, 이라크, 이란, 아나톨리아, 캅카스 지역을 아우르는 9환족의 강대한 제국이었다(삼국지 '한전'의 '고진국' 참조).

대월지국의 수도는 2곳으로 북쪽엔 파키스탄 북부의 "페샤와르"에 두고 남부엔 인도의 북부인 "마투라(Mathura)"에 두었다고 전해지고 있다. 서기 226년 이란의 사산왕조의 번속국이 되었다가 서기 400년경 프라테왕조에게 북인도를 내 주게 된다. 이 시기에 인도 유럽어족인 "훈족"이 카프카스 북부, 우크라이나의 드네프르 강변 '아랄해'의 동부초원지대에서 발호하여 서기 350년경 유럽에 등장하여 "아틸라"(434~453)의 사후까지 게르만 제부족을 복속시키게 된다.

이런 와중에 3세기부터 쿠샨 왕국의 세력은 약해지기 시작했고, 4세기경에는 간다라에 키다리테 왕조가 일어났다. 그러나 키다리테 왕조는 고작 50년 밖에 존속하지 못하고 450년경에 에프탈족(원래 월지의 한 부족)에게 멸망당했다.

2) 키다리테왕조(Kidarite, 독어 : Kidarites)의 정체성에 관하여

독일 학자들은 이 왕조의 정체성은 명확히 하기 어려우나 왕조의 이름에서 파생된 왕조의 후계왕조로 이해하며 쿠샨통치자의 직계 후손으로 식별하려고 노력하고 있다. 그들은 390~420년에 동전을 발행하였는데 인도 북부 간다라 지방을 통치한 것으로 이해를 하고 있으며 적어도 477년까지 북부 아프가니스탄에서 파키스탄의 페샤와르지방, 간다라 지방에 머물러 있었던 것으로 파악하고 있다. 왕조표(미국의 왕조표)에 의하면 대략 320년경에 통치를 시작하여 12대 왕조까지(500) 통치한 것으로 드러나 있다.[21)]

필자가 생각하기론 이미 인도의 16국을 건설한 연대가 기원전 7세기 부터이며 아프간 북부와 고조선의 도읍지인 옥서스권역까지 다스렸던 '캄보자왕국'의 후신이 쿠샨왕조일 가능성이 제일 높은데 이것은 쿠샨왕조가 아프간 카불에서 시작하여 박트리아와 파르티아를 차례로 점령하고 북부 인도까지 통치하였던 것으로 미루어 볼 수 있는 것이다. 다음으로 파키스탄 편잡주를 정점으로 하여 하라파 문화의 본산지인 고조선의 낙랑국의 터전인 간다라 지방으로 '16국의 간다라왕조'이다.[22)] 키다리데는 동전을 발행하여 아프간 북부와 북부 인도의 간다라 지방을 통치하였음을 주목하는 것이다.

물론 캄보자왕국과 간다라왕조가 고조선의 9환족에서 건국한 것으로 이미 인도유럽어의 비교언어학으로 증명하였다. '간다라'의 '다라'와 '키다리테'의 '다리'가 같다는 것이다. 앞에서 설명한 바와 같이 독일의 학자들은 키다리테왕조가 앞선 왕조의 후계자로서 그 이름을 사용하였다고 추정하고 있는데 맞는 학설이다. 오래 전에 고조선은 '투탈리아, 타탈리아'로 대변되는 국가였다. 인도 16국의 '간다라'는 '다라'의 이름을 사용하여 그 후계자를 자칭하였다. '다라'는 '다리'에서 변형된 것으로 다리에서 다라, 다레, 다르로 변형되고 다시금 '다리'는 타리, 타르, 테르, 테리, 투루, 투라 등으로 변형되었으며 다시 탈리, 탈레, 툴리 등으로 나타나는 것이다.

'간(Gan)'은 칸, 한으로 해석되므로 '간다라'는 "다리(타리아)의 칸"이 되는 것이다. 이름이 같다고 해서 전부 가져다 붙이는 것이 아니다. 다만, 그 이름이 왜 같은가에 대한 상세한 증명과 이유가 필요한 것인데 필자는 기원전 7세기에 고조선의 삼한 붕괴 시점을 앞서 아시리아 연대기를 인용하여 증명하였고, 나아가 고조선 9환족이 켈트종족으로 진출과 그 이동에서 설립한 국가와 반도의 지명을 통하여 증명하였으며 그 이름은 고조선의 삼한 붕괴 시기를 알려주는 단초가 되었던 것이다.

'키다리테' 왕조 역시 '다리테'는 '타리테'가 되고, '타리테'의 '테'가 다리의 앞에 오면 '테타리'가 되는 것으로 이런 유형은 켈트로 진출하였던 '달리아타' 종족과 같은 것으로 '타탈리아'가 되는 것인데 이 '테타리'는 '투타리'와 같고 '토타리'와 같은 어원이므

21) https://de.wikipedia.org/wiki/Kidariten)
22) https://en.wikipedia.org/wiki/Gandhara

로 고조선의 후속 종족임을 과시하는 왕조인 것이다. 앞장에서 여러 번 언급하다시피 '타와 테'는 머리를 뜻하는 명사이므로 접두사나 접미사에 붙여도 어원은 변하지 않는다고 설명한 바 있다. 풀어서 설명을 해 보자면 '키다리테'가 '테타리아 혹은 테다리키아(Tedaricia), 테타리시아, 다리테지아(Daritejia), 키타리테스, 키다리티오이(Kidaritioi)'라고 불러도 그 어원은 한결같이 같은 뜻인 "머리의 달"로 나타나는 것이다.

이런 언어학상, 지형학상의 이유로 키다리테(테탈리아)는 월지국(달지국)인 쿠샨의 자본을 자연스레 이어받은 것이고, 월지국은 아프가니스탄에서 시작하여 파키스탄과 박트리아에 흩어져 있었던 캄보자왕조의 백성과 간다라 왕국의 백성을 규합하였던 것으로 내다 보았다. 이상 고조선이 기원전 7세기에 삼한이 붕괴된 후 인도 16국(아프간, 박트리아권을 포함한 제국)이 이미 필자가 규명하고 증명하였던 대로 고조선 9환족의 바탕 위에 건국되었으며 쿠샨왕조(대월지국)가 맥을 이어 받았고, 다시 '키다리테왕조'가 쿠샨의 자본을 이어 받았던 것이 되는 것이다. '키다리테왕조'는 고조선의 신정통치(신정정사)의 이념을 되살리고자 왕조의 이름에 테탈리아(탈리아테)를 인용하였다.[23] '투탈리아, 타탈리아, 테탈리아는 성소(聖所)를 의미하는 옥서스권역의 고조선을 증명하는 '머리족의 달'로서 훌륭한 정체성이었다.

4. 에프탈리테(Hephthalites－태양의 흰 빛나는 머리의 아버지 달)

1) 에프탈리테의 자본인 훈족(Huns)

이 왕조는 토하리스탄의 북쪽 경사면에 힌두쿠시의 북동부 아프가니스탄(479)에서 소그디아나를 거쳐 중국 북서부 지역의 타림분지까지 정착한 왕조로 인식되고 있다. 그들은 5세기 말에 굽타왕조를 정복하였으며 6세기 전반까지 존속한 왕조였다.

중국에선 엽달(嚈噠—Yeoptal)로 표기하였고 서양 학자들은 화이트 훈족이라고 불렀다. 이들은 투루사카(Turushka－달의 스키타이)라 부르고, 스베타 훈나(Huna), 아르메니아어로 Haital, 페르시아 등의 아랍인에게서 Haytal, Hayatila로 표기하였다. 여기에서 Haital은 하이(Hai, Hay)는 '흰 빛'(태양)을 나타내고 '탈(Tal)'은 '타르'를 말하며 '흰 달'이었다. 서양 학자들은 일부가 백인이므로 '화이트 훈족'으로 지칭한 것으로 이해하고 있다.

하나, 통상적이거나, 통설을 인용한다면 '훈족'은 쿠샨왕조, 키다리테왕조, 에프탈

23) https://en.wikipedia.org/wiki/Hephthalite_Empire

리테왕조와는 다른 연결고리가 있으며 왕조의 근원도 다르다고 할 수 있다. 훈족은 동양인의 키 작은 체구에 몽골계를 이어 받은 종족으로 이해해야 할 것으로 동방의 흉노 집단인데, 진출하는 과정에 먼저 이란의 알란족과 병합하고 캅카스 지역의 제부족을 통합한 다음 유럽으로 진출하여 고트족과 동화되는 등 몽골계와 퉁구스 계열, 에니세이족, 투르크족 등 다민족 연합체제였다고 세계의 학자들은 규정하고 있다.

훈족은 헝가리, 트란실바니아 일대를 지배하여 흑해 북안인 발칸반도에서 라인강에 이르는 동유럽을 제패하고, 아랄 해의 동부지역을 아우르는 대제국을 건설하게 되었다. 훈족이 유럽에서 물러난 서기 5세기경 훈제국은 중앙아시아의 부족연맹체인 북

〈훈족의 구두버클〉

〈훈족의 석류석 팔찌〉

〈훈족의 말 안장과 채찍 손잡이〉

출처 : https://en.wikipedia.org/wiki/Huns

〈훈족의 이동 경로〉

〈훈족의 전투(알란족-이란)〉

〈훈족의 가마솥〉

〈훈제국 '아틸라'의 최대영역〉

출처 : https://en.wikipedia.org/wiki/Huns#/media/File:Huns450.png

방에서 건너온 제부족의 연합체와 '에프탈'로 합병하고 만다.[24]

에프탈의 멸망(596년) 뒤엔 알타이계 스키다이인 투루크족이 중앙아시아에 등장하게 되며 에프탈의 멸망으로 흩어진 부족들 중 '아바르족(Abar-큰 광명)'이 유일하게 스키다이의 명맥을 9세기까지 이끌어 가다가 프랑크왕국에게 패하여 역사에서 사라지게 된 것이다.

24) 로마 체제 : 아프리카와 지중해의 정복과 정체성, 439-700, Jonathan Conant, Cambridge University Press, 2012, p. 259.

〈에프탈리테(Hephthalite, Ephthalites－태양의 아버지, 달의 새로운 머리)〉

출처 : https://en.wikipedia.org/wiki/Hephthalite_Empire#/media/File:Asia_500ad.jpg

에프탈리테 왕조는 우아르－훈으로도 불리며 혼족(混族)그룹이라고 하였는데 다시 남쪽으로 이동하여 아프가니스탄의 토하리스탄 지역까지 진출하였다. 367년경에는 그곳에서 쿠샨왕국을 지배하던 이란계 키다리타(Kidarita)왕조(캅카스 지역의 훈족)를 압박하여 박트라(지금의 발흐 지역)로 축출하였다. 이어 이 훈족 그룹은 트란속시아나(카스피해 영역)와 추강 유역의 강거(康居)족과 사마르칸트 일대의 소그드족을 통치하는데, 이로써 유럽과 중국 기록들에서 다양한 이름으로 불리게 되었다. 6세기 전반까지 아프

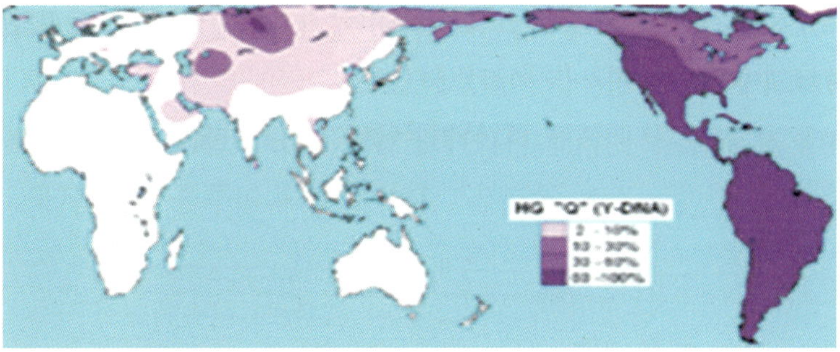

〈훈족이 포함된 하플로 그룹 Y염색체 Q군(群)〉

칸, 투르크메니스탄, 우즈백, 키르기즈스탄, 카자흐스탄, 파키스탄, 인도 북부일부,타림분지 지역까지 영토를 확장하였다고 전해진다.

세계학계의 통설을 살펴보면 훈족은 현대 민족 집단을 형성론적으로 고찰한 해석으로 볼 때 역사상 대초원의 부족 연합은 단일민족이 아닌 다양한 혼합종족에서 이루어진 다민족 형태의 종족연합의 국가체제이었다고 결론 지었다. 이런 맥락으로 볼 때 고조선도 다양한 언어와 종족으로 대초원과 지중해, 북아프리카 등을 아우르는 9환

〈아케메네스 동전 기원전 380～375〉

〈아케메네스 동전 기원전 379～374〉

〈아케메네스은화 기원전 385～362〉

〈람세스3세 '카데스전투' 〉

족을 형성하였기에 훈족과 같은 다민족 형태의 국가체제였던 것을 다시 한 번 독자들에게 상기시키고 있다.

'에프탈리테(Hephthalites)' 역시 키다리테와 마찬가지로 '탈리테(Thalites)'란 이름을 사용하게 된다. 같은 언어와 같은 영역에서 같은 왕조의 이름을 사용한다는 것은 그 왕조의 전통을 이어 받는다는 것으로 이해를 해야 한다.

'탈리테'는 테탈리아, 타탈리아, 투탈리아로 연결되는 옥서스권역의 고조선을 승계 하고자 한 왕조의 이름이었던 것으로 해석하고 있다. 이 에프탈리테가 멸망한 뒤엔 탈리테와 투탈리아, 타탈리아란 이름을 다시는 듣지도 보지도 못하게 되었다. 혹자는 에프탈을 멸망시킨 '아바르왕조'(9세기까지 존속)가 고조선의 마지막 종족의 왕조였다고 지적하고 있으나 아바르왕조에 대한 문헌이 거의 없어 진위를 가리기 쉽지 않다. 다만, '아바르(Avar, Abaroi)'의 글자를 통해 '광명'을 가진 것으로 보아 고조선의 종족으로 보는 것이다.

'아바르'란 이름을 가지고 해석해 볼 때 '바르'는 광명을 말하는 것으로 환웅시대의

〈아시리아 전사(상, 은)〉

〈키벨레의 마차의식 4세기〉

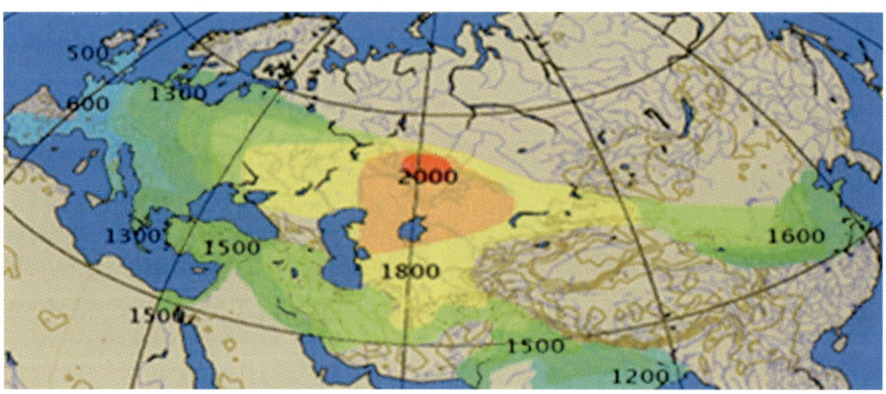

〈스포크륜 전차의 확산 지도(고조선 영역, 기원전 2000~1500)〉

* 적색과 황색, 노랑, 연두색 부분은 고조선 9환족의 영역이었다. 이 전차의 확산 시발점은 중앙아시아로 되어 있다. 전차는 우수한 '고조선 문명'의 산물인 것이다.

통치이념이며 정치철학인 '바르'를 국가 이름에 넣었다는 것은 고조선의 정통성을 승계하고자 한 이유도 있었을 것이라고 본다.

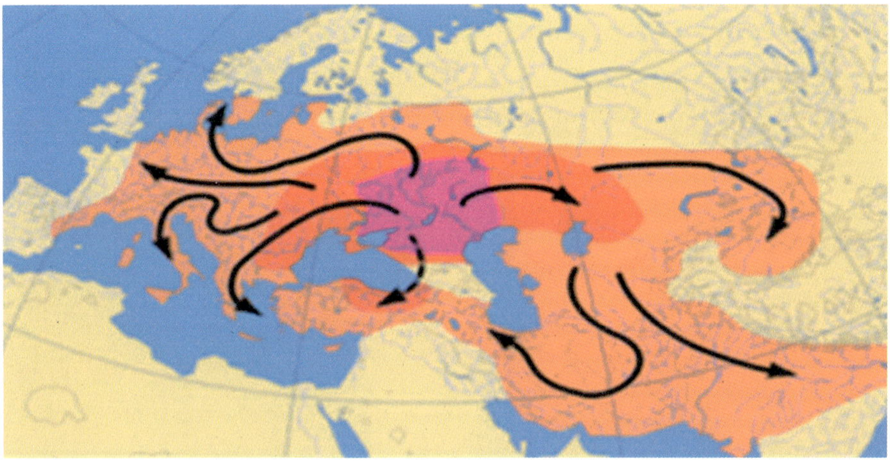

〈인도유럽의 마이그레이션-르간가설(기원전 4000~1000)〉

〈하라파 문명의 전차(기원전 2000)〉

〈아케메네스(기원전 550~330)〉

〈이집트 25왕조-쿠시(고시) 사람들(쿠마문화-곰문화)〉

* 머리에 '상투'가 돋보인다.

〈이집트와 쿠쉬(Kush-고시) 왕조〉

출처 : https://ru.wikipedia.org/wiki/%D0%9A%D1%83%D1%88_(%D1%86%D0%B0%D1%80%D1%81%D1%82%D0%B2%D0%BE)

아바르(Avar)는 Turks, Proto-Bulgars, Uighurs에서도 사용되었다. 또는 몽골을 포함한 카간(또는 케이), 칸, Kapkhan, Tudun, Tarkhan 및 Khatun. 또한 다양한 언어를 말했다는 증거가 있다.[25] 학자들에 의한 제안으로는 백인,[26] 이란,[27] Tungusic, 헝가리,

25) Szadeczky-Kardoss 1990, p.221.

26) Waldman, Carl ; 메이슨 캐서린(2006), 유럽민족 백과사전, Infobase Publishing. pp. 46~49. ISBN 1-4381-2918-1, 2013년.

27) Curta 플로린(2004). "Slavic lingua franca" 15) Helimski, 유진(2000). "Язык(и)аваров : тунгусо-маньчжурский аспект." Folia Orientalia 36(성 Stachowski를 위한 Festschrift 러시아어에서).

〈토카리스탄(Tokharistan－머리 고리의 새로운 머리 사람들)〉

〈에프탈의 '실버 코인'(5세기)〉

〈에프탈왕 Khingila(5세기 동전)〉

Turkic[28])이 있다. Gyula László에 따르면, 9세기 후반의 Pannonian Avars는 여러 가지 올드 헝가리어를 말했고, 이로 인해 새롭게 도착한 헝가리인들과 Avar-Hungarian 연속성을 형성했다.

2) 펀잡의 방언지도

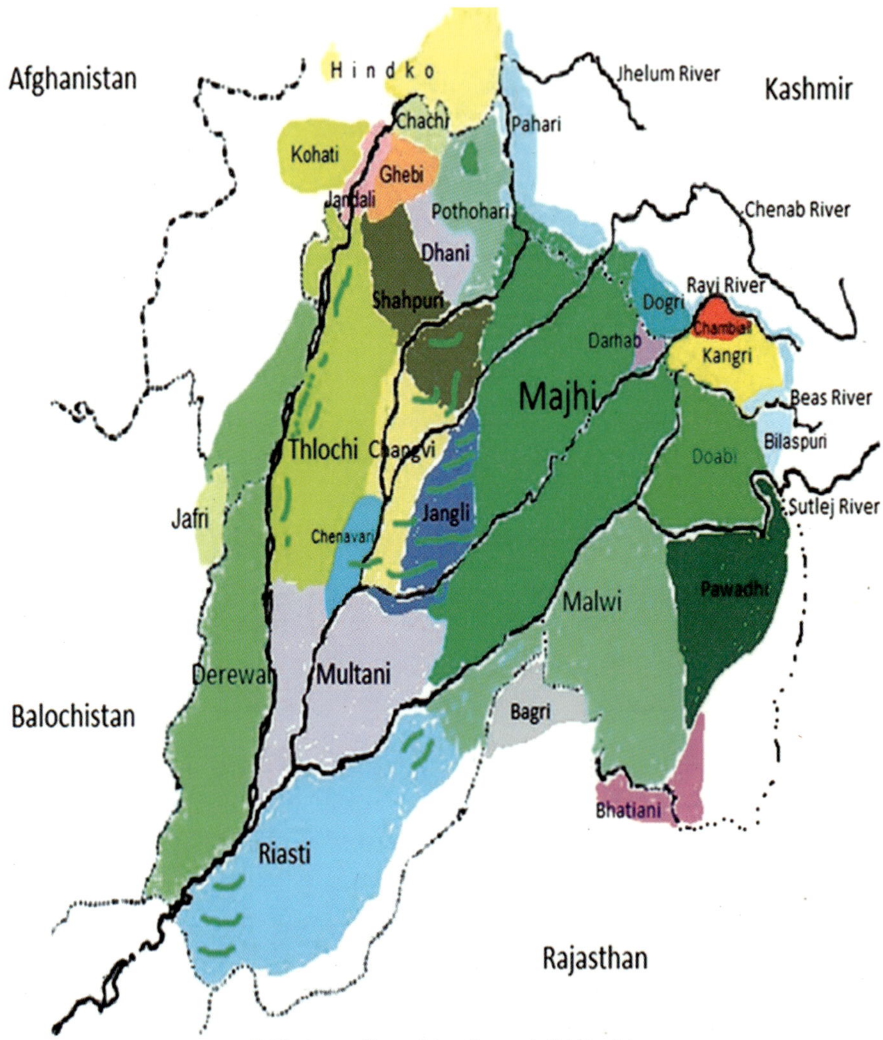

출처 : https://en.wikipedia.org/wiki/Punjab

---

pp. 135~148. 로나-TAS, 안드라스(1999-01-01). 초기 중세의 헝가리와 유럽 : 초기 헝가리 역사에 대한 소개. 중앙 유럽 대학 압박. p. 116, ISBN 9789639116481.

28) 동 중부 유럽/L'Europe du Centre-Est. 31(1) : 132-148. História 1982-01 | Digitális Tankönyv. www.tankonyvtar.hu(헝가리어). 2016-11-30.

3) 펀잡지역의 강과 주요 지명

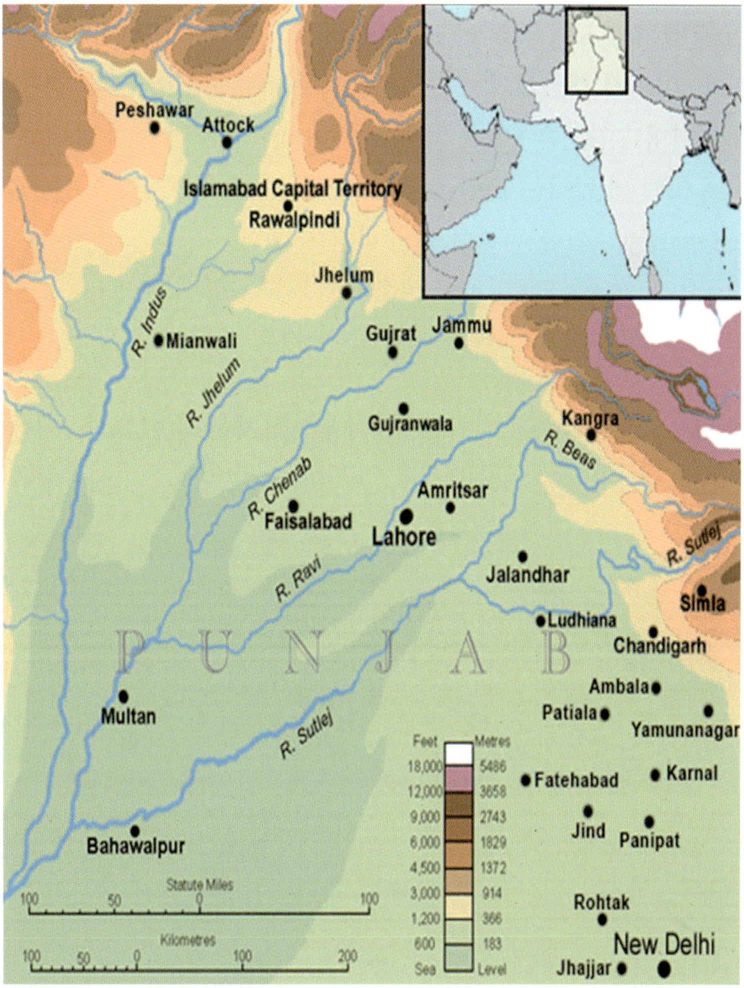

출처 : https://en.wikipedia.org/wiki/Punjab

〈펀잡의 중요 지명 분석-위에서 밑으로〉

* Peshawar(페샤와르) – 아버지의 흰 빛나는 새로운 광명
* Attock(아톡) – 머리의 큰 고리
* Rawalpindi – 태양의 광명, 아버지 사람들의 머리
* Jhelum – 태양의 어머니
* Mianwali – 어머니 신의 광명
* Gujrat(구자라트) – 고리 태양의 머리

Ambala – 어머니의 광명

Ludhiana – 태양의 머리는 흰 빛나는 신

Multan – 우두머리의 머리 사람들

Simla – 새로운 우두머리

* Jammu – 어머니
* Gujranwala – 고리 태양의 광명
* Kangra – 칸의 고리
* Faisalabad – 아버지 태양의 밭(터전)
* Amrltsar – 어머니 태양의 머리
* Lahore – 우리의 흰 빛나는 태양
* Jalandhar(잘란다르) – 얼있는 신의 흰 빛나는 달(月)
* Panipat – 아버지 사람들의 아버지 머리
* Lohtak – 태양의 흰 빛나는 머리의 고리

Chandigarh – 칸의 머리는 흰 빛나는 고리
Yamunanagar – 어머니족 신의 고리
Patiala – 우리 아버지의 머리
Karnal – 고리 사람들의 얼
Bahawalpur – 아버지의 흰 빛나는 광명은 뿌리
Fatehabad – 아버지 머리는 흰 빛나는 밭

4) **리그베다**(Rigveda – 태양의 고리 아버지의 머리) **지리학에 인용된 지명**

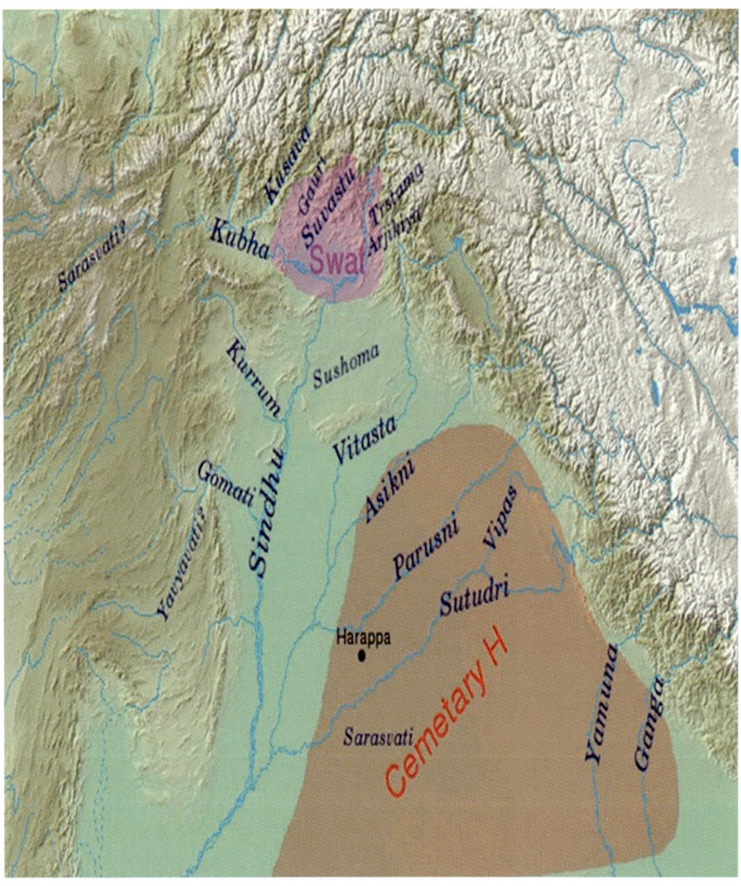

출처 : Автор : Dbachmann, CC BY–SA 3.0,
https://commons.wikimedia.org/w/index.php?curid=883227

〈 인도의 '리그베다'(Rigveda- 태양의 아버지 머리)에 인용된 지명 분석 〉

* Swat – 새로운 아버지의 머리
* Kubha – 고리 아버지의 태양
* Kurrum – 고리의 어머니
* Sushoma – 새롭고 흰 빛나는 새 어머니
* Vitasta – 아버지 머리는 새로운 머리
* Asikni – 처음의 고리 사람들
* Parusni – 광명의 새로운 사람들
* Sindhu – 새로운 사람들의 흰 빛나는 머리
* Sutudri – 새로운 머리의 달(月)
* Harappa – 태양의 아버지
* Vipas – 아버지는 새로운 아버지
* Sarasuati – 태양의 새로운 머리
* Yamuna – 어머니의 신
* Ganga – 칸의 고리

5. 고조선의 정체성인 달(Dari, Dar, Tari, Tar)을 증명

1) 간다라(Gandhara – 칸의 달)

현재의 파키스탄의 북부, 아프가니스탄 동부에 자리 하였던 고대왕국(마하자나파다스) 가운데 하나의 이름이다. '간다라'는 주로 페샤와르 계곡, 포토하르 고원, 아프칸의 카불강 유역에 위치하였다. 그 주요 도시로는 Purshapura(광명은 새로운 흰 빛나는 광명)– 지금의 '페샤와르'와 '탁샤실라'(현대의 탁실라–Taxila)가 있다. 이 간다라 왕국은 기원전 13세기에서 서기 11세기까지 지속되었고, 서기 1~5세기엔 불교도였던 '쿠샨왕조'인 '카니슈카왕'의 통치 아래 전성기를 누렸다. 서기 1021년 '가즈나왕조'의 마흐무드에 의하여 정복된 뒤 '간다라'라는 지명은 사라졌다. 간다라 사람들을 '간다리(Gandhari –달의 칸)' 종족으로 불렀으며 간다라는 후에 서 파키스탄 지역인 스와트(Swat – 새로운 아버지의 머리) 지역에까지 진출하였으며, 청동기 시대에서 남부 중앙아시아 문화의 유입을 보여주는 '간다라무덤문화'와 스와트 지구 및 탁실라에서 고고역사학적 그 증거들이 발견되었다.

2) 간다리(Gandhari－칸의 달) 사람들

리그베다(Rigveda－태양의 고리 아버지 머리)에서 증명되는 종족으로 그들은 Kubha(카불강) 유역에 살았으며 베다시대에 페르시아 제국의 일부를 형성하였다고 한다. 그들은 Balhikas(광명의 흰 빛나는 고시) 종족이 박트리안스(Bactrians－밝은 달의 새로운 사람들)와 함께 하였으며, Atharvavada(달의 아버지 머리)의 국경 종족과도 함께 하였다. Uttarapatha(달의 아버지는 흰 빛나는 머리) 종족의 불교 전통을 전승받았으며, '푸라나'의 기록엔 'Druhyus'(처음 흰 빛나는 달) 부족은 칠성의 하천(사카의 땅)의 땅에서 쫓겨난 종족으로 파키스탄 북쪽 서부 지역에 정착하여 '간다라(Gandhar －칸의 달)'라고 명명하였다. 간다리족은 현대의 조상 라인에 있는 펀잡의 제종족, Hindkowans(흰 머리 고리의 새로운 아버지 사람들), Dard(달의 머리) 종족이 포함된다. 쿠샨제국은 페샤와르에 수도를 정하기도 하였다.[29)]

(1) Dard(달의 머리) 사람들

그리스의 헤로도토스는 파키스탄의 카슈미르와 아프가니스탄에 이 종족을 배치하였으며, "Dadikai(머리는 깨우친 사람의 머리)"를 호출하여 'Dards(달의 새로운 머리)'를 인용한 최초의 작가였다.

관련 인종 그룹으로 '누리스탄(Nuristan)' 사람들이며, 파키스탄의 길기트 발티스탄주, 카이버 툰크, 캐슈미르 등지에 많이 살고 있다. 이 종족의 대부분은 무슬림이며 수니파, 시아파, 소피아, 소수 힌두교를 신봉한다고 한다. 이 종족은 인도유럽어족의 언어 분류에 'Dardic(달의 머리족)'으로 Dard어군을 형성한다. Dard(달의 머리)어군을 세분하면

① 캐슈미르어과－Kashur(우리 고시), Kashtawari(고시 머리의 광명), Kishtwari(고시 머리의 광명), Poguli(아버지 고리), Lambani(태양의 어머니 아버지 사람들)

② Shina(새로운 흰 빛의 신)언어과－Brokskad(광명의 새로운 고리의 머리), Domaaki(어미의 어머니 고리), Kundal shahi(칸의 달은 새로운 흰 빛의 태양), Shina(새로운 흰 빛의 신), Ushojo(처음의 태양), Kalkoti(고리의 머리), Palula(광명의 대양), Savi(새로운 아버시)

③ Chitral(고리 달의 얼)언어과－Kalasha(새로운 흰 빛나는 고리), Khowar(흰 빛나는 고리의 광명)

④ Kohistani 언어과－Bateri(아버지의 달), Chilisso(새롭고 거룩한 고리), Gowro(고리의 광명), Kalami(고리의 어머니), Maiya(어머니), Tirahi(달과 태양), Torwali(달의 광명),

---

29)) 존 Dowson : 힌두교 신화와 종교, 지리, 역사 및 문학의 고전 사전, 런던 1879, 105.

Wotapuri(아버지 머리의 광명), Katarqalai(달의 고리)

⑤ Pashayi(아버지의 새로운 흰 빛) 언어과

⑥ Kunar(우리의 칸) 언어과 - Dameli(머리의 우두머리), Gawar(고리의 광명), Bati(아버지 머리), Nangalami(신의 고리 어머니), Shumashti(새로운 흰 빛나는 어머니는 흰 빛나는 머리)

대부분의 '다르드어군'은 일반적인 인도-아리안의 SOV패턴을 따르며, 동사에서 게르만 언어, 네덜란드어, 동북 백인 잉구쉬어와 유사하다고 한다.[30]

3) Hindko(태양족의 머리 고리, 흰 머리 고리) 사람들

인도유럽어족의 펀잡 방언에 나오는 종족으로 헤로도토스(기원전 484~425)에 의해 기록된 종족이며 아프가니스탄 북부와 파키스탄 북부지역에 정착한 사람들로 주로 페샤와르, 코하트, 하자 라, 카이버툰크, Pothohar(아버지 흰 빛 머리의 태양)고원, 펀 자브, 아자드 카슈미르에 대부분 살고 있다. 힌두코쉬(Hindukush - 흰 빛나는 머리의 고시)산맥의 이름이 이 종족에서 나온 것으로 보고 있다(아프가니스탄에 살고 있는 많은 하자라족(Hazara)의 모국어이다).

4) 파슈툰 종족(Pashutuns - 아버지의 새로운 흰 빛나는 머리 사람들)

파슈툰 종족은 '스와티(Swati - 새로운 아버지의 머리)어'를 구사하는 사람들로 큰 종족으로 이루어진 사람들이다. 이들은 아무다리야강(Amudariya)에서 아프가니스탄의 남부, 서쪽 인더스강에서 파키스탄을 포함하여 카이버 툰크, 일부 발루치스탄, 북부의 길기트 발티스탄주, 카슈미르 지역, 북서부 펀잡 지방을 아우르는 넓은 지역에 분포되어 있는 이슬람 공동체이다.[31, 32, 33]

Pashtuns의 기원은 불분명하지만 역사학자들은 Pakthas(밝은 흰 머리, Pactyans)라고 불리는 여러 고대 종족에 대한 언급을 두 번째와 일 천년기 사이에 보았으며 조상일 지도 모른다. 그들의 주요부족으로 Sarbani(태양의 아버지족), Abdali(아버지의 달), Bettani(아버지 머리족), Gharghashti(흰 빛의 고리는 흰 빛 고시의 머리), Karlani(태양족의 집단)으로 구성되

30) Ethnologue에서 Dardan 언어의 혈통
https://www.ethnologue.com/browse/families,

31) Coyle, Dennis Walter(2014년 8월). "Pashto 종족에 Wardak 배치"

32) Romano, Amy(2003). 아프가니스탄의 역사적 아틀라스. 로젠 출판 그룹. 피. 28. ISBN 0-8239-3863-8. 2010-10-17.

33) Glatzer, Bernt(2002). "Pashtun 부족 체계"(PDF). 뉴 델리 : 컨셉 퍼블리셔

어 독일학자들은 Tabar(광명의 머리)라고 부른다.[34, 35]

〈파슈툰 사람들의 부족 구성도〉

*〈Bettani파-아버지 머리 사람들〉

Akakhel(고리의 태양), Alikhel(우리 고리의 태양), Andar(달의 신), Gulwal(고리의 광명), Hotak(태양의 머리 고리), Ibrahimkhel(광명은 흰 빛나는 태양의 어머니), Ibrahimzai(광명은 우리 새로운 태양의 어머니), Kharoti(고리의 머리), Nasher Nasar(처음의 태양), Sulaimankhel(태양의 어머니 신은 흰 빛나는 고리), Ahmadzai(흰 빛나는 어머니는 새로운 머리), Jabbarkhel(아버지의 광명은 흰 빛나는 고리), Tarakai(달의 깨우친 사람), Tokhi (머리 고리의 태양), Toran(달의 사람들)

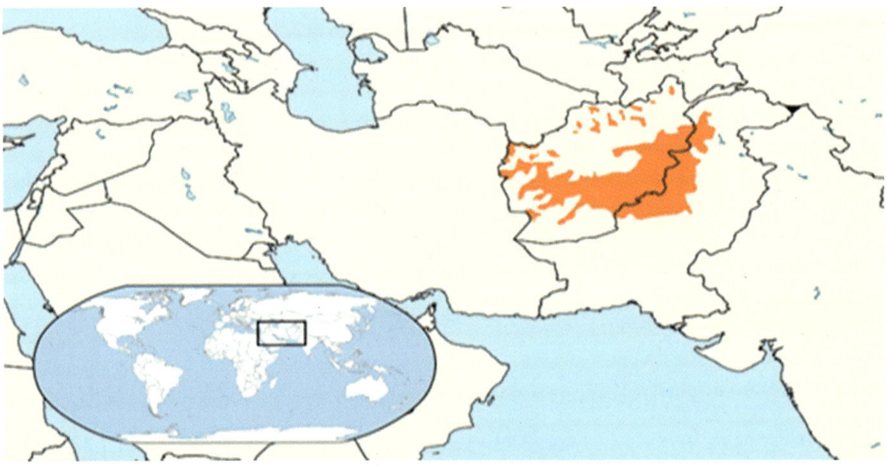

〈파슈툰 종족의 지역도〉

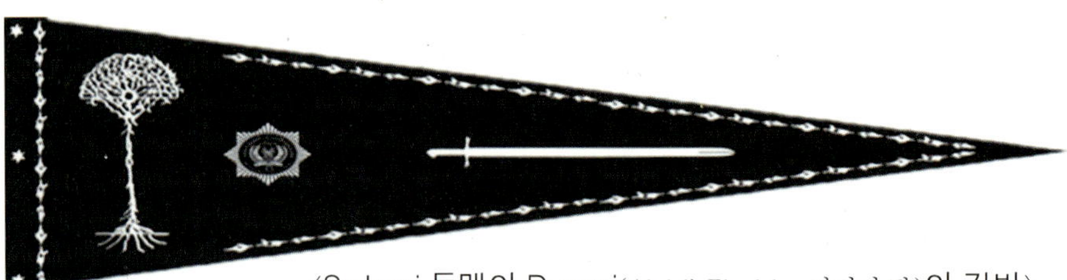

〈Sarbani 동맹의 Durrani(Abdali, Ebodalo-아버지 달)의 깃발〉

출처 : https://en.wikipedia.org/wiki/Pashtun_tribes

*〈스와티어파-Swati-새로운 아버지의 머리〉

Allaiwal(Samkori-얼 있는 태양의 광명), Barkhani(광명의 고리의 칸), Deshiwal(새로운 흰 빛 머

34) Nath, Samir(2002). Vedanta 사전. Sarup & Sons. 피. 273. ISBN 81-7890-056-4.
35) Herodotus의 역사, 조지 롤린슨(George Rawlinson) 번역.

리의 광명), Beror(우리 아버지), Jadoor(달), Kuchelai(우리 고리의 얼), Sumlakhel(새로운 우두머리는 흰 빛나는 고리의 태양), Warozai(새로운 광명), Khazani(고리 흰 빛의 새로운 사람들), Maddakhel(어머니의 머리는 흰 빛나는 고리), Naror Sanakhel(우리와 우리의 새로운 사람들은 흰 빛나는 고리), Tikriwal(머리 고리의 광명), Malkals(우두머리 고리는 이제 처음), Sherkhani(태양의 칸)

* 다른(Other)파 종족

Dawlatzai(머리 아버지는 우리 새로운 머리), Lodi(Kundi-태양의 머리, 칸의 머리), Lohani(Marwat-우두머리의 광명), Niazi(이제 시작하는), Jahangirkhel(흰 빛나는 신은 흰빛 고리에서), Kharotakhel(고리의 머리는 흰 빛의 고리), Malukkhel(우두머리는 흰 빛의 고리에서), Rokhrikhel(태양의 고리는 흰 빛나는 고리에서), Turkhel(달은 흰 빛나는 고리에서), Sarwani Shirani(태양의 아버지족은 태양의 신에서), Harifal Miani(태양의 광명은 어머니의 신), Sur(태양), Tokhi(머리 고리의 태양)

* 〈Gharghashti파-고리 고시의 머리〉

Babai Dawi(아버지는 머리의 아버지), Gandapur(칸 머리의 광명), Hafizkhel Ibrahimzai Nattuzai Yaqubzai(고리의 아버지는 새롭다), Jadun Kakar(머리족의 고리), Bazai Jalalzai(아버지의 새로움은 우리의 얼), Khudiadadzai(태양의 머리는 새롭고 거룩한 머리), Mirdadzai(우두머리의 머리는 새로운 머리), Mandokhel(어머니 머리는 흰 빛나는 고리), Mashwanis(어머니의 새로운 흰 빛은 이제 시작하는 아버지족에서), Musakhel(어머니의 새로움은 흰 빛나는 고리에서), Naghar Nasozai(고리는 이제 시작하는 새로움), Panni Barozai(아버지족은 광명의 새로움), Sapi(새로운 아버지)

* 〈Karlani파 고리의 태양 사람들〉

Apridi(아버지 태양의 머리), Adamkhel(머리 어머니는 흰 빛나는 고리), Kalakhel(고리는 흰 빛나는 고리), Bangash(아버지족의 고시), Baizais(아버지는 새롭고 거룩하다), Banuchi Dawar(아버지족의 고리는 아버지의 광명에서), Khogyani(고리의 칸), Kharboni(흰 빛나는 고리는 아버지족에서), Sherzad(태양은 우리 새로운 머리), Mahsud(어머니의 흰 빛은 새로운 머리), Bahlolzai(아버지의 태양은 우리의 새로움), Shamankhel(새로운 흰 빛의 어머니는 흰 빛의 고리에서), Muqbil(어머니 고리의 광명), Orakzai(우리 고리는 새롭다), Mamozai(새로운 어머니), Zaimukhts(새로운 어머니는 새로운 머리의 흰 빛에서), Ormur Tirahi(우리의 우두머리는 달과 태양), Turi(달), Wardark(밝은 달의 고리), Wazir(새로운 아버지-Ahmadzai), Darweshkhel(달의 아버지는 새롭고 흰 빛나는 고리에서), Utmanzai, Zadran Zazi(새로운 달 사람들)

* 〈Sarbani-태양의 아버지 사람들〉

* 〈Durrani파 - 달 사람들〉

Achakzai Alakozai(우리 고리는 새롭다), Alizai Hanbhi(우리의 새로움은 태양족의 흰 아버지), Badozai(아버지 머리는 새로움), Barakzai(광명의 고리는 새롭다), Nawabi Barech(아버지 광명의 고리), Ishakzai(처음 태양의 고리는 새로움), Kiral Loni(고리의 얼은 태양족), Mohammadzai(어머니의 흰 빛은 새로운 머리의 어머니), Nurzai(우리는 새롭다), Panjpai(아버지족의 아버지), Popalzai(아버지의 광명은 새로움), Habibzai(태양의 아버지는 새로운 아버지), Sadozai(새로운 머리는 거룩함), Wazirzada(아버지의 태양은 새로운 머리), Zirak(태양의 고리), Yusufzai(아버지의 새로움), Abakhel(아버지 고리는 흰 빛나는 고리에서), Adokhel(머리 고리는 흰 빛나는 고리에서), Akazai(고리의 새로움), Babuzai(아버지는 새로운 아버지), Balarkhel(우리의 광명은 흰 빛의 고리에서), Chagharzai(고리는 흰 빛나는 고리의 새로움), Degankhel(머리의 칸은 흰 빛나는 고리에서), Hassanikhel(태양의 새로운 사람들은 흰 빛나는 고리), Hassanzai(태양의 새로운 사람들의 거룩함), Kamalzai(고리 우두머리의 새로움), Madakhel(어머니 머리는 흰 빛나는 고리) Mahabatkhel(어머니의 태양은 아버지의 흰 빛나는 고리에서), Mandanr(어머니족은 머리족), Khadarzai(흰 빛나는 달은 새로움), Niamatkhel(어머니의 머리는 흰 빛나는 고리), Ranizai(태양족의 새로움), Tahirkheli(머리의 태양은 흰 빛나는 고리에서), Torghar(토르가르-달의 고리), Utmankhel(머리 어머니족은 흰 빛의 고리에서)

* 다른 파 종족(Other)

Babar(아버지의 광명), Ghoryakhel(고리는 흰 빛나는 고리), Chamkani(곰의 칸), Khalil(우리 태양의 고리), Mulagori(어머니 태양의 고리), KASI(고시), Shinwari(위대한 흰 빛나는 사람의 광명), Zmaryani(우두머리의 신), Kheshgi(고시의 고리), Mohmand(어머니의 태양은 머리의 어머니 사람들), Halimzai(태양의 어머니는 새로움), Hazarbuz(태양의 새로움과 새로운 아버지), Shilmani(태양의 어머니 사람들), Muhammadzai(흰 빛나는 어머니는 새로운 머리의 어머니), Ghanikhel(칸의 흰 빛나는 고리), Sherpao(세르파-태양의 아버지), Oryakhel(우리 고리는 흰 빛나는 고리), Storyani(새로운 달의 신), Tareen(달의 신), Tarkani(달의 칸), Kakazai(고리의 새로움), Mamund(어머니는 머리의 어머니족), Salarzai (태양의 새루움), WUR Utmanzai(광명의 미리는 새로운 어머니족)

* 다른 파(Other)

Borzai(광명의 새로움), Chhachi(고리는 태양의 고리), Eidokhel(우리 머리는 흰 빛나는 고리), Enayetkhel(신은 흰 빛나는 고리의 머리에서), Ismailkhel(처음의 어머니는 흰 빛나는 고리에서), Kakakhel(고리는 흰 빛나는 고리), Kochi(고리), Qedamkhel(고리 머리의 어머니는 흰 빛나는 고리에서), Sakzai(새로운 고리는 거룩함), Sheikh Mohammadi(세이크 모하마디-새로운 흰 빛의 우리 고

리는 어머니의 태양이며 머리의 어머니 사람)

이상과 같이 파키스탄의 북부지역인 펀잡, 카슈미르, 아프칸의 아무다리야강 근처에서 남부로 이어지는 폭 넓은 영역에 거주하는 '파슈툰(아버지의 새로운 흰 빛나는 머리 사람들)' 종족 부족의 이름 해독에서 밝혀진 대로 환인시대로부터 이어지는 파키스탄의 "메르가르" 문명과 그 하위 문명인 하라파 문화, 모헨조다로 문화, 그리고 이어지는 박트리아 마르기아나 문화와 옥서스권의 화래즘으로 연결되는 문명의 벨트에 살았던 태양을 숭배한 머리족 사람들은 고리를 지어 살았다는 것이 종족의 이름에서 언어학적으로 증명되었으며, 특히 달지국에서 건국한 고조선의 정체성인 달(Dari)을 표시한 종족이 더러 나와 역시 고조선의 큰 정체성을 증명하고 있다.

이러한 언어학적인 접근은 간다라의 지명과 간다라 사람들, '파슈툰 종족(아프칸)'이 고조선의 9환족에 해당되는 종족인 것으로 그 정체성은 지우려 해도 지워지지 않는 "머리와 고리, 태양과 달"에서 새삼 증명된 것이었다.

6. 인도의 카스트(Caste, 포르투갈어 : Casta)제도를 통해 본 환웅, 고조선의 정체성 증명

카스트제는 세계의 수 많은 전 근대 사회에서 문화, 사회적 현상으로 일정 신분계층 집단의 지위를 자손 대대로 세습하도록 하는 제도로 일반적인 카스트제는 주로 인도의 신분계층을 가리키는 용어로 인식되고 있다. 1947년 법적으로 금지되었지만 아직도 일부 국가에서는 카스트제의 풍습이 남아 있고, 약 2억 5천만 명 정도의 세계 인구가 카스트제로 인한 차별을 받고 있다고 한다. '카스트'란 용어는 인도와 무역을 하던 포르투갈, 스페인들이 구사했던 '카스타(Casta)'에서 나온 것으로 어원은 순결한, 순수한으로 정의가 되었다고 한다.[36] 그러나 필자는 14세기 인도의 사회 전통과 힌두교의 법, 종교적 전통의 몰이해에서 비롯된 것이었다고 결론 지었으며, 18세기에 영국이 인도를 점령하였을 때부터 영국인에 의해 '카스트(Caste)'로 불리기 시작하였다. 카스트를 산스크리트어로 색(色)이라는 뜻에서 '바르나(Varna)'라 부른다고 한다.[37] 그러나 '카스트(Caste)'는 "고시의 머리"로 해석이 되고 라틴지역에선 고시를 'Cos'로 나타낸다. '바르나(Varna)'도 광명인 바르(Bar, Var)를 나타낸 것이고, 복수인 자음 N이 붙어 "광명

36) "카스트" : 옥스포드 영어 사전, 1989.
37) Smith, Varna and Jati(2005), pp. 9,522~9,524.

의 사람들"이 되어야 옳은데, 색(色)으로 번역이 된 이유는 모른다. 어릴 때 먹었던 카스테라(Castera)는 달처럼 둥근 빵이었다.

Varna는 Varni, Varno, Varnu, Varne 등으로 변하는 것은 그 지역의 사투리에 기인하는 방식이다. '카스트(Caste)'가 "고시의 머리"로 해석이 된 이유를 살펴보면 기원전 7,000~7,300년경의 '메르가르 문명'과 그 하위 문화인 하라파, 모헨조다로 문명은 환인에서 환웅으로 이어지는 문명이었고, 중하위 문명을 일군 '고시종족'이 응당 주인공일 수 밖에 없으며 정체성은 '머리'였다고 봄이 타당한 것이다. 그러므로 '카스트제'는 고대 '고시의 머리족'으로부터 정체성이 연결된 것으로 이해를 해야 하는 것이다.

물론 카스트제의 이름에서 그 정체성이 발현되는데 살펴보면

1) 브라만(Brahmin－광명의 흰 어머니 사람들)

브라만은 카스트제도 중에서 가장 상층 계급으로 한자로 '바라문, 파라문(婆羅門)'이라 하였고, 브라흐마나(Brahmana－광명의 흰 빛나는 어머니 사람들)란 고대 인도 철학에서 우주의 근본 원리를 가리키는 '브라흐만'에서 파생된 명사이다. 브라만은 배다의 경전에 의하면 '브라흐마'의 입에서 나왔다고 한다. 브라만은 신분을 기본적으로 성직자를 원칙으로 하되 성직자와 비교하여 그 만큼의 가치가 있다고 판단되는 학자 역시 브라만 대우를 해주고 있다고 한다. 브라만 중에서 서열이 다소 낮은 브라만들이 교육자로서 활동하거나 인도의 역사를 집필한다. 이 브라마 계급은 '광명'으로 불리는 환웅의 정체성 위에서 출발한 것이 된다.

2) 크샤트리아(Kshatriya, Khatris－흰 빛나는 고리의 새로운 달)

크샤트리아는 Khatris로 표기되며 인도의 모든 지역에 살고 있지만 동부 펀잡, 펀잡의 하리아나(Haryana－태양의 신), 델리(Delhi－달과 태양), 우타르 프라데시(Uttar Pradesh－달은 흰 빛나는 머리의 광명)주에 집중되어 있다. 이 계급은 인도의 카스트 중 두 번째 계급으로 불교 경전과 논서에서 찰제리(刹帝利), 또는 찰리종(刹利種)이라고 번역된다. 상위 계급으로 '브라만'을 모시며 하위계급인 바이샤(서민), 수드라(천민)를 통치하는 층으로 왕을 비롯하여 인도의 주요 관직은 모두 크샤트리아가 담당하고 있다. 크샤트리아는 Khatris로 4개의 주요 그룹으로 Baraghar(광명의 흰 빛나는 고리), Bawanji(아버지는 아버지족에서), Sahrin(새로운 흰 빛나는 태양족), Kukharain(고리는 흰 빛나는 고리이며 우리의 신)로 나누어진다. 이 분류는 황제인 '아크 바르'의 고문(古文)에 의해 보고 되었다. 크샤트리아에서

일부 '시크교도'가 있으며 자이나교, 이슬람, 또는 버마의 경제적 상류층을 형성하기도 하였다고 한다.

크샤트리아 종족은 다양한 씨족과 부족으로 이루어진 집단으로 대부분의 인도 카스트에 속한 것이 라지푸트족(Rajputs－태양의 아버지는 위대한 머리)인데 서양 학자들은 Sanskrit에 의해 Putra, '왕의 아들'로 어원을 정리하고 있다. 기실 푸(Pu)는 아버지의 호칭인 바 비, 보, 베, 부(Bu)에서 인도유럽어로 뒤바뀌어 '푸(Pu)' 로 변형되었고, 독립명사이며 가장 큰 정체성인 '머리(T)'가 있다. 라(Ra)는 La와 같이 태양을 상징하는 언어이고 Puts는 '아버지의 새로운 머리'가 되므로 큰 정체성인 '머리'를 빼고는 어원을 해석하면 안되는 것이다. '아들'의 해석에서 서양학자들은 '푸트라(Putra－아버지의 달)'를 '아들'로 오역(誤譯)한 것이다.

필자의 해독, 해석이 맞다는 것은 라지푸트(Rajput－태양의 아버지 머리)족 혈통의 이름에서 극명하게 드러난다. 살펴보면 Suryavamsha에서 'Sury(수리)'는 태양을 말하고 "태양의 아버지, 어머니는 흰 빛나는 새로움"이 되며 Kachhwawa(고리의 흰 빛은 아버지), Alwar Shisodia(얼 있는 광명은 새로운 처음의 흰 빛나는 머리), Gohilot Rathor(조드 푸르와 비카네르－고리 태양의 머리는 태양의 우리 흰 빛나는 머리), Shisodia(우다이 푸르－새로운 처음의 흰 빛나는 머리), Vaghela(아버지 고리의 태양), Somavamsha(새로운 어머니 아버지는 흰 빛나는 새로운 어머니), Chandravamsha(칸의 달은 새로운 흰 빛나는 어머니, 아버지에서), Bhatti(아버지의 흰 빛나는 머리), Chudasama(고리의 머리는 새로운 어머니), Jat(머리), Jaswal(이제 시작하는 광명), Parmar(광명의 우두머리), Agnikula(칸의 고리), Solanki(태양 사람들의 고리)에서 혈통의 정체성을 알 수 있다 할 것이다. 즉 "태양족과 머리"가 라지푸트족의 혈통이며 정체성인 것이다.

크샤트리아의 '트리(Tri)'는 원형이 드리(Dri)이며 달인 다리(Dari)의 변형으로 드리, 드르, 드레, 드루, 드로 등으로 변형된다. 크샤트리아는 '브라흐마'의 오른손과 왼손에서 나왔다고 한다. 일부 학자는 크샤트리아를 중앙아시아에서 진출한 '사카, 샤카(Shaka－인도로 진출한 사카족－쿠샨제국 등)로 표기하기도 한다. 학자들이 연구한 'Khatris(흰 빛나는 고리의 새로운 달)'의 씨족을 살펴보면

Anand(신을 믿는 사람들의 머리), Awal(큰 광명), Bachewal(아버지 고리의 광명), Badhwar(광명의 흰 터전), Baijal(아버지의 얼), Bagga(밝은 고리), Bakshi(새로운 밝음), Batta(아버지의 머리), Bedi(아버지의 머리), Behal(아버지의 태양), Bhalla(아버지의 태양), Bhola(아버지의 태양), Bhasin(아버지는 태양의 새로운 사람들), Bhandari(아버지는 태양족이고 달), Bhandula(아버지는 태양족이고 달), Bindra(아버지족의 달), Birghi(광명의 고리 태양), Chadha(고리의 머리 태양),

Chandok(칸의 머리 고리), Charan(고리의 신), Chona(칸), Chopra(고리의 광명), Choudhary(고리 머리의 태양), Chetal(고리의 달), Dhawan(흰 빛 머리의 아버지 사람들), Dhir(태양의 머리), Duggal(머리의 고리), Dhupar(흰 머리의 광명), Dumra(머리의 우두머리), Gambhir(곰 아버지의 태양), Gandhi(칸의 흰 빛 머리), Gandhoke(칸의 흰 빛나는 머리의 고리), Gadok(고리의 머리), Gadhiok(고리는 흰 빛나는 고리), Ghai(흰 빛나는 깨우친 사람), Gujral(우리 고리의 얼), Gulati(고리의 머리), Gulla(고리), Handa(태양족의 머리), Jerath(우리의 흰 빛나는 머리), Jirath(우리의 흰 빛나는 머리), Jalota(우리의 머리), Kakkar(고리), Kapoor, Kapur(고리의 광명), Keer(우리의 고리), Khanna(흰 빛나는 칸 사람들), Kehar(고리의 태양), Khosla(흰 빛나는 고리의 태양), Khullar(우리 태양의 고리), Kohli(고리의 태양), Koshal(고시의 얼), Lamba(태양의 어머니 아버지), Madhok(어머니의 흰 빛나는 머리의 고리), Mahendru(어머니의 태양 사람들과 달), Maini(어머니 사람들), Malhotra(우두머리 태양의 달), Malik(우두머리의 고리), Mangal(어머니족의 고리), Mankhand(어머니족 칸의 머리), Mehra(어머니의 태양), Mehrotra(어머니 태양의 달), Midha(어머니의 흰 빛나는 머리), Modi(어머니 머리), Monga(어머니족의 고리), Murgai(우두머리는 깨우친 사람), Nagpal(고리의 광명), Nakra(고리), Nargotra(우리 고리의 달), Oberoi(우리의 광명), Parwanda(광명은 광명족의 머리), Passi(새로운 아버지), Phull(아버지의 태양), Phool(아버지의 태양), Puri(광명), Rehan(태양! 흰 빛나는 신), Sabharwal(새로운 아버지의 태양은 광명), Sablok(새로운 광명의 고리), Sadana(새로운 머리 사람들), Sagar(새로운 고리), Sahi·Shahi(새로운 태양), Sami(새로운 어머니), Sarin(태양의 신, Sareen), Roshan(태양의 새로운 흰 빛의 신), Sarna(태양 사람들), Sehgal(새로운 흰 빛나는 고리), Sodhi(새로운 태양의 머리), Sial(Syal-새로운 얼), Sibal(새로운 광명), Singh(새로운 사람들은 흰 빛나는 고리), Sobti(새로운 아버지의 머리), Sondhi(새로운 사람들은 태양의 머리), Suri(태양), Talwar(달의 광명), Tehim(머리의 흰 빛나는 어머니), Tuli(달), Thapar(흰 빛나는 머리의 광명), Trehan(달의 태양족), Uberoi(우리의 광명), Uppal(아버지의 광명), Vadehra(아버지 머리의 태양), Vohra(아버지의 태양), Verma(광명의 어머니), Ved(아버지 머리), Wadhawan(아버지의 흰 빛나는 머리의 광명 사람들), Walia(광명), Wassan, Wasan/Wason(아버지는 새로운 사람들)로 수 많은 씨족들의 이름에서 환웅과 고조선의 정체성인 태양, 광명, 머리, 고리, 달의 이름이 나와 있으므로 고조선의 삼한관경인 파키스탄(펀잡 포함), 중앙아시아권에서 진출한 것을 증명하는 것이라 할 수 있다.

크샤트리아(카트리아)는 산스크리트어(Sanskrit-새로운 사람들의 고리, 머리)에서 말하는 '베다(리그베딕-Veda-아버지 머리)'에 기록된 것이며 힌두(Hindu-흰 머리, 태양족의 머리)교에서 인용된 브라흐마(Brahma-광명의 흰 빛나는 어머니)를 인용하였다. 사실 인도(Indo-머리의 신), 인디아(India－머리의 신)는 "머리의 신"을 숭배한 종족의 국가이며, 원천은 '메르가르 문명'과 모헨조다로, 하라파 문명에 기인하는 것인데, '하라파(Harapa－태양의 아버지) 문명'은 환웅의 문명이었고, 모헨조다로 문명(Mohenjo－Daro, 어머니의 태양 사람들과 달)도 같은 환웅의 문명이었기에 대략 기원전 1200년경 하늘과 비(우사), 바람(풍사), 우뢰(雷－천둥)를 신격화시킨 것으로 환웅의 삼신을 카피하여 베다시대(Veda－아버지 머리－기원전 1500~500)의 브라만(바라문, Brahman－광명의 흰 빛나는 어머니 사람들)이라 불리는 사제 계급을 중심으로 전개되었던 것이다. 이런 일련의 '머리와 태양족' 그리고 '달'에 이어지며 베다경전(Veda－아버지 머리)을 포함한 힌두교 사상(태양족의 흰 머리)은 곧 '흰 머리 사상'(백두, 흰두)인 것으로 오늘날의 인도의 문화, 사상, 역사, 종교는 환웅과 고조선의 정체성인 '태백'(太白－크게 흰)에서 기원되었던 것으로 이해를 해야 할 것이다.

프랑스와 서양 학자들은 'Kshatra'에서 'Kshi'를 루트의 지배, 권력, 정부의 파생된 형태로 보고 해석은 소유, 지배, 통치로 어원을 해석하였다. 그러나 서양학자들은 '고리'나 광명, 흰 빛, 머리에 대한 개념의 이해를 아직도 못하고 있으며 심지어는 달에 대한 어원 정리도 못하고 있는 실정이다. 그러므로 어원과는 동떨어진 엉터리 해석이 양산된 것이라 보고 있다. 'Kshatra'의 K는 고리의 수식어이며 Sha에서 Ha는 태양을 가리키고 흰 빛의 태양으로 대칭되었다. 앞의 자음 S는 '새로운'의 해석이 된다.

마지막의 트라(Tra)는 원형인 '드라(Dra)'가 되며 다리의 변형으로 '달'이 된 것이다. 종합하면 "고리의 흰 빛나는 달"이 크샤트라, 크샤트리아가 되는 것이다. 독자들은 서양 학자들의 어원 해석과 필자의 해독에서 누가 옳은 해석을 내놓고 있는 지를 알게 될 것이다. 이러한 어원의 오류는 정확한 고대 인류문화사를 이해하지 못한데서 오는 결과라고 보고 있다.

실로, 크샤트리아(카트리스) 종족은 환웅시대의 태양족, 고조선의 정체성인 '달'에서 나온 종족으로 서양학자들이 연구한 '하강(下降)' 종족이고, 로열페밀리 종족이 된 것으로 인도의 지식인이 되었으며 인도를 명실상부하게 통치한 권력층이 된 것이다.

3) 바이샤(Vaiśhya, Vaiśya－새로운 흰 빛의 아버지)

인도의 카스트 제도 중 세 번째 계급으로 평민에 속하며 농업, 상업, 목축업에 종사하는 것이 의무로 되어 있다. 실제로 예술가도 '바이샤'로 취급되었다. 바이샤는 '브라흐마'의 무릎과 허벅지에서 나왔다고 한다. 인도의 정신적 지주인 '모한다스 카람찬드 간디'는 '바이샤' 출신이다.

4) 수드라(Shudra－새로운 흰 빛나는 달)

인도의 마지막 계급인데 노예계급으로 천민에 속한다. 타종교에서 힌두교로 개종할 경우 '수드라' 계급이 된다. 베다의 경전에 의하면 '브라흐마'의 발바닥에서 나왔다고 한다. 천민 계급에서도 고조선의 정체성인 '달'이 표기되고 있다. 드라(Dra)는 다리(Dri)에서 변형되어 드라, 드리, 드르, 드레로 변하여 나타난다.

이러한 고대 카스트 제도의 핵은 브라만의 브라(Bra－광명)와 크샤트리아의 트리, 드라(달), 아버지(바이샤)라고 불리는 '머리족'에서 모두 인용된 것을 알 수 있다 할 것이다. 그 중에 인도의 지식인으로, 인도의 통치세력으로 급부상한 바탕은 크샤트리아로 주축은 파키스탄의 '펀잡'이었으며 펀잡은 앞에서 필자가 '낙랑국'으로 비정한 바 있다. 그러므로 인도의 신분제도인 '카스트제'는 환웅의 태양족과 고조선 달족의 사상, 문화, 종교의 밑바탕 위에서 형성된 것으로 보아야 하는 것이다.

참고로 고대에 우리도 사농공상(士農工商)에서 비롯되는 신분 계급사회가 있었고, 중국을 지배한 원의 왕조 역시 몽골인(황족, 집권 세력), 색목인(중간관리 등 고위층), 한인(하급관리 등), 남인(南人)은 생산활동으로 구분하여 통치하였다.

이러한 신분제도는 신라시대의 골품제도가 있으며 성골(법흥왕의 직계 일가로 선덕, 진덕여왕을 끝으로 소멸), 진골(김춘추가 왕으로 등극하며 왕족과 귀족으로 이루어진 최상위 집단), 6두품(지식인 계층, 반 신라세력으로 후에 왕건의 지방토호에 가담), 3두품 이하(평민)로 구분 통치되었다. 고대 한국의 신분제도를 생각하며 인도의 카스트 제도를 충분히 이해 할 수 있는 것으로 다만, 그 정체성은 환웅과 고조선의 정체성을 그대로 답습한 것으로 오늘날 인도의 문화, 사회, 통치형태는 환웅, 고조선의 정체성 위에 더해져 녹아 있는 것으로 조사되었다.

7. 파키스탄 '펀잡'의 종족 해독으로 환웅, 고조선의 정체성을 증명

1) 하리나야 지구(Haryana－태양의 신)의 씨족 해석

* Andhak(신은 흰 빛나는 머리의 고리)
* Bahniwal(아버지 태양족의 광명)
* Bal(광명),　Batth Caste(아버지의 흰 머리는 고시의 머리)
* Bamraulia(아버지는 우리의 우두머리)　　* Bawa clan(아버지 고리족)

* Bhalothia(아버지 태양은 흰 머리)
* Bhukar(흰 아버지의 고리)
* Budania(아버지는 머리 사람들)
* Budhwar(아버지 흰 머리의 광명)
* Burdak(광명의 머리 고리)
* Chhillar(우리 태양의 고리)
* Chikara(고리)
* Dabas(머리의 새로운 아버지)
* Dagur clan(머리 고리의 고리족)
* Dandiwal(머리족의 머리는 광명)
* Deshwal(머리의 새로운 흰 빛의 태양)
* Dhankhar(태양의 머리족은 흰 빛의 고리)
* Dhetarwal(흰 빛나는 머리의 달은 밝고 빛나다)
* Dhindwal(태양족의 머리는 광명의 머리)
* Dhindsa(태양족의 머리는 새로운 머리)
* Dhonchak(태양족 머리의 고리)
* Dhull(태양의 머리)
* Dullar(우리의 달)
* Farswal(광명은 새로운 광명)
* Faujdar(아버지는 달)
* Gandhar clan(칸의 흰 빛 달의 고리족)
* Gandas(칸의 새로운 머리)
* Ghangas(흰 빛나는 칸의 고시)
* Godara clan(고리의 달은 고리족)
* Gulia(고리)
* Hari clan(태양의 고리족)
* Hundal(태양과 달)
* Jaglan(고리의 신)
* Joon(신〈神〉)
* Kaliramna(우리 고리의 어머니 사람들)
* Maan clan(어머니 신은 고리 신)
* Karwasra(고리 아버지의 태양)
* Kaswan(고시의 아버지 사람들)
* Khagwal(흰 빛나는 고리의 광명)
* Khatkar(흰 빛나는 고리는 고리의 머리)
* Khichar(흰 빛나는 고리)
* Kookana(고리의 칸)
* Kuhar(고리의 태양)
* Kulhari(고리의 태양)
* Lathwal(태양의 흰 머리의 광명)
* Legha clan(태양의 흰 고리의 고리 신)
* Lohchav(태양의 흰 빛나는 고리의 아버지)
* Mahala(어머니의 태양)
* Malik jat clan(우두머리의 고리는 머리의 고리족)
* Marhal(우두머리의 태양)
* Mehlawat(어머니의 태양은 아버지의 머리)
* Nandal(달의 신)
* Narwat(우리 아버지의 머리)
* Panghal(아버지족은 고리의 태양)
* Panjeta(아버지족의 머리)
* Pawriya(아버지의 광명)
* Rangi(태양족의 고리)
* Riar jatt(우리 태양의 머리)
* Sahu clan(새로운 태양의 고리족)
* Saharan clan(새로운 태양 사람들의 고리족)
* Sarao(태양)
* Sehrawat(새로운 태양의 아버지 머리)
* Sokeen(새로운 고리의 신)
* Sihag(새로운 태양의 고리)

* Singay(새로운 사람들은 깨우친 사람)
* Vaire(우리 아버지)
* Takshak clan(머리의 흰 빛나는 고리는 고리족)
* Vanar(우리 아버지족)
* Vijayrania(아버지는 태양의 사람들)
* Vaire(우리 아버지)

2) 머리 고리족(Jat clan)의 우타르 프라데시(Uttar Pradesh –머리 달은 광명의 새로운 흰 빛나는 고리) 지구의 씨족 해석

* Bachchas(처음 밝은 흰 빛의 고리)
* Bamraulia(아버지는 우리의 우두머리)
* Bana clan(아버지족의 고리족)
* Bargoti(광명 고리의 머리)
* Bawa clan(아버지는 고리족)
* Budgwar(광명의 흰 빛 아버지의 머리)
* Chhillar(우리 태양의 흰 빛나는 고리)
* Chhokar(고리는 태양의 고리)
* Dagur clan(머리 고리는 고리족)
* Deshwal(머리의 새로운 흰 광명)
* Dhankhar(흰 머리족의 흰 빛 고리)
* Dhindsa(흰 머리족의 새로운 머리)
* Gandhar clan(칸의 달은 고리족)
* Garhwal clan(흰 고리의 광명족은 고리족)
* Ghangas(흰 빛 고리의 고시)
* Godara clan(고리의 달은 고리족)
* Gulia(큰 고리)
* Hala clan(태양의 고리족)
* Jakhar(태양의 고리)
* Janmeja(어머니의 신)
* Jatrana(큰 달)
* Jatri(큰 달)
* Kaler(우리의 고리)
* Karwasra(고리의 아버지 태양)
* Khangwai(칸의 고리 아버지)
* Jat Muslim(머리의 어머니는 태양의 어머니)
* Lohchav(태양의 흰 빛나는 고리의 아버지)
* Maan clan(어머니의 신 고리족)
* Malik jat clan(우두머리의 고리는 머리의 고리족)
* Marhal(우두머리의 태양)
* Mor clan(우두머리는 고리족)
* Maulaheri jats(어머니는 우리 태양의 새로운 머리)
* Nandal(달의 신)
* Nauhwar(흰 빛의 광명)
* Panghal(아버지족의 태양의 고리)
* Nehra(태양의 흰 빛)
* Pawriya(아버지의 광명)
* Puniya(아버지 사람들)
* Sehrawat(새로운 태양의 아버지 머리)
* Singay(새로운 사람들은 깨우친 사람)
* Thenua(흰 빛나는 머리의 신)
* Tomar jats(머리의 우두머리는 새로운 머리)

3) 머리(Jat) 고리족(clan)의 델리(Delhi–흰 빛의 달) 지구의 씨족 해석

* Chhliiar(우리 태양의 고리)
* Dagur clan(머리의 고리는 고리족)
* Daral clan(달의 얼은 고리족)
* Jatrana(달 사람들)
* Khatri clan(흰 빛나는 고리의 달은 고리족)
* Shokeen(새로운 흰 빛나는 고리의 신)
* Sehrawat(새로운 태양의 아버지 머리)

4) 머리(Jat) 고리족(clan)의 펀잡(Punjab–아버지족의 아버지) 지구 씨족 해석

* Jat Muslim(머리의 어머니는 태양의 어머니)
* Jat Sikh(시크–머리는 흰 빛나는 새로운 고리)
* Aasi(이제 시작하는, 처음의, 돋아 오르는)
* Assoun(처음의 새로운 신)
* Badhan clan(아버지 머리는 태양의 고리족)
* Bahniwal(아버지의 흰 빛나는 광명)
* Bal(광명)
* Basra clan(아버지 태양의 고리족)
* Bohar(아버지의 태양)
* Batth Caste(아버지의 흰 머리는 고시의 머리)
* Bhadiar(아버지는 우리의 흰 빛나는 머리)
* Bhatia(아버지는 흰 빛나는 머리)
* Bhidwal(아버지 태양의 광명의 머리)
* Bhullar(아버지는 우리의 태양)
* Boyal(아버지의 얼)
* Chatha(흰 빛나는 고리의 흰 머리)
* Cheema(흰 빛나는 고리의 어머니)
* Chhokar(흰 빛나는 태양의 고리)
* Daha clan(태양의 머리 고리족)
* Dahba(흰 빛나는 머리의 아버지)
* Daher clan(태양의 머리 고리족)
* Dandiwal(머리족의 머리에 광명)
* Dawana(머리의 아버지 사람들)
* Deshwal(머리는 흰 빛나는 광명)
* Dhadwal(머리는 흰 빛나는 머리의 광명)
* Dhamial jats(태양의 머리는 어머니의 얼이며 새로운 머리이다)
* Dhandla(머리의 태양 사람들의 달)
* Dhatt(머리는 태양의 머리)
* Dhandu(머리는 태양 사람들의 머리)
* Dhindsa(머리는 태양족의 새로운 머리)
* Dhother(머리는 태양의 빛나는 달)
* Dhull(태양의 머리)
* Gakhal(고리는 태양의 고리)
* Ghangas(칸의 고시)
* Gilotar(고리의 달)
* Gondal clan(칸의 달은 고리족)
* Hal jats(태양의 새로운 머리)
* Hansra(태양 사람들의 태양)

* Hari clan(태양의 고리족)
* Hatiar(우리 머리의 태양)
* Hundal(태양 사람들의 달)
* Jaglan(큰 고리의 사람들)
* Jandral(신은 달의 얼)
* Jassar(처음의 태양)
* Jathol(흰 빛나는 머리의 얼)
* Jhullan(태양의 신)
* Kaler(우리의 고리)
* Kaliramna(고리는 태양의 어머니에서)
* Kallu(고리)
* Kaloke(고리)
* Kang clan(칸의 고리족)
* Kanyal(칸의 얼)
* Khatarmal(흰 빛나는 고리의 달은 우두머리)
* Khingar(태양족의 고리)
* Khatreel(흰 빛나는 달의 얼)
* Khirwar(흰 빛나는 고리의 광명)
* Khoti(흰 빛나는 고리의 머리)
* Korotaneh(고리는 흰 빛 머리 사람들에서)
* Langrial(태양족의 고리의 얼)
* Lodike(태양의 머리 고리)
* Mahi(어머니의 태양)
* Mahla(어머니의 태양)
* Mahr jat(어머니 태양의 머리)
* Maitla(어머니의 달)
* Makwal(어머니 고리의 광명)
* Majhail(우리 태양의 어머니)
* Mallana(우두머리의 신)
* Manes clan(처음의 어머니 사람들 고리족)
* Marath(우두머리의 흰 빛나는 머리)
* Mehria(어머니의 태양)
* Mehlawat(어머니 태양의 아버지 머리)
* Nagra caste(고리는 고시의 머리에서)
* Padda(아버지의 머리)
* Pangli(아버지 사람들의 고리)
* Pannun(아버지 사람들의 신)
* Pawania(아버지는 아버지 사람들에서)
* Phangureh(흰 빛나는 아버지 사람들은 흰 빛나는 고리로부터)
* Rattu(태양의 머리)
* Surn(태양의 사람들-Rangi)
* Riar jatt(우리 태양의 큰 머리)
* Sagla(새로운 고리)
* Sahasi(새롭고 새로운 태양)
* Sahu jats(새로운 태양은 새로운 머리에서)
* Sanghera(새로운 사람들의 고리 태양)
* Sahi(새로운 태양)
* Sanwiah(새로운 사람들의 흰 빛나는 아버지)
* Sajanke(새로운 사람들의 고리 신)
* Sarai clan(태양의 고리족)
* Sarao(태양)
* Sheikum(새로운 흰 빛나는 고리는 어머니에서)
* Sohal(새로운 태양)
* Tarokar(달의 고리)
* Tarar(우리의 달)
* Tatla(머리의 달)
* Tatri(머리의 달)
* Thiara(우리의 흰 빛나는 머리)

* Tomar jats(머리의 우두머리는 새로운 머리)
* Tulla jats(달의 새로운 머리)
* Uttra(큰 머리의 달)
* Uppal clan(아버지 광명의 고리족)
* Ves jats(새로운 아버지는 새로운 머리에서)
* Virk(광명의 고리)
* Wagha clan(아버지 흰 빛나는 고리의 고리족)
* Wahla(태양의 아버지)
* Waraich clan(광명의 흰 빛 고리의 고리족)
* Waryah(광명의 큰 흰 빛)
* Waseer(우리의 새로운 아버지)
* Wasli clan(아버지 태양의 고리족)
* Wighamal(아버지의 흰 빛나는 고리는 우두머리이다)

지금까지 펀잡의 씨족을 모조리 해석한 바 여기에서 태양의 명칭인 '수리(suri), 해(He), 라(La)의 변형이 다양하게 나타나고 있음을 알게 된다. 이 씨족의 이름에서 태양, 달, 머리, 고리, 흰 빛(광명), 고시, 아버지족 등은 환웅에서 고조선으로 이어지는 숨길 수 없는 정체성인 것으로 충분히 언어학적으로 증명되었으며 '새로운'의 이름이 많이 발견되어 고조선 멸망 후 새로 형성된 부족(인도16국으로 진출)을 말해 주는 것이다. 따라서 고조선의 중심 세력은 중앙아시아인 것이고, 중앙아시아에서 건국한 것을 부정할 수 없는 것이다.

8. 리그베다(Rigvedic－태양의 고리 아버지의 머리)에 인용된 부족 해석

1) 베다의 어원 해석에 대하여

베다(Veda)라는 용어의 어원은 프로토－인도－유럽어에 의하여 μeid－알고 있다의 어휘에서 나온 것으로, 또는 고대 그리스어인 μeidos〈측면, 양식〉, Oida(나는 알고 있다)에서 어원이 형성되었고 산스크리트(Sanskrit－새로운 사람들의 새로운 고리의 머리)어에서 '지식, 지혜'는 Vid(앎)에서 '알고 있다＝지식, 지혜가 된 것으로 파악되고 있으며 일각에선 라틴어의 비디오(Vidio), 고대 그리스어의 Feidos, Foida에서 온 것으로 포이다(Foida)는 '알고 있다'로 어원이 정리되었는데[38] 엉터리라 아니 할 수 없는 것으로 Feidos는 "새로운 아버지의 머리"가 되고, 포이다(Foida)는 "아버지 머리"가 되는 것이다. Fei, Foi, Fui, Fai는 Vei, Voi, Vui, Vai에서 인도유럽어의 표기 발성으로 Fei, Foi, Fui가 된 것이고, D, Da, Du는 '머리'인 것으로 서양학자들이 지금까지 라틴 비문을 해독하지 못하고 있는 이유가 라틴 종족의 올바른 정체성을 알 수 없는 데서 기인하는 것이며 자기네들

38) https://es.wikipedia.org/wiki/Rigveda , https://en.wikipedia.org/wiki/Rigveda

이 정의하고 정리하였던 라틴어의 해독은 엉터리가 된 것이 지금 '베다'의 어원 정의에서 나타나고 있는 것이다.

라틴어의 잘못된 어원 해석은 그동안 인도의 철학, 사상, 종교를 서양 사람 마음대로 어원을 정리하였고 재단하였기에 지금까지 수 많은 엉터리 어원이 발생한 것이고, 실로 인도의 역사는 신화, 전설로 악마가 등장하는 만화책이 된 것이다.

산스크리트어의 알(Al)이 '알고 있다. 지식으로 둔갑된 근거가 황당한데 지금까지 서양의 학자들은 머리와 머리 사람들에 대한 이해를 전혀 하지 못하고 있다. 알(Al)은 얼, 엘로 나타나며 알은 '태양, 우리'란 정신적 카테고리를 만든 것으로 보고 있다.

즉, '우리'란 '고리'를 지어 5색 종족이 같이 더불어 살아가는 형태이고, 그것은 '알(Al)'이며 태양족, 머리족, 광명족, 고리족은 바로 '우리'인 것이며 바로 '알(Al)'이 되는 이치인 것이다. 그러므로 산스크리트어에서 언급한 '알'은 알다, 깨우치다가 아닌 정체성을 가진 '알(Al)'인 것으로 베다(Veda)는 '아버지의 머리'이었고, 아버지의 머리는 깨우친 사람(카이아, 가이아, 까이아)이 된 것이다. 그 사람들은 태양족, 고리족, 광명족이었으며 아버지 사람들, 어머니 사람들이 된 것이다.

필자가 약 2,500페이지 이상 달하는 책을 집필하면서 세계적인 공통 용어는 아버지와 어머니, 태양, 고대에서 불렀던 '달(Dari)'이었으며 머리와 고리도 공통적인 용어로서 다양한 변형과 프로토-인도유럽어로 변천되어 갔던 것으로 아버지는 그리스, 세르비아권 등 북유럽권에선 아버지를 Va, Ve, Vu, Vi, Vo로 표기하여 나타낸 것으로 연구되었다.

물론 중앙아시아권, 메소포타미아권엔 'Ba, Bu, Bi, Be, Bo로 표기한다. 이런 표기는 약속이나 한 듯 정해져 있는 것이다. 그 변형은 언어학적으로 우리말의 모음조화 형식과 프로토-인도유럽어(Indo-European)의 표기 형태에 따라 된소리(마찰음, 파열음)가 붙어 파(Pa, Fa), 푸(Pu, Fu), 피(Pi, Fi)로 변하는 형태를 취하고 있는 것이다. 그렇다면 '베다(Veda)'의 베(Ve)는 '아버지'가 되어야 함이 마땅하고 머리로 표현되는 다(Da), 두(Du), 디(Di), 데(De), 도(Do)는 응당 사람의 '머리'가 되어야 하며 인도유럽어로 타(Ta), 투(Tu)의 형식으로 변해 나가는 것이다. 특히, 편잡지역에선 태양의 흰 빛을 영어의 자음인 'H'를 넣어 타(Tha), 투(Thu)식으로도 표기하였다. 그러나 지금까지 서양 학자들이 '머리를 이해하지 못한데서 어원 해석에 혼란이 오는 것이며 엉터리 어원 해석이 양산되는 것으로 결론 지었다.

사람의 '머리'는 지구상에 우수한 태양문명을 일구어 나간 사람들의 첫 번째의 큰 정체성이었다. 이름하여 '머리 사람들'로 정의하였다. '베다(Veda)'는 "아버지의 머리"가 되는 것이고, 아버지는 태양족, 고리족이었으며 당연 '머리족'이었다.

'아버지 머리'의 해석이 완전한 정체성을 말한다 할 것이고 '아버지'로부터 지식과 지혜가 전해져서 긴 시간에 걸쳐 구술로서 전해져 후세에 적어서 기록으로 남겨진 일련의 역사이며 종교문서인 것이다. 베다란 '지식, 알고 있다, 지혜 등으로 어원이 둔갑되고 잘못 해석되어 오늘에까지 전 세계에 전해내려 오고 있는 것을 필자가 세계에서 처음으로 그 어원을 바로 잡는다. 이런 상태에서 서양 학자들의 산스크리트의 해석은 완전 엉터리가 되는 것이어서 믿을 바가 못된다고 결론 지었다. 앞에서 인용하다시피 '산스크리트어(Sanskrit)'의 어원은 "새로운 사람들의 새로운 고리의 머리"가 되는 것으로, '베다'와 같은 정체성인 '머리'가 나타난 것이다. 그러기에 '베다'는 큰 정체성인 '아버지의 머리'에서 힌두교(흰 머리, 희고 밝은 머리)의 정체성이 드러나는 것이고, 아버지의 머리에서 온갖 지혜와 지식, 지도력이 나오는 것으로 이해가 되어야 한다. 지금 인도에 남아서 전해져 오는 경전의 정체성은 "아버지의 머리"에서 출발되는 것이기에 '메르가르 문명'과 그 하위 문명인 '하라파 문명, 모헨조다로의 문명'이 머리족과 광명족, 태양족, 고리족에서 도도하게 흘러 나중에 고조선의 '달'이란 정체성이 가미되어 전해져 내려 온 것을 필자의 언어학적 분석과 해석으로 알게 되는 것이다.

독자들의 이해를 돕기 위하여 '베다(Veda-아버지 머리)'의 분류에 대하여 설명해 보면 힌두교의 정전(正典)을 이루고 있는 투리야(Turiya-달)에서 4종의 삼히타가 나온다.

2) 베다의 분류

(1) 삼히타(Samhita-새로운 어머니의 흰 빛나는〈태양의 광명〉 머리)

기원전 1200~900년으로 추정되는 베다의 핵심을 형성한다. 주로 만트라(찬가〈讚歌〉, 가사〈歌詞〉, 제사〈祭詞〉, 주사〈呪詞〉로 구분된다.[39]

* 찬가〈찬송가〉-리그베다(Rigveda)-태양의 고리 아버지 머리
* 노래-Samaveda-새로운 어머니, 아버지의 머리
* 희생 의식-Yajurveda-우리의 아버지 머리
* 마법의 공식-Atharveda-달의 아버지 머리(주문집)

(2) 브라마나(Brahmanas-이제 시작하는 흰 빛나는 광명의 어머니 사람들)

39) https://en.wikipedia.org/wiki/Samhita

기원전 800~600년 사이에 형성된 것으로 보며 제사의 설명서, 범서(梵書)이며 산문 형식으로 작성된 것으로 제식 단계와 신학적 의미를 설명한다.

(3) 아라니야카(Aranyaka-우리 신의 고리)

외딴 숲에서의 말씀, 비기(秘記), 제식(祭式)의 설명과 철학적 설명, 내용으로 브라마나와 우파니샤드〈철학적, 신비적 가르침〉의 중간적인 위치이다.

(4) 우파니샤드(Upanishds -아버지 사람들의 새로운 흰 빛은 거룩한 머리)

비밀증서로 분류되며 철학적인 부분으로 인도 철학의 원류로 보고 있다. 약 기원전 500년경 설립된 것으로 1개의 베다에 여러 우파니샤드가 포함되어 각각 이름이 붙어 있다. '베다의 마지막'이라고도 하며 고전 산스크리트어에 가깝다고 한다. 베다(Veda)에서 정체성인 '머리, 고리, 흰 빛, 광명, 달, 태양, 아버지 사람들, 어머니 사람들이 나온 것이기에 환웅과 고조선의 정체성이 투출된 것으로 인도의 신화서는 바로 깨우친 사람들인 환웅, 고조선의 문명과 통치, 사상, 역사를 담아낸 걸작의 작품이라고 할 수 있는 것이다.

3) 리그베다(Rigveda) 기간에 나타난 부족 목록

(1) 알리 사람들(Ali-우리)-누리스탄 지역의 종족으로 보고 있다.

(2) 아누(Anu)-신을 믿는 종족으로 Turvasa(달의 새로운 아버지) 부족도 아누족 일원으로 보고 있다. Anga(인도 16국의 일원)도 아누(Anu) 종족으로 보고 있다.

(3) Bhajeratha-아버지의 흰 빛나는 우리의 큰 머리

(4) Bhalanas-처음 광명의 신(동부 아프가니스탄 종족으로 추정)

(5) Bharatas-처음 광명의 새로운 큰 머리. '바라 가문'으로 혹자는 기원전 1500년기 편잡의 베다(Veda-아버지 머리) 부족으로 설명하였다. 광명의 종족은 환웅의 정체성 위에 형성된 집단인 것이다. 인도 남부의 토속인 그룹으로 '열왕의 전투(아리안과 비아리안의 전투)'에서 승리하였다.

(6) Brigus-(광명의 고시) 이 종족은 제사장의 후손 종족으로 알려져 있으며 Bhrigu(광명의 고리) 가문으로 푸라나 일족인 Pravaras(광명은 처음의 광명)으로 여러 씨족이 있으며 Bhargava(광명의 고리 아버지), Chyavana(고리의 아버지 사람들), Aapnavaana(아버지족은 아버지의 신), Aurava(우리 아버지), Jamadagni(어머니 머리의 고리 사람들), Parashurana(광명의 새로운 흰 빛은 우리의 신) 씨족이 있다.

(7) Dasa－새로운 머리. 이 부족은 서양 학자들이 '종'이나 '적'을 의미한다고 하며 또는 노예, 하나님의 종, 신자 등으로 어처구니 없는 어원으로 해석하였다. '다(Da)'는 '머리'를 말한다. 이 머리를 이해하지 못하기에 엉터리 어원이 난무하는 것이다. "새로운 머리"의 종족이 이상한 어원으로 전락한 것이다.

(8) Dasyu, 다하에, Daai－새로운 머리

(9) Drbhika－달의 흰 빛나는 고리의 아버지

(10) Druhyus－처음 흰 빛나는 달. 이 부족은 옥서스권에서 추방된 부족이다.

(11) Gandhari－칸의 흰 빛나는 달. 이 종족은 Kubha강(아프칸의 카불) 유역에 살았으며 그들은 페르시아 제국의 일부를 형성하였다고 전해진다. 인도 푸라나(Purana－광명족) 기록에 의하면 이 종족은 일곱 하천의 땅(칠성의 아무다리아 고조선 땅)에서 쫓겨난 종족(Druhyus－처음 흰 빛나는 달－아사달)으로 설명되었다. 아사달 가문(Druhyus)은 후에 Gandhāra(달의 칸)를 건국하게 된다. 이 종족은 '인도의 프라나(Purana)'에서 아누(Anu－신) 종족이라고도 부른다. 고조선 멸망(기원전 630년경) 후 인도 16국에 고조선의 왕족인 아사달 가문(Druhyus)이 간다라(Gandhāra－달의 칸, 아사달)를 건국하게 된 것이다.

(12) Gurigu－고리

(13) Iksvaku－새로운 고리의 아버지

(14) Krivi－고리의 아버지

(15) Kikata－머리의 고리

(16) Kuru－고리, 인도16국의 가장 큰 고대 국가의 이름이다.

(17) Maujavant－어머니는 아버지 사람들의 머리

(18) Matsya－어머니의 새로운 머리

(19) Nahusa－새로운 태양

(20) Paktha－밝은 흰 빛나는 머리. 이 종족은 인도16국의 전투에서 사용된 모든 코끼리를 담당하였다고 전해진다. 오늘날의 '타슈툰의 연합'이 되었다고 한다. 팍(Pak)은 박, 밝으로 '밝음'을 의미하였으며 '타(Tha)'는 "흰 빛나는 머리"를 말한다.

(21) Panis－처음의 아버지 사람들. 그리스, 로마의 저자는 '파르티아(Partia)'를 스이 부족으로 호출하였으며 즉, 그리스어의 Parnoi(광명족), Panis는 동일시 되었다. "매도자, 깍쟁이로 정의되었다. 그런데 판(Pan)은 원형인 반(Ban, Van)에서 인도유럽어에 의해 된소리(마찰음)로 변한 것으로 "아버지 사람들"인 것이고, 이스(Is)는 우스(Us), 아스(As), 에스(Es), 오스(Os) 등으로 변하며 어원은 "이제 시작하는, 돋아 오르는, 처음"의

뜻이다. 합하면 "처음의 아버지 사람들"이 된다. 어떠한 글자에서 깍쟁이, 매도자가 되었는 지에 대한 상세한 설명이 없다. 역시 엉터리 어원이 된 것이다. 이 종족은 아프가니스탄의 중요한 부족이었다고 전해진다.

(22) Paravata－광명의 아버지 머리. '만다라'에 언급되는 종족으로 'Sarasvati〈태양의 새 아버지 머리〉강 유역에 거주하였다. 그런데 학자들은 'Saras'가 "습지, 수영장의 풀, 연못, 호수, 늪으로 어원을 정리하였다. 역시 엉터리 어원인데 인류문화사를 먼저 고찰해 보면 '사라(Sara)'는 태양의 별칭이었다. Vati는 산스크리트어 문법에 여성의 소유자 접미사가 된 것이라고 설명되어 있다. 그러나 접미사 이전에 Va, Ba는 아버지이고 티(Ti)는 '머리'인 것이다. "태양의 아버지 머리"가 웬 연못, 수영장, 늪지로 둔갑하였는 지 도저히 이해가 되지 않는 어원인 것이다. 이렇게 장님이 코끼리를 만지는 듯한 어원 해석에 어떻게 서양 사람들에게 세계사를 맡겨야 하는가? 이제는 우리가 세계사를 새로 써야 하는 명제에 도달한 것이다.

(23) Parsu－새로운 광명, Porus(처음의 광명)로 펀잡지역의 국가를 이룬 종족이다. 기록엔 알렉산더왕과 싸운 대왕으로 기록되었다.

(24) Puru－광명

(25) Rusama－태양의 새로운 어머니

(26) Sarasvata Saraswat－태양의 새로운 아버지 머리. 이 종족은 인도 대륙의 넓은 지역에 분포되어 있었다고 전해지며 주로 판차라왕국의 북부에 거주하였다.

(27) Tritsu－달의 새로운 머리

(28) Turvasa－달의 새로운 아버지

(30) Yadu－머리. 판차라왕국의 아들이며 Yayati왕의 아들이다.

(31) 샤카족(Shakya) 새로운 흰 빛나는 고리. 이 종족은 배다시대(Veda, 기원전 1400~500) 종족으로 어원은 '할 수 있는 사람'으로 엉터리로 정의되어 있으며 시다르타 샤카족(석가족, 새로운 달의 머리, 흰 빛나는 고리)은 인도사카(스키타이)이고 불교의 창시자로 알려진 종족이다. 시다르타(새로운 달의 머리)가 창시한 불교(佛敎)는 '불(Bul)'로 부리(Buri), 부르(Bur)가 되니 어둠에서 중생을 '광명'으로 인도하는 것과 같다. 결국 삼신과 칠성으로 점철되는 광명의 우주관, 세계관이 불교라는 종교로 승화된 것으로 생각한다.[40]

---

40) 리그베딕 부족
https://en.wikipedia.org/wiki/List_of_Rigvedic_tribes(리그베딕 부족의 명부 33부족(List of Rigvedic tribes)

이상으로 인도의 카스트제도와 리그베다(Rigveda)의 분류, 리그베다에 인용된 지명, 종족의 이름 해석으로 고대의 '메르가르' 문명과 하위 문명인 모헨조다로, 하라파 문명이 환인 12분국의 한 국가형태로 환웅의 문명벨트로 각인되었다. 달을 정체성으로 삼은 고조선의 흔적이 지명과 종족 이름에 표기되어 나타났음에 더 말할 할 것도 없이 아프칸 북부와 타지기스탄 남부에 속한 아무다리야 상류지역에서 건국한 고조선의 강역이 확실해 진 것이고, 고조선의 21세 소태 단군시에 '색불루'의 군사혁명과 멸망 후에 인도 16국으로 고조선의 정체성을 가진 종족들이 대거 진출한 것을 보여주고 있다 할 것이다.

'조로아스터교'의 주요경전 모음은 주로 '아베스타(Avesta)'어로 작성되었다고 하는데 아직까지 '아베스타(Avesta-아버지의 새로운 머리)'의 어원이 확실하지 않다고 하니, 도대체 이것이 지금까지 우리가 배워왔던 세계사인가? '아베(Ave, Abe)'는 경상도 사투리로 아버지를 말함이다. 이 용어가 왜 지금까지 어원이 정리되지 않았다고 하니 기가 찰 노릇이다. 필자의 해석대로 "아버지의 새로운 머리"가 '아베스타'인 것이다. 학자들이 연구한 바에 의하면 최초 기원전 1세기경에 작성하였으며 사산제국(서기 224~631년) 시기의 사본이 제일 빠르다고 한다. 서양 학자들이 머리와 광명을 모르는 것은 이해를 하다가도 '아버지'를 모른다고 하니, 더 할 말이 없다.

북아프리카의 국가들(알제리, 리비아 등)이 고조선의 정체성인 달(Derija, Derja, Darija)을 표방한 언어는 북아프리카의 국가들이 고조선 9환의 범주(동맹)에 들어갔다는 것을 여실히 말해 주고, '빈소사원' 기록에 리비아가 9문의 일원이었다.

박트리아권역의 사람과 옥서스권의 사람들을 통틀어서 인도의 '마하바라타'에서 Bahlikas 사람들이라고 하였다. Bahlikas는 Bahlika, Bahli, Balhika, Vahlika, Valhika, Bahlava, Bahlam, Bahlim, Bahlayana, Bahluva로도 고대 비문 등에 언급되고 있다고 한다. Bahlikas는 "아버지의 흰 빛나는 고시"가 된다.

마하바라타에서 펀자브의 평원에서 Bahlikas(태양 아버지 고시)가 언급되어 있으며 펀잡의 사람들은 고대 Bahlikas의 직계후손이라고 밝히고 있다. 몽골, 훈족, 에프탈리테와 현재 아프가니스탄의 모든 조상들이 Bahlikas에서 살아남아 Bahlikas 사람들이 인도로 이동하였다고 한다.[41]

마하바라타에서 전설에 의하면 Bahlikas왕은 아홉 아들 중 하나(9환을 의미)였다

41) https://en.wikipedia.org/wiki/Bahlikas
https://en.wikipedia.org/wiki/Mahabharata

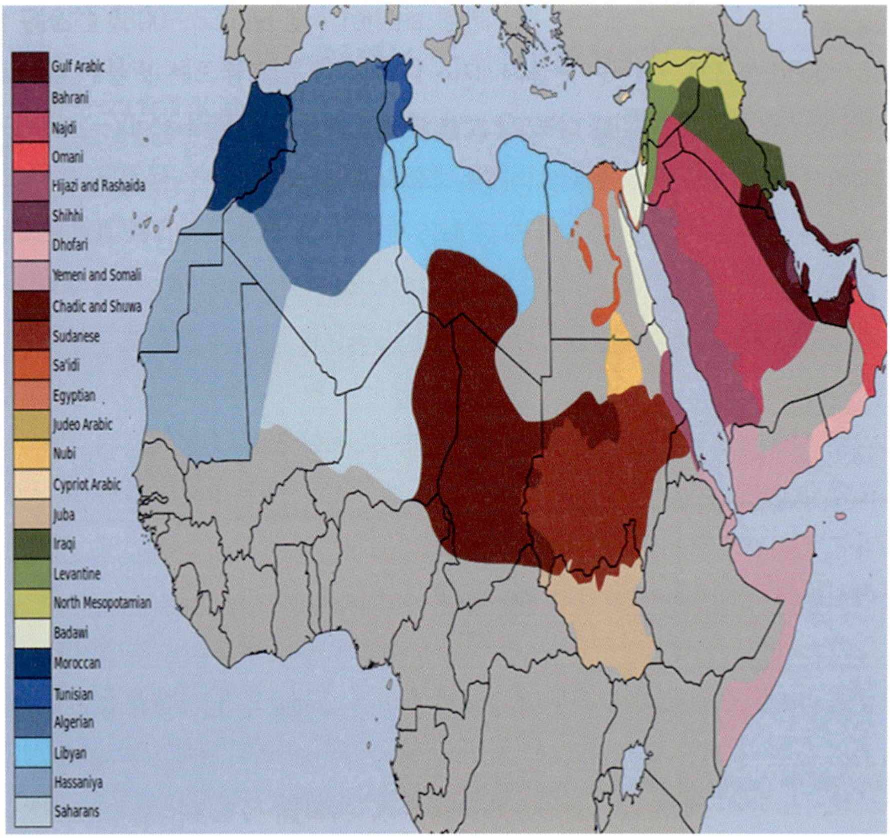

〈Maghrebi(마그래브) 아랍어의 분포도(모로코, 알제리, 튀니지, 리비아)〉

* Derija, Derja, Darija 언어(달 언어)로 표기되며 청색의 그림자 부분이다.
출처 : https://en.wikipedia.org/wiki/Maghrebi_Arabic

고 한다. 그에게서 부족의 숫자가 나왔다고 한다. 마하바라타에서 기록된 전설은 바로 고조선의 9환족을 말해주는 것이다. 이것은 옥서스권의 '화래즘 문명'을 뒷받침하는 것이고 '하라파 문화'인 펀잡의 '낙랑국'이 형제국이란 사실에 도달하게 되는 것이다.[42)]

또한 고대 인도는 '바라트(Bharat-광명의 머리)'라고 하였음에 환인 12분국시에 건국한 메구여국(메르가르 문명)과 그 하위 문명인 하라파, 모헨조다로 문명의 정체성을 정확히 알 수 있는 것이다.

42) Datta, Amaresh(2006년 1월 1일) "인도 문학의 백과 사전(제2권, Devraj에서 Jyoti)", ISBN 978-81-260-1194-0
https://en.wikipedia.org/wiki/Caste_system_in_India

제4장
고조선의 망명정부 연구와 달 왕조, 가야연맹 연구

1. 서 론

고조선을 신화로 규정하는 현 강단사학에서 뜬금 없이 웬 '고조선의 망명정부'를 논하느냐고 반문하며 쓸데 없는 말장난이라며 웃어 넘길 지 모른다.

필자는 제1권에서 민족학과 비교언어학 등을 통하여 중앙아시아의 '아무다리아(Amudaria)'강 상류에서 고조선의 건국을 밝혔으며 그 정체성은 '달(Dari, Tari)'이라고 주장하였다. 강단사학에서 위서로 규정한 '단군세기'의 기록에 제 22대 단군인 색불루(索弗婁, 기원전 1286, 두막루)가 군사 쿠테타를 일으켜 21대 소태단군을 내쫓고 칸에 등극하게 된다. 실로 이 사건으로 고조선의 지배계층이 스키타이(두막루)화 되는 것으로 현 서양사학에서 연구된 스키타이보다 약 500년이 앞서는 결과가 된 것이다.

물론, '단군세기' 3세 가륵단군(기원전 2177)시에 "임금께서 열량 욕살 '삭정'을 약수지방에 유배시켜 종신토록 감옥에 가두셨다. 후에 용서하여 그 땅에 봉하시니 흉노의 시조가 되었다."의 기록을 인용한다면 스키타이의 역사는 기원전 22세기로 거슬러 올라 갈 것이다.

그런데 위서로 규정한 '단군세기'의 기록을 증명하는 내용이 인도의 대서사시(리그베다, 마하바라타, 프라나)에 상세히 나오는 것으로 '단군세기'란 책이 결코 위서가 아님이 필자에 의해 밝혀진 것이다. 지도에 등장하는 간다라(Ghandara-달의 칸)는 추방당한 소태단군의 일족이었으며 소위 망명정부가 구성된 것이다. 찬탈한 색불루(索弗婁)는 소태단군이 존호(달의 칸)를 그대로 사용하도록 허락한 것으로 기록되었다. 그런 이유로 간다라(달의 칸)라는 지명이 오랫동안 사람들에게 불려진 것이다.

인도의 기록에선 망명정부로 구성된 간다라에 색불루의 세력들은 무자비한 공격과 회유를 한 것이고, 간다라를 간섭하는 이유로 중앙아시아의 스키타이 세력들이 인도의 북서부에 진출하는 계기가 되었으며 서양사학에서 시기를 잘못 판단하고 있으나 필자는 기원전 13세기에 리그베다(Rigveda)시대가 열린 것이라고 주장하게 된 것이다.

2. Rigveda에 기록된 "Druhyus" 부족에 대하여

한단고기 〈단군세기〉에 "고조선 21세 소태단군 재위 49년(기원전 1,289년)"에 개사원(蓋斯原) 욕살 '고등(高登)'이 대군을 장악하고, 단군에게 우현왕 되기를 청하므로 윤허하시며 '두막루(豆莫婁)'라 불렀다. 색불루가 우현왕을 계승하였다. 고등의 손자인 색불루는 사냥꾼 수천 명을 이끌고 부여 신궁에서 단군으로 즉위하였다.(기원전 1,286년) 임금께서 '아사달'에 은거하여 최후를 마치셨다. "환단고기〈단군세기〉"의 기록 중 '개사'는 한문으로 음차한 것으로 사마르칸트의 케슈(Keshu), 케시(Keshi)로 보고, 이곳은 반역향(反逆鄕)으로 11세기에도 '티무르(Timur)'가 반역하여 대제국을 건설한 지역이기도 하다.

우리는 이 기록에서 단군(칸)을 내쫓은 단순한 군사반란으로 생각할 지 모르지만, 이 사건으로 새로운 대역사가 형성된 것으로 인도의 Rigveda 기록에 Druhyus 부족이 등장한다. Druhyus를 해석하면 '이제 시작하는 흰 빛나는 달'로서 고조선의 '아사달'과 같음을 알게 된다. 더하여 Rigveda 33부족 목록에서 Druhyus는 일곱 강(사카지역의 강, 아무다리아강, 고조선의 영토인 옥서스권)에서 추방당했으며, 다음 왕은 간다라(Gandhara－달의 칸)로 알려진 북서부에 정착하였다(망명정부). 또한 Rigveda와 Puranas에는 북쪽에 있는 아스리타(Āsrita)라고 언급하였다.[1] 여기에서 아스리타(Āsrita)는 아스타리(Āstari, 아스타리, 아사달)의 오역(誤譯)으로 보인다. 또한 힌두어에서 말하는 Druhyus는 Mitrpaksh 사람이었다고 한다.[2] 여기서 'Mitrpaksh'는 힌두어로 '연합국 사람(동맹군)으로 지칭하고 있다. 즉, 9환의 종족(동맹, 연합)을 말하는 것인데 Mitrpaksh를 해석해 보면 Mitr는 '어머니 달'이고, Paksh는 '새로운 밝음'을 뜻하므로 "새로운 밝음의 어머니 달"이란 해석이 된다. 일러 '아사달'과 같은 어원이 형성된 것이다.

또한 Puranas의 기록에서 "Druhyus는 'Mandhatr'에 의해 일곱 강 유역(스키타이 지역)에서 추방되었다."[3]에서 Mandhatr는 '어머니족 머리의 달'에 해당되므로 스키타이의 달족에 해당되니 바로 색불루(스키타이의 달족), 색족(塞)에 의해 추방된 21세 단군 소태 왕족 및 부족을 말한다 할 것이다. 색불루에 의해 몸을 피한 종족들이 Druhyus 부족이 된 것이고, 그들은 파키스탄 북부의 페샤와르 계곡과 포토하르 고원에 위치한 Gandhāra(달의 칸) 제국을 건설하게 된 것이다. Druhyus 부족은 Rigveda에서 Druhyus

1) http://en.wikipedia.org/wiki\Gandhari－people(카테고리: Rigvedic 부족)
2) http://hi.wikipedia.org/w/index?title=Druhue－Log&oldid=2474569(힌두어 번역－Druhyus)
3) http://en.wikipedia.org/wiki\Gandhari－people(간다리 사람들)

를 언급하지 않고 그(Mandhatr, Mandhatri)의 아들 100명이 아프카니스탄(Udīcya) 북부지역에 정착하여 렉샤(Mlecchas)가 되었다.[4, 5] 아프칸 북부와 타지기스탄 남부의 고르노바다흐샨주가 바로 고조선의 건국지가 된 것이다.

(Bhagavata 9.23.15~16, Visna 4.17.5, Vayu 99.11~12, Brahmanda 3.74) 여기서 Mlecchas는 Prakrit Pali어에서 'Milakka, Milakkhu'라고 하며 비아리안계인 외국인을 부르는 명칭이었다.[6]

3. Mandhatri(Mandhatr, Mandhata)-어머니족의 흰 빛나는 머리의 달 (색불루, Sekblu, 두막루, 스키타이)에 대하여(https://en.wikipedia.org/wiki/Mandhatri)

Mandhata의 전설은 Vana parva, Drona parva, Mahabharata의 Shanti parva에서 인용된다고 한다. Mandhata는 베다(Veda)와 군대, 과학에 대한 전체 지식을 습득하고, 뚫을 수 없는 갑옷과 무한한 화살 공급장치와 하늘에서 떨어지는 Ajagava 활(원래 Shiva에 속함)을 획득하여 왕위에 올랐다. 그는 비(雨)를 통제하였고, 부자를 통제하는 능력이 있었으며, 하루종일 전 지구를 정복하였다. 그는 Vaishali, Asita, Druhyus의 왕(간다리), 앙가라(Angara), Nriga, Anga, Suna, Jaya, Janamejaya, Sudhanwan, Kanyakubja의 가야(Gaya), Gandharas(간다라 지역)의 통치자(제후)와 Brihadratha의 왕 Marutta를 정복하고, Patala loka, Bhuloka, Swargaloka의 절반을 정복하여 세 세계의 지배자가 되었다.

Mahhharata(Mahabharata)에서 Ayodhya의 왕은 그 자손으로 인정하였다. 이 전설은 고조선의 새로운 칸인 '색부루'의 스키타이 정권을 말하는 것으로, 인도의 달 왕조는 필자가 세계 여러 나라의 자료를 들추어 보아도 간다라(Gandhara-달의 칸)의 달 정권이 기원전 1286년이므로 가장 앞서는 것이다. 인도에서 말하는 달이란 용어는 Gandhara에서 카피한 것에 지나지 않는 것으로 칸은 Kan, Khan, Gan, Ghan, Chan, Can으로 표기·발성된다. 유럽에서 인용되는 칸은 Can인데, 자음인 'H'가 붙어 Chan으로 변화한 것이고 자음인 'H'는 '태양'을 의미한 고조선의 가림토 문자의 한 글자이었다. 그러기에 비교언어학상 아무런 문제가 없다. 그러므로 '칸드라'가 인도식 발음으로 '찬드라(Chandra-달의 칸)'가 된 것으로 본다. 달(Dal)은 다리(Dari), 다르(Dar)가 되고 드리, 드라, 드루 등으로 변화한다.

---

4) http://en.wikipedia.org/wiki/Gandhara
5) https://en.wikipedia.org/wiki/Druhyus
6) http://en.wikipedia.org/wiki/Mleccha

이러한 주장은 고대 터키의 종족인 카우를 Kau, Kao, Cao, Cau, Gao, Gau라고 표기되어 발성하였으며 중국이나 인도네시아, 네팔 등 동남아에선 Chau, Chao로 호칭하였다. 그래서 찬드라는 칸드라와 동일시 된다 할 것이다. 실로, 인도의 달 왕조는 파키스탄의 북부인 페샤와르(탁실라 포함) 지역에 추방당한 고조선의 왕족과 일족들이 터전을 잡은 간다라왕조(Gandhara-달의 칸)로부터 효시가 되었다는 것을 독자들에게 확실히 밝히는 바이다. 아울러 인도의 달 왕조를 찾기 위하여 많은 고생을 하였는데, 인도의 역사는 영국이 수백년 간 식민통치한 우민정치의 결과로 모든 역사는 거의 신화, 전설로 치부되었다. 타국의 역사와 뒤섞여 정리가 되어 있지 않았고 인도의 왕조는 신화, 전설로 뒤범벅된 역사왜곡과 역사 지우기 일환의 식민통치 이념이었던 것이다.

이런 필자의 지적은 인도의 Rigveda와 Mahabharata 등 기록에서, 간다라왕조(Gandhara-달의 칸)인 Druhyus 부족을 분명하게 비아리안계(인도인이 아닌 이방인, 렉샤-Mlecchas)로 분류해 놓으면서, 한편으론 간다라의 모든 종족은 인도의 태양왕조로부터 달의 왕조로 내려왔다고 한다. 고조선의 색불루 단군은 아프칸의 북부지방을 통치(100명의 아들)한 사람으로 Ikshvaku 왕조를 묘사하면서도 두루뭉술하게 인도의 역사에 편입시켜 해석하는 등 인도의 고대 역사는 일관성이 없다. 이러한 애곡의 저변에는 식민통치한 영국에 큰 책임이 있다 할 것이다.

실제 인도의 달 왕조의 역사에 간다라(달의 칸)를 아예 빼 버리고, 나머지 왕조로 달 역사를 만들었다. Ikshvaku 왕조는 고조선의 지배계층인 색불루(두막루, 스키타이계)의 왕조가 되어야 하는 것으로 인도의 달 왕조 연대기엔 Pururabas(새 태양 아버지의 광명), 아유(Ayu), 나후샤, Yayati로 계승되었다. Yayati는 다섯 아들을 두었는데 Yadu, Durvasu(새 아버지의 달), Anu(신), Puru(광명)과 Drushyu(Drushyus)로 구분하였다. 이 다섯 아들 중 Puru(광명)의 후손(Sudas)과 나머지 네 아들의 후손 투쟁이 바로 '열왕의 전투' 가 된 것이고, 결국 이 전투는 인도의 토속인과 비아리안계의 전투로 이어진 결과였다. 나중에 이들은 모두 쿠루(Kuru)제국으로 편입되었다고 한다(서양학자의 주장은 기원전 14~12세기).

인도의 달 왕조인 Chandravansha(흰 빛나는 새로운 아버지족의 달의 칸)는 Treta yuga(달의 머리 뱀의 집단)로부터 시작되었는데 Yuga는 나중에 Naga로 계승되었다. 난다(Nanda)제국(기원전 345~321년)의 Asmakas(이제 시작하는 어머니 집단, Assaka), Maithilas(이제 시작하는 어머니의 달)로 스키타이의 정체성인 '뱀'으로 연결된 것으로, 환단고기에 기록된 사수(蛇

水)와 사산(蛇山)은 그리스 신화에 나오는 뱀여인이 있던 곳으로 스키타이가 시작된 것이고 그 정체성은 '뱀'인 것이다.

앞에서 지적한 바와 같이 Drushyu(Drushyus)는 간다라 지방에 정착한 비아리안계로 고조선의 소태단군 일족인 부족이고, 인도 달 왕조의 아들 5명에 같이 포함될 성질이 아닌 것으로 인도의 역사서는 거의 전설로 이어졌다. 그러다 보니 끼워 넣어 인도의 달 왕조 역사를 부풀리게 한 것으로 연구되었다. 이런 왜곡은 인도의 달 왕조에 '간다라의 달 왕조'를 아예 빼 버렸다는 것이다. 앞으로 써 나갈 인도의 달 왕조 분석에서 그들은 기원전 3세기의 아케메네스의 이란 사카, 쿠샨 스키타이의 진출전에 고조선의 간다리 종족과 간다리의 임시정부를 통제·공격하기 위하여 인도 북서부로 진출한 고조선의 스키타이족들이 주류를 이루는 왕조이다. 이 Ikshvaku 왕조의 후손이 아요디아(Ayodhya)인데 비교언어학적으로 달 왕조인 Yadh, Yadu는 아요디아의 요디(Yodh)와 같은 것이고, 도시의 창업자인 아유다(Ayudha)의 이름에서 비롯된 것이다. 후에 Yadava, Yaduvasas, Yaduvanshi로 기록되었다. 앞에서 Yadu는 Anu(신), Durvasu(새아버지의 달), Drushyu(Drushyus)는 동맹군으로 비아리안계로 분류되었으므로 Yadu의 후손인 아요디아(Ayodhya)는 고조선의 스키타이 종족(석가족, Seaga, Saka)으로 자리매김할 수 밖에 없는 확실한 정당성을 가지며, 아유타(아요디아)의 공주인 허황후는 정통 인도사람이 아니란 결론에 도달하게 된다.

물론 참조로 간다라 왕조는 고조선의 정체성인 '달'을 표방한 망명정부로서 '달의 칸'이란 이름으로 추방당했으면서도 고조선의 정통성인 '달의 칸'(아사달)을 내 세웠던 것으로 분석된다. 간다라를 뺀 인도의 달 왕조 기록은 불과 기원전 7세기에 미치지 못하는 역사가 되고 말았던 것이다.

남의 나라 역사를 인도의 역사로 편입시키는 작태는 인도와 영국사람의 짓이라 하더라도 중국의 역사왜곡과 더불어 필자의 고조선의 역사와 고조선의 종족 찾기는 모래 속에서 바늘 찾기 보다 더 어려운 현실이 되고 말았다.

4. 고조선의 단군 일족 추방으로 Rigveda시대가 형성되다.

현 서양사학에선 Rigveda시대를 초기 베다기간으로 기원전 1500~1200년으로 보고 후기 베다기간은 기원전 1100~500년으로 나누고 있다. 서양사학에서 기원전 1200~1100년 사이에 편잡을 중심으로 동쪽으로 갠지스 평야로 농업과 정착활동으로 베다기간에 사회 계층 구조의 출현과 Vedic의 단계로 확인된 고고학상 황토색 도기문화, 간다라 그레이브 문화, Painted Grey Ware 문화가 포함되었다.[7] 실로 인도-유럽, 인도-아리안은 문헌학자, 언어학자, 역사학자, 고고학자 및 다른 사람들 사이에 계속되는 논쟁의 주제이다. 필자는 '단군세기'를 인용하였고 Rigveda에 기록된 종족 이름으로 Rigveda 시대를 정확히 증명하게 된 것이다. 그러므로 필자의 주장대로 기원전 1,286년으로부터 초기 베다기간이 형성되었다. 고조선의 종족은 간다라에 건설된 망명정부는 놓아두고 별도로 인도 북부, 동부를 개척하여 Ikshvaku 왕조(아요디아 왕조)를 건설하게 된 것이고, 일부는 후에 뱅골, 네팔, 미얀마, 라오스 등지로 이주되었다.[8] 고대의 Rigveda 기록처는 두 가지 배다문화로 첫 번째는 Purus와 Ikshvakus가 지배하는 Sarasvati-Drishadvati(인도 북서부와 파키스탄 동부를 통과하는 강-하크라강(Ghaggar-Hakra River) 시스템)강 지역을 중심으로 하는 북부왕국과 두 번째는 아라비아 해안을 따라 Vindhya산으로 Turvashas와 Yadus에 의해 지배되었으며 더 남쪽으로 확장된 남부문화였다고 한다.

5. 고조선의 망명정부(간다라 망명정부)의 부침

1) 색불루 지배계층인 Mandhatri(어머니족의 흰 빛나는 머리의 달, Mandhata)

간다라의 통치자를 학살하였다(Mahabharata 3, 26). 이 기록에서 망명한 소태 단군의 후손인 간다라 통치자 등을 공격하여 왕족을 살육한 것으로 기록된 것이다.

2) 간다라왕 수발라(Suvala-새로운 광명, 마하바라타 1,110)

수발라는 마하바라타 기간에 간다라의 왕이었으며 그의 아들인 Shakuni(새 흰 빛나는 왕), Sauvala, Achala, Vrishaka, Vrihadvala는 모두 족장이었다. Shakuni는 숙련된 주사위 놀이 선수였다(마하바라타 2, 57).

3) 카르나(Karna-동맹족)의 간다라 정복

Mandhatri(사카)의 동맹으로 보며 Madrakas(Madra-어머니의 달), Matsyas(새로운 머리의 어머니), Trigartas(달의 새 머리 동맹), Tanganas(머리족의 칸), Khasas, Pancalas, Videhas(태

7) http://en.wikipedia.org/wiki/Vedic-people

8) http://en.wikipedia.org/wiki/Ikshvaku-dynasty

양의 아버지 머리), Kulindas(머리의 동맹), Kasi–Kosalas(고시–태양의 동맹), Suhmas(새 흰 빛나는 어머니), Angas, Nishahas와 다른 사람들과 함께 Gandharas를 정복하였다(마하바라타 8, 9). 이들은 동맹이며 특히 Madra(어머니 달)는 편잡과 아프칸에 산재된 Bahlika(Bahlikas) 종족으로 앞에서 서술한 바 있다. 그러므로 고조선 9환에 해당되는 인도 북서부에 진출한 동맹군이었기에 망명정부 집단인 간다라(Gandharas)를 정복하고, 그 일족을 살육하게 된 것으로 추정하였으며 후에 간다라는 동맹군에 합류하게 된다.

4) Kurukshetra 전쟁에서 Gandharas(간다라)와 사카의 동맹

간다라스족은 Duryodhans의 가까운 동반자인 Shakuni 덕분에 Kauravas와 동맹을 맺었다. 간다르 군대는 사카(Sakas), 키라테(Kiratas–네팔 종족), 야바나(사카의 부족), 시비스, 바사티스, 카우라바 군대와 단결하였다(마하바라타 5, 198).

5) Kekaya(가야동맹)의 전투에서 다섯 간다라 왕자가 선봉에 서다.

(마하바라타 6, 45)

6) 간다라의 수석 Vrishak과 Achala는 Arjuna와 싸웠다.

(마하바라타 7, 28)

7) Shakuni와 그의 아들 Uluka는 간다라의 기병이 되었다.

(마하바라타 7, 47)

8) Shakuni는 Pandava 군대에서 Kulinda(히말라야) 왕을 죽였다.

(마하바라타 8, 85)

9) 간다라 산악인들은 샤쿠니(Shakuni)를 따라 갔다(마하바라타 6, 20).

10) Madras, Sauviras, Gandharas, Trigartas는 단합하였다.

(마하바라타 6, 71)

11) 아르주나(Arjuna)와 간다라의 통치자인 Shakuni의 아들과 치열한 전투가 일어나다(마하바라타 14, 83).[9]

9) https://en.wikipedia.org/wiki/Gandhara_Kingdom

12) 음악 노트의 명칭 수록 : 음악, 예술분야의 전문용어(마하바라타 4, 17, 13, 17)

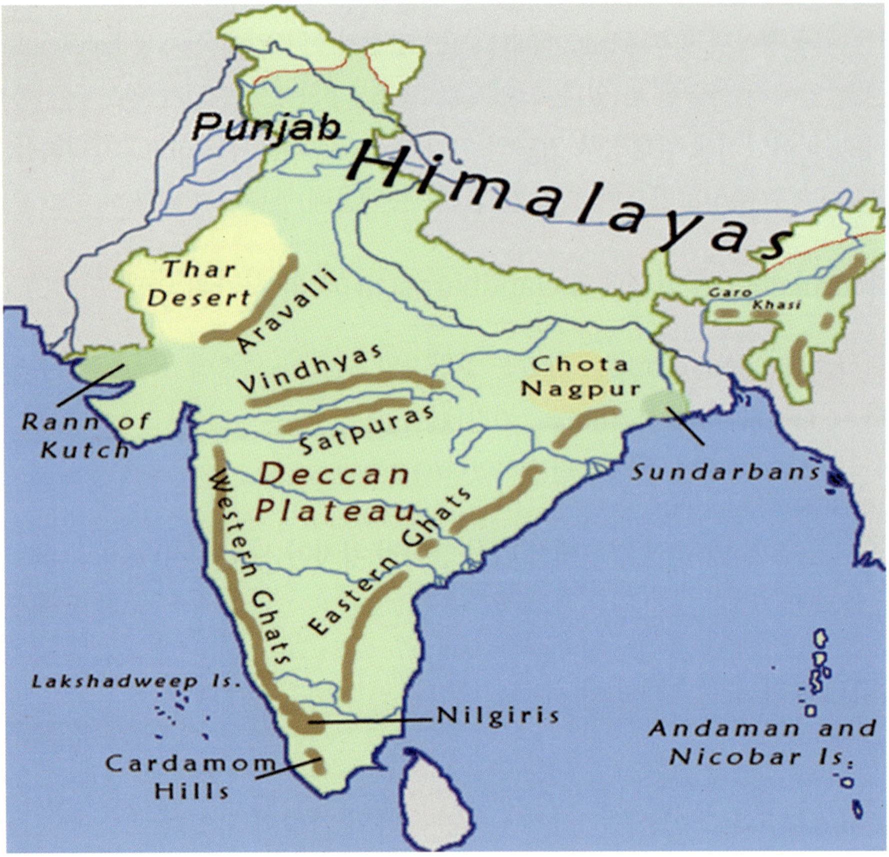

〈Vindhyas 산맥을 경계로 하는 남·북의 고대인도(Rigveda 시대)〉

출처 : By Nichalp－Own work, CC BY－SA 3.0,
https://commons.wikimedia.org/w/index.php?curid=179162

6. Ikshvaku 왕조의 계보

이 왕조의 Tirthankara 24명 중 22명은 이 왕조에 속해 있었고 Tirthankara는 "달의 머리 사람들 집단"으로 해석된다. 불교 원본에 따르면 Shuddodhana, Gautama Buddha, Rahula를 포함한다고 한다.[10] Gautama Buddha는 고오타마시타르타로 '석가'인 부처를 말한다. 인도 북방민족인 Kauravas와 Gautama가 같은 가우, 카우로 언어학상 같은 것이며 석가(Seaga)는 사카(Saka)와 어원이 같으므로 이 왕조에서 석가와 그의 아들

10) http://Malalasekera,GP(2007SUS)[1937년] 'Pali의 올바른 이름 사전'. 델리 : Banarsidass. pp 461－2. ISBN 978－81－208－3021－9

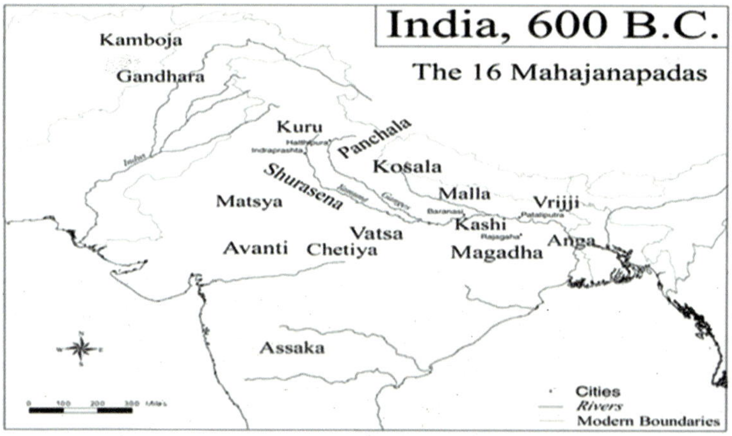

〈코살라(Kosala) 왕국(기원전 1,200~500년)〉

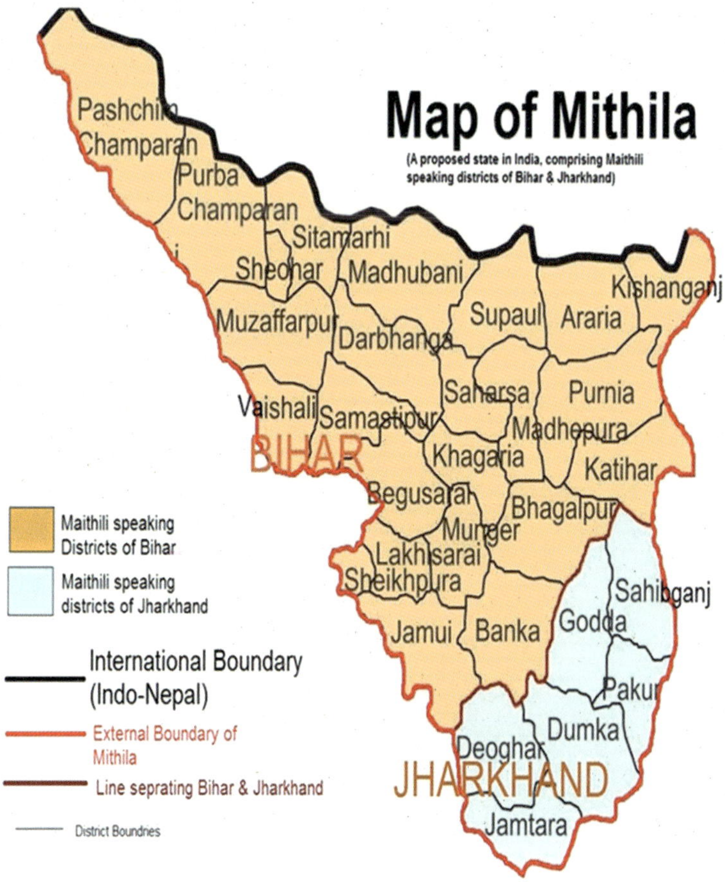

〈Ikshvaku의 아들 Nimi에서 파생된 Mithila(어머니의 달) 왕조〉

출처 : https://de.wikipedia.org/wiki/Mithila#/media/File:Mithila_Map.jpg

* 신화에 의하면 Ikshvaku의 아들 Nimi에서 파생된 Mithila는 달의 왕조로 인식되고, 아요디아(Ayodhya)의 장남 Vikukshi은 태양왕조로 전해지고 있다.

라훌라(Rahula)를 배출한 것이다. 그러므로 석가족은 당연히 스키타이족으로 고조선의 달족(Tirthankara-달의 머리족 집단)인 스키타이에서 그 조상이 된 것이다. 이 왕조는 코사라(Kosala) 왕국(기원전 1,200~500년)을 통치하였다. 코사라 왕국은 북인도인 우타르프라데쉬(Uttar Pradesh-큰 달은 새 흰 빛나는 머리의 광명)에 거점을 두었으며 아요디아(Ayodhya-아유타)는 수도이었다.[11)]

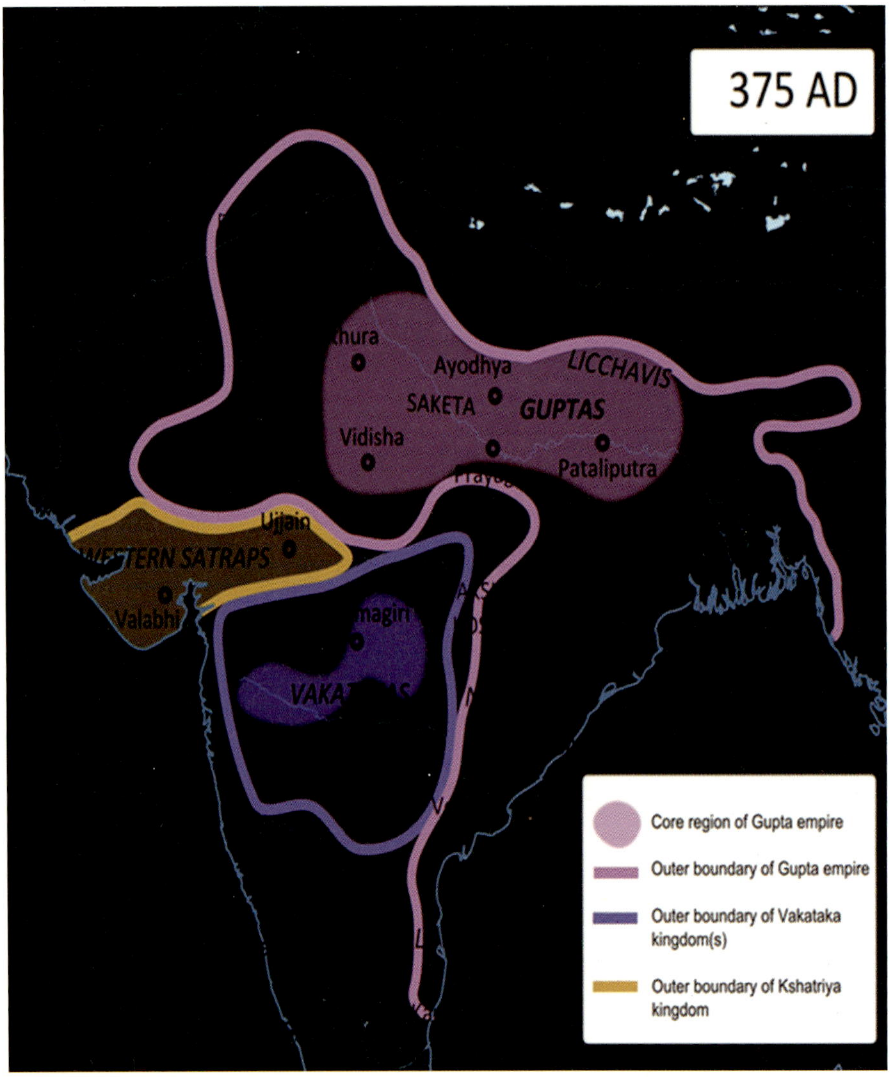

〈서기 375년 인도 북부의 왕조(GUPTAS -아버지의 새 머리)〉

출처: Von Woudloper-Eigenes Werk, CC BY-SA 3.0, https://commons.wikimedia.org/w/index.php?curid=35018674

*굽타왕조시에 사케타(Saketa), Mathura(어머니의 달)는 색족(사케, 스키타이)의 이름이 분명하다.

11) https://en.wikipedia.org/wiki/Kosala

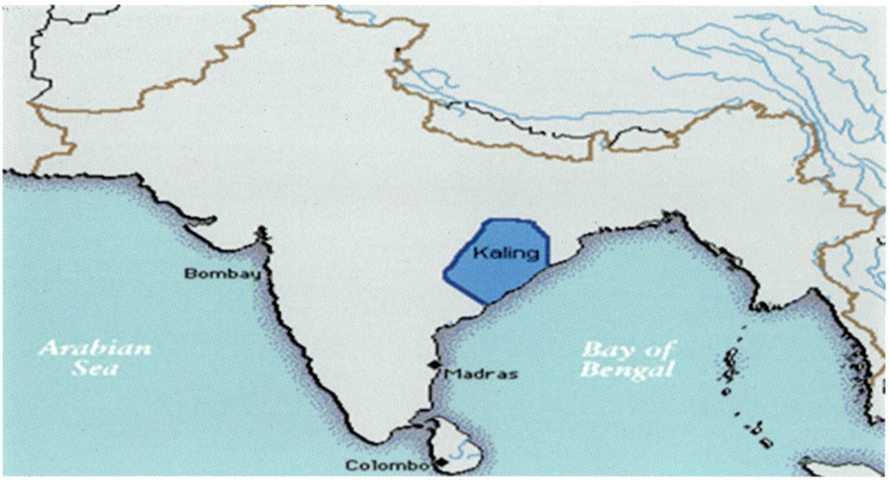

〈칼링가 제국(Kalinga－동맹의 사람들)〉

Dominio público,

출처: https://commons.wikimedia.org/w/index.php?curid=1458427

〈마가다(Magadha －어머니 흰 빛나는 머리 집단) 왕조〉

Общественное достояние,

출처 : https://commons.wikimedia.org/w/index.php?curid=1458414

〈기원전 325년의 난다(Nanda－머리 신) 왕조와 Tamralipti(Tamluk)〉

Автор : Avantiputra7 － собственная работа, CC BY－SA 3.0,

출처 : https://commons.wikimedia.org/w/index.php?curid=33240225

〈Maurya(우리 어머니) 제국〉

Автор: Avantiputra7 – собственная работа, CC BY-SA 3.0,

출처 : https://commons.wikimedia.org/w/index.php?curid=33726301

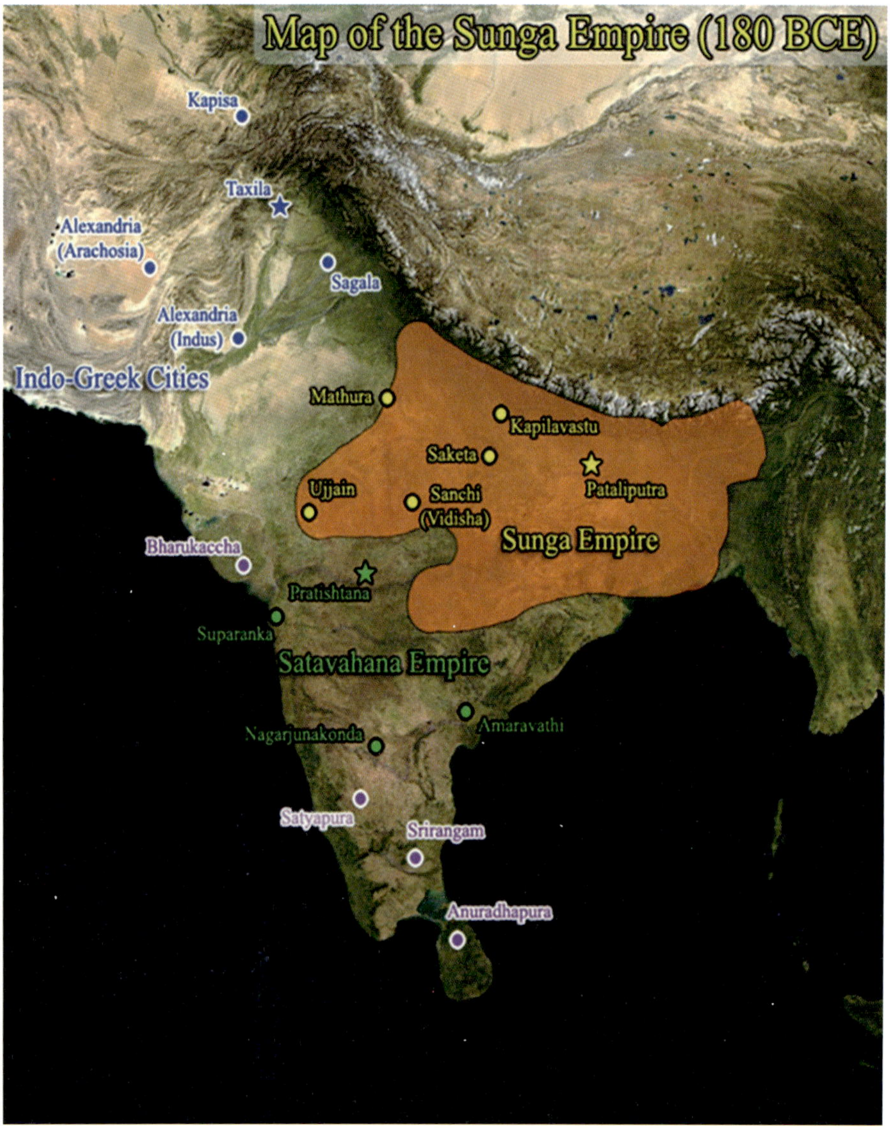

〈숭가(Sunga) 제국의 지도(Saketa-사케의 머리, 스키타이, Mathura-어머니의 달)〉

Автор : Windy City Dude-собственная работа(Original text : I(Windy City Dude(talk)) created this work entirely by myself.), Общественное достояние.

출처 : https://commons.wikimedia.org/w/index.php?curid=29726221

〈Arachosia(Pactio, 밝은 머리, 우리 고시)와 간다라(Gandara – 달의 칸) 지역〉

By William R. Shepherd(b. 1871 – d. 1934) – http://www.lib.utexas.edu/maps/historical/history_asia.html
http://www.lib.utexas.edu/maps/historical/shepherd/persian_empire.jpg, Public Domain
출처 : https://commons.wikimedia.org/w/index.php?curid=9042531

〈구자라트(Gujarat－태양의 머리 집단) 지역의 Kutch(머리 집단)〉

7. 열왕들의 전투(dāśarājñā)

Rigveda(7권, 18.33, 83.4~8)에서 라비강 펀잡을 중심으로 Bharatas의 Puru vedic Aryan 종족과 간다라, 북서부와 연합한 전투로 Puru의 왕 Sudas가 물리쳤다고 기록되었다. 여기에서 교전국은 이미 Rigveda의 부족 목록에 나와 있는 부족으로 Alinas, Anu, Bhrigus(Bhrigu, 광명의 고시), Bhalanas, Druhyus(간다라의 부족), Parsu(이란계), Matsya(Rigveda 7.18.6), Gandhari(Rigveda 11.126.7), Purus, Panis(스키타이계)로 관련되었다. 이들은 비아리안계로 Mlecchas(외국인)이었다. 전투 중 Turvasas(새로운 아버지의 달), 야수(Yadu-스키타이계)가 지원하였다.[12]

8. 고고학적으로 증명되는 간다하라(Gandhara-달의 칸) 무덤 문화

관련된 무덤의 유물들은 남쪽의 고멀강을 따라 남동부의 탁시라 북쪽에 있는 스와트강(Swat and Dir) 둑을 따라 분포되었다. 연구한 학자들은 간다하라(Gandhara) 무덤문화는 인도-아리안 이주의 결과물이지만 지역 문화적 연속성으로 설명될 수도 있다고 하였다.[13] 케네스 Ar 케네디는 신석기시대 메르가르(Mehrgarh) 인구와 생물학적 친화력을 공유하였고, 메르가르의 고대 인구 사이의 생물학적 연속체를 의미한다고 하였

〈간다라 예술의 극치인 '금식의 부처(Budda)'〉

출처 : http://heritage.gov.pk/html_Pages/gandhara.html

12) 슈미트 HP Rigveda 7.18.5~10 Indica
http://en.wikipedia.org/wiki/Battle-of-the-Ten-kings

13) http://en.wikipedia.org/wiki/Gandhara-grave-culture

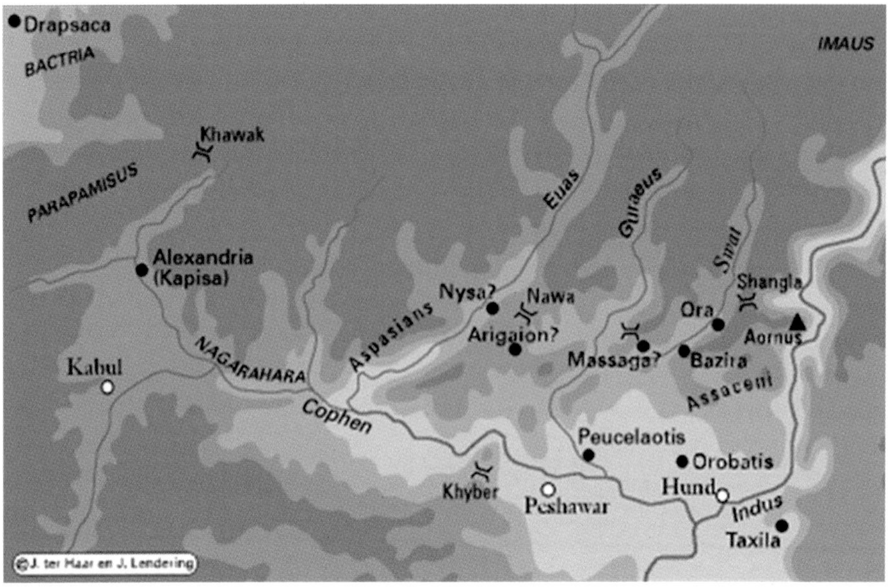

〈간다라(Gandhara)의 중심지 Peshawar(페샤와르)〉

출처 : http://www.livius.org/pictures/a/maps/map-of-gandara/ShareAlike4.0 International

다.[14] 학자에 따라 기원전 1,600년, 1,500년으로 추정하고 있다. 이 무덤문화는 나아가 Bmac(박트리아 마르기아나 문명), Yaz 문명과 함께 투르크(Turcic-달의 집단) 문명의 한 기록으로 보고 있다. 필자는 1권에서 파키스탄(편잡 포함)의 문명이 한인 12분국의 메르가르(메구여국-기원전 7,000년경)문명으로 언급한 바 있으며 추방당한 옥서스권(고조선의 건국지)은 당연하게 박트리아와 같은 문화권일 수 밖에 없다. 고고학상 '하라파문명'은 박트리아권의 옥서스 지역의 연결고리가 되었으며 아트칸 북부의 콕차강 계곡에서 산출되는 청람석·청금석의 무역센터로 연구되었다.

9. 간다라문명의 증명(Darada-달의 머리)

1) 아라코시아(Arachosia)의 알렉산드리아(칸다하르)

아라코시아의 알렉산드리아 : 알렉산더 대왕이 세운 도시로 현대 칸다하르이다.

아라코시아의 알렉산드리아(Alexandria)는 기원전 329년 겨울 알렉산더 대왕(Alexander the Great)이 지난 몇 주간 아프가니스탄 남서부를 거쳐 베수스(Bessus) 반대운동을 하면서 설립되었습니다. 이 도시는 여전히 고대의 이름을 지닌 현대 칸다하르(Alexandri

14) 케네스 AR 케네디. 2000, God-Apes와 화석남자 : 남아시아의 고생물학 Ann Arbor : University of Michigan press. p. 339.

《Iskanderiya》Kandahar)와 동일합니다. 도시는 Kapisakaniš라고 불리는 오래된 아케메니에(Achaemenid) 마을과 동일합니다. 그것은 이미 중요한 도시였습니다. 왜냐하면 훌륭한 농업 재원인 Helmond에 위치하고 있었기 때문입니다. 전시에는 이 재산에 추가 : 서쪽에서 도착하는 여행자가 현대 카불에 Tarnak를 따라 상류로 갈 수 있는 Bolan이 낮은 전달을 통해, 또는 남동쪽에, 그리고 편잡 인더스와 삿타기디아, Arachosia는 522년 여름 Cambyses왕 이후의 문제들에서 페르시아 왕조의 Vahyazdâta와 편을 들었다.

그러나 Kapisakaniš에서 합법적인 군복 Vivâna는 Vahyazdâta의 군대에 대한 자신의 입장을 견지했고 두 번의 전투(522년과 521년 2월 21일)에서 새로운 왕 Darius I the Great에 이 지역의 충성을 확증했다. 이후 알렉산더가 도시를 비방할 때까지 이 도시는 다시 역사에서 사라집니다. 323년에 멸망 한 칸다하르는 후계자 몇 명에 의해 통제를 받았는데, 셀레우코스 1세(Sleucus I Nicator)는 303마리의 코끼리를 받은 협상의 일부로 Chandragupta Maurya에게 그 사실을 전했다.

이 도시는 여전히 기원전 258년 Mauryan 제국에 속했고, Chandragupta의 손자 Ashoka(불교로 개종)는 Arachosian 도시에서 두 개의 바위 칙령을 세웠습니다. 하나는 그리스어로, 다른 하나는 그리스어와 아람어입니다. 10년이 지난 후에 Piyadasi 임금[Ashoka]은 남자에게 알려진 경전을 만들었고, 남자들은 이후에 더욱 경건하게 되었으며 모든 것이 전 국토에서 번성하게 만들었습니다. 그리고 왕은 살아 움직이는 듯한 것들로부터 절제를 실천했고, 왕의 사냥꾼이나 어부들은 모두 사냥을 그만 두었고, 요실금을 가진 사람들은 가능한 한 많이 요실금에서 벗어났다. 그들의 아버지와 어머니, 그리고 장로들과 비교해 보았을 때, 이 일을 함으로써 미래 모든 면에서 더 유익하고 나아질 것입니다.

이것은 여전히 그리스의 과반수가 있음을 입증하고 실제로 고고학자들은 그리스와 동전에 몇 개의 비문을 발견했습니다. 나중에 도시는 사카(Sacae)에 의해 붙잡히고, Arachosia는 현대 이름 Sistan가 파생되는 Sacastane이라고 개명되었다. Pustuns(또는 Parthans)는 그들의 자손인 것처럼 보입니다. 이 도시는 파르티아(Parthian), 쿠샨 (Kushan), 늦은 사산(Sasanian) 시대에 중요하게 남아 있었으며 상당한 불교 소수를 지니고 있었습니다. 이슬람 정복은 칸다하르(Kandahar) 번영의 종말을 의미했습니다. 이 페이지는 2006년에 만들어졌습니다.

출처: http://www.livius.org/articles/place/alexandria-in-arachosia-kandahar/?

아라코시아(옛 페르시아 : Harauvatiš) : 태수의 통치 아래 아케메네스 제국(현대 아프가니스탄 칸다하르)은 Tarnak의 강을 따라 산을 넘어 이란의 서쪽에서 인더스 계곡으로 이어지는 도로의 일부입니다.

아라코시아(Arachosia)는 남서쪽의 헬몬드(Helmond)에 있는 드라기아나(Drangiana)와 북동쪽에 있는 간다라(Gandara)의 산과 계곡 사이에 위치하고 있습니다. Arachosian 수도인 Kapisakaniš(현대 Kandahâr)에서는 도로가 분열합니다. 서쪽에서 오는 여행자는 Tarnak을 따라 현대 카불 및 펀 자브까지, 또는 남동쪽 Bolan 패스를 지나 Indus 아래쪽 Sattagydia로 왔습니다.

아라코시아는 아마도 고레스왕(Cyrus the Grea, 기원전 559~530년)의 통치 기간 동안 아마헤메나 제국에 추가되었다. Kapisakaniš의 페르시아 요새가 이 세월에 지어졌다는 징조가 있습니다. Arachosia는 522년 여름 Cyrus의 아들과 후계자 Cambyses의 죽음 이후에 문제 동안 페르시아의 가설 Vahyazdâta와 편을 들었다. 그러나 정당한 군중 Vivâna는 Vahyazdâta 부대에 대하여 그의 지상에 서 있고, 2마리의 전투(522년 및 521년 2월 21일)에서 새로운 임금 Darius I에 지구의 충절을 확보했다.

Vivâna는 하나의 Bakabaduš에 의해 계승된 것 같습니다. 최근 군중은 알려지지 않았다. 바리 센테(Barsaentes)는 다리우스 III 코도마누누스(Darius III Codomannus) 밑에서 아라코시아(Arachosia)를 통치했다. 이것은 전쟁 중이었습니다. Arachosia가 Drangiana의 붕괴에 의해 규율된 정상적인 상황하에 있을 가능성이 있습니다 .

마케도니아어 왕 알렉산더 대왕은 329 BCE에 아라코시아를 방문했다. 그 후 카피 사카니쉬는 아라코시아에서 알렉산드리아라고 불렸습니다. 알렉산더의 죽음 이후, 그것은 셀레우코스 제국의 일부가 되었다. 그것은 짧게 인도 황제인 Ashoka Maurya (기원전 272~232년-바위 칙령으로 유명한)를 받으며 기원전 2세기에 Sacan과 Parthian이 되었습니다.

Sacae 후에 국가는 현대 이름 Sistan가 파생되는 Sacastane이라고 칭했다. 사람들은 루비(Ruby)로 만든 눈으로 황금 동상 모양으로 경배된 준(Zun)이라는 신을 믿은 것으로 알려져 있습니다. Sistanis는 653-654와 699-700에 있는 아라비아 사람들 부상병을 병동에 수용하는 것을 처리했다. 컬트는 11세기까지 계속되었다.

이 페이지는 1997년에 만들어졌습니다. 2015년 7월 30일에 마지막으로 수정되었습니다.

출처 : http://www.livius.org/articles/place/arachosia/?

* 옛 페르시아 : Harauvatiš는 크로아티아어로 Hrvati, Čakavian 방언. Harvati, Kajkavian 방언 : Horvati에 대하여 '압바스, 사마르'는 "croats, Serbs, Jats의 일반적인 기원"에서 문화적·유전적 연계가 있다고 하였다. 필자의 해석은 "태양의 아버지 머리"이고 당연한 문화, 유전적 연계가 있는 것은 세르비아권 빈카문명의 후손들이 흑해, 발칸반도로 남하하여 만든 문명이 고조선 제국이므로 같은 동질성이고, 인도유럽어로 그들은 태양족이며, 머리족이고, 아버지 사람들이기 때문이다. 아라코시아(Arachosia)는 헬만드(Helmand-태양의 어머니족 머리)강을 중심으로 세워진 도시국가이며 현재 칸다하르(아프가니스탄)이다.

2) 아라코시아(Arachosia)에 대한 서양학자들의 어원 분석과 필자의 분석

아라코시아(Arachosian) 또는 아라초티(Arachoti)에 의해 거주되었던 현대 칸다하르(Kandahār, 아프가니스탄 남부) 주변의 아카메니드(Achaemenid) 제국 동부지역의 아라초아(Archosua) 지역. 그것의 이름이 오래된 페르시아 낱말 모양은 Harauvatiš(hruvti-) : 이 형태는 Vedic Sárasvatī-(Fem, 강 이름, 적절하게 "물/호수가 풍부하고 Sáras에서 파생된 것-호수, 연못")의 어원학적으로 동등인 인물이다. 따라서 이 지방은 주요 강인 헬만드의 지류인 근대 Argandāb(그리스어인 Arachōtós)의 이름을 따서 명명되었다.

동일한 지역은 원주민 방언의 Haraxᵛaitī(그의-Axᵛa-전형적인 비 Avestan임)로 Avestan Vidēvdāt(1.12)에 나타난다. 이 두 가지 형태의 Old Pers. Harauvatiš(개조된 이름-iš)은 Elamite Ha(r)-ra-u-ma-ti-iš, Ha(r)-ru-ma-ti-iš 등, 그리고 "Arachotic"(Median) * Haraxvatī-Aramaic hrḥwty(참조, RA 보우만, Persepolis, 시카고, 1970년, 192 b절의 아람어의식 교본 참조), Elamite Har-ku(ut-)ti-iš(DSf 39, XPh 16 및 Persepolis 정제, RT Hallock, Persepolis Fortification Tablets, Chicago, 1969, 691a 참조), 그리스어 Arachōsíā. * Harauxatī, 바빌로니아 KUR a-ru-ha-at-ti(-'), a-ru-hat 0 및 Aramaic hrwḥty(DB)의 양식을 반영한다(M. Mayrhofer, Onomastica Persepolitana, Vienna, 1973, 32쪽, K. Hoffmann, Aufsätze zur Indoiranistik II, Wiesbaden, 1976년, 641쪽, n. 38 참조, R. Schmitt inSprachwissenschaft 9, 1984, pp. 205f)고 어원 분석을 하였는데 모두 엉터리인 것으로 Argandāb(아르간다브)강의 정체성에서 아르(Ar)는 아리(Ari), 아라(Ara), 아루(Aru)와 같은 '우리'를 말함이고, 간(Gan)은 간(Ghan), 칸(Khan, Kan)과 같이 큰 대왕을 가르킴이며 Dāb는 '머리 아버지'를 뜻한다. 그러므로 "우리 아버지 머리의 칸" 강이 되는 것이다.

그러면 Harauvatiš, Harvati의 어원 분석을 하자면 하라(Hara), 하르(Har)는 태양을 말한다. 그리스의 헤라(Hera) 여신이 대표적이다. Va(바)는 ba와 같이 사용되며, 북아프리카나 펀잡지역에선 Wa가 Va, Ba 대신으로 표기되기도 한다. '아버지'를 말함이다. 마지막으로 깨우친 사람의 종족의 대명사인 '머리'가 다(Da), 두(Du), 디(Di)로 표기되며 인도유럽어로 타(Ta), 투(Tu), 티(Ti)로 표시되므로 "태양의 아버지 머리"로 해석된다.

또한 아라코시아(Arachosia)에서 코시(Chosi)는 코쉬(Koshi), 쿠쉬(Kushi), 쿠시(Kusi), 키시(Kisi), 코스(Cos) 등 다양한 변형으로 표기되며 머리족의 표상인 '고시' 종족을 말함이다. 즉, '우리의 고시'가 아라코시아인 것이다. 아라코시아의 산재된 종족들은 간다라(Gandara, Gandara)의 왕조 지역으로 오늘날 아프칸의 파슈툰(Pashtuns-흰 빛나는 새로운 머리 사람들) 종족이라고 하며 언어학적으로는 이란의 동부 언어를 구사한다고 한다. Pacti(밝은 머리), Pakhtoon(밝은 머리족), Pashto(아버지의 흰 빛나는 머리) 등으로 불리며, 인도 Rigveda에 기록된 Pakhthas(밝은 새 흰 빛의 머리)와 같은 어원의 종족이 된다.

3) 민족학(종족학)으로 간다리(Gandhari, Gandari-달의 칸)의 증명

박트리아권역의 사람과 옥서스권의 사람들을 통틀어 인도의 '마하바라타'에서는 Bahlikas(아버지 태양의 고시) 사람들이라고 하였다. 마하바라타에서 펀자브의 평원에 Bahlikas(태양 아버지 고시)가 언급되어 있으며 펀잡의 사람들은 고대 Bahlikas의 직계후손이라고 밝히고 있다. 몽골, 훈족, 에프탈리테와 현재 아프가니스탄의 모든 조상들이 Bahlikas에서 살아남아 Bahlikas 사람들이 인도로 이동하였다고 한다. 여기서의 인도 이동은 인도 16국의 종족 진출을 말한다. Bahlikas(태양 아버지 고시)의 카스(Kas)와 아라코시아(Arachosia)의 핵심인 코시(Chosi)가 결코 다르지 않고 같은 어원에서 출발한 환웅시대의 종족인 '고시'를 말함이다.

아라코시아(Arachosia)의 지도에 나타난 Pactyans는 "밝은 머리"가 됨에 파슈툰(Pashtuns-흰 빛나는 새로운 머리 사람들)과 정체성이 같은 것이고, 터키 동부의 중심지에서 동부 이란에 걸쳐 건국한 파르티아(Parthia-광명의 흰 머리, 기원전 247~224년)도 같은 정체성을 가지게 된다. 특히 박트리아(Bactria) 사람들은 "밝은 달" 사람이 되므로, 고조선의 가장 큰 정체성인 '달(月)'을 표기하였는데, '색불루'의 군사혁명에 의해 추방당한 소태단군의 왕족과 귀족에 따르는 종족이 파키스탄의 페샤와르 지방에 정착한 지역에 망명정부인 간다라(Gandhara-달의 칸) 왕조를 세우니 역시 달의 정체성으로 왕조를 세웠던 것으로 '아사달'이 된 셈이다(한단고기). 〈단군세기〉에 "소태 단군이 '아사달'에 은거하였다." 라고 기록되어 있다. 헤로도토스(Herodotus)는 기원전 1,000년기에 아프리다리(Afridi, Afridari－광명의 달)의 파슈툰(Pashtun) 부족을 언급하였다.[15)]

앞서 인용한 추방당한 Druhyus 부족의 정체성이 드루(Dru－달)이며 드라(Dra), 드르(Dr) 등으로 표기·변화된다. 군사혁명을 한 '색불루(Sekblu－색의 광명)'는 색족이므로 사카(스키타이)가 분명하고, '단군세기'에서 '두막루(Dumaclu－태양의 머리 어머니 집단)'로 표기하였는데 카자흐스탄 북동부와 내몽골에 위치하였던 스키타이족으로, 중국에선 '두막루'가 고작 서기 5세기경(고구려 문자왕 시대)에 형성된 종족이라고 왜곡하고 있다.

리그베다에선 '색불루' 집단을 Mandhatr(흰 빛나는 머리 달의 어머니족)로 어머니가 앞장을 서는 스키타이계 달족으로 지정하였다. 또한 Ikshvaku 왕조의 Tirthankara(달의 머리족 집단) 사람들이 왕조를 펼쳐 나갔다고 하는데 익슈(Iksh－익스)는 약수와 그 어원이 비슷하여 스키타이의 본산지인 '약수지방'을 지칭하는 것으로 본다. 10왕들의 전투에서 늦게 지원한 Yaksus(새 약수, Yadu－스키타이계)는 정확히 '약수'를 지칭하고 있다.

드란기아나(Drangians－새로운 달의 깨우친 사람들) 종족은 아프가니스탄 남동부와 이란의 남서부에 위치한 종족으로 역시 '달'이란 정체성을 가지고 있다. 알랙산더의 원정시에 나타난 게도르시아(Gedorsia－달의 새 집단)의 국가 이름에서도 같은 '달'을 만나게 된다. 결국 간다라 지역에 망명정부를 세웠던 사람들이 도시국가의 발전은 간다라(Gandhara－달의 칸)를 위시하여 게도르시아(Gedorsia－달의 새 집단), 드란기아나(Drangians－새로운 달의 깨우친 사람들)로 파생된 것을 볼 때, 달을 표방한 국가가 늘어났다. 알렉산더 대왕과 그의 후계자에 관한 책에서 Gedrosia라는 이름의 지역은 인더스강에서 호르무즈 해협의 남쪽 가장자리까지 이어 지며 게도르시아는 Satrapy(새로운 아버지의 달)로도 표기되었다. 한편 게도르시아의 고유 이름은 Gwadar(달의 아버지 집단)라고 하였다.[16, 17)]

사실, 아케메네스 제국의 다리우스 1세(Darius－처음의 달, 아사달)의 이름은 고조선의 정체성인 '달'이고 이름에서 '아사달'로, 구티안(Gutian－머리 동맹 사람들)의 다리우스가

15) Schmite, Rudiger(2011sus 8월 10일) 〈Arachosia〉 미국 : Encyclopedia Iranica http://www.iranicaonline.org/articles/arachosia)

16) Houtsma, Martijn Theodoor(1987) : 티 브릴의 1913~1936년 이슬람백과사전, BRILL. pp. 150, 550. ISBN 90-04-08265-4

17) Bosworth, A.B.(1988). 정복과 제국 : 알렉산더 대왕의 통치. Cambridge University Press. ISBN 9780521406796.

〈알렉산더 대왕의 경로 지도에 나타난 Gedrosia(새로운 달의 동맹) 지도〉

By Fielding Lucas, Jr.－scanned from Plate 12 of A general atlas containing distinct maps of all the known countries in the world by Fielding Lucas, Public Domain, 출처 : https://commons.wikimedia.org/w/index.php?curid=3162623

고조선의 삼한 붕괴(기원전 638년 추정) 후 진공상태인 중앙아시아를 포함하는 대제국을 형성한 것으로 연구되었다. 쉽게 말하자면 아케메네스 제국은 '달 제국'이었다. 이러한 주장은 아케메네스의 가계도 분석에서 그 정체성을 새로 증명할 것이다.

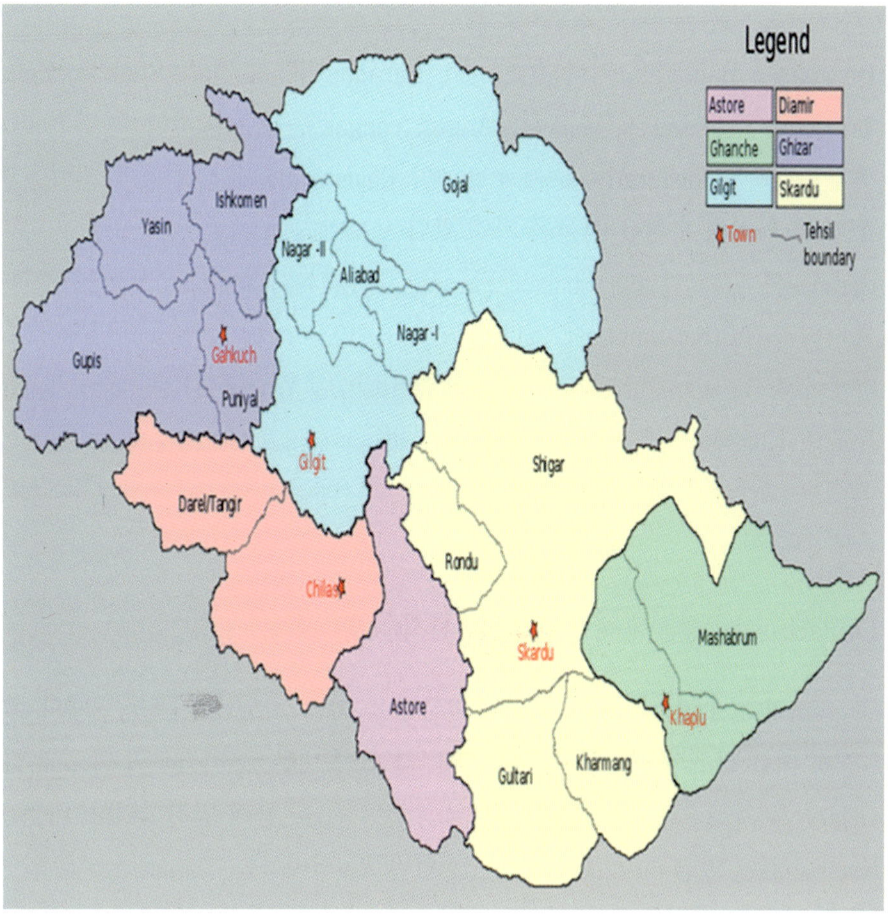

〈파키스탄의 다르디스탄(Dardistan－새 머리족은 달의 머리) 지구〉

Von Pahari Sahib－Created file using Inkscape, based on maps from http://www.northernareas.org.pk/maps.htm, CC BY－SA 3.0, 출처 : https://commons.wikimedia.org/w/index.php?curid=3339032

4) 인도의 Mahabharata(마하바라타), Puranas에 기록된 Daradas(새 머리의 달)

파키스탄의 카슈미르 계곡에 살던 사람으로 길기트 발티스탄주의 영역(Baloristan), 신드(Sindhu－새 흰 빛나는 머리), 길기트(Gilgit－머리의 집단) 지역으로 확인된 왕국으로

① Puranas는 Sindhu강을 Daradas, Gandharas, Aurasas(Ursas)의 땅에 급수하는 것을 언급하였다.

② Brhatsamhita는 Daradas를 Abhisaras와 Tanganas로 분류하였다.

③ 마하바라타(Mahabharata)는 Daradas를 Kambojas와 Bahlikas의 이웃으로 언급하였다.

(Mahabharata 2, 27, 20～23)

④ Daradas는 Bahlikas, 키라테(Kiratas), Paradas, Kambojas, Shakas, Yavanas, Trigartas, Kshudrakas, Malavas, Angas, Vangas 등을 포함하여 수 많은 다른 부족과 함께 Yudhishtra(Pandava측의 리더)의 Rajasuya(Srauta 의식)왕의 전차운전, 활쏘기 등 의식에 수많은 선물을 가져 왔다(Mahabharata 2, 51～2, 53, 3, 51).

⑤ Daradas와 함께 언급된 Shakas, Yavanas, Paradas, Kambojas가 6세기 AD 바라흐미히라의 Brhatsamhita에 있다(Brhatsamhita Verse 13, 09).

⑥ 티벳어에 'Daradas Chronicles(새 머리의 달 연대기)'에 Yavanas, Kambojas, Tukharas, Hunas, Khasas 등이 기록됨.(Tho-gar yul dari yabana dari Kambodza dari, Khasa dari, Huna dari, Darta dari…See : Pag-sam-jon-zang(1908), 1, 9, Sarat Chandra Das ; Ancient Kamboja, 1971, p. 66, H.W. Bailey)

5) Daradas(새로운 달의 머리)에 대한 서사(비문) 기록

Karakoram의 남부에 있는 인더스와 Gilgit강을 따라 바위에 기록된 3개의 비문은 Darada왕에 대한 최초의 서기관을 제공한다. 첫 번째 비문에서 Gilgit와 Skardu 사이의 길은 Gilgit강을 가로 지르는 암석 교량(현재 파하드 다리)을 통해 발견되었다. 비문은 "가난한 Kharoshthi에 있고 Fussman은 Daradas의 왕"을 의미하는 "Daradaraya"를 읽었다.

두 번째 비문은 칠라스강과 인더스강의 교차점에서 인더스강을 따라 칠라스 마을 근처의 칠라스 테라스에서 발견되었다. 그 비문은 브라흐미 스크립트로 'Hinuber'는 Daranmaharja "Daran의 위대한 왕" 또는 "Daradas의 위대한 왕"(1989 : 57～8)으로 해석하는 음역 'srir daranmaharajavaisrava'를 출판하였다. 세 번째 비문은 인더스강 너머의 Thalpan다리 아래에 있다. 역시 브라흐미 스크립트로 되어 있으며 "영광스러운 Vaisravanasena, 적들의 복종자, Daradas 땅의 위대한 왕"(1989 : 59)으로 번역되는 음역 'daratsu maharaja sri vaisraavanasena ssatrudamanah'이었다. 이 비문은 기원후 4～5세기의 것으로 보인나. 카로슈티(Kharoshthi) 비문으로 다라다스(Daradas-새 머리의 달)에서 '두 번째로 오래된 왕이다.'라고 언급하였다(출처 : https://en.wikipedia.org/wiki/Daradas) .

6) 그리스 기록에 나타난 Daradas(새로운 달의 머리)

① 프톨레마이오스는 인더스강의 근원 아래에 사는 것으로 Daradas(새 달의 머리)를 지적하였다(간다라, Gandhara-https://en.wikipedia.org/wiki/Darada_Kingdom).

② Herodotus는 Daradas를 Dadicae라고 부르고 Gandharas와 Aparytae(Afridis?)를 그룹화하였으며, Herodotus와 Strabo는 Daradas를 티벳의 서쪽에 위치한 금 생산지역과 연결시켰다. 또한 Daradas가 고대엔 Baltistan과 Leh(히말라야 왕국)의 수도였던 라다크(Ladakh)에도 식민지를 가지고 있었다는 증거가 있다. Afridi(훌륭한 광명의 머리) 종족은 파키스탄에서 가장 지배적인 연방 직할 부족으로 Uttar pradesh, Bihar, Jammu, Kashmir주에서 살고 있으며 Karlani 파슈툰 종족의 일부이다.

출처 : https://en.wikipedia.org/wiki/Afridi-아프리디 종족

Leh 지역은 동서 티베트, 서쪽으로 카슈미르, 인도와 중국을 오가며 인더스 계곡을 따라 무역로를 이동하는 중요한 중계지역이다.

* 티벳의 랑다르마(Langdarma-태양족의 집단, 달의 어머니, 838~841) 왕조로 '달'을 의미하는 다르(Dar)가 표기된다. 그러나 티벳에선 Dharma를 법(法)으로 표기한다. 다르다스(Dardas, 간다라)가 티벳을 식민통치하였다는 그리스 기록이 합당한 것으로 보인다.

〈티벳 왕조를 살펴 보면〉

초대왕	Nyatri Tsenpo(gNya'-khri bTsan-po)	기원전 360~329	Tri(달)
2.	Mutri Tsenpo(bTsan-po)	〃 329~302	〃
3.	Ding tri Tsenpo(khri bTsan-po)	〃 302~277	〃
4.	Sotri Tsenpo(So-khri bTsan-po)	〃 277~248	〃
5.	Mer tri Tsenpo(Mer-khri bTsan-po)	〃 277~207	〃
7.	Siptri Tsenpo(Bhsan-po)	前 179年~前 146年	Tri(달)
8.	Drigum Tsenpo(Gri-gum bTsan-po)	前 146年~前 123年	Dri(달)
9.	Chatri Tsenpo	前 123年~前 93年	Tri(달)
14.	Trongzhi Lek('Brong-zhi-legs)	26年~64年	Tori(달)
24.	Tori Longtsen(rGyal-to-ri Long-btsan)	352年~382年	〃
26.	Tri dra pungtsen	402年~412年	Tri(달)
27.	Tritog Jetsen(Khri-rje Thog-btsan)	412年~432年	〃
28.	Lha Thothori Nyantsen	432年~512	〃
29.	Trinyen Zungtsen(Khri-gnyan gZung-btsan)	512年~537	〃
30.	Drongnyen Deu('Bro-gnyan lDe'u)	537年~562年	Dro(달)

출처 : 구당서(舊唐書) 토번전

https://zh.wikipedia.org/wiki/%E5%90%90%E8%95%83%E5%90%9B%E4%B8%BB%E5%88%97%E8%A1%A8

* 기원전 3세기부터 티벳 황제의 많은 이름에 정체성인 '달'의 이름이 올라 있다. 이것은 그리스의 역사가들이 주장한 Daradas(새 머리의 달)의 식민지일 수도 있다고 생각되지만 티벳은 고대로부터 고조선의 제후국이었음에 정체성인 머리와 달의 이름이 있는 것이다.

7) Dardas의 제후국가인 카스미라 왕조(Kasmira -고시의 우두머리)

카스미라는 현대의 잠무(Jammu)와 카슈미르(Kashmir)주의 Jhelum강을 따라 카슈미르 계곡으로 확인된 왕국이다. 카슈미라는 Darvis(새 아버지의 달), Darasakas(달의 샤카)와 함께 Daradas의 제후이었고 오늘날의 '카슈미르'는 이 왕조에서 이름의 유래가 되었다.

카스미라는 Daradas와 인도 16국 중 가장 큰 쿠루(Kuru)왕 Duryodhana(태양족의 달의 머리)의 맹방이었다. 카스미라왕은 알라카(Alarka-얼 있는 우리 고리), 아일라(Aila -큰 우리), 카란드하마(Karandhama-고리족의 어머니 머리), 닥샤(Daksha-흰 빛나는 새 머리 고리) 등과 함께 위대한 왕들 중 한 명으로 언급되었다(Mahabharata 13, 165).

10. 인도의 달 왕조

1) 안드라 이크샤쿠(Andra Ikshvakus-달의 신 왕조)

이 왕조는 안드로프라데시(Andhra Pradesh-달의 신, 광명의 새로운 흰 빛)와 Telangana(달 신의 칸)의 Guntur(달의 칸)-Krishna-Nalgonda 지역에서 최초로 기록된 지배왕조 중 하나이다. 이들은 2세기 후반에 고다바리와 크리슈나강을 따라 텔루구(Telugu-달의 동맹) 국가를 통치하였다. 그들의 수도는 Vijayapuri(Nagarjunakonda)이었고 안드라 이크샤쿠(Andra Ikshvakus)가 신화적인 Ikshvakus와 관련이 있다는 것은 왕조의 이름에서 기인된다.

이들이 통치한 지역은 캄마나두(Kammanadu-곰 어머니족의 머리)로 알려지게 되었다.[18, 19, 20)]

Kammanadu의 동맹 부족은 Bapatla Mandal(아버지의 달, 어머니의 달)로 군투르 지구 안

18) https://en.wikipedia.org/wiki/Andhra_Ikshvaku
19) https://en.wikipedia.org/wiki/Telugu_people
20) https://en.wikipedia.org/wiki/Kammanadu

의 안드라프라데시에 위치하였다.[21]

Narasaraopet Mandal은 역시 57개 부족 지구 중 하나로 군투루(Guntur-달의 칸) 지구에 있으며 Narasaraopet시에 위치하고 있다.[22]

Vinukonda mandal도 Andhra Pradesh주의 군투루 지구 안에 있는 도시이다.[23]

Ongole mandal은 뱅골만 해안에 위치하고 56집단 중 하나이다.[24]

Chirala mandal은 Prakasam 지역으로 Ongole과 같이 해안에 묶여 있다.[25]

2) Ananda-Gotrika

이 왕조는 Anandas(신은 머리의 새 신)가 안드라 해안을 지배한 기원후 335~425년 왕조로 수도인 Kapotapuram에 자리하였으며 텔루구어(Telugu-달의 동맹)를 사용하였다.[26]

3) Satavahanas

아쇼카의 멸망과 마우리족의 쇠퇴에 따라 이 왕조는 인도 중부의 데칸지역으로 현재 Telangana(달의 칸), Andhra Pradesh, Maharashtra로 구성되어 있다. 기원전 3~1세기로 지속된 왕조이다. 마가다리(Magadha)와 벵골(Bengal)을 높이기 위해 사타바하나(Satavahana) 왕조를 세웠다.

4) Mathara(마타라-어머니의 달) 왕조

4~5세기경 인도 동부인 Canjam지역의 오리사주, Srikakulam지구, 안드라프라데시에 걸쳐 성장한 왕조이다.[27]

5) 사이니(Saini)

북인도의 계급으로 토지소유자, 농민이었던 사람들로 Mathura(어머니의 달) 왕조의 Yaduvanshi Rajputs의 Surasena 계보에 있다고 한다.

---

21) https://en.wikipedia.org/wiki/Bapatla_mandal
22) https://en.wikipedia.org/wiki/Narasaraopet_mandal
23) https://en.wikipedia.org/wiki/Vinukonda
24) https://en.wikipedia.org/wiki/Ongole_mandal
25) https://en.wikipedia.org/wiki/Chirala_mandal
26) https://en.wikipedia.org/wiki/Ananda_Gotrika
27) https://en.wikipedia.org/wiki/Mathara_dynasty

6) Vengi(Venginadu－아버지족에 칸의 머리)

Vengi의 영토는 아쇼카 제국의 일부이었으며 Chalukya의 PulakesinⅡ 왕은 7세기 초 Vishnukundinas에서 Vengi를 정복하고 그의 형제 Kubja Vishnuvardhana를 총독으로 임명했다. Vengi는 동부 Chalukyas시대부터 Andhra Pradesh 역사에서 두드러진 자리를 차지했습니다. 그들은 텔루구어를 후원하였으며 문학작품을 제작하였다. 1208년에 Vengi는 Kakatiya 제국의 일부였고, 그후 14세기에 Vijayanagara 제국의 일부가 되었습니다.[28)]

7) 동부 Chalukyas(624~1189)-luka의 왕조(멕시코의 Toluka 종족)

7세기와 8세기의 동부 Chalukyas는 Badami Chalukyas의 한 분파였다. Chalukyas의 유명한 통치자인 Pulakesin Ⅱ는 Vishnukundinas에서 624년 Vengi(Eluru 근처의 전투에서)를 정복하고, 그의 형제 Kubja Vishnuvardhana(624~641)를 통치자로 붙였다. 동부 Chalukyas로 알려진 그의 왕조는 한 세기 동안 통치했다.

Vishnuvardhana는 북쪽의 Srikakulam과 남쪽의 Nellore까지 그의 통치를 확대했다. 그들은 라쉬트라쿠타(Rashtrakutas)와 다른 사람들 로부터 다음 3 세기 동안 많은 전쟁에 직면했다. 서양 Chalukya왕 사티야슈라야는 2개의 왕조를 합병하려고 했지만 Paramaras와 Cholas와의 끊임 없는 전투 때문에 성공하지 못했다.

서부 찰 루키아의 간섭에 대응하기 위해 라자는 Chola 국가에서 추방당한 동부 Chalukya 왕자인 SaktivarmanⅠ을 지지했다. 그는 999년 Sengtivarman을 동부 Chalukya 왕위에 회복시키기 위해 Vengi를 침략했다. Saktivarman은 마침내 1002년에 그의 왕위를 되찾았고 Rajaraja 군주를 인정하는 것에 동의했다. 필자는 Chalukyas를 Luk, Luki, Luky, Luka로 보고 Lukyas는 '새로 시작하는 루크'로 해석한다.

8) Seuna, Sevuna, Devagiri의 Yadavas의 왕조(850~1334)

마하라쉬트라, 카르나타카, 마디아프라데시, 현대의 Maharashtra－현재 Daulatabad의 자본으로 Yadavas족은 초기에 서쪽 Chalukyas를 통치하였다. Chalukya의 권력이 약해지면서 12세기 중반에 독립을 선포하여 통치하였다.[29)]

28) https://en.wikipedia.org/wiki/Vengi
29) https://en.wikipedia.org/wiki/Seuna_(Yadava)_dynasty

9) Yaduvanshi Rajiputs

여러 가지 라지푸트족을 묘사할 때 사용되는 용어로 찬드라반시에서 파생된 라지푸트족은 Blati(서부 인도), Babria(Gujarat), Cgandel(Gujarat), Chib(Chibb), Bersal(카슈미르, 라지푸르족), Jadun(Rajiputs), Jaswal(칸그라, Katoch족), Katoch(Trigarta 왕국에 기반)로 나누고, Sarvaija(Gujarat), Tomar, Tomer(Rajiputs)로 구분된다.[30]

이상으로 살펴 본 인도가 주장하는 달 왕조는 굳이 기원전 13세기에 간다라 지역으로 진출한 간다리 사람들(추방당한 사람들)을 '달의 왕조'에 넣지 않고, 또한 북인도(북부지방)와 동인도에 형성된 스키타이족(이방인)이 세운 왕조를 인정하려 들지 않는 이유로 이것 저것 빼고나니 실제 인도의 달 왕조는 아주 초라하게 된 것이다.

실로 기원전 6~7세기의 인도 16국의 형태가 달의 왕조라고 생각한다. 이런 심각한 왜곡은 앞으로 인도 사람들이 자기네의 올바른 역사를 하나씩 고쳐 나가야 바로 세우게 되는 것이고, 이러한 실정은 우리나라의 강단사학의 주장과 매일반의 현상이라 진단한다.

10) Videhas(Tirhut-태양 머리의 달, 새 태양의 아버지 머리, Mithlia-어머니의 달)

이 왕조는 Tirabbuki(달의 아버지 집단)으로도 불려졌다. 인도 북부, 동부 비하르의 Mithlia 지역과 네팔의 동부 Terai에 위치하고 있는데 대략 기원전 5세기경에 시작된 왕조라고 한다.[31]

실로 인도의 공식적인 달 왕조는 조사된 바와 같이 빈약한 왕조로 구성되었는데 실제론 태양왕조에 옥서스권에서 추방된 비아리안계 아들 중 1명으로 기록되어 있고, 앞서 서술된 그 아들들 후손의 싸움으로 나중에 쿠루(Kuru)로 모두 합병되었다고 되어 있다.

쿠루의 다음 왕조는 기원전 12~13세기로 기록된 마가다(Magadha-어머니 집단의 머리) 왕조로부터 "달의 왕조(Chan dra)"가 형성됨을 알 수 있다. 그 당시에 비아리안계인 간다라(Gandhar-달의 칸)왕국이 인도 북부인 페샤와르 지역에 있었으며, 쿠루제국의 마지막 통치자인 Vasu(새로운 아버지)의 아들인 Brihadratha(태양의 광명, 흰 빛나는 머리의 달)에 의해 Magadha 왕조를 열어 나가게 된다. Puranas에 의하면 후임으로 여동생인

30) https://en.wikipedia.org/wiki/Seuna_(Yadava)_dynasty
31) https://en.wikipedia.org/wiki/Kingdom_of_the_Videhas#cite_note-Chakrabarti2001-5

Amna(어머니족)와 Kushagra(고시의 고리), Pushpavanta, Satyadhrita(새 머리는 흰 빛나는 달의 머리), Sudharmana(어머니족은 새 흰 빛나는 달) 등에 의해 계승되었다.

11) Maitrakas(고시 달의 어머니) 왕조

인도 서부의 구자라트(Gujarat) 지역인 Saurashtra(새로운 우리 흰 빛나는 달) 반도에서 서기 475~767년에 통치한 왕조이다.

12) Chauhans(새로운 태양족의 Chau) 왕조

이 왕조는 카우(Cau, Chau)족이 건설한 왕조로 8세기에서 12세기까지 번영하였다고 한다. 북부 인도에서 구자라트의 서쪽 인도인 Rajputana와 남서쪽에 있는 Sirohi, 동부에 있는 Bundi와 Kota까지 연결되었다고 한다. 이 왕조의 '카우족'은 오늘날 힌두교의 지식층 그룹인 Pancha-cauda 그룹을 형성하고 있다.

13) Pala(광명) 왕조

이 왕조는 서기 750~1120년까지 통치한 왕조로 인도 북동부 지역의 불교 왕국으로 모든 뱅골에 대한 통치를 하였다고 한다. 제국은 Dharmapala(어머니 달의 광명)왕과 Devapala(아버지 머리의 광명)왕 시대에 절정에 이르렀으며 인도 북부 지역으로 확장되었다.

14) Tripra(달의 광명) 왕조

이 왕국은 방글라데시의 Meghna강과 Surma강의 합류 지점에 설립되었으며 서기 1,280년부터 19세기까지 통치한 왕국이었다.

수도는 Khorongma라고 불렀으며 Sylhet 부근의 Meghna강 근처에 있었다고 한다.

15) Kakatiya 왕조

인도의 남부 왕조로 서기 1083~1323년까지 통치한 왕국으로 수세기 동안 텔루구(Telugu, 달의 집단) 왕국의 하나이었다.

16) Kalachuri 왕조

이 왕조는 초기 서기 550~620년엔 북부 Malarashtra, Malwa, 서부 Deccan을 통치

하였고, 10세기에서 12세기엔 Chedi, Heyheaya, Karnataka 지역을 제외한 다른 지역을 통치한 남부 Kalachuri로 알려지고 있다.

기원전 7세기에 이르러 인도 북부엔 마드라, 마투라(Mathura－어머니의 달) 왕조가 형성되는데, 수라세나(Sourasena) 왕조, 메토라(Methora－어머니의 달)로도 표기된다. 이 왕조는 우타르프라데쉬(Uttarpradesh－새 흰 빛나는 큰 달의 광명)를 수도로 하였으며 인도 16국 중 하나였다고 한다. 또한 이웃 국가인 Trigarta(달 집단의 머리, 기원전 5세기에 형성) 왕조를 형성하여 간다라는 이미 쿠루연방에 동맹으로 포함되었고, 나머지 인근 국가들도 모두 '달의 동맹 왕조'가 된 것이며 학자들은 마가다의 왕은 간다라왕을 겸직하였다고 연구하고 있다.

사실, 비아리안계로부터 '달의 왕조'가 형성된 것을 인도의 사가가 억지로 비아리안계를 배제하므로서 인도의 달 왕조가 유명무실하게 정리되었다는 비난을 피할 수 없

〈쿠샨제국의 필기대본(그리스 알파벳)〉

By lexander Cunningham(1814～1893)－The Numismatic Chronicle by Royal Numismatic Society(Great Britain), 1893 p. 100～126, Public Domain, 출처 : https://commons.wikimedia.org/w/index.php?curid=61514266

게 된 것이었다고 필자는 바라 보았다. 지명과 통치자의 이름 분석, 왕조의 이름에서 '달의 왕조'로 여길만한 언어학적 분석이 되었고, 기원전 8세기까지 인도의 다른 지역에 '달의 왕조'가 형성되지 않았다. 다만, 마가다(Magadha-어머니 집단의 머리) 제국은 달의 왕조로 어머니 집단인 사카, 스키타이계 왕조가 된 것이다. 뒤이어 나타나는 아반티(Avanti-아버지족의 머리)의 Pradyota(머리는 광명의 머리) 왕조로 계승되고(기원전 799~684년), Haryanka 왕조가 기원전 6세기 중반에서 파탈리푸트라(아버지의 달, Patna)를 수도로 하여 건국하였다(기원전 413년까지 형성).

이러한 인도왕조의 계보는 Shishunaga가 반란을 일으켜 왕으로 등극하여 기원전 413~345년까지 통치하게 되었다. 뒤이어 난다제국(기원전 345~321년)과 인도 중부에 있는 Andhrabhrtya(태양의 머리 아버지는 달의 신) 왕조가 데칸(Deccan-머리의 칸)에 있는 마우리아(Maurya) 왕조의 틈새에서 기원전 3세기 말까지 통치하는 것으로, 마우리야 왕조(기원전 322~180년)는 찬드라굽타(Chan dra gupta-달의 칸은 아버지 머리의 동맹)가 건국하였는데, 역시 달의 왕조로 보아야 한다.

이러한 인도 왕조의 계보는 세계적으로 널리 알려진 것이지만 정녕 인도의 "달 왕조"는 알려지지 아니한 초라한 왕조로 구성된 것 뿐이다. 필자가 앞서 인도의 달 왕조는 간다라에서 그 효시가 되었으며, 간다라 지역에 망명정부를 형성한 이유로 인도의 리그베다(Rigveda) 시대가 열린 것이라 하였다. 간다라 지역에 비아리안계(중앙아시아의 스키타이계)가 망명정부를 구성한 이유로 정권을 빼앗은 '색불루 정권'의 동맹군(9환)들이 간다라 지역에 쳐 들어가 망명정부의 공격과 통치자 등 왕족을 학살한 기록이 리그베다에 등장하고 있다. 그 이후의 기록에서 간다라 통치자들은 스키타이계인 색불루와 손을 잡고 인도 북서부, 동부의 인도 16국 진출에 일조를 한 것으로 연구되었다. 이러한 조사는 인도의 리그베다, 마하바라타, Puranas의 기록에 자주 등장하는 어머니 사람들, 달의 어머니 사람들로 스키타이의 정체성을 말해 준다 할 것이다. 실로 기원전 7세기(640년) 초반을 전·후로 하여 인도 16국의 투쟁에서 고조선 스키타이계의 달 종족들이 대거 진출하여 인도에 달 왕조의 식민지 이식과 건국을 하는 등 소위 아리안계와 비아리안계의 투쟁인 인도 16국 시대가 형성된 것으로 필자는 연구하였다.

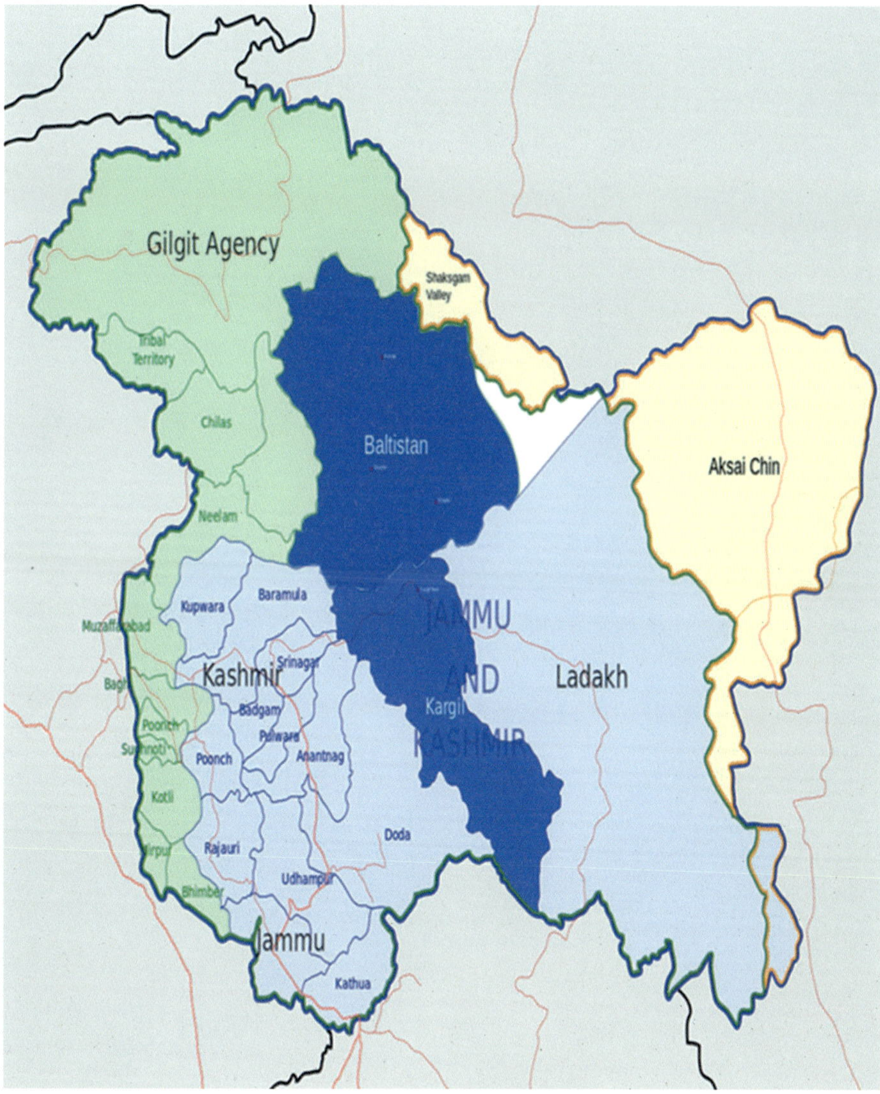

〈Daradas의 식민지인 Baltistan과 라다크(Ladakh -티벳 수도, 궁전은 Leh)〉

By Ladakh_locator_map.svg : Saravaskderivative work : RaviC-This file was derived from Ladakh locator map.svg:, CC BY-SA 3.0,

출처 : https://commons.wikimedia.org/w/index.php?curid=31833681

〈인도 서사시에 등장하는 도시국가들〉

By Author : JIJITH NR – en wiki, CC BY – SA 3.0,
출처 : https://commons.wikimedia.org/w/index.php?curid=949199

〈Mandi(만디-어머니족 머리) 지구의 호수(Lake)〉

https://en.wikipedia.org/wiki/Mandi_district#/media/File:Rewalsar_Lake,_Mandi.jpg

〈인도 북부의 Himachalpradesh의 Mandi(어머니족 머리) 지구〉

〈마타쿠아라니 사원의 Mandrava(달의 아버지인 어머니족) 동상〉

출처 : https://commons.wikimedia.org/wiki/File:Mandi_-_Mandarava.jpg

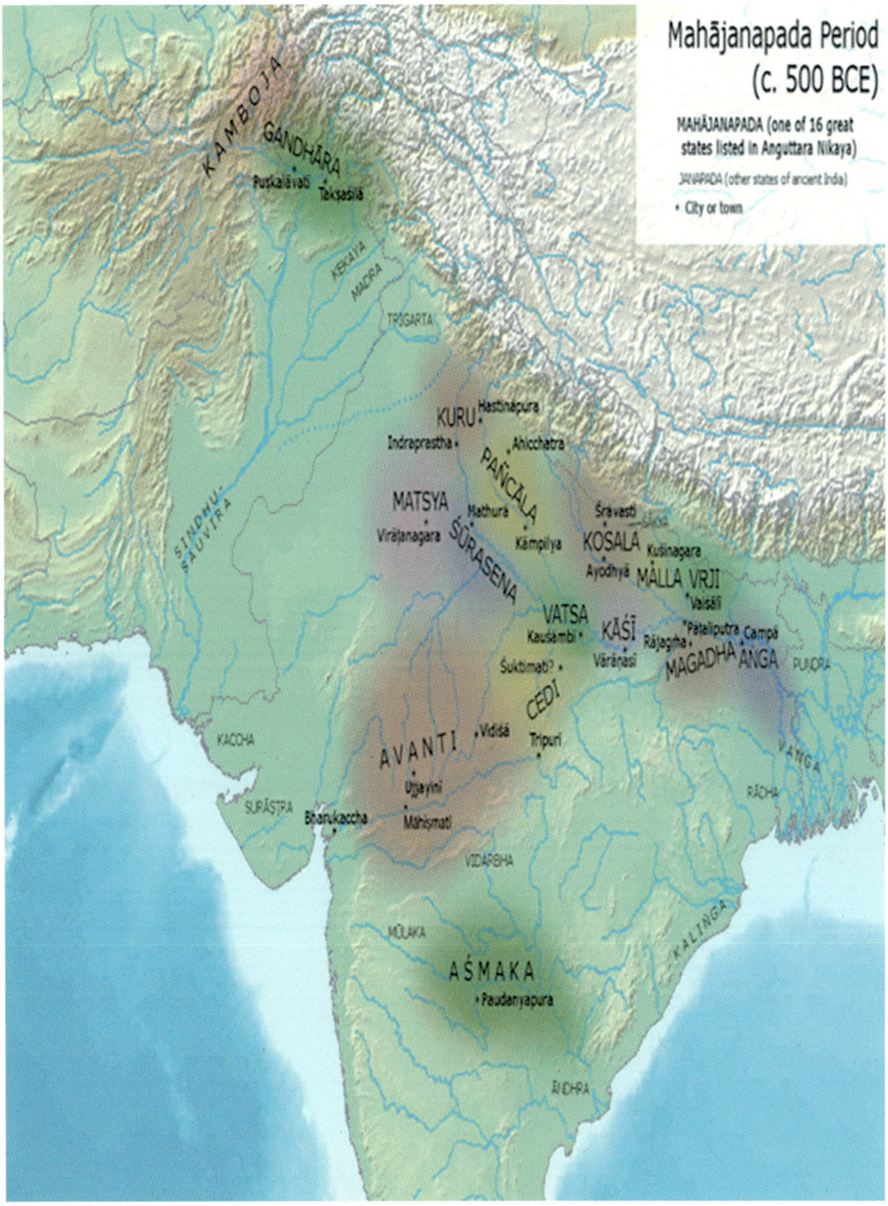

〈기원전 5세기의 Magadha(어머니 흰 빛나는 머리) 제국과 인도 16국의 도시 국가〉

출처 : https://en.wikipedia.org/wiki/Magadha

〈Kuru제국(기원전 1,100~500년), 판찰라, Kosala제국〉

By Avantiputra7－Own work, CC BY－SA 3.0,
출처 : https://commons.wikimedia.org/w/index.php?curid=33202411

〈Kuru 제국 등 지도에 나타난 도시국가 해석－위에서 아래로〉

* Gandhari(달의 칸)
* Uttar－Madra(큰 달－어머니의 달)
* Madra(어머니의 달)
* Uttar－ Kuru(큰 달－ 동맹, 고리)
* Bahika, Bahlikas(태양의 아버지 고시)
* Kapisthala(새 아버지 달의 집단〈동맹〉)
* Kuru(고리, 동맹)
* Trigarta(달의 머리 집단)
* Sarasvati(태양의 새 아버지 머리)
* Aitareya(거룩한 달)
* Sindhu－Sauvira(흰 빛나는 새 머리 사람들－새 광명)
* Tandya(머리족의 머리야)
* Paippālada(아버지는 광명의 머리)
* Āsandivat(머리는 새로운 사람들의 아버지 머리)
* Maitrāyanīya(어머니 달의 신이여!)
* Matsya(어머니의 새 머리)
* Pañcāla(아버지족의 동맹〈고리〉)
* Taittiriya(머리 달)
* Kausitakin(카우의 새 머리 칸)
* Kunti(칸의 머리)
* Satvant(아버지족의 머리는 새 머리)
* Vindhya강(아버지족의 머리)
* Saphāla(새로운 광명)
* Ganga강(칸의 고리)
* Saunakiya(새 신의 고리)
* Kosala(태양의 고리)
* Kanva(칸의 아버지)
* Kasi(고시)
* Ceya(머리의 고리)
* Vidarbha(흰 빛의 아버지는 달의 아버지)
* Aitareya/Asvalayana(큰 달/처음 광명의 신)
* Mithila(어머니의 달)
* Madhyandina(머리족의 신은 어머니 흰 빛의 머리)
* Anga(고리의 신)
* Magadha(어머니 흰 빛 머리 고리)
* Pundra(아버지족의 달)
* Pulinda－Sabara－Mutiva(광명족의 머리－새 광명－아버지 머리의 어머니)
* Vanga(아버지족의 고리 〈동맹〉)
* Kalinga(고리족)
* Paippalāda(아버지 광명의 머리)

이상으로 쿠루 제국과 이웃 도시국가에 대한 해석을 하였는데, 간다리(Gandhari－달의 칸) 종족은 인도의 Rigvada에서 'Druhyus－이제 시작하는 흰 빛나는 달'로 추방당한 기록과 그 투쟁의 역사가 Rigveda, Purana, 마하바라타 등에 상세하게 전하고 이곳 간다라 지방에 정착하였다고 기술하고 있으므로, 인도의 달 왕조 시대(Rigveda 시대)가 열린 것으로 조사되었다. 기원전 1,286년 소태 단군이 색불루의 스키타이 정권(두막루)에게 정권을 빼앗긴 시점을 기반으로 하여 쿠루(Kuru) 제국 시대가 열린 것이고 건국 시

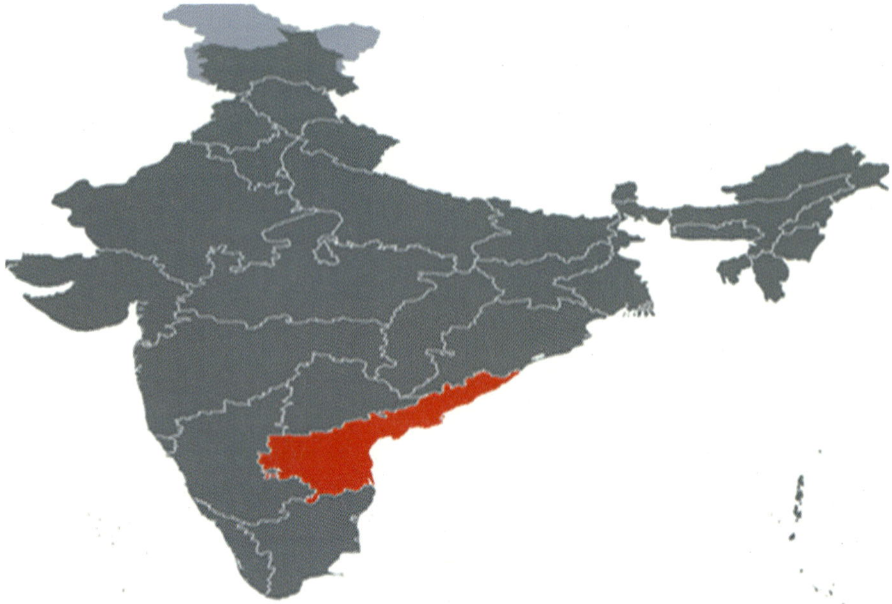

〈Andhra Ikshvakus(Telugu-달의 동맹)이 지배한 인도의 Andhra Pradesh주〉

By Shadowxfox - Own work, CC BY-SA 4.0,
출처 : https://en.wikipedia.org/wiki/Andhra_Pradesh#/media/File:IN-AP.svg

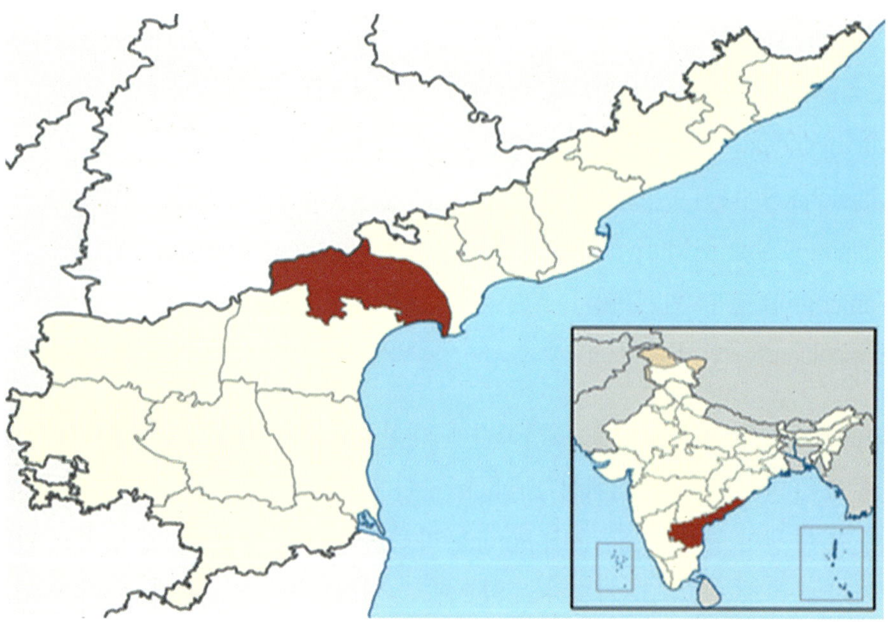

〈인도 Andhra Pradesh주의 Guntur(달의 칸) 지구〉

출처 : https://commons.wikimedia.org/w/index.php?curid=52746276

점은 기원전 11세기가 아닌 기원전 13세기로 건국 시점을 잡아야 할 것으로 본다.

특히 Druhyus(아사달) 종족은 Darda(달의 머리), Daradas(달의 새 머리)로 호칭·표기되었고, 고고역사학적으로 간다라 무덤문화가 증명되었으며 비문에서도 이를 증명하였다. 마지막으로 인도의 달의 왕조를 조명하기 위하여 진출한 사람들의 "달 언어"를 조사하고 그리스와 인도기록에 나타난 옥서스(아무다리아)와 시르다리아 지역에 살았던 고조선의 곰 종족을 상세하게 소개하여 중앙아시아의 고조선론을 확실하게 주장하

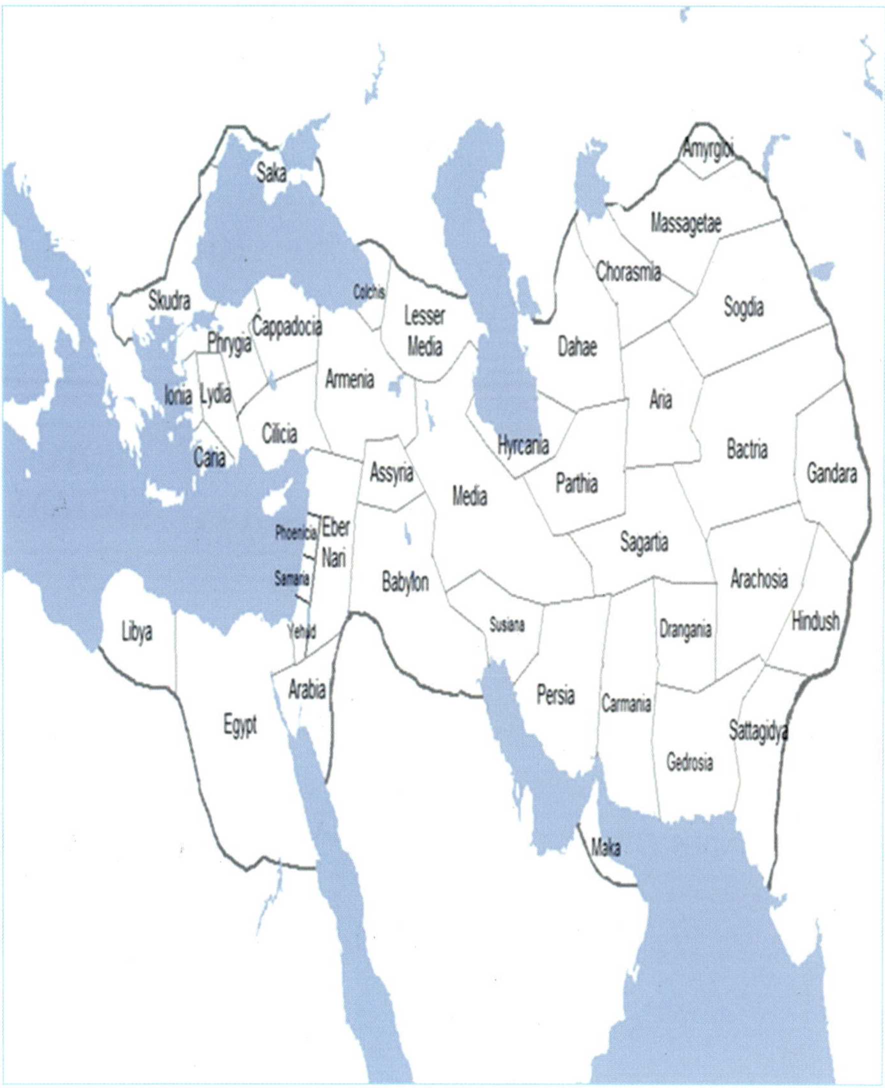

〈이란 Achaemenid 제국의 영토〉

Автор: History of Persia из английский Википедия, CC BY-SA 3.0,
출처 : https://commons.wikimedia.org/w/index.php?curid=42209679

고 증명하는 바, 앞으로 어느 누구라도 발해만의 고조선론, 만주 일대 고조선론, 홍산 문명의 고조선론을 주장한다면 필자처럼 비교언어학, 민족학 등 융합적인 학문을 인용하여 한단고기의 비교·검토는 물론, 고조선의 정체성 등을 상세하게 증명해야 할 것이다. 그렇지 않다면 훤조(喧噪)에 지나지 않을 것이다. 왜곡된 고대사를 한 거풀씩 벗기는 갈급(渴急)한 마음으로 집필하고자 한다.

〈Darius(처음의 달, 아사달)왕 Achaemenid 제국의 동쪽 국경의 지도〉

〈By Ἀλέξανδρος ὁ Μέγας – Own work, CC BY-SA 3.0,〉

출처 : https://commons.wikimedia.org/w/index.php?curid=17859631

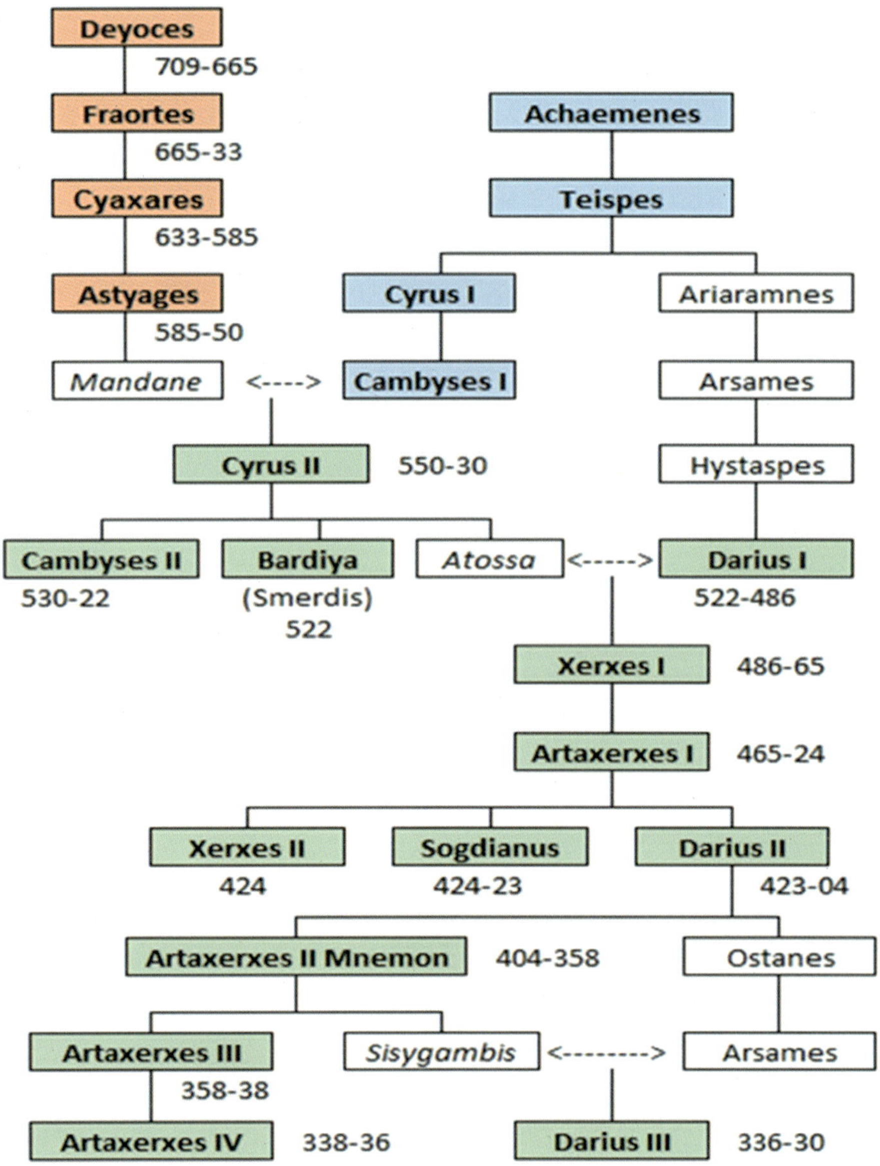

〈Achaemenes Tree(아케메네스의 가계도)〉

출처 : https://en.wikipedia.org/wiki/Darius_I#/media/File:ACHAEMENES_TREE.png

11. Achaemenes Tree(아케메네스의 가계도)의 분석

* Deyoces(709~665) – 새로 시작하는 요크(yoc–약수의 yac과 같다)

* Fraortes(665~33) – 새로 시작하는 광명의 우리 머리

* Cyaxaras(633~585) – 새로 시작하는 우리 악스(Ax)의 동맹, Ax는 옥서스(Oxus)의 Ox에서 변형된 Ax로 보았다.

* Astyages(585~50) – 동맹은 새로 시작하는 머리의 동맹

* Mandane – 어머니족의 머리 사람들

* Achaemenes – 새로 시작하는 큰 동맹

* Teispes – 새 아버지는 이제 시작하는 머리에서

* Ariaramnes – 이제 시작하는 아리아의 람(Ram), 람(Ram)은 후에 럼(Rum)으로 불려지고, 고대 터키의 '셀쥬크 럼' 등 이란 사람들은 '럼족'으로 불려지게 되었다. 한단고기에 기록된 '엄독홀'에서 '엄'은 '럼'에서 가차(假借)한 것으로 이란이 엄독홀이 된 것이라 본서의 1권에서 주장하였다. 럼(Rum)은 "태양의 어머니"가 된다.

* Arsames – 이제 시작하는 우리의 새 어머니

* Hystaspes – 이제 시작하는 새 아버지 태양의 머리

* Cambyses(530~22) – 이제 시작하는 새로운 곰 아버지

* Bardiya(Smerdis) 522 – 광명의 머리여!(이제 시작하는 새 우두머리)

* Atossa – 새로운 큰 머리

* Darius(다리우스, 423–04) – 이제 시작하는 달

* Ostanes – 이제 시작하는 새로운 큰 머리족

* Arsames – 이제 시작하는 우리의 새 어머니

이란의 Achaemenes(새로 시작하는 큰 동맹)의 가계도에 거의 Es, Us(이제 시작하는)가 붙어 있음이 확인되었다. 이란은 페르시아 제국을 만들기 전에 메디아, 메대(Medes, 기원전 678~549년, 어머니의 새 머리)란 왕조에서 그 가계도가 이어진 것을 알 수 있다 하겠다. 페르시아(Fersia–새로운 광명)의 이름과 가계도에서 그들은 이란사카(스키타이)가 된 것이며 고조선의 정체성인 광명, 달을 승계한 국가란 것이 드러난 것이다. 그들은 고조선에 이어 페르시아란 새로운 대제국을 건설하였던 것이다.

12. 인도의 달 언어

인도에 '달 언어'의 효시는 이 세상에 누가 뭐래도 '간다리 언어(Gandari –달의 칸)'이다. 무엇 때문에 '간다리 언어'가 생겨난 이유에 대하여 지금까지 많은 동·서양의 학자들이 모르고 있었다는 사실이다. 고대사는 식민지를 앞세운 영국, 포르투칼, 스페인 등이 앞장을 서서 피식민국의 역사를 왜곡하고 난도질하여 소위 우민(愚民)정책의 일환으로 고대사를 심히 왜곡시킨 작태에서 비롯된 것이다. 식민지에서 그들의 역사를 눈가려 보지 못하게 하고, 알지 못하게 한 서양 열강들의 식민지 정책이 낳은 더러운 부산물 위에 오늘날의 고대사가 놓여 있는 것이 아닐 수 없다. 인도의 리그베다 시대는 아리안(인도의 토속인–파키스탄을 포함한 '메르가르' 문명 사람들)과 비아리안과의 투쟁에서 형성된 역사의 기록인 것이다.

이러한데도 서양학자들은 기독교나 카톨릭 사상을 앞세워 피식민의 역사를 신화, 전설로 둔갑시켜 악마 이야기를 등장시키고 역사 이야기를 숫제 찬송가나 만화책의 수준 형식으로 재단하고 번역하였던 것으로, 옥스퍼드사전에 기록된 인도의 산스크리트어의 번역은 엉터리 수준이라고 세계의 학계에 질문을 던지는 바이다. 필자가 켈트족의 이동 연구에서 중앙아시아와 빈카문명권 연구의 지명 해석을 하였다. 그런데 서양학자들이 인도–유럽어를 논한다 하면서도, 정작 인도–유럽어의 특성에 대하여 무지일 뿐 아니라, 인도–유럽어의 프로토(Proto) 조어 현상(우리말의 모음조화 현상)을 전혀 이해하지 못하고 있다는 사실이다.

고작 고대 그리스어의 파편이나 라틴어의 어휘에서 오늘날의 인도–유럽어를 해석하려 하니, 기본적으로 연구가 안된 바탕에서 켈트로 진출한 종족의 정체성에 대하여 엉뚱한 해석이 나오는 것이다. 국가 이름의 해석도 엉터리이다 보니 인도로 진출한 종족의 어원도 옳게 해석 못하는 바탕 위에서 고대 산스크리트어를 해독하여 사전을 만들었다 하는 자체가 어불성설에 가까운 것이다. 인도의 많은 종족들 이름의 어미에 약속한 것인양 As, Is가 많이 붙어 있으며 특히 Kas(고시)가 종족 이름에 많이 붙어 있다. 이 As, Is, Os, Us 등은 그 종족들이 살던 곳에서 타지로 진출하여 붙인 것으로 우리말의 "새로 시작하는"의 의미로 축약하면 "처음"이란 뜻이 된다. 이미 켈트 연구에서 밝힌 지명, 국가 이름에서 다양한 형태의 As, Is, Os, Us를 보아 온 것이다. 오스트리아(Ostria–처음의 달), 이스트리아(Istria–처음의 달)가 되고 에스토니아(Estonia–처음의 머리 사람들), 아스타나(Astana–처음의 머리 사람들)가 된다. 어떤 분은 아스타나가 '아사달'이라고 해석을 한다. 아스타나와 아사달은 다르다.

아스타나는 "처음의 머리 사람들"로서 어느 종족이 처음 진출한 것을 말한다 할 것이고, 아사달(Asadal)은 "처음의 달"로서 고조선 종족이 숭배하며 가치성 있는 정체성인 '달'을 의미함에 다른 것이다. 아사달은 그동안 아침에 떠 오르는 태양이나 양지 바른 곳에 있는 곳, 철옹성 등 다양한 해석이 있었지만 그동안 우리는 잠자고 있었던 것이다. 인류문화사를 이해하지 못한 터전에서 그릇된 해석으로 올바른 고대사를 찾을 수 없게 된 것이었다.

그런데 인도의 역사를 살펴보니 태양왕조(Surya)와 달왕조(Chandra)로 구분되어 있어 어느 나라의 역사보다 정확한 구별이며 그 역사의 시작이 되는 것이라고 본다. 고대의 태양은 모계사회이다 보니 어머니의 상징이 되었고, 후에 부계사회로 넘어 올 때부터 태양은 아버지의 몫으로 달은 어머니의 상징이 되었던 것이다. 이런 기초적인 지식이 없이 지명과 종족 이름을 해석한다는 것은 낫놓고 기역자를 찾는 것과 다를 바 없는 것이다.

또한 태양의 사회에서 달의 사회로 변화되는 과정에 어머니가 앞장을 서며, 달의 정체성을 가지는 사회가 바로 스키타이의 전통인 것이다. 서양학자들은 인도로 진출한 이방인을 인도 사카로 규정하고, 그리스로 진출한 이방인을 그리스 사카(스키타이)로 논한다. 무조건 이방인이면 스키타이인가? 그렇지 않다. 스키타이인은 유목생활을 한 종족으로 이란계 스키타이, 아프칸의 스키타이, 카자흐의 스키타이, 사마르티안 스키타이, 슬라브계 스키타이(시베리아), 몽골, 훈 스키타이로 구분하게 된다. 킵착과 흑해 연안에 살았던 종족들은 목초지가 많은 스텝지방에 살다 보니 유목생활을 하게 됨에 스키타이가 된 것이다.

유라시아의 찬란한 문명을 일군 사람들은 스키타이였다. 그들이 없었다면 우수한 문명이 없었다 해도 과언이 아니다. 고조선은 기원전 1,286년에 색불루 단군시에(두막루) 군사혁명으로 지배계층이 스키타이 정권이 된 것이며 북부여의 고두막칸도 스키타이 지배층이있다. 실로, 고조선이 기원전 640년경에 삼한이 붕괴되었음에 고조선은 스키타이 국가로 인식을 해야 하는 것이다. 멸망 후 9환(동맹)의 종족들은 켈트로, 인도 16국으로 진출하였음에 활발한 '달 문명'이 생겨나게 된 것이고, 스키타이의 정체성이 어머니로 하여 인도로 진출하게 된 것이었다. 고구려가 스키타이의 정체성을 그대로 물려 받았기에 말을 타고 광역의 영토를 가진 상무정신이 있었다. 스키타이의 핏줄은 우리 한국 사람이 피할래야 피할 수 없는 숙명적인 고조선의 핏줄이 된 것이다.

1) 간다리어(Gandhari－달의 칸)

이 언어는 인도 유럽어에 속하며 필기시스템은 Kharosthi(카로슈티－흰 빛나는 머리는 흰 빛의 고리〈동맹〉)이며 Prakrit(광명의 머리 동맹)에 속한다. 간다리어는 Vedic Sanskrit(머리 고리의 새 아버지 사람들)와 밀접한 관련이 되는 언어로 규정되었다.

이 언어의 Kharosthi 스크립트에 고유한 자매인 브라흐미 문자군의 다른 Prakrits(새 광명의 머리 집단)에 사용되었다고 한다. 이 언어는 1946년 헤롤드 윌터 베일리에 의해 확인되었으며 동전, 비문 및 택스트, 특히 간다라 불교 택스트에 자주 등장한다. 상대적 고립과 독립성, 부분적으로는 근동 및 지중해의 영향을 받았다고 연구되어 있다.[32)]

2) Dardic(달의 머리 집단) 언어

Dardistan(머리족의 새 달의 머리) 언어의 하위그룹으로 인도아리안의 언어이다. 이란 언어의 분기로 파키스탄, 아프가니스탄의 힌두쿠쉬 지역과 카슈미르의 인도 및 파키스탄 지역에 약 600만 명의 화자(話者)가 있다. 다르다니안 언어와 문학적 전통이 있는 유일한 언어는 인도 북부(카슈미르 지역)의 카슈미르 언어이다. 일부 언어학자들은 이 언어가 신드(Sindh)로부터 입으로 구전되어 북쪽으로 퍼져 훨씬 더 큰 영역을 가졌을 것이고, 히마찰프라데쉬(Himachal pradesh)를 거쳐 kumaon까지 동쪽으로 확장되었다고 하였다.[33, 34, 35)] 다르딕 언어는 Kunar 지역(파키스탄 서부 쿠나르강 유역 및 아프가니스탄 동부 지역 공통), Chitral(달의 집단, 서 파키스탄의 Chitral 계곡의 집수 지역), Kohistan(코히스탄과 파키스탄 북부의 인더스 지역), Shina(북부 파키스탄의 Gilgit 지역과 인접한 계곡), 카슈미르어(인도, 카슈미르의 지역)사용 구역에 널리 퍼져 있다. 언어학자들이 인도에 진출한 언어로 한정하여 연구되고 있지만, 정작 다르딕(Dardic(달의 머리 집단) 언어는 이란을 포함한 중앙아시아를 포함하는 유라시안 언어가 Dardic(달의 머리 집단) 언어의 그 경계지역에 해당되는 것이다.

32) https://en.wikipedia.org/wiki/G%C4%81ndh%C4%81r%C4%AB_language
Irach Jehangir Sorabji Taraporewala(1932), 언어 과학의 요소는 캘커타의 대학, 다르드 어군은 매우 넓은 범위에 걸쳐 있지만, 다가오는 '외부 전 Aryans' 뿐만 아니라 '내부 아리아인'의 후속 확장으로 인해 Dards는 다시 접근 할 수 없게 되었다.

33) 샤 라드 싱 네기(1993), Kumaun을 땅과 사람, 인더스 출판, ISBN 81-85182-89-2는 Dardic은 아리아족 말하기 가능성이 있을 수 있습니다. 여전히 있었다. Mauryan시대 서부 히말라야의 다른 지역에 정착하는 과정.

34) Sudhakar Chattopadhyaya (1973), 초기 북미 인디언 부족의 인종 친화, Munshiram Manoharlal Dradic 지점은 북서 인도에 남아－Daradas, Kasmiras 및 Khasas의 일부(일부 네팔과 쿠마 히말라야의 히말라야 산맥에 남겨진)

35) https://en.wikipedia.org/wiki/Dardic_languages

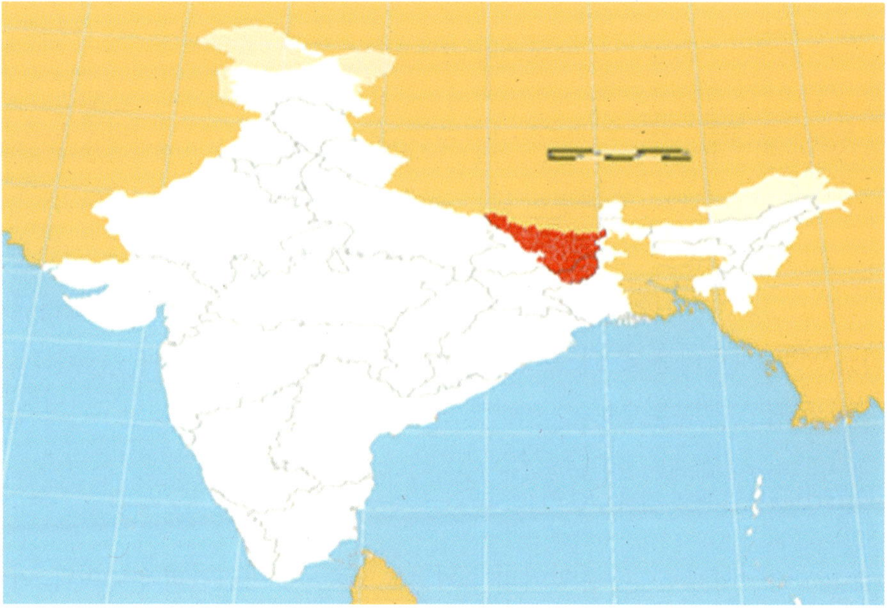

〈Mithila(인도 북, 동부)의 언어 지역도〉

출처: https://en.wikipedia.org/wiki/Mithila,_India

3) 마이틸리 언어(Mithila－어머니의 달)

인도아리안 언어로 인도 북동부, 비하르지방, 네팔 동부인 Terai(달) 지역에서 사용중인 언어로 필기시스템의 Tirhuta(태양, 달의 머리)는 Mithili를 위한 주요 원본이었으며 Kaithi(깨우친 흰 빛 머리) 문자로 작성되었다. 현대에 이르러 Devanagari(머리 아버지의 집단) 스크렙트로 작성되고 있다. 사투리(방언)는 Sotipura(새 머리의 광명), Théthi(머리는 흰 빛나는 머리), Bajjika(아버지의 집단), Madhur(어머니의 달), Jolaha(우리 태양), Kisan(새로운 사람들 집단), Tetiya(머리)가 있다. 2003년에 인도는 교육, 정부 및 다른 공식적인 문맥에서 사용될 수 있는 언어로 인도 헌법의 제8계획에 포함되었으며, 2007년에 인정된 지역 언어로서 2006년 3월 1일 네팔은 임시 헌법에 포함시켰다.[36]

4) Bundeli(아버지족의 달) 언어

인도의 Madhya pradesh 및 Uttarpradesh주에서 사용 중인 언어로, 서양힌디어로 '조지 아브라함 그리어슨'이 인도의 언어조사에서 밝혀진 언어이다. 방언으로는 Lodhanti(태양 머리족의 머리), Khatola(흰 빛나는 집단의 달), Banaphari(아버지족의 광명), Kundi(칸

36) https://en.wikipedia.org/wiki/Maithili_language

의 머리), Nibhatta(아버지 태양의 머리), Bhadauri(우리 태양의 아버지), Nagpuri(광명의 집단) 방언이 있다. 과거 Bundeli는 정부 통신, 메시지, 청구서, 관보 및 우정조약에 사용되었다.[37)]

5) 드라비다(Dravida－아버지 머리의 달) 언어

이 언어는 남아시아, 동남아시아, 남인도, 스리랑카에서 사용되는 언어로 세분하면 원시동생, 북부사투리, 본부, 남부－중부, 남부지방 사투리로 나누어 진다. 특히 남부 아프가니스탄, 네팔, 방그라데시, 부탄에서도 화자를 볼 수 있다고 한다. 언어학자들은 이 언어가 기원전 3~4천년경에 이주에 의해 인도로 파생되었을 것이라고 주장하였고, 시기적으로 드라비다 언어는 기원전 2세기부터 타밀 나두의 마두라이(Madurai－어머니의 달) 및 Tirunelveli 지역에서 발견된 동굴벽의 타밀－브라흐만 대본으로 증명되었다. 언어는 집단으로 형성된 사람들에서 형성되는 것이므로 언어학은 고고역사학과 인류문화사를 접목시킨 바탕에서 정밀하게 검토되어야만이 그 진출 경로와 시기를 잘 알 수 있을 것이라고 본다. 이런 융합적인 학문의 토대 위에서 연구되지 아니한 언어학은 절름발이 신세를 면할 수 없는 것이라 단언한다. 드라비다(Dravida－아버지 머리의 달) 언어는 다르딕(Dardic－달의 머리 집단) 언어 체계이므로, 새로운 지평의 고대사 연구의 선행에 의해 새로운 언어학적 접근이 있어야 할 것으로 본다. 필자가 바라 본 다르딕(Dardic－달의 머리 집단) 언어 체계는 간다리어(Gandhari－달의 칸)가 그 효시이다. 뒤이어 인도 북부와 동·서부에 나타난 비아리안계 사람(스키타이 포함)들의 언어가 그 정체성인 광명과 달, 동맹으로 형성되는 민족학 측면에서 연구가 되어야 마땅한 것이다. 고대 인도에 달의 언어 출현은 기원전 13세기(기원전 1,286년) 고조선 종족의 추방(간다리족)으로 시작된 비아리안계의 진출로 형성된 언어라고 보아야 할 것이다.

서양의 언어학자들은 간다리어(Gandhari－달의 칸)와 드리비다(Dravida－아버지 머리의 달), Dardic(달의 머리 집단) 언어에 대하여 그 어원 조차 해석하지 못하는 실정이다. 어원의 올바른 해석이 되어 있지 아니한 상태에서 그 언어의 시원과 사용하는 종족들에 대한 연구가 불가능하기 때문이다.[38)]

6) 텔루구어(Telugu－달의 동맹)

이 언어는 안드라 프라데시(Andhra pradesh－달의 신, 흰 빛나는 광명), Yanam, Telangana(달

37) https://en.wikipedia.org/wiki/Bundeli_language
38) https://en.wikipedia.org/wiki/Dravidian_languages

사람들의 칸) 시에서 사용되는 언어이다. 드라비다어족으로 화자는 약 7,400만의 인구가 사용하고 있다. 인도공화국의 22개 언어 중 하나이며 텔루구어에는 15,000개의 비문이 있다. 세계적으로 가장 많이 사용되는 언어로 된 Ethnologue 목록의 15위를 차지하였다.[39]

7) Mundari(문다리-어머니족의 달) 언어

산타리(Santali), 문다리(Mundari)는 같은 어원인데 그 어원을 해석하면 타리(Tali)는 고조선의 '다리'에서 타리, 타리아, 탈리아, 투탈리아로 온 것이며 산타리는 "새로운 달 사람들"이 되었다. 그들은 '문다부족 사람들'로 동부 인도와 방글라데시, 네팔이 포함되며 문다리 언어를 사용하고 있다. 달 왕조의 사람들이 쓰던 언어이다.

8) 산타리(Santali-새로운 사람들의 달)

사용자가 약 1,400만 명이 되는 언어로 방글라데시(웨스트 500만), 부탄, 네팔(1,900명), 인도는 자르칸트, 아삼, 비하르, 오리사주에 걸쳐 약 900만 명이 사용하고 있다.

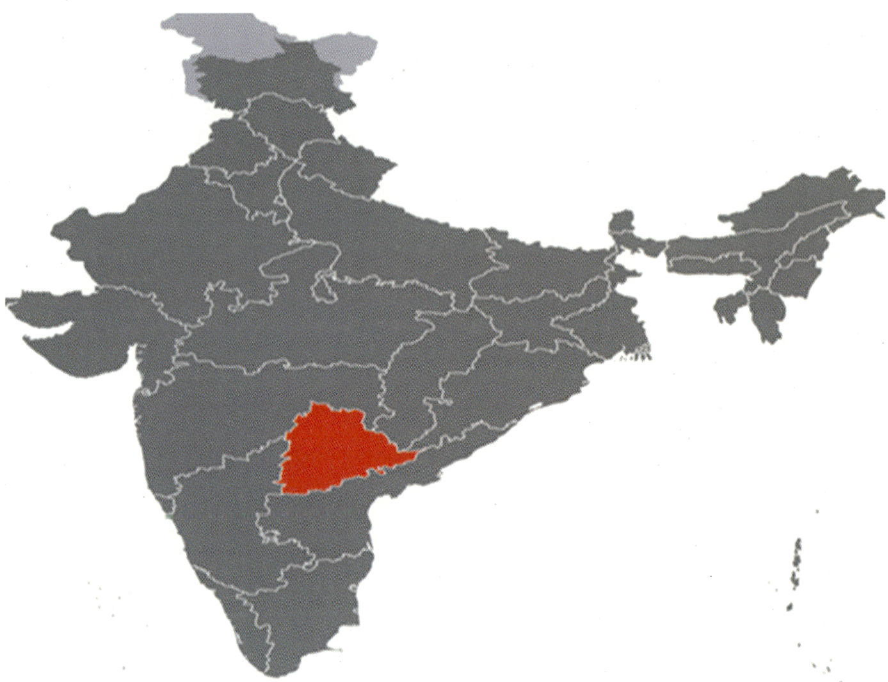

〈Telangana(달 사람들의 칸) 지역의 Telugu(달의 동맹) 언어 지역도〉

39) https://en.wikipedia.org/wiki/Telugu_language

이 언어를 혹자들은 '이발 명'으로 구분하며 'Mudas'(어머니의 새로운 머리)라 부른다. 역시 비하르, 오리사주에 '달의 왕조'가 있었기에 달 언어가 생긴 것이다.

9) 만다어(Manda－어머니족 머리)

드라비다어족으로 인도의 오리사(Odisha－흰 빛나는 새 머리) 지역에서 사용되고 1964년에 외부 세계에 알려진 언어이다. 호주에도 만다 언어(Menthe－어머니족의 흰 머리)가 있다.[40, 41]

10) Duruwa(달의 아버지) 언어

드라비다어족으로 Koraput(아버지 머리의 집단), Bastar(아버지의 새로운 달) 지역에서 사용되는 언어로서 화자는 약 51,000명이다(2001년 기준).[42]

이상으로 인도의 달 언어를 고찰해 보았다. 조사된 달 언어는 필자가 인도－유럽어로 분석된 달(Dal, Tal)을 바탕으로 비교언어학적 측면에서 달의 용어인 다라, 드라, 디라, 두루, 두르, 티라, 테라, 텔리, 텔라, 툴루가 모두 달의 이름에서 변형된 어원으로 분석하여 인도의 달 언어와 달 왕조를 연구하게 된 것이었다.

민족학(종족학) 및 비교언어학적 측면에서 심층적인 조사·연구가 된다면 인도의 달 왕조, 달 언어는 많이 늘어날 것으로 보인다. 대저 달의 시대에 살고, 달 왕조시대에 살면 당연히 그 사람들은 달 언어를 구사한 것이다.

필자가 연구하고 바라 본 고대사는 서양의 학자들이 연구한 인도 아리안의 이주 이론이 터무니 없는 것이 아니다. 다만 그리스어, 터키어, 페르시아어, 켈트어, 인도의 언어 등이 중앙아시아의 고조선이란 대제국의 가림토문자의 제정에 크게 영향을 받았고, 문화적 동질성인 서브와 박트리아(밝은 달)를 비롯한 중앙아시아에서 인도, 메소포타미아, 터키－그리스, 지중해로 이어지는 문명의 다양한 연결고리가 맞물려 있다. 고조선 멸망 후에 집단적인 민족(9환)의 대이동으로 켈트와 인도 16국의 형성에 커다란 파장을 형성하였으며 언어의 친연성, 유사성과 함께 인도－유럽어가 활발하게 형성·발전되었다고 보는 것이다.[43]

---

40) Hammarström, 하 랄드 ; 포겔, 로버트 ; Haspelmath, 마틴, eds. (2017). "만다(인도)." Glottolog 3.0. 예나, 독일 : 막스 플랑크 인류 과학 연구소

41) https://en.wikipedia.org/wiki/Manda_language_(India)

42) https://en.wikipedia.org/wiki/Duruwa_language

43) https://en.wikipedia.org/wiki/Indo－Aryan_migration_theory(인도아리안 이주이론)

13. 파키스탄, 편잡 지역에 산재된 달의 지명 해석

필자는 23개국의 지명 분석을 하면서 파키스탄과 편잡 지역의 지명에서 수많은 달과 관련된 지명을 찾았다. 이 지명의 해석은 본서의 앞장에 상세히 수록되었으며, 한단고기 단군세기의 기록 중 고조선 21대 소태단군 일족이 '색불루'의 군사혁명으로 간다라(아사달)에 추방된 기록과 간다라 지역의 공격으로 왕을 비롯한 사람들이 학살당한 기록이 인도의 리그베다 기록에 상세히 전하고 있다. 한단고기 중 '단군세기'의 기록이 가히 세계적으로 인정되는 역사적 계기가 되었고, 고고역사학적으로 증명된 간다라 문명과 달의 왕조에 이어 달의 언어, 달에 관련된 지명이면 충분히 인도의 달 시대를 조명하였으리라 생각된다. 인도의 달 문화, 달 언어의 유입은 중앙아시아의 고조선이란 대제국의 종족들로부터 기인된 것이라는 확실한 주장을 세계의 언어학계

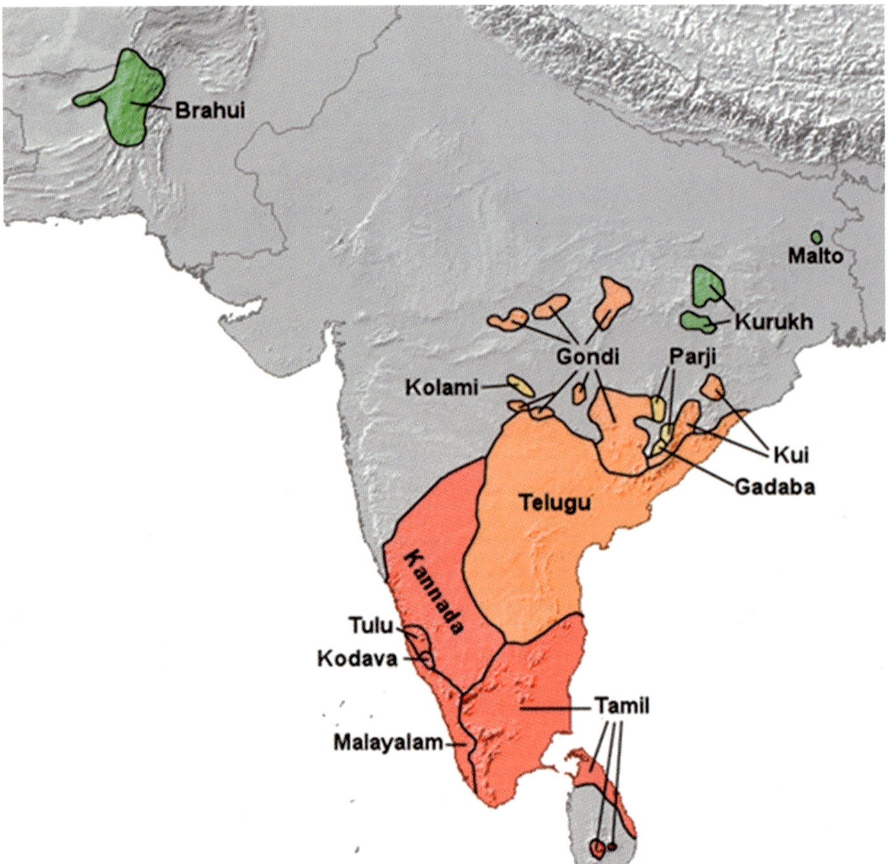

〈드라비다어족(Dravida －달 아버지 머리)의 하위 그룹 분포도〉

출처 : https://en.wikipedia.org/wiki/Dravidian_languages

와 역사학계에 던지는 바이다.

14. 아프칸의 쿠샨(Kushan－월지국〈月支〉)의 왕조에 대하여

기원전 1,286년 '색불루'에 의해 정권을 찬탈당한 소태단군 일족은 파키스탄의 북부인 페샤와르(탁실라 포함) 지역에 정착하여 간다라(Gandhara－달의 칸, 아사달)를 건국하였다. 그 뒤에 간다라 왕족을 색불루 집단이 동맹군을 이끌고 와서 학살하는 등 침략이 있었다. 인도의 마하바라타 기록엔 아프칸의 파슈툰(Pashutun) 종족을 간다라의 동맹부족으로 인식하였다. 마하바라타에서 펀자브의 평원에서 Bahlikas(태양 아버지 고시)가 언급되어 있으며 펀잡의 사람들은 고대 Bahlikas의 직계후손이라고 밝히고 있다. 몽골, 훈족, 에프탈리테와 현재 아프가니스탄의 모든 조상들이 Bahlikas에서 살아남아 Bahlikas 사람들이 인도로 이동하였다고 한다.

결국 쿠샨의 종족들인 Bahlikas 사람들은 간다라 사람들과 같은 '달'이란 정체성을 가진 고조선 9환족의 종족으로서 아프가니스탄에 '간다하르' 지방이 있음이 그 첫 증명이 되는 것이다. 우리나라의 고대 기록과 한서에 나타난 쿠샨제국을 살펴보면

1) 연경제전집(研經齋全集) 속집(續集) 책(冊) 16 동국지리변(東國地理辯)

월성변(月城辯)의 기록에서

> 月城. 今慶州也. 一稱鷄林. 陳壽史云. 韓有三種. 一曰馬韓. 二曰辰韓. 三曰弁韓. 辰韓者. 古之辰國也. 辰王治月支國. 月支國者. 考之圖經. 卽慶州也. 豈月城之故號歟. 然月支者. 漢西方胡種也.

> 월성은 지금의 경주이다. 일칭 계림이다. 진수의 삼국지에서 말하기를 한(韓)은 3종류가 있는데 일왈 마한이요, 이왈 진한이요, 삼왈 변한이다. 진한(辰韓)이라는 것은 옛날의 진국(辰國)이다. 진왕이 월지국을 다스렸다. 월지국을 도경을 통해 상고하여 보면 즉, 지금의 경주이다. (월지국이) 월성의 고호(옛 이름)가 되었다.

한나라 시대에 '월지'라는 것은 서방의 오랑캐이다.

현재의 역사에서는 한(漢)나라와 관련된 서역(西域)국가 중에 월지국과 조선의 역사에서 등장하는 월지국은 별개의 나라로 인식하고 있다. 그런데 조선 후기 정조, 순조, 헌종 때의 학자인 성해응(成海應)은 조선의 역사에서 등장하는 월지국은 옛날 한(漢)나라 때 서방(西方)의 오랑캐이고, 신라의 경주, 월성과 관련된 명칭이라고 기록하고 있

다. 기존의 학설과 정면으로 배치되는 기록이다

2) 한서에서 아프칸의 '카불'

람씨성(남씨성)으로 표기하였으며 월성이라고 하였다. "AD 1세기경 다섯 흡후의 하나인 귀상흡후(貴霜翕侯)가 대두하고(BC 30년), 이어서 대월지에 대신하였다(쿠샨왕조). 타림분지의 중국 신강성 주변엔 대월지의 잔존세력이 남아 있어서 소월지(小月氏)라고 하였다."(한서, 후한서 서역전) 앞서 파슈툰 부족에 관해선 상세한 종족의 정체성에 대한 설명이 있었다.

3) 고조선은 그 정체성이 '달'의 국가이었다(달지국·아사달)

새로운 달의 국가는 '색불루'에게 추방당한 소태 단군 일족의 '간다라' 지역으로 역시 '달'을 정체성으로 삼았는데, 카불을 중심으로 한 쿠샨은 카불 계곡으로부터 파키스탄의 페샤와르 지역으로 진출하게 된다. 즉, 간다라 지역에 진출한 것이다. 쿠샨 제국도 그 정체성은 달인 월지국이다. 그런데 현 쿠샨의 건국에 관하여 많은 학자들이 그 건국년도를 달리하며 논쟁의 대상이 되고 있다. 스페인계는 서기 30~375년, 러시아 학자들은 서기 1~3세기, 미국은 서기 30~375년, 독일 학자들은 서기 100~250년으로 다양한 가설을 내 놓고 있다. 그러나 어느 학자는 라바탁(Rabatak) 비문의 발견에서 비문 작성자로 보이는 '카니슈카(Kanishka)왕'은 서기 127년에 시작되었다고 발표하였다. 그러나 초기의 학자들은 '카니슈카'가 기원전 78년에 왕위에 올랐으며 그것은 사카(Saka)달력 시대의 시작으로 믿었다.[44]

4) 라바탁(Rabatak – 태양의 아버지 '탁') 비문

이 비문은 1993년 카불–마자르 고속도로를 따라 인공으로 축성된 언덕의 꼭대기에서(Rabatak이란 마을의 사이트) 발견된 바위에 기록된 비문으로 키니슈카(Kanishka)왕의 규칙과 왕조의 계보에 대한 내용이 기록된 것이었다. 이 비문의 이름에서도 '탁'의 이름이 인용되고 있다. 카니슈카왕의 아버지는 비마카드피세스(Vima–Kadphises)이었으며 할아버지는 비마탁투(Vima–Taktu)이었고, 증조부는 쿠줄라 카드피세스(Kujula–Kadphises)라고 확인되었다.[45]

44) https://en.wikipedia.org/wiki/Kanishka

45) https://en.wikipedia.org/wiki/Rabatak_inscription

5) 쿠샨의 정확한 건국 연대

쿠샨의 정확한 건국 연대를 알기 위하여 우리의 한단고기 〈단군세기〉 기록을 보면 "오가의 무리가 상장 탁(卓(탁), Tak)을 받들고 대규모로 여정에 올라 곧 바로 월지에 이르러 나라를 세웠다. 월지는 '탁(Tak)'이 태어난 곳이다. 이를 일러 중마한이라 한다.(기원전 194년)" 보통 왕이 약 50년을 통치한다고 보면, 초기의 학자들이 '카니슈카왕'을 기원전 78년으로(사카 달력 기준) 연구하였는데, 할아버지와는 약 100년이란 시차가 생기므로 기원전 178년이 되어 한단고기의 기록과 아주 부합되는 연도가 나온다 할 것이다. 이와 대비하여 중국의 한서엔 건국시점을 고작 서기 30년으로 만들어 약 200년이란 시간을 크게 왜곡하였다 할 것이다.

6) 카니슈카의 할아버지인 '탁(Tak)'에 대하여

카니슈카가 기록한 라바탁(Rabatak－태양의 아버지 탁) 비문에 '탁(tak)'이란 이름이 나오며, 간다라 지역에 편잡어로 탁실라(Takshashila－탁씨의 신라), Taksham(탁씨의 어머니), Takshaka(사카의 탁), Taxlia, Taksha, Takshi(탁씨) 등으로 지명에 대해서도 논란이 있다고 한다. 여기에서 공통적으로 나오는 이름이 '탁(Tak)'이다. 이 '탁(Tak)'은 한단고기에 기록된 상장 '탁'을 지칭하는 것으로 본인인 비마탁투(Vima－Taktu)가 그곳에 가서 자기 이름을 따서 지명을 지었는지, 그의 손자인 카니슈카(Kanishka)왕이 지명을 지었는지에 대해선 불분명하다. 그러나 분명한 것은 '탁(Tak)'이 상장인 '탁(Tak)'의 이름이 틀림없다고 보는 것이다. 여러 지명 중 탁사카(Takshaka)는 쿠샨사카의 탁이 분명하고, Taktu, Takto(머리의 탁)에서 '머리'는 머리 종족을 말함에 해석하지 않으니, '탁(Tak)'의 이름이 분명하다 할 것이다.

이 비마탁투(Vima－Taktu)를 기리는 동전이 발견되었는데 자세히 보면 삼지창이 등장한다. 삼지창은 고조선의 정체성인 3을 의미하는 것이다.[46]

7) 쿠샨(대월지국)과 신라의 정체성에 대하여

파키스탄의 탁실라(산스크리트어 : Takshashila)의 실라(Shila)는 우리의 신라와 표기가 같다. Shila는 곧 태양을 의미하며 신라의 수도가 월성이었고, 신라의 통치자는 박(朴),

46) https://pt.wikipedia.org/wiki/Taxila, Takshashila // Brockhaus와 Efron의 백과 사전 : 86t.(82t. 그리고 4 dop.). －상트 페테르부르크., 1890～1907.

〈쿠샨제국 Vima Takto(머리의 탁)의 청동 동전에 새겨진 '삼지창'〉

*좌우의 동전에 새겨진 '삼지창'은 곧 그 나라의 국장(정체성)을 의미한 것이다.
출처 : https://en.wikipedia.org/wiki/Vima_Takto

〈쿠샨왕조 '비마 카디 피세스'의 황금 동전에 나타난 '황소와 삼지창'〉

〈卍(만)자 위에 초승달/ 3개의 원 위에 초승달(탁실라의 주화-기원전 220~185년)〉

By Classical Numismatic Group, Inc. http://www.cngcoins.com, CC BY-SA 3.0, https://commons.wikimedia.org/w/index.php?curid=54011968

〈탁실라(Takshashlia)의 동전(기원전 2~1세기), 삼신의 표시에 초승달(新月)〉
출처 : https://en.wikipedia.org/wiki/Taxila#/media/File:TaxilaCoin200-100BCE.JPG

석(石), 김(金)으로 박은 Bak, Bhak, Pak, Phak, Bac으로 '밝음'을 뜻하는 것으로, 이 박씨는 '박트리아(Bactria-밝은 달)의 Bac에서 차용한 것으로 본다. 석은 Seak으로 Sak, Saka와 그 어원이 같고, 불교의 '석가(Seaka)'와 같으므로 스키타이를 말한다 할 것이고, 마지막의 김은 Gim, Kim으로 '어머니의 집단'으로 해석되어 역시 스키타이에서 벗어나지 못하는 정체성을 가진다 할 것이다. 고조선의 정체성이 달이고, 쿠샨제국이 월지국이다. 카불은 월성(月城)이 되었음에 신라는 월성을 그 수도로 삼았던 것으로 같은 정체성에서 출발한 것이 틀림 없으며 경주의 이름에서도 벗어나지 못하는 정체성인 것이다. 한단고기에 기록된 '월지'를 세운 인물이 '탁'이고 간다라 지방의 탁실라가 '탁'의 이름에서 온 것이다. 쿠샨의 동전에 나타난 삼지창은 다시 한 번 그 정체성을 각인시켜 주는 것이고, 탁실라의 주화에서도 간다라(달의 칸)의 상징인 초승달(新月-아사달)이 등장하므로 같은 '달'이란 정체성에서 아프칸의 종족과 신라는 같은 정체성에서 출발한 왕조이다. 타림(Tarim-달의 어머니) 분지와 가까운 신강, 감숙지방에서 출발한 것으로 내다 보고 있고, 간다라 지역에 이미 기원전 7세기경 가야연맹(Kekaya-가야집단)이라는 도시국가가 있었던 것이다. 그들은 Bahlika 종족으로 편잡 사이 북서부에 속한 사람들이었다. 또한 필자가 2013년에 학술 발표를 하였던 금관가야(가락국)는 소월지국으로 타림분지에 흩어져 있었던 구자, 선선, 언기 등의 소부족국가가 된 것이고, 그중에 구자국(龜滋國)에서 가락국이 형성된 것으로 그 건국은 사천성 성도이었다고 발표하였다. 가락의 금관가야가 신라와 합병을 하여 중국의 정주(鄭州)전투에서 백제의 성왕을 가락국의 후손이 군주를 맡아 시해함으로서 결코 신라와 가락국은 한

반도에서 건국하지 않았다는 사실이 된 것이다.[47)]

8) 결론

기원전 1,286년에 고조선의 '색불루(Sekblu-색의 광명)'가 21대 소태 단군을 추방하여 그 일족들은 파키스탄의 간다라(Gandhara-달의 칸) 지방에 정착하여 소위 새로운 '아사달(Asadal-처음의 달)'을 건국하게 되는 것으로 우리 '단군세기'의 기록이 세계적인 대역사를 증명하는 기록으로 각인되고 밝혀진 것이다. 특히 그 추방당한 기록이 인도의 리그베다(Rigveda)에 상세히 전하고, 인도의 마하바라타 등 기록에 망명정부에 대한 부침의 기록이 상세히 전하고 있다. 간다라는 그 후로 인도의 달 왕조의 발판으로 되었고, 이어지는 인도의 달 언어를 형성하게 된 것이었다.

또한 '단군세기'의 북부여기 상에 기록된 '상장 탁'의 대월지 건국이 정확한 사실(史實-건국년도)로 드러났고, 간다라 지방의 '탁실라'를 상장 탁인 '비마 탁투(Vima-Taktu)'가 본인 이름을 따라 지명을 지은 것으로 기존 서양학자의 연구 발표에, 필자의 주장으로 다시 한 번 증명되었다. 필자는 제1권에서부터 한인 12분국과 한웅에 이르는 문명의 전파를 설명하고, 켈트와 인도 16국으로 진출한 고조선의 9환 종족에 대해 많은 지면을 할애하여 설명하였으며 민족학적, 비교언어학적, 고고역사학적으로 하나씩 증명해 나갔다. 이번에 기원전 1,286년에 일어난 고조선의 망명정부를 찾았고, '북부여기'에 기록된 쿠샨(월지)의 왕인 '상장 탁'을 증명하였다. 탁실라의 지명에서도 이를 증명하였음에 실로 고조선은 중앙아시아의 고르노바드흐샨주인 아무다리아의 상류에서 건국한 것이 정확하게 비정되고 증명된 것이다. 앞으로 세계 고대사는 새롭게 다시 정리되고 작성되어야 한다는 역설과 주장을 하기에 이른 것이다.

15. 고조선의 삼한 붕괴에 따른 9환족(제 종족)의 이주, 팽창연구

앞서 기술한 고조선의 망명정부의 정착지인 간다라(Gandhara-달의 칸)는 그리스 지리학자에 의해 별칭으로 Paropanisade(새 아버지족에 광명의 머리)로 표기되었다. 제1권에서 고대 터키의 '루비안(Luwian)' 문서에는 하티(Hatti-태양의 머리) 사람들의 통치의 끝은 기원전 640년이라고 적시되어 있다. 이런 지적은 아시리아의 연대기에도 언급되어 있다는데 필자는 확인해 보지 못하였다. 필자는 이러한 고대 터키의 기록과 아시리아 연

47) https://en.wikipedia.org/wiki/Kekaya

대기에 '하티의 사람들'로 되어 있고, 그들은 고대 루비안 문서에서 '투탈리아(Tutalia – 달의 머리족)의 영웅'으로 단군을 묘사하였다. 이 투탈리아는 고대의 토카리스탄이었고, 그 광역은 오늘날 말하는 아프칸의 지역을 말하는 것이 아니라 박트리아와 옥서스를 포함한 대광역이었다는 것으로 정길선 교수는 지적하였다.

이미 제1권에서 이집트와 바다 사람들의 전투에서 '바다 사람들'은 이집트 람세스 3세의 '빈소사원'의 기록에서 9문, 9활로 기록하였는데 필자는 그들이 북아프리카의 리비아가 포함된 고조선 마한권의 동맹국가(달의 동맹)로 주장하였다. 이러한 주장의 이면에는 언어학적으로 인도–유럽어를 도입하여 그 종족의 정체성을 분석하여 그들이 머리족이며 태양족이고, 고리(동맹)의 일원이며 달의 동맹족임을 분석하였다. 민족학(종족학)상 분류되는 종족과 지중해의 도시국가 및 레바논, 이라크, 시리아, 터키와 중앙아시아의 국가 지명 등 23개국의 지명 분석을 통하여 고대사에서 사용되었던 키워드 분석을 마친 끝에 그들은 고조선 9환의 종족으로 한단고기에 기록된 오색종족이며 삼한관경제의 일원(9환 동맹)인 것을 증명하였다.

그리고 고조선을 이루는 삼한관경의 9환족이 켈트로 진출한 사실을 기존의 고고역사학, 언어학, 민족학 등을 통하여 세밀한 분석으로 흑해 연안의 국가인 터키를 비롯한 이란, 카자흐, 사르마티안의 이동이 기원전 6세기 전후로 하여 이루어졌고, 터키의 '고르디온'성의 궤멸로 프리지아의 종족이 켈트의 게르만 북부지방에 정착하였다는 이론을 주장하였다.

또한 인도의 16국시대도 기원전 6~7세기에 형성되었는데 박트리아의 종족인 아프칸, 타지기스탄, 투르크메니스탄, 이란의 종족들과 이미 기원전 13세기에 파키스탄의 북부에 정착한 간다라 사람들과 캄보자(Kambojas) 제국을 형성하였다. 그리스 지도에 나타난 아라코시아(Arachosia), 게도르시아(Gedorsia–새 달의 집단)는 달의 집단으로 분석하였으며 간다라는 Paropanisade로 기록되고 표기되었다는 것을 그리스 지도를 통하여 설명하였다. 또한 이 책의 지도에서 간다라(Gandhara–달의 칸)가 바로 그리스 지도에서 말하는 Paropanisade(광명의 아버지족 새로운 머리)임을 다시 한 번 그 정체성을 증명해 주고 있다.

1) 캄보자(Kambojas)[48, 49]

캄보자 제국은 기원전 5세기경의 Pānini(고대 산스크리티의 학자)의 작품에서 거론된 국

48) https://en.wikipedia.org/wiki/Kambojas

49) Encyclopaedia of the peoples of Asia and Oceania, Barbara A,West,Infobase publishing(2009), ISBN 9781438119137, p. 359

〈Kambojas의 동맹인 Paropanisade(간다라-Gandhara)〉

출처 : https://en.wikipedia.org/wiki/Paropamisadae#/media/File:Tabula_Nona_dAsia.jpg

가로 그들은 힌두교의 신성한 의식을 지키지 않는 Kshatriyas(전사계급)으로 캄보자를 묘사한 Manusmriti(마누 법전)와 마하바라타(Mahabharata)에 나타난다고 하였다.

어떤 학자는 사카(Sakas)의 왕 일족으로 캄보자를 인용하였고, 영토와 경계에 대해선 논쟁의 대상이나 일부 학자는 파키스탄 북부의 간다라를 포함하여 타지기스탄, 우즈베키스탄, 키르기즈스탄, 아프칸 지역으로 보고 있다.[50]

50) Encyclopaedia Indica, "Kambojas : 땅과 그 신원", 초판, 1998 뉴델리, p. 528.

〈프톨레마이오스 지리(Ptolemy's Geography) 15세기 그리스 원고판의 Paropanisade〉

출처 : https://en.wikipedia.org/wiki/Paropamisadae

또한 Kambojas는 발크(박트리아), 바다흐샨(Badakshan), pamirs(파미르), Kafiristan(현대의 누리스탄 지방)으로 보기도 하며[51] 고전 작가들은 옥서스와 Jaxartes(Syr Darya) 사이의 산악지역을 고대 캄보자의 위치로 제안하였다.[52]

51) 아소카와 그의 비문, 1968, pp. 93~96, 베니 Madhab Barua, Ishwar

52) 아시아 사회 학회지(1940, p. 37), 인도 아시아 사회(캘커타, 뱅갈 아시아, 왕립 아시아 사회 1976, p. 232.

캄보자의 경계에 대해서 시르다리아(Jaxartes)의 합류 물이 일어나는 산악 고원 지대는 그리스의 지리학자 프톨레마이오스에 의해 Komedes의 고원이라고 불린다. Ammianus Marcellinus는 또한 이 산들을 Komedas라고 부른다.[53, 54, 55]

그들의 수도는 Mahabharata에서 언급된 Rajapura, Rajapuram은 현대의 카슈미르의 Rajouri, Rajauri이며 히말라야 산맥을 가로 질러 Rajauri와 Poonch 지역에 정착하였으며 펀잡왕국의 언덕국가 중 하나인 Abhisar 영토내에 통합되었다. 마우리안 시대에 Rajauri는 훌륭한 무역센터였으며 알랙산더의 침공당시 그 화려함이 정상에 있었다.[56] 캄보자족은 기원전 2세기와 1세기 동안 Sakas, Pahlavas(고대 인도의 마누법전, 마하바라타에 인용), Yabhana족과 동맹을 맺고 인도에 진입하여 Sindhu, Saurashtra, Malwa, Rajasthan, Punjab 및 Surasena에 퍼졌다. 라자스탄, 펀잡, 스라세나에 인도 서부 및 남서부 지역에서 Palas로서 Gauda, Varendra 영토를 가져와서 인도 동부 뱅갈(Bangal)에 캄보자-팔라(Pala) 왕조를 건국하였다.[57] 학자들은 Pahlavas를 파르티아로 보고 있다.

캄보자는 쿠샤나(Kusana) 이후에 네팔과 티베트 동쪽으로 이동한 것으로 보이며 10세기엔 북서 뱅골을 정복하였다.

2) 캄보자(Kambojas)의 어원 출자와 해석

파미르 산맥과 옥서스(Oxus, Amudariya)의 머리 위의 국가에서 주로 사용되는 현대의 파미르 언어가 "가는" 의미에서 고대 캄보자 Shavati에서 파생된 용어를 사용한다는 것이 입증되었다. Shavati는 '이동'이다. 또한 타지기스탄의 Yaghnob 계곡(키질쿰 사막), Zervshan(현재 우즈베키스탄의 황금수도)의 상류지역 주변에는 아직도 "가야 한다"는 의미의 고대 캄보자 Shavati의 유물이 들어 있다.[58]

다른 학자는 Munjan의 Munji어는 바다흐샨의 오랜 방언인 갈차(Galcha) 방언의 일종이고, Munjan은 Amyurgio Sacae(페르시아의 비문의 Haumavarga Saka)의 루트 'Murg'에서 파생된 것으로 다시 Munjan과 Haoma/Soma, Pamir/힌두쿠시(Hindukush)의 집인 Mujavat

53) Indian Historical Quarterly, 1963, 403 ; Maurya 제국의 중앙아시아 지방, p. 403, HC Seth.

54) 역사와 고고학 이른 시간부터 300BC에 다른 나라, 인도의 연락처, 1976, p. 152, Asthana ; Mahabharata

55) Badakshan(바다흐샨)에 있는 Darwaz(새 아버지의 달) 마을은 아직도 Khum(Kum) 또는 Kala-khum이라고 불리며, Basht 계곡을 의미하고 Khum, kum은 캄보자를 말한다.(Journal of the Asiatic Society, 1956, p. 256, Budda prakash[아시아 사회(인도 캘커타, 아시아 뱅골학회])

56) Panjab past and present, pp. 9~10 ; porus의 역사, 12, 38, Buddha parkash

57) 실론의 역사, 1959, p. 91 실론대학, Perdeniya, 헴 찬드라 레이, KM드 실바.

58) Bhartya Itihaas ki ruprekha, 229~301, JC Vidyalankar박사 ; 인도의 언어학 조사, 고대 캄보자 사람과 국가, p. 128.

를 연결하였다. 실로, 문지어(Munji)는 바다흐샨 북동부(아프가니스탄) 언어로 Lotkoh의 계곡인 치트랄(Chitral-파키스탄의 최고 북단), 서쪽의 Garam Chashma에서 Khyber Pkhtunkhwa(파키스탄 북서부)의 Yidgha 언어와 유사하며 지금 멸종된 박트리아 언어와 가장 가까운 언어적 유사성을 보여준다고 한다.[59] 이러한 뒷받침은 아프칸의 문지어를 사용하는 사람들 전체가 Yidgha 언어(문지어와 유사)를 구사하는 치트랄 국경을 넘어 탈출했다고 한다.

서양학자들의 어원 출자에 대해 Munjan과 Mujavat의 어원 비교는 필자가 여태 보지 못한 올바른 어원 분석이라고 생각한다. 그러나 캄보자 사바라티의 어원 분석은 아주 잘못된 것으로 Kam은 곰이며 보(Bo)는 세계적인 공통어로 아버지이다. 세계적인 공통어를 무시하고 어원 해석을 하므로 엉뚱한 어원 해석이 되는 것이다. 마침 캄보자의 경계에 대한 자료에서 Komedes란 명칭을 찾게 된다. 이 Komedes(곰의 새 머리)는 고조선의 종족이며 이 종족에서 캄보자(Kamboja-곰 아버지)의 어원이 형성되는 것이다. 아버지(Va, Ba, Pa, Fa), 아버지족은 빈카(Vinca-아버지족 집단), 통고사국의 종족인 에벤키(Evenki-아버지족 집단)에서 증명된 바 있다.

3) 고조선의 또 다른 종족 이름인 Komedes, Kumuda, Kumito(곰의 머리)

고조선을 칭하는 국가, 종족 이름은 고대 터키의 루비안 문서에서 전하는 하티(Hatti) 사람들과 투탈리아(Tutalia)였다. 그런데 나머지 고조선의 종족을 뜻하는 종족을 약 7년의 연구동안 찾지 못하였는데, 캄보자의 조사에서 찾은 것이었다.

지성이면 감천이라고 했던가? 고조선의 위치와 동맹, 그 경계까지 찾으면서도 그 종족을 찾지 못하여 소위 화룡점정(마지막으로 용의 눈을 그려 넣는 일)을 하지 못한 아쉬운 감이 많았던 것인데 찾은 것이다. 코메데스(Komedes)는 '곰의 머리'가 되며, 쿠무다(Kumuda)도 '곰의 머리'이고, 쿠미토(Kumito)도 역시 '곰의 머리'가 된다.

이 코메데스(Komedes)는 그리스어의 Komedei에서 나온 것이며 인도 Vayu Purana에서 Kusha-dvipa에 "Kumuda-dvipa"라는 이름이 사용되었다(VayuPurana I, 48, 34~36). 또한 쿠무다는 파미르의 북부를 형성하는 산의 이름으로 인도의 Purna에 기록되었다.[60]

그들의 오래된 전통에서 그 이름을 보존하였고, Kumuda-dvipa는 Pamirs와 가깝고, Kumuda-dvipa라는 이름은 Shakadvipa 또는 Scythia 남부지역에 적용되었다. 그들은

59) Waghmar, Burzine K(2001), 박트리아 역사와 언어; KR KAMA 오리엔탈 연구소 저널, 64, pp. 40~48.

60) https://en.wikipedia.org/wiki/Komedes

Hemavata(Hindukush)의 북쪽으로 놓였고 아마도 바다흐샨(Badakshan), Alay Valley(키르기즈스탄의 오슈 지역)/Alay Mountains 범위, 티안산(태산)/Kerategin(타지기스탄의 카로틴 지역), Zeravshan(우즈베키스탄의 Navoiy 지역) 계곡과 Fargana(우즈베키스탄의 페르가나 지역)까지 북쪽으로 확장되었을 것이며 옥서스와 시르다리아(Jaxartes)의 상류로 확장되었다고 연구되었다. 아주 놀라운 연구의 결과인데 학자들이 연구한 이 지역들은 고조선의 직할지역으로 '진한과 변한의 일부 지역'이고 필자가 비정한 '아사달'의 지역이 바로 옥서스의 상류인 것이다.

고대 그리스의 지리학자인 프톨레마이오스(그레코-로마시대 100~170)는 자낙스(Jaxartes)와 그 지류들에 의해 생활한 지역을 코디(Komdei)라고 부른다.[61] 여기서 Jaxartes는 Syr Darya가 된다. 그리스 철자법에 의해 De가 Dei, Doi로 표기되나 그 중심어원인 데(De), 도(Do)는 변하지 않는다. 그러기에 곰은 인도-유럽어에 의해 쿠무, 코무, 카무, 키무 등으로 발성되고 표기되며 아주 다양한 변형이 있다는 것은 미리 주지한 바와 같다. 그러므로 해석은 역시 '곰의 머리'가 된다.

학자들이 연구한 바와 같이 그들은 곰을 숭배하였으며, 웅녀(소마, Soma)는 신앙의 대상이었다. 웅족의 대명사이며 머리족인 그들은 깨우친 사람들이었다. 지금도 서양의 학자들은 머리라는 개념도 알지 못한다.

프톨레마이오스는 Komoi(=카모이) 또는 Komroi/Khomroi 또는 Komedei로 호출하여 소그디아나아와 Sirdaryā(Jaxartes) 일대까지로 규정하였다.[62]

다른 그리스어 글인 알-마키디시(Al-Maqidisi)는 그의 책 알 무크니(Al-Muqhni)에서 이 지역의 사람들을 산스크리트와 동등한 쿠미지(Kumiji)라고 부른다. 이 쿠미지에서 Kamboji 또는 Kambojas가 생성되었다고 보고 있다. 프톨레마이오스는 이 종족들이 전부 사카(Shaka) 전체의 땅에 거주하였다고 주장하였으며(Ptolemy의 지리학 6.13.3), Julius Honorius(후기의 지리학자)는 Cosmography(우주와 우주의 일반적인 특징을 매핑하여 천지와 지구를 묘사하는, 지리 또는 천문학을 침범하지 않는 과학)를 인용하여 카우메데스(Caumedes-가우 〈신지〉의 어머니 머리)는 트라우메다(Traumeda-달의 어머니 머리)라고 언급하고 카우메데스(Caumedes)를 옥서스강의 근원으로 언급하였다.[63]

Ammianus Marcellinus는 또한 Sogdian 산악 지대를 Komadas라고 부른다.

Komdei, Komedes, Komdesh, Kamdesh, Kambodesh, Kumito, Kumed, Kumadh,

61) https://en.wikipedia.org/wiki/Komedes#cite_ref-12.

62) JW McCrindle, 고대 인도, Trans & 편집자 RC Majumdar, 1927년, 268, 284페이지.

63) JW McCrindle, 고대 인도, Trans & 편집자 RC Majumdar, 1927년, 326쪽.

Kambuson, Komedon는 산스크리트와 동등한 쿠미지(Kumiji)가 후에 Kamboji, Kambojas로 학자들은 연결하였다.[64, 65, 66]

학자들은 Parama Kamboja(Asii), Lohas, Rishikas(Tukharas-토카리아)의 혈통도 모두 스키타이로 규정하였다. 여기에서 Parama의 Kamboja(Asii)는 Bahlika, Uttara Madra(달은 어머니의 달), Uttara Kuru(달의 동맹)와 함께 북쪽, 서쪽에 있다고 언급되었으며 파키스탄, 아프가니스탄, 타지기스탄, 우즈베키스탄의 일부 지역, 파미르 산악에 위치하고 있다.[67]

Uttara Kuru(달의 동맹)는 인도의 Pranas에서 신화적, 다른 세상의 영적 존재로 구분하기도 하고 현실세계에도 속하는 것으로 묘사된다. Uttara Kuru는 대륙(dvipa)이며 그 지역은 파미르의 북부로서 엘도라도(황금이 많이 나는 땅)로 불려지고, 마하바라타에선 '요정의 땅'으로 칭송하였다. Atanatiya Sutta에도 낙원으로 규정하였다. 그 지리적 위치에 대해 많은 논쟁이 있는데 키르기즈스탄과 티안산(태산)의 일부로 박트리아, 마하바라타에서 Kichaka의 대나무 지구를 말하며 Kichaka는 흑해 연안의 킵착과 그 어원이 아주 비슷하다. 일부 학자는 호탄과 티벳의 서쪽을 비정하며 토카리스탄도 그 위치에 비정하고 있다. 이러한 위치의 애매모호성은 Uttara Kuru의 어원을 분석 못하는 이유에서 다양한 위치가 나오는데 먼저 '달의 집단'을 찾아야 한다. 달의 집단(동맹)은 킵착의 흑해 연안의 터키, 시리아, 이란이 자연스레 '달의 동맹'이 되는 것이고, 북아프리카의 리비아, 그리스의 크레타, 다케스탄, 조지아권, 중앙아시아의 아프칸, 펀잡, 타지기스탄, 우즈백, 키르기즈를 포함한 티벳 영역을 아우르는 지역이 Uttara Kuru(달의 동맹)가 되는 것이다. 서양의 학자들은 동맹은 알지만, 달의 동맹은 알지 못한다. 그동안 필자는 언어학적(인도유럽어, 비교언어학)으로 고조선의 경계와 지명을 통하여 그 정체성을 찾았으며 민족학(종족학)을 통하여 켈트와 인도 16국의 진출을 연구하였다. 마지막으로 머리족이며 태양족이고, 곰족인 쿠무다(Kumuda)-곰의 머리를 찾게 되어 여간 기쁜 일이 아닐 수 없다. Mahabharata에 기록된 Sakas는 모두 아마존의 군대로 구성되었다고 하였다. 즉, 소마(Soma-새 어머니, 웅녀)를 경배하는 종족으로 묘사되었다.

인도의 마하바라타, Pranas 등의 기록에서 인도 사람은 파미르에서 같이 나온 한 조상이라고 설명이 되어 있다. 고조선은 원래 사카(Shaka)의 정체성이 아니었지만 색불

64) 고대 Kamboja, 사람들 및 국가, 1981, pp. 48~49, 155, 300
65) 인도의 역사와 문명 연구, 아그라, p. 351.
66) 캄보자 사람들, 1979, p. 355, KS Dardi 등
67) https://en.wikipedia.org/wiki/Parama_Kamboja_Kingdom

〈타지기스탄의 '카로틴 지구'〉
출처 : https://commons.wikimedia.org/w/index.php?curid=16496670

루의 반란으로 그 지배계층이 사카가 되어 사카집단이 된 것이다.

참고로 Bharata Khanda(Bharata Ksetra)에서 기록된 고대 왕국의 목록(기원전 9~3세기)에 반영된 인도의 역사에서 지명된 외국 왕국의 구분을 보면 북부의 외국 왕국으로는 캄보자 제국, 다라다 왕국(Darada-달의 머리), 파라다 왕국(Parada-광명의 머리, 아무다리아, 시르다리아강 주변), 파라시카 왕국(Parasika-새 광명의 집단), 투샤라 왕국(Tushara-우리 흰 빛나는 새 머리-토카리안), 리시카 왕국(히말라야), 후나 왕국(Hunas-히말라야, 중국 신장), 하라후나 왕국이 있으며 북서쪽의 외국 왕국으로 바리카(Bahlika-편잡, 아프칸), 야바나 왕국, 카사 왕국, 우타라 마드라(달은 어머니의 달) 왕국, 우타라쿠루(달의 동맹-키르기즈스탄, 타지기스탄), 카사 왕국, 사카 왕국으로 나누어 진다.

인도의 북쪽과 서북쪽에 위치한 왕조들은 이란과 아프칸 등 중앙아시아계의 종족으로 이루어진 왕국이었다. 중앙아시아의 제 종족들은 고조선의 삼한 붕괴(기원전 640년경)로 구심점을 잃었으며 이란계 및 우크라이나, 카자흐, 조지아권, 터키권은 켈트로 아프칸, 타지기스탄, 우즈백의 일부, 키르기즈스탄의 일부 등은 인도16국으로 신출한 것을 상세히 보고 있는 것이다. 이들 왕조는 거의 기원전 6~7세기를 전후로 하여 인도에 진출한 것이며 특히 먼저 진출한 파키스탄 북부의 간다라를 발판으로 캄보자 연합을 통해 인도 북부와 서부, 동부 등에 진출하였던 것이다.[68, 69]

68) https://en.wikipedia.org/wiki/Bharata_Khanda
69) http://en.wikipedia.org/wiki/Sakas-in-the-Mahabharata

16. 고조선 삼한 붕괴에 따른 가야 연맹 설립

1) 가야의 성립에 대한 개설

가야(Gaya)는 언어학적(인도 유럽어)으로 '카야(Kaya)'로 표기된다. 필자는 본서의 1권에서부터 '집단, 동맹'을 고리(Gori)로 표기하고, 자음인 G, Ga, Gi, Gu, Ge, Go와 인도유럽어의 표기인 Ka, Ku, Ki, Ke, Ko, K로, 때로는 Ca, Cu, Ci, Ce, Co, C, 혹은 Cha, Chu, Chi, Che, Cho, Ch 등으로도 표기된다고 상술한 적이 있다. 이러한 자음은 어간이나 어미에 붙어서 집단을 나타내는 것으로 연구하였다. 지금까지 우리의 강단사학은 한반도로 연결된 고조선, 한반도의 삼국에 이어 한반도의 가야 연구에 국한되었고, 그 가야는 고대의 왜(일본)와 신라 건국에 일조를 한 부족국가 체계로 이해를 하였으며 소위 6가야 연맹체로 연구되어 왔다. 이러한 개념의 가야 연구는 한반도 사관의 중추 핵심이었고, 예족과 맥족이 코카서스 지방의 종족들이며 고대의 Yemec(예맥-예족의 어머니 집단), "Yamec(야맥) 등은 한민족의 조상 그룹에 속한다."라는 2010년에 펴낸 미 하버드대 아시아 연구소의 주장은 필자가 중앙아시아의 고조선 이론을 뒷받침 해주는 연구이며 나아가 필자가 지금 상술하는 인도 북서부의 가야연맹 연구에도 도움이 되는 연구라 생각한다.

지난 1권에서 언급하다시피 예족(Ye)은 타타르(Tatar-머리의 달족) 종족이라고 하였으며 맥(Mec-어머니 집단)은 이란계 스키타이이고, 그들은 메데(Mede-어머니 머리)의 자본으로 페르시아(Fersia-새로운 광명) 제국을 형성한 것이다. 예족(타타르)의 분포는 킵착(흑해, 카스피 연안) 타타르, 크림 타타르, 볼가 타타르, 몽골 타타르, 시베리아 타타르로 그 종족의 활동 반경과 분포는 거대한 광역을 형성한 것이었다. 중국어 표기로 대월지(大月地)를 '따예지'라 부르는데 이 때의 '예는 달을 가르킨 것이었다. 그 타타르족의 일파인 킵착 타타르족에서 인도로 진출하여 가야 연맹체를 만들었다면 무슨 뜬금 없는 소리인가? 하고 반문할지 모르지만 이것은 진실이며 틀림없는 사실(史實)이다. 가야의 정체성은 Vahlika의 한 국가로 Bhagavata Purana는 Usinaras, Sibi, Madras, Kekayas(가야)가 'Yadu의 아들인 Yayati이며 Yayati의 아들인 Anu의 직계후손'이라고 한다. 또한 Sibi, Shibi는 Usinaras의 아들이라고 기술되어 있다. 이러한 기록은 Vayu Purana와 Matsya Purana와 같은 다른 Puranic 원본에 의해 증명된다. 그러므로 Kekayas(가야)는 인도의 토속종족이 아니라 중앙아시아권에서 진출한 종족이 틀림없는 것이다. 실로, 인도의 달 왕조는 야두(Yadu)의 자손들 중 Yadavs(Yadavas)는 인도 서부, 중부, 동부 및 남부 인도지역을 지배하였다. 외국 종족에 대해선 고조선의 망명정부편에서 다루었기에 생략하기로 한다.

'단군세기'에서 "신유 38년(기원전 2,100년) 오사구 단군이 붕어하셨다. 계가(鷄家)출신 구을(丘乙)이 즉위하셨다."를 인용해 보면 고조선은 4가(마가, 우가, 구가, 저가) 외에 계가(鷄家)가 있었음에, 계가는 마한의 붕괴 전후로 인도로 들어가 6가야를 개척한 것으로 추정된다. 가야의 신성이며 힌두교의 신성인 'Kartikeya'가 '닭을 타고 있는 형상'에서 닭과 가야종족의 연계는 바로 계가(鷄家) 집단인 스키타이가 인도로 진출한 것을 말해 준다 할 것이다.

2) 케카야(Kekaya)

케카야(Kekaya)는 "가야집단, 가야연맹"으로 해석된다. 이 카야(가야)는 기원전 1,286년 색불루의 군사혁명에 의해 추방당한 사람들이 간다라(Gandhara-달의 칸) 지역에 정착하였다. 이 간다라를 발판으로 인도 16국 시대(기원전 7세기)에 간다라의 북서쪽 펀잡과 라비(Ravi, 고대의 Parusni)강 주변에 정착한 사람들의 연맹으로 그들은 Madras(새로운 어머니의 달), Ushinar(우리 새로운 흰 빛 사람들), Shivayas(새 흰 빛나는 사람들) 사람들과 관련하여 살았다고 인도의 Ramayana(Mahabharata의 서사시)에 기록되었으며, 고대의 철학자인 Pānini 기록에 의한 것이다.[70)]

수많은 푸라나(Purana)는 간다라(Gandharas)의 목록에 Kekayas를 포함하여 Yavanas, Shakas, Paradas, Bahlikas, Kambojas, Daradas, Barbaras, China, Tusharas, Pahlavas 사람들인 즉, Uttarapatha(인도 북서부, 중부, 동부, 동북 파키스탄, 네팔, 방글라데시) 영역을 제시하였으며[71)] Kekayas는 지금의 Jhelum(파키스탄 펀잡 36개 주의 하나), Shahpur(Karnataka 주에 위치), Gujerat(구자라트)의 3지역으로 구성되었다고 한다.[72, 73)]

3) 어원 조사

Kekayas, Kaikeyas(깨우친 가야), 힌두어로 Kackey, Kakya, Kakaya, Kckaii로 표기되

70) https://en.wikipedia.org/wiki/P%C4%81%E1%B9%87ini

71) Vayu Purana Lk45kll7 단계 : Brahnand Purana, 1, 2, 26, 48 ; Markendeya Purana, 52, 37 ; Matsya Purana(Critical), 113.42 ; cf 6, 43의 Swargaloka(Critical ed) 4, 10, 47 ; 브라마 프라나(Brahma purana) 53, 14 ; Bhuvankosha 국가 Krfel의 원본.

72) https://en.wikipedia.org/wiki/Jhelum

73) Aggarwala로 알려진 인도를 ; 고대 Puranas의 지리학적 데이터 ; p. 162, MR Singh 박사.

었으며 Kekeya, Kekaya, Kaikaya, Kaikeyi의 다양한 표기로 '가야'의 이름이 등재, 기록되었다. 또한 인도네시아어 ; Kekayi, 말레이어 ; Kekayi, 타이어 ; Kaiyakes, 크레르어 ; Kaikesei로 표기된다.

4) 서사시 Ramayana의 기록에 나타난 '가야'

Kaikeyi에 대한 여러 가지 언급이 있는데 Kekayas의 수도가 Sudama 너머에 누워 있다고 증언하였으며 Sudama강은 Kuryians를 통해서 흘러 관통된 Arrian의 강인 Saranges로 확인되었다. Vedic 원본엔 Kekaya의 자본 이름을 언급하지 않는다. 그러나 Ramayana엔 Kekaya의 대도시가 Rajagriha, 또는 Girivraja이었다.

5) Mahabharata(마하바라타)의 문헌에 기록된 Kekaya(가야연맹)

* Kekaya는 고대 인도의 왕국으로 언급되었다(마하바라타 6.9).
* Puru 임금 Sarvabhauma는 강제로 그녀를 얻은 Kekaya 황태자의 딸인 Sunanda와 결혼하였다(마마바라타 1.95).
* Puru의 왕 Parikshit의 아들 Bhimasena는 Kekai의 공주인 Kumari와 결혼하였고, 그의 아들은 Santanu의 아버지인 Prastipa인 Pratisravas에서 나왔다(1.95).
* Sahasrachitya라는 Kekayas의 통치자가 있었고, 그는 Kuru왕 Dhritarashtra의 동시대인 Satayupa왕의 할아버지이었다. 장남에게 왕국을 물려 준 Sahasrachitya왕은 은퇴하였다(마하바라타 15, 20).
* Satayupa는 Kekayas의 위대한 왕이었다. 숲의 모든 종교 의식에서 Kuru의 왕 Dhritarashtra에게 지시한 높은 채찍질의 Satayupa(마하바라타 15, 19).
* Vrihatkhsatra 임금－판다바측 뿐만 아니라 카우라바스측에서 쿠루케세트라 전쟁에 맞서 싸웠던 Krkaya 형제(각각 5명)는 차세대 Kekayas 왕족이었는데, Vrihatkhsatra 임금은 형제 중 장남이었다. 그는 케카야의 왕으로 묘사되었다.
* Pandavas와 Krkayas의 우정－다섯 Kekaya 왕자, 동맹들과 함께 숲으로 추방되었을 때, 고대 인도의 왕을 소환하기로 결정하였을 때, Kurukshetra 전쟁에서 Pandavas의 원인으로 Krkayas가 첫 번째 후보 중 하나이었다(마하바라타 5, 4).
* Pandava측에 5명의 Kekaya 형제－Kurukshetra 전쟁에 있는 Pandava측에서 싸운 5명의 Kekaya 형제는 많은 장소(5,－61. 83. 144)에 언급된다. (마하바라타 7, 10)에서 그들은 Pandavas의 모계 사촌으로 언급되었다(마하바라타 5. 22).

* 보라색 깃발을 가진 Kekayas의 다섯 형제는 Pandabas에 병력의 악샤히니와 합류하였다(마하바라타 5.57).
* Kekayas와 Dhrishtaketu의 왕자들과 Kasis왕의 아들, Srenimat, Vasudana 그리고 무적의 Sikhandin은 갑옷을 입고, 무기로 무장하고, 장신구를 장식하여 Yudhishthira 뒤에서 행진하였다(마하바라타 5.152).
* 카우라바(Kaurava)에 있는 수백 명의 형제(Kekaya)－카우라바쪽에 있는 케카야는 많은 곳(마하바라타 6.16).
* 5명의 Asuka, Aswasira, Aysanku, Gahanamurdhan, Vegavat 같은 5명의 Kekaya 형제(아마 Duryodhana와 편을 들었던 사람들)는 5명의 Asuras와 동일시되었다(1.67).
* Kekayas는 Vasatis, Salwakas, Amvashthas, Trigartas와 함께 Duryodhana의 동맹국으로 언급되었다(마하바라타 5.30).
* Kekayas의 야영지엔 노래와 시끄러운 소리가 있었고, 군인들이 댄스와 환락에 빠져 손바닥을 두드리는 것이 있었다(마하바라타 7.84).
* Indragopakas(빨강 및 검정색 혼합의 곤충의 색소)라고 불리는 곤충을 닮은 5명의 Krkaya 형제는 우편, 빨강 무기 및 적색 배너가 있는 붉은색 코트를 사용하였다(7.10).
* 5명의 Krkaya 형제는 깊은 붉은 색조의 말을 타며 그들은 금의 광채를 타고 있었고, 붉은 색의 표준을 가지고 있었으며 금 사슬로 장식되어 있었다(마하바라타 7.23).
* 5명의 Kekaya 형제가 '드로나(Drona)'에게 살해되어 땅에 누워 있다. 그들의 겉옷, 금의 화려함, 너무나 많은 타오르는 불빛처럼 지구상에 밝은 빛을 뿜어 낸다(마하바라타 11.25).
* Kekaya 형제들은 Pandava 군대 앞에서 5명의 간다하라 왕자들을 전투에서 만났다(마하바라타 6.45).
* Akshauhini를 소유한 Kekayas의 임금은 Pandava Battle-array의 우익을 이루었다(마하바라타 6.69).
* 전쟁이 끝난 날 Kckaya 형제 다섯 명은 다른 군대의 좌익으로 구성되었다(마하바라타 6.75).
* Dushasana는 다섯 Kekaya 형제와 싸웠다(마하바라타 6.79).
* Drona는 그의 빠른 샤프트(창)로 모든 Kekayas를 죽였다(마하바라타 7.152).
* Trigartas, Matsyas 및 Vatadhanas와 함께 Kekayas는 Kaurava 군대의 일원으로 언급되었다(마하바라타 6.56).

마하바라타의 일부 기록에서 Avanti의 사람들이 Kekayas로 언급된다. 이것은 Avanti와 Kekayas 사이의 일부 부족의 연결로 볼 수 있으며 서쪽의 사람들이 동으로 진출, 이동하였기에 원칙적으로 아반티(Avanti-아버지족의 머리)에 도달할 수 있다고 한다. 또한 Ramayana 기록엔 동쪽 바다 해안에 Kekaya 왕국이 있다고 하였다.

* Avanti의 Vinda와 Anuvinda는 그의 군대 머리에 Matsyas의 통치자 Virata를 만났다. 마쯔야와 사이에 끔직한 만남 Kekayas는 끔찍하였다(마하바라타 7.23).

6) Bhagavata purana에 기록된 'Kekayas'

Kekayas 형제 5명은 Kunti(Yadu 왕조의 왕 Surasena의 딸)의 여동생인 Srutakirti의 아들이었고, Kekayas의 왕 Dhristaketu와 결혼하였다. Kunti의 여동생 Srutadevi는 Karusha왕 Vriddhasarma와 결혼하였다. 그의 아들은 Dantavakra이었다. Kunti의 여동생 Srutasravas는 그의 아들이 Shishupala인 체디왕(Chedi) Damaghosha와 결혼하였다. Kunti의 여동생 Rajadhidevi는 Avanti왕과 결혼하였다(Bhagavata purana, Canto 9, Chapter 24(Yadavas의 역사), 37-40절)[74] 또한 Usinaras, Sibi, Madras, Kekayas가 Yayati의 아들인 Anu의 직계 후손이라고 말한다. 시비(Sibi, Sivi)는 우스나라(Usinaras-새로운 우리 사람들)의 아들이라고 명시되어 있다. 동일한 전통은 또한 Vayu Purana와 Matsya Purana와 같은 다른 Puranic 원본에 의해 또한 공급된다.[75] 기원전 500년부터 기원전 10세기로 거슬러 올라가는 야뎃야(Yaudheya)는 우스나라(Usinars-새로운 우리 사람들) 및 Nrigu의 자손으로 연구되었으며 펀잡의 남쪽, 라자스탄의 통치자였다.[76]

Kekaya의 Ya, Yadu, Ye, Yod, Yody, Yak, Yok, Yek 등은 모두 타타르(Tatar-달의 머리족)를 말하는 것이고 특히 스키타이의 표시이기도 하다. 예족(Ye), 야족(Ya)은 흑해 연안, 카스피 지역의 사람일 수도 있으며 타밀어로 Kekaya를 조사 한 바 그들은 카자흐,아프칸 북부에서 온 사람으로 기술되었다. 아프칸 북부라면 고조선의 건국지인 옥서스권(아무다리아 상류)이 된다.[77] 흑해 연안이면 이란계로 보아야 하며 이란계 스키타이가 되고, 카자흐 등 아프칸 북방에서 온 사람도 역시 북방 스키타이가 되는 이치이다. 그러므로 인도로 진출한 스키타이족은 당연히 남방 타타르가 되어야 한다는 이론을 제

74) https://en.wikipedia.org/wiki/Kekeya_Kingdom, https://en.wikipedia.org/wiki/Kekaya
75) https://en.wikipedia.org/wiki/Usinaras
76) https://en.wikipedia.org/wiki/Yaudheya
77) https://en.wikipedia.org/wiki/Yadava(Yadu)

〈캄보디아 프놈펜의 7개의 머리 뱀(Naga)〉

By Stephan Schulz at the English language Wikipedia, CC BY-SA 3.0,
출처 : https://commons.wikimedia.org/w/index.php?curid=13353285

〈3마리의 코브라가 있는 스리랑카 부처의 상〉

By Bernard Gagnon - Own work, CC BY-SA 3.0,
출처 : https://commons.wikimedia.org/w/index.php?curid=6735465

시한다. 기원전 7세기로 접어드는 시점인 기원전 640년경 고조선의 삼한이 붕괴었을 때에 아프칸을 비롯한 편잡 사람들이 인도 16국에 대거 진출하였고, 인도역사에서 야두(Yadu), Yadavas는 스키타이 사람들이며 그들로부터 인도의 달 문명과 인도에 스키타이 왕국이 형성된 것을 우리는 알 수 있다. 지금 세계의 학자들은 인도의 스키타이족은 고작해야 기원전 3~1세기경으로 추산하여 연구를 해 오고 있지만 실상 민족학(종족학)과 연결된 언어학(비교 언어학) 등을 살펴 보면 이미 기원전 13세기(기원전 1,286년)에 간다라 지역에 진출한 고조선의 망명정부는 고사하더라도, 인도 16국에 진출한 사람들은 캄보자 제국이 고조선의 옥서스권, 박트리아, 티벳, 네팔을 아우르는 제국이었으며 인도에서 서구왕국(이방인 국가, Vahlika)으로 규정하고 있다.

그러므로 인도에 진출한 스키타이의 역사는 기원전 12~7세기로 상향하여 연구를 해야 옳은 연구가 될 것이라고 진단한다. 우리가 지금까지 한반도 사관에 물들어 '가야'는 삼국시대가 있기 전인 기원전 1세기경의 종족이라고 배웠지만 오늘날 인도 북서부로 진출한 가야연맹의 사람들이 최소한 기원전 7세기경에 진출한 역사를 보고 있는 것이며 가야 사람들이 인도의 동부, 남부로 진출한 흔적을 찾아 상술할 것이다. 이러한 필자의 연구는 고조선의 정체성인 '달'에서 기인되는 것이고, 인도 16국에 나타난 달의 왕조, 달 언어를 추적하여 고조선의 스키타이 종족들이 달 문명을 인도에 이식한 역사를 낱낱이 제시하여 새로운 인도의 역사를 작성해 나갈 것이다.

https://ta.wikipedia.org/w/index.php?search=Kekeya&title=%E0%AE%9A%E0%AE%BF%E0%AE%B1%E0%AE%AA%E0%AF%8D%E0%AE%AA%E0%AF%81:Search&profile=default&fulltext=1&searchToken=a5lfl0gekg0b0zaaiivq0l271(타밀어의 케카야)
https://hi.wikipedia.org/wiki/%E0%A4%95%E0%A5%87%E0%A4%95%E2%80%8D%E0%A4%AF(힌두어)

7) Kekayas(가야연맹)의 발전

Kekayas는 Madra(어머니의 달)와 같은 정체성의 왕국이었다. 이 달의 정체성은 곧 Mithila(어머니의 달)로 연결되는데, 이 지역은 북동부의 비하르주로 수도는 Angika(신의 집단, 동맹)으로 Kekayas의 가문은 Anu 집안이었기에 그 수도의 이름에서 An을 인용한 것이다.

비하르(Bihar-태양의 아버지)주에 가야(Gaya), 보드가야(Bodh Gaya-아버지의 흰 빛나는 머리의 가야)가 있다. Gautama(가우의 어머니 머리) Siddhartha(흰 빛나는 새로운 달)가 기원전 563년 아요디아(Ayodyia) 왕국의 룸비니에서 태어났다. 그러므로 석가는 스키타이 혈통에서

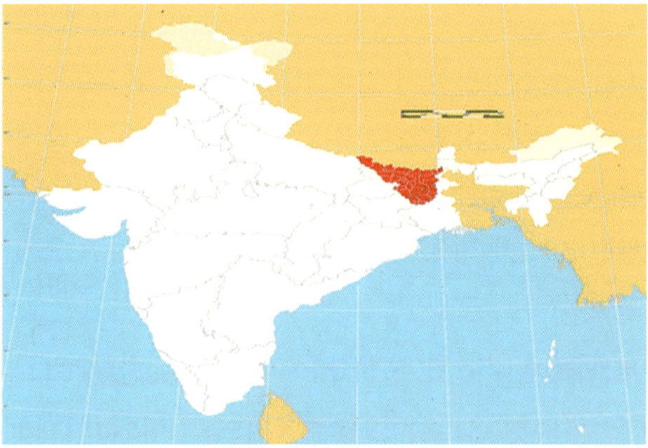

〈인도 비하르주 Mithila(어머니의 달)의 위치〉

By Vikas11004315 – Own work, CC BY – SA 3.0,

출처 : https://commons.wikimedia.org/w/index.php?curid=19976041

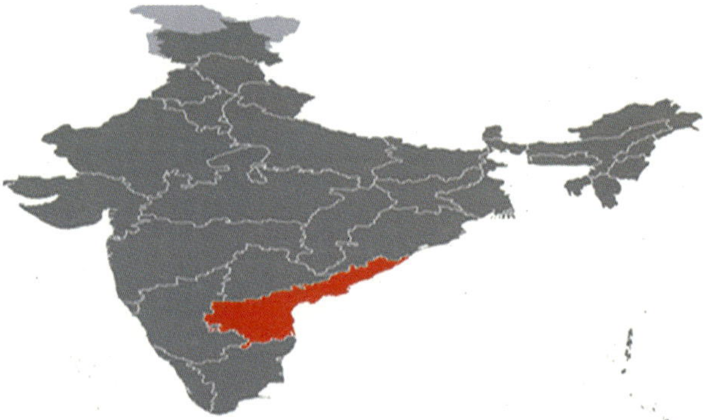

〈인도 남동부의 안드라 프라데시(Andhra Pradesh–달의 신, 새로운 광명)〉

By Filpro – File:India grey.svg, CC BY – SA 4.0,

출처 : https://commons.wikimedia.org/w/index.php?curid=50824915

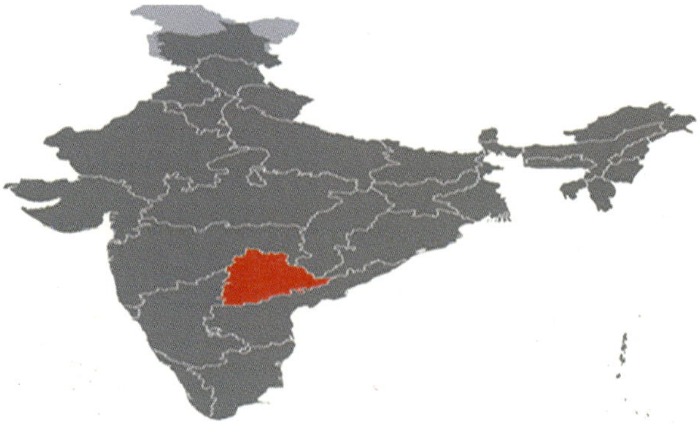

〈Telangana(달 사람들의 칸)의 위치〉

By Filpro – File:India grey.svg, CC BY – SA 4.0,

출처 : https://commons.wikimedia.org/w/index.php?curid=50825673

온 것이 인도의 기록에서(가계도) 새삼 증명되는 것이다. 아요디아는 스키타이의 혈통인 야두(Yadu)의 자손으로 왕국이 건설된 곳인데 이곳에 가야(Gaya)가 진출한 것이다.

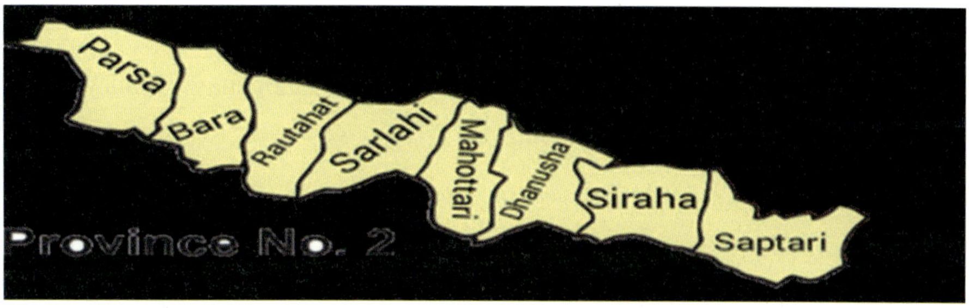

〈네팔에 남아 있는 달의 지명 Saptari(새 아버지의 달), Mahottari(어머니 태양, 달)〉

By गणेश कक्षे – Own work, CC BY-SA 4.0,
출처 : https://commons.wikimedia.org/w/index.php?curid=61354639

〈카슈미르(Kashmir–고시의 우두머리) 지구와 라다크(Ladakh –태양의 흰 빛나는 집단 머리)〉

By w : user : Saravask, based on work by w : user : Planemad(see Image : Kashmir map. svg)–Own workInternational Borders : University of Texas map library–India Political map 2001Disputed Borders : University of Texas map library–China–India Borders–Eastern Sector 1988 & Western Sector 1988–Kashmir Region 2004–Kashmir Maps.State and District boundaries : Census of India–2001 Census State Maps–Survey of India Maps. Other sources : US Army Map Service, Survey of India Map Explorer, Columbia University Map specific sources : Map of Kashmir, CC BY–SA 3.0,

출처 : https://commons.wikimedia.org/w/index.php?curid=2083137

비하르주에 인접한 네팔의 지명에 Saptari(새로운 아버지의 달), Mahottari(어머니 태양의 달)란 지명이 형성된 것이고, 이러한 진출은 앞서 설명한 Mithila(어머니의 달)의 달 왕조가 형성되며 남동부로 진출하여 안드라프라데쉬(Andhra pradesh-흰 빛나는 새로운 머리의 광명에 달)란 대표적인 달의 지명 도시가 형성된 것이다. 또한 안드라프라데쉬의 북서부쪽에 텔란가나(Telangana-달 사람들의 칸)가 형성되는 것으로, Telangana는 Maurya 제국(기원전 320년), Satavahana 왕조(기원전 180~220년), Vakataka 왕조(250~500 CE), Chalukya 왕조(543~753 CE), Rashtrakuta 왕조(753~982 CE), 카카 티야(1083~1323 CE), 무스 누리 나 야크(1326~1356), 델리 술탄 국 , 바흐 마니 술탄 국(1347~1512), 쿼부샤히 왕조(1512~1687), 무갈 제국(1687~1724 CE), Asaf Jahi 왕조(1724~1948 CE)로 이어진다. 텔란가나(Telangana-달 사람들의 칸)는 Andhra Pradesh, Telangana 및 Yanam시를 중심으로 드라비다어의 한 축인 Telugu(달의 집단) 언어를 형성하게 된다.

이어서 가야의 달 문명과 왕조는 남쪽으로 내려가서 남인도와 스리랑카 지역에 드라비다(Dravidian-달의 아버지 머리 사람들) 언어의 집단을 형성하게 된다. 기원전 3세기 이후엔 Chra, Pandyan(아버지족의 머리족), Rashtrakuta(태양은 흰 빛나는 새로운 달의 머리 집단), Vijayanagara(아버지 태양족의 집단), Chera(우리 동맹), Chalukya(루카의 동맹), 서부 Ganga(칸의 집단), 동부 Ganga(칸의 집단), Kadamba(머리 집단의 어머니, 아버지), Hoysala(태양은 새로운

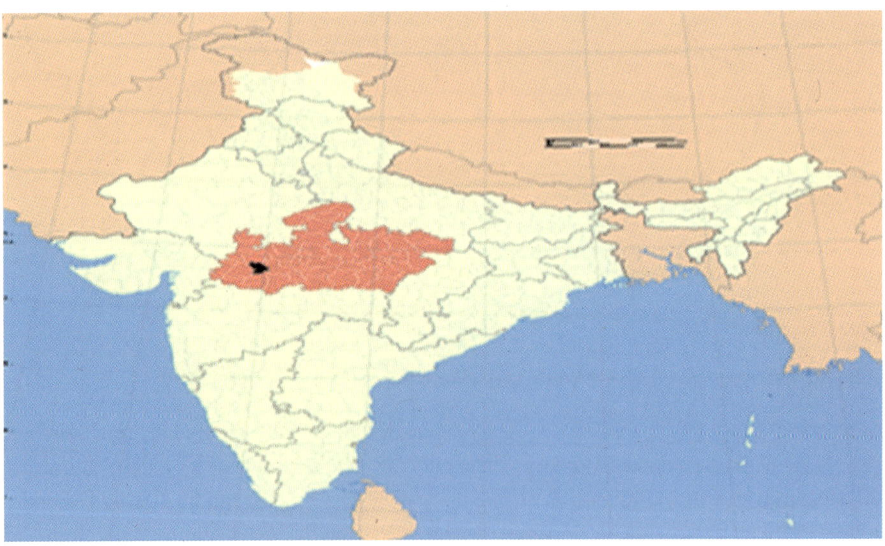

〈Madhya Pradesh에 있는 Indore(달의 신) 지역〉

By User : Haros based on map created by w : user : Nichalp & w : user : Planemad-own work based on image : India Madhya Pradesh locator map.svg, CC BY-SA 3.0, 출처 : https://commons.wikimedia.org/w/index.php?curid=5081172

태양), Pala(광명), Kalabhra(광명의 집단), Satavahana(태양족의 아버지에 새로운 머리), Andhra Ikshvaku(Iks의 흰 빛나는 아버지 고리는 달의 신), Vishnukundina(칸의 머리족은 새 흰 빛나는 사람들의 아버지), 서양 Chalukya, 동부 Chalukya, Kakatiya(집단은 머리의 집단), Mysore(어머니의 태양), Jaffna(태양의 아버지족), Nayakas(이제 시작하는 약족-약수의 종족)는 Dravidian 사람들이 되었다.[78)]

특히 Andra pradesh와 Telangana의 Guntur-Krishna-Nalgonda(달의 칸-흰 빛나는 새로운 고리-얼 있는 칸의 머리) 지역에서 최초로 기록된 지배왕조인 Andhra Ikshvaku(Ik의 흰 빛나는 아버지 집단의 달의 신)는 2세기 후반에 고다바리와 크리슈나강을 따라 Telugu(달 의 집단) 국가를 통치하였다.[79)]

인도의 라다크(Ladakh) 지역에 스키우-카야(Skiu-Kaya)가 있다. Markha강 계곡에 인접한 마을로 불교의 수도원이 있는데 11세기에 지어졌다고 한다. 여기서 Skiu는 Skau에서 변형된 것으로 보이고, 실제 카우(Kau)는 고대 인도의 역사를 만든 카우라바(Kaurava-태양의 아버지 카우) 종족의 후손이 된 것이다. 제3권에서 상술되는 멕시코에 '달의 피라미드'를 만든 종족은 '카우(Kau)와 루카(Luka) 사람들'이었다. 이 라다크 지역은

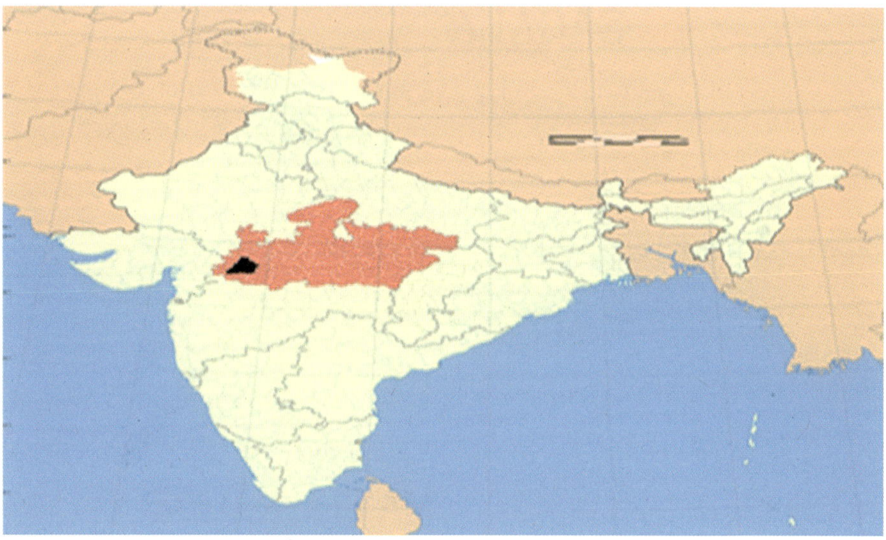

〈Madhya Pradesh에 있는 Dhar(달) 지구〉

By User : Haros based on map created by w : user : Nichalp & w : user : Planemad - own work based on image : India Madhya Pradesh locator map.svg, CC BY-SA 3.0,

출처 : https://commons.wikimedia.org/w/index.php?curid=5081161

78) https://en.wikipedia.org/wiki/Dravidian_people

79) https://en.wikipedia.org/wiki/Andhra_Ikshvaku

비하르주의 밑에 있는 곳으로 점차 달의 문명과 달의 언어가 남하한 것을 보여준다 하겠다.

지도에 나타난 바와 같이 Madhya Pradesh에 있는 Indore(달의 신) 지구와 Dhar(달) 지구는 달의 집단이 남하한 것을 보여주고, 달(Dhar) 지구는 다시 5개의 하위그룹으로 세분되는데 Sardarpur(태양과 달의 광명)의 하위 그룹이 있다. Shivi, Shibi, Sibi는 힌두교 신화의 왕이고, 특히 Sibijataka로 불리는 불교의 'Jataka' 이야기이다. 그는 Ushinara왕의 아들이었다. Ramayana, Mahabharatha에 따르면 Madra(달의 어머니)와 Kekaya(가야 연맹) 왕국을 설립하였다고 한다. Shibi의 타밀어 이름은 셈피얀(Cempiyan)이며 통치자들은 이 이름을 하나로 사용하였다고 전해진다.[80] Shivi는 Chola 왕조가 나중에 계승한 혈통에 있는 다른 전설적인 임금의 사이에서 열거되며 타밀나두(Tamil Nadu)엔 시비왕을 숭배하는 전설이 있는 사원이 많이 남아 있다고 한다. 이른 시기인 Chola_kings의 이름을 살펴 보면 Varcembiyan C. 395 BCE, Nedun jembiyan C. 386 BCE, Kadu mundruvan C. 496 BCE(아버지족의 어머니 사람들에 달), Kaandhalan C. 기원전 721년(달 사

〈Audumbaras, Vemakas, Vrishnis, Kunindas, Pauravas 및 Arjunayanas〉

https://en.wikipedia.org/wiki/Yaudheya#/media/File:Indian_tribes_between_the_Indus_and_the_Ganges.jpg

80) https://en.wikipedia.org/wiki/Sibi_Jataka(시비-자타카)
https://ta.wikipedia.org/wiki/%E0%AE%9A%E0%AF%86%E0%AE%AE%E0%AF%8D%E0%AE%AA%E0%AE%BF%E0%AE%AF%E0%AE%A9%E0%AF%8D(타밀어의 Cempiyan)

〈초기 Chola의 수도인 Urayur의 Tiruchirapalli(달 집단의 광명)〉

By The Enforcer Office of the secret service-I(The Enforcer Office of the secret service) created this work entirely by myself using[http://www.openstreetmap.org/Openstreetmap.org., CC BY 2.0,

출처 : https://commons.wikimedia.org/w/index.php?curid=33162985

람들 신의 집단), Thatchembiyan C. 기원전 915년, Maarkop perun jembiyan C. 기원전 960년, Caet chembiyan C. 1095 BCE, Monthuvan jembiyan C. 기원전 1145년으로 그 명칭이 Shibi 이름을 딴 왕이 더러 등장하는데, Chembiyan, Jembiyan으로 표기되고 있다. Chola왕의 연대기에 기록된 Shibi왕의 이름을 살펴보면, 적어도 기원전 1,145년까지 명칭이 기록된 것을 보면 간다라(Gandhara-달의 칸, 기원전 1,286년) 지방으로 이주한 후에 중앙아시아의 종족들인 가야의 연맹체가 일찍 인도에 진출한 것으로 보아야 한다는 점이다.[81, 82]

학자들이 연구한 바에 의하면 Shivi왕이 통치한 Yamuna 근처의 Usinara라는 정착지에서 증명되고, Rajpootana(고대의 Chittore -달의 머리 집단) 근처인 Tambavati Nagri〈현대의 Udaipur〉와 인도 남부의 Kaveri(Cauveri -카우의 광명)강 유역의 Karnataka이다.[83]

따라서 시비(Shivi)왕의 이름이 타밀에 이른 왕조의 이름에 자주 등장함에 증명된 것이라 할 수 있어 가야의 남방 진출은 기정사실화된 것이었다. 따라서 필자는 타밀

81) https://en.wikipedia.org/wiki/Shibi_(king)

82) https://en.wikipedia.org/wiki/Legendary_early_Chola_kings

83) 고대 인도, 1996, p. 224의 정치 역사, 박사 HC Raychaudhury ; 주 ; 남방 시비스(Southern Sivis)는 Chola 지배계급과 동일시(Southern IIlumination 목록, Killhoen, Op cit, 1996, p. 224, HC Chakeraberty 등./ https://en.wikipedia.org/wiki/Yamuna.

〈안토니핀리(Anthony Finley)의 인도 지도에 묘사된 라즈푸타나(Rajpootana)〉

출처 : https://en.wikipedia.org/w/index.php?curid=3490300

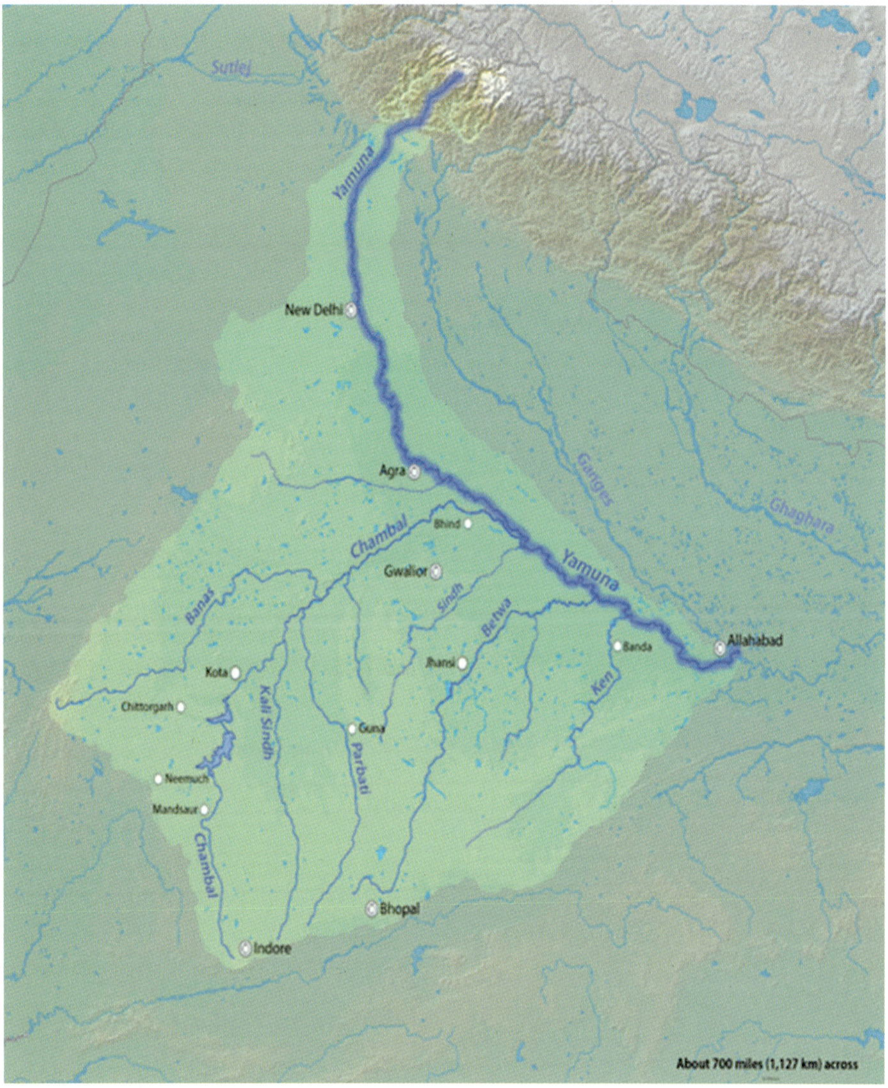

〈인도 북부 갠지스강의 지류인 야무나(Yamuna)강〉

By Shannon–Background and river course data from http://www2.demis.nl/mapserver/mapper.asp, GFDL,

출처 : https://commons.wikimedia.org/w/index.php?curid=9971222

〈카르나타카(Karnataka)와 타밀나두(Tamil Nadu)를 통한 카베리(Kaveri, Cauvery)강〉

By NaanCoder－Own work, CC BY－SA 3.0,

출처 : https://commons.wikimedia.org/w/index.php?curid=30636315

〈Karna는 Kaikeya(가야) 황태자 Vishoka-Razmnama를 학살한다〉

By Khemkaran-Razmnamahttps://libwww.freelibrary.org/digital/item/38967http://www.hindu-blog.com/20 07/06/exhibition-of-razmnama-illustrated.htm, Public Domain,

출처 : https://commons.wikimedia.org/w/index.php?curid=17142318

지역과 스리랑카(실론)의 달 지명 등을 통하여 다시 한 번 가야의 남방 진출을 증명하고자 한다.

8) 힌두교 신화에 나타난 시바(Shiva)와 여신 Shakti(샤크의 머리)의 고찰

(1) 시바(Shiva -새로운 태양의 아버지)

인도의 힌두교 발상지는 마투라(Mathura-어머니의 달)로 여겨지고 있으며 크리슈나의 중심지에 위치한다. 이곳은 인도 북부인 우타르 푸라데시(Uttar Pradesh-큰 달은 흰 빛나는 머리의 광명)주에 있는 도시이다. 고대엔 캐러벤 루트(대상들의 무역)의 교차점에 위치한 경제 중심지였으며 힌두교도에 의한 신성한 곳으로 여겨지는 7대 도시 중 하나이다.[84)]

시바(Shiva)는 Vishna, Brahma와 함께 존경받는 힌두교의 삼위일체인 'Trimurti(머리는 달의 우두머리)'내의 악의 파괴자이며 우주를 창조하고, 보호하며 변형시키는 최극의 존재라고 한다. 시바는 자비로운 측면에서 전지전능한 것으로 묘사되고, 치열한 측면에서 종종 사악한 악마로 묘사되며 요가, 명상, 예술의 수호신으로 여겨지는 Adiyogi Shiva로 부른다.

어원학에서 많은 학자들은 산스크리트의 단어인 Śiva가 길조, 예의, 자비롭고 친절, 해방, 경사스러운 일을 암시하는 용어, 또는 어둠의 세력을 죽일 수 있는 사람을 암시한다고 하였다. 그러나 인류문화사 측면에서 바라 본 Shiva는 "새로운 태양의 아버지"가 되는 것이다. 흰 빛이 태양이며 흰 빛은 광명(Ver, Vari, War, Vara, Pura, Pola)을 나타내는 것으로 Rigveda(태양의 아버지 머리 집단)와 Purana(광명의 사람들), Mahabharata(태양의 어머니는 광명의 머리) 등 인도의 서사시에 자주 등장하는 광명인 Vara, Pura는 태양족의 정체성을 지칭하는 것으로 힌두교는 우리 말로 'Hindu(태양족의 머리)'가 되며 백두(白-흰 백, 머리 頭)가 되고, 흰 빛은 태양이고 흰 머리는 태양의 머리이며 광명의 머리를 지칭한 것이다.

그러므로 인도의 힌두교는 바로 태양의 흰 빛을 숭상하는 종교로 출범한 것이고, 시바(Shiva-새로운 태양의 아버지)는 태양족의 구심점이었다. 이러한 태양의 아버지는 극존칭 대상이었고, 깨우친 문명을 이끌어 나간 하늘님이었으며 조상이었다.[85)]

알렉산더의 역사가들이 묘사한 Shibis는 "Shiva를 숭배하는 사람들은 동물의 가죽으로 만든 옷을 입고 있었고, 이들 중 대부분은 고대 캄보자(Kambojas) 사람들이었으며

84) https://en.wikipedia.org/wiki/Mathura
85) https://en.wikipedia.org/wiki/Shiva

Mahabharata에선 Munda(면도한 사람)로 캄보자를 나타내었고,[86] Munda는 신 Rudra-Siva의 별명이며 캄보자(Kambojas)는 Siva 숭배(Munda 종파)의 열렬한 숭배자인 것으로 증명된다.[87, 88]" 앞에서 서술한 캄보자의 경계는 옥서스권에서부터 박트리아를 포함하여 인도의 간다라 외곽과 네팔을 포함하는 광역으로 구성되었다. 캄보자는 고대의 고조선의 종족들(9환족)이었고, 그들은 태양의 아버지를 숭배하였으며 시바(Shiva)는 바로 태양의 아버지임에 일상 숭배는 당연시되는 것이었다. 그러기에 인도의 시바는 고조선의 종족들이 진출하여 만든 힌두교의 신성으로 결국 같은 정체성에서 이루어진 신으로 고조선의 종족들이 내 세운 신성이란 주장을 뒷받침하는 것으로 ① 샤카(Shaka-스키타이)의 정체성은 '뱀'이다. 그들은 뱀산이 있고, 뱀강이 있는 곳에서 뱀여인으로부터 형성된 종족으로 스키타이인 것인데 한단고기에 '뱀산(蛇山)과 사수(蛇水)'가 기록되고 있다. 시바신은 목 주위에 뱀을 감고 있다. ② 초승달 문양이 시바신에 그려져 있다. 초승달은 신월(新月)이며 바로 아사달(Asadal-이제 돋아 오르는 달)이므로 고조선의 정체성인 아사달과 같다. ③ 시바신의 이마에 그려진 제3의 눈으로 산스크리트어에서 Tryambakam(아버지의 곰은 달의 어머니)로 호칭되며 3개의 눈을 가진 것으로 '세 명의 어머니'로도 불린다(삼신 할매). ④ 푸른 목구멍(목의 색깔이 파란 색)은 스키타이족의 전통인 문신에서 푸른색의 안료로 문신하는 관습이 있다. ⑤ Trident(머리는 머리족의 달)에서 Trishula(우리의 흰 빛나는 새로운 달)는 '삼지창'을 소지한다. 이 삼지창은 세 가지 측면을 나타내는 무기라고 한다. 이 3은 고조선에서 삼신의 대명사이었다. ⑥ 시바의 몸은 호랑이 피부를 가진다. 촐라(Chola) 왕국의 깃발은 호랑이이다. 촐라는 Shivi왕의 후손으로 인도의 서사시에서 증명되었다. 이러한 6가지 지적에서 시바(Shiva)는 인도에 진출한 샤카(Sahka)로부터 형성된 신성이 맞다는 것이고, 인도에 힌두교(Hindu, 백두신앙)를 만들었으며 인도 16국시대(기원전 7세기)에 달 왕조와 더불어 널리 확산된 것으로 필자는 주장한다.

결국 시비(Shivi)왕과 시바(Shiva)는 동일시된 것이며 Shivi왕이 Shiva의 신성으로 승

---

86) Mahabharata, 7, 119, 23 ; Pāṇini의 규칙에 Ganapatha 178-Kambojas Munda를 부르는 Mayuravyamsakadi(Kambojah Munda, Yavana Munda) 또한 Kambojas는 많은 Purans에 있는 Munda(어머니족의 머리)로 묘사된다(예 : Brahma Purana, 8.48절)

87) 인도의 역사적인 분기, Vol 23-24, 1947-48, pp. 290/291, N. Chaudhuri-India

88) 벵골의 Kamboja 통치자는 시바-신자이었다. ; 뱅골-과거와 현재, 1916, p. 209, 캘커타 역사학회 ; Bihar의 종합역사, 1974, p. 259, Bindeshwari Prasad Sinha, Syed Hasan Askari, 캄보디아/캄보자의 통치자는 시바의 숭배자들이었다(고대 산스크리트어 비문에 관한 연구, 2003, p. 229, 마헤시 쿠마르 샤란, 마헤시 쿠마 샤란아피나브 참조).

화된 것이라 주장한다.

(2) 샤크티(Shakti-샤크의 머리)

대표적인 여신 Shakti는 '샤카의 머리'로 샤카족의 정체성인 머리는 바로 소마(Soma-새로운 어머니, 웅녀)를 숭배하는 샤카의 전통에 부합되는 것이다. Shak(샤크)는 Shaka(샤카), Shake(샤케)로 표기되는데 '샤크족의 머리 어머니'가 바로 인도의 Shakti 여신이며 '위대한 신성의 어머니'가 된 것으로 주장한다. 이 여신은 간혹, Adi Shakti(머리는 샤크의 머리), Adi Parashakti(머리는 광명에 샤크의 머리)로 불리워졌다.[89] 또는 조화, 우주의 상징이며 가장 중요한 정신적 세력인 Kundalini Shakti(달 사람들의 칸은 샤크의 머리)로 나타내었다. 이 샤크티 여신은 남부 인도, 특히 카르나타카(Karnataka), 타밀나두, 케랄라, 텔랑가나(Tellangana-달 사람들의 칸), 안드라프라데시(Andra Pradesh-새로운 흰 빛나는 머리의 광명은 달의 신) 주에선 암마(Amma-어머니)로 불리며 남인도의 대부분 마을에서 샤크티 여신상의 다양한 화신에 헌신된 사원이 많이 있다고 한다. 농촌 사람들은 마을의 수호자, 악한 사람들의 처벌자, 질병의 근원을 몰아내는 자, 마을에 복지를 제공하는자 등으로 일년에 한 번 큰 관심을 가지고 'Shakti Jataras(샤크의 머리는 새로운 달)'를 축하한다고 한다.

Shakti 여신의 정체성은 바로 샤크, 샤카, 사카인 것을 사카족으로 구분되는 Naga(뱀) 왕조를 통하여, 카자흐 북부의 뱀여인·뱀강·뱀산을 통하여, 또한 간다라로 정착하였던 색불루의 스키타이 지배층으로 그들이 스키타이인 것을 알게 된다. 히말라야, 네팔, 중앙아시아의 이란, 터키, 흑해, 카스피 연안의 사람들인 유목민에서 Shakti는 '샤크'로 샤카, 사카, 스키타이로 연결되는 중앙아시아의 스키타이족을 가르킨다. 이 종족의 정체성은 나가(Naga) 왕국(인도 북서부)의 'Naga'는 산스크리트어로 '뱀'이며 뱀으로 묘사된 7개 후드의 독사 숭배 집단이었고 Ayus 사람들로 불려진다.

Sanskrit에서 nāgá(नाग)는 코브라, 인도 코브라(Naja naja)이다. Nāgá의 동의어는 phaṇin(फणिन्)이다. 일반적으로 "뱀"에 대한 몇 가지 단어가 있으며 일반적으로 사용되는 단어 중 하나는 Sarp(सर्प)이다. 때로는 단어 Nāgá는 "뱀"을 의미하기 위해 일반적으로 사용된다. 쿠루(Kuru)의 자손인 Kaurava에 샤캬, 사카의 종족 그룹이 있고, 좁은 의미의 Kaurava를 말하면 Dhritarashtra(달은 새로운 흰 빛나는 달)이 된다고 하는데 필자는 간다라(Gandhara)로 보고 있다.

마하바라타(Mahabharata)의 기록을 보면 마하바라타 서사시의 첫 번째 책(Adi parva)

---

89) https://en.wikipedia.org/wiki/Shakti

의 초기 장에 걸쳐 세부 사항에서 Nagas 의 역사로 시작되었다. 이 챕터는 Paushya, Pauloma, Astika라는 세 개의 하위 볼륨이 배포되었다. 마하바라타에 의하면 그들은 세 종류의 큰 종족으로 구성되었다.

① 탁 샤카(Takshaka) : Puchchandaka, Ravenaka, Uchochikha, Carava, Bhangas, Vilwatejas, Virohana, Silli, Salakara, Muka, Sukumara, Pravepana, Mudgara, Sisuroman, Mahahanu, Aswasena, Mandalaka(어머니족의 달 집단), Pindasektri(아버지족의 새 달의 머리 집단, Takshaka의 분류가 Airavata의 분류의 한 부분이다) 〈마하바라타 8. 90〉. 특히 탁 샤카(Takshaka)는 탁실라(Taxshasila)의 어원과 비슷하다. Takshaka 족들이 탁실라를 형성한 것으로 보고 있다.

② Kauravya(태양의 아버지 카우) : Aryaka, Kundala Veni(아버지족의 달에 칸), Veniskandha, Kumarka, Vahuka, Sringavera, Dhurtaka(흰 빛나는 달의 집단), Pratara(광명의 달), Astaka(새로 시작하는 머리의 집단), 〈Kauravya의 형성, 발전 : 마하바라타 1,216에서 Airavata형성, 발전의 지역으로 언급되었다.〉

③ Dhritarashtra(달은 새로운 흰 빛나는 달, 간다라의 왕으로 언급) : Shakuni(간다라의 왕), Sankukarna, Dari(달), Pitharaka(아버지의 흰 빛나는 새로운 달 집단), Kuthara(흰 빛나는 달의 집단), Sukhana(새로운 흰 빛의 칸), Shechaka, Purnangukha, Prahasa, Amahatha, Sushena, Kumathaka(흰 빛나는 머리의 곰 집단, Kumuda로 본다), Vyaya, Bhairva, Mundavedanga, Pisanga, Udraparaka(큰 달의 광명의 집단), Rishabha, Vegavat, Pindaraka(아버지족의 달의 집단), Raktanga, Sarvasaranga, Samriddha, Patha.Vasaka, Varahaka, Viranka, Suchitra, Chitravegika(아버지 집단은 Chi 씨족의 달), Parasara, Tarunka(달 사람들의 집단), Maniskandha, Aruni, 〈 Dhritarashtra 씨족장은 Airavata의 남동생이었다(마하바라타 : 1,3).

Nagas 왕국의 사람들은 키나라(Kinnaras)와 같은 초자연적 종족 중 하나로 간주되었다. 그들은 Surasa, Pannagas의 종족과는 별개이나 관련된 Naga 씨족 그룹으로 언급되었다(마하바라타 3, 85). 또한 이들은 Kadru(달의 집단)에서 태어난 것으로 언급되었고, Uragas는 영토에서 분리되어 있지만 관련 Naga 종족으로 언급되었다(마하바라타 7-160, 198).

마탈리(Matali, Mathura)의 역사에서 마하바라타는 Naga 족장의 이름을 언급하고 있는데, 여기에서 옥서스(아무다리아) 상류권에 살고 있는 쿠무다(Kumuda) 종족이 기록되었으며 달의 이름이 붙은 다양한 종족이 기록되고 있다(마하바라타 5,103).

Nagas 종족의 분류에서 인도 북서부의 간다라를 포함하여 히말라야, 네팔을 아우르는 제 종족을 Nagas그룹의 종족이라고 마하바라타에 기록되어 있다.

여기에서 달의 종족을 보면, Aswatara(이제 시작하는 아버지의 달), Elapatra(얼 있는 아버지의 달), Kotaraka(집단은 달의 집단), Nishthuraka(새로 흰 빛나는 달의 집단), Tittiri(머리는 달의 머리), Hastibhadra(태양의 새로운 머리 아버지는 태양과 달), Pundarika(아버지족 달의 집단), Pitharaka(아버지 흰 빛나는 머리의 달), Pindara(아버지족의 달), Vilwapatra(광명의 아버지는 달의 아버지), Dilipa(아버지의 달), Dhritarashtra(달은 새로운 흰 빛나는 달)로 고조선의 정체성인 달의 씨족이 많이 나오고 있다. 또한 스키타이로 확신할 이름으로 Takshaka(탁의 샤카), Kalilasaka(고리의 얼 있는 샤카), Sankha(새로운 샤카), Sikhi(시키, 아프칸, 이란의 시크족은 이란계 스키타이이다), Sirishaka(태양의 샤카), Sankha-sirsha(태양의 새 사람들 샤카), Krisaka(사카의 집단), Jyotishka(태양의 머리 사카) 등으로 분류된다.

이들은 서기 210-340의 Padmavati(아버지 머리는 어머니, 아버지의 머리) Nagas 왕조로 Kantipur(광명의 머리에 칸), Mathura(Matali, 어머니의 달)를 지배한 인도 중부의 왕실로 증명되며 민족학적으로 '나가 사람들(Naga-people)'로 증명된다.

출처 : https://en.wikipedia.org/wiki/Nagas_of_Padmavati(나가왕조)
https://en.wikipedia.org/wiki/Naga_people(나가 사람들)
https://ta.wikipedia.org/wiki/%E0%AE%A8%E0%AE%BE%E0%AE%95%E0%AE%BE_%E0%AE%AE%E0%AE%95%E0%AF%8D%E0%AE%95%E0%AE%B3%E0%AF%8D,_%E0%AE%87%E0%AE%A8%E0%AF%8D%E0%AE%A4%E0%AE%BF%E0%AE%AF%E0%AE%BE(타밀어-나가 사람들)
https://en.wikipedia.org/wiki/Naga_people_(Lanka)-스리랑카의 나가 사람들

Kalhana(12세기 초 출생)는 카슈미르의 역사인 Rajatarangini(왕의 강) 저자였는데 이 책에서 Vindhyas의 남쪽에 거주한다는 것을 주장하는 Pancha Dravida로 2가지 지식인 그룹 중 Pancha-Dravida 그룹으로 5명의 지식인 공동체를 분류하였다.
(1그룹은 Pancha-Gauda이다.-https://en.wikipedia.org/wiki/Pancha-Gauda)

1. Karnataka(Kannada Brahmins)
2. Tailanga(Telugu Brahmins)
3. Dravida(Brahmins of Tamil Nadu and Kerala)
4. Maharshtraka(Maharashtrian Brahmins)
5. Gurjara(Gujarati, Marwari and Mewari Brahmins)로 분류하였다.

Pancha-Gauda그룹-1. Saraswat(태양의 아버지 머리), 2. Gauda, 3. Kanyakubja, 4. Maithil(어머니 달, 인도 비하르 Mathila 북부, 동부), 5. Utkala(현재 Odisha 주)

여기에서 Dravida는 '달의 아버지 머리족'이고, Telugu는 '달의 집단'이며 Mathila는 '어머니의 달'로 모두 달 왕조에서 형성된 사람들이 힌두교의 중추 세력으로 지식인 그룹이 된 것이다. Gauda그룹의 '가우(Gau)'는 인도의 달 왕조의 구성원 뿐만 아니라 인도네시아, 멕시코로 진출하는 종족으로 자리매김되는 선도적 종족으로 조명된 것이다. 결국 필자가 주장하는 힌두교는 중앙아시아의 스키타이족(달의 정체성을 가진 민족)이 인도로 진출하여 만든 종교라는 것이 증명되는 것이다.

샤카(Shaka) 집단 중 그 하나는 키나라(Kinnaras-이제 시작하는 우리의 칸)라고 하며 동남아시아에서 가장 사랑받는 신화의 인물 중 2명은 히말라야에서 유래한 것으로 여겨지는 킨나라(Kinnara)와 키나리(Kinnari)로 알려진 자비로운 반은 인간, 반은 새로 묘사되었고 춤, 노래, 시로 유명하며 여성의 아름다움, 은혜, 성취의 전통적인 상징이라고 한다. 나가 사람들은 오늘날 인도 북서부의 북동 부분과 미얀마 종족들이 비슷한 문화와 전통을 가지고 있다고 한다. 또한 '나가 사람들은 스리랑카의 'Kinnaraya'와 같다고 한다.

이상과 같이 인도 북서부의 간다라 종족(기원전 13세기)을 포함한 인도 중부, 동부의 많은 종족들의 정체성은 샤카, 사카(Saka)였다. 그러므로 사카(Shakti의 머리) 여신은 머리족이며 어머니족인 스키타이족이 섬기는 소마(Soma) 여신인 것으로 조사되었다. 앞서 필자가 주장하였던 시바(Shiva)신은 코브라를 목에 걸고 있어, 7마리 독사와 구분이 된다고 이야기하지만 인도 현지는 코브라 뱀이 많으므로 현지의 뱀을 인용한 것으로 보인다. 산스크리트어에서 말하는 뱀은 코브라를 말하며 뱀 숭배 그 자체는 바로 스키타이의 정체성을 보여주는 것이기에 Shakti(사카의 머리) 여신과 함께 시바(Shiva) 신이 Shaka(샤카) 집단의 신성으로 자리매김한 것이라고 주장한다.

출처 : https://en.wikipedia.org/wiki/Naga_Kingdom

한국의 시골 마을에 유습으로 남아 있는 삼신할매와 같은 숭배사상인 것으로 샤크의 여신은 바로 고조선 시대의 스키타이의 어머니, 뱀 여인를 말하는 것이고, 바로 삼신이며 삼신할머니가 된 것이었다. 이러한 인도의 시바 신과 Shakti 여신은 태양족의 아버지와 달 시대의 어머니로 대변되는 것이며, 신성을 인격화시켜 숭배한 것으로 보아야 한다. 필자는 고조선의 망명정부 연구에서 인도의 달 왕조와 달 언어에 대하여 상술한 바 있다.

9) 전쟁, 승리의 신 'Kartikeya'(가야의 머리동맹)

이와는 별개로 힌두교 전쟁의 신 Kartikeya(가야 집단의 머리)는 베다시대를 추적할 수 있는 고대의 신으로 남부 인도와 스리랑카에서 Murugan(우두머리의 칸)으로 대중적으로 숭배된다. 다양한 별칭으로는 Skanda(새로운 칸의 머리), Kumara(태양의 곰), Subrahmanya(새로운 흰 빛은 어머니 사람들의 광명)으로도 표기된다. 앞에서 가야의 다양한 어원에 대하여 논한 바와 같이 Kaya는 Kekaya, Kekeya로 표기되었는데, Kartikeya의 Kar(카르)는 카라(Kara), 카리(Kari), 카레(Kare) 등으로 변화하며 즉, 연맹 집단인 '고리(Gori)의 표기로 Ka, Ke, Ku 등으로 나타난다. 따라서 카르(Kar)는 Ka, Ke가 되므로 자연스레 Kakeya, Kekeya로 표기된다. 머리(Ti, Di)는 그 종족의 정체성임에 해석하지 않는다. 따라서 Kartikeya는 케카야, 카케야로 '가야'의 이름이 확실해 진 것이다. 그런데 이 전쟁의 신, 승리의 신이 왜 Keya란 이름으로 다가 온 것인가? 그것은 쿠루시대에 Kaurava 군대의 일원으로 참전하여 5왕자가 모두 전사한데서 기인한다 할 것이다. 삼국지에 나오는 관우가 한국의 무속에서 장군으로 승화되어 숭배하는 것 같이, 5명의 왕자가 죽은 넋을 달래고자 전쟁의 신으로 승화되어 고대 인도의 사람들에게 전쟁의 신, 승리의 신으로 숭배되고 회자된 것으로 보인다. 그런데 Kartikeya신의 아버

〈공작에 앉아 있는 Kartikeya(때로는 수탉으로도 표시)〉

〈12세기 안드라 프라데시에서 공작에 앉아있는 6머리의 Kartikeya〉

https://en.wikipedia.org/wiki/Kartikeya#/media/File:Karttikeya,_God_of_War,_Seated_on_a_Peacock.jpg

〈시바(Shiva-새 태양의 아버지)의 신〉

출처 : https://upload.wikimedia.org/wikipedia/commons/4/4a/Shiva_cropped.jpg

지는 시바(Shiva)이며 어머니는 Parvati(광명의 아버지 머리)이다. 즉, 가야연맹체와 마드라(Madra-달의 어머니)를 만든 Shivi왕과 동일한 이름의 아버지인 것이고, 다양한 부처의 화신을 이야기한 Shivi Jataka와 같은 것이다.

대부분의 아이콘은 머리가 하나인 것을 보여주지만 일부는 새로 태어난 아기 Kartikeya를 돌보는 플레이아데스 성단(7별) 중 밝게 빛나는 6개의 별을 상징하는 6명의 어머니가 태어난 전설을 반영하는 6개의 머리로 보여준다고 한다.

6가야는 Kartikeya의 도해법에서 나타난 칠성(七星) 중 6개의 별을 따서 만든 것으로 필자는 내다보고 있다. Kartikeya 신화는 기원전 200년경 또는 이후 인도 북부지역에 널리 퍼졌고, 안드라왕조인 Ikshvakus와 굽타제국(Gupta Empire)의 주요 신이기도 하였다. 남부 인도에선 Pallava 왕조 통치자 중 8명이(서기 300~550) Skanda, Kumara의 이름을 따서 지었으며 Kalidasa의 서사시인 Kumārasambhava는 Kartikeya를 특징으로 하였다

Kartikeya의 동상은 1세기와 2세기에 세워졌으며 인도 대륙의 여러 지역, 특히 달 문명이며 가야의 발상지인 Mathura(어머니의 달)와 Gandhara(달의 칸)에서 발견되었다. 그 동상은 전사와 같은 갑옷, 오른손에 창, 왼손에 공작(닭)을 입은 전사로 보여준다.

아직도 Murgan(Kartikeya)은 말레이시아의 타밀 힌두교와 싱가포르 및 인도네시아의 동남아국가에서 존경받으며 '타이푸삼(Thaipoosam)'은 중요한 축제 중 하나이다.

인도의 동부 뱅골에선 11월에 Karti Puja 축제 기간 동안 존경받는다고 한다. 스리랑카에선 어디에서나 일반 대중이 가장 좋아하는 신으로 대표적인 Kataragama Temple(카타라 가마) 사원에서 16세기 까지 Sinhala 불교의 수호신인 Skanda-Kumara와 동일시되었다고 한다. Kartikeya(Murgan, Kumara)의 주요사원은 지금도 타밀나두(Tamil Nadu) 및 인도 남부지역에 있는데, 타밀나두 지역엔 6개의 별(칠성)과 같은 6개의 사원이 존재하고 있다.

앞에서 거론된 Shiva는 삼신으로, Kartikeya는 칠성의 현신으로, 전투에서 몰살한 가야의 5왕자 현신으로 숭배된 것을 알 수 있는 것이며 모두 고조선의 종족(9환족)이 인도로 진출하여 신성화되어 힌두교를 만든 것으로 이해를 해야 하는 것이다.

그러므로 인도의 북부, 동부, 서부, 남부 및 스리랑카, 동남아시아에 미친 가야를 상징하는 신성 Kartikeya로 가야의 연맹체가 인도 전역에 퍼진 것을 알 수 있을 것이다.[90]

가야의 신화에서 석탈해(Seaktare-사카의 달)왕은 다파나국(多婆那國) 출신으로, 그 나

90) https://en.wikipedia.org/wiki/Kartikeya

〈Shakti(샤크의 머리) 신〉

라 왕이 여국(女國) 왕녀를 아내로 맞이했는데 임신 7년 만에 큰 알을 낳았다고 한다. 여기서 여국(女國)은 여인국(아마존)으로 스키타이족을 의미한다. 신화에서 칠성의 상징인 7년이 등장하고, 닭이 알을 낳은 것으로 Kartikeya의 신성에서 따 온 것이 된다 할 것이다.[91, 92]

주석에 표시된 2006년 8월 11일 뉴스메이커에 실린 다파나(Tapana)가 고대 타밀의 나라인 촐라(Chola) 왕국의 별칭이나, 필자가 주장하는 서뱅갈 지역의 타판(Tapan)이 석탈해의 다파나국이라면 인도에서 건너 간 것이 틀림없다 할 것이다. 특히 촐라 왕국은 Kekaya(가야연맹)을 건국한 Shivi 왕의 후손 집단으로 가야의 맥을 이었다는 것이 되고, 타밀지방에서 숭배하는 Kartikeya 신성이 Kauravas 전투 중 몰살한 가야의 5왕

91) 석탈해는 다파나국(多婆那國) 출신이라 하는데 다파나는 산스크리트어와 고대 타밀어로 태양을 뜻하는 다파나(Tapana) 또는 다파난(Tapanan)과 일치해 '다파나국', 즉 '태양국(太陽國)'으로 당시 타밀인 나라 촐라 왕국의 별명이다.(《뉴스메이커》(2006. 8. 11.))-판드야(Pandya, 타밀제국)-

92) https://id.wikipedia.org/wiki/Tapan,_India(서 뱅갈의 타판)

자의 현신이 된 것이다.

따라서 석탈해는 인도의 본가야(대가야)에서 건너 간 것이며, 소가야는 기원전 194년에 건국한 쿠샨제국(대월지국)의 소월지(타림분지 일대)가 소가야로 되는 것으로 주장한다.

소월지인 구자(쿠차), 우륵, 선선, 언기 등의 고대 도시국가가 소가야 연맹이 된 것으로 그 중 금관가야는 구자국의 왕자가 질자(質子-인질제도)를 피하기 위해 타림분지를 떠나 사천성 성도로 가서 건국하였다고 2014년 서울의 중앙학술회에서 필자가 발표한 적이 있다.

금관가야의 허 황후는 인도 북서부의 아요디아 사람으로 갠지스강을 타고 온 것이 된다. 쿠샨은 카불(Kabul)에서 건국하게 되는데 타림분지의 도시국가들을 러시아 학자들은 '타림가야'라고 하였다.

사실, 아프칸의 카불(Kabul-광명의 집단)이 월성(月城)으로 표시되었으며 인근지역은 경주였다. 오늘날 한반도에 있는 경주의 별칭인 월성은 아프칸의 '월성'을 지명 이동해 온 것에 지나지 않는다.

지난 1권에서 언급한 대로 한나라 때의 '월성'은 서방 오랑캐의 집단이었다. 이제 힌두교의 일곱 군데 신성한 장소를 해석하여 그 정체성을 새겨 보기로 한다.

(1) 아요디아(Ayodhya) : 이곳은 고대 인도의 발상지로 여겨지고 라마 서사시의 설정 장소이며 코살라 제국의 수도이었다. 아요디아의 요디(yodh)는 스키타이의 표시인 요드(Yod), 야드(Yad)와 그 어원이 같다. 석가족의 '시다르타'와 금관가야 허황후의 고장이다.

(2) 마투라(Mathura-어머니의 달) : 인도의 우타르푸라데시주에 있는 고대 경제 중심

〈Chola 제국의 깃발(Shiva의 몸 색깔인 호랑이 피부)〉

By Avedeus-சொந்தமுயற்சி, CC BY-SA 3.0,
출처 : https://commons.wikimedia.org/w/index.php?curid=15666371

〈Srieseswarar 사원(코끼리 사원)에 그려진 Chola의 호랑이 상징〉

By Arulghsr—சொந்தமுயற்சி, CC BY—SA 4.0,

출처 : https://commons.wikimedia.org/w/index.php?curid=62432616

지였으며 Shivi왕이 건국한 마드라(Madra—어머니의 달)와 케카야(Kekayas—가야 연맹)의 자본 도시였다.

(3) 태양 광명의 머리(Haridwar) : 순례자의 여정을 시작하기 위한 전형적인 장소로 우타라칸드(Uttarakhand—거룩한 달에 칸의 머리)에 있는 고대 도시이다.

(4) 카시(Kasi—고시) : 환웅의 고시 종족을 말한다. 제1권에서 상술한 대로 인도, 파키스탄의 메르가르 문명은 기원전 7,000년경의 문명으로 태양문명이며 깨우친 사람들의 머리족이 건설한 터전이었다. 그 중심 종족은 당연 '고시 종족'이었다. Kashi Vishvanath 사원은 시바(Shiva)에게 헌정된 가장 유명한 힌두사원 중 하나이다. 인도, 우타르 프라데, 바라나시에 위치하고 있고 갠지스 강둑에 위치한 바라나시는 힌두 도시 중에서 가장 신성한 곳으로 여겨지며 일명 '카시'라고 부른다.

(5) Kanchi(칸의 집단, Chi족의 칸) : 혹은 Kanchipuram(광명의 어머니 칸의 집단)으로 불리며 또는 Tondaimandalam(Tondai Nadu)라고 표기된다. Tondaimandalam는 "머리 사람들의 머리는 달의 어머니족 어머니"가 된다. 타밀의 수도인 Chenai에서 72km 떨어져 있다고 한다.

(6) 아반티카(Avantika—아버지족의 머리 집단) : Baahubali 문자 목록에 등장하는 중부 인도의 고대 도시의 순례지로 고대 Mahishmati 왕국(어머니 머리는 태양의 흰 빛나는 새 머리)이 시발점이다.

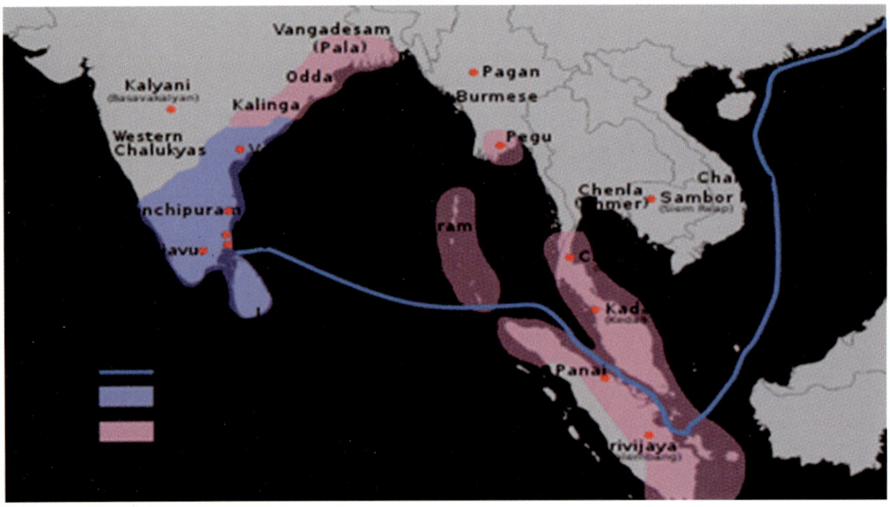

〈기원전 300년~서기 1279년경의 Chola 왕조(푸른색)〉

출처 : https://en.wikipedia.org/wiki/Chola_dynasty#/media/File:Rajendra_map_new.svg

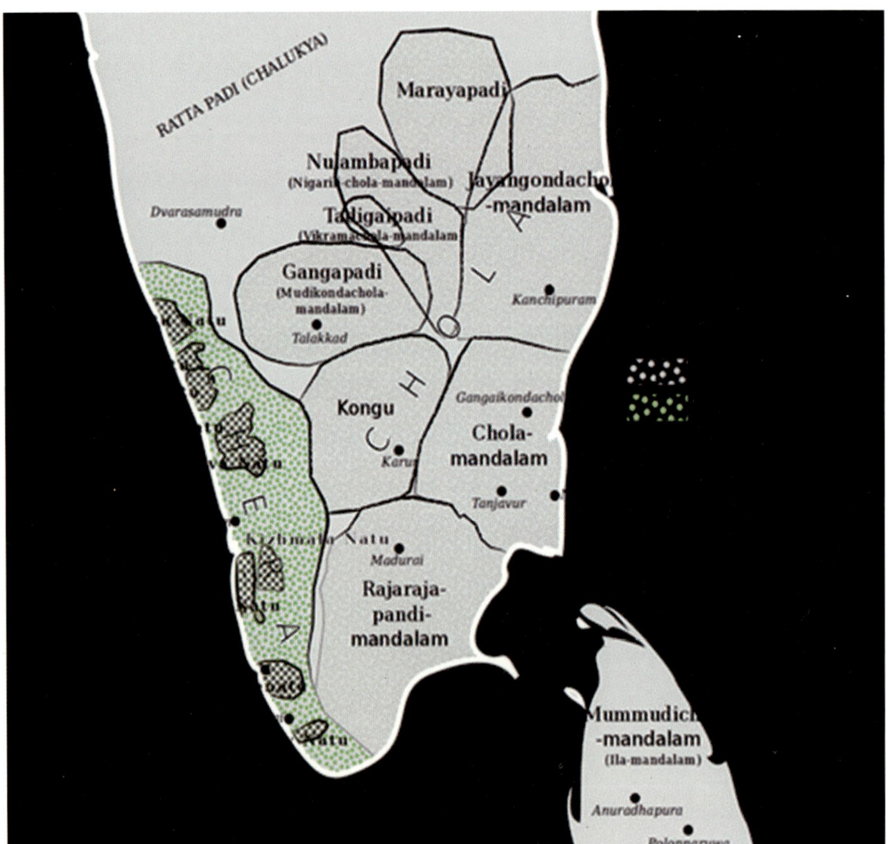

〈Chola 제국의 만달람(Mandalam) 11세기〉

출처 : https://en.wikipedia.org/wiki/Chola_dynasty#cite_note-18

(7) Dwāraka(머리 광명의 집단) : 크리슈나에 헌신하는 Dwarkadhish 사원으로 구자라트에 위치한다. 이 사원은 크리슈나의 숭배 사원으로 2,000~2,200년 되었다고 전해진다.

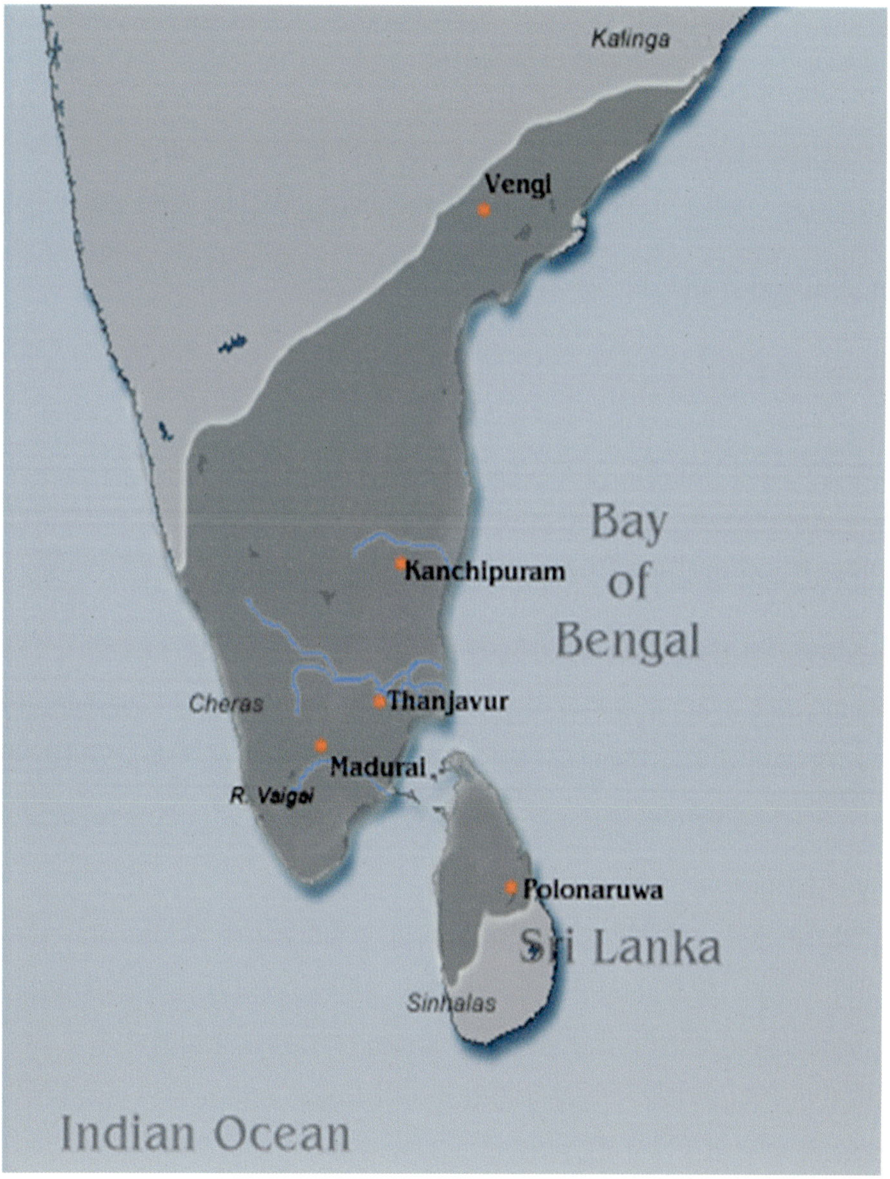

〈기원전 303~서기 1,650년의 Pandya 제국〉

출처 : ttps://en.wikipedia.org/wiki/Pandyan_dynasty#/media/File:Pandya_territories.png

〈Chola 제국의 만달람(Mandalam) 지명 해석〉

* Kongu : 칸의 집단
* Chola-mandalam : 촐라-어머니는 달의 어머니
* Gangapadi : 아버지 머리에 칸의 집단
* Marayapadi : 우두머리의 아버지 머리
* Tadigaipadi : 머리는 깨우친 아버지 머리
* 11세기의 촐라 왕국은 6가야와 같이 여러 개의 연방으로 구성된 것을 알 수 있으며 Mandalam(어머니는 달의 어머니족)으로 즉, 달의 왕국임을 증명한다.
* 'Madurai는 가야의 자본인 인도 북부의 마드라(Madra) 이름을 지명 이동한 것이다.

10) 스리랑카와 타밀의 달 지명

(1) Lanka(태양 사람들의 집단)

이들은 Cheras(이제 시작하는 우리 집단)와 Yakkshas(이제 시작하는 약크, 약샤)의 사이에 Naga 부족으로 지칭되었다. 그들은 Oliyar(우리의 큰 태양), Parathavar(광명은 태양의 광명), Maravar(광명의 우두머리) 지역에 널리 퍼져 살고 있었다. 학자들은 기원전 5세기경에 진출한 것으로 보고 있으며 Pali 서사시 Mahavamsa에서 묘사된다.[93]

(2) 스리랑카의 Trikutu(달의 머리 집단) 산

Trikutu산으로 3개의 산봉우리 사이의 고원에 자리 잡고 있었던 Lankapura(태양족 광명의 집단)의 고대 도시는 Hanuman(태양족은 어머니 사람들)에 의해 점화되었다는 전설이 있다(3은 삼신의 상징이다).

(3) Vedda(아버지 머리 사람들)

스리랑카의 소수 원주민으로 토착어가 거의 멸종되었기에 신 할라어와 타밀어를 사용한다고 한다. 신 할라 사람들의 창세기인 기원전 5세기의 기록에 의하면 Vedda는 비자야(Vijaya)의 자손이며 동부 인도의 Kuveni가 Yakkha의 어성과 결혼하여 형성된 종족이다. 스리랑카 왕국 신화의 왕인 라바나(Ravana-태양의 아버지족)왕 이후에 칼링가(Kalinga)와 인도 남부에서 온 통치자들에 의해 대체되었다고 한다.

(4) 타밀의 달 지명

(1) Mudalur(우리의 어머니 달) : 인도의 Thoothuku 지구에 있는 마을이다.

93) https://en.wikipedia.org/wiki/Lanka

(2) Ambattur taluk(어머니, 아버지의 달, 달의 루크) : Chennai 지역의 마을 그룹이다.

(3) Madurai(어머니의 달) : 타밀 나두주의 주요도시이다. 이 도시에 가야의 자본인 마드라(Madra)의 이름을 가지고 있다.

(4) Tiruvallur(우리 광명의 달) : 타밀 나두의 남쪽에 있는 행정 구역이다.

(5) Tiruchirppalli(영어 : Trichinopoly, 달에 광명의 집단) : 타밀나두의 3번째로 큰 도시이며 티루치라 팔리 지구이다.

(6) Coimbatore(깨우친 어머니, 아버지의 달) : 인도의 타밀 나두로 인도에서 16번째로 큰 도시이다.[94]

(7) Tirunelveli(달 사람들의 얼 있는 광명) : 남부 인도의 타밀 나두로 티루넬벨리 지구에 있다.

(8) Tiruppur(달의 아버지 광명) : 타밀 나두주의 Kongu Nadu 지역에 있다.

(9) Pandravilai(아버지족의 달에 광명) : 타밀 나두주의 투티코린 지구에 있는 마을이다.

(10) Teripanai(아버지족의 달) : 타밀 나두주의 Thoothkudi 지구에 있는 마을이다.

(11) Vittilapuram(어머니의 광명은 아버지의 달) : 타밀 나두주의 Thoothkudi 지구 근처 마을이다.

(12) Tharuvaikulam(달의 아버지는 어머니의 집단) : 타밀 나두주의 Thoothkudi 지구 근처 마을이다.

(13) Mallipudur(우두머리 아버지의 달) : 혹은 Srivilliputtur(태양의 광명은 아버지 머리의 달)로 부르며 타밀 나두주의 마을이다.

(14) Maranthalai(우두머리 신의 달) : 타밀 나두주의 Thoothkudi 지구 마을이다.

(15) Thirukkoloor(달의 우리 집단) : 타밀 나두주의 남부 인도에 Alwarthirunagari 옆에 있는 도시이다.[95]

(16) Kudiramalai(달의 우두머리 집단) : 스리랑카 Silavaturai(태양 아버지의 달) 근처의 만나르만에 위치한 마을이다.

이상 타밀 나두주의 대표적인 달의 지명을 조사하였다. 달의 왕조에 이어 달의 언어, 달의 지명을 인용하여 인도 북부로부터 출발하였던 가야연맹의 달 국가(마드라)가 인도의 남부와 스리랑카에까지 진출한 것을 증명하였다.

---

94) https://en.wikipedia.org/wiki/Coimbatore

95) https://en.wikipedia.org/wiki/Thirukkoloor

11) Saurashtra(우리의 새로운 흰 빛나는 달) 제국

이 왕국은 인도 중부, 서부를 Yadava왕이 통치하는 왕국으로 인도의 소국인 체디 왕국(Chedi), 다사르나(Dasarna), 수라세나(Surasena), 바라야, 카루샤(Karusha), 칸티, 아반티(Avanti), 말라바(Malava), 구자라(Gurjara), 아나르(Anarta), 드와라(Dwaraka), 헤해야(Heheya), 비다르바(Vidarbha) 왕국을 포함하는 큰 제국이었다.[96]

〈Saurashtra(새로운 우리 흰 빛나는 달) 제국〉

By Nizil Shah－This file was derived from File:India relief location map.jpg, CC BY－SA 4.0, https://commons.wikimedia.org/w/index.php?curid=46581797

12) Tripuri(광명의 달) 사람들

북동 인도와 방글라데시에 사는 사람들로 원주민은 Twipra(머리 아버지의 광명) 왕국의 사람들이었으며 Agartala(달의 집단) 종족과 더불어 살았다. 초기 왕 중 한 명은 Patardan(아버지 달의 머리 사람들)로 학자들은 BC 1900년으로 추정하고 있다.[97]

13) 카야모지(Kayamozhi－가야의 새 흰 빛 어머니)

인도 타밀 나두주의 Thoothukudi 지역 마을 이름에서 '가야'가 발견되고 있다. 이것은 인도의 서사시에서 가야가 증명되고, 또한 가계도까지 기록되었다. Shivi왕의 자손이 Chola 왕국으로 발전했다는 기록을 새삼 증명 해주는 타밀 지역에서의 가야 지명이다.[98]

---

96) https://en.wikipedia.org/wiki/Saurashtra_Kingdom
97) https://en.wikipedia.org/wiki/Tripuri_people
98) https://en.wikipedia.org/wiki/Kayamozhi

14) Paripaadal, Paripaatal(광명의 아버지에 큰 달)

이 이름은 고전 타밀어 시적 작품으로 상암문학 선집의 다섯 번째 책이라고 한다. Paripaadal은 힌두교 판테온의 다양한 신들에 대한 70개의 시를 포함하고 있다. 실로 고조선의 정체성인 달과 광명을 표시하고 있다.[99)]

15) Trimŭrti(머리는 달의 우두머리)

산스크리트어로 세 가지 형태라고 하며 브라마인 창조자, 비슈누인 보존자, 시바의 파괴자로 의인화된 신들의 트라이로 세 신을 말한다. 세 신을 단일 아바타로 하면 Dattatreya(머리는 달의 머리)가 된다.

사마 베다(Sama veda)를 지칭하는 Vamsa Brahmana는 Kambojas, Sage, Shangayani, Madrakara(마드라)는 학자들 지적대로 "마드라 사람들"에게 속한 것이다. 또한 Jean Przyluky 교수는 Bahlika(Balkh-발크, 발흐)가 Bahlika-Uttarmadras로 알려진 Madra의 이란 정착민인 것을 보여주었고, Bahlika-Uttarmadras는 Bahlika 또는 박트리아(Bactria) 국가에 살고 있다. Uttarmadras와 Kambojas와의 연결은 그들이 북서에 있는 가까운 이웃이므로 자연적이라고 주장하였다.[100, 101, 102, 103)]

상기와 같이 가야의 자본인 마드라(Madra-어머니의 달)는 옥서스, 박트리아 국가에서 온 것으로 연구되어 있으며 옥서스, 박트리아권, 네팔 일부를 경계로 하는 캄보자와 병치내지는 이웃의 도시국가이므로 가야의 정체성은 중앙아시아권에서 건너 온 것이 확실하다. Yadavas는 Yayati의 아들인 야두(Yadu)의 자손으로 전해 내려온 가계로 그들은 중앙아시아에서 진출한 사람들이었고, 가야는 야두(Yadu)의 자손 중 Anu일족으로 그 정체성이 스키타이에서 형성된 것을 알 수 있다 하겠다. 이처럼 가야는 고조선의 망명정부가 형성된 간다라(Gandhara-달의 칸) 지역에 '색불루'에 추방당하여 기원전 1,286년에 정착하였음에 인도의 리그베다(Rigveda-태양의 아버지 머리 집단) 시대가 열린 것이다. 망명정부인 간다라를 압박, 공격한 기록이 인도의 리그베다, 마하바라타에 전하고 있어, 자연스레 인도 북서부에 관련 종족이 진출하게 된 것으로 보았다. 이러한 주장은 이미 학자들이 Yayati(Yadu) 일족의 진출을 기원전 10세기까지 거론하

99) https://en.wikipedia.org/wiki/Parip%C4%81%E1%B9%ADal
100) http://titus.fkidg1.uni-frankfurt.de/texte/etcs/ind/aind/ved/sv/vb/vb.htm
101) Przyluski, Jean(1960) 펀 자브의 고대 민족. 미네소타 대학 : KL Mukhopadhyaya. pp. vi, 7~8.
102) Law, Dr. Bimla Charan(1924). 고대 인도의 일부 Ksatriya 부족 . 캘커타 대학. pp. 214~229.
103) https://en.wikipedia.org/wiki/Jean_Przyluski

고 있는 것은 간다라의 진출을 같은 중앙아시아계로 판단한 이유로 보고 있다.[104] 이와 같은 근거는 Aitareya Brahmana는 샤카(Shakha)의 리그베다로 즉, 샤카를 기록한 기록서로 학자들은 Aitareya Brahmana의 기록일자가 기원전 1,000~500년까지 다양하게 주장하고 있는데, ① John GR Forlong : 기원전 700년 또는 그 이전, ② Franklin Southworth : 기원전 7세기, ③ HH Wilson : 기원전 6세기, ④ Ej Rapson : 기원전 500년(Aitareya Brahmana의 후기) 등으로 보고 있다.[105]

특히 인도의 중부인 데칸 지역(Deccan-머리의 칸)의 Satavahanas(이제 시작하는 태양족의 아버지는 새로운 머리)의 정체성에서 '달의 왕조'를 규명할 수 있는데, 가야의 자본인 마드라, 마투라(Matura-달의 어머니)가 남으로 진출하여 Telangana(달 사람들의 칸), Andhrapradesh(새

〈Shatavahana(태양족의 아버지는 새 흰 빛나는 머리) 제국〉
출처:Gemeinfrei, https://commons.wikimedia.org/w/index.php?curid=1458560

104) https://en.wikipedia.org/wiki/Central_Asians_in_Ancient_Indian_literature
105) https://en.wikipedia.org/wiki/Aitareya_Brahmana

로운 흰 빛나는 광명은 달의 신), Maharashtra(어머니의 태양과 흰 빛나는 새로운 달) 지역까지 확장되었다. 이 왕조의 기원은 불확실하나 기원전 3세기 초에 소규모 국가들로 분열되었다고 한다.[106] 다시 한 번 고대 인도 외국의 부족에 Kalakeyas가 있는데 Mahabharata, Ramayana, Puranas와 같은 고전적인 인도의 서사시는 다양한 종류의 존재를 지칭하며 대부분은 강한 역사적 기초를 가지고 있다. 'Kalakeyas' 이것은 힌두교 신성인 Kirtikeya의 키르(Kir)와 칼라(Kala)는 모두 '고리'를 뜻하는 Ka, Ke, Ki로 같이 사용된다는 것을 이해해야 되고, 'Kalakeyas'는 Kakeyas, Kekeyas와 같은 어원이라는 것을 밝히며 그들이 중앙아시아에 진출한 외국 종족이란 것을 다시 증명하는 바이다.[107]

한반도의 가야 이론은 일제 식민지 사관으로 고작 서기 1세기경의 가야 연맹체로 바다 건너 왜와 한반도의 삼국사관으로 자리 매김되어 해방된 지 70년이 지나도록 우려먹고 있는 실정이다. 금번에 필자가 각고의 노력으로 고조선의 망명정부와 더불어 인도에 진출한 가야와 그 가계도, 고조선의 정체성인 달의 왕조, 달 언어, 달의 지명을 찾아서 인도 북서부로부터 시작한 가야연맹체가 마드라(Madra-어머니의 달)를 자본으로 하여 형성되었다. 그 시기는 간다라의 진출(기원전 1,286년) 후인 기원전 12세기에서 인도 16국의 성립단계인 기원전 7세기에 번창·발전하여 인도 전역에 달의 왕조를 만들었고, 가야의 자손은 Chola 왕국으로 계승되어 스리랑카까지 진출한 가야의 역사를 조명해 보았다. 앞으로 후학들이 이 책을 본다면 필자보다 더 상세한 인도 전역에 퍼진 가야사를 작성해 주길 갈망한다. 고조선의 삼한은 붕괴되고 그 자리에 아케메네스의 페르시아 제국이 들어섰지만 고조선 9환족의 역사는 인도에서 되살아나 '달의 왕조'로 건설되고 달의 언어로 고조선의 달 정체성을 대변해 주고 있다.

이러한 역사성은 「삼국지」(한전)에서 "진한(辰韓)은 고진국(古辰國)이며 옛 진왕은 월지국을 다스린다."(진한·마한·변한을 합쳐 12국이었다.)

고조선은 '달지국' 또는 진국(辰國)으로 불려졌기에 고진국은 고조선이 되는 것인데 삼한 통치의 기존 고조선은 거대한 강역으로 볼 때 삼한의 붕괴로 인도 16국과 켈트로 떠나고 페르시아 왕조의 건국 등으로 동쪽으로 이전하게 되고, 겨우 부족국가를 포함한 12국을 통솔하는 신세가 된 것이다. 고조선의 건국지인 아우다리아(Amudaria)는 '어머니 달'로 가야 연맹체의 마드라(Madra) 역시 '어머니 달'로 그 정체성이 정확히 동일함을 말해준다.

---

106) https://en.wikipedia.org/wiki/Satavahana_dynasty

107) https://en.wikipedia.org/wiki/Exotic_tribes_of_ancient_India

제5장
천문학에 나타난 '타이티리아(Taittiriya)'와 '타우루스(Taurus)' 연구

1. 칠성과 삼신은 어디에서 비롯되었는가?

1) 플레이아데스 성단(Pleiades)과 황소자리 타우루스(Taurus)

인류의 눈에 띄는 열린 클러스트(산개성단-은하 클러스트)로 1,100개 이상인데 육안으로 플레이아데스 성단과 히아데스 성단, 미르 파크 클러스트는 볼 수 있다고 하였다. 여기에서 가장 빛나는 성단은 7개의 별인 '플레이아데스 성단'과 '황소자리인 3개의 별'이었다고 고대로부터 인식되어 왔다. 플레이아데스 성단의 일곱 별은 그리스 신화에서 7자매로 여기고 있으며 황소자리인 별 3개는 크고 눈에 띄는 북반구 겨울 하늘의 별자리였다.[1]

초기 청동기 시대로부터 인류가 인식한 별자리로 보이며 태양의 위치를 표시할 때 농사짓는 춘분을 알 수 있었다. 농업달력에서 이 별의 중요성은 다양한 그림과 신성으로 숭배되어 수메르, 아카드, 아시리아, 바빌론, 이집트, 그리스 로마에 이르기까지 신성시되었다고 한다. 황소자리는 타우루스(Taurus, Taurid, Tau-이제 시작하는 우리 머리), 타우리라고 불렀다.

플레이아데스 성단과 황소자리는 언제부터 인용되었는가? 학자들이 연구한 바에 의하면 적어도 기원전 23세기부터 아나톨리아 반도는 하티안(Hattiian-광명, 머리족)의 영토였다고 전해지고 있다. 그러므로 아나톨리아의 남방에 위치한 루카(루비안)의 영토인 황소 산을 중심으로 황소자리가 형성된 것이었고, '단군세기'에서 말하는 '우수주(牛首州-쇠머리)가 있게 된 것이었다. 즉, 칠성을 뜻하는 플레이아데스 성단은 고조선의 옥서스권역에서 인용하였고, 그 옆의 빛나는 3별이 황소자리의 별로 삼신신앙이 되었던 것으로 본다.

그래서 삼신과 칠성은 고조선권역에 있었던 농경생활에 없어서는 안 될 이정표이

---

1) https://en.wikipedia.org/wiki/Pleiades

〈원전 9세기의 고대 이스라엘과 주변 왕국〉

By Oldtidens_Israel_&_Judea.svg: FinnWikiNoderivative work : Richardprins(talk)-Oldtidens_Israel_&_Judea.svghttp://www.jewishvirtuallibrary.org/map-of-israel-and-judah-733-bce, CC BY-SA 3.0, https://commons.wikimedia.org/w/index.php?curid=10872389

며 훗날 신앙체계로 굳어진 좌표역활을 하였던 것으로 필자는 믿고 있다.

이 플레이아데스 성단을 인도 천문학에서 "타이티리야(Taittiriya -달의 머리)"라 하였으며 아랍어로 '투라야(Thuraya-'다리야, 달')라고 불렀다. 기원전 1,000년 초기 베다 텍스트의 JAB반 Buitenen 달력에 의하면(BC 1,000) 27일의 12달에 360일의 태양력을 분할, 삼히타(Taittiriya)의 결과 차이는 매 60개월 윤월(윤달)의 층간에 의해 해결되었다. 그 위치는 달이 하나 태음월 하였다. 매일 상승하는 황소의 별자리에서 떨어져 표시된 시간을 여겼다-초승달 태양은 일 년의 과정에서 매달 상승, 이 별자리(Naksatra)는 각 황도 원의 13~20도의 호를 측정한다. 달의 위치는 직접 관찰할 수 있었고, 태양이 달

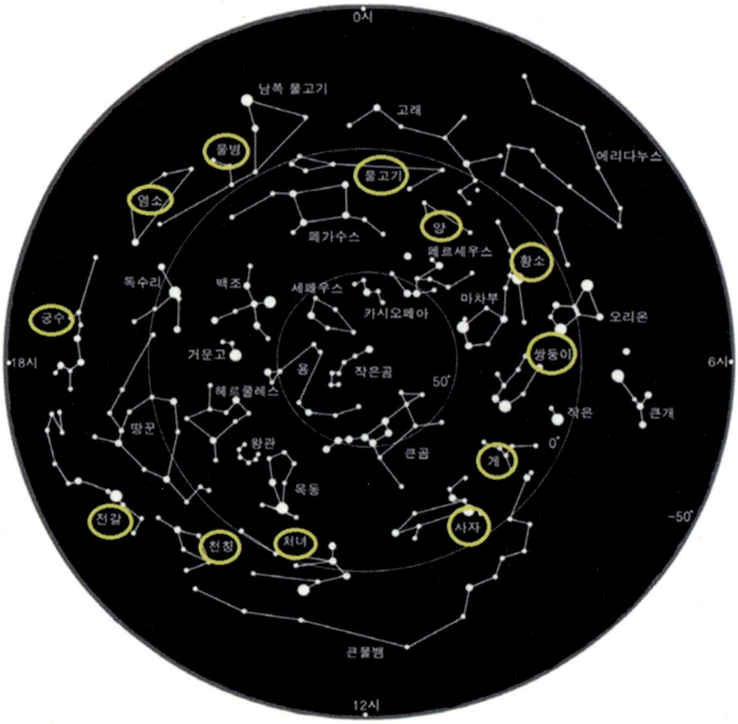

〈봄 밤하늘의 황도(黃道) 12궁(宮)〉

* 그리스 히파르코스(Hipparchos-기원전 160~125년)의 황도십이궁

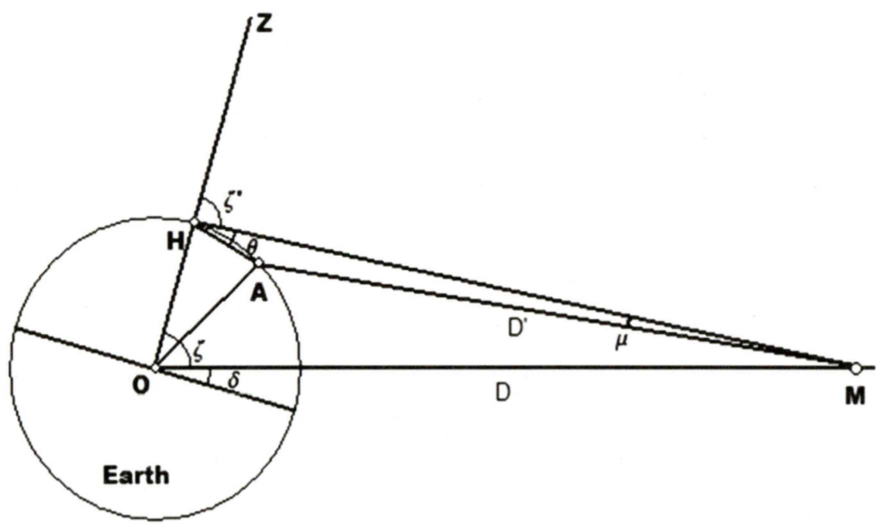

〈Hipparchus는 달과의 거리를 결정하는 방법 중 하나를 재구성〉

출처 : https://en.wikipedia.org/wiki/Hipparchus

의 반대편 보름달에서 달의 위치로부터 추론하여 태양의 그 자정이 태양의 위치를 계산(자오선의 남중)하였다.

민속과 신화에 의해 전해오는 사례를 열거하면

(1) 북아프리카의 '베르베르인'

플레이아데스 성단을 '밤의 딸'(고양이 Ihed, Amannar-가이드, Tagemmunt-그룹)이라고 하였다. 그들의 속담에서 '서쪽에 태양 플레이아데스 성단 가을'의 의미는 더운 계절이 더위와 여름의 갈증을 의미하는 것이었다. '태양이 동쪽에서 플레이아데스 성단이 상승하면'의 의미는 추위와 장마가 오고 있는 것으로 추위에 미리 대비를 잘하게 된다.

(2) 유태인 문화의 플레이아데스 성단

성경에서 세 번 언급된 것으로 '키마(Khima-곰)'라고 불렀다(욥 9:9, 욥 38:31, 아모스 8). 곰이 곧 칠성이 된 것으로 웅족은 칠성을 숭배하는 종족이 된 것이다.

(3) 아라비아와 레반트

그들은 플레이아데스 성단을 투라야(Thurayya-이슬람문헌)라고 지칭하였다. 무하마드는 별자리 12별을 계산한 것으로, "거룩한 예언자의 동반자"(알라의 평화와 축복이 그를 따라……코란에서)라 하였다.

(4) 그리스 신화

플레이아데스 성단을 "일곱 자매"로 지칭하였다.[2)]

(5) 서양 점성술

플레이아데스 성단에서 설명된 오컬트 철학의 세 가지 책으로 하인리히 고넬료 아그리파(1533, 1510년 출판)에서 슬픔에 대처하는 점성술로 대처하였다.

(6) 켈트 신화

청동기 시대와 같은 유럽의 사람들(켈트족)은 플레이아데스 성단이 애도와 장례식이 관련·교차되는 것은 가을, 춘분과 동지(삼헤인-Samhain), 또는 할로윈이다. 모든 영혼의 날 태양의 빛이 저녁에 머금고 죽은 사람의 기억에 전면되는 축제, 클러스터가 동쪽 하늘에 상승하였다. 상승의 효과는 애도와 눈물이 연관되었다고 한다.

2) https://en.wikipedia.org/wiki/Australian_Aboriginal_astronomy#Interpreting_the_sky

(7) 안데스 문화

'케츄아'어로 플레이아데스 성단을 "창고(Qullqa－고리)"라고 하였다.

(8) 아즈텍

고대 아스텍 멕시코와 중앙 아메리카인들은 플레이아데스 성단이 동쪽에 상승하면 그들의 농사 1년을 시작하였다고 한다.

(9) 나바호 인디언

민속의식에서 플레이아데스 성단은 블랙하나님에 의해 하늘에 배치된 첫 번째 별자리였다. 블랙 하느님의 의식 마스크에 그려져 있다.

(10) 페르시아

페르시아 및 우르두어로 파빈(Parveen, Parween)이라고 하였다.

(11) 인도의 플레이아데스 성단

스타 클러스터 카르티카(Krttika)로 알려진 "열린 스타 클러스터"의 플레이아데스 성단은 별자리를 구성하는 '황소자리'에서 인도의 천문학 및 힌두 점성술 이름에서 "절단기"로 변환되었다. 힌두교 신화에서 '신 칸다가로 알려진 여섯 자매로 표현되었다. 그것은 무루간-카르 티카(Krttika) 하나님으로 알려지게 되었다. 또한 힌두 점성술에서 Krttika는 간호사로 의인화하였으며 '시바의 아들'로 묘사하였다.[3)]

2) 칠성과 삼신은 바로 플레이아데스성단과 황소자리였다.

현대에서 플레이아데스 성단의 일곱 별이 집중되는 것은 영적 에너지의 일곱 광선에서 일곱 큰 곰자리를 차지하고, 그 다음 시리우스에 태양의 신, 그리고 지구(쿠마라-Sant)를 마지막으로 우리에게 일곱 광선(광명)을 가져 온다고 해석하였다. 고조선에서 웅녀 숭배는 한날 토템에 의한 분류에서 '곰(웅)'을 숭배한 것이 아닌 것이 천문학에서 드러났다. 바로 플레이아데스 성단 별자리에서 드러났기 때문이다. 플레이아데스 성단은 '큰 곰자리'를 차지하였으며 그리스인들은 자기네 스스로 '작은 곰'으로 표시하였다. 한단고기에서도 칠성과 삼신은 한 묶음이라고 갈파하였다. 칠성과 삼신은 실과 바늘 같은 떨어질 수 없는 관계였다.

---

3) https://en.wikipedia.org/wiki/Pleiades_in_folklore_and_literature

큰 곰은 하늘의 플레이아데스 성단의 칠성이었고 칠성숭배는 바로 곰을 숭배하는 것과 같은 신념이었다고 해석되었다. 그러므로 '웅족'은 삼신, 칠성 사상을 따른 종족으로 해석을 하여야 한다.

환웅시대부터 고조선에 이르는 많은 세월 속에서 오직 "곰"을 정치, 종교, 사회에 걸쳐 중요시한 것은 그 큰 곰이 칠성이며 삼신의 줄기로서 영적인 신념과 동시에 숭배의 정당성을 가질 수 있었던 것으로 보인다.

고대인들은 칠성 사상이 플레이아데스 성단의 위치에 따라 파종과 수확, 장마와 가뭄, 추위를 알았던 것이기에 플레이데스 성단을 표시하는 '칠성'이 곧 그 별자리이고, 삼성(삼태성-황소별 3개) 또한 같은 분류로 같이 숭배하는 대상으로 보았던 것이다.

이런 이유로 고대인들은 환웅, 고조선의 칠성, 삼신 사상이 인간들에게 풍부한 수확을 가져다주고, 때로는 전쟁에서 승리하는 신으로 승화되었으며 농경생활에서 한시도 떨어져 살 수 없는 필수적인 신앙이 되었다. 삼성인 황소를 숭배한다는 것은 이미 앞선 플레이아데스 성단인 칠성을 숭배한다는 의미로서 서로 떨어져서는 안될 불가분으로 보았다는 점이다.

이런 복합적인 의미의 칠성과 삼신 숭배는 곧 '신정정사'로 나타나게 되었으며 칠성과 삼신 숭배는 곧 종교이자 통치체제였다. 이미 앞장에서 언급한 바와 같이 '빈카문화'에서 곰여신, 곰 숭배했다는 아카이브 정제 해석에서 곰 숭배 사상은 환인시대부터 내려온 사상이었던 것으로 보아야 하는 것이다. 살펴보면 수메르와 이집트에 나타난 황소는 환인, 환웅, 고조선으로 이어지는 칠성, 삼신 사상이었고, 농경생활의 척도였으며 고대 항해술에서 길잡이였던 것이다.

그러므로 '곰 문화'는 바로 칠성, 삼신문화였으며 환웅, 고조선의 문화였던 것으로 이해를 해야 하는 것이다. 우리는 천문학에서 밝히고 있는 플레이아데스 성단과 황소자리의 별자리를 통하여 '칠성신앙과 삼신신앙'을 보고 있는 것이다. 독자들은 상기하게 될 것이다. 앞장에서 그리스 문화는 곰 문화였으며 곰문화는 칠성, 삼신 문화였던 것을 알 수 있다 하겠다.

사실, 북두칠성 사상은 플레이아데스 성단 그 자체이며 삼신 사상은 삼태성으로 불리는 삼성(三星)인 황소자리에서 비롯되었던 것이다.

치화(治化)와 조화(造化), 교화(敎化)의 3신이 하느님으로 숭배되는 것은 그 과정이 지구 세차운동에 따른 춘분, 추분, 동지로 이어지는 플레이데스 성단과 지구의 기울기와 같은 맥락에서 비롯된 것으로 통치자와 백성이란 이분론적인 관점을 통해 후세에 치화(治化)와 조화(造化), 교화(敎化)를 앞세워 설명한 것으로 필자는 보고 있다.

훗날 사람들이 칠성과 삼신을 가지고 연구를 거듭하여 교리를 만들어 그 별자리마다 역할을 분담하게 하였다. 사실 삼신과 삼성은 엄연히 다르다.

그런데도 사람들은 조물주 하느님을 그 하는 역할에 따라 삼신으로 규정하였는데 때로는 '삼성'을 빗대어 같은 동류항으로 넣어 삼신 하느님으로 생각하기도 하였다.

환웅시대에 중앙아시아, 유럽으로 퍼져 나간 '바르 사상'은 빛이고 "광명 사상"을 설파하였는데 이 빛은 태양과 더불어 북두칠성인 '플레이아데스 성단'과 '황소자리의 별'에서 빛이 온다는 것이다. 필자도 천문학에 나타난 플레이아데스 성단과 황소자리를 보면서 "바르"의 참된 의미를 알 수 있었다.

사람들이 '바르(Bar)'를 정확히 안다는 것은 농경생활에 있어 플레이아데스 성단과 황소 별자리를 안다는 것이기에 그만큼 깨우쳤다(까진)는 것을 의미한 것이었다. 이런 이유로 유럽의 도시는 물론 지중해, 북아프리카, 동아프리카, 이집트, 수메르권역에 "바르"의 이름이 다양하게 많이 퍼지곤 했다. 그 당시에 "바르"는 신문명의 인기 있는 누구나 알고 싶어 하였던 깨우침이었던 것이다.

필자는 이 책을 집필하면서도 고대인들이 깨우친, 까진의 범위와 선진문명의 척도가 어디까지인지 몰랐다. 하나, 까진 사람들의 척도는 비로소 태양과 별, 달을 통한 "바르"가 칠성과 삼신 사상으로 통하는 숭배에서 '빛'을 의미한 것이고, 농경생활과 고대인의 생활에서 꼭 알아야 할 선진 문명이며 라틴어에서 번역한 '타워'가 된 것이었다고 보는 것이다. 이 '타워'는 꼭대기에 있는 것이다. 그렇다고 해서 서양 학자처럼 그냥 '꼭대기'라고 해석을 하면 안되는 것이다. 꼭대기엔 무엇이 있는가? '빛'이 발산되는 것이다.

하늘의 꼭대기에서 플레이아데스 성단과 황소자리의 '별빛'이 발산되므로 그것을 일러 '광명'이라 하였으며 '바르'로 표시되었던 것이다. 이 '바르'의 원칙을 안다는 것은 천문학을 이해하였다는 것이고, 나아가 농경생활의 시작이 어디에서 시작되고 추수기는 언세인시를 알았던 까진 사람들, 선진문명의 사람들이었던 것이다. 지금도 '빛의 나라로 알려진 지역'을 "누리스탄"이라 부르고 있으며 그들은 '곰(Kom) 사람들'이라 이야기하고 있다.

'누리'는 우리말이다. '온 누리' 루리스탄은 동부 아프카니스탄과 파키스탄의 치트랄 지역이다. 루리스탄에 사는 사람들은 스스로 '곰족'이라고 하는데 고대의 캄보자 왕국에서 살았다. 아프간의 '카피르족'과 티벳, 미얀마의 북서부, 북동부에 사는 '쿠키 사람들'(Kukis-키라테 왕조에서 파생된 종족, 고시의 고리)로 마니 푸르의 여러 지역에 흩어져 살아가고 있다.

3) 고대인들이 타라, 타리아, 투탈리아, 타타리아를 고집한 이유

이제 독자들은 유럽 사람들이나 남방의 인도 방면으로 진출하였던 사람들이 자기가 진출한 그 지역에 새로운 '타라', '타리아', '아스타리아'를 건설하였던가에 대한 명확한 해답이 나왔던 것이다. 타타리아, 타라, 투탈리아는 까진 사람들을 위해 필요한 대상이었으며 칠성과 삼신을 모시는 성소로서 마땅히 설치해야 할 사원이었던 것이다.

고조선 삼한 붕괴 후 기원전 6세기경 켈트족에 합류하여 유럽에 진출하였던 9환족들이 새로운 대륙에서 타리아, 아스트리아를 만들어야 했던 과제는 칠성 삼신 사상을 가지고 진출한 부족의 일치단결을 보여주는 증표이며 핵심 카데고리였다고 볼 수 있는 것이다. 사실 환웅, 고조선 말고는 타라와 타리아, 트리아, 타탈리아 등으로 변천된 칠성·삼신 숭배로 이어지는 성소(聖所)는 세계에 한 군데도 없다. 다만, 카피하여 설치하였을 뿐이었다. 이러한 빛으로 대변되는 "광명사상"을 이해하고 칠성, 삼신(삼성)으로 점철되는 숭배 사상을 이해하게 될 때 환웅 시대와 더불어 고조선 시대는 고대의 세계 문화와 문명을 주도한 강력한 제국이었다고 알게 될 것이라 자부한다. 아랍어의 '투라야(Thuraya)'는 '타리야(Thariya)'의 변형된 이름이다.

4) 네브라 하늘 원반(Nebra sky Disk)

기원전 1,600년 청동기 시대 Unetice 문화의 유물로 독일의 작센-안할트에서 발견된 청동 파란색과 녹색으로 만든 약 30cm 크기의 디스크이다. 여기엔 푸른(녹색) 골드의 기호와 상감처리된 그림이다. 태양이나 보름달, 초승달과 클러스터를 포함하는 별이 새겨져 있다.[4]

이 유물은 전문 도굴꾼에 의해 파괴된 사이트에서 찾은 것으로 20세기의 가장 중요한 고고학적 발견 중 하나였다고 한다. ① 왼쪽에 보름달, 오른쪽에 왁싱달(달의 위상) 간의 이상, 플레이아데스 성단을, ② 호는 영역에 대한 수평선에 추가 상승 및 설정으로 태양 개인별 이동 등이 포함되었고, ③ 추가로 태양 보트, ④ 현재 상태에서의 디스크 (스타와의 일부도 태양 또는 전체 달이었다. 복원)다.

4) https://en.wikipedia.org/wiki/Nebra_sky_disk

〈네브라 하늘 원반(Nebra sky Disk)[5]〉

Nebra sky Disk는 기원전 1600년으로 추정

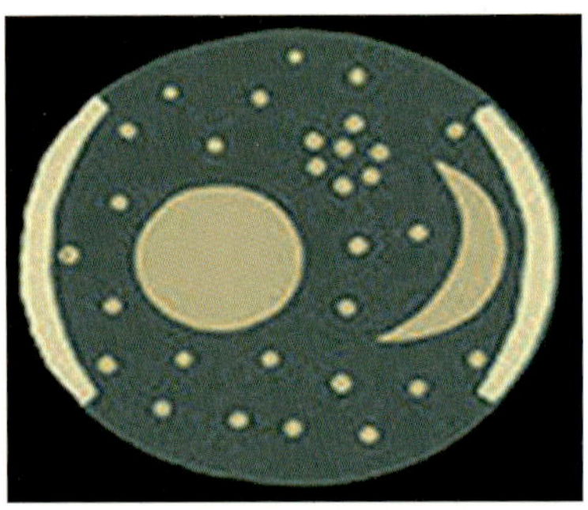

〈① 네브라 원반〉

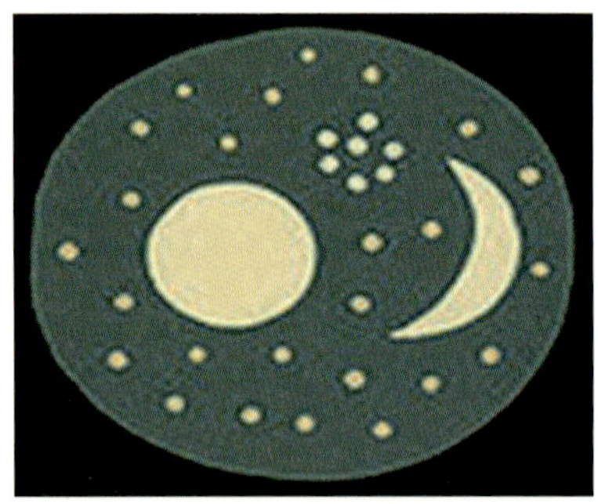

〈② 네브라 원반〉

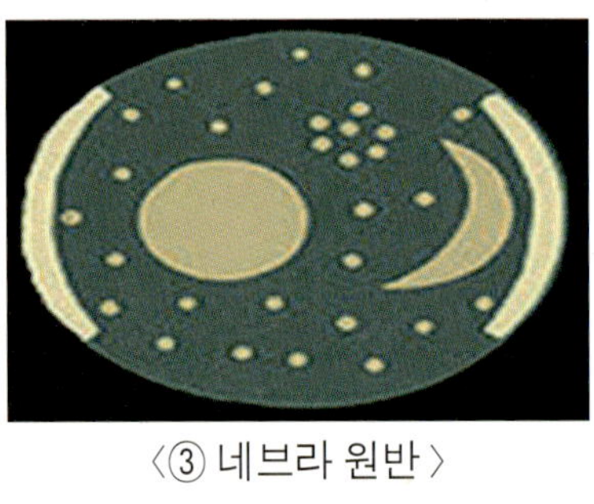

〈③ 네브라 원반〉

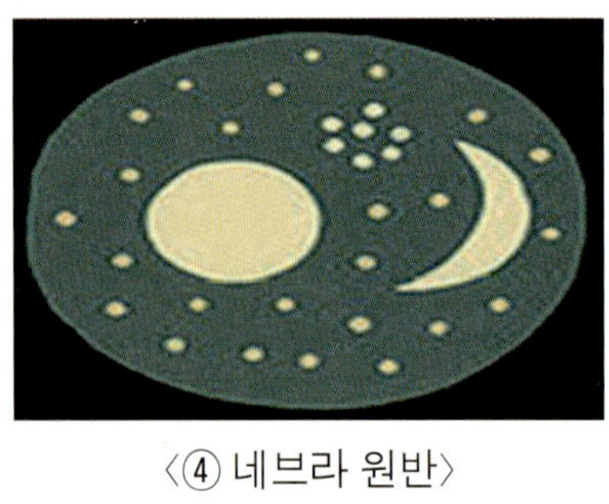

〈④ 네브라 원반〉

5) Ute Kaufholz : Sonne, Mond und Sterne. Das Geheimnis der Himmelsscheibe(Le Soleil, la Lune, les étoiles–le secret du disque de Nebra)–Anderbeck, Anderbeck 2004(ISBN 3–937751–05–X).

〈이집트의 황금 마차〉

〈쿠만인 귀족〉

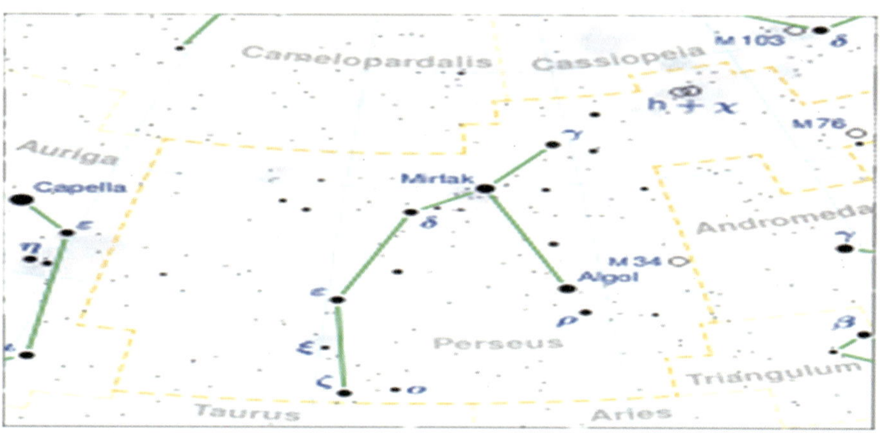

플레이아데스 성단(좌측에 황소별 3개–Taurus "황소"의 라틴어, 기호 : 유니 코드 ♉)는 현재의 조디악에서 두 번째 점성학 기호

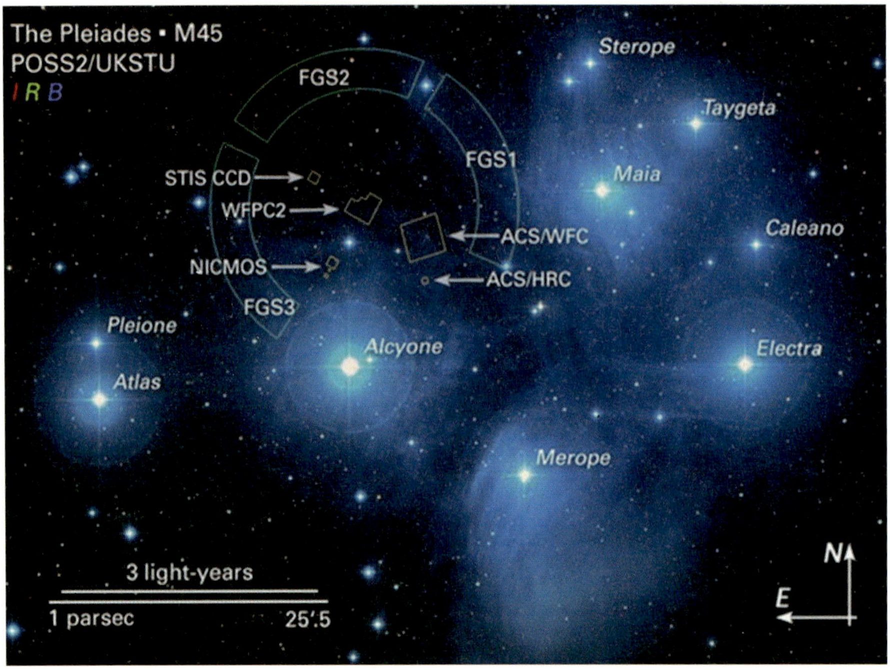

〈플레이아데스 성단(칠성)〉
출처 : https://en.wikipedia.org/wiki/Pleiades#/media/File:M45map.jpg

〈쿠만-다바스 동상〉

〈'사마르티안'의 왕관〉

〈Nbra disk와 함께 발견된 고조선의 반월형 단검〉

출처 : https://commons.wikimedia.org/w/index.php?curid=1500792

〈우라루트의 황소 8세기〉

〈우라루트(우리 태양의 머리)의 가마솥〉

〈메르가르 입상- 기원전 3000년〉

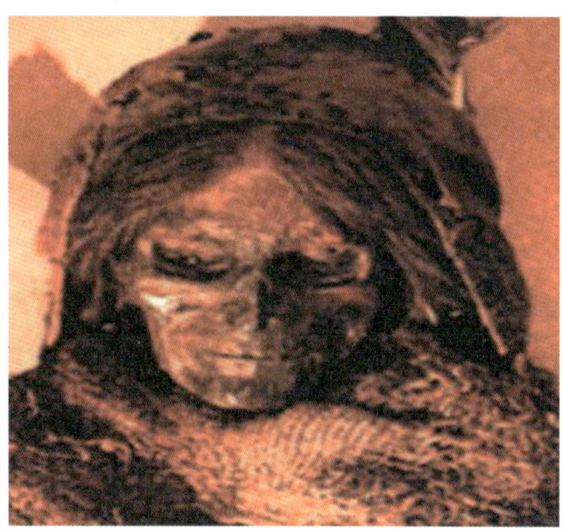

〈타림분지 미라〉

〈814년경 스페인(Asturias–아스투리아스–'처음 타리아〈달〉')〉

〈고대 이집트의 천문학〉

〈이집트의 태양 전차〉

〈라, 태양여신, 태양 바지선의〉

〈이집트 하토르(룩소르박물관)〉

〈전사여신 Sekhmet의 태양디스크〉

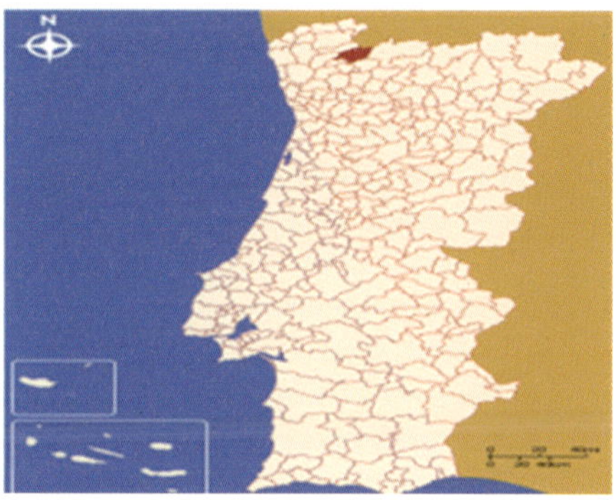

〈포르투갈의 '테라' 브르노(달의 밝음)〉

〈모나코의 라 투리비(Turbie-달의 아버지)〉

5) 인도 지형에 나타난 플레이아데스 성단은 환웅으로부터 왔다.

콘칸(Konkan) 또는 콘칸해안이라고 불리는 서쪽 해안선의 색션으로 720km의 긴 해안선이다. 고대의 Sapta-Konkan는 Sahyadrikhanda "Parashuranakshetra"을 의미하였다고 한다. 콘칸부문은 국가의 해안지역을 포함하는 마하라슈트라의 관리 지역으로 남북으로 길게 이어진 도시 마을이었다. 대략 서고츠 산맥과 아라비아해 사이의 땅이고 북쪽에 있는 타이피는 강 남쪽의 찬드라강 사이에 이르는 것이다. 이것은 플레이아데스 성단을 의미하는 것으로 인도의 영주, 몸바이, Raigad, Ratnagiri, Sindhudurg, 북한 고아, 사우스 고아를 포함한 지역이다.[6)]

카르나타카주에서 Gangavali 부분은 콘칸의 최남단 부분인데 도시인 Karwar의 Ankola, Kumta, Honavar는 콘칸 내에 위치하고 있었다. 여기에서 안고라(Ankola)는 "고

6) Dennis M. Harness. Nakshatras : 베다 점성술의 음력의 저택. 로터스 프레스(Twin Lakes WI, 1999) ISBN 978-0-914955-83-2

리의 신"을 의미하고 Kumta는 쿰타로 "곰의 머리"를 의미한다. 호나바르(Honavar), 간가바리(Gangavali)는 역시 '바르'를 인용하였다. 도시 이름에서 곰과 고리, 바르를 인용한 것을 볼 때 환웅의 플레이아데스 성단을 따온 것이라 할 수 있다. 현재 인도는 영어로 인디아(India-머리의 신)로 표기하나 실제 이름은 '바라트(Bharat-광명의 머리)'로 불리워졌고, '마하바라타'는 "어머니 광명의 머리"가 된 것이다. '광명과 머리'는 환인, 환웅의 정체성이므로 고대 인도는 파키스탄의 '메르가르(어머니 태양의 고리)' 문명에서 증명하듯 광명과 머리로 대변되는 우리의 문명이었다.

6) 중국에서 인용한 플레이아데스 성단

우리나라와 중국에선 북두칠성으로 표현하고, 각기 하나의 별마다 의인화시켜 사람의 권능과 특징을 만들어 묘사하였다.

① 두베(Dubhe)－천추(天樞), 탐랑(貪狼)
② 메라크(Merak)－천선(天璇), 거문(巨門)
③ 페크타(Phecda)－천기(天璣), 녹존(祿存)
④ 메그레즈(Megrez)－천권(天權), 문곡(文曲)
⑤ 알리오츠(Alioth)－옥형(玉衡), 염정(廉貞)
⑥ 미자르(Mizar)－개양(開陽), 무곡(武曲)
⑦ 알코르(Alcor)－기수(騎手), 사조(死兆)
⑧ 알카이드(Alkaid)－요광(搖光), 파군(波軍)

북두칠성은 자미원에 속하는 동양의 별자리로 큰 곰자리의 꼬리와 엉덩이 부분의 일곱 별을 말한다. 이 별자리는 인간의 수명을 주관한다고 신앙처럼 믿어 왔는데 한반도와 만주에 분포한 고인돌에서 종종 이 별자리가 그려지기도 하였다. 황제의 수레라 불리는 이 별자리는 서양에선 큰 국자(Big Dipper), 쟁기(Plough), 찰스의 마차라는 이름으로도 불렸다고 한다. 이 별에서 북극성을 찾을 수 있는데 국자의 앞 부분의 길이를 5배로 하면 북극성을 찾을 수 있다고 한다.

북극성은 '폴라리스'이며 이 별의 겉보기 등급은 1.97이다. 북극성은 고정된 별이 아니라 세차운동의 영향으로 지축이 움직이면서 25,770년을 주기로 바뀐다. 기원전 3000년 무렵엔 '폴라리스' 밝기의 1/5밖에 되지 않는 3.67 등성 용자리의 알파별 투반이 북극성 자리에 있었다. 500년까지의 북극성은 작은 곰자리의 머리에 있는 베타 별인 '코카브'였다고 한다.

북두칠성은 육안으로 관측이 가능하지만 국자의 자루 부분 중 끝에서 두 번째 별은 '미자르'와 '알코르'로 이루어진 이중성이다. '알코르'는 자체만으로 놓고 보면 4등급 정도로 맨눈으로 충분히 볼 수 있으나 바로 옆에 있는 '미자르'가 상대적으로 밝기 때문에 잘 보이지 않는다고 한다. 그래서 북두칠성엔 '알코르'가 생략된다.

이상으로 플레이데스 성단을 '타이티리아'라 불렀고, 황소자리의 별자리를 '타우루스'라고 불렀는데 이것이 수 없이 유럽의 지명에 나타났다. 때로는 트리아, 타리아, 타타리아, 투탈리아 등 '머리의 달'로 불리며 플레이아데스 성단(칠성)과 황소자리의 3별을 삼신과 칠성으로 신앙같이 성소를 만들어 숭배하였다. 이탈리아, 스페인, 독일, 영국, 프랑스, 러시아, 우크라이나, 루마니아 등지에서 타리아, 트리아로 대변되는 성소가 많이 세워지기도 하였던 것을 앞장에서 우리는 봤다.

이런 성소의 설립은 이미 켈트족의 이동에서 우리는 봤으며 인도 16국의 지명에서도 볼 수 있었다.

우리는 지금까지 북두칠성이 고작 중국의 신화나 중국 사가에 의해 만들어진 천문학 자료의 일환으로 생각하였는 지 모른다. 오늘 이 책을 보면서 북두칠성인 플레이아데스 성단과 황소 별자리인 삼성은 중국에서 만들어진 것이 아닌 환인, 환웅시대와 고조선 시대에 만들어져서 통치이념과 신앙체계로 굳어져 온 것을 알 수 있었던 것이다(기원전 1916년 처음으로 별을 관측하는 '감성(監星)'을 설치하셨다－11세 단군, 환단고기〈단군세기〉).

기실 역사에 대한 잘못된 왜곡과 오해는 하루아침에 쉽사리 정립되지 않는 것이 현실이다. 혹자는 기존 역사관에 배치되는 필자의 주장과 가설을 이야기하면 펄쩍 뛴다. 무조건 아니라고 하며 심지어 폄하하려고 한다

자기네들의 밥그릇을 보존하기 위하여 학자들의 양심은 전당포에 맡겨놓고 일제 강점기부터 통용되어 온 소위 반도사관을 고수하려고 안간힘을 다 쓴다. 이런 작태는 21세기에 청산해야 할 적폐 중의 하나로 하루빨리 청산·개선되어야 한다.

기존 학설에 배치되면 무조건 논문이 탈락되고 백안시되는 학계의 관행과 나쁜 잔재는 일소되어야 마땅한 것이다. 필자는 이번 책을 통하여 인도유럽어와 우리말의 비교에서 환웅시대와 고조선의 9환족을 연구하였고, 켈트와 갈리아족의 이동에 나타난 고조선의 9환족과 인도16국의 정체성을 조명하고 입증하였다. 인류문화사에서 나타난 종족을 종족학(민족학)에서 입증하였고, 고유명사학을 인용하여 올바른 어원을 제시하였으며 기존의 고고학을 그 근거로 제시하였다.

〈헤벨리우스 성도의 황소자리〉

〈우라니아의 미러 1825년, 런던〉

〈모노리스와 황소〉

〈그리스의 크노소스-불, 황소를 뛰어넘는 의식〉

〈타우루스(Taurus - 처음 우리의 머리, 황소자리)〉

〈아나톨리아의 보물〉

〈이집트와 히타이트의 평화조약문〉

7) 선사시대와 역사시대에 나타난 황소 이야기

성경에서 '황금 송아지'를 히브리 사람들이 만든 후 모세가 시내산에서 십계명을 받아 내려와 소위 우상숭배라고 배척하였던 '황소'이다(출애굽기). 수메르 사람들이 숭배하였던 '황소'는 '마르둑'이었다.

(1) 선사시대 미술에서 나타난 황소

'오록스'는 많은 곳에 묘사되어 있는데 유럽의 동굴 벽화인 '프랑스의 라스코' 벽화와 Livernon를 통해 고대인들이 생각한 황소는 마법의 힘을 가지고 있다고 생각하게 되었다. 황소는 신성한 동물로 아타톨리아와 수메르권역에서 숭배된 것이었다.

(2) 고대 이집트, 수메르와 아나톨리아의 황소

수메르의 길가메시 서사시에서 살해를 묘사한 길가메시와 엔키두의 하늘의 불, Gugalana의 첫 남편 Ereshkigal 신들의 도전행위 등을 황소에서 나타내었다(초승달을 나타내는 뿔). 이집트는 '오시리스'의 의식에서 황소는 긴 수명을 보장한다고 믿었으며 생명과 힘을 확인하였다. 아나톨리아의 카탈룩 유적에서 발견된 황소 두개골은 기원전 8000년으로 추정하였다. 황소는 낮과 밤, 날씨 신을 수행한다고 믿었고, 황소 같은 테슙을 자신의 허리와 전차에 사용하였다.

(3) 크레타의 미노아 문명의 황소

미노아 문명의 상징으로 사용된 황소머리와 뿔은 중요한 종교의 숭배대상이었다고 한다. 크노소스의 궁전, 미노아 벽화와 도자기에서 묘사된 황소를 뛰어 넘는 의식이 있었다.

8) 괴베클리 태페의 유적지에 나타난 황소자리와 플레이아데스 성단

고블리 테피(Gobekli Tepi) – 지구상에서 가장 오래된 문명

2012년 2월 발견을 깨고 터키의 황소 산맥을 따라 언덕에 새겨진 거대한 황소를 묘사한 12,000년 된 지형이 발견되었습니다. 지리 글리프에는 수수께끼 같은 메시지가 담긴 돌 원형 별지도가 있습니다. 이것들은 터키의 Gobekli Tepe 유적지의 신비에 관한 The Hidden Records – Wayne Herschel의 연구원이자 작가로서 저의 주장입니다.

위에서 보았을 때, 현재 출토된 여섯 개의 돌 원형 기념물 군집은 설득력 있게 플레이아데스의 별지도 표현을 형성하고, 12,000년 전의 천문학과 상징을 사용하여 분명히 고대 천상의 메시지를 전합니다(크레딧 : 일부 오브젝트가 날카로워진 Google 어스 이미지 소스).

*3분 미리보기 동영상(유튜브)
https://youtu.be/IdoUnTm2E28?t=29

새로운 주장을 빠르게 평가할 수 있는 이 페이지의 위 3분 미리보기 비디오입니다. 이 발견은 모든 가장 거대한 거석 문화를 같은 기원 주제를 가진 문화 유산으로 연결합니다. 퍼즐의 마지막 부분은 이제 모든 신비의 신비로 결론 지었습니다. 거의 모든 유명한 석조 벽돌 제국에서 거대한 통일된 건물 계획이 있다는 것입니다.

Gobekli Tepe는 내가 인류의 조상으로 제시한 것과 다른 패턴의 다른 설명을 제시합니다. 이 이론은 학자들에게는 아직 알려지지 않았지만, 지구상의 가장 위대한 문명들, 이집트인들, 수메르인들, 잉카들, 마야, 스톤 헨지 그리고 앙코르에서 흔히 볼

수 있는 증거들이 많이 있습니다.

2003년 Hidden Records라는 책을 시작한 후 2006년 Gobekli Tepe가 발견된 기사를 읽었습니다. 그것은 최초의 인간 문명으로 간주되었습니다! Google 어스에서 검색하면 해당 사이트가 나타납니다. 즉시 나를 강타한 것은 황소를 묘사한 지형문자 패턴이었습니다! 특히 제가 찾고 있는 것이 정확히 무엇인지에 대한 지식으로 이 사실을 쉽게 인식 할 수 있었습니다. 그 당시 나는 이것이 내 책에서 가장 오래된 별의 지도보다 먼저 나올 수 있다고 확신했다.

17,000년 전의 그림 문자가 있는 프랑스의 Lascaux Cave. Lascaux 동굴의 별지도는 Gobekli Tepe의 패턴을 '우연히' 반복합니다. 둘 다의 패턴은 말 그대로 서로의 거울 이미지입니다. Lascaux에 대한 전체 기사를 보려면 여기를 클릭하십시오. 특히 제가 찾고 있는 것이 정확히 무엇인지에 대한 지식으로 이 사실을 쉽게 인식 할 수 있었습니다. 그 당시 나는 이것이 내 책에서 가장 오래된 별의 지도보다 먼저 나올 수 있다고 확신했다

유적은 플레이아데스와 관련이 있습니다. 오리엔테이션에서 가장 큰 돌 동그라미는 또한 가장 큰 스타 알 시온과 관련이 있습니다. 지도 상단의 물음표가 표시된 부분을 확인하십시오. 이것은 원점이 'E'(광장이면서 원형이 아니지만 4개의 거석 기둥으로 구성되어 있는 인클로저) 지점의 위치가 아니라 한때 존재했다고 생각하는 곳입니다. 지금은 인클로저이며 4개의 실질적인 돌기둥(파란색)을 보유하고 있으므로 별 상관 관계를 나타내는

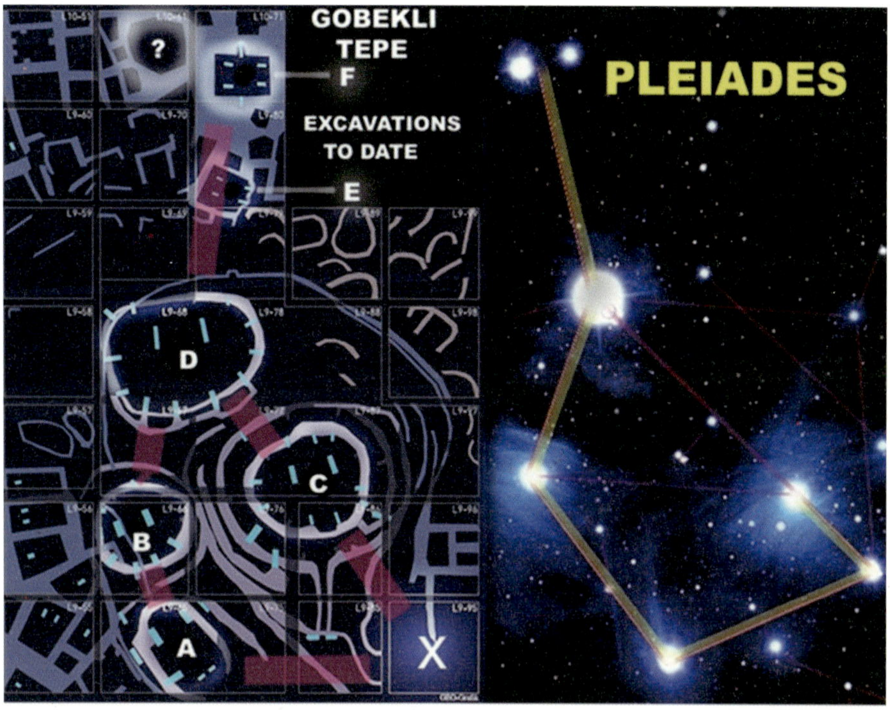

점 'E'를 허용합니다.

이집트의 증거는 우연히 2개 이상의 경우에서 '직선' 정렬의 두 별인 Atlas와 Pleione을 제안하기 때문에 천문학자를 재검토해야 하는 것은 별의 움직임 데이터입니다. 그들은 플레이아데스 성단 별들이 17,000년 이상 여기에 보이는 것처럼 그것의 일반적인 위치와 모습을 유지한다고 말한다. 'X' 위치는 다른 서클이 한 번 존재했을 가능성이 있으며 전쟁 또는 이후의 재건을 통해 잠재적으로 제거되었을 수 있다고 생각하는 곳입니다. 아니면 수천 년이 지난 고대인들은 비밀과 신성함을 잊어 버리고 돌을 사용했을 것입니다.

학자들이 Gobekli Tepe가 '최초의 문명'이라고 주장하면, 플레이아데스 근처의 태양 같은 별과 관련된 지구 같은 행성에서 오는 방문객이 이론상의 상태를 넘어 서는 현실이라는 사실에 대한 이론이 있다면, 여기에서도 발견된다. 표면상 가장 오래된 문명. 그러나 주제에 대한 힌트일 뿐만 아니라, 현재까지 내 작업을 발표하는데 있어 가장 강력한 사례 중 하나였습니다.

지금까지 Gobekli Tepe의 모든 기사에서 다루지 않는 두 가지 주요 사항이 있습니다. 나는 다음과 같은 발견으로 사이트 증거의 작은 수집을 참조할만한 가치가 있다고 생각합니다.

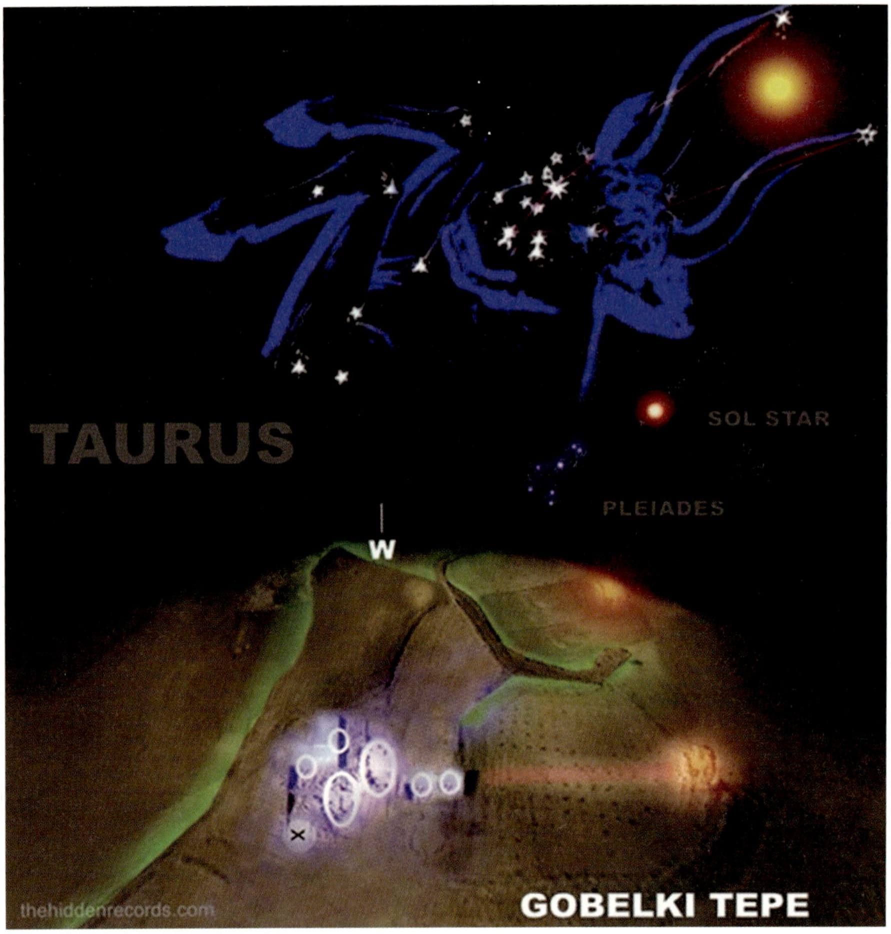

Marton Molnar－Gob은 헝가리의 동료 연구원이 나의 책에서 발견된 동일한 청사진 코드를 찾고 있는 다른 터키 사이트를 조사하고 있었다. 황소 지형을 빛에 넣는 퍼즐의 정말 큰 조각이다.

그는 터키에서 이 지역을 달리는 산맥이 황소산(Taurus Mountains)이라고 부르는 것을 발견했습니다. 이름은 모든 것입니다. 범위 자체의 이름을 일깨워주기 위해 지금까지 시간을 거슬러 올라갔습니다. 토리스산맥 참조에 더 많은 추론이 있습니다. 기록된 역사에 따르면 지금까지 가장 오래된 문명으로 여겨졌지만 Gobekli Tepe의 칭호를 잃은 이전 문명이 있었습니다. 터키에서 뿐만 아니라 Gobekli Tepe 지역에도 매우 가깝습니다. 그것은 Catalhoyuk의 사이트입니다. 10,000년 전쯤에는 황소 숭배 유물과 태양 숭배 주제로 가득합니다. 이것은 Gobekli Tepe가 동일한 신념으로 발견되어야 한다는 근본적이고 매우 강력한 증거입니다. Catalhoyuk의 Wikipedia 배경에서 이

두 지점은 Astral Egypt라는 제목의 완전한 피라미드 레이아웃 기사와 함께 뿔 사이에 태양이 있는 이집트에서 발견된 우주 황소의 그림 문자를 추론하는 볼륨을 말합니다. 그러나 Gobekli Tepe 지역에도 매우 가깝습니다. 그것은 Catalhoyuk의 사이트입니다. 10,000년 전쯤에는 황소 숭배 유물과 썬(태양) 숭배 주제로 가득합니다.

Catalhoyuk의 Wikipedia 배경을 보시려면 여기를 클릭하십시오. 이 두 지점은 Astral Egypt라는 제목의 완전한 피라미드 레이아웃 기사와 함께 뿔 사이에 태양이 있는 이집트에서 발견된 우주 황소의 그림 문자를 추론하는 볼륨을 말합니다.

이집트처럼 뿔 사이에 태양 디스크가 있는 황소는 지형입니다. 5,000년 전 고대 이집트에서와 마찬가지로 위에서 본 황소 테마의 태양 사이에 태양이 있는 경우 천왕성 황소, 황소일 가능성이 큽니다. 그렇습니다. 우리 태양은 매년 코스모스를 통과하는 뿔 사이를 지나갑니다. 하지만 여기 이집트에서는 다른 어떤 경우에 태양이 태양과 합류하는 시간을 존경하는 것처럼 보입니다. 조상들은 신으로 존경받습니다. 이제 Gobekli Tepe는 토러스산맥의 가장자리에 위치하고 있습니다.

만약 황소 지형을 황소 자리로 해석한다면, 그 해석에 맞는 여섯 가지 더 확실한 점이 있습니다.

① 황소는 북쪽 정렬에서 '직립'한다.
② 황소는 밤하늘에 있는 하늘에서 스스로를 보고 언더 월드에 똑바로 들어간다.
③ 황소 지형 동물은 황소 자리와 관련하여 밤하늘에 있는 플레이아데스의 정확한 위치인 플레이아데스를 그 목에 가지고 있다.
④ 플레이아데스의 방향은 지형과 일치한다.
⑤ 플레이아데스의 방향, 그것과 관련된 특별한 태양과 같은 별과 태양의 위치는

모두 밤하늘과 일치한다.

⑥ 황소 지형 윤곽은 12,000년 전 봄의 주야 평분의 서쪽 지평선에 있는 토러스의 거울 이미지이다

2014년 7월 Gobekli Tepe에서 돌발하다 학자들은 고 블리 테페(Gobekli Tepe)의 비밀이 가장 세부적이고 천문학적으로 정의된 유일한 묘사인 것처럼 보이기 때문에 언젠

가 학자들은 고 칼리 테페의 비밀을 유지한다고 말했다. 학자들은 썬과 백조의 주장을 논박하여 시니우스의 별을 대표하는 것으로 밝혀졌습니다. 주로 백조가 불가능하기 때문입니다. 부리는 구부리고 목은 너무 짧고 뚱뚱하지만 전갈 자리와의 연관성에서 보듯이 상관 관계가 없다. 또한 고 블리 테페(Gobekli Tepe)에는 시니우스 별 무늬 또는 하늘에서 백조가 중요하다는 것을 암시하는 다른 것은 없습니다. 이 사이트에는 전세계적인 강박 관념과 뿔 사이에 있는 태양과 함께 있는 Bul이 있고, 이 합의는 멀리 떨어져 있는 작은 합의가 아니라는 소리를 지른다.

그것은 이집트에서와 같이 예외적인 진보적인 시작을 가지고 있었고, 모든 고대 문명 별자리에서 발견되는 보편적인 일관성 있는 별표를 알고 있다고 비명을 지른다.

출처 : http://thehiddenrecords.com/gobekli-tepe-taurus-bull.php

제6장
고조선의 8조 금법을 체계화한 '히타이트의 법'

1. 히타이트의 법에 대한 특징

히타이트법은 토지관계와 상품, 화폐, 계약관계, 관세, 공공업무, 결혼, 가족, 상속, 노예에 대한 포괄적인 죄와 벌을 다루고 있다.

히타이트법은 함무라비에서 바빌로니아로 노예 소유자의 규칙의 개발에 대한 상세한 법령이 만들어지지 않았던 시기에 만든 것으로 추정하고 있다. 하투사의 아카이브 정제를 해독한 학자들은 대략 기원전 14세기 끝이나 15세기의 시작 부분에 첫 번째 히타이트법이 나타났다고 한다.

기원전 14세기 또는 13세기의 시작 부분에 두 번째 '히타이트법'이 만들어졌고, 13세기 후반에 (노예관계의 중요한 발전의 기간) 세 번째 '히타이트법'이 만들어졌다고 한다. 처음 '히타이트법'은 보복에 기초하여 '머리엔 머리로', '치아엔 치아'로 동일한 보상(인과응보의 법칙)을 하였으나 차츰 개혁의 클래스로 나아가 동일한 보상에서 대체되는 보상인 물질 보상으로 전환하였고, 범죄자의 폭행이나 살해에 대하여 범죄자에게 권리를 부여하여 친족 등에게 대신 보상하도록 하였다.

특히 노예의 범죄에 대하여 금전적 보상을 병행하였다. 나중에는 '히타이트법'이 고의와 과실을 규명하여 무조건적인 처벌을 하지 않았다고 한다. 고의와 과실에 따라 벌금을 경감하고 처벌을 완화하였다. 이것은 처벌 위주의 정책으로 그친 것이 아니라 다양한 법규 개발로 부자유와 불평등을 해소하였다고 보는 것이다. '히타이트법'의 상태 구조의 연구를 위한 가장 중요한 소스는 '텔레피누'이었다. 펑크(Pankus)라는 집합된 의결기관(화백회의, 국회 등)에 의해 그 범죄를 처벌하였고, '펑크'의 배심원들은 주로 왕의 아들, 형제, 왕실 인척, 귀족으로 이루어 졌다고 한다.

1) '히타이트법'의 사회 구조 및 특성

하티의 나라인 '도시 하투샤의 땅' 히타이트는 필드 작물에 있어 원예, 포도 재배, 공예, 가축의 사육, 그리고 잘 알려진 광산 개발은 히타이트 왕국의 가장 중요한 경제부문이었다. 무엇보다 국가경제의 큰 역할을 수많은 군사작전의 결과로 거대한 질량을 입력하는 노예노동이 있었다.

기원전 16세기에 일어난 노예반란은 느슨하고 깨어지기 쉬운 히타이트의 존재에 일정한 위협을 가했던 것이다. 일반 노동자와 노예 소유자의 질량을 통해 부유한 히타이트를 가늠하게 될 것이며 성직자와 군사 지도자, 가족과 가족 구성원들의 엘리트 계층인 왕의 아들, 형제, 친척에 이르기까지 다양한 규정을 두어 그 죄와 벌을 시행하였다.

2) 토지 관계(부동산)

토지 소유와 사원의 광대한 지역은 왕이 제어하고 왕의 친척을 통하여 신권 사이에서 선도적인 위치를 차지하고, 직접 국가 종교의 최고 머리를 차지하였다. 생산의 나머지를 사용하는 토지는 분명히 정산한 다음에 분할되었다. 대체로 토지의 전체 소유권을 유지하는 것으로 구입 및 토지의 판매가 허용되었지만 지역사회의 경계(제 부족이나 씨족)를 고려하여 구매를 고려하였다고 한다. 가부장적 원칙에 내장되어 기본 경제단위는 가족공동체였다. 그러므로 가족의 머리는 부동산 펀드의 이론이 되었고 자연히 토지의 형태로 나타났다. 각 가족 단위의 일정한 토지를 분배하여 금액을 받았다. 그래도 가족들 스스로 자신의 경계를 하였다. 각 가족은 지역사회의 노동서비스를 부담하였다. 그것은 '바르'라는 징병제도이었다.

징병 시에 군대와 전사의 위치에 있는 중요한 순간은 분명히 양도할 수 없는 토지계열 투자가였고, 무기를 포기하고 필드에 돌아오면 토지에 대한 소유권은 없어지도록 하였다. 만약에 징병을 기피하여 아버지 집에 피했을 경우 그 아버지는 징병 기피자를 밖으로 내몰아야 한다는 점을 분명하게 규정하고 있다. 이것은 지역사회에서 병역 의무를 반드시 지도록 한 법규였다.

여기에서 우리는 '바르'라는 아카이브 정제의 해독문을 만나게 된다.

'바르'는 환웅시대의 산물인 '광명'이며 빛이다. '바르'에 동원된다는 것은 바로 9환족의 징집을 말하는 것이고 연방체계의 국방의 의무이었다.

이 '바르'라는 단어의 히타이트 하투샤의 정제가 토지관련 문서에 여러 번 인용된 것으로 히타이트는 고조선의 제후국이란 것을 다시 한 번 증명하고 있다고 볼 수 있는 것이다.

3) 상품, 화폐관계

노예의 살인사건과 상인의 살해사건에 드러난 죄와 벌의 섹션에서 충분한 완전성과 상품, 화폐관계를 엿볼 수 있으며 주로 형법 및 부동산과 관련된 법률문제와 규칙의 계약의무 위반에 대한 다양한 지불형태를 알 수 있다. 노예와 가축, 기타 동산의 소유권과 관련하여 분명한 배상을 명시하고 있다. 고리대금에 관해선 바빌로니아와 아시리아에서 성행하였지만 히타이트의 법에서는 반영을 하였다고 한다.

4) 결혼, 가족

옛 사람들의 결혼은 구두 합의에 의해 이루어졌다고 한다. 소녀의 부모는 그녀에게 '바르'의 가족 지참금을 제공하였다. 남자와 결혼하면 그 지참금은 남편에게 돌아가지만, 친정집에서 죽을 경우 결혼 지참금은 친정에 귀속된다. 남편이 범죄로 인하여 구속되었을 때 친정 부모가 딸을 보내지 않겠다고 할 경우에는 남편은 그녀에게 몸값을 두 번 반환해야 한다.

결혼 계약을 거부할 수 있는 권리를 미리 정해진 보상으로 정하였다.

납치로 결혼할 때는 몸값을 두 번 소녀의 부모에게 지급해야 하고, 결혼은 무효가 되지 않는다. 국가에선 납치 결혼을 나쁜 것으로 간주하였지만 법적으로 그 결혼을 인정하였다. 결혼과 가족에 대한 범죄에 대한 책임의 규범은 다음 장에서 다루고자 한다(죄와 벌).

5) 상속

아내가 남편의 집에서 죽으면 남편은 아내의 지참금을 상속받지만 친정에서 아내가 죽으면 그 지참금은 친정에게 돌려주어야 한다. 아내의 자식도 상속하지 않는다고 한다. 보통 상속에 대한 것은 광범위한 관습법에 따른다고 하였다.

6) 법원과 프로세스의 조직

왕이 이끄는 제사장은 가장 높은 사법기능으로 '하나님과 사람 사이의 중재자'였다. 왕실은 규칙에 반하는 범죄를 제공하였을 경우 왕을 요청할 권리를 가질 수 있다. 왕은 돼지·황소로 사망을 대신하거나, 또는 용서를 받을 수 있는 권리를 가지고 있다. 왕의 법원뿐만 아니라 지방과 교외에도 법원이 있었으며 사법기능은 "공인합의와 장로의 위원회"로 배정되었다.

7) 고조선 단군 왕검의 8대 강령의 핵심 내용

① 조천(朝天)-순수한 정성으로 다져진 일심으로 하늘을 대하라.
② 하늘의 법도는 하나이니 사람 마음은 똑 같으니라.
③ 부모는 하늘에서 내려 오셨으니 부모를 잘 공경해야 하늘을 경배할 수 있다.
④ 질투하지 말며 음행하지 말라.
⑤ 서로 사랑하고 헐뜯지 말며 서로 도와야 나라가 번영하리라.
⑥ 서로 양보하며 함께 일하고, 도적질하지 말라.
⑦ 하늘의 법을 준수하고, 불쌍한 사람을 도와주며 비천한 사람을 업신여기지 말라.
⑧ 사특한 생각을 품지 말고 악을 숨기지 말며, 하늘을 공경하고 백성을 사랑하라.

이 단군 왕검의 8대 강령은 나중에 고조선의 8조 금법으로 색불루 단군(22세, 기원전 1,282년) 시에 공표한 금법으로

제1조 : 살인한 자는 즉시 사형에 처한다.
제2조 : 상해를 입힌 자는 곡식으로 보상한다.
제3조 : 도둑질한 자 중에서 남자는 거두어 들여 그 집의 노(奴)로 삼고, 여자는 비(婢)로 삼는다.
제4조 : 소도(솟대)를 훼손한 자는 금고(禁錮)형에 처한다.
제5조 : 예의를 잃은 자는 군에 복역시킨다.
제6조 : 게으른 자는 부역에 동원시킨다.
제7조 : 음란한 자는 태형(笞刑)으로 다스린다.
제8조 : 남을 속인 자는 잘 타일러 방면한다.

2. 첫 번째 '히타이트법'(콤텐츠법 텔레피누-BC 1,480년)

텍스트는 하투샤에서 히타이트왕(Bogazkoy)의 아카이브에서 내려왔다(히타이트 설형문자). Nesiyskom 작성 언어, 후반 기원전 14세기의 정복 Suppiluma전에 시간을 거슬러-기원전 14세기의 시작이었다. 폐지 그 이전 법에 대한 참조가 포함되어 있다. 중복된 목록의 파편은 서로 Vospolnyakschie, F.을 Hrozny, Keilschrifttexte AUS

Boghazkoi. V1, WVDOG, No-36, LPZ,1921, No. 2-20 ; 일명, 코드 헷 Provenant 드난 ASIE Mineure, p. 1922 ; J. 프리드리히 유. H. Zimmern, AUS 민주공화국 Hethitische Gestze Staatsarchiv 폰 Boghazkoi, "데르 AO". 23,2, LPZ 1922 ; H. Gressmann, Altorientalische Texte 줌 알텐 성경. 2판, V.— LPZ, 1926, P423 FF ; .. JB 프리처드, 고대 근동 구절(A. Goetze 번역) 프린스턴, 1950에서

(1) 어떤 사람이 여자를 때려 사망했을 경우엔 그의 손이 유죄로 그는 장사지내야 하며 머리와 집을 제공해야 한다.

(2) 어떤 사람이 그의 종을 때려 사망했을 경우엔 그의 손이 유죄로 대신 종 한 사람을 주어야 하며 그들의 가정을 충족시켜야 한다.

(3) 누군가 상인을 죽이는 경우엔 그는 1, 1/2 광산을 주어야 하며 장사를 지내 주어야 한다.

(4) 어떤 사람이 치아를 손상시켰을 경우엔 은 1미나를 주어야 하고(종전의 법률), 지금은 20polusikl을 주어야 한다.

(5) 어떤 사람이 종이나 노예의 치아를 손상시켰을 경우엔 10polusikl을 주고 가정을 충족시켜야 한다.

(6) 누군가 팔이나 다리를 절단시켰을 경우엔 가해자는 피해자에게 20polusikl의 은을 주고 피해자의 가정을 충족시켜 주어야 한다.

(7) 누군가 코를 물리는 경우엔 가해자는 은 1미나를 주고 그의 가정을 충족시켜야 한다.

(8) 어떤 사람의 잘못으로 유산이 된 경우에 10개월 임신은 10polusikl의 은(실버)을 주어야 한다. 5개월의 유산은 5실버를 제공한다.

(9) 사람의 잘못으로 노예가 유산이 되었을 경우에 10개월 임신은 5실버를 제공해야 한다.

(10) 헷족속 중 하나가 루비(Luvii) 노예를 납치기 하는 경우에 배달나라인 하튜샤 납치범은 12polusikl의 은을 주어야 한다.

(11) 양치는 목자가 지참금 없이 무료로 여자를 납치한 경우엔 3년 동안 노예생활을 해야 한다.

(12) 사람을 고용할 경우 고용당한 사람이 죽는 경우에는 머리 및 고용 수수료를 지불해야 하며 12세겔의 은을 주어야 하고, 여자인 경우엔 6polusikl의 은을

제공해야 한다.

(13) 누군가 번식황소를 훔치는 경우 이전엔 30마리를 주었고, 지금은 2년 황소, 5년황소 15마리를 제공해야 한다.

(14) 누군가 번식종마를 훔치는 경우 이전엔 30마리를 주어야 했고, 지금은 15마리를 주어야 한다.

(15) 누군가 번식 양을 훔치는 경우 이전엔 30마리를 주었고, 지금은 15마리를 주어야 한다.

(16) 사람이 집안을 훔치는 경우 염소 또는 산양을 제공해야 한다.

(17) 사람이 소를 훔치는 경우 이전엔 12마리를 제공해야 했고, 지금은 6마리를 제공해야 한다(12배 배상법의 완화를 보여준다).

(18) 사람이 양을 훔치는 경우에도 이전엔 12마리의 양을 제공해야 했고, 지금은 6마리를 제공해야 한다.

(19) 누군가 임신한 암소를 유산시키는 경우 2polusikl의 은을 주어야 한다.

(20) 누군가 임신한 말을 유산시키는 경우 2polusikl의 은을 주어야 한다.

(21) 누군가 살찐 돼지를 훔치면 전엔 은 1미나를 주었지만 지금은 12polusikl의 은을 주어야 한다.

(22) 누군가 임신한 돼지를 훔치는 경우 훔친 사람은 600polusikl과 새끼돼지를 계산할 필요가 있다.

(23) 돼지가 울타리 밖으로 나가 남의 정원이나 집에 갔을 때 반환하지 않고 거두면 도둑이 된다.

(24) 사람이 개를 때리면 가해자는 20polusikl의 은을 주어야 한다.

(25) 사람이 벌집을 훔치는 경우엔 3polusikl의 은을 주어야 한다.

(26) 사람이 곡물을 헛간에서 강탈하는 경우엔 12polusikl의 은을 주어야 한다.

(27) 노예 헛간의 곡물인 경우엔 6polusikl의 은을 주어야 한다.

(28) 누군가 헛간에 방화를 하면 그는 새로운 헛간을 지어 주어야 한다.

3. 두 번째 히타이트법

(1) 누군가 자신의 농장에 불을 낸 경우 화재를 낸 사람은 잘 익은 농장(필드)를 제공해야 한다.

(2) 누군가 포도밭을 파괴할 경우엔 잘익은 포도밭을 제공해야 하고, 그 경우 1Gan10polusikl의 은을 제공해야 한다.

(3) 사람이 포도나무를 훔치는 경우에 3polusikl의 은을 배상해야 한다.

(4) 누군가 과일나무를 절단하는 경우에 6polusikl의 은을 배상해야 한다.

(5) 누군가 길들인 물새를 훔치는 경우에 12polusikl의 은을 제공해야 한다.

(6) 누군가 짐수레와 함께 어린이를 훔치는(유괴) 경우엔 3polusikl의 은을 제공해야 하고, 그들의 가정을 충족시켜야 한다.

(7) 누군가 고삐를 훔치는 경우엔 1polusikl의 은을 주어야 한다.

(8) 누군가 궁전의 성문에서 청동 창을 훔치면 그는 사형을 당한다.[1)]

(9) 누군가 청동굴레의 말이나 노새를 훔치는 경우엔 이전엔 1미나의 은을 제공해야 하고, 지금은 12polusikl의 은으로 배상해야 한다.

(10) 누군가 구리 조각(조형)을 훔치면 훔친 사람은 Ra 보리의 절반을 제공해야 한다(RA는 약 8리터?).

(11) 여자에 대한 작업에 대한 고용 비용은 1개월에 1polusikl이다.

(12) 청동 [B]루 1무게 광산에 대한 임대료 1개월은 1polusikl의 은을 제공해야 하며 접시의 경우(덩어리) 1/2무게를 제공해야 한다.

(13) 남자가 타작일을 하면 그 고용 수수료는 월 30RA 보리를 제공해야 한다.

(14) 여자 노예를 고용하면 2달에 12RA 보리를 제공해야 한다.

(15) 사람이 이유 없이 뱀을 죽이는 것을 고발하면 노예는 죽어야 하고, 일반인은 1미나의 은을 제공해야 한다.

(16) 기근의 해에 사람이 살아있는 사람을 먹는 경우에 먹은 사람은 자신으로 대체하여야 한다. 만약에 죽은 사람이 노예이면 그는 10polusikl의 은을 제공해야 한다.

(17) 누군가 궁전에 침입하면 자신의 집이 파괴되어야 한다.

(18) 누군가 궁전에 침입할 때 고위인사의 휴식일 경우에 자신의 머리를 잘라 배상해야 한다.

(19) 싸우는 사람의 일부가 죽으면 가해자가 한 머리를 배상해야 한다.

(20) 누군가 목장에 사용될 혈통 있는 황소를 숨길 경우 그 숨긴 황소는 3년의 생산 활동을 해야 하며 양, 염소도 마찬가지이다

1) https://de.wikipedia.org/wiki/Todesstrafe_bei_den_Hethitern 〈왕에 대한 범죄는 사형에 처한다〉

(21) 누군가 도공, 대장쟁이, 직공, 재단사 등 장인을 고용하는 경우엔 10polusikl의 은을 제공해야 한다.

(22) 사람이 산에서 여자를 강간하는 경우에 그는 죽어야 하고, 여자가 유혹했으면 여자도 죽어야 된다.

(23) 황소가 성소에 뛰어들 경우엔 황소는 죽어야 하지만 양으로 대체할 수 있다.

〈기원전 14세기의 근동('아마르나 편지'의 지도에서)〉

〈터키 Alacahoyuk 유적의 청동기 단검〉

〈Alacahoyuk 유적에서 발굴된 '9환'을 상징하는 청동디스크〉

*3개의 고리 안에 절대자를 나타내는 X와 새 2마리가 9환을 이고 있다.

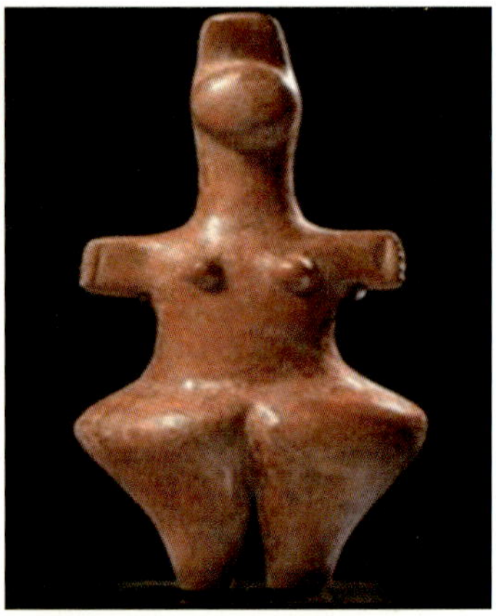

〈Alacahoyuk 유적의 여성 표현 도자기〉

〈터키 Alacahoyuk 유적〉

〈청동 황소상과 발굴 지역〉

〈청동디스크〉

＊가운데는 삼신이며, 12분국과 9환족을 표시하였다.

〈유적지 입구의 입상(천하대장군, 지하여장군)〉

＊상투머리에 '홀'을 들고 있다.

〈리디아의 동전(황소와 사자)〉

〈알렉산더 대왕〉

〈10세기의 코사크(플래그)〉

〈코작(코사크) 군인〉

* 투르크어에서 '카작(Zak)'은 "모험가, 자유인"으로 불렀다. 그들은 흑해와 카스피 북부 오지에 살았다. 15세기에 타타르 드니 그룹에 형성되었다(브리테니카 사전). 필자가 연구한 바에 의하면 '카작'(고죽)은 카자흐의 한 종족이며 아랄해 근처에 살았다. 고조선 번한의 공국(고죽국)이었으며 후에 바실리안, 알라니, 사마르티아, 다키아, 아마조네스족과 동화되어 우크라이나로 흘러 들어가서 오늘날의 우크라이나를 건국한 것으로 보고 있다. 실로 우크라이나의 근대역사에서 '카자크'는 확실하게 자리 매김되어 있다.
* 그래서 환단고기에 나오는 '고죽국'은 바로 고대의 카자흐스탄이며 '코작국'을 말한다 할 것이다.

〈Hattusa에서 발견된 히타이트 타블렛(히타이트법령)〉
출처 : https://en.wikipedia.org/wiki/Hittite_laws

4. 세 번째 히타이트법

1) 사람이 상인을 죽이는 경우엔 2실버 광산을 주어야 한다.
2) 사람이 치아를 파괴할 시에, 그가 치아 2, 3의 치아를 손괴할 때 12polusikl의 은을 주어야 하고 노예인 경우엔 6polusikl의 은을 주어야 한다.
3) 사람이 고의로 머리에 상처를 입힐 경우에 가해자는 그를 돌보아 주어야 하고, 피해자가 회복될 때까지 피해자의 집에서 일을 해야 하며 회복될 때엔 피해자에게 10polusikl의 은을 주어야 한다. 또한 의사에게 진료 수수료로 3polusikl의 은을 지급해야 한다.
4) 누군가 팔이나 다리를 부상 입혀서 절름발이가 될 때는 가해자는 피해자에게 20polusikl의 은을 주어야 한다. 단 절름발이가 아니면 10polusikl의 은을 주어야 한다.[2)]
5) 누군가 고의로 귀를 무력화한 경우엔 12polusikl의 은을 주어야 한다. 귀에 상처가 난 노예는 6polusikl의 은을 지급해야 한다.
6) 누군가 여자를 고의로 유산시키는 경우에는 20polusikl의 은을 지급해야 한다.

2) https://fr.wikipedia.org/wiki/Lois_hittites(상해등 범죄)

임산부가 노예인 경우엔 10polusikl의 은을 주어야 한다.

출처 : 러시아 자료에서
〈표 조치〉

〈567～804년의 '아바르'(Abar－광명) 제국〉

〈기원전 7세기의 근동 지역도〉

＊고조선이 멸망하기 전의 지역도이다. 신 히타이트(주나라), 우라루트 등.

* RA(알수 없는 읽기) – 용량의 히타이트 측정=약 0.8리터(?)
* Polusikl(Ideogr. SU는 세겔로 읽는다) 정확한 금액은 알 수 없다. 무게의 히타이트 측정.
* 미나는 약 60세겔=0.5킬로그램 〈ma. na〉
* 이 히타이트(하나라)의 법령으로 고조선의 8조금법이 상세히 전해져 온 것을 우리는 추론할 수 있는 것이고, 아카이브 정제의 시기가 기원전 14세기로 해석하였지만 그 년대는 확실하지 않음에 고조선의 8조 금법을 토대로 형성된 것으로 본다.

〈기원전 14세기 히타이트 제국의 지도〉

출처 : https://en.wikipedia.org/wiki/Hattusa#/media/File:Hittite_KingdomsecXIV.png

상기와 같이 언급된 히타이트법령은 '하튜샤'의 설형문자 정제에 기록된 것으로 약 500년간(기원전 1,650~1,100년) 계속 사용된 것으로 총 8개의 주요법률 그룹으로 나타난다(고조선의 8조금법). ① 공격성과 폭행, ② 결혼관계, ③ 의무와 서비스, ④ 재산 및 도둑에 대한 폭행, ⑤ 계약 및 가격, ⑥ 성(性)례전 문제, ⑦ 계약 및 관세, ⑧ 성관계 조항 (수간(獸姦)의 범죄화를 포함하며 말과 노새는 제외, 사형은 성범죄 가운데 일반적인 처벌)

이 히타이트법의 코퍼스 및 분류체계는 2004년 Trevor Bryce 박사가 감독한 NH Dewhirst 가퀸즐랜드 대학교에서 취득한 석사학위 논문으로 인해 발견된 결과를 기반으로 하였다. 이 히타이트법칙은 1922년 Bedřich Hrozný에 의해 처음으로 출간되었으며 1959년 Johannes Friedrich에 의해 재판이 이루어 졌고 1997년 Harry Hoffner에 의해 출판되었다. 히타이트법령과는 별개로 '나실림법전'(기원전 1,650~1,000년)이 있다.

5. 나실림(Nesilim－히타이트 사람의 이름) 법전(기원전 1,650~1,000년)[3)]

* 누군가가 싸움에서 남자, 여자를 죽인다면 그들은 목숨을 가져와야 한다
* 누군가 하티(Hatti)의 상인을 죽이면 그는 1센트의 은(銀)을 줄 것이고, 그는 그것을 그의 집으로 가게 할 것이다.
* 누군가 눈을 멀게 하거나 이빨에 상처가 나게 하면 예전엔 은 1파운드를 주어야 하고 이제는 반 세겔을 주어야 한다(완화)
* 누군가 남자, 여자 노예를 눈 멀게 하거나 치아를 때려 눕히면 은 5세겔을 주어야 한다.
* 어떤 사람이 어느 누구에게 상처를 입히고 고통을 당하게 하면 가해자는 피해자를 돌보아야 하고 그 피해자가 회복될 때까지 그를 위하여 일을 할 남자를 주어야 한다. 피해자가 회복되면 은 1/2세겔을 주어야 하며 의사에게도 수수료를 지불해야 한다.
* 누구든지 어떤 여인을 유산시키는 경우엔 10개월의 임신이면 1세겔을, 5개월이면 1/2세겔의 은을 주어야 한다.
* 누구든지 여성 노예를 낙태하게 한 경우엔 10개월이면 1/2세겔의 은을, 5개월이면 1/4세겔의 은을 주어야 한다.
* 하티족의 어떤 사람이 훌륭한 노예를 훔쳐 자기 땅으로 데려 갈 당시에 그의 주인

3) https://sourcebooks.fordham.edu/halsall/ancient/1650nesilim.asp

이 발견하면 12세겔을 주고 집으로 보내 줄 것이다(고조선 8조 금법의 12배 배상).

* 누군가 방화를 일으켜서 집이 불타면 방화자는 새로운 집을 지어 주어야 하고, 집 안에 있는 모든 것(소, 말, 양)을 주어야 한다.
* 어떤 사람이 뱀을 죽이고 다른 사람의 이름을 말할 경우 그는 은 1파운드를 주어야 한다. 노예라면 죽을 것이다.
* 어떤 사람이 젖소와 성관계를 가질 경우, 그것은 범죄이며 그는 죽을 것이다. 그는 왕에게 인도되며 왕은 그를 죽일 수도 있고 살릴 수도 있다.
* 만약 어떤 남자가 자기 어머니와 성관계를 가졌다면 그는 죽을 것이고, 딸과 성관계를 가질 경우 그는 죽을 것이며, 남자가 아들과 성관계를 가져도 그는 죽을 것이다.
* 한 남자와 한 여자가 자발적으로 성관계를 맺는다면 형벌이 없고, 계모와 성관계를 맺어도 형벌이 없으나, 단 그의 아버지가 살아 있다면 그 아들은 죽을 것이다.
* 아버지와 아들이 여성 노예나 창녀와 함께 잠자리에 든다면 처벌은 없다.
* 누구든지 돼지나 개와 성관계를 가진 사람은 죽어야 한다. 남자가 말이나 노새와 성관계를 가질 경우 처벌은 없다. 그러나 그는 왕에게 접근하지 못하며 제사장이 되지 못한다.

이러한 히타이트법령은 필자가 바라본 바 고대 수메르의 법령에서 그 포커스가 온 것이고 수메르의 '우르 남무의 법령(기원전 2,100~2,050년)'에서 영향을 받은 것으로 추론된다. 특히 바빌론 시대의 함무라비 법령(기원전 1,760)과 모세의 율법, 라피트-이스타(Lipit-Eshtar, 기원전 1,860년) 법령의 배상방법과 사유권, 재산권 행사, 인간윤리(친족간, 수간 등 성범죄)에 대한 처벌 등이 고조선 8조금법(禁法)의 근간을 이루는 것이고, 고조선의 8조법령과 8조금법은 한웅문명인 수메르문명에서 파생된 것으로 여겨지며 히타이트 법령, 나실림 법령에서 체계적, 구체화로 나타난 것으로 보고 있다.

제7장
고서와 고지도에 나타난 '여인국'(아마존)에 대하여

1. 아마존(Amazons－어머니의 새로운 사람들)의 원류와 기원

Oiorpata에서 이란과 스키다이가 모든－여성의 전사 나라였던 것으로 생각하였다. 그리스 신화와 고전시대엔 헤로도토스는 스키티아(Scythia), 사마르티아(현, 우크라이나), 아나톨리아의 폰투스에 아마존을 배치하였다. 아마존의 대표적인 여왕은 '펜 테실 레이아'인데 트로이 전쟁에 참여하였다고 전해진다. 아마존 전사는 그리스의 전투에서 묘사된 고전예술에서 자주 묘사되었다.

아마존은 로마시대와 고대 로마 역사 편찬, 소아시아에서 아마존의 공습 계정이 있었다고 알려지고 있다. 아마존은 여러 도시를 건설하였고 서머, 취산, 화서, Gryne, Pitania, Clete, Pygela, Latoreria, Amastris(어머니의 새로운 달)의 사원을 설립했다고 전해진다. 전설에 의하면 그들은 '기병대'라고 하였다. 아마존의 단어 기원은 아직 불확실하다고 한다. 이란어에서 Mazan－"전사"로 보았고, 페르시아어로 '전쟁을 할(Hamazakaran) 것'으로 보았지만 히타이트의 연구학자인 '프리드리히 고넬료'는 흑해 연안에 Thermodon 아이리스 델타의 영역에서 자본인 땅 Azzi＝암＋Azzi 아마존－혈족과 난잡한 성교의 모계라고 정의하였다.

필자는 '아마존'을 비교언어학상 분석한 바 "아마"는 엄마에서 비롯되었으며 '오메', '엄니', '어무이'에서 파생·변화된 것으로 보는 것이다. '아무다리아'의 '아무'도 같은 범주에 드는 것이다. 영어의 '존(Zon)'은 원형인 Son에서, 중앙아시아에선 자음 'S'를 자음 'Z'로 표기하므로 '존(Zon)'은 "새로운 사람들"이 된다. 그러므로 '아마존'은 "어머니의 새로운 사람들"이 된 것이다. 서양학자들은 Hamazakaran은 '전쟁을 할 것'으로 보았지만 필자의 어원 분석에서 "흰 빛의 새로운 어머니 고리 사람"으로 해석하였다.

이런 이유로 새로운 어머니의 여인국(女人國)이 된 것이라고 필자는 보고 있다. 고대의 고조선은 인도 유럽언어의 형태로 해석한다면 모음이 다양한 형태로 바뀌는 인도 유럽어의 프로토 현상에 의해 가능한 일이었고, 원래 어머니를 뜻하는 '마(Ma)'가 무, 뮤 등으로 변화되었으며 고대 상고사를 연구하는 학자들의 지적대로 뮤제국, 무제국이 된 것이었다고 볼 수 있다. 뮤제국, 무제국은 모계혈통사회를 말해 주는 것으로 필자가 그동안 집필하는 동안 '마'와 '바'가 많이 인용되었다.

그런 이유로 앞서 인용한 '아무다리야'의 '아무'와 '아마'는 같은 어머니를 일컫는 용어라고 생각하면 될 것이다. 우리 말에서 아버지를 부르는 방언을 생각해 보면 금방 이해가 간다. 아버지-아비, 에비에서 드러난 것처럼 아비의 ㅏ, ㅣ에서 ㅔ, ㅣ로 변하는 것을 볼 수 있다. 이런 이유로 아마존의 '아마'도 '아무다리야'의 '아무'로 변한 것을 알 수 있는 것이다.

영어의 'Zone'은 그 지방에 따라 어미가 변하는 표기방법으로 Zoni, Zono, Zonu와 맥을 같이 한다. 그래서 중심언어인 Zon이 '새로운 사람들의 어머니'가 바로 아마존인 것이고, 속칭 "여인국(女人國)"인데 아마존은 "새로운 어머니 사람들"이 되는 것이다.

사르마티아(Sarmatia-태양의 어머니 머리)인은 기원전 7~8세기에 동유럽의 우랄산맥 남쪽 지역과 돈강의 동부지역 초원지대에서 생겨났다고 한다. 여러 세기 동안에 그들은 스키타이인과 공생하였고, 기원전 3세기에 흑해의 북부지역을 두고 스키타이인과 폰투스, 카스피 스텝 지역에서 충돌하였다. 사르마티아인들은 다음 5세기동안 지배하였는데 플리니우스는 그들의 영역을 폴란드에 있는 '비스와강'부터 '도나우강'까지라고 저술하였다.

사르마티아인의 구성 부족으로는 알라니족, 아모르시족, 바실리안족, 록슬라니족, 시리케스족, 자식족, 라사마테족 등이 있었으며 오늘날 동부이란어군으로 표시된 카프카스산맥의 오세티아 공화국의 원류가 되었다.[1)]

고전 그리스에 의하면 A-(a)과 Mazos="없이 가슴과 연결"-전통 유방을 절단하거나 불탄 예술작품에서 이러한 것을 읽을 수 있다고 하였다.

슬래브의 단어 기원은 용어인 Amazigh에서 AMA-Janah 소스로 "사내다움-살해"로 보았다고 한다. 헤로도토스는 Androktones(남자의 살인자)이며 "남자처럼 싸우는 사람들(Antianeirai)"라고 불렀다고 한다. 하나 필자가 해석해 보면 'Androktones'는 "달의 신 고리는 처음의 머리 사람들"로 해석된다.

해석의 근거는 안(An)은 神이며 드로(Dro)는 다리(Dari)의 변형이고, 톤(Ton)은 '머리족'인 이유이다. 아마존 지역(우크라이나, 카자흐 북서)은 고대에 고조선의 영역이었기에 자연스레 달의 고리족이 된 것이고, 헤로도토스에 의해 스콜로토이(Skolotoi-새로운 고리

1) Anthony, David W.(2007). 말, 바퀴 및 언어 : 유라시아 대초원의 청동기 시대의 라이더가 현대 세계를 형성한 방법. 프린스턴대학 출판부. ISBN 0-691-05887-3 .

의 머리)로 알려졌으며 스키타이(Scythians)인은 '새로운 고리의 머리 사람'으로 고조선의 정체성인 머리족의 일원(고리)이 된 것이다.

또한 사르마티아(Sarmatian－태양의 어머니 머리 사람들)는 아마존과 스키타이인의 후손으로 보이며 그들의 아내들이 고대로부터 관습적으로 자주 남편과 함께 말을 타며 사냥, 전쟁의 필드에서 전쟁을 하였고, 남성과 똑같은 옷을 착용했다고 하였다.

그리스 신화엔 다양한 아마존에 관한 이야기가 전해 내려온다. 헤라클레스와 싸웠고, 에게해의 시조 여왕이 되었다거나 트로이 전쟁에서 아킬레스에게 죽었다.

아르테미스 여신이 되었다, 아나톨리아의 소국가 여왕이 되었다는 등 많은 전설이

〈기원전 5세기 카자흐스탄 스키타이인의 그리핀(봉황)〉

https://en.wikipedia.org/wiki/Category:Women_of_the_Trojan_war

〈Trialeti 문화에서 발굴(조지아)된 금잔(이중 나선형 문양)〉

출처 : By Jonathan Cardy － Own work, CC BY－SA 3.0, 〈조지아 국립박물관 소장〉

https://commons.wikimedia.org/w/index.php?curid=24555695

내려온다고 한다. 하나 서양학자들이 연구한 스키타이인은 기원전 9세기로 보고 있으나 필자는 '단군세기'에서 욕살 '삭정(索靖)'이 유배(기원전 2,177년)된 곳이 스키타이 발상지이므로 그리스 신화에 나오는 트로이전쟁(Trojan-기원전 13, 12세기)에 관련된 아마존 이론은 한 부분에 국한되는 것이며[2] 브라질의 '아마존' 밀림은 이곳의 지명을 카피하여 지명 이동시킨 것에 불과한 것으로 그 사람들이 중앙아시아에서 건너 갔다는 가설의 좋은 증명이 되는 것이다.

앞장의 인도 힌두교 연구에서 밝힌 것처럼 Shakti 여신은 바로 스키타이의 여신인 아마존의 어머니를 말한다 할 것이며 Soma와 동일시되는 것이다.

2) https://en.wikipedia.org/wiki/Troy

제8장
언어학상으로 증명하는 환웅시대와 고조선

1. 중앙아시아권의 곰 언어로 살펴보는 고조선

이미 앞장에서 인류문화에 대한 해설이 있었는데 그 중 곰 문화에 대하여 소개한 바 있다. 곰 문화를 만든 사람들은 자체적인 곰 언어를 사용하였으며 지금까지도 사용하고 있다. 곰 언어를 사용한 사람들은 곰 문명을 만들어 나온 것이었다. 곰 문명이 중국의 만주, 쑹화강 주변에 있었던가? 곰 언어라도 있었단 말인가? 이제는 강단 사학자들이 일제 식민사관을 접을 때도 되었다고 본다.

1) 발트(Balt, Balts) 지역의 언어

발트는 우리말로 '밝은 머리' 혹은 '밝게 뜨는 머리의 바다'로 해석되고 문화어로는 '발뜨'이다. 이곳에 고조선의 삼한관경이 붕괴된 후 프리지아인이 기원전 6세기경 독일 북부와 네덜란드, 덴마크 일부를 장악하여 '프리슬란트' 지방을 만들었으며 나중에 '프러시아'가 되었다. 프리지아가 경영한 지역을 최두환 박사는 '고대발해'라고 비정하였다. 필자가 연구하다 보니 고대 발해를 찾은 셈이 되었다. 중국인들은 우리의 환인,환웅의 역사를 말살하기 위하여 산동의 동쪽 바다에 '발해'라는 지명을 카피하여 남겼다. 고대의 발해는 발트해를 말함인데 중국사가들은 자기네들이 만든 발해라고 하며 우기고 있다. 이 중국의 '발해'가 세계사 역사왜곡의 단초가 된 것이었다.

발트족이라 하면 현대의 리투아니아, 라트비아(라트갈레인), 모든 동부 발트족을 포함하며 옛 프러시아(갈린디안-서양 발트족)를 포함한다.

라트비아는 라트갈레인으로 '갈레'는 우리의 '고리'에서 변형된 이름으로 "태양의 머리, 고리족"이 '라트갈레인'이다.

라트비아의 역사적 문화영역에 '쿠를란'(쿠르제메-Kurzeme-고리의 새로운 어머니)은 '쿠르'에서 약간 변형된 것으로 원형은 역시 '고리'이다.

리투아니아는 약칭 세미갈리아(Semigallia-새로운 어머니 고리)라고 지칭하고 있는데, 갈리아(Gallia)의 '갈리'는 '고리'에서 모음이 변화된 인도유럽어의 전형적인 프로토 변

〈'쿠를란'(쿠르제메 – Kurzeme – 고리의 새로운 어머니)〉

출처 : https://en.wikipedia.org/wiki/Courland

형으로 표현되었다. 리투아니아에는 여섯 개의 지구가 있는데 그 중 투쿰스 지구(Tukums)가 있다. 여기에서 Tu는 '머리'를 말함이고, 쿰스(Kums)는 바로 새로운 '곰'을 말함이다. 마리어는 우랄어족으로 마리공화국, 타타르공화국, 우드 무르트, 페롬 지역에서 사용된다. '마리'는 즉 '우두머리'이다.

사람의 머리를 '마리'라고 변형하여 사용하는 곳은 전 세계에 너무 많다. 수메르 문명권에도 '마리'라는 도시국가가 있으며 많은 나라의 지명과 왕, 여왕, 귀족의 이름에서 나타나고 있다. 마리, 머리를 사용한 왕조는 환웅시대이고 아울러 '고시'라는 종족이 '쿠시', '코시'라는 이름으로 북아프리카의 문명을 개척하였다. 이집트의 25왕조를 열어 나간 것이 소위 고고학적으로 입증된 북아프리카의 '누비아'와 '수단'을 정점으로 한 '쿠마 문화'(곰 문화)에도 '메로에(메로)'가 있었다. '메로' 역시 '마리'의 변형된 이름이다.

또한 우랄어족으로 '코미어'가 있다. '코미'가 무엇인가? 바로 '곰'이다. 곰은 고미, 코미, 구미, 쿠미, 굼, 쿰, 감, 가미, 캄, 가마, 카마, 구마, 쿠마, 콤, 키미 등으로 불렸다. 코미어는 주로 유럽의 북동부와 러시아에서 사용되었으며 코미공화국, 페름지방에서 사용되는 언어로 페르믹(Permic – 광명의 어머니) 가족언어라고 하였다. 이것으로 보아 독자들은 인도유럽어의 모음변화 현상을 잘 이해하였으리라 생각된다. 그리고 '쿠미크어'가 있다. 이 언어는 '쿠미'로 역시 곰을 의미한다.

쿠미어는 투루크어족으로 다게스탄공화국, 세베로오세티아공화국, 체첸공화국 등지에서 사용하는 언어로 일찍이 아랍문자로 사용되었고 1928~1938년 사이에 라틴문자를 사용했지만 1938년 이후엔 키릴문자로 대체하였다고 한다.

또한 '쿠만어(Cuman)'가 있다. '쿠마'는 역시 곰을 지칭하는 언어로 쿠만어는 쿠만법전과 중세의 문헌에서 많이 발견되었고, 주로 크림 타타르와 밀접한 관계가 있으며 카라차이, 쿠미크인을 포함한 투르크계열 민족의 조상 언어이다. 헝가리에서 17세기에 사멸된 것으로 보고되었다.[1]

Cumani, Comani, Kumani로 그리스와 라틴어로 쓰여졌다. 즉, '쿠마, 코마'도 같은 '곰'이다. 그런데도 서양의 언어학자들은 '쿰'을 훈족인 '훈 사람들'로 해석하고 읽기도 한다. 중대한 오류가 아닐 수 없는 것이다.

그리스의 곰 언어처럼 곰 언어로 해석을 해야 한다.

쿠마니쿠스 사본은 1294~1356년 이탈리아 상인이 작성하였고 독일인 선교사에 의해 정리된 책으로 아랍어와 투르크어 중 페르시아어가 혼합된 책으로 13세기 헝가리 정착민에 대한 많은 자료가 있다고 하였다. 12세기경 쿠마니아 킵착크인은 코카서스와 화래즘 제국, 흑해의 서쪽에 키예프, 불가리아 제2제국, 세르비아 왕국, 헝가리 왕국, 몰다비아, 조지아 왕국, 압하지아 왕국, 비잔틴 제국, 니케아 제국을 만드는데 정치적으로 개입하였다. 쿠만인은 특히 3개의 불가리아 왕조(Asenids,Terterids, Shishmanids, Bsarabids)와 루마니아 왕조(Vlach)를 만들기도 하였다.

몇 천년이 지나도 지명에 남아 있는 '곰'의 발자취는 지워지지 않는 것이다. 이런 것을 비추어 볼 때 발트 지역에 환웅시대 '세르비아의 빈카문화'를 이어 받은 고조선의 9환족이 경영하였고, 곰 신앙과 칠성, 삼신으로 대표되는 강력한 신권통치를 한 것이 맞는 이야기이며 언어학에서 한 번 더 확인해 보는 것이다.

2) 중앙아시아권의 언어를 통해 본 고조선

(1) 토카리아어(토카라어)와 Bahlikas(아버지 흰 빛나는 고시) 사람들

토하리스탄(Tokharistan)을 다른 말로 토카리스탄이라고 부른다. 이 지역에서 사용하는 언어가 '토카리어'인데 고대의 '토하리스탄'은 시리아어로 '투팔리아'라고 불렀으며 그 지역은 박트리아와 마르기아나 지역, 타지키스탄, 키르기즈를 아우르는 광대한 지역이었다. 언어학상 토카리는 토하리로 변형되어 사용한다. 그러므로 토하리스탄 지방에서 사용한 언어가 토카리어인데 언어학자들은 고작 신강성의 타림분지에서 사용한 언어라고 축소 왜곡하고 있다. 고고학계에서 이야기하는 박트리아 마르기아나 문

1) https://en.wikipedia.org/wiki/Cuman_language

화권과 화래즘 지역(옥서스강 유역)이 모두 토카리스탄(토하리스탄)인 것이다. 토카리아어는 브라흐미 문자로 기록되어 19세기 말에 문헌이 발견되어 연구가 시작되었고 연구 결과 6세기에서 8세기경까지 쓰인 뒤 사멸되었다고 한다.[2)]

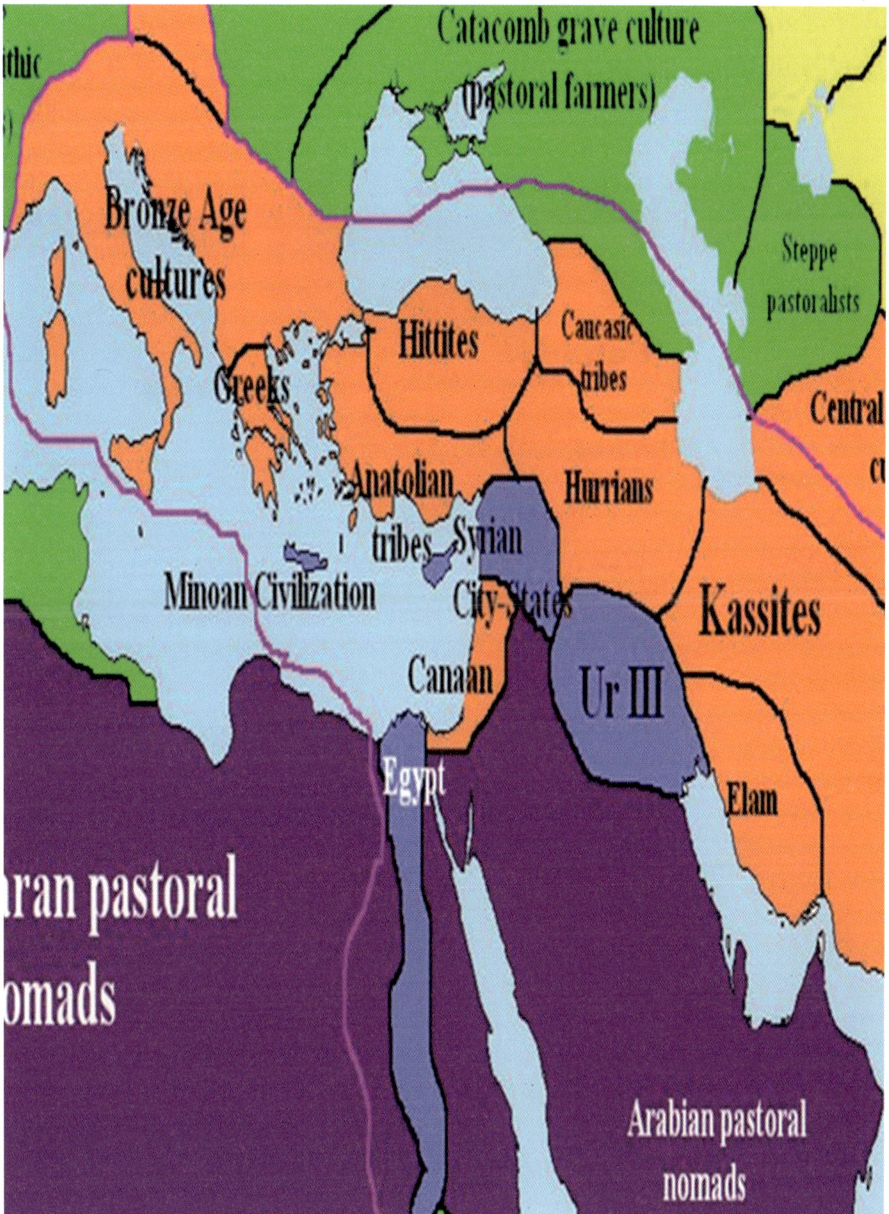

〈기원전 20세기의 근동지도(주황색, 녹색, 노랑색은 고조선의 제후국 영역이다)〉

＊이 지도에서 북아프리카, 카르타고가 빠져 있다.

2) David Testen, "오래된 페르시아어 및 Avestan 음운론", Phonologies of Asia and Africa, Vol. II (Winona Lake, Indiana : Eisenbrauns, 1997), 583.

고조선이 기원전 6세기에 삼한 체제가 붕괴되었기에 이 지역에는 인도 16국의 하나인 '캄보자 왕조'가 들어섰고 나중엔 월지국이 주축이 된 쿠샨 왕조가 들어서게 된다. 학자들의 주장은 쿠샨 왕조의 소월지국과 대월지국이 사용하던 언어가 토카리아어라고 주장하는 것이다.

실로 토카리아어는 그리스 역사서에서 나타난 대가야를 '타가라'라고 불렀는데 '타

〈레반트 지역(시리아, 레바논, 요르단, 가나안)〉

〈팔라연합과 아르자와(우리 새로운 아버지), Tarhuntassa(루비안)〉

출처 : https://en.wikipedia.org/wiki/Pala_(Anatolia)#/media/File:Hethiter.svg

가라'가 바로 '토카라'인 것이다. 인도유럽어의 모음변화에 따라 '타가라(Thagara)'는 다시금 '타카라'로 변화되고 '타카라'는 '토카라' 또는 '토카르' 내지 '토카리'로 나타나므로 옥서스권역이다. 그리스 역사서에서 기록된 '타가라'가 바로 대가야를 지칭하므로 그 지역은 투란분지 지역인 소월지국과 대월지국인 것이라고 말할 수 있는 것이다.

결국 토카리아어는 우리의 대가야 사람들이 사용하던 언어였던 것이며 파키스탄과 인도로 흘러 들어가 브라흐미 문자로 기록된 것이 아닐까 생각한다. 실로 파키스탄 펀잡주와 신드의 하라파 문화는 낙랑문화로 이미 필자가 비정하였으며 기원전 6세기에 캄보자왕조는 박트리아 권과 옥서스권역을 포함하는 거대한 왕조였다. 박트리아 권역의 사람과 옥서스권의 사람들을 통틀어서 인도의 '마하바라타'에서 Bahlikas(아버지 태양의 고시) 사람들이라고 하였다.[3, 4, 5]

또한 고대 인도는 '바라트(Bharat-광명의 머리)'라고 하였음에 환웅과 고조선의 그 정체성을 알 수 있는 것이다

* 타르훈타사(Tarhuntassa)-"다리(달)의 흰 빛나는 새로운 머리"가 된다.
* 마팔라(Mapalla)-"어머니의 광명"이 된다. Masa(새로운 어머니)이다.
* 아르자와(Arzawa))-"우리 새로운 아버지"가 된다.
* 팔라(Pala)-"광명"을 가리키다. 파라(Para)의 변형이 '팔라'이다.
* 이수와(Isuwa-이수바)-"처음의 아버지"
* 쿠사라(Kusara)-"태양의 고리가 된다."

(2) 바시키르어(바슈키르어-아버지의 새로운 고리)

토착 '아르투르크' 사람들의 언어이다. 우랄산맥을 주변으로 하는 바시키르 공화국, 타타르 공화국, 페름 지방, 첼 라빈스크, 오렌부르크, 쿠르간, 사마라, 카자흐스탄, 우즈베기스탄, 우크라이나 등지에서 바시키르 언어를 사용하고 있다. 대체적으로 바시키르인은 킵착의 맥락에서 나중에 형성된 투르크 종족과 피노우그릭, 이란과 관계가 있다. 요한 고트 게으르기란 학자는 단어인 바슈콧(Bashqort-아버지의 새로운 고리 머리)은 "무리의 늑대리더를 의미"한다고 하였다. 즉, 개과인 늑대를 토템으로 삼은 종족으로 보아야 한다. 바슈키르인은 코카서스의 스탭지방에도 많은 씨족이 있었다

3) https://en.wikipedia.org/wiki/Bahlikas
4) https://en.wikipedia.org/wiki/Mahabharata
5) Datta, Amaresh(2006년 1월 1일) "인도 문학의 백과 사전(제2권, Devraj에서 Jyoti)". ISBN 978-81-260-1194-0

고 전해진다.[6)]

'바시키르' 중 키르는 기르로 '고리'가 원형이다. '고리'는 9환족의 이름이다. 특히 이란인은 고대로부터 9환족의 일원이었으며 한단고기에 엄족으로 소개되어 '엄독홀'이 이란인 것이다.

(3) 투르크 언어[7)]

투르크 언어는 대략 35개 언어로 구성되었는데 터키어, 아제르바이잔어, 투르크, 크림타타르, Gagauz, 발칸, Gagauz, 오구즈어를 포함한다. 언어는 모음조화와 광범위한 응집에 의한 접미사와의 문법 부족, Sov 어순이 보편적이다.

① 킵착(Kipchak)

본토카스피(크림 타타르, 쿠만), 카라발카르, Karim(고리의 어머니), Urum(우리 어머니), Avalo 카스피(알타이, 시베리아 타타르), 킵착, 크림 착, 쿠미 언어

② 코카서스 지방

페르가나, 카라칼팍록, 카자흐어, 키르기즈어(노가이어), 우랄 카스피해(이전 타타르어), 바슈키르어, 하자르어, 투르크아바르어, 불가어(오구즈)

③ 시베리아

올드 투르크, Khukas(고리의 고시), Topa(머리 아버지), Tuvan(머리 아버지족)

④ 카룩

Aini, 차카타이어, 니투르키, 베다어, 위구르어, 우즈백어

(가) 여기에서 '크림어'는 '크리'에서 변형된 것으로 크리는 '고리'에서 나온 것이다.

(나) '타타르'는 앞장에서 설명한 고조선의 '타탈리아', '투탈리아'에서 그 어원이 온 것으로 고조선이 타타르의 원조가 되는 것이다. 그러므로 '타타르어'는 고조선이 중심이 되고 9환족이 가미된 중심언어가 올바른 타타르 언어가 될 것이다.

(다) 카라발카르 언어의 '카라'는 '고리'에서 변형된 이름이고 '카르' 역시 '고리'를 뜻한다.

(라) 카림언어(Karim)도 '카리 사람들의 언어'가 카림어로 되었는데 '카리'도 '고리'에서 변형된 이름이다.

(마) 아바로(Avalo) 언어의 '바로(Valo)'는 광명의 상징인 '바르(Bar)'에서 변형된 이름

6) https://en.wikipedia.org/wiki/Bashkirs

7) https://en.wikipedia.org/wiki/Turkic_languages

이다. 일찍이 이집트의 왕을 '바로'라고 불렀다.

(바) 페르가나어의 '페르'는 '바르'가 변형되어 페르, 파르,푸르, 포르 등으로 변형되어 지는데 주로 인도에선 푸루, 푸르로 호칭이 나온다.

(사) 키르키즈는 고조선의 번한이며 부단군인 지역이다. 끓는 자연 호수인 '이식쿨 호수'가 있는 곳이 바로 여기이며 한문으로 탕지(湯池)이다. '키르'는 역시 '고리'의 변형이다.

(아) 아바르어의 '바르'도 광명을 나타내는 언어였다.

(자) 위구르어의 '구르'도 '고리'에서 변형된 언어이다.

이상 살펴본 바 9환족의 축에서 이루어진 언어의 형태라고 해석되어 지는 것이다.

(4) 인구시어(Ingush－고시의 신 언어)

인구시어의 '구시'는 우리의 '고시'에서 어원이 온 것이다. 또한 영어의 In은 An(신, 하나님)에서 변형된 것으로 "구시 신의 언어"인 것이다.[8)]

인구시(Ingush)어는 체첸어와 마찬가지로 북동 캅카스어족에 속한다. 현재 인구시공화국에서 쓰고 있으며 주변나라에서도 사용하고 있다고 한다. 20세기 초까지 아랍문자에 기반을 둔 문자를 쓰다가 10월 혁명 후에 라틴문자로 사용하다가 지금은 키릴문자로 쓰게 되었다.

(5) 프로토－카르트 벨리 언어

일반 카르트 벨리 언어에서 변형된 언어체계의 형태를 취하는 언어종족으로 그루지아어, Svan, Mingrelian, 라즈 등으로 보고 있다. 기존 카르트 벨리 언어를 비교하며 재구성한 언어학의 전문가에 의해 받아들여지는 언어체계이다.

그루지아의 '그루'는 우리의 '고리'에서 변형된 것이고, Mingrelian 언어의 'Grelian'의 '글레'는 '고리'의 프로토 형식의 언어이다.

'고리'는 골리, 글레, 글리, 겔리 등으로 나타나고 다시금 클리, 켈리, 쿨리, 칼리, 킬리 등으로 변화되어 나타난다. 모음변화와 함께 자음이 된소리로 바뀌어 나타나는 것이 인도유럽어의 특징이다.

(6) 아바르어(Avars－새로운 광명)

아바르어는 북동 캅카스어족의 아바르안디어파에 속한 언어이다. 다게스탄공화국

8) https://en.wikipedia.org/wiki/Ingush_people

과 아제르바이잔에서 사용된다고 한다. 아바르어의 사용자들은 체첸공화국과 칼미크공화국, 조지아, 요르단, 터키의 마르마라해 지역에 거주한다. 사용자는 65만 명으로 추산하고 있다.[9)]

아바르어의 주요 방언은 북부방언(훈자흐방언, 카즈베크방언, 구니브방언, 굼베트방언)과 남부방언(안달랄방언, 기다틀방언, 안추흐방언, 차로다방언, 틸랴라타방언, 쿠마다방언, 쿤타방언)이 있고, 이밖에도 50개의 방언이 있다고 한다.

이 중 북부방언 중 '훈자흐' 방언은 '훈족'의 언어에 영향이 있는 언어이고, '굼베트' 방언(곰 아버지 머리)의 '굼'은 곰을 의미한다고 보며 남부방언 중 하나인 '쿠마다' 방언(곰의 머리)도 역시 '곰의 방언'인 것이다.

특히 눈길을 끄는 방언은 '틸랴라타방언'인데 이 방언은 고조선의 탈리야타, 타탈리야와 어원이 같으므로 옥서스권의 언어를 차용하지 않았나 보고 있다. 즉 '틸랴라타방언'의 '틸랴'는 '탈리탈라' 또는 '탈리야'에서 변형된 것으로 '틸랴라타'는 탈리야타가 되고 접미사의 '타'가 앞에 와서 접두사가 되면 타탈리아, 투탈리야로 되는 것이다.

또한 언어학자들이 아바르어와 가까운 언어로 다루는 언어는 바구달어(밝달), 차말랄어, 보틀리흐어, 안디어(머리 신), 고도베리어, 틴디어, 카라티어(머리의 고리), 아흐바흐어, 체스어(디도어), 흐바르시어, 기누흐어, 훈지브어, 베즈타어 등이다.

여기에서 다시 한 번 눈여겨 볼 언어는 '바구달어'인데 우리말의 '박달'(밝달)과 같다는 것이고 '고도베리어'의 '베리' 용어와 '카라티어'의 '카라' 용어는 고조선시대에 많이 인용된 낱말로 '베리'는 '바르'가 변형된 것이며 '카라'는 '고리'에서 변형된 용어이기 때문이다. 그런가 하면 '아흐바흐어'를 때로는 '아크바크'로 읽힌다. '발크'가 되며 밝다는 표현이다.

이란의 '바크티아리족'을 '바흐티아리'로 읽을 수 있고 토카리스탄을 토하리스탄으로 읽는 이유에서다. 된소리인 ㅋ이 맑은 소리인 ㅎ이나 ㅇ으로 소리나는 이유이다. 이런 맥락에서 보면 '아흐바흐어'는 '아크바크어'가 되는 것이고 '바크'라는 글자는 이란의 '바크티아리주'에서 따온 이란의 언어영역으로 보는 것이다. 중앙아시아에서 9세기까지 존속했던 아바르족의 언어형태에 이란의 요소가 가미된 것이다. 고조선의 9환족이 사용하였던 '바르'와 '고시', '고리'가 존속한 것으로 보아 9환족의 일파가 세운 국가였다고 보는 것이다.

---

9) https://en.wikipedia.org/wiki/Avar_language

(7) 팔라어(Palaumnili, Palaic–광명의 어머니)

멸종된 언어로 아나톨리아의 북서쪽에 위치한 고대왕국이었다. 대략 기원전 1,600~1,300으로 보고 있으며 루비안 언어(Luwian)의 자매 언어인지 연구 중이다. 팔라릭 언어텍스트는 의식과 신화적인 내용으로 종교적인 맥락에서 해석한다고 하였다. '팔라'는 일차로 '파라'가 되었고 이차적으로 '팔라'가 된 것인데 그 원형은 '바르'였다. 바르에서 파르, 파라로 변형되는데 자음이 붙어 '팔라'가 된 것이다. 즉, 광명의 언어를 나타내는 것이다.[10] 이 언어를 쓴 팔라릭 연합은 고조선의 마한 영역에서 하나라인 히타이트(하튜샤, 보아즈칼레)를 루비안과 함께 견제를 하게 된다. 인도에 '팔리어'가 있는데 고조선 멸망 후에 인도로 들어간 종족의 언어인 지는 확인한 바 없다.

(8) 루비안 언어(Luwian–태양의 아버지 신)

히타이트가 멸망(하나라)할 당시(기원전 1,180년)에도 서로 다른 언어를 형성하였다고 학자들은 보고 있으며 신 히타이트의 Tabal 왕국(머리 광명)에서 기원전 8세기에 번성한 종족의 연합체이었다. 최근 루비안 비문이 발견됨에 따라 세계의 많은 학자들이 비문을 해독하고 있지만 완벽한 해독이 이루어지지 않았다고 한다.[11]

필자도 러시아 학자가 일부 해독한 루비안 비문에서 '투탈리아'란 용어를 찾아내었고, 이 용어가 고대의 '토하리스탄'으로 밝혀지게 되었다. 토하리스탄이 히타이트의 아버지 나라인 것이고 고조선이란 귀결에 도달한 것이었다.

일찍이 12환국이 분기될 시에 '비리국'이 아나톨리아 반도에 정착하였고, 그 '비리국'의 대표적인 종족은 '브리지아'(프리지아, 비리족)였다. 필자는 루비안 종족이 황소 산을 거점으로 한 비리국의 한 종족으로 보았고, 그 이름도 '루비안'(후에 루카)이며 살수(태양의 강)를 거점으로 하는 선박건조를 하였다. 지중해, 에게해와 무역을 활발하게 한 종족으로 이해를 하고 있으며 기원전 5~6세기엔 이탈리아 남부를 공격하여 이탈리아 고대어인 '에트루리아' 언어를 생성하게 된다(이 당시엔 루카〈Lukka〉로 호칭이 되었다). 그리고 지중해의 '리비아'도 비리족의 일파였던 종족이 일구었던 국가라고 보는 것이다.

앞서 설명한 대로 '비리국' 종족들의 일부인 '브리지아(프리지아)'는 세르비아로 들어가 빈카문명에 이바지하게 되었고, 아나톨리아에 남아있던 일부 종족은 지중해를 타고 지중해 문화에 이바지하였으며 남은 비리국의 종족은 아나톨리아를 거점으로 하는 히타이트문명을 세워나가는 것이라 할 수 있는 것이다.

10) https://en.wikipedia.org/wiki/Palaic_language

11) https://en.wikipedia.org/wiki/Luwian_language

(9) 카라바흐(고리의 흰빛 아버지) 방언

일명 '아르차크' 방언으로 알려져 있는 동부 아르메니아 방언이다. 사실상 독립한 나고르노카라바흐 공화국, 그리고 아르메니아 남부와 북동부에서 쓰인다. 이 방언은 가장 널리 퍼진 아르메니아 방언 중 하나로 간주되고 아르메니아 고원은 오랜 시기동안 외세(아랍인, 터키인, 페르시아인, 러시아인등)의 지배하에 있었는데 다른 방언처럼 상당한 외래어를 포함하며 페르시아어와 러시아어가 가장 많은 영향을 끼쳤다고 한다.

앞에서 설명한 대로 '카라바흐'의 '바흐'는 '바크'로 읽힌다. 주로 '바크'가 들어간 언어는 이란(페르시아)의 영향을 받은 것이 틀림 없다고 필자는 주장한다. '카라'는 '고리'에서 변형되었으며 '바흐'는 '바크'이니 즉, '고리족의 바크언어'인 셈이다. 대저, 바크는 박고, 포고로 표기된 중국 산동 근처에 있었다는 종족이다.

(10) 하카스어(Hakas-태양의 고시)

투르크어족에 속하는 언어로 알타이어, 쇼르어와 함께 북동어군으로 분류되고 러시아의 하카스 공화국의 케메로보주, 크라스노야르스크 지방에 사는 하카스인을 중심으로 약 6만 명이 사용하고 있다. 알타이계통의 특징으로서 주어, 목적어, 동사의 어순을 취하고, 문법에 명사의 격이나 동사의 활용을 나타내는 어미(접미사)를 어간에 붙여 표현하는 교착어로 한국어나 일본어와 닮은 모음조화의 현상을 가진 언어이다.[12)]

문자는 키릴문자를 사용하고 모음체계의 기본이 되는 단모음 음소가 9개 있다고 한다. 중국의 헤이룽장성에서 '키르기즈어'를 사용하여 이주한 사람들의 언어가 하카스어의 방언이라고 한다. 여기에서 '하카스'의 '하'는 흰 것을 말하고 후, 흐, 헤, 히 등으로 나타난다.

'카스'는 '고시'에서 변형된 말이다. 즉, '흰 고시언어(태양의 고시)'가 되는 것이다. 그러므로 '하카스' 언어는 9환족의 언어인 것으로 드러났다.

(11) 키릴이(Cyrill-우리 고리)

키릴, 일반적인 슬래브 언어는 맞춤법 알파벳에 사용된다. 정교회의 사제 '키릴로스'가 개발한 언어로 9세기와 키릴문자로 알려진 지금 러시아, 우크라이나, 불가리아, 세르비아, 마케도니아, 타지기스탄 등이 사용하고 있으며 중세 그리스어(비잔틴 아파벳)를 기초로 개발한 것이라 한다.

12) https://en.wikipedia.org/wiki/Khakas_language

'키릴'은 먼저 '키르(Cyr)'에서 온 어원이고 일(Ill)은 이리, 이르로 된다. 즉 '우리'와 같은 용어이다. 따라서 "우리 고리"가 된다.

(12) 카로슈티 문자(Kharoshuti–흰 빛나는 고리 태양의 새로운 머리)[13]

남아시아 서북부인 현재 파키스탄 북부와 아프가니스탄 동부에 한정되어 간다라어를 쓰는 것에 사용되었다. 브라흐미 문자와 다르게 오른쪽에서 왼쪽으로 쓰인 문자로 필기체 바탕에 담가 쓴다고 한다. 아람문자에서 유래한 것이 분명하지만 아람 문자와 달리 브라흐미 문자와 같은 '아부기다'고, 카로슈티 문자로 산스크리트어를 기록한 문헌도 있지만 필요한 문자의 일부가 부족하여 산스크리트어를 쓰는 데는 적합하지 않다고 알려져 있다. 제1권에서 도표로 설명한 바 있는 카로슈티 숫자 값에서 3과 7의 숫자 값이 3이라고 한 바 있다. 삼신과 칠성을 나타내는 문자로 삼신과 칠성은 같이 붙어 다니는 짝이란 것을 말해준다 할 것이다.

이 '카로슈티의 숫자값'으로 아프가니스탄과 파키스탄의 사람들이 3과 7을 중시하였다는 것을 알 수 있고, 그들이 고조선의 영역에 있었다는 것이 문자학적으로 증명해 준 사례라 할 것이다.

양면에 그리스 문자와 카로슈티 문자를 기록한 동전이 알려지면서 1840년 무렵 영국 동인도회사의 캘커타(현 콜카타) 민트 분석 기사인 '제임스 푸린세푸'에 의해 해독되었다. 1901년 호탄에서 우이리쿠 모래에 묻혀 있는 불교사원의 유적 발굴 시에 카로슈티의 문자가 쓰인 다수의 목간과 양가죽의 문서를 발견하였고, 2013년엔 타림분지의 동쪽 끝 누란유적을 발굴하여 다수의 카로슈티 문자의 문서가 발견되었다고 한다. '카로슈티'의 '카로'는 고조선의 '고리'에서 변형된 이름이다. 고리에서 코리, 카르, 카라, 카로, 카루, 쿠루, 키리 등으로 변형되어 나타나고 카로슈티(Karoshuti)는 "흰 빛 고리의 새로운 머리"를 말한다.

3) 남미, 북미 언어를 통해 본 환웅, 고조선의 증명

(1) 카스카 언어(Kaska–고시의 고리)

브리티시 컬럼비아와 남동부 유콘 캐나다에 사는 인디언의 언어이다.[14]

여기에서 '카스'는 '고시'에서 변형된 이름이다. 이들은 검은 새(까마귀, 삼족오)의 다양한 전설을 간직하고 있다.

13) https://en.wikipedia.org/wiki/Kharosthi

14) https://en.wikipedia.org/wiki/Kaska_language

(2) 레오 아이마라어(Aymar－우두머리)

페루와 볼리비아, 칠레에서 사용하는 언어이다.

'아이마라'의 '마라'는 '마리'에서 따 온 이름이며 변형된 것이다.

'마리'의 원형은 사람의 '머리'이다. 즉, 머리 언어인 것이다.

(3) 칼라브리아어(Calabria－고리의 광명)

이탈리아의 나폴리와 시칠리아의 방언을 말한다. '칼라'는 '고리'에서 변화된 이름이고, '브리'도 '바르'에서 변형된 이름이다. 그리스 반도와 인접한 이탈리아는 그리스의 곰 문화 영향을 일찍부터 받았고 루카족(루비안)의 진출로 이탈리아의 고대어가 생성하기도 하였다. '나폴리'의 폴리는 '바르'에서 기인한 것이다.

(4) 크리어(Cree, Kri－고리)

'크리(Cree, Kri)'는 '고리'에서 변형된 이름으로 크리, 코리, 카리, 카라, 쿠루, 케르, 키리 등으로 나타난다. 고조선의 9환족으로 대표되는 언어체계이다. 이 언어는 캐나다에서 널리 사용되는 언어로서 방언은 캐나다의 멜버타, 브리티시 컬럼비아, 매니토바, 노스웨스트 준주, 몬타리오, 퀘백, 서스 캐처원 등이라고 한다.

이 크리어는 수세기 동안 언어학자, 선교사들이 크리어에 대한 로마의 철자법을 발명하였지만 완벽한 성공을 보지 못했다고 한다. 로마 표기법을 사용하되 영어보다 프랑스어에 가까운 별도의 섹션으로 처리한다고 한다. 이 언어는 '이누이트어'와 아주 비슷하다고 하는데 고대에 이누이트족과 함께 빙하를 건너 캐나다에 도착한 것으로 추정하고 있다. 이런 것으로 미루어 보아 12환국에서 분기해 나간 사람들(동부시베리아족)이 북미대륙 토착민이 쓰는 언어무리인 '알곤킨어족(Algonquian Languages)'으로 형성된 것이다. '알곤킨'이란 캐나다 접경지역 '메인'주에 사는 '말리셋'족의 말인 Elakomkwik(그들은 모두 우리 친척이라고 하는데 해석은 "얼 있는 태양의 곰 아버지 고리"이다)에서 왔다고 한다.[15] 그들은 크로우(까마귀)란 국가를 형성하였는데 오늘날 미연방정부가 인정하는 '몬다니(이머니족의 머리족)'의 '까마귀 부족'이 후손들이다. 실로 9환을 표방하는 '고리'가 고조선시대 이전인 환인시대부터 사실 존재하였다는 것을 반증하는 것이라 할 수 있는 것이다.

'크리어'(고리)와 우리말의 '모음과 자음'을 비교해 보기로 한다.

15) https://en.wikipedia.org/wiki/Cree_language

① 모음

(1) a : 영어 'What'의 'A'처럼 발음하고 'W'의 뒤에 붙으면 '아우'로 발음한다.

(2) a∧ : '아'처럼 발음하고 'W'의 뒤에 붙으면 영어의 'Saw'의 'Aw'처럼 발음한다.

(3) e : '에'처럼 발음하고 'Gaze'의 'A'와 유사하게 발음한다.

(4) i : '이'처럼 발음한다.

(5) I∧ : 이 ∧표시가 글자의 위에 붙어 있다.-이 표시는 '가림토' 글자의 원형이다.

(6) O : '우'처럼 발음한다.

(7) O∧ : '오'처럼 발음한다.

② 이중 모음

(1) Aw : 영어의 'Awake'의 Aw처럼 발음하나 어는 방언에선 '아우'로 발음한다.

(2) Aw∧ : '아우'처럼 발음한다.

(3) Ay : '아이'처럼 발음한다.

(4) Ey : '에이'처럼 발음한다.

(5) Iw : '우'와 비슷하게 발음하나 어느 방언에선 '오우'처럼 발음한다.

(6) Iw∧: '이유'처럼 발음한다.

(7) Iy : '이'와 비슷하게 발음한다.

(8) Ow : '오우'처럼 발음한다.

(9) Oy : '오이'처럼 발음한다. 특히 오스트레일리아 영어처럼 발음한다.

③ 자음

(1) C : 'ㅊ'처럼 발음하거나 'ㅈ'처럼 발음한다.

(2) H : 'ㅎ'처럼 발음한다.

(3) K : 'ㅋ'처럼 발음하거나 'ㄱ'처럼 발음한다.

(4) KW : 영어 'Queen'의 'Qu'처럼 발음하지만 낱말의 끝에 올 때는 'ㅋ(K)'에 더 가깝게 발음한다.

(5) L : 'ㄹ'처럼 발음한다.

(6) M : 'ㅁ'처럼 발음한다.

(7) N : 'ㄴ'처럼 발음한다.

(8) P : 'ㅍ'처럼 발음하거나 'ㅂ'처럼 발음한다.

(9) S : 'ㅅ'처럼 발음한다.

(10) Sh : 영어인 'Shy'의 'Sh'처럼 발음한다.

(11) T : 'ㅌ'처럼 발음하거나 'ㄷ'처럼 발음한다. 이것은 다, 두, 디, 데, 도가 인도유럽어의 표기에 따라 타, 토, 투, 테, 티로 발성된 것을 동시에 수용한 것으로 모두 '머리'를 나타내는 용어였던 것이다.

(12) Th : 영어 'This'의 'Th'처럼 발음한다.

(13) W : 영어 'Way'의 'W'처럼 발음한다.

(14) Y : 영어 'Yes'의 'Y'처럼 발음한다.

특히 '–'는 소리를 끊어줄 때 내는 소리이다. 'Uh–Oh'의 가운데에 있는 것처럼 발음한다.

④ h의 강세

영어와 달리 '크리어'에서는 'H'자를 모음 사이뿐만 아니라 자음 앞에서도 발음한다. 이러한 형태는 '펀잡'의 지명에서 밝혀진 자음 H의 강세와 같은 것으로, 어떤 사람들은 자음 앞의 'H'를 일반적인 'H'처럼 입김을 부는 소리로 발음하고, 어떤 사람들은 자음 앞의 'H'를 더 세게 발음한다. 유형을 살펴보면

(가) 'K' 앞의 'H'는 후두음으로 발음한다(예 : 독일어의 ach 발음 경우와 동일).

(나) 'T' 앞의 'H'는 영어의 Think의 Th처럼 발음한다.

(다) 'C' 앞의 'H'는 영어의 Sheep의 Sh처럼 발음한다.

(라) 'P' 앞의 'H'는 영어의 'Fell'의 'F'처럼 발음한다.

이 '크리어'는 우리 한글의 표기법과 아주 유사한 것으로 한글이 고대의 '가림토문자'에서 그 뿌리가 전해진 것을 간접적으로 알 수 있다 하겠다. 특히 '크리어'에서 사용되는 '∧' 표시는 '가림토 문자'의 정수이기 때문이다. 이 문자의 변형은 세계의 다양한 언어에서 차용되었고, 때로는 응용, 변형되어 나타난 것을 확인할 수 있었다. 또한 '크리어'에 자음인 'ㅎ'(H)이 강세가 되고, 자음과 모음 사이에 발성되는 것은 우연이 아닌 것이다. 필자의 20개국 지명 연구에서 많이 보아온 형태인 것으로 환웅과 고조선의 고리국가에서 특히 자음인 'H'를 글자의 어간이나 어미에 붙여져 사용되는 것은 중앙아시아권의 국가와 파키스탄의 케슈미르, 신드, 펀잡 지방의 언어에서 확인된 사항이며 15세기에 한국의 북한 사투리에서 많이 사용된 언어체계였다고 밝힌 바 있다. 이 자음인 'H'는 "흰 빛이었으며 태양족으로 태양을 상징하는 '꼬리표'인 것이었다. 북미언어에서도 이와 같은 특성이 발견되었기에 환인으로부터 12분국으로 분기해 나간 종족들은 동질성의 태양신앙과 같은 언어체계를 형성한 것으로 미루어 짐작하고자 한다.

(5) 아이마라어(Aymar－우두머리)

아이마란(Aymaran) 사람들에 의한 안데스산맥을 거점으로 한 인디언의 언어이다. 티티카카 호수의 남부 지역과 페루 북부의 일부 지역, 칠레, 북서 아르헨티나에서 사용되는 언어이다. 대략 300만 스피커로 알려져 있고, 이 언어는 볼리비아의 공식 언어이며 SOV의 어순을 가지고 있다.

언어학자들이 연구한 바 어원은 확실하지 않다고 한다. 필자가 보기엔 그 어원이 어디에서 왔는지 확실하다 '아이마라'의 '마라(Mar)'는 '우두머리'인 것이다. 사람의 머리를 지칭하는 것이 인도유럽어의 프로토 현상으로 다양한 모음으로 변화되었다. 마찰음이 붙은 경우인데 '마리'에서 마르, 마레, 마루, 마라, 말라, 말레, 말리가 되고, 메리, 메르, 메루, 멜리로도 변하며 미르, 미루, 밀리, 모르, 모리, 몰리, 무르로도 변형되고 있다.[16)]

특히 9환족을 칭하는 '고리'에서 그 변형은 아주 상당한데 일차적인 변화는 고르, 고레, 고루, 구루, 구레, 구리, 그라, 그리, 고로, 고라, 기리, 기르 등으로 나타난다. 이차적인 자음 변화는 마찰음이 붙어서 코리, 코라, 쿠루, 쿠르, 쿠레, 코르, 코레, 코루, 쿠리, 크라, 크루, 크리, 크레, 키리, 키르로 나타내고 다시금 3차 변형인 경우엔 콜리, 콜라, 쿨루, 쿨레, 콜르, 콜루, 쿨리, 클레, 클리, 클라, 킬리 등으로 나타나는 것이다. 이런 1차와 3차 변형까지 이어지는 인도유럽어의 프로토 조어 현상은 '바르'와 '고시'의 경우에도 같은 변형의 성질인 것이다. 필자는 인도유럽어의 제1차에서 3차에까지 변화되는 체계를 이해하였기에 새로운 세계의 고대사를 집필하게 되는 첩경이 된 것이라고 본다.

어느 일정한 언어체계를 이해하지 못하고 상고사를 들여다 본다는 것은 장님이 코끼리를 만지는 것과 다를 바 없다고 생각하였다. 필자의 집필에 있어 변천된 세계사 속에 녹아 있는 인도유럽어를 이해하면서 집필에 큰 도움이 되었다. 숨겨지고 헝크러진 세계사의 모자이크 조각을 찾아내어 독자들 앞에 선 것이다.

특히 기원전 약 40세기로 점철되는 인도유럽어는 그 어떤 언어보다 중요하다. 왜냐하면 인도유럽어는 '아리안의 언어'였고, 아리안은 인도의 베다시대를 열었으며 고대 수메르와 이란, 중앙아시아, 유럽을 이해하는 가장 핵심적인 언어였던 것이다. 고조선 또한 기원전 23～25세기의 국가이므로 인도유럽어의 이해는 필수적이었다.

필자가 인도유럽어를 이해하지 못하였다면 중앙아시아의 고조선 시원을 밝힐 수 없었고, 9환족을 찾아내지 못하였고, 켈트의 이동을 해석하지 못하였으며 인도 16국

---

16) https://en.wikipedia.org/wiki/Aymaran_languages

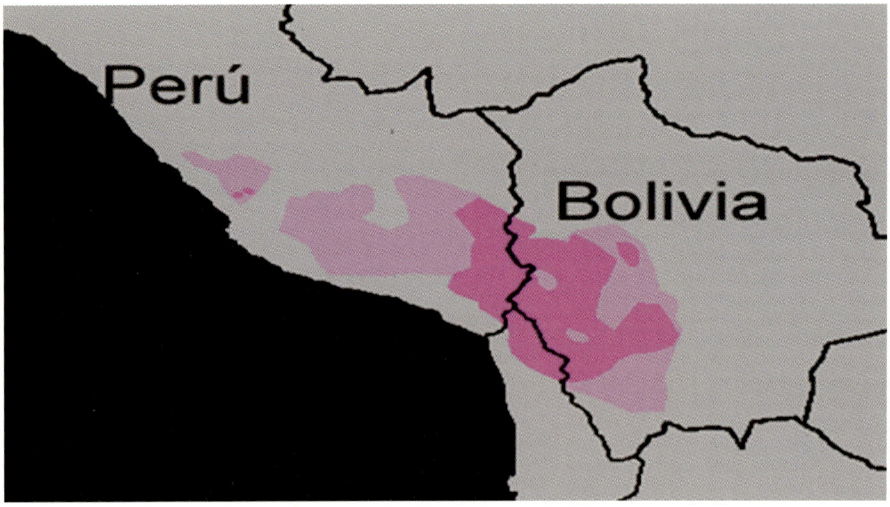

〈아이마란(Aymaran)족의 언어 사용 지도〉

출처 : https://en.wikipedia.org/wiki/Aymaran_languages

을 분석하지 못했던 것이다. 필자는 인도유럽어를 통하여 유럽의 지명 형성과 어원을 찾아내었고, 세계의 언어학자들이 엉터리로 해독하는가 하면 혹은 그 어원을 찾아내지 못하였는데 필자는 찾아낸 것이고 올바르게 해독하였다.

첨언하자면 인도유럽어에서 찾아낸 '고리'와 '바르', '고시', '마리', '다리', '곰'의 여섯 가지 용어로 환웅시대와 고조선의 시대를 찾아내었으며 분석하였던 것이다. 세계의 고대 상고사에 있어 '바르(광명)'는 가히 폭발적이었으며 그리스, 수메르, 인도, 유럽에 이르기까지 '바르'가 없으면 암흑 그 자체였다는 것이다. 9환족으로 대변되는 '고리'와 환웅시대의 큰 종족인 '고시'와 '마리'를 통하여 환웅시대를 조명할 수 있었던 것이다.

4) 수메르권의 언어와 환웅, 고조선의 증명

(1) 아람어(고대 아람어 – Old Aramaic – 우리 어머니)

아람문자는 유프라테스강 상류에서 시리아 지역에 걸친 정착 지역에 교역을 담당한 아람 사람들에 의해 사용되고 있던 '페니키아 문자'를 전용하는 상태로 만들어졌다고 한다. 신아시리아, 신바빌로니아, 아케메네스 제국, 페르시아 왕조 등의 시대에 아람사람으로 아람어가 급속히 확산되었다. 메소포타미아, 바빌론 지방에서 사용된 설형문자가 보급되고, 고대 유태인이 사용하던 고대 히브리어 문자는 아람문자로 대체되었지만 아람문자에서 현재의 히브리어 문자가 만들어졌다.[17]

17) https://en.wikipedia.org/wiki/Arameans

페르시아 제국 시대에 행정언어로 이집트에서 아프가니스탄, 중앙아시아, 파르티아어와 소그드어 등의 중기 이란어의 표기에도 아람문자가 사용되었다고 한다. 대략 기원전 6세기부터 기원후 6세기까지 존재하였던 문자로 원 가나안 문자라고 하였다. 문자 체계로는 히브리어, 나바테아(아버지 머리), 팔미라(광명의 우두머리), 브라흐미(광명의 흰빛 어머니), 팔레비어(광명의 아버지), 소그드 문자를 포함하였다.

'아람어(Aram)'의 '아람'은 원래 '아르(Ar)'와 '암(Am)'에서 온 합성어이며 '아라'는 '우리' 또는 '아리'와 그 맥을 같이 한다 할 것이다. 그러므로 '아람'은 '우리 어머니'이란 해석에 해당되며 깨우친, 까진, 계몽된 사람들의 집합이었다. 그것은 아람 사람들이 수메르권과 페르시아 문명의 고리 속에서 살았던 이유이기도 하고 '우리'란 표현은 '한 고리'로 표현되는 고조선 9환의 성격을 의미한다 할 것이다. 아람문자는 페니키아 문자에서 영향을 받았으며 히브리어와 아주 비슷한데 이런 문자 체제는 우리의 정제된 '가림토 문자'에서 영향을 받은 것으로 보는 것이다. 가림토 문자 38글자의 대다수가 아람문자에 들어가 있다.

대다수 사람들은 역사 사대주의, 문화 사대주의에 얽매여 자기 나라의 문화와 그 역사는 비하, 폄하하며 외국의 문화와 역사에 탐닉, 숭상하는 바 망국의 풍조라 할 것인데 아직까지도 고도로 발달한 서양의 물질문명만을 보고 정신을 못 차리는 사람들이 있다면 지금이라도 깨어나야 한다.

인류문화의 시원은 바로 우리 환인, 환웅, 고조선으로 이어지는 고도로 발달된 문명이었다. 지금까지 필자가 쓴 글을 읽었다면 독자들이 잘 이해를 하였으리라고 생각한다. 인류의 문화와 그 문명의 바탕엔 선천적인 말과 후천적인 문자가 존재하기 마련이다. 세종대왕이 만들었다던 '한글'은 '빈카문자'에서 원형이 온 것이고 우리의 가림토 문자에서 다듬어져 체계화된 것이다. 히브리어, 페니키아어, 키릴어, 아람문자, 그리스어와 오늘의 영어에까지 언어의 바탕이 되어 왔고 차용되었던 것을 알 수 있는 것이다. 이런 증명이 있는데도 믿지 못하는 사람들이나 학자는 맹인, 귀머거리와 다를 바 없다고 할 것이다.

(2) 수메르(Sumer－새로운 우두머리) 언어

수메르는 '수미르', '수미리'로도 발음된다. 인도유럽어와 우리 말을 비교해 보면 '수'는 시, 사, 스, 세, 소의 모음변화로 나타나며 같은 뜻이다.

머리를 뜻하는 '투'도 타, 티, 테, 토, 티 등으로 나타나는데 어원은 같은 것이다. 그러기에 '수'는 머리 중의 머리를 나타내는 말로 '새로운'으로 해석되고 메르, 미르, 미리, 마르, 메리, 메라로 변형되는 '머리'의 변형인데 "사람의 머리"를 말한다. 종합하면 "위대한 우두머리족"이 수메르인 것이다. 이 종족의 언어엔 '아카드어'가 있다.

'아카드'의 '아카'는 어디에서 왔는가? '고리'이다. 필자는 '아카드'의 '드'는 다, 디, 도, 두, 데로 연결되는 '머리'로 보고 있는데 "고리의 머리 언어"가 '아카드어(Akkadian)'이다.

수메르의 문명은 세계의 학자들이 보편적으로 주장하는 바 기원전 약 7,000~6,000년으로 보고 있으며 기독교 사상으로 무장된 학자들은 유태인의 땅인 '가나안' 지역을 기원전 9,000년 전으로 추정하고 있다. 결론적으로 통설과 다수설인 수메르의 기원보다 상향시켰다는 것이다. 기원전 9,000년에 문화가 생겨났을 수도 있다. 하나, 수메르의 비공식 문명의 개창 시기는 약 45,300년으로 추정하고 있다. 우리가 주장하는 63,000년대와 맥을 같이 한다고 보면 이해가 간다.[18)]

수메르의 '아카드어'가 공인된 년대는 기원전 3,350년으로 나타났다.

이 언어는 우리 말과 같은 고립어이다. 세계적인 언어학자인 강상원 박사는 '인도의 실담어가 바로 고대의 우리 언어'라고 주장하였는데 실담어와 수메르어를 비교 분석해 보면 모든 상고사가 풀릴 것이라고 필자는 보고 있다. 수메르 문자는 쐐기문자, 설형문자로도 불리워 졌는데 엘라마이트어, 히타이트어(루비안어 포함), 후리아(우랄어)에도 쓰였으며 고대 페르시아와 우가리트 문자에도 많은 영향을 미쳤다고 한다.

우리의 말이 고조선의 마한 영역인 루비안(루카) 언어와 우랄어에 영향을 미쳤다면 마땅히 환웅시대의 문자와 언어의 동질선상에서 나온 언어일지도 모른다. 환인시대에 분기해 나간 '수밀이국'인 이유에서다.

5) 인도(India-머리의 신) 언어를 통한 환웅, 고조선의 입증

(1) 브라흐미 문자(Brahmi-광명의 어머니)

기원전 6~3세기경의 문자로 원시 가나안 문자, 페니키아 문자, 아람 문자의 영향을 받은 것이라고 보고 있다. '아부기다'에 속하며 남아시아, 동남아시아의 여러 문자의 시조로 본다. 인도 카스트제도의 승직계급인 브라만(Brahman)에서 따 온 것으로 '브라흐미(Brahmi) 문자가 되었다. 지금까지 오래된 기록은 기원전 3세기경의 인도 아쇼카 왕의 비문이다. 그러나 최근에 인도 남부와 스리랑카 등지에서 그 보다 이른 시기에 브라흐미 문자의 사용례가 발견되어 연구 중이라고 한다. '브라흐미'의 '브라'는 환웅,고조선의 '바르'에서 변형된 것이며 '흐'는 흰 것을 말해준다. 즉, '빛나는 광명의 문

18) https://en.wikipedia.org/wiki/Sumerian_language

자'란 내용이 된다.[19)]

필자가 연구한 바 기원전 6세기경 고조선의 삼한 체제가 붕괴될 시기에 인도 16국이 생겨 났었고, 서양엔 켈트의 이동이 있었다. 이 '브라흐미' 문자가 인도 16국 시대에 만들어진 것이다.

(2) 아누스바라(Anusvara-광명의 새로운 신)

산스크리트어의 유형을 표시하는데 사용되는 분음 부호를 말한다.

비음화의 숫자에 사용되는 데바나가리 스크립트이다. Anusvara의 'An'은 하늘님, 신이다. '스'는 사와 같이 쓰이고 '새로운'이며 '바라(Vara)'는 '바르'의 변형이다. 종합하면 "새로운 하늘님(삼신) 광명의 언어"가 되는 것이다.

(3) 칸나다어(Kanada-칸의 머리)

이 언어는 인도의 가르나다가주에서 사용되는 드라비다족의 언어로 가르나다가주의 공용어이다. 인도 정부의 지정계획어 22개 중 하나이다. 인도 정부가 지정한 네 개의 고전어 중 하나이기도 한데 현대 칸나다어는 '카담바' 문자에서 발전해 온 '칸나다' 문자로 기록한다. 공동시대 첫 번째 천년기에 칸나다어로 기록된 수많은 금석문들이 발견되었다고 한다.특히 칸나다어 문학은 6세기의 서강가 왕조와 9세기의 라슈트라쿠타 왕조시절 융성하였다고 전해지고 있다.[20)]

이 칸나다(Kanada)의 '칸나'는 칸, 한에서 어원이 생겼고 '다(Da)'는 '타'에서 온 것으로 "칸의 머리 언어"라고 보는 것이다.

(4) 팔리어(Palla-광명)

중동 인도-아리안 언어로 프라킷언어(Prakrit) 그룹과 토착언어의 혼합언어였다. 쓰기 시스탬은 브라흐미및 파생 스크립트와 라틴어 알파벳에 의해 사용되었다고 한다. 이 언어는 불교의 소승경전의 언어로 팔리어에 가장 가까운 유물은 기원전 3세기의 '아쇼카의 칙령'에서 발견된 것으로 구자라트 인도 서부의 지역으로 학자들은 연결하고 있다. 팔리어는 고전의 문학 인도에서 프라킷 언어와 산스크리트어와 함께 고대의 문법, 그룹화 되었던 것으로 그 어떤 유사성을 공유하고 있는 언어라고 하였다. 팔리어는 '소승불교의 소스'로 마가단(Magadhan) 언어, 또는 '마가다'가 주석을 표시 하였기

19) https://en.wikipedia.org/wiki/Brahmi_script
20) https://en.wikipedia.org/wiki/Kannada

에 '마가에서 배운 부처님'이라고도 하였다.[21)]

'팔리'에서 일차적 변형은 '파리'이고 '파리'는 '바르'에서 변형된 이름이다. '바르'에서 이차적 변형은 팔리, 팔레, 펠레, 필리, 풀루 등으로 변화되어 나타난다. 역시 이 언어도 환웅과 고조선의 '광명'이란 문화적 형태에서 따 온 언어인 것이다. 아나톨리아 반도 북부의 '팔라 연합'과 이름이 비슷한데 그 언어와 관계가 있는지 연구해 볼 사안이다.

(5) 마라티어(Maharashtri, 초기형태 – 어머니 태양과 빛나는 달)

초기에 '마하라슈트리'라고 불렀던 언어로 남부인도–아리안어족으로 인도 23공식 언어의 하나로 7,300만 스피커가 있다. 주요 방언으로 바드바리어(Vadvali), 단기(Dangi), 사마데디(Samavedi), 바르하디(Varhadi)어가 있다. '바드바리어(Vadvali)'의 '바드'는 우리 말의 '밭(터전)'이고, '바리(Vali)'는 광명을 말하는 '바르'에서 변형된 이름이다.[22)]

'단기'는 고조선의 연호를 일컫는 이름이고, '바르하디어'의 '바르'는 하나도 변형되지 않은 광명의 이름이다. 그러므로 인도의 마라티어에 나타난 방언의 이름은 환웅과 고조선 문화를 승계하였던 언어라고 보아야 할 것이다.

(6) 브리지아 언어(Birjia, Binjhia, 광명 언어)

이 언어는 아나톨리아반도에 살던 '프리지아인'이 인도로 들어와 형성된 언어로 문다언어와 밀접한 관계가 있다고 한다. 인종은 '아수르(Asur)'의 사람들로 인도–아리안 언어라고 규정하는데 Agariya를 포함하며 문다어에 속한다고 한다.[23)]

여기에서 Agariya의 가리야(Gariya)는 '고리'를 말한다. 기원전 6,30년경 아나톨리아는 전멸적 상태에서 탈출하여 일부는 파키스탄과 인도로, 일부는 동방으로 진입하여 '동부여'를 형성한 것으로 보여지고, 일부는 일리리아와 트라키아에 속해 있었던 토착 프리지아인들과 합세하여 오늘날 '프러시안'(프로이센)을 만든 것으로 보고 있다. 학자들은 이 프리지아인들이 문명을 그리스에 전파해준 종족으로 알고, 그들이 '도리안'의 중추적 종족이라고 말하고 있다.

환인 12분국시에 분기해 나간 '비리족'의 핵심종족이 프리지아인이며 나중에 빈카 문화권인 세르비아에서 분파된 루카족 등과 공생하게 되는 것으로 내다보고 있다.

(7) Kutchi(Kachhi – 카시, 구시) 언어

인도–아리안 언어에서 파키스탄의 신드, 인도의 구자라트, 쿠치지구에서 사용되

21) https://en.wikipedia.org/wiki/Prakrit

22) https://en.wikipedia.org/wiki/Maharashtri_Prakrit

23) https://en.wikipedia.org/wiki/Birjia_language

는 언어로 그 사용자 중 말라위, 모잠비크, 남아프리카공화국, 케냐, 탄자니아 사람들이 사용한다고 하는데 그것은 니제르-콩고어족의 "Kissi" 언어와 밀접한 관계가 있는 것으로 보고 있다. Kutchi(Kachhi)는 쿠치, 카치는 쿠시·카시로도 발음이 되는 것이고 "Kissi"어와 그 맥을 같이하는 이유이다. 키시, 쿠시, 카시는 환웅족인 "고시"에서 온 것이다.

많은 사람들은 '카라치'라고 부른다. '카라'는 고리에서 온 이름이다.

6) 오스토로아시아 어족을 통해 본 환웅, 고조선의 증명

오스트로아시아 어족(Austroasiatic)은 남아시아에 대한 언어로 세분하면 문다리어(어머니다리), 카시어(Palaungic-광명), 크무(Khmuic-곰), Pakanic(아버지 칸), Vietic, Katuic(머리), Bahnaric, 크메르어, 페르(Pearic-광명), Nicobarese(바레-광명), 아슬리(Aslian태양의 신), Monic, Shompen으로 나눈다. 이 어족은 동남아시아의 인도-아리안, 타이, 드라비다, 오스트로네시아, 티벳, 버마, 크메르에 이르는 언어체계이다.

(1) Mundari(문다리-어머니족의 달) 언어

산타리(Santali), 문다리(Mundari)는 같은 언어인데 그 어원을 해석하면 사(Sa)는 "새로운"이고, 타리(Tali)는 고조선의 '다리'에서 타리, 타리아, 탈리아, 투탈리아로 온 것이며 산타리는 "새로운 달 사람들"이 되었다. 문다리에서 무(Mu)는 어머니로 복수가 되었는데 "어머니 달 사람들"이 되었다. 그들은 '문다부족 사람들'로 동부 인도와 방글라데시, 네팔을 포함하며 사용하고 있다.

주요 방언으로는 ① Hasada 방언으로-Ranchi의 동쪽 Chaibasa 도로, ② Naguri 방언은-Ranchi의 서쪽 Chaibasa 도로, ③ Tamaria 방언은-Panchpargana의 영역(Bundu, Silli, Baranda, Rahe, 다말), ④ 케라(Kera) 방언-대다수가 Oraon에 살고 란치(Ranchi) 도시 지역이다.

(2) 산타리(Santali-새로운 사람들의 달)

사용자가 약 1,400만 명이 되는 언어로 방글라데시(웨스트 500만), 부탄, 네팔(1,900명), 인도는 자르칸트·아삼·비하르·오리사주에 걸쳐 약 900만 명이 사용하고 있다. 이 언어를 혹자들은 '이발 명'으로 구분하고 'Mudas'(어머니의 새로운 머리)라고 부른다.[24]

24) https://en.wikipedia.org/wiki/Santali_language

(3) 카시어(Khasic – Palaungic – 고시, 광명)

북동부 인도의 '메갈라야'와 방글라데시 일부가 사용하는 언어이다. 카시는 '고시'에서 변형된 것이다.[25)]

〈기원전 740년경의 문자가 있는 그리스 토기(디푸론 비문에서)〉

〈박트리아 '카니시카 1세의 화폐〉

〈'헤라'(앞글자 3개는 가림토)〉

25) https://en.wikipedia.org/wiki/Khasic_languages

〈동물과 싸우는 영웅의 인장, 인영(루브르 박물관)〉

〈코린도 꽃병(초기 그리스 문자)〉

〈선형B문 테블릿(미케네)〉

제9장
파퓨아 뉴기니 언어를 인도유럽어로 통해 본 환웅과 고조선의 입증 연구

1. 파푸아 뉴기니 언어

(1) 칼람언어(고리의 어머니)

이 언어는 트렌스 뉴기니 어족의 갈래로 파퓨아 뉴기니의 서부 고원지방의 언어이고 '칼람'은 '카라'에서 왔으며 '카라'는 '고리'에서 변형된 이름이다.

(2) 코룸언어(Kolum－고리의 어머니)

트렌스 뉴기니 어족의 갈래로 파퓨아뉴기니의 마당 성 지방의 언어이다. 역시 '코룸'은 '코루'에서 왔으며 그 어원은 '고리'에서 나타난 것이다.

오스트로네시아 어족으로 바루안섬과 팸제도, 마누스주 지방에서 쓰이는 언어이다. '바루(Balu)'는 '바르'에서 변형된 이름이며 '안(An)'은 신, 하나님으로 "광명의 하나님 언어"가 바루안 언어가 되었다.

(3) 코로미라 언어(Koromira－고리의 우두머리)

이 언어는 사우스 건빌어족으로 부건빌주 지방의 언어이다. 여기에서도 '코로'는 '고리'의 변형된 이름이며 '미라(Mira)'는 '마리'에서 변형된 이름이다. 그러므로 "고리의 우두머리" 언어가 되는 것이다.[1)]

(4) 바루안(Baluan－팸 언어－광명의 신) 언어

'바루안(Baluan)'의 '바루'는 '바르'의 변형이다. '안(An)'은 하나님, 신으로 해석하는데 여기서 '바루안'이란 "바루의 사람들"로 해석해야 할 것이다. 즉, '광명의 언어'가 '바루안 언어'인 것이다.

(5) 구리아소 언어(Guriaso－이제 시작하는 고리)

괌타리(Kwomtari) 어족으로 파퓨아뉴기니의 언어로 1983년에 기재되었다고 한다.

1) https://en.wikipedia.org/wiki/Koromira_language

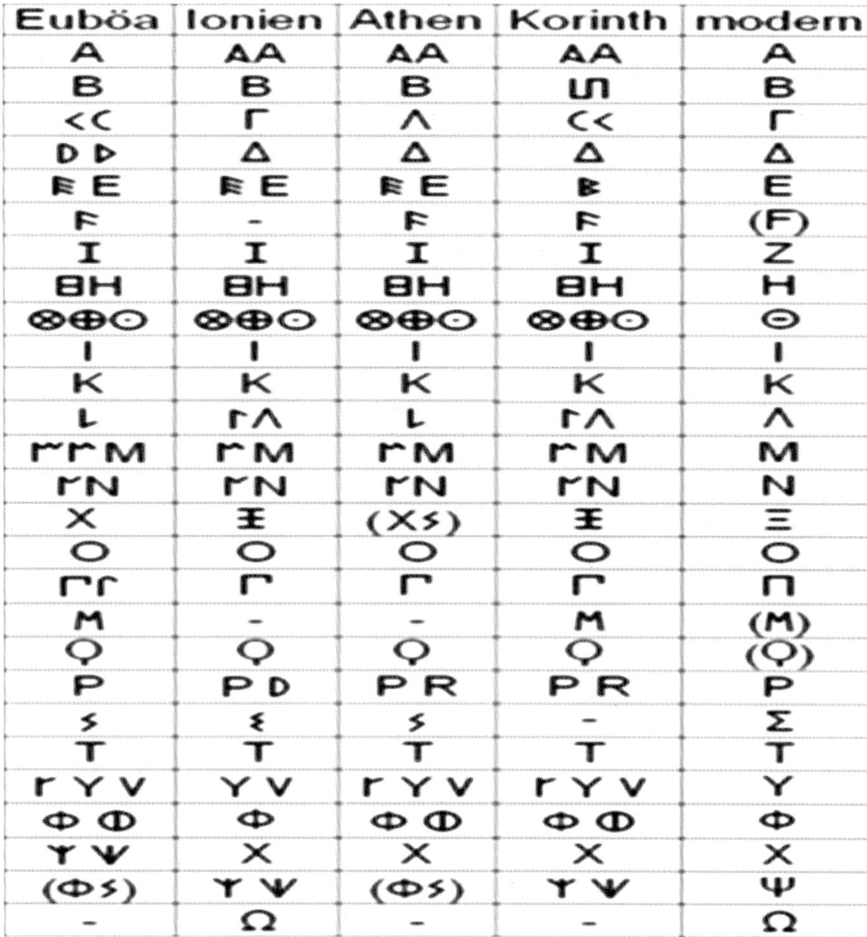

〈그리스 문자(이오니아, 코린도, 표준 등)〉

‘구리(Guri)’는 ‘고리’의 변형된 이름이다. 미국령 괌섬에서 ‘괌타리’ 어족이 있는데 놀라운 것은 ‘타리’란 용어이다. ‘괌’은 ‘곰’을 말하고 이 ‘타리’란 용어는 ‘투탈리아’로 대변되는 고조선의 성소를 말함이다. 괌섬에 온 사람들이 ‘타리’란 성소를 만든 것으로 보고 그 사람들을 ‘괌타리 사람들’이라고 한 것으로 보인다. 또한 ‘아소(Aso)’는 우리말의 ‘아사’와 같은 뜻으로 ‘처음’이란 용어이다. ‘구리아소’를 종합하면 ‘처음 고리의 언어’가 되는 것으로 그곳에 도착한 ‘처음 고리족’의 사람들이 만든 언어이다.[2)]

(6) 바라무 언어(Baramu – 광명의 어머니)

트렌스 뉴기니 어족으로 티리오와 바라무 언어가 있다. ‘바라’는 ‘바르’에서 변형된 이름이다. ‘무(Mu)’는 어머니인 모, 마와 같이 쓰인다. 그러므로 “광명의 어머니 언어”

2) https://en.wikipedia.org/wiki/Guriaso_language

가 된 것이다.[3]

(7) 티리오 언어(Tirio－달)

아르가족의 트랜스 뉴기니 어족의 분류에 있는 언어로 '티리'는 타리, 테리, 트리 등으로 변형되어 나타난다. 여기에서도 타리아, 트리아가 변형되어 '티리오'로 발음되고 있다. 참으로 놀라운 언어일 수 밖에 없다. 고조선의 위치와 성소를 가리키는 '타타리아'의 준말이다.

(8) 투라마-키코리안 언어(Turama－Kikorian－달의 어머니, 고리의 신)

갑자기 이 언어에서 우리가 사는 '코리안'이란 낱말이 나온다. 역시 트랜스 뉴기니 어족의 갈래로 이코비언어(Ikobi), 오마티언어(Omati), 루무언어(Rumu)가 있다. 여기서 '키코리안'은 무엇인가? 그것은 대한민국을 일컫는 용어가 아니고 단지 '코리족의 언어'라는 것이다. 우리가 오늘을 살아가는 코리안(대한민국인)은 먼 옛날에 '코리(고리)족'을 말해 주는 것이다. 사실 '고리'에서 '코리안'이 나온 것을 파퓨아 뉴기니 언어의 설명에서 우린 다시 한 번 배우고 있는 것이다.[4]

(9) 안간언어(Angan－칸의 신)

이 언어는 트랜스 뉴기니 어족의 한 갈래로 '안(An)'은 하나님, 신을 말한다. 인도 16국에 '안가(Anga)'라는 국가가 있었다. 여기에서 건너온 종족의 언어인 지도 모른다. '간(Gan)'은 칸, 한 등과 같이 사용되는데 '하나님 칸 언어'이다.[5]

(10) 카마사 언어(Kamasa－새로운 곰)

'카마'는 '곰'을 지칭한다. 사(Sa)를 '새로운'으로 보면 "새로운 곰 언어"가 되는 것이다.[6]

(11) 심바리 언어(Simvari－새로운 어머니 광명)

역시 '바르'에서 변형된 이름으로 '바리(Bari)이다. '심(Sim)'은 새로운 '신(Sin)'이 S(새로운)와 임(Im－어머니)으로 해서 심(Sim)으로 변한 것 같다. '새로운 어머니 광명어'이다.[7]

---

3) https://en.wikipedia.org/wiki/Berahma
4) https://en.wikipedia.org/wiki/Turama%E2%80%93Kikorian_languages
5) https://en.wikipedia.org/wiki/Angan_languages
6) https://en.wikipedia.org/wiki/Kamasa_language
7) https://en.wikipedia.org/wiki/Simbari_language

(12) 케레언어(Kele－고리)

오스트로네시아 어족으로 폴리네시아, 동부해군제도, 이스트마누스섬의 언어로 '케레'는 '고리'에서 변형된 이름이다.

13) 코로언어(Koro－고리)

같은 오스트로네시아 어족의 언어로 '코로'도 '고리'에서 변형되어 나타난 이름이다. SVO의 어순이다.

(14) 쿠르티 언어(Kurti－고리의 머리)

오스트로네시아 어족의 북쪽 해안의 마누스섬의 언어이다. 이 언어는 '쿠르'와 '티'를 같이 나타낸 언어로서 '쿠르'는 '고리'에서 '티'는 머리에서 나온 것으로 "머리의 고리족" 혹은 "고리족의 머리"라 할 수 있다.

(15) 코이아리안 언어(Koiarian－깨우친 우리 신)

아리안의 이름을 망망고도에서 듣는 이름이다. 아리안이라고 하면 우리는 수메르권의 이동이나 인도로 진출한 종족을 연상한다. 여기에서 아리안이란 언어가 나온다. 참으로 반가운 이름이다. 줄여서 발음하면 '코리안'이다.

(16) 마리아(Maria) 언어

마누바란 언어의 '새의 꼬리'에서 사용된 언어라고 한다.

'마리아'의 마리는 머리를 말한다.

(17) 카우롱 언어(Kaulong－태양 고리의 카우족)

'카우'라는 낱말을 오래간만에 들어본다. '카우'는 '신지'의 직책을 후에 가우(加優)라고 불렸는데 인도유럽어로 '카우(Cau, Gau)'라고 하며 종족이름으로 환단고기에 보면 나온다. 아나톨리아 반도에 기원전 8세기경의 도시국가 중에 '리카오니아'가 있다. 이 '카오종족'은 나중에 '루카족'과 함께 이탈리아 남부에 들어가게 되고, 문헌에 의하면 인도 16국의 성립시에 '카오족'이 진출한 것을 알 수 있으며 이곳 파푸아 뉴기니에 까지 진출한 가우(카오) 종족을 알 수 있다 할 것이다.[8)]

앞장에서 이미 파퓨아뉴기니의 곰 언어를 설명하였고, 이렇게 오스트로네시안, 파퓨아 뉴기니 언어를 다시 해부해 본 바 9환족의 흔적이 고스란히 남아있는 언어라고

8) https://en.wikipedia.org/wiki/Kaulong_language

할 수 있다. 아마도 이 언어를 사용한 종족들은 고조선의 삼한 붕괴된 후 배를 타고 먼 이곳까지 항해하였다고 볼 수 있는 것이다. 필자가 간추려서 정리한 언어들로 고조선과 환웅시대를 인도유럽어를 인용하여 조명해 보았는데 중국이나 만주쪽으로 간 흔적이 없지 않은가? 그러므로 고조선은 만주에 가기 전(기원전 630년경)에 삼한체제가 붕되된 국가라는 것을 새롭게 밝혀두고자 한다.

〈그리스 아티카 숫자〉

I=1, ∩=5, △=10, ∩△=50, H=100, ∩H=500
×=1000, ∩×=5000, M=10000, ∩M=50000

* 후에 로마숫자는 여기서 비롯되었으며 '가림토문자'에서 따 왔다는 것을 알 수 있다. 또한 인도의 '브라부호'는 그리스, 로마에서 왔다.

〈곱트 문자의 파편〉

* 곱트 문자는 가림토의 I, M, ㅜ, ㅠ, ㅌ, ∧, ○, × 를 카피하였다.

〈아제르바이잔의 그리스 비문〉

* 가림토문자의 ㅜ, ㅠ, M, O, I, V 등을 카피하였다.

2. 프로토-오스트로네시아 언어를 통해 본 환웅과 고조선의 입증

세계의 주요 언어의 하나로 언어학자인 말콤 로스와 앤드류 Pawley은 프로토-폴리네시안 대형어휘를 구축하였다. 이 언어는 대략 기원전 4,000년으로 거슬러 올라간다. 이 언어는 미스어, 타가로그어, 세부 아노어, 차모로어, 마다가스카르어, 말레이어, 자바어, 피지어, 통가어, 마오리어, 타히티어, 하와이어, Marquesan어로 구성된다. 이 중에서 몇 가지 언어를 살펴보면 다음과 같다.

1) 말라가시어(Malagasy－우두머리 고시)

이 언어는 마다가스카르의 공용어이다. 오래 전에 그들 조상이 인도네시아에서 넘어 왔다는 설이 있다. 아프리카에서 유일하게 오스트로네시아 어족에 속하는 언어이다. 인도네시아어, 말레이어와는 사촌관계라고 한다.[9] '말라(Mala)'는 '마리'에서 변형된 이름이고 '가시(Gasy)'는 '고시'에서 비롯된 이름이다. 이 언어에서 '마리와 고시' 이름이 있는 것으로 보아 환웅시대나 고조선 초기의 사람들이 이주한 것으로 짐작된다. 말라가시어는 아프리카의 마다카스카라에서 지금도 영어, 프랑스어와 함께 공용어로 사용되고 있는 언어이다. 이 언어의 기원이 언어학자의 주장대로 기원전 4,000년설이 헛말이 아닌 것이다.

2) 팔라우어(Belru－광명의 태양)

이 언어는 서태평양 팔라우의 '코로르(쿠리-고리)'에서 쓰이는 언어로 팔라우의 유일한 국어이고 일상언어로 사용된다. '팔라우(Belru)'의 원형은 '바르(광명)'이다. 역시 환웅시대를 표방하는 언어인 것이다. 아나톨리아 반도의 '팔라연합'과 그 이름이 똑 같다. 어쩌면 아나톨리아(현 터어키)에서 넘어온 종족의 언어일 지도 모른다.

3) 키리바시어(Kiribati－고리 아버지의 머리)

이 언어는 오스트로네시아 어족에 속하는 언어로 어순은 동사, 목적어, 주어의 순이다. 과거에는 '길버트어'라고 하였다. 화자는 약 10만 명이고 피지, 제도, 마셜제도, 나우루, 솔로몬제도, 투발루, 바누아투 등의 국가에서 사용 중이다. '키리(Kiri)'는 '코리'에서 나왔고 원형은 '고리'이다. 아마도 우랄산맥 주변의 바시키르공화국의 사람들이 이주한 것으로 필자는 보고 있다. 지금의 바시키르공화국 사람들은 과거엔 고조선의

9) https://en.wikipedia.org/wiki/Malagasy

영역에 살았으며 9환을 이루었다. 그러기에 '키리'란 이름이 붙여진 것이다. 바티(Bati)는 '아버지 머리란 뜻이 되므로 '고리의 아버지 머리 언어'가 되는 것이다. 여기에서도 바슈키르가 '키리바시'로 거꾸로 인용되어 소개되고 있다.[10)]

4) 코스라에어(고시의 태양)

코스라에어는 미크로네시아 연방을 구성하고 있는 '코스라에 섬'의 언어이다. 케롤라인 제도와 나우루에도 이 언어를 쓰는 사람들이 있다고 한다. 2001년 기준으로 약8천명의 사용자가 있었다. '코스라에어'의 '코스'는 '고시'에서 변형된 이름이다. 환웅시대의 대표적인 종족의 이름인 것이다.[11)]

5) 코레로 마오이(Korero Maori – 고리 태양의 우리 어머니) 언어

뉴질랜드의 언어로 '코레로'는 '코레'가 되며 그 원형은 '고리'에서 온 것이다.[12)]

6) 파푸아 뉴기니 언어 지도

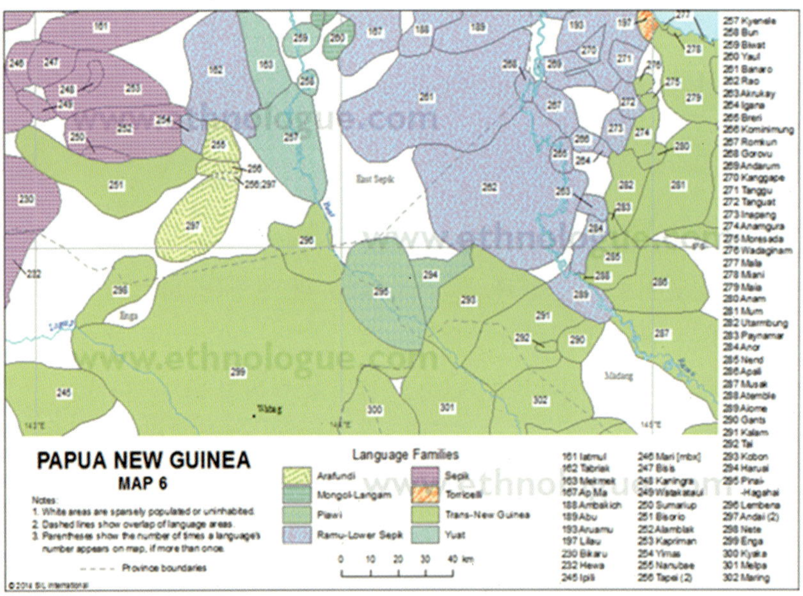

〈파푸아뉴기니(Papua New Guinea)인의 언어 지도〉

출처 : http://www.ethnologue.com/17/language/kmh

10) https://en.wikipedia.org/wiki/Kiribati
11) https://en.wikipedia.org/wiki/M%C4%81ori_people(마오리족)
12) https://en.wikipedia.org/wiki/Kosraean_language

제10장
신지녹도문자와 가림토문자가 세계문자에 미친 영향의 연구

1. 신지녹도문자

기원전 3898~2333년경 배달국이 있었는데, 배달국에는 사슴의 발자국을 본떠서 만든 녹도문자가 있었다. 이 녹도문자는 표음문자이자 만물을 형상화한 뜻글자로서 완전한 문자체계를 이루지 못하여 불편한 점이 많았다.

1) 신지녹도문자 천부경 진본

2) 경남 남해군 낭하리 금산의 암각화와 녹도문자

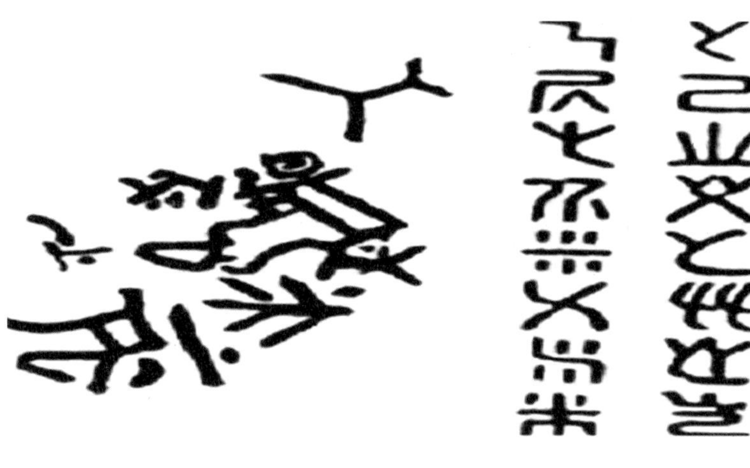

3) 신 영변지의 신지필적

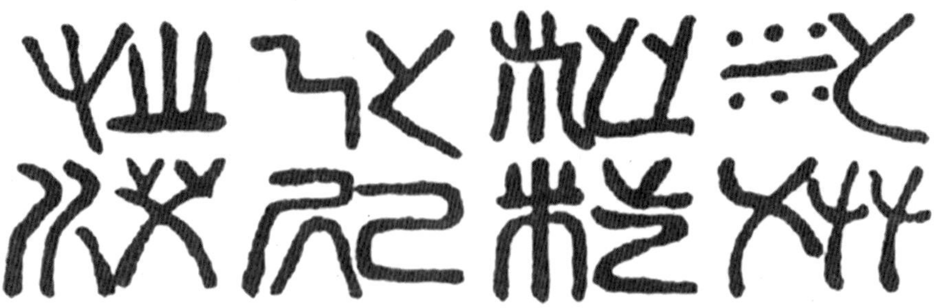

4) 1971년판〈영변군지〉에 실린 녹도문자

『영변지』, 1971년 판

앞항에서 언급한 『연변군지』의 최초 발간은 1942년으로 「81자 神誌篆」과 「16자 神誌篆」이 함께 있으며, 그 후 월남한 세대들에 의해 1971년 서울에서 이 책이 재발간(원본은 한문이 많이 섞여 있으나, 이 책은 한글 번역이 눈에 띈다) 되었는데, 여기에는 「神誌筆蹟」이란 이름으로 맨 앞장에 실려 있다.

5) 안영태의 현대정치철학에 실린 녹도문자

출처 : 안영태(安永泰), 『현대정치철학(現代政治哲學)』, 공동문화사, 1974년 판

안씨는 자신의 저서 속표지마다 이 그림을 싣고 있다. 그는 이것을 「神誌氏의 전자(篆字)로 단군시대(4,500년 전)의 기록」이라고 밝혔다. 心溪 鄭周永 박사의 증언에 의하면, 안씨는 옛 황실재산관리소장인 尹宇景이 소장했던 것을 받아서 등재한 것이라고 한다.

6) 중국 백수현(白水縣) 사관촌(史官村) 창성묘(倉聖廟)의 『창성조적서비(倉聖鳥跡書碑)』

이 창성(倉聖)의 조적서비문은 본래 『섬서고대서법유적종술(陝西古代書法遺蹟綜述)(1)』에 실려 있는 것을 『환단지(桓檀誌)』 제10호(1993년 6월 6일 발간)에서 재인용한 것을 필자가 또 인용하였다.

이 전고비문은 모두 28자로서 중요한 의미를 지니고 있다고 한다(이하 「28자 전고문」이라고 통칭함).

환단고기 「태백일사」 소도경전본문 기록에 보면 환웅천황께서 신지(神誌-벼슬이름) 혁덕에게 명하여 녹도의 글로 천부경을 기록케 하였다고 한 것을 보면 그 당시에 녹도(사슴 발자국 모양)란 문자가 있었음을 알 수 있다.

고조선이 건국되기 훨씬 전인 신시배달국 때부터 우리 민족은 이미 문자생활을 영위하는 우수한 문명을 영위하였다. 배달국 환웅천황은 신지(神誌) 혁덕(赫德)에게 명하여 녹도문(鹿圖文 : 神誌文字)을 창제하였다. 기원전 39~38세기경에 창제된 이 녹도문은 이집트 상형문자(기원전 3000년경), 수메르 설형문자(楔形文字 : 아카드어, Cuneiform Script, 기원전 3000년경)보다 몇 세기 앞서는 세계 최초의 문자이다.

출처 : 녹도문자, 참고도서〈이형구 「단군을 찾아서」(살림터 출판사), 1994년 판 인용〉

2. 신지녹도문자와 가림토문자의 세계문자와 비교

필자가 인용한 다양한 녹도문자가 있는데 '창힐'의 문자와 서로 닮았고, 또한 진위를 가릴 수 없고, 몇 글자가 전해져 왔는지 불분명하여 공인이 아직 안된 상태라고 한다. 필자는 우선 그리스어, 페니키아, 히브리어, 키릴문자, 아랍어, 페르시아어 등을 통하여 어떻게 차용되어 갔는가를 필자가 연구해 보기로 한다.

1) 페니키아문자

여기에서 자세히 살펴보면 세 번째 란의 '페니키아' 문자란에 위에서 아래로 6행과 14행, 18행의 글자가 녹도문자을 많이 본 딴 것으로 나타났다.

그리고 가림토문자에서 총 7자를 본 따 만든 것으로 드러나고 있다.

2) 그리스 문자

녹도문자의 카피 흔적은 없고 다만, 가림토문자는 약 19~22자에서 가림토문자를 그대로 옮겨 쓰거나 응용한 것으로 드러났다. 이것으로 그리스어가 가림토문자의 영향을 크게 받은 것으로 나타났는데 아마도 크레타와 미노아 지방의 '곰 문명'의 영향으로 보인다.[1)]

Αα	알파	Νν	누	Ββ	베타	Ξξ	사이
Γγ	감마	Οο	오 미크론	Δδ	델타	Ππ	파이
Εε	엡실론	Ρρ	Rho	Ζζ	제타	Σσς	시그마

1) https://en.wikipedia.org/wiki/Greek_language

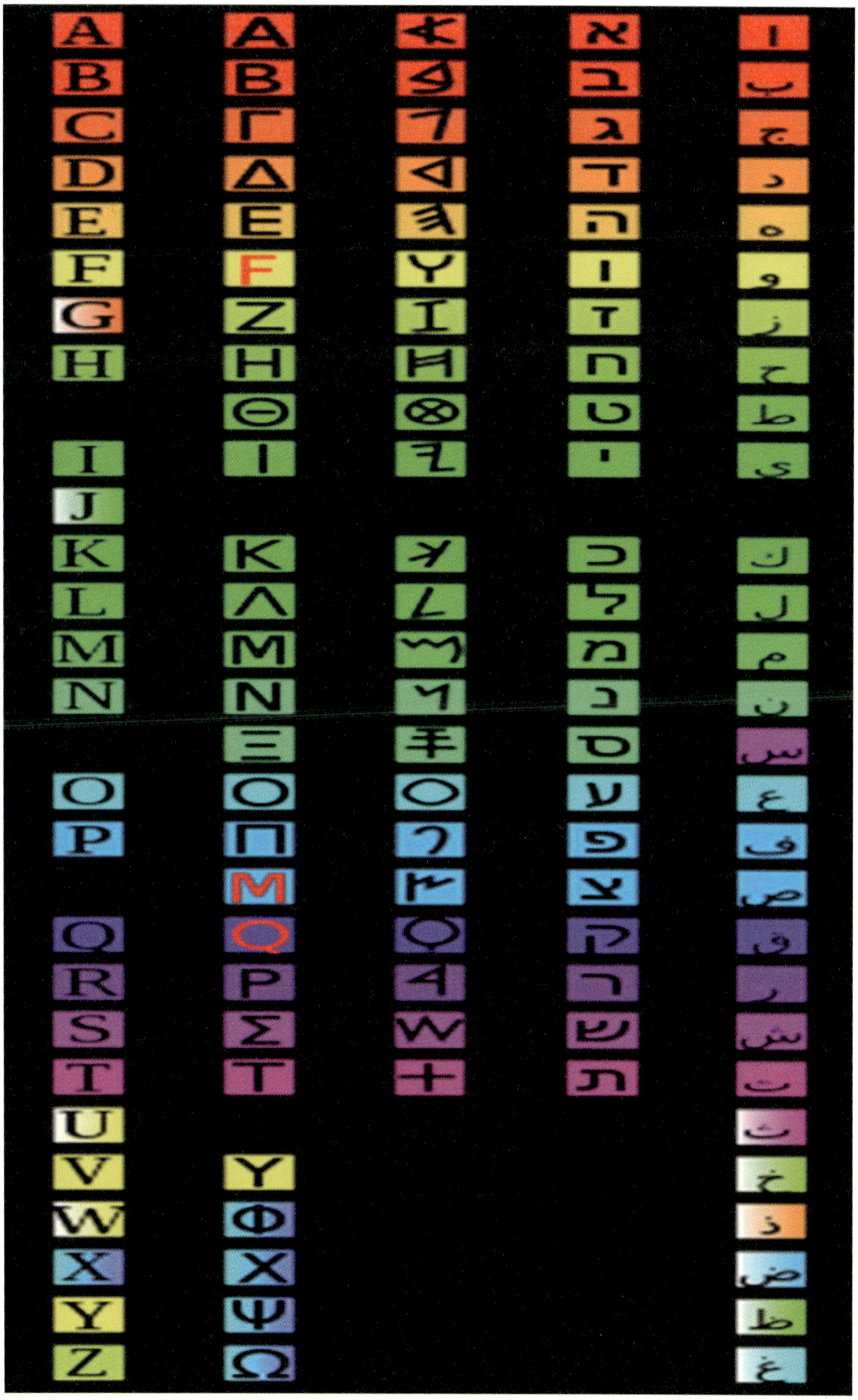

〈로마자, 그리스어, 페니키아어, 히브리어, 아랍어 비교(좌측 순서대로)〉

ηη	에타	Tτ	타우	Θθ	쎄타	υ	업 시론
Iι	이오타	Φφ	피	Kκ	카파	X	치
Λλ	람다	Ψψ	Psi	Mμ	무	Ωω	오메가

3) 히브리문자

히브리문자에서 녹도문자를 본 딴 글 중 1글자는 확실하고 나머지 3글자는 응용한 것으로 보인다. 그 1글자는 X형이다. 가림토문자의 차용에 대해선 8글자의 차용과 응용글자는 4~5개로 보았다. 그러므로 히브리어도 가림토문자의 큰 영향을 받은 것이 증명되었다.[2)]

4) 로마자

로마자는 녹도문자를 따 온 흔적은 없고 다만, 가림토문자에서 오늘날 영어가 거의 이루어진 것으로 보고 있다. 10개의 문자는 가림토에서 그대로 가져왔으며 나머지 14글자는 가림토에서 약간 변형하여 응용한 것으로 내다 보고 있다. 우리의 고대어가 현재 영어의 원천이란 것이 드러났다. 사실 고대영어는 '크로아티아어'로 필자는 알고 있다. 그러나 '크로아티아'는 '빈카문화'의 본산지였으며 환웅문화가 일어난 장소로 나중에 '라틴(태양의 머리족) 문명'으로 인식된 사람들 이었다.

5) 베르베르어(Berber-광명, 광명!)

*베르베르어의 고대 '티피나그'엔 가림토문자를 따 온 문자가 6개 보이고 응용한

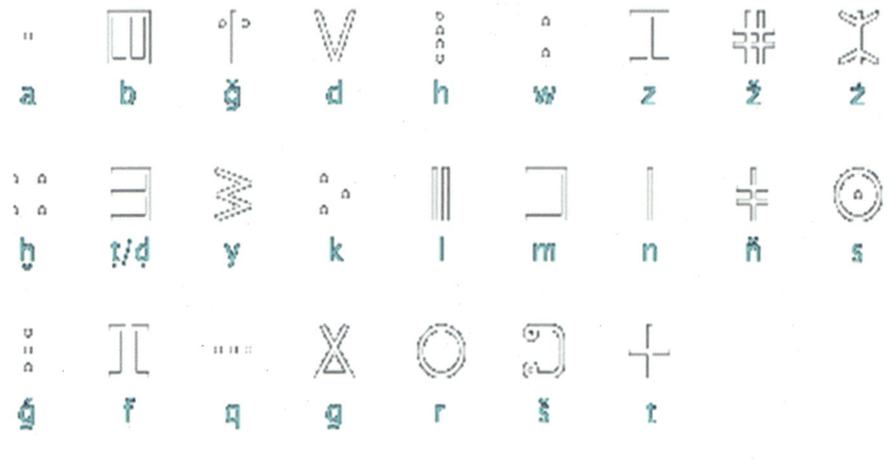

2) https://en.wikipedia.org/wiki/Hebrew_language

문자는 7개, 점을 이용한 산대문자는 7개이다(총 25자 중).[3]

베르베르어는 모로코, 튀니지, 리비아의 북아프리카 언어인데 '커머문화'의 쿠시왕조의 문화, 기원전 4세기의 '기시문명(고시)과 연관되는 언어로 보고 있다. 그런 이유인지 역시 가림토문자의 영향을 크게 받았다는 것이 증명되고, 영어의 K는 점이 3개이며 3개짜리 점으로 2개의 글자를 표현하였다는 것이 잠재된 삼신신앙을 보여준다 할 것이다.

6) 우리의 가림토문자

(1) 개설

기원전 2333년 단군조선이 건국되었고 기원전 2181년 3대 갸륵단군에 이르러 녹도문자의 불편한 점을 개선코자 삼랑 을보륵에게 명하여 38자의 문자를 만드니 이것이 바로 가림토문자이다.

가림토문자를 만들면서 갸륵단군께서 하신 말씀이 "아직 풍속은 하나 같지 않았다. 지방마다 말이 서로 다르고 형상으로 뜻을 나타내는 진서(眞書)가 있다하여도 열 집 사는 마을에도 말이 통하지 않는 경우가 많고 백리 되는 땅의 나라에서도 글을 서로 이해하기 어려웠다."고 전해내려 온다.

'가림다'는 우리말 소리가 가진 뜻에 관리 통제하여 일치시킨 소리글(표음문자)이면서 동시에 뜻글(표상문자=표의문자)이다. 가림다의 글자 하나하나의 글씨 디자인은 사물의 구체적 형상을 상징하는 것이 아니고, 사물 간의 관계법칙을 내포하는 개념을 상징하는 기하학적 형상이다.

훈민정음은 이 음성기호적 기능을 살리고 28자로 축약한 뒤 모아쓰기 형태의 융음합자 방식으로 바꾸어 세종대왕에 의해 재창제된 것이다. 가림다는 38자이며 풀어쓰기 방식이다.

융음합자 방식이란 소리가 나는대로 문자를 합자하여 조합형의 글자를 만드는 방식을 뜻한다. 합자방식을 사용한 문자는 한글과 한문이 대표적이다. 한문은 표의문자(뜻글자), 한글과 영어는 표음문자(소리글자)로 구분된다. 가림토문자는 풀어쓰기 방식이고 영어도 풀어쓰기 형식이다.

〈풀어쓰기 보기〉 민족문화 → ㅁㅣㄴ ㅈㅗㄱ ㅁㅜㄴ ㅎㅗㅏ

가림토문자의 흔적들은 외국에도 남아 있다. 일본의 신대문자, 몽고의 파스파문자,

3) https://en.wikipedia.org/wiki/Berber_languages

인도의 산스크리스트 알파벳과 구라자트문자에서 그 유사성을 찾을 수 있다. 가림토문자가 특이한 것은 전세계 어느 나라 문자와도 다른 차별성을 가지고 있다는 것인데, 바로 문자가 대단히 반듯하다는 것이다. 갑골문의 유적에서 볼 수 있는 원시 한자의 모양도 구불구불하였던 것이 단군 3세 때 처음 만들어진 우리 민족의 가림토문자의 영향을 받은 것이라는 학설도 있다고 한다.

한편 시베리아에 거주하던 '쥬신족'의 일부가 베링해를 거쳐 아메리카로 이동하였는데 이들이 바로 아메리카 인디언의 기원이라고 할 수 있다. 아메리카 인디언의 유적 중에서 가림토문자 'ㄷ', 'ㅁ', 'ㅐ' 등이 새겨진 것이 발견되었고, 아메리카 대륙뿐 아니라 인도의 한 고장에서도 가림토문자가 사용되고 있다고 전해지는데 확인해 본 바는 없다.

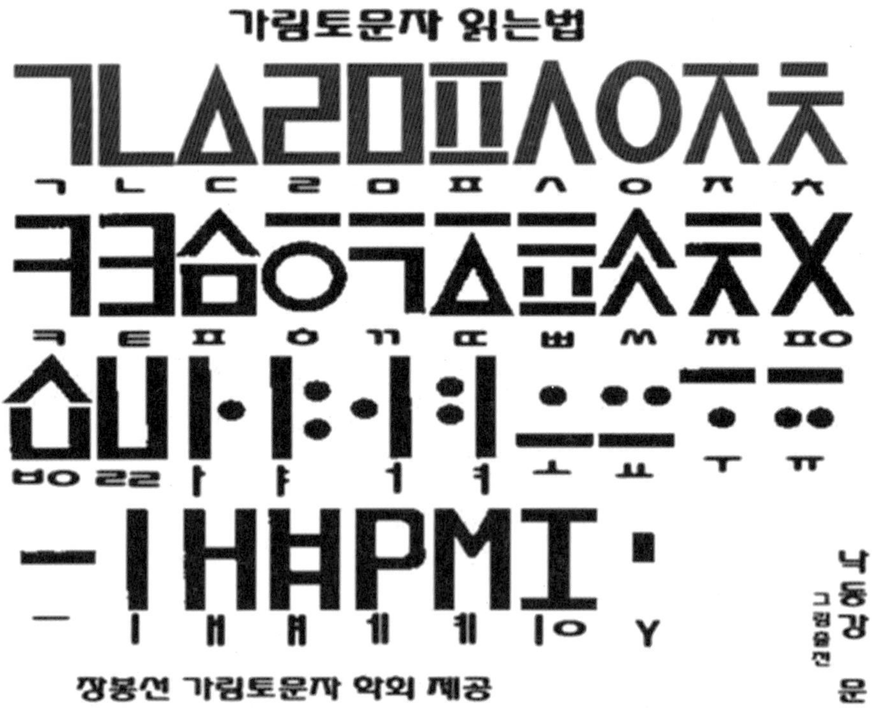

* 출처 : 장봉선 가림토문자학회

(2) 가림토문자의 역사적 근거

① 훈민정음 창제 당시 세종 23년에 발표한 세종실록 103권에는 "非新字也"라 하였다. 언문은 모두 옛 글자를 본받아 되었고, 새 글자는 아니니다.

② 세종 25년 세종실록에, 이 달에 상감께서 친히 스물여덟 자를 지으시니, 그 자는 고전(古篆)을 모방한 것이다.

③ 조선왕조실록을 보면 세종대왕이 훈민정음을 반포하자 최만리 등이 반대하는 글을 올리는데 거기에는 다음과 같은 내용이 나온다.

> **諺文皆本古字 非新字也 則字形雖倣古之篆文用音合字盡反於古實無所據**
>
> 언문은 모두 옛글자를 근본 삼은 것으로 새로운 글자가 아니고, 곧 자형은 비록 옛날의 전문을 모방했더라도 용음과 합자가 전혀 옛 것과 반대되는 까닭에 실로 근거할 바가 없는 바입니다.
>
> **借使諺文自前朝有之以今日文明之治變魯至道之意尙肯因循而襲之乎**
>
> 전조 때부터 전해오는 언문을 빌려 쓰신 것이긴 하지만, 지금은 한자를 써야 할 때인데 어찌 지나간 것을 따르려 하시오니까?
>
> **諺文與文字誓不干涉專用委巷俚語者乎**
>
> 언문은 한자와는 서로 아무런 상관됨이 없는 시골 것들이 쓰는 말일뿐이옵니다.

당시 세종대왕은 한글을 「훈민정음」이라고 했지 「언문」이라고 한 적이 없다. 최만리 등의 말에서 보듯이 「훈민정음창제」 이전에 이미 예로부터 전해오는 「언문」이라는 것이 있었고, 백성들이 그 「언문」을 쓰고 있었으며 「훈민정음」은 그 언문의 모양을 본따서 만들어진 것이다.

④ 조선 세조 때 생육신의 한 사람인 매월당 김시습(1435~1493)은 "세종대왕의 훈민정음 28자의 근본이 『징심록』의 가람토문에서 취해졌다"고 말하였다는 기록이 있다.

⑤ 압록강 위쪽 고구려의 옛 수도 집안 근처에서 발견되는 토기 중에는 가림토문자, 녹도문자, 한문이 동시에 쓰여진 것이 발견되고 있었다고 한다.

⑥ 가림토문자는 고려 공민왕 때인 1363년 이암(李巖)이 저술한 '단군세기'에 제3세 단군 가륵이 을보륵에게 명하여 정음 38자를 만들었다고 기술되어 있다.

⑦ 조선 중종 때 학자 이맥(李陌)의 『태백일사』「소도경전 본훈」에는 "한문이 우리나라에 들어오기 전에 가림토(加臨土)라는 옛 글자가 있어 모두 이 문자로 기록을 했다"는 내용이 기재되어 있다.

⑧ 경북 경산시 와촌면 강학리 명마산 중턱에 있는 바위(가로 1.8m, 세로 3.4m)에서 가림토로 추정되는 문자 다수가 새겨져 있는 것이 발견되었다. 이 바위에는 상형문자에 가까운 글꼴이나 ㅅ, ㅈ, ㄴ, ㅠ 등 한글 자모가 뚜렷이 각인되어 있으며, 재야 사학자인 예대원 씨는 '훈민정음 창제의 모태이자 기반이 된 것으로 알려

진 가림토문자가 확실하다'고 주장한다.

경북 경산시 와촌면 강학리 명마산 중턱 바위에서 발견된 가림토문자로 추정되는 문자이다.

⑨ 삼천포 남쪽에 있는 남해섬에는 우리나라의 고대문자로 추정되는 '남해 각서'가 있는데, 예로부터 많은 사람들이 탁본을 하여서 바위가 새까맣게 먹물에 젖어 있다. 위당 정인보는 "우리나라의 문자는 옛날부터 있었다. 지금 남해현 낭하리 암벽에 신시(神市)의 고각(古刻)이 있다."고 기술하였다. 단군 연구에 최고 권위자인 한국정신문화원 박성수(역사학) 명예교수는 남해각서를 보고 '바위에 암각된 문자가 가림토와 흡사한 형태를 하고 있다'며 '구체적인 연구검토를 거쳐 가림토 여부를 판명해야 할 것'이라고 피력한다.

⑩ 언어학자 박대종씨가 동방문자(漢子)의 기원인 갑골(甲骨)문으로 쓰여진 우리 선조의 유집 "농은유집(農隱遺集)" 천부경(天符經)에 대한 연구를 통해서 갑골문의 뿌리가 단군조선 이전인 환웅(桓雄)시대까지 거슬러 올라간다는 것을 밝혀냈다.

⑪ 이집트의 로제타석(기원전 205~180)에는 맨 위에 고대 이집트 상형문자, 중간에 이집트 민용문자, 맨 아래에 그리스문자가 쓰여 있어서 고대 이집트 상형문자의 해독을 가능케 했다. 그런데 고구려 옛 수도 집안 근처에서 발견되는 토기 중에는 가림토문자, 녹도문자, 한문이 동시에 쓰여진 것이 발견되는데, 이것은 로제타석보다 훨씬 오래된 것으로 추정한다.

지구상의 어떤 문자이든 어느 한 사람이 일시에 만든 경우는 없고, 그 시대 그 지역에 살던 사람들에 의해 자연발생적으로 사용되어진 문자를 체계화하여 집권자가 지정하고 국민들이 쉽게 사용하면 문자로서의 생명력을 부여받게 된다. 기원전 770년에 시작된 중국 춘추전국시대의 각 제후국들과 고조선 사이에 교역이 증가하면서 한자를

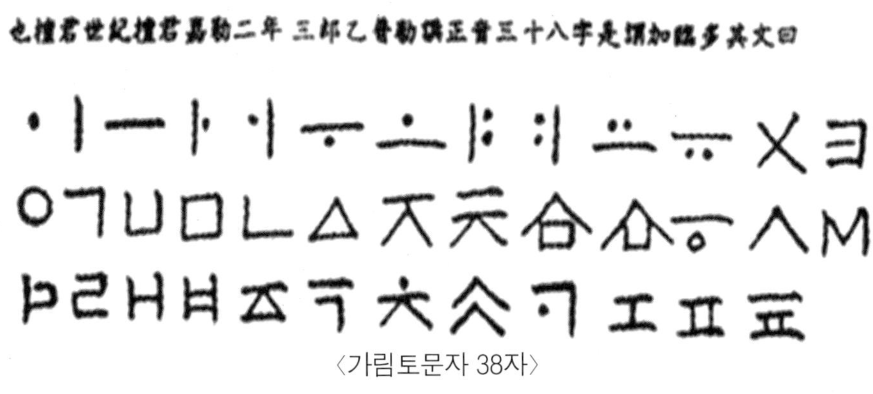

〈가림토문자 38자〉

국가 주요문서의 문자로서 사용하게 되자 가림토문자의 사용빈도가 낮아지게 되었다.

가림다 38자 중에 근간이 되는 중심글자에 대한 연구가 부족하여 해석을 달지 못한 자음과 모음에 대한 해석은 계속 연구되어야 한다.

(3) 닿소리글자(자음)

○ : 없음(0)을 상징한다. 없음은 있음이 상징하는 것으로 하나(1)이고, 있음과 하나(1)이다. 따라서 있음도 하나(1)이다. 이 하나인 없음에서 모든 것 있음이 나온다. 하늘(선천〉짐천〉후천)에서 나온 개념이다. 없음에서 처음 나오는 흐름이 ㅇ.ㄹ(=ㅇ.ㄹ=얼/알의 가림다 표현)이며, 후천에서 하늘은 ㅇ.ㄹ과 하나이니 보이지 않는 ㅇ.ㄹ을 상징하기도 한다.

ㆆ(=ㅎ) : 빛 있음=밝음과 따뜻함을 상징한다. 선천의 불(火)과 같은 해(日)에서 나온 개념이다. 선천이라 함은 지구생성 전 우주의 시공간을 말하고, 짐천은 지구생성 과정의 시공간이고, 후천은 지구생성 후 지구 대기권/대기막 내의 하늘이다.

□ : ○에 상대적인 개념으로 물질(ㅇ.ㄹ_ㅁ) 있음을 상징한다. 닫혀 있음, 뭉쳐 있음, 나뉘어짐 등의 뜻/성질을 가진다.

ㄴ : □의 처음끝(있음)의 뜻/성질을 가진다.

ㄱ : □의 마지막끝(있음)의 뜻/성질을 가진다.

ㄹ : ㄴ에서 ㄱ으로 이어짐(있음). 이음, 흐름 등의 뜻/성질을 가진다.

工 : 가림다에서 ㄷ으로 있음이 없음을 두름(있음)의 뜻/성질을 가진다.

∪ : 가림다에서 ㅂ으로 가운데 선이 없는 모양, 즉 ㄷ이 선 형태로 비어있는 기학학적 형상. ㄴ이 ㄱ으로 닫히고 막히어 채워진 ㅁ이 되기 전의 빔(있음). 빔에서 채움, 즉 받음 등의 뜻/성질을 가진다.

ㅋ : 끝이 새로이 생겨 커짐(있음)의 뜻/성질을 가진다.

△ : ○과 □이 서로 소통되는 생명(ㅇ.ㄹㅣㄹ.ㅇ) 있음을 상징한다. 생명은 없음에서 있음으로, 있음에서 없음으로 되는 것인데 생명은 있음과 없음이 하나로 있음을 상징한다.

ㅅ : 생명이 섬. 서 있음. 솟음, 세움, 섬 등의 뜻/성질을 가진다.

ㅈ : 솟음을 누름. 죽음, 죽임, 지움 등의 뜻/성질을 가진다.

ㅊ : 지움을 뚫고 치솟음. 치솟음, 침 등의 뜻/성질을 가진다.

(4) 홀소리글자(모음)

. : 없음에서 있음으로, 있음에서 없음으로 되는 점(있음/없음)의 뜻/성질을 가진다.

_ : 솟지 못한 물질 있음/생명 없음의 뜻/성질을 가진다.

ㅣ : 있음(1). 솟은 생명 있음(1). 나눌 수 없는 하나(1) 있음의 뜻/성질을 가진다.

* 참고도서 : 이형구, 「단군을 찾아서」(살림터 출판사), 1994년판 인용.

3. 타타리아(Tartaria－머리는 우리 달) 클레이 부적(정제)

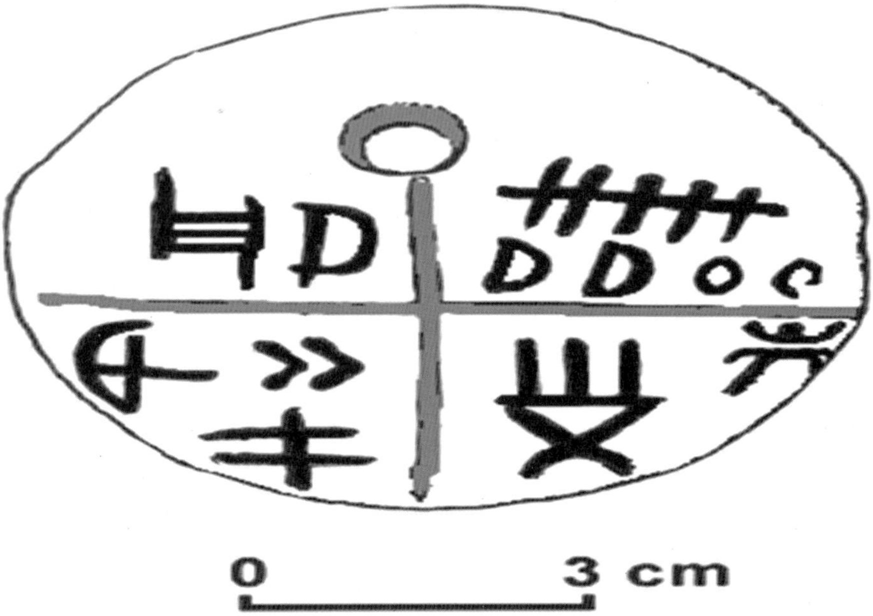

〈기원전 5,500~5,300년 Turdas－빈카문화, 빈카기호〉

1961년 니콜라 Viassa 고고학팀에서 신석기 시대 마을의 사이트 'Tartaria'에서(루마니아의 알바이 울리아) 발굴 : 트란실바니아 국립역사박물관에 소장됨.
이 정제는 루마니아 코뮌의 알바(Alba－아버지 얼) 무레스(Mureş)강 근처의 사이트에서 출토.
출처 : https://en.wikipedia.org/wiki/S%C4%83li%C8%99tea

* 여기에서 신지녹도문자가 우측상단에 산대문자 1개, 우측하단에 2개 발견되고 있다. 이 정제엔 나머지 부호는 전부 '빈카부호'로 밝혀졌는데 녹도문자와 같이 사용된 것으로 보아 동시대에 혼합하여 사용했음을 반증하는 것이고 빈카문화는 한인, 환웅의 문화란 것이 입증되고 있다 할 것이다.

4. 초기 키릴문자(숫자로서의 의미 포함)

А	Б	В	Г	Д	Є	Ж	S	З	И	І
1		2	3	4	5		6	7	8	10
К	Л	М	Н	О	П	Ç	Р	С	Т	Ѹ
20	30	40	50	70	80		100	200	300	400
Ф	Х	Ѡ	Ц	Ч	Ш	Щ	Ъ	Ы	Ь	Ѣ
500	600	800	900	90						
Ю	ІА	Ѧ	Ѩ	Ѫ	Ѭ	Ѯ	Ѱ	Ѳ	Ѵ	Ѥ
60	700	9								

* 여기에서 숫자값 3과 7은 한통속으로 묶여 있다. 즉, 3과 7(삼신과 칠성은 하나로 보여주는 증거이다)은 실과 바늘 간의 사이를 보여주는 것이라 할 것이다. 파슈토어에서 3은 ㄱ이나, 키릴문자는 거꾸로 씌여 있다.

5. 그리스 선형문자(크레타)

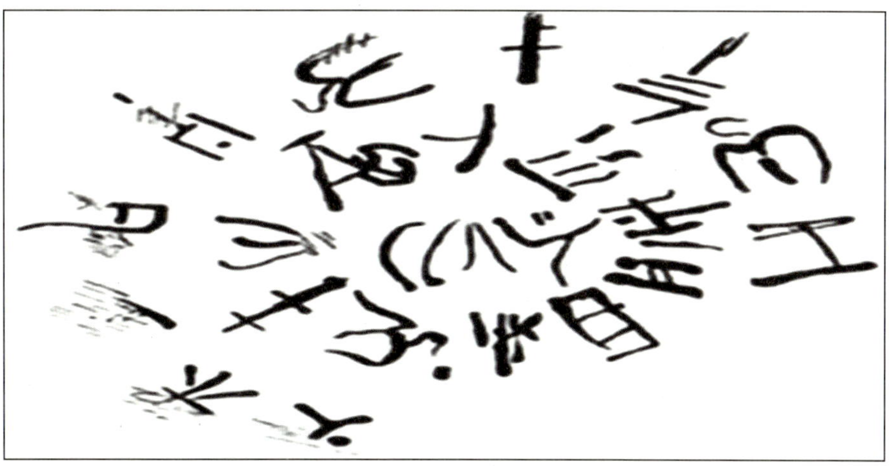

* 녹도문자가 1개 보인다(우측상단 – 동북방)

6. 그리스선형의 패널

＊빈카부호와 가림토문자가 뒤섞여 있다(ㅏ, ㅜ, V, X 등).

출처 : https://ru.wikipedia.org/wiki/%D0%AD%D0%B3%D0%B5%D0%B9%D1%81%D0%BA%D0%BE%D0%B5_%D0%BF%D0%B8%D1%81%D1%8C%D0%BC%D0%BE

Cypro-Minoan signs with most certain values

Based on their comparison with signs of the Cypriot and Linear B scripts.

F1 – Faucounau1, F2 – Faucounau2, FN – Facchetti/Negri, C – Colless, O – Opheltau.

	A	E	I	O	U
-	102	38	104	64	12/19?
B/P	6	11			
D/T	4	7	23		
K/G	25		70	21?	
L	87	24	9	5	
M	55/53		91	73/75	
N	8	2			
R		33		97	
S	82	44	27		46?
W		1			
Y	69				
Z					

〈사이프러스-미노아(Kipro -Minoyan) 합의에 의한 음절〉

러시아 언어학자인 Dmitri –lytov가 작성한 것으로 사이프러스-미노아 비문에서
출처 : http://dmitri-lytov.livejournal.com/233453.html

* 옴(엄마는… OM)

〈발리 알파벳〉

〈말라 알람어〉

〈오리야어(아삼, 벵골)〉

〈데바나가리(구자라트)〉

〈자이나교 기호〉

〈티벳어〉

* 많은 언어학자들이 '브라흐미(광명의 흰 빛나는 어머니)'문자가 페니키아문자에서 비롯된 것으로 보고 있다. 만약 그렇다면 인디아에서 쓰이는 대부분의 문자 체계가 페니키아문자를 조상으로 두고 있는 것이다.

〈아쇼카왕의 6번째 기둥의 칙령(브라흐미문자)〉

* 방점이 삼각형으로 3개(삼신신앙)가 있다.

7. 파슈토어(Pashto－아버지의 새로운 흰 머리, 아프가니스탄의 공용어)

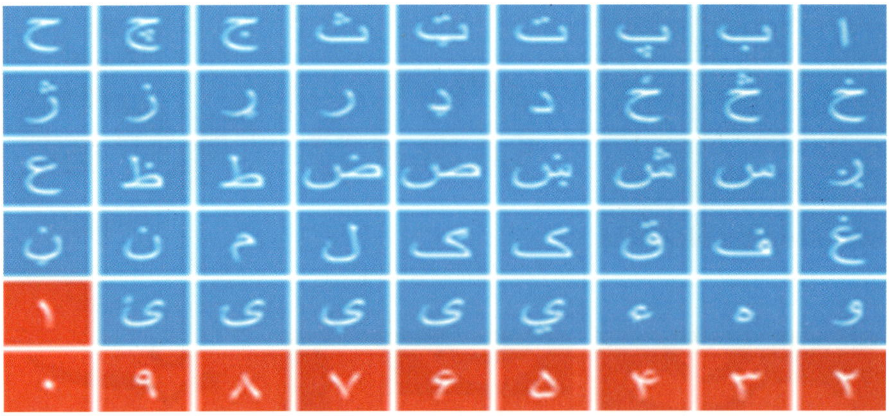

8. 페르시아어(Persia－새로운 광명) 알파벳

ا ب پ ت ث ج چ ح خ د ذ ر ز ژ س ش
ص ض ط ظ ع غ ف ق ک گ ل م ن و ه ی

9. 오래된 히브리어(Hebrew－태양의 광명, 히브리어/사마리아 알파벳)

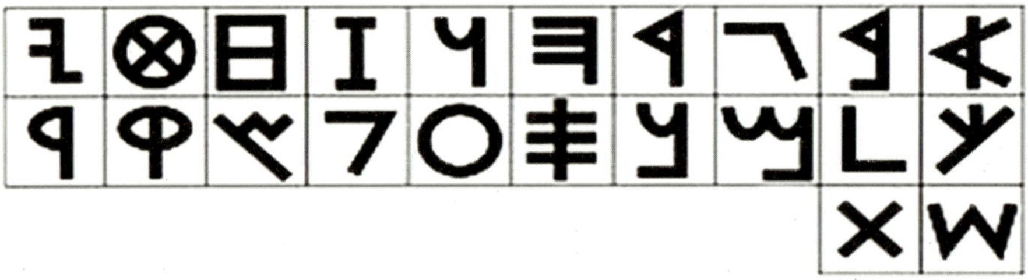

*가림토문자인 ㄱ, I, O, X, L, V 등에서 카피하였다.

10, 마야족의 숫자 값

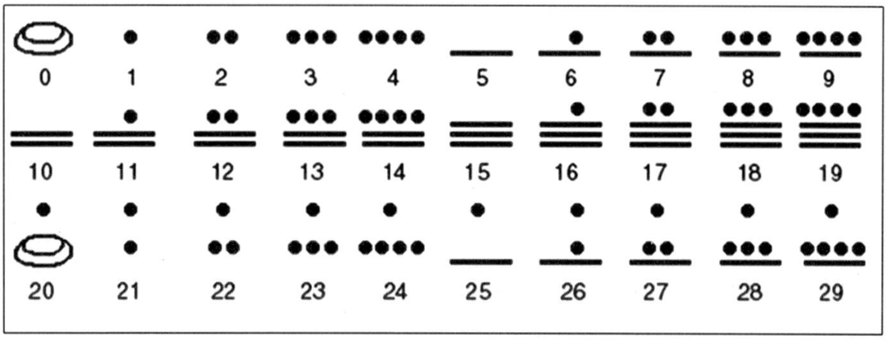

11. 미국 인디언인 '체로키족'의 문자

a	e	i	o	u	v [ə̃]
Ꭰ a	Ꭱ e	Ꭲ i	Ꭳ o	Ꭴ u	Ꭵ v
Ꭶ ga Ꭷ ka	Ꭸ ge	Ꭹ gi	Ꭺ go	Ꭻ gu	Ꭼ gv
Ꭽ ha	Ꭾ he	Ꭿ hi	Ꮀ ho	Ꮁ hu	Ꮂ hv
Ꮃ la	Ꮄ le	Ꮅ li	Ꮆ lo	Ꮇ lu	Ꮈ lv
Ꮉ ma	Ꮊ me	Ꮋ mi	Ꮌ mo	Ꮍ mu	
Ꮎ na Ꮏ hna Ꮐ nah	Ꮑ ne	Ꮒ ni	Ꮓ no	Ꮔ nu	Ꮕ nv
Ꮖ qua	Ꮗ que	Ꮘ qui	Ꮙ quo	Ꮚ quu	Ꮛ quv
Ꮝ s Ꮜ sa	Ꮞ se	Ꮟ si	Ꮠ so	Ꮡ su	Ꮢ sv
Ꮣ da Ꮤ ta	Ꮥ de Ꮦ te	Ꮧ di Ꮨ ti	Ꮩ do	Ꮪ du	Ꮫ dv
Ꮬ dla Ꮭ tla	Ꮮ tle	Ꮯ tli	Ꮰ tlo	Ꮱ tlu	Ꮲ tlv
Ꮳ tsa	Ꮴ tse	Ꮵ tsi	Ꮶ tso	Ꮷ tsu	Ꮸ tsv
Ꮹ wa	Ꮺ we	Ꮻ wi	Ꮼ wo	Ꮽ wu	Ꮾ wv
Ꮿ ya	Ᏸ ye	Ᏹ yi	Ᏺ yo	Ᏻ yu	Ᏼ yv

* 페니키아의 '비블로스 음절'에서 응용하였고, 로마자의 혼합으로 보인다.

〈인도유럽어(기원전 2,500~1500년)〉

〈인도유럽어의 팽창(기원전 1,500년)〉

〈토카리안 언어(비블로스 음절 : Byblische(레바논))〉

〈일본이 보관 중인 '토카리안 언어'〉

* 일부러 지웠는 지 윗부분이 희미하다(일본 소장).

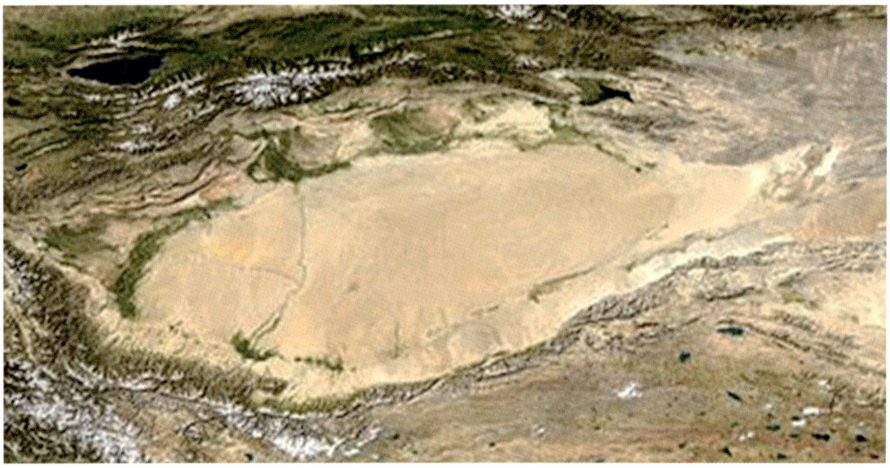

〈타림분지(사막)의 작은 토카리안 지대〉

* 항공촬영으로 본 '타림분지'의 일부'인 것으로 보인다.
* 코란, 쿠차, 아그니, 투르판이 있는 고대도시였다.

〈6세기 키질, 타림분지의 토카리안〉

12. 올드 투르크어(Old Turkic)

7세기부터 10세기까지 거슬러 올라간 비문은 현재의 몽골(두 번째 투르크 카가 네이트와 위구르 카가 네이트의 영역), 남부 시베리아 중부의 예니 세이(Yenisey) 분지, 알타이 산맥과 신강에서 본문은 주로 비명(공식 또는 사적)이지만, 청동 거울을 비롯하여 고고학적 인공물에서 발견되는 짧은 비문과 낙서가 있다. 카자흐스탄 문화 및 문화 정보부 언어 위원회 웹 사이트 Orkhon 지역에서 54개의 비문, Yenisei 지역에서 106개, Talas 지역에서 15개, Altai 지역에서 78개가 나열된다고 한다.

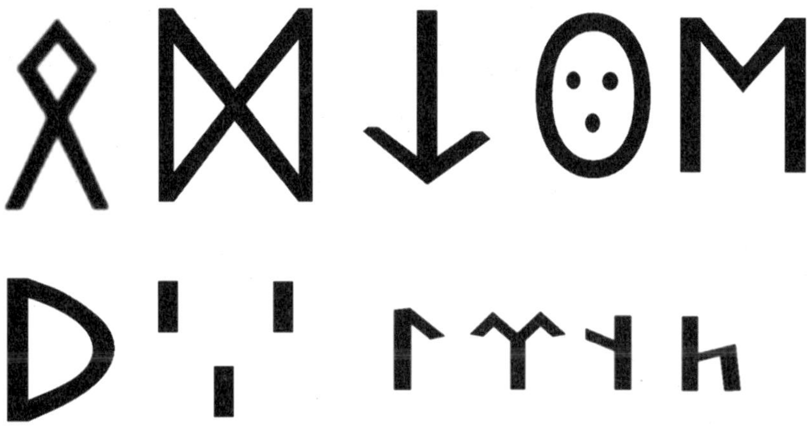

〈돌궐 문자〉

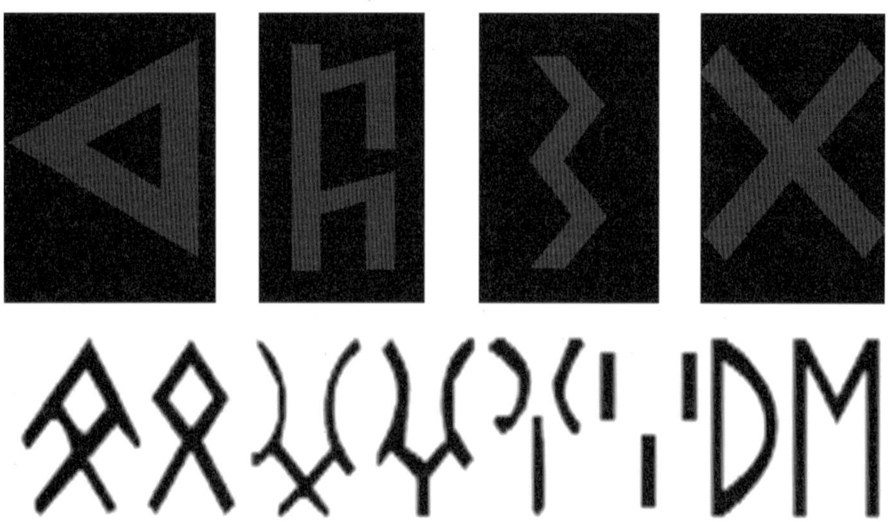

〈텡그리(Tangrī)〉

출처 : https://ja.wikipedia.org/wiki/%E7%AA%81%E5%8E%A5%E6%96%87%E5%AD%97

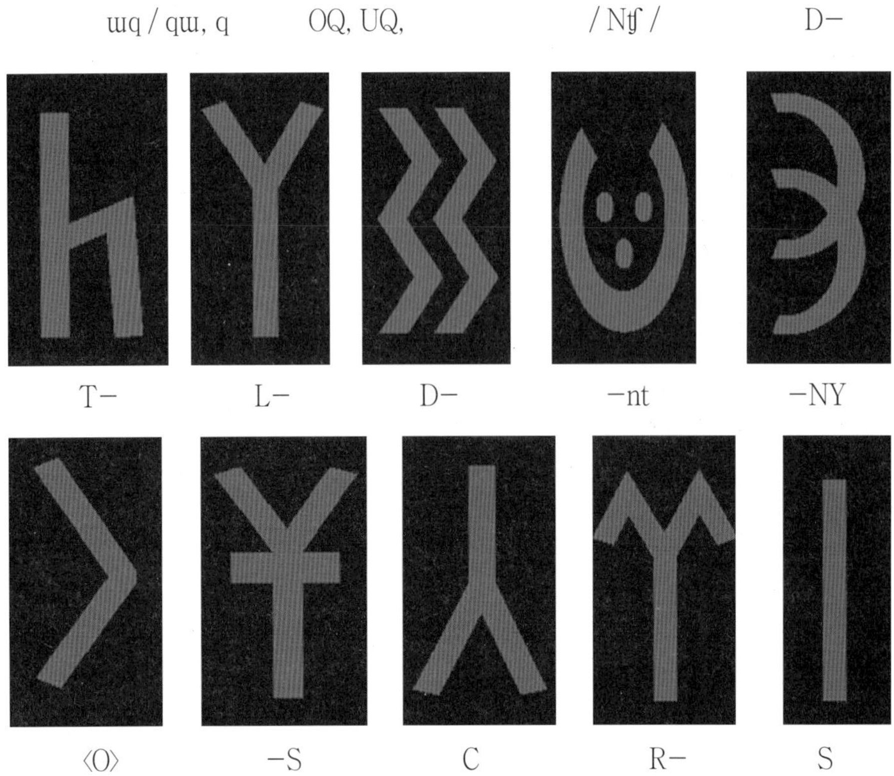

＊가림토문자인 M. V의 변형인〈·〉·Y·ㅜ·↓·∪〈고대그리스 악보용 기호〉, h·H·원에 3의 형성, D문자 등은 가림토문자에서 도입하고, 변형·발전시킴이 확실하다.

올드 투르크 문자는 Orkhon 알파벳, Göktürks, 8~10세기의 문자이며 예니 세이 알파벳, Talas 알파벳, Yenisei 알파벳의 파생, Kangly 또는 Karluks 8~10세기. Talas 비문에는 Terek−Say 암석 비문(1897년), Koysary 텍스트, Bakaiyr 계곡 비문, Kalbak−Tash 6 및 12 비문이 포함되어 있다. 탈라스 알파벳에는 29개의 문자가 있다고 한다.[4]

유라시아 그룹은 5개의 관련 알파벳으로 더 나누어 지며 Achiktash, Sogdia에서 8세기에서 10세기까지 사용되었다.

남쪽 Yenisei, Göktürks에 의해 사용된 제8~10세기의 특히 두 개의 유사한 알파벳 : Khazars에서 사용된 Don 알파벳, 8~10세기 Bulgars에서 사용된 Kuban 알파벳, 8~13세기 두 알파벳의 비문은 Pontic−Caspian 대초원과 Kama강 유역에서 발견된다.

옛 헝가리어 알파벳−로봐르 슈 문자−총 45자. 자음에 따라 후 모음과 함께 사용.

---

4) https://en.wikipedia.org/wiki/Old_Turkic_alphabet

1250년에 헝가리에서 발견된 암석에 새겨진 '로바슈(Rovásírás) 문자'

〈Magyar Rovásírás(헝가리 룬 문자)〉

출처 : https://ja.wikipedia.org/wiki/%E3%83%AD%E3%83%B4%E3%82%A1%E3%83%BC%E3%82%B7%E3%83%A5%E6%96%87%E5%AD%97

〈이레슈 규라(Illés Gyula) 민화집의 '로바슈 문자. 버전〉

출처 : https://ja.wikipedia.org/wiki/%E3%83%AD%E3%83%B4%E3%82%A1%E3%83%BC%E3%82%B7%E3%83%A5%E6%96%87%E5%AD%97

〈헝가리 보냐룻바 슈혜지(Vonyarcvashegy) 마을 '루바슈 문자. 교통표지판〉

출처 : https://ja.wikipedia.org/wiki/%E3%83%AD%E3%83%B4%E3%82%A1%E3%83%BC%E3%82%B7%E3%83%A5%E6%96%87%E5%AD%97

〈루마니아 '미에르 쿠레 아 치우크' 도시경계인 교통표지판의 '로바슈 문자'〉

출처 : https://ja.wikipedia.org/wiki/%E3%83%AD%E3%83%B4%E3%82%A1%E3%83%BC%E3%82%B7%E3%83%A5%E6%96%87%E5%AD%97

〈'로바슈어의 쓰기' 시스템이라라고 하나 전쟁시에 취득한 국왕의 인장으로 보인다.〉

출처 : https://ja.wikipedia.org/wiki/%E3%83%AD%E3%83%B4%E3%82%A1%E3%83%BC%E3%82%B7%E3%83%A5%E6%96%87%E5%AD%97

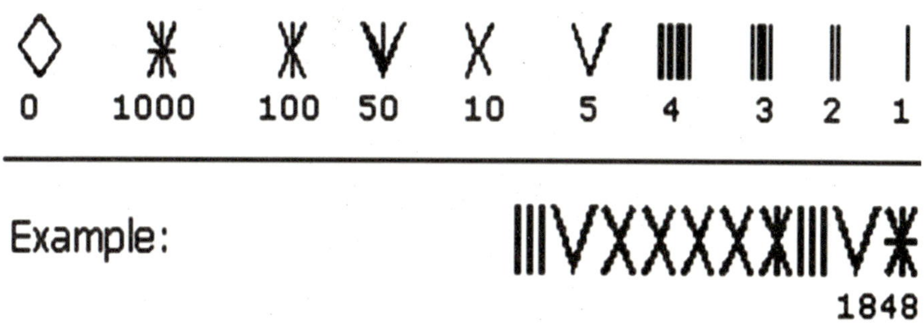

〈마자르-헝가리의 숫자〉

* 산대문자는 환웅시대부터 있었던 문자이며 X, V는 가림토문자이다.

13. Magyar rovásírás(헝가리 룬 문자-로바슈)

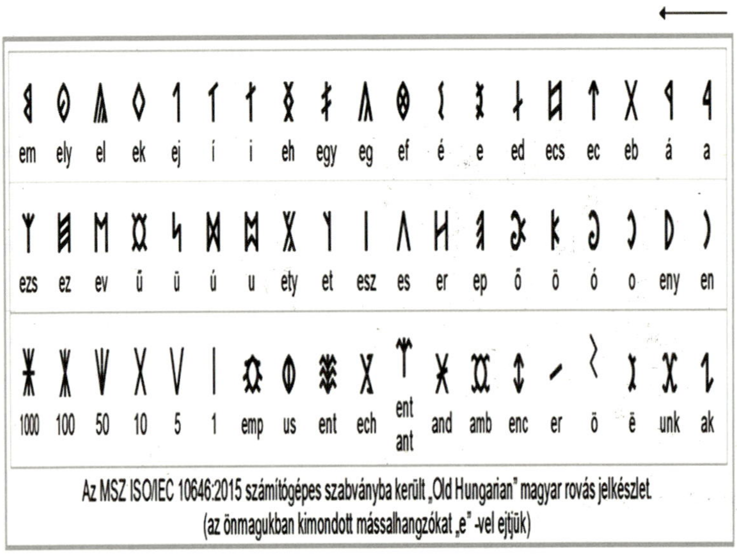

출처 : https://hu.wikipedia.org/wiki/Sz%C3%A9kely%E2%80%93magyar_rov%C3%A1s%C3%ADr%C3%A1s(헝가리 위키백과)

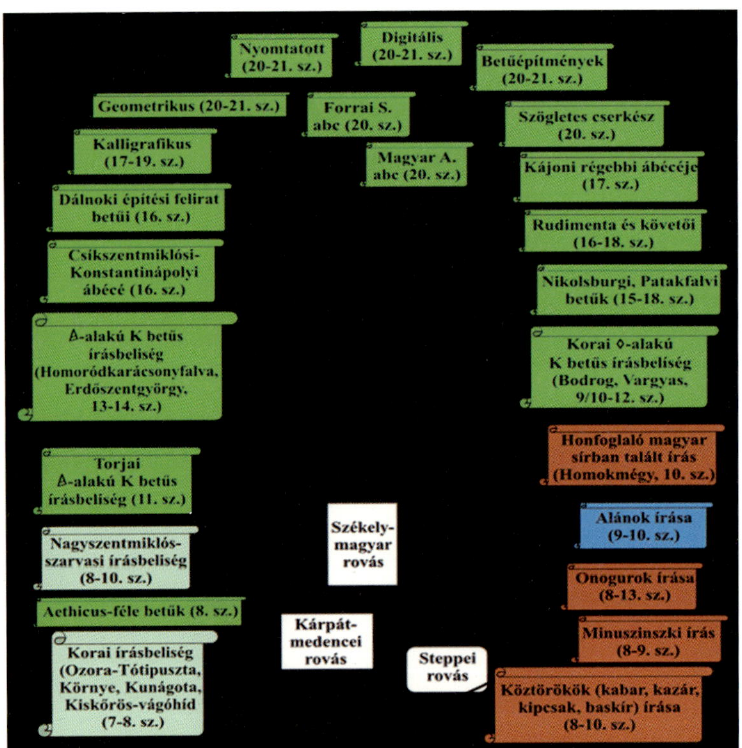

〈헝가리 로바슈(Rovás, Rovásírás) 언어 가계도〉

출처 : 헝가리 위키 https://hu.wikipedia.org/wiki/Rov%C3%A1s%C3%ADr%C3%A1scsal%C3%A1d

헝가리 로바슈(rovás, rovásírás) 언어 가계도의 가지 분석

〈좌측 해석〉

1. Geometrikus(17-19.sz)

어머니〈Me〉 달〈Tri〉의 집단〈Ge〉 고시〈Kus〉-스키타이족으로 고조선의 정체성인 '달의 어머니 종족'으로 보며 "달의 고시 집단〈고리〉"이다.[5]

2. Dálnoki épitési Felirat Betüi(16.sz)

Dálno〈달 사람들〉, Ki〈고리-집단〉, 아버지〈Épi〉, 머리〈Té〉, 새로운〈Si〉, 광명〈Feli〉, 태양의 머리〈Rat〉, 아버지〈Be〉, 머리〈Tüi〉.

"달 사람들 집단은 새로운 아버지의 머리이고 태양 광명의 머리이며 아버지 머리이었다."

3. Konstantinápolyi Ábécé(16. sz)

큰, 거룩한〈Á〉, 광명〈Polyi〉, 머리 사람들〈Tin〉, 새로운〈S〉, 칸〈Kon〉, 아버지〈Ábé-아베〉, 집단〈Cé, Ke, Ge〉.

즉, "광명의 거룩한 머리 사람들의 새로운 칸이며, 아버지 집단"이었다. 칸(Kan, Gan, Khan, Ghan, Can)은 모음조화에 따라 다양한 변형이 일어난다. 칸, 콘, 쿤, 킨, 켄 등으로 이어진다.

4. Alakü K Betüs

우리〈Ala〉, 집단〈Kü, 고리〉, 아버지〈Be〉, 머리〈Tü〉, 새로운〈S〉

중간에 대문자인 K는 집단〈고리〉을 의미하므로 Alakü 소집단과, Vetüs 소집단으로 이루어진 대집단으로 본다. "우리의 집단은 새로운 아버지의 머리집단"

5. Aethicus-Fféle betük(8.sz)

아버지 머리의 집단〈Tük〉

6. Korai irásbeliség

집단〈고리-Korai〉, 우리〈Irá〉, 새로운〈S〉, 광명〈Beli〉, 색〈Ség, sek-새카, 사카, 스키타이〉. "우리 집단은 새로운 광명의 색족〈스키타이〉이다"

5) https://en.wikipedia.org/wiki/Old_Hungarian_alphabet

＊우리(Uri)는 이르(Ir), 이리(Iri), 이라(Ira), 아르(Ar), 아라(Ara), 아리(Ari) 등으로 변화되며 표기된다.

〈우측 해석〉

1. Digitális(20－21. sz)
머리〈Di〉, 집단〈Gi〉, 달〈月, Táli〉, 새로운〈S〉. 즉, "새로운 달의 머리 집단"

2. Betüépitmények(20－21. sz)
아버지〈Be〉, 머리〈Tüé〉, 아버지〈Pi〉, 머리〈T〉, 어머니족〈Mén〉, 예족〈Yek〉.
＊예족과 맥족은 같은 민족 그룹형태로 투르크와 타타르였다.
"아버지 머리는 어머니 사람들의 '예족', 아버지 머리"

3. Magyar A
어머니〈Ma〉, 집단〈고리, 가르, 카리, 카라, Gyar〉 "어머니의 집단으로 마갈, 마가르, 말갈이 되며 자음 'ㄱ'이 때로는 자음 'ㅈ'으로 발음이 난다. 그러므로 마자르, 머저르 등으로 발성이 된다(알게리(Algery)가 알제리로 발성).

4. Rudimenta és Követöi(16, 18. sz)
태양〈Ru〉, 머리〈Di〉, 어머니 사람들〈Men〉, 이제 시작하는〈És〉, 아버지〈Ve〉
"어머니 사람들의 머리는 태양의 머리이고, 이제 시작하는 아버지 머리의 집단"
＊어머니 사람들의 머리는 태양의 머리에서 모계의 유풍을 알 수 있고, 어머니가 앞장 선 스키타이계 종족이 서양 학자들 주장대로 기원전 8~9세기는 아니라는 것을 알 수 있는 대목이다.

5. Nikolsburgi, Patakpalvi Betük(15, 18. sz)
집단〈골, 콜, Kol〉, 새로운〈S〉, 광명의 집단〈Burgi〉, 바닥〈원천, Badak, Patak〉 광명〈발, 팔, Pal〉, 아버지〈Vi〉. 즉, "광명의 집단은 새로운 집난, 아버지 광명의 바닥〈원천－아버지 머리의 집단〉"이다.

6. Korai－Alakü K Betüs Írásbelíség(Bodrog, Vargyas)
고리〈Korai〉, 우리 집단〈Alakü〉, 새로운 머리의 아버지〈Betüs〉, Írásbelíség－'우리는 새로운 광명의 색족〈Ség－스키타이〉'

아버지〈Bo〉, 달의 집단〈Drog〉, 광명〈Var〉, 고시〈Gyas, Gos, Gas, Gus〉

7. Honfoglaló Magyar 태양족〈Hon〉, 아버지〈Fo〉, 고리〈Gla〉
Sirban Talált Írás 태양의 아버지족〈Sirban〉, 달〈Tal〉, 얼 있는 머리〈Ált〉
(Homokmégy, 10. sz) 새로운 우리〈Írás〉

8. Alánok írása(9–10 sz)
알란족〈Alán〉은 이란인이다. "새로운 우리 이란족"

9. Onogurok írása(9–10. sz)
오노구르족은 '오구즈'족에서 분파된 종족이며 "고리의 신" 종족으로 "새로운 우리는 고리의 신을 믿는 종족"

10. Köztörökök(Kabar, Kazar, Kipcsak〈킵착〉), Bashkir Írása(8, 10. sz)
달(Törö)의 집단으로 같은 정체성을 지닌 카바르〈광명의 집단–Kabar〉, 카자르〈태양의 집단–Kazar〉, 바스키르(아버지 태양의 새로운 집단–Bashkir), 헝가리 로바슈(Rovás, Rovásírás)의 언어 가계도의 가지 분석에서 환웅의 광명, 고조선의 달종족이 나왔으며, 이란, 스키타이인들이 고대에 헝가리에 합류한 것으로 조사되었다. 특히 달(月)을 포방한 종족이 많이 포함되고 있어, 고조선의 멸망 후에도 오랫동안 달의 정체성을 가지고 있었던 것으로 보인다.

* Kabar(광명의 집단)–카바르족은 카자르카 가나테에 대항하여 9세기에 반란을 일으킨 카자르족 부족 3명으로 구성되었다. 반란은 콘스탄티노 폴 키로 기니 투스의 저작 De Administrando Imperio에 설명될 정도로 주목할 만하다. 그후 카바르족은 카자르 카가 네이트(Khazar Khaganate)에서 추방되었고, 헤이–마야 르(Hét–Magyar, 일곱 명의 헝가리인)라는 마야족 부족 동맹에 합류하여 피난처를 찾았다. 카바르 부족 3명은 마지르(Magyar)의 파노니아(Pannonia) 침략과 이후 9세기 말 헝가리 공국 형성에 동행했다.

많은 카바르족은 나중에 루마니아의 헝가리 왕국과 트랜실배니아의 비하르 지역에 정착했습니다. 일부 역사 학자에 의해 기록된 문자 생각 Gesta Hungarorum 주 Marot와 그의 손자 등 Menumorut, DUX의 Biharia는 Kabar의 후손이었다.

* Kazar(Khazars–새로운 태양의 집단)–Khazar의 기원과 성격을 결정하는 것은 그들의 언어 이론과 밀접한 관계가 있지만, Khazar 언어의 토착 기록은 생존하지 않으며 국가는 여러 언어와 다민족으로 되어 있기 때문에 복잡한 어려움이 있다. 스텝 유목민과 민족

의 한 덩어리는 종속 및 핵심 투르크 리더십에 가입하였다. 이전에 Tiělè(鐵勒-철륵) 연맹의 일부를 구성했던 Šaraġurs, Oğurs, Onoğurs 및 Bulğars를 포함한 Oğuric 종족과 같은 많은 투르크족은 상당히 초기에 입증되었고, Sabirs에 의해 서쪽으로 끌려 갔다.

아시아의 아바르에서 탈출하여 Volga-Caspian-Pontic으로 유입되기 시작했다. 4세기 초 일찍부터 Priscus-광명의 고시에 의해 기록되었고, 463년에 서유럽 유대인의 Steppelands에 거주하는 것으로 기록되어 있다. 그들은 Hunnic 멸망 이후 몽골과 남시베리아에서 유래한 것으로 보인다. Xiōngnú 유목민 정치. 이러한 투르크를 이끄는 잡부족 연맹, 아마도 복잡한 종족 연합으로 이란이 포함되었다. 프로토 몽, 우랄과 시베리아 일족을 정복하여 유연·도입하고, 552에서 중앙 아시아를 지배, Avars의 서쪽 스윕인 다른 대초원 유목민과 민족 Sogdiana과 연계되었다. 종교는 대부분 탱그리즘(Tangrizm)을 신봉하였다고 한다. 이들이 훈족 진출시에 시베리아 남부에 있었던 종족으로 탱그리 사상을 가진 것은 당연하다 할 것이다.

＊Bashkir(아버지 태양의 새로운 집단)-투르크 사람들의 원주민인 바시 키르인은 우랄산 지역에서, 동유럽, 북아시아 타타르스탄 공화국, 페름 크라이, 첼 랴빈스크에 살고 있다. Orenburg, Tyumen, Sverdlovsk, Kurgan Oblasts 및 러시아의 다른 지역 뿐만 아니라 카자흐스탄 및 기타 국가에서 바슈키르어를 사용·가능하다.

대부분의 바쉬르어족은 터키어의 킵착(Kypchak) 지부에 속해 있으며 폭 넓은 터키 민족과 문화적 유대 관계를 공유하고 있는 바쉬키르어를 사용한다. 종교에서 Bashkir은 주로 Hanafi madhhab의 수니파 무슬림이다.

〈타타르어 키릴 알파벳(1997년에 채택된 서한)〉

А а	Ә ә	Б б	В ×	Г г	Д д	Е е	Ё ё
Ж ж	Җ	З з	И и	Й й	К к	Л «	М м
Н н	Ң	О®	Ө ө	П п	Р р	С с	Т т
У у	Ү ү	Ф ф	Х х	һ	Ц ц	Ч ч	Ш ш
Щ щ	Ъ ъ	비싸다.		这	Э э	Ю ю	Я я

타타르의 조상 언어는 멸종된 Bulgar와 Kipchak 언어이다. 크리 미안 타타르어는 다른 킵차크 언어이지만 영향력으로 인해 표준 터키어와 유사하다.

문학적 타타르어 언어는 Middle Tatar 방언과 Old Tatar 언어(İske Tatar Tele)를 기반으로 하였다. 둘 다 Kipchak 그룹의 투르크계 언어의 멤버이지만, 고대 볼가 불가리아

(Volga Bulgar) 언어에서 부분적으로 도출되었다. 대부분 우랄 언어에서 볼가강 지역이 강하게 타타르어 영향을 미쳤다고 한다.[6]

초기 키릴 문자

А	Б	Ȃ	Г	Д	Е	Ж	Ѕ	□	И	І	К
	Л	М	Н	О	П	Р	С	Т	ОУ	Ф	
Х	Ѡ	Ц	Ч	Ш	Щ	Ъ	Ы	Ь	Ѣ	□	Ѥ
	Ю	Ѫ	Ѭ	Ѧ	Ѩ	Ѯ	Ѱ	θ	Ѵ	Ç	

출처 : https://en.wikipedia.org/wiki/Cyrillic_script

14. 위구르 문자(8세기에 중앙아시아에서 사용, 후에 몽골문자로 이어진다)

https://ja.wikipedia.org/wiki/%E3%82%A6%E3%82%A4%E3%82%B0%E3%83%AB%E6%96%87%E5%AD%97

6) https://en.wikipedia.org/wiki/Tatar_language

15. 산스크리트어-영어사전으로 Monier Monier-윌리엄스

INTRODUCTION. xxvii

Let any one study this Table and he must, I think, admit that it indicates an original connexion or family likeness between the Phœnician and earliest Indian or Brāhma letters, whilst it also illustrates the fact that the plastic hand of the Brāhmans has greatly modified and expanded the original germs, without, however, obliterating the evident indications of their connexion with the Phœnician.

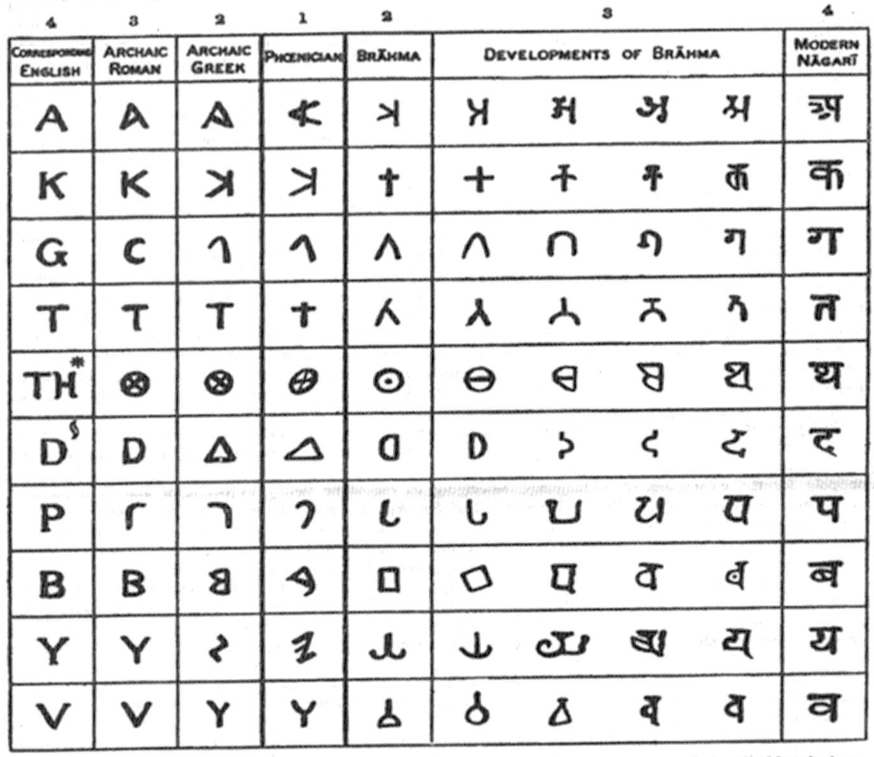

* This is for the Greek *theta*, which is represented in this Dictionary, according to present usage, by *th*, although *t* or would be a more scientific symbol.
§ According to Professor Bühler, the Brāhma. ᗡ became Nāgarī ध *dh*, from which द *d* was evolved.

And indeed the modest equipment of twenty-two letters which satisfied the Phœnicians, Greeks, and Romans, to whom the invention of writing was a mere human contrivance for the attainment of purely human ends, could not possibly have satisfied the devout Hindū, who regarded his language as of divine origin, and therefore not to be expressed by anything short of a perfect system of equally divine symbols. Even the popular Prākṛit of King Aśoka's edicts seems to have required nearly forty symbols[1], and the

[1] Some of the inscriptions had not the full complement of vowel-signs. As a matter of fact I find that in some inscriptions a list of only thirty-five letters in all is given, while in others there are thirty-six, and in others again thirty-nine. Professor Bühler says (p. 82 of his latest work published in 1898) that the ordinary Brāhma alphabet has forty-four letters traceable in the oldest inscriptions (including the Bhaṭṭiprolu) which with *au* (derived from *o*) would make forty-five, and with the mark for Visarga which 'first occurs in the Kushana inscriptions' forty-six. The common reckoning for the vowels, as taught in indigenous schools, makes them only twelve.

출처 : https://en.wikipedia.org/wiki/Writing_system

16. 고대 룬문자(Runes – 처음의 태양족)

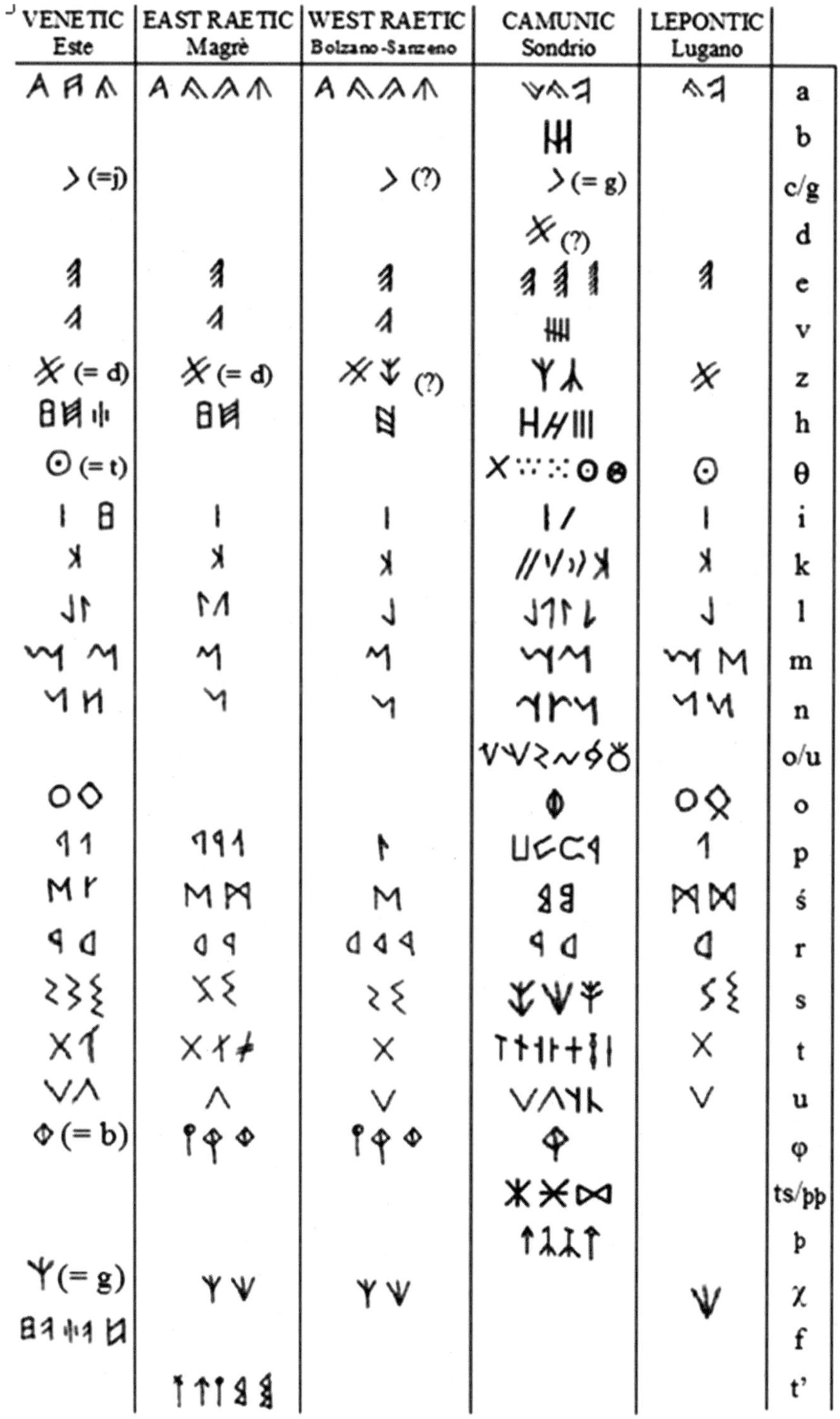

출처 : https://en.wikipedia.org/wiki/Runes

〈양피지에 기록된 Codex runicus(태양족의 고시)〉

출처 : https://en.wikipedia.org/wiki/Runes

17. Beaxoth의 Seax에 새겨진 앵글로 색슨의 전사

〈Themsensvärdet에서 1927년에 발견된 비문 페이지〉

Von Unbekannt – Agrell, Sigurd "Runornas talmystik och dess magiska förebild"(1927), Gemeinfrei
출처 : https://commons.wikimedia.org/w/index.php?curid=3163001

〈젊은 Futhark 16개 문자〉

18. Armanen–Futhark의 편지 시리즈〈 Runes 〉

ᚠ	Fa F	ᛡ	Hagal / Hag H	ᛒ	Bar B
ᚢ	Ur U	ᚾ	Nauth / Not N	ᛚ	Laf L
ᚦ	Thurs Th (Þ)	ᛁ	Is I	ᛘ	Man M
ᚨ	Os A (O)	ᛅ	Ar A	ᛦ	Yr Y

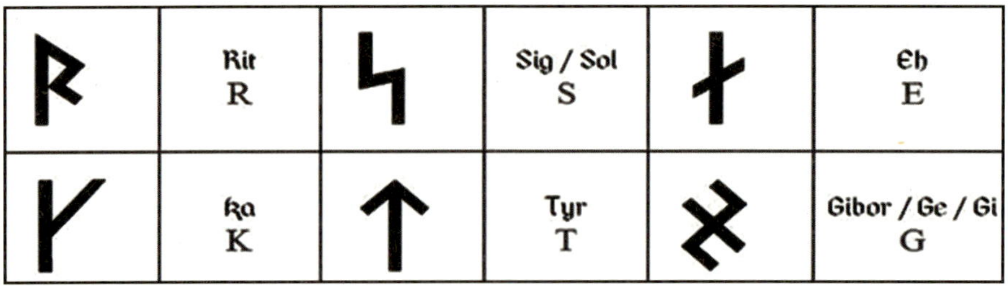

* Guido von List (1848－1919)에서 인용

출처 : https://de.wikipedia.org/wiki/Runen#Runenesoterik

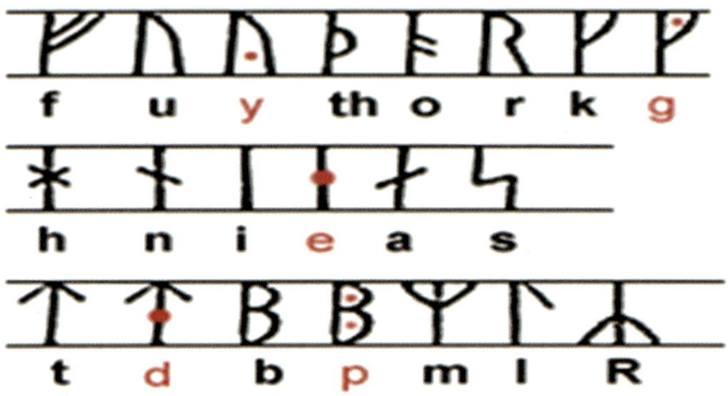

〈기타 룬 시리즈〉

2017년 8월 이탈리아에서 출토, 제작된 Futhark(Runes)문자 24개〈처음 게르만 문자〉

〈이탈리아 Desen zano Garda 의 제작(2017. 9 Runologe 작)〉

출처 : Von Runologe－Eigenes Werk, CC－BY－SA 4.0, https://commons.wikimedia.org/w/index.php?curid=63240304

19. 기원전 6세기경 이탈리아의 대략적인 언어 배포도

출처 : https://en.wikipedia.org/wiki/History_of_Latin

언어지도의 해석 : * Messapic－어머니의 새로운 광명, * Sicel－새로운 집단〈고리〉, *Latin－태양의 머리족, * Oscan－처음의 칸, * Umbrian－어머니의 광명족, * Etruscan－큰 달의 칸, * Ligurian－태양의 고리족〈집단〉, * Lepontic－태양의 아버지족 머리 집단, * Venetic－아버지족의 머리족, * Faliscan－광명의 새로운 칸

이 지도로 기원전 6세기경 '광명의 머리족'들이 진출한 것이 증명된다.

〈스웨덴에서 발견된 젊은 Futhark 룬 비문(북유럽 신화 참조)〉

20. 기원전 6세기경 Duenos 비문(Heinrich Dressel에 의해 기록된 라틴어)

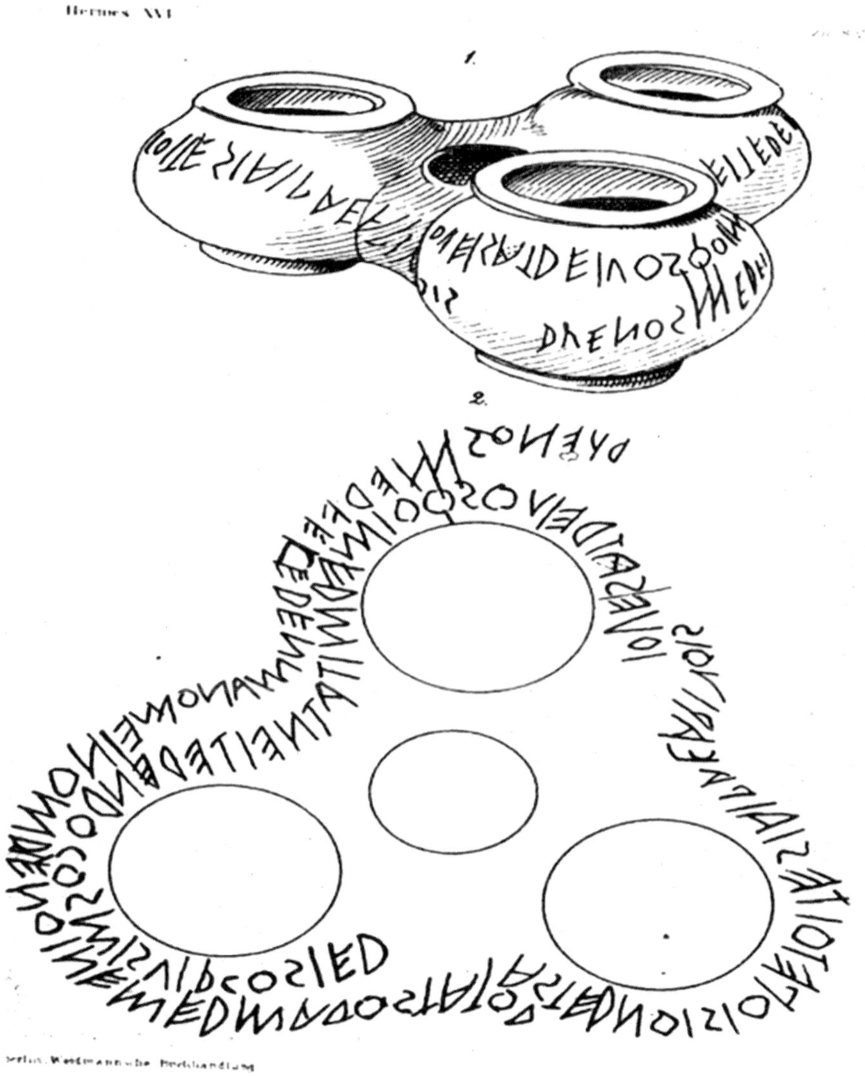

출처 : https://en.wikipedia.org/wiki/History_of_Latin#/media/File:Duenos_inscription.jpg

3개의 원 안에 작은 원이 돋보이고 '삼신사상의 핵'을 보여준다.

〈Funen, Germanic/Germanic bracteate 룬문자의 금화〉

* 말 탄 기수의 머리는 갈래로 매듭되어 있고, 북미 인디언처럼 깃털로 화려하게 장식되어 있다.
출처 : By Bloodo fox-Own work,CC BY-SA 3.0
출처 : https://commons.wikimedia.org/w/index.php?curid=4127848

21. 인도유럽이족(Indo-European languages)에 대하여

1) 개설

이 언어는 지금으로부터 거의 5,000년 전에 이르러 흑해 북쪽의 초원지대에서 사용되었고, 기원전 2500~3,000년경에 수많은 방언으로 갈라진 것으로 추정된다. 유럽과 동아시아, 동남아시아, 서남아시아를 제외한 대부분의 아시아에 살고 있는 민족들의 구성 언어이다.

1647년 네델란드 언어학자인 '마쿼즈 Zuerius 반'이 네델란드, 알바니아, 그리스, 라틴어, 슬라브, 켈트, 발트언어에 대해 같은 언어라는 연구결과를 발표하였고, 이것은 프로토-인도-유럽의 "르간 가설"(마이그레이션)을 뒷받침하는 것이었다. 그 뒤로 인도유럽어는 '스키타이족'의 언어라고 생각하였다. 18세기 말, 영국의 '윌리엄 존스'는 "인도인들의 신성한 언어"인 '산스크리트'가 라틴어이고 그리스어와 밀접한 관계가 있음을 발견하였다. 이 연구는 '토마스 영'에 의해 계승되었고, 1813년에 〈인도유럽어족〉이라는 용어를 처음으로 사용하였다.[7]

그는 하나의 발상지에서 나온 단일 민족이 이웃 민족을 잇달아 침략하여 그들의 언어를 전파했으리라는 가정을 내 놓는다. 그 뒤에 두 명의 독일인 '프리드히리 폰 슐레겔'과 '프란츠 보프'는 이 연구를 이어받아 이란어, 아프가니스탄어, 뱅골어, 라틴어, 그리스어, 히타이트어, 고대 아일랜드어, 고트어, 고대 불가리아어, 고대 프로이센어 등과 같은 수많은 언어들 사이의 유사성을 찾아 내었다.

이 언어들은 과거와 현재에 걸쳐 여러 어파로 분류되는데 히타이트를 주요 언어로 하는 아나톨리아파, 산스크리트와 아베스타어 및 근대 힌디어와 페르시아어를 포함하는 인도 이란어군, 그리스어파, 라틴어를 이어받아 오늘에 이르고 있는 이탈릭어파·프랑스어·이탈리아어·스페인어·포르투칼어를 포함하는 로망스어파, 고트어와 근대 영어, 독일어, 네델란드어 및 스칸디나비아 반도의 여러 언어를 포함하는 게르만어파와 아르메니아어파, 아일랜드와 웨일즈어를 포함하는 켈트어파와 알바니아어파, 지금은 사라진(멸종) 토카리아어파·고대 '프로이센어(프리지아어)'·라트비아어·리투아니아어를 포함하는 발트어파, 고대 교회슬라브어·러시아어·체코어·폴란드어·세르보크로아티아어를 비롯한 여러 언어를 포함하는 슬라브어파 등이었다. 지금 사용하는 인구는 약 30억 명으로 전체 인류의 절반에 가깝다고 한다. 이 언어의 특징은 '모음교체'이고 애초의 모음교체는 ㅗ와 ㅔ이었다.

그러나 많은 어파가 생겨나면서 모음 ㅏ, ㅔ, ㅣ, ㅗ, ㅜ 등으로 모음교체가 퍼져 나갔다. 특히 3~4개의 폐쇄음이나 마찰음에 도달한다는 것이다.

자음인 ㄷ은 ㅌ으로 변화하고, 자음 ㄱ은 ㅋ으로 변화하며 자음 ㅂ은 ㅍ음으로 변화한다는 것이다. 필자가 조사한 바 애초에 인도유럽어의 변형(프로토 조어 현상)엔 모음

7) https://en.wikipedia.org/wiki/Indo-European_languages
https://da.wikipedia.org/wiki/Indoeurop%C3%A6iske_sprog
https://es.wikipedia.org/wiki/Lenguas_indoeuropeas

이 ㅗ, ㅐ밖에 없었지만 다양한 모음교체가 이루어진 것을 알아내었다. 심지어는 중세에 이르러 중모음의 변화도 있었던 것이었다.

필자는 앞서 개진한 바와 같이 '인도유럽어'를 이해하였기에 고대사를 집필하게 된 것이었다. 사실 인도유럽어는 기원전 2,500~3,000년 사이의 중요한 언어체계로 꼭 이해하지 아니하면 고대사를 찾는데 엄청 힘이 드는 언어체계였던 것이었다.

19세기엔 윌리엄 존스의 주장을 뒷받침하는 구체적인 증거가 제시되었고, 그 밖에도 수많은 언어가 인도유럽어족에 포함된다는 것이 밝혀졌다. 특히 음운 비교를 바탕으로 하는 발생론적 상관관계는 19세기 초 덴마크의 '라스무스 라스크'와 독일의 언어학자 '야코프 그림'의 노력으로 확립되었다고 한다. 또한 인도유럽어족 가운데 아나톨리아어만이 인도유럽어 조어에 후두음이 존재한다고 한다.

언어학자들은 프로토-인도유럽어족이 서쪽 끝의 북쪽, 동유럽에서 폰틱의 카스피해 대초원에 온 것으로 보고 있으며 그 시기는 초기 신석기 시대인 기원전 7,500년~5,500년경의 가설을 제안하고 있지만 일찍이 우수한 '빈카문화'가 파도처럼(쓰나미) 카스피, 흑해연안으로 이동하였다는 '마리아 김부타스(Gimbutas)'의 "르간가설"(쿠르간 가설)에 의해 인도-유럽어가 증명되었다고 보고 있다.

2) 인도-유럽 Urheimat 가설

이 가설은 그 시간동안 주어진 고고학적 문화와 예상 이동 경로와 이동의 시간, 언어의 류형에 프로토-인도-유럽어휘로부터 재구성하여 사회학적 모델과 고고학적 프로파일을 찾는 것으로 1970년부터 인도-Europeanists 중 주류의 일치는 "선 쿠르간 가설"에 인도유럽어족의 고향을 배치하였다. 특히 Pontic의 대초원의 Chalcolithic 지역은 기원전 5,000~4,000년경의 기간으로 동유럽 북쪽과 흑해, 코카서스 산맥과 카스피해 동부 일부를 포함하고 우크라이나, 남부 러시아 북서의 카자흐스탄을 연결하는 광범위한 지역이었다.

인도유럽의 가설 중에 세 가지 주요 경쟁의 모델을 소개하면 적어도 기원전 1,500~2,000년을 가정하고, 텍스트를 증명(퀼 테페)하는데

① 쿠르간 가설(폰틱(Pontic)의 카스피해 지역)
Chalcolithic지역(기원전 4,000~5,000년)
② 아나톨리아 가설 : 초기 신석기 시대(기원전 5,000~7,000년)

③ 발칸반도를 제외한 가설(변형된 아나톨리아 가설)

신석기 시대 기원전 5,000년

그 외에 아르메니아 가설(아나톨리아 제외), 인도 이론(Koenraad ELST), 구석기 시대의 연속성 이론(기원전 1만년) 등이 있다.

3) 쿠르간 가설(르간 가설 – 마리아 Gimbutas)

1970년대에 세계 사학계에 주류의 일치로 찬성된 '르간 가설'에 인도 유럽어족의 고향을 배치하였다. 그것은 Pontic의 대초원 Chalcolithic 지역 기간이 중요한 사항이었다. 마리아 Gimbutas와 수정된 JP말로리 르간 가설에서 마이그레이션의 연속에 의해 인도–유럽언어의 확장을 설명하고자 폰틱의 대초원 영역으로 더 구체적으로 수정된 버전에 따라 Sredny Stog 문화(약 기원전 4,500년)를 주장하였다. 또 다른 '쿠르간 가설'의 변형인 '디아나 가설'은 '요한나 니콜스'의 이론으로 기원전 4,000~5,000년 사이에 카스피해의 영역에서 박트리아–마르기아나를 주장하였다.[8)]

4) 아나톨리아(Anatolia – 달의 신) 가설

'쿠르간 가설'의 주요 경쟁자인 아나톨리아 가설에 의해 진행된 '콜린 렌프루'의 이론이다. 인도–유럽언어에서 유럽으로 평화적으로 확산하기 시작한 것으로 보여지는 아나톨리아 주변에 기원전 7,000년경에서 농업의 신석기 시대를 중심으로 인도–유럽, 파키스탄, 인도를 향해 드라비다, 북부 아프리카를 향해 아프리카 아시아로 전파된 것으로 보이며 중동지역 농업의 확장은 세 가지 언어가족을 확산한 것으로 보고 있다. 또한 본질적으로 동일한 유전가설에 기초하여 제안된 '하플로 그룹'의 '루카 카발리–포르자'를 그 예로 들고 있다.

반론으로는 ① 혁명적인 농업의 조기 확산이 기원전 4,000년 이전에 할 수 없다는 것과, ② 농업이 하나의 물결인 아나톨리아에서 확산된 것이 아니라, 주로 레반트(지중해 지역)에서 여러 경로로 파도처럼 확산된 것으로 반론을 제기, ③ 비인도–유럽언어는 북아프리카와 코카서스의 근동에서 농업의 확산과 관련된 흔적이 나타났다.

필자는 앞서 언어학과 환인 12분국의 분기에서 아나톨리아를 모체로 하는 '비리국'은 '빈카문명' 시기인 기원전 7,000년 경에 건설하였고, 그 일부는 트라키아와 일리리

8) https://es.wikipedia.org/wiki/Hip%C3%B3tesis_de_los_kurganes

아인이 있는 '빈카문화권'에 들어갔다. 유태인의 조상인 히브리인들이 '비리국'에서 분기되었고, 그 일부는 중동족이 되었으며 그 중 한 갈래는 북아프리카에 들어가 오늘날의 아프리카아시안 문명을 개창한 것으로 보고 있다. 거기에 더하여 기원전 40세기에 '빈카문화권'에서 남하한 사람들이 그리스 문화와 더불어 지중해의 레반트 문화, 메소포타미아의 아카드 문명을 연 것으로 파악하였다. 그러므로 필자는 자생적인 농업능력이 있는 아나톨리아에서 여러 갈래로 문명이 확산된 것이고, 다시금 '빈카문화권'의 문명이 기원전 40세기를 정점으로 하여 폰틱, 카스피 강역에 진출한 것으로 보고 있다.

그와는 별개로 인도와 파키스탄에 진출한 '월지국'의 12국 분기의 사람들은 기원전 7,000년경 '메르가르' 문화와 그 하위 문화인 '모헨조다로'와 '하라파' 문화를 열어 나간 것으로 파악되고 있는데, 유럽으로 간 '빈카문명'과 아나톨리아 문명, 인도, 파키스탄 문명의 시발점이 모두 기원전 7,000년경이라는 것을 주목해야 할 것이다. 이 문명은 훗날 중앙아시아인 '옥서스'권역으로 그 중심을 자리잡게 되는 것이라고 보았다. 인도 이론(Koenraad : ELST) : 그러기에 초기 고조선은 환웅의 유산과 자산인 북아프리카와 그리스 일대, 아나톨리아, 이란, 지중해 등의 '마한권역'을 상속받은 것이고, 애초 '월지국'은 파키스탄, 아프칸, 타지기스탄을 연결하는 '진한, 변한권'으로 확산되었다는 가설을 제시하는 것이다. 이런 가설의 저변에는 이미 연구한 학자들의 연구를 통하여, 아프칸, 옥서스, 카자흐 등과 교역, 왕래가 있었던 사실에 따른 것이다.

필자의 이러한 이론 전개는 어느 한 가지 가설만 수용하는 것이 아니라 인도이론도 맞는 이론이고, 아나톨리아 가설과 쿠르간 가설, 아르메니아 가설을 모두 수용하는 절충적 가설인 것이며 쿠르간 가설에서 나타난 빈카문화의 하위 문화들이 동유럽에서 많이 나타나는 것을 그 증거로 보았다. 또한 쿠르간 가설에서 증명하는 카스피, 캅카스, 폰틱 지역의 하위문화에서도 '쿠르간 가설'을 뒷받침 해주는 것이고, 기원전 40세기를 기준으로 하는 바 기시문명(고시)이 기원전 40세기경이므로 지중해, 메소포타미아와 아나톨리아, 아르메니아의 문명은 '기시문명'의 일환으로 파도처럼 퍼진 것으로 파악하였는데 초기 고조선의 강역인 마한권의 문명이었다고 결론을 지었다. 또한 카자흐, 우즈베키스탄의 문명은 '볼가강' 남부유역으로 진출한 '빈카문화'의 하위문화와 인도, 파키스탄에서 유입된 환웅시대의 우수한 문화와 결합하여 확대 재생산된 것으로 생각한다.

5) 폰틱 카스피(Pontic－Kaspi－아버지 머리－고시의 아버지)해의 초원 문화

1) 선형도자기 문화 : 기원전 5,500～4,500년
2) Cucuteni－Trypillian 문화 : 기원전 5,300～2,600년
3) Sredny Stog 문화 : 기원전 4,500～3,500년
4) Yamna/쿠르간 문화 : 기원전 3,500～2,300년
5) 지하묘지 문화 : 기원전 3,000～2,200년
6) Srubna 문화 : 기원전 1,600～1,200년
7) 노보체르카스크 문화 : 기원전 900～650년

6) 폰틱 카스피해 초원의 역사의 민족과 국가

물론 고조선이 카스피(비서갑, 갑서비)해 근처의 웅녀(웅족)를 왕비로 삼았다고 환단고기에 기록된 바 폰틱 카스피해의 칸은 고조선의 단군이었다.

삼한관경제에 의하여 삼한이 성립되어 아나톨리아와 북아프리카의 튀니지, 리비아, 이탈리아 남부, 크레타섬, 지중해의 고대도시, 시리아, 요르단, 이란 등이 마한권역이었으며 기원전 7세기 이전의 국가(제후, 도시국가)는 구티안(Guttian－고리의 머리 사람들, 이란인), 페니키아인(타이어, 시돈, 비블리스 등 지중해권 도시 국가), 파키스탄의 펀잡(낙랑국), 네팔, 티벳(Tibet－머리의 아버지), 카자흐, 키르기즈, 아프칸, 우즈백을 포함하는 대제국이었다.

① 킴 메르(Cimmerians－곰의 우두머리) : 기원전 12～7세기
② 스키타이인(그리스어 : Skolotoi, Scytian, Sogdian 위대한 고리의 머리) : 기원전 8～4세기
③ 사르마티아(Sarmatians－태양의 어머니 머리) : AD 5세기
④ 동 고트족 : AD 3～6세기
⑤ 불가리아(Bulgaria－광명의 고리) 및 오구즈(Oguz－옥저) : AD 3～7세기
⑥ 훈족(Huns－새로운 태양 사람들) : AD 4～8세기
⑦ 알라니족(알란, Alans－얼 있는 새로운 신) : AD 5～11세기
⑧ 아바르족(Abar －큰 광명) : AD 6～8세기
⑨ 사비르(Sabirs－새로운 광명) : AD 6～8세기
⑩ 돌궐(투르크, Dolgul －달의 고리) : AD 6～8세기
⑪ 하자르(Haghar－태양의 고리)족 : AD 6 ～11세기
⑫ 킵차크인과 쿠만인(Cuman －곰 사람들) : AD 13～15세기(킵차크 칸국)

⑬ 코샤크, 칼미크, 크림칸국, 볼가타타르, 노가이인 등 투르크 부족 : AD 15~18세기

인도유럽어의 딸 언어(기원전 5세기경)

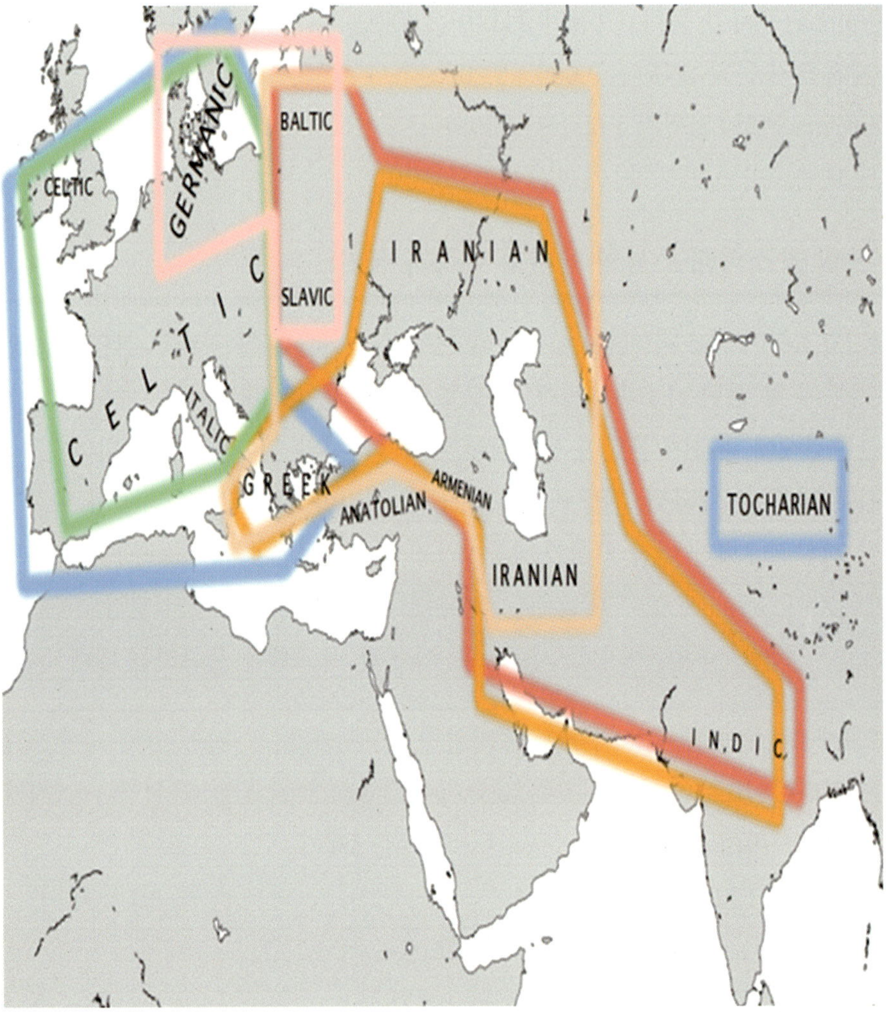

〈게르만, 셀틱, 그릭, 발틱, 슬라브 아나톨리아, 이란, 인도, 도카리안 언어〉

출처 : https://en.wikipedia.org/wiki/Indo-European_languages, 미국 위키

* 토카리안(Tocharian－흰 머리 고리의 사람들)은 고조선의 강역으로 아나톨리아 반도, 이란, 그리스의 크레타, 발트해를 아우르는 광대한 지역을 포함한다.

〈마우리아 왕조의 '아쇼카왕 칙령(브라흐미－광명의 어머니문자)'〉

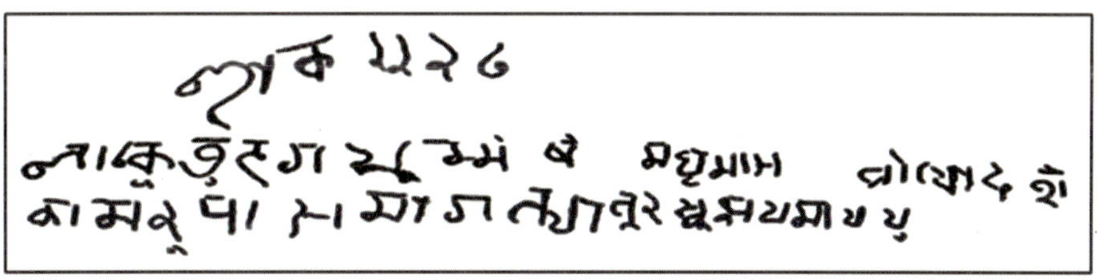

〈원시 아삼어(바위에 기록)〉

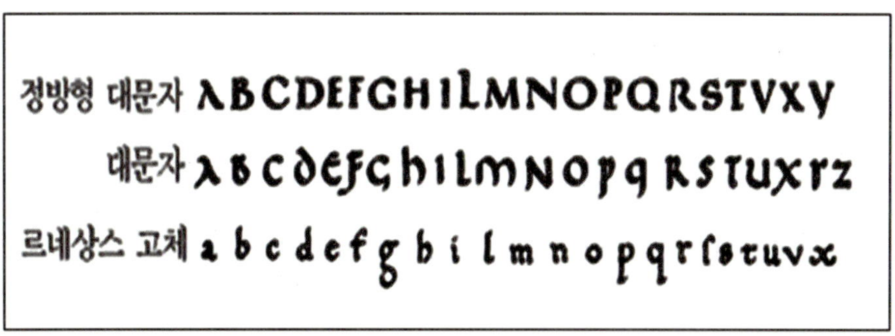

〈라틴어(Latim－태양의 머리) 알파벳〉

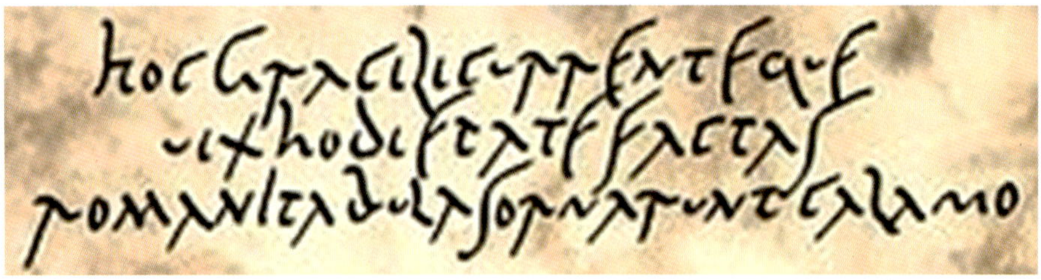

〈빈돌란다 요새에서 발견된 로마 필기체의 복원〉

"BABA : MEMEFAIΣ : ΠΡΟΙΤΑFΟΣ : ΚΦΙJANAFEJOΣ : ΣΙΚΕΝΕΜΑΝ : ΕΔΑΕΣ."

〈프리지아 문자('마이다스의 도시')〉

〈'펠라의 저주' 테블릿〉

그리스어〈Katadesmos – 고리의 머리는 새롭고 새로운 어머니 머리〉

22. 레바논의 '비블로스(Byblos – 아버지의 광명, 기원전 5000년)' 음절

출처 : https://en.wikipedia.org/wiki/Byblos_syllabary

＊기원전 18~15세기의 돌과 청동 '비블로스'의 '비'는 아버지인 '바'에서 변형되었고, '블로'는 '바르'에서 온 것이었다. 즉, 새로운 아버지 광명언어가 '비블로스 음절'인 것이다. Amarna 편지에서 Gubla(광명의 집단)로 나타났고, 히브리어로 Geval(히브리어 : גבל)로 불려졌다.

Geval – 게발의 '발(Val)'에서 바르(Bar), 바리(Bari)로 표기되며 변형된다.

23. 녹도문자를 일부 인용한 고대 그리스문자(아테네 박물관)

〈그리스 선형문자 B-크레타에서 발견(원본)〉

〈크레타 문자(선형)〉

*크레타 B 선형문자에서 녹도문자 1개가 발견됨. 브라흐미문자와 그 하위 스크립트
(* 빈카부호와 가림토문자를 인용하였다.)

24. 지중해 동부 이베리아(광명) '테르테스안' 언어

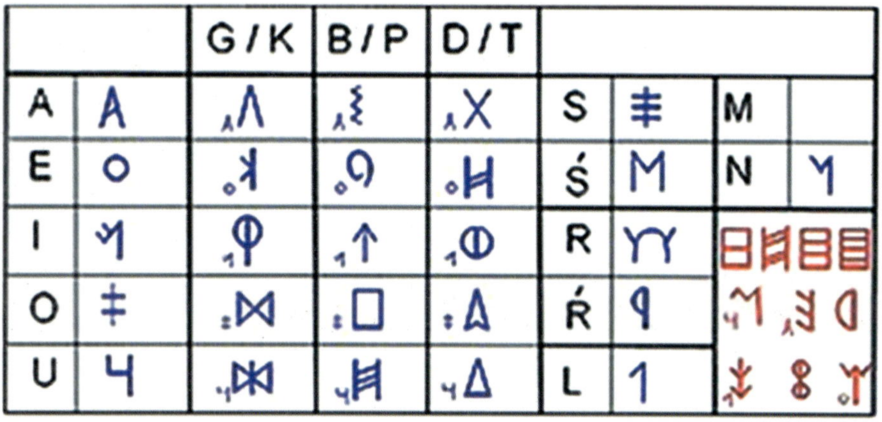

*6개는 가림토문자 또는 응용(2개)한 것이다.

25. 파키스탄 하라파1에서 발견된 언어(기원전 5500년 추정)

필자가 녹도문자와 가림토문자가 세계의 언어에 미친 연구에서 밝혀낸 바로는 그리스문자는 가림토문자의 19~22개를 차용한 것으로 드러났으며 그리스 선형 B에서 녹도문자 1글자가 발견되었다. 또한 페니키아문자와 가림토문자를 조사 비교한 바 녹도문자를 2~3개 차용하였으며 가림토문자는 7개를 차용하였다. 또한 히브리어는 가림토문자를 8개 차용하였으며 4~5개는 응용한 것으로 나타났다. 그리고 로마문자는 가림토문자를 10개 차용하였으며 14개는 응용한 것으로 조사되었다.

이렇게 세계의 언어 중 대표라 할 언어에서 가림토문자를 많이 인용하였다는 것은 우리의 환웅 문화가 있었던 것을 언어학상 증명하는 것이고, 더욱 페니키아의 '비블로스 음절'엔 가림토문자와 빈카문자가 혼합되어 나타났다는 것을 알아 내었다. 앞장에서 설명한 바와 같이 '빈카문화'는 환인, 환웅의 문화였다고 소개한 바 있다.

또한 지중해 동부 이베리아 '테르테스안(달의 새로운 머리)' 언어와 파키스탄의 하라파 유적에서 발견된 테블릿에서도 가림토문자를 차용하였으며 나머지는 빈카문자인 것으로 드러났던 것이다. 이런 일련의 언어학적인 증명을 두고 볼 때 우리의 가림토문자는 빈카문화의 영속성 위에서 승계된 문화의 언어이며 세계적으로 학자들이 모든 언어의 조상은 '고대 가나안 언어'라고 지칭하였던 바 이 조상 언어인 고대 가나안 언어의 조상언어가 가림토 언어였다고 밝힐 수 있는 것이다.

독자들이나 누구든지 여러 언어와 가림토문자를 살펴 보면 증명이 되고 답이 나오

는 것이다. 지금까지 가림토문자와 세계문자와의 비교를 하지 않았던 것은 무관심과 문화사대주의, 역사사대주의, 식민사관이 발목을 잡았던 건 지도 모를 일이다.

이번 필자의 연구에서 환웅 문화의 사람들은 임명 하티안(Hattian – 흰 머리 사람들)으로 환인의 우수한 빈카 문화, 메르가르 문명, 아나톨리아 문명으로 시작되었으며 북아프리카의 '커머 문화'는 기원전 약 30세기에 시작된 환웅시대의 쿠시왕조(키시, 고스)의 문화란 것이 고고학적으로 증명되었다. 이미 필자가 개진한 바 그리스의 곰 문화를 열어 나간 것이며 기원전 23세기에 아나톨리아 반도를 장악하여 고조선에게 그 자산과 자본을 물려 주었다는 것이 역사적·고고학적으로 드러났고, 언어학적으로 가림토문자가 모든 언어의 모체가 되었다는 것을 필자가 확인하고 밝힌 것인데 이제 더 무엇으로 환웅시대와 단군시대를 증명해야 하는 것인가?

대저 누구든지 손바닥만 알면 영원히 손등을 보지 못한다. 고고학이나 역사 연구는 특히 더 그렇다. 보이는 것으로 시작하고 기록된 것으로 또는 승리자의 허세와 왜곡으로 증명을 삼는다. 그러기에 우리의 언어학자들은 앞으로 세계 언어학 학술대회에 '가림토문자'를 소개하여 진짜 세계 언어의 조상 언어가 여기 있었다고 소개하고 언어 역사를 뒤바꾸어야 할 것으로 본다.

26. 파키스탄의 하라파(Harapa－태양의 아버지) 글자

출처 : https://www.harappa.com/answers/why-has-language-harappa-not-been-deciphered

27. 모헨조다로(Mohenjo-daro) [M-1271] 의 인감

출처 : https://www.harappa.com/blog/long-seal-m-1271-and-city-sign

〈Harappan 단계 3C의 마지막 부분(트렌치 43)의 글자〉

출처 : https://www.harappa.com/indus2/156.html

〈卍(만)자의 원형으로 보이는 Harappa의 Mound AB 표면에서 발견〉

출처 : https://www.harappa.com/indus3/187.html

〈모헨조다로(Mohenjodaro)의 Indus 스크립트 글꼴〉

https://www.harappa.com/blog/free-complete-indus-font-package-available

28. 고대 라틴 알파벳

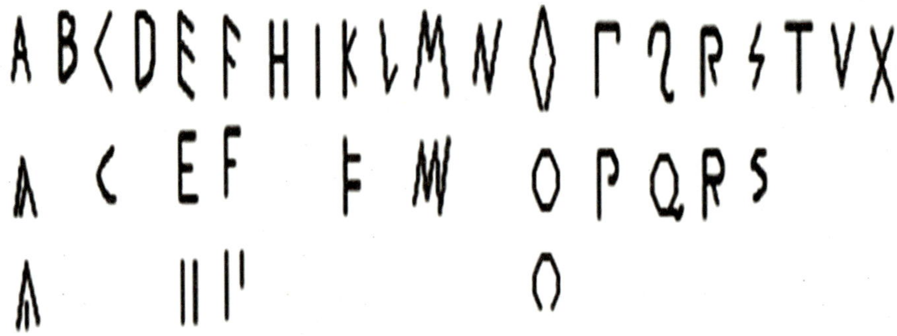

〈이누이트어(Inuits)〉

29. '툴레(Thule－달) 사람들'과 이누이트족 언어

(그린란드, 알래스카, 캐나다의 원주민(Paleo－Indians))

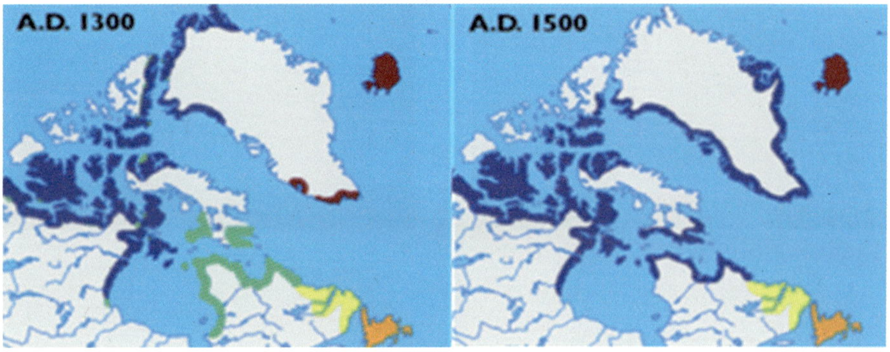

출처 : https://en.wikipedia.org/wiki/Inuit

* 노랑색－이누이트족, 청색－툴레(Thule－달 사람들)

30. 크리어(Cree＝고리, 캐나다 모국어)의 지역 분포도

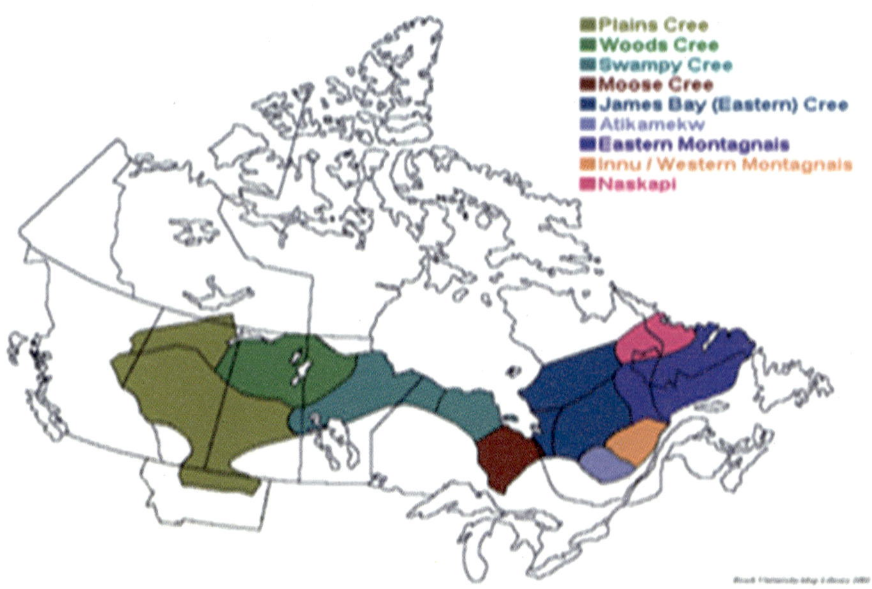

출처 : https://en.wikipedia.org/wiki/Cree_language

* 크리어는 캐나다에서 널리 사용하는 모국어이다. '크리'는 '고리'에서 변형.

〈1903년 촬영된 캐나다의 '크리 사람'〉

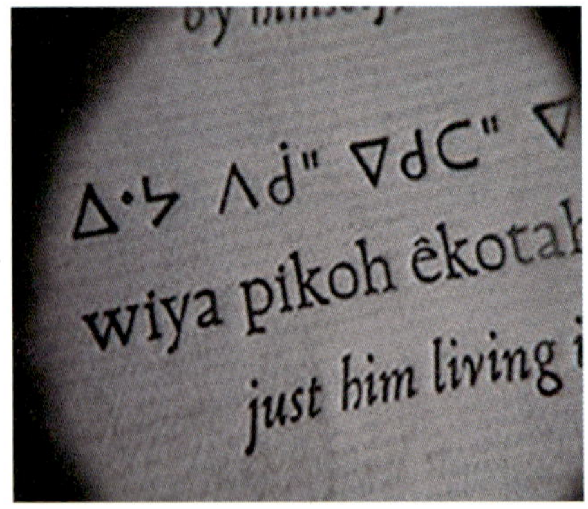

〈'크리어' 음절〉

31. 크리어(Cree=고리, 케나다 모국어)

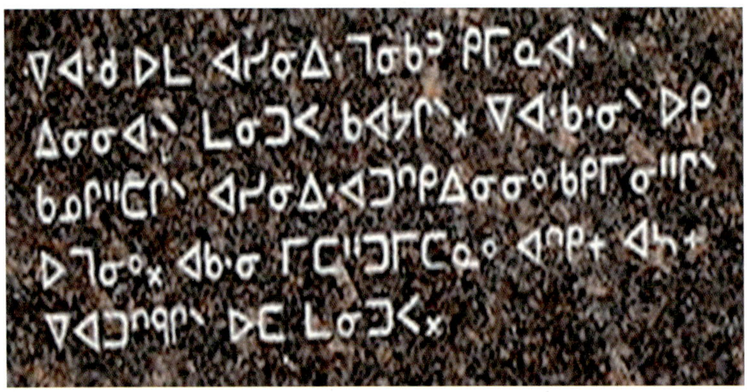

〈캐나다 원주민의 '크리'(고리) 음절〉
출처 : https://fr.wikipedia.org/wiki/Cri(langue)

* 이 언어에도 '가림토문자' 6개가 인용되었다

32. 베르베르어(투아레그어족)의 사용국가

* 가림토문자가 많이 인용되었다.
* 마리, 부르키나파소, 니제르, 리비아, 알제리에서 사용된다.

33. 반투 민족에 따른 구역도(반투언어의 'Malcolm Guthrie' 16지역 분류)

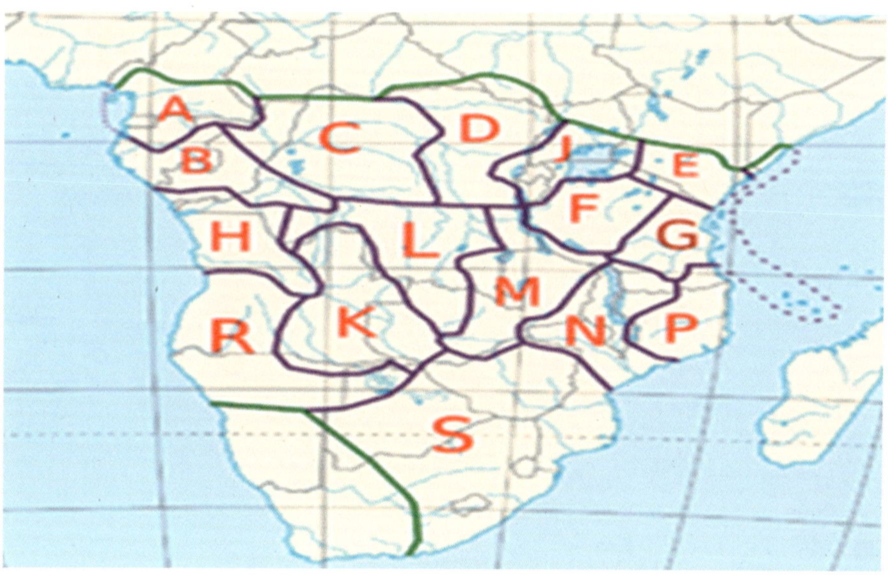

출처 : https://en.wikipedia.org/wiki/Bantu_languages

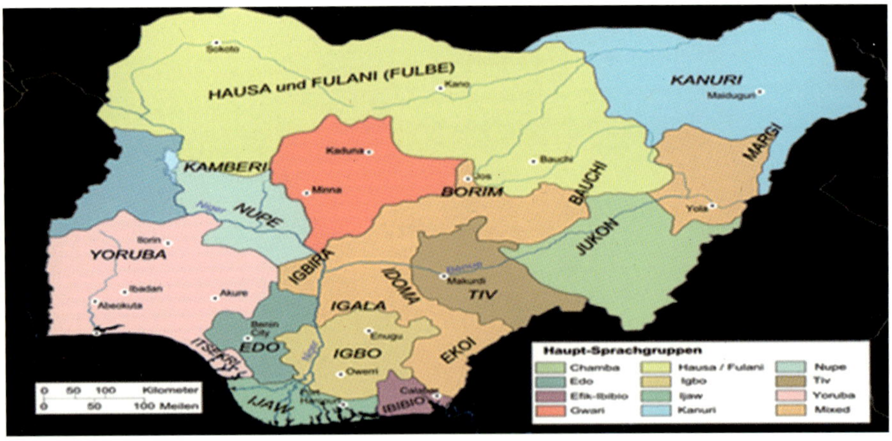

〈나이지리아 언어 영역도〉

34. 나이지리아 행정구역도의 지명 분석

여기 지명에서 타라바(Taraba－달의 아버지), 곰베(Gombe－곰 아버지), 크로스강, 바예이사(Bayeisa), 라고스(Lagos－태양의 고시), 크바라(Kwara－고리의 광명), 잠파라(Zamfara－새로운 어머니 광명), 가로아(Garoua), Ondo(머리의 신), Delta(달의 머리), Kaduna(고리의 머리족)등은 쉽게 환웅 고조선의 지명에서 나타나는 표현이다. '곰베'는 곰 아버지이고, '크로스강'

〈중세시대의 일부-아프리카 '요루바(Yoruba-우리 아버지)족'의 도시〉

출처 : https://en.wikipedia.org/wiki/Yoruba_people
출처 : https://de.wikipedia.org/wiki/Yoruba_(Sprache)

의 '크로'는 '고리'에서 변형된 이름이고, '라고스'는 '태양의 고시'를 말함이고, '크바라'의 '바(Wa)'는 아버지를 말함이며 잠파라(Zamfara)의 '파라'는 바르에서 변형된 것이었다. 또한 '가로아(Garoua)'의 '가로(Garo)'는 '고리'에서 변하여 나타난 것이었다. 지금까지 남겨진 이런 행정지명으로 살펴 볼 때 수 천년 전에 나이지리아에 환웅의 문명이 존재하였다는 것을 증명하는 것이라고 볼 수 있는 것이다.

요루바어(Yoruwa)는 루쿠미어(Lucumi-태양의 곰)로도 불린다. 쿠바 사람들은 아프로-쿠바족으로 아프리카에서 건너온 사람들이었으며 '요루바족'의 후손이다. 이 중에서 '쿠미(Cumi)는 곰을 지칭한다. '요루바족'의 요루는 우리말의 아리, 아라, 우리에서 변형된 것으로 "우리 아버지"가 '요루바'인 것이다. 요루는 '요르단'의 '요르'와 비슷하다.

여기에 비하여 '리비아'는 모음이 ㅣ, ㅣ로 변화되어 나타난 것이다.

35. 베르베르 언어(Berber－광명, 광명!)

베르베르(Berber) 언어는 북아프리카 전역에서 지중해 연안으로, 남쪽으로는 세네갈과 니제르, 그리고 대서양 연안으로, 동쪽으로는 서부 이집트까지 분포한다. 그들은 다음 국가들에서 대표된다. 현재 화자는 모로코(750만), 알제리(1,370만 명), 튀니지(3만 명), 리비아(약 20만 명), 니제르(70만 명 이상), 말리(약 45만 명), 모리타니아(200~300명), 이집트(3만 명), 부르키나파소(200,000 이상), 나이지리아와 세네갈도 있다.

출처 : http://www.ancientscripts.com/berber.html

〈베르베르어의 초기의 역사〉

Praberbero－Guanche 가까운 그들로부터 Prachadtsev 및 Praegiptyan은 이 계곡에서 기원전 6천 년에 발생되었다. 그 후 첫 번째는 서쪽으로 이동했다. 이것은 사하라 사막의 암벽화에 반영되었다. 기원전 3천년 초부터 e.pberbero－Libyans는 이집트의 서쪽 이웃으로 증언된다(고대 왕국과 이집트 예술의 텍스트에서). 현대 베르베르 언어의 언어 조상은 기원전 2천년 말에 나누어졌다. "바다의 사람들"의 주요 패배에 이어 이집트와 리비아의 동맹국들은 이집트 국경에서 리비아 부족의 일부가 철수되고, 서방과 남서 방향으로 분산되는 결과를 가져올 수 있다. 지중해 연안에 식민지를 가졌던 이들은 7세기에서 11세기 사이에 살았으며 아라비아의 일부였다. 고대 리비아 언어이고 베르베르 언어에는 기원전 1천년 말까지 거슬러 올라간 Fezzan－Tripolitan, West－Numidian 및 East－Numidian 의 3개 그룹의 고대 언어가 포함되어 있다. 그들은 고대 리비아 편지로 쓰여지고 여러 비문은 라틴어로 되어 있다.

출처 : 러시아 위키

https://ru.wikipedia.org/wiki/%D0%91%D0%B5%D1%80%D0%B1%D0%B5%D1%80%D1%81%D0%BA%D0%B8%D0%B5_%D1%8F%D0%B7%D1%8B%D0%BA%D0%B8 ^Militarev A. Yu. Berbero－Libyan Languages//언어학 사전/편집장 V.N.Yartseva.－M.: 소련 백과 사전, 1990, －685 p.－ISBN 5－85270－031－2.

〈'베르베르 언어'('티피나그')를 사용한 상점의 간판〉

36. 아프리카 '코사언어(Kosa-고시)'의 지리적 분포와 스피커의 밀도

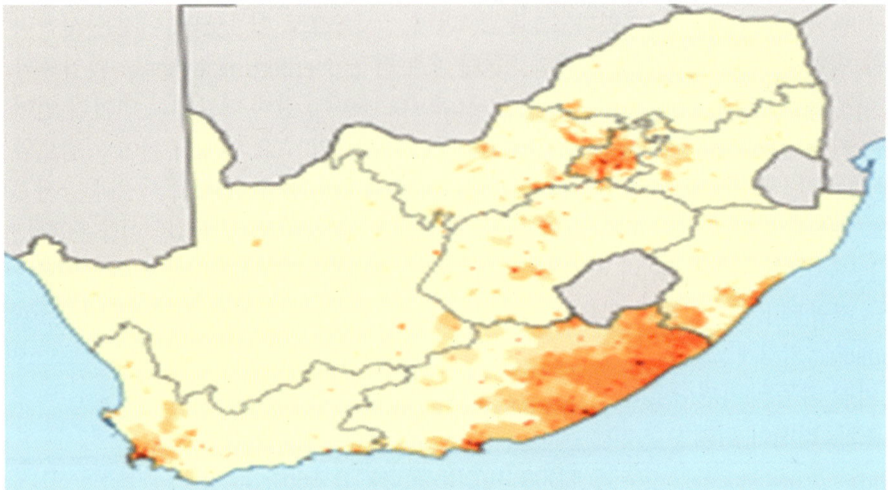

*'코사(Kosa)'언어는 '쿠시왕조'의 '고시(Gosi)'에서 유래되었다.

37. 아프리카의 언어 영역도(녹색이 반투어)

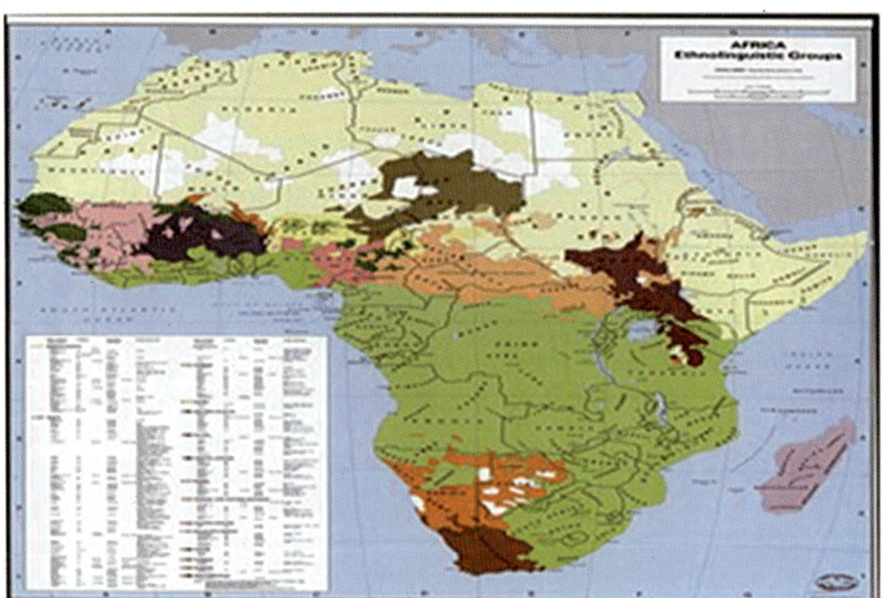

출처 : https://en.wikipedia.org/wiki/Africa

* 대부분이 동부, 중부, 중앙반투어(황색)이고 서양반투어도 있다.

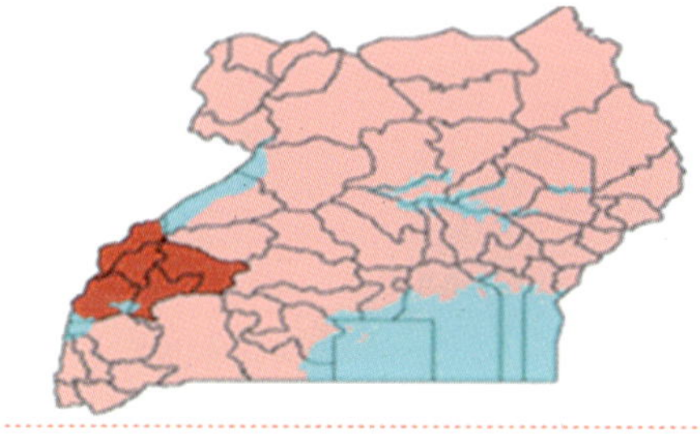

〈우간다의 '토로'왕국(적색)〉

〈토로왕국의 궁전〉

〈콩고의 '루바' 사람들〉

〈반투사람-키쿠유의 전통복장 여자〉

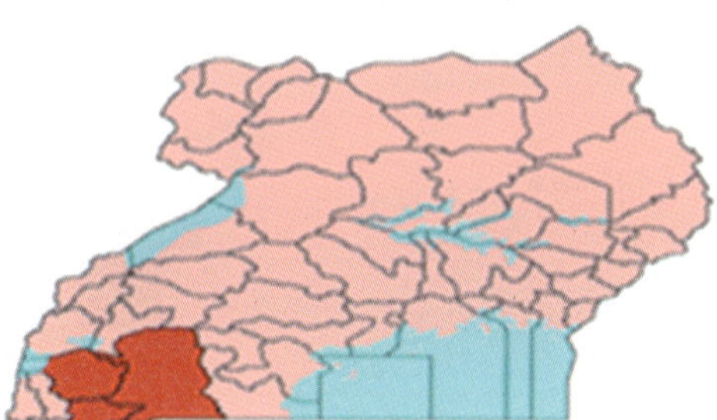

〈우간다의 안코레왕국(Ankore)〉

〈'아샤티'왕국의 황금의자〉

38. 남아프리카공화국의 반투어족(Bantu)의 '코사(Kosa－고시 언어)'(녹색)

출처 : https://en.wikipedia.org/wiki/Bantu_languages

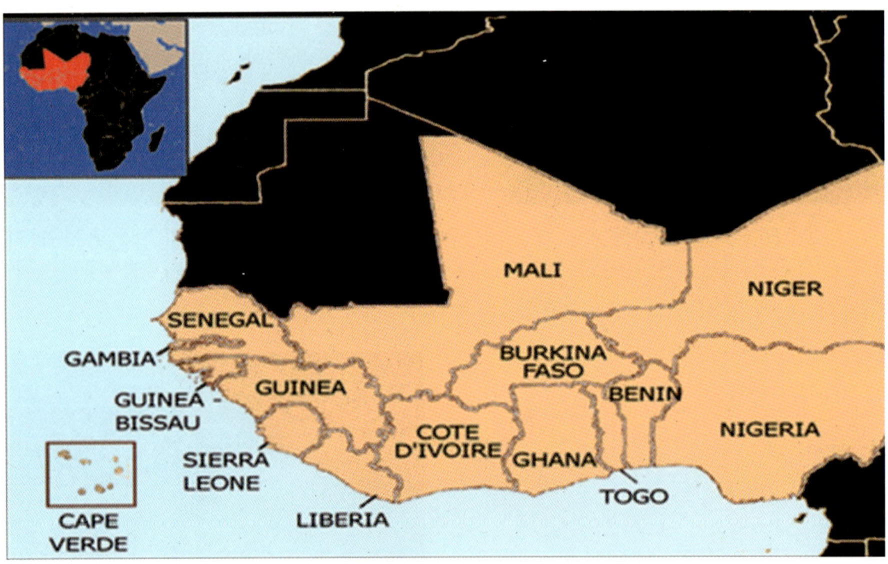

〈서아프리카 강역도〉

가나, 감비아, 기니, 기니비사우, 나이지리아, 니제르, 라이베리아, 말리, 모리타니. 베냉, 부르키나파소, 세네갈, 시에라리온, 카보베르데, 코트디부아르, 토고의 나라들은 이슬람교가 다수를 차지하는 지역으로 이슬람회의 기구의 회원국이다. 그러나 가

나와 라이베리아는 예외적으로 기독교가 다수인 지역이고 OIC의 회원국도 아니다. 또는 알제리, 모로코, 서사하라 등은 서아프리카에 포함된다.

서아프리카의 아프로 쿠바-요루바어(Lucumi어-태양의 곰), 이그보어, Arara어(우리 태양), 카라바리어(Carabali-고리의 광명), Makua(어머니 고리)어가 있다.

39. 서아프리카 크루(KRU-고리) 언어의 영역

주요 Kru언어 : Seme(Siamou) Kuwaa, 서부 Kru 언어 동부 Kru 언어, Aizi
출처 : 스페인 위키(Davius 작)
출처 : https://en.wikipedia.org/wiki/Kru_languages

아샨티(Ashanti-처음 태양의 머리) **왕국의 영역**(가나-중앙)

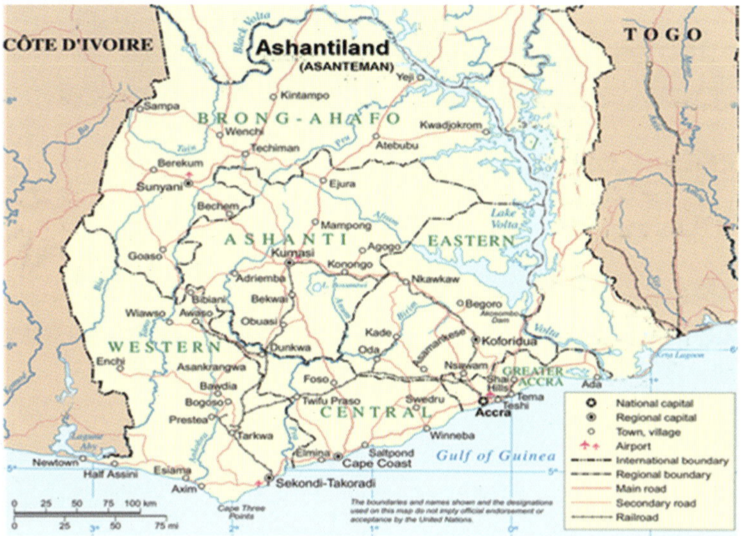

〈**아샨티**(Ashanti-크고 새로운 사람들의 머리) **왕국의 영역**(가나-중앙)〉

〈가나의 아샨티왕국(처음 흰빛 사람들의 머리-기원전 1,670~1957년)의 행정 지역도〉
출처 : https://en.wikipedia.org/wiki/Ashanti_Region

〈아샨티 Soulwasher〉
*그리스의 '카마레이스' 토기와 비슷하다.

〈아샨티 Soulwasher(우리 태양의 아버지)〉

40. 우간다(Uganda-칸의 머리)의 민족언어 지도

출처 : https://en.wikipedia.org/wiki/Uganda#/media/File:Languages_of_Uganda.png

＊수도는 캄팔라(Kampala-광명의 곰)이다.

〈우간다(Uganda-새로운 칸의 머리)의 지도〉

출처 : wikipedia.org/wiki/%D0%A3%D0%B3%D0%B0%D0%BD%D0%B4%D0%B0

〈우간다 지명 분석〉

Entebbe－아버지 머리의 신(태백), Portal－밝은 달

Mbarara－우리 어머니의 광명, Masaka－어머니의 새로운 집단(사카, 스키타이)

Mbale－어머니의 광명, Gulu－고리, Moroto－머리의 우두머리

Soroti－태양의 머리, Ewenaar－훌륭한 우리 아버지 사람들

Victoriameer－우리 어머니의 밝은 달

어머니로 시작되는 '광명'의 문명과 태백사상, 밝은 달이 전래된 것을 알 수 있다.

41. 투르크메니스탄의 Anau Depe에서 발굴된 기원전 2,300년경의 청동 인감과 문자(pp.128~129참조)

2000년 6월경 펜실베니아 대학 중앙아시아 고고학팀에서 기원전 2,300년에 이르는 넓은 방이 있는 침식된 탑을 밝혀 내었으며, 탑은 2m가 넘는 벽이 있는 매우 크고 놀랍도록 잘 지어진 건물을 발굴하였다. 탑의 방 안에서 청동스템프 인감을 찾아낸 것이다. 이런 인감은 이미 Altyn Depe의 중앙아시아 사이트에서만 유사점을 가지는 것으로 새겨진 기호나 문자의 해독은 알려지지 않았다. 발굴한 학자들은 이 문자가 메소포타미아, 이란, 하라파, 또는 중국의 글 쓰기 시스템과 연결되어 있지 않다고 결론 지었지만 어떤 문자로 발전되었으며, 현재에 사용 중인 어떤 문자의 비교 등에 대해선 아무런 연구를 하지 못하고 있다.

필자는 가림토문자 이전의 문자로 생각하고 있으며 기원전 18~15세기에 청동플라크로 비문에 작성된 음절로 '비블로스(Byblos－아버지의 새로운 광명)' 음절이라 부른다. 이 비블로스 음절엔 녹도문자를 응용한 문자가 여럿 보이고 그리스의 선형 테블릿의 글자, 가림토문자, 빈카부호가 혼합되어 나타난다. 이 청동 인감의 문자 중 우측 상편의 글자가 '비블로스 음절'의 문자(위에서 11행, 좌에서 4번째 글자)와 똑 같은 것이고, 타타르 언어의 Ш, П는 본 문자와 같거나 응용한 것으로 드러난다. 돌궐(고대 터키) 문자도 우측 상편의 글자와 같으나 위, 아래의 삼각형이 아닌 좌우의 삼각형으로 변형시킨 것이었다. 그러므로 고대 투르크메니스탄의 문자가 터키, 지중해로 전파되었음을 유추할 수 있으며 타타르어도 이 문자와 일부 같거나 응용한 것으로 조사되었다. 一 ㄷ이 합하여 ㅌ이 되는 바, 우리 한글의 자음이다. 과거엔 자음 'ㅌ'을 一 ㄷ을 합하여 쓰곤 하였다. 높은 탑이라면 성소(聖所)가 분명하고 성소 안에서 인감이 발견되었으므로 국왕의 인

장이 아닌 성직자(제사장)의 인감으로 보아야 한다는 것이다. 단군 세기 3세 단군 가륵 시에(기원전 2,181년) 삼랑 '을보륵'에게 명하여 정음(正音) 38자를 짓게 하시니 이것이 '가림토'이다. 16세 위나 단군(기원전 1,610년)시에 영고탑에 9환족의 모든 왕을 소집하여 삼성에게 배향한 기록이 나온다. 어쩌면 이 발굴된 탑이 '영고탑'일 지도 모른다. 중국인들이 寧古塔으로 표기하였으나 신령에게 고하는 제사의식에 '靈告塔'으로 '하늘(신령)에 고하는 탑'이 영고탑이다.

출처 : https://penmuseum.org.uk/, 작성자 : Fredrik T. Hiebert

42. 가림토문자가 세계의 문자에 끼진 영향의 결론

필자가 아무다리아(Amudariya－어머니 달)강 상류에서 고조선이 카라쿰 사막과 키질쿰 사막을 사이에 끼고 백아강(무엽산(無葉山)－잎이 하나도 없는 산, 오아시스권)에서 건국하였으므로 실로 오아시스에 '달(Dari)'을 정체성으로 삼아 아무다리아(Amudariya) 상류에 오아시스 문명(Oxus 문화－이제 시작하는 황소 문명)을 건설한 것이 되는 것이다. 이 오아시스 문명을 독일학자들이 BMAC(박트리아 마르기아나) 문명이라고 한다. 그리스어의 표기로 Bactria(밝은 달)는 바로 고조선의 정체성이었다. 마르기아나(Margiana－깨우친 우두머리, 칸)는 그 중심이 투르크메니스탄의 메르브(Merv－우두머리의 아버지)라고 한다.

1) 서양의 고고 역사학적으로 증명

(1) 안드로노보 문화(Andronovo－달의 신 아버지)

이 문화의 이름이 Andronovo 마을의 이름을 따서 호칭하게 되었는데, 러시아의 표기에는 지명이나 이름 뒤엔 반드시 Ev, Ov가 따라 다니는데 '아버지'를 말함이다. 아버지는 권위자이며 절대자였다. 훌륭한 조상은 모두 아버지로 통칭하였다. Andronovo의 핵심 용어는 안드로(Andro)이다. 이 드로(Dro)는 Dri, Dra, Dr, Dru 등으로 변화하고, 다시금 인도유럽어로 표기되면 드로는 '트로(Tro)'가 되며 트리, 트라, 트루 등으로 변화된다. 여기서 자음 'ㄹ'이 붙으면 틀레, 틀리, 틀로, 틀라 등으로 변하게 되는 것이다. 고대터키는 아나톨리아(Anatolia－달의 신)라고 불렀다.

어원상 안드로(Andro)나 아나톨리아(Anatolia)는 같은 것이다. 다만, 하늘의 신을 안(An), 인(In), 엔(En), 온(On), 운(Un) 등으로 불렀고, 안(An)은 다시금 아나(Ana), 아누(Anu), 아노(Ano), 아니(Ani) 등으로 변화된다. 1914년 남부 시베리아의 예니세리강 계곡인 '안드로노보' 마을 이름에서 기원전 2,000년 청동기 시대 문화에 부여하였다고 한다.

즉, 고조선의 정체성인 '달(月)의 신'이 고대 터키뿐만 아니라, 시베리아(Siberia－새로운 광명) 지역까지 고조선의 영토임을 각인시켜 주는 훌륭한 이름이다.

(2) 안드로노보 문화의 하위 문화인 Sintashta-petrovka-Arkaim 문화

Sintashta－Petrovka－Arkaim를 해석해 보면 역시 고조선의 정체성인 '달'이 나온다. Sin은 '새로 시작하는 사람들'이 되며 Ta는 '머리'가 되고, Shta는 '태양의 흰빛이 나는 머리'가 되고, Petrovka의 페(Pe)는 아버지를 부르는 베(Ve, Be)에서 파열음으로 발음이 변한 것으로 역시 인도유럽어의 전형이다. 그리고 트로(Tro)의 원형은 안드로노보의 '드로(Dro)'이다. 그러므로 페트로(Petro), 페트르(Petr)는 '아버지의 달'이 되는 것이다. 또한 Arkaim의 Ar는 우리(Uri), 우르(Ur), 아리(Ari)와도 같다. Kaim의 Kai는 '깨우친 사람'을 말하고 마지막의 엠(M)은 어머니를 말하므로 붙여서 해석하면 "우리의 깨우친 어머니"가 된다. 그러면 전부 붙여서 해석하면 "새로 시작하는 머리사람은 태양의 빛나는 사람의 머리족이고, 달의 아버지 집단〈고리〉이며 우리 깨우친 어머니 종족"이 되는 것이다. 이 문화는 남부 우랄지역과 북부 카자흐스탄이며 기원전 2,200～1,600년으로 보고 있다. 고고학자인 Mallory는 1997년 중앙아시아의 오아시스 문화는 Bishkent(흰 빛나는 아버지 칸의 머리) 문화와 Vaksh(흰 빛나는 집단의 아버지) 문화가 합쳐진 결과라고 지적하였다.

(3) 안드로노보 하위 문화인 Alakul 문화(기원전 2,100～1,400)

이 문화는 옥서스(Oxus), Jaxartes, 키질 쿰사막 지역을 일컫는다. 여기서 Alakul의 아라, 알라는 '우리'를 가리키고 쿨(Kul)은 동맹, 집단을 말한다. "우리의 집단"이 된다. 고조선은 많은 종족들을 9환으로 규정하였으며 오색종족을 모두 아우르는 신정통치 체제이었고, 쉽게 말하자면 재벌그룹 형태인 것이다. 고조선의 다른 하나의 특징은 '고리〈집단〉'이다. 고리로 9환을 이루었으며 삼한체제로 통치한 것이다.

(4) 박트리아(Bactria－밝은 달)·마르기아나(Margiana－깨우친 우두머리, 칸)

이 문명권은 고조선이 밝은 달을 정체성으로 하여 깨우친 칸(단군)이 된 지역이다.

(5) 화래즘 문명(박트리아 마르기아나 문명)

필자가 앞서 환인 12분국 시에 거론한 매구여국(기원전 7,000년)의 하위 문명인 하라

파(Harapa－태양의 아버지) 문명과 모헨조다로 문명이 옥서스권으로 이식되거나 융합되었던 것은 아프칸 북부의 청금석 광산 사이트에서 하라파형의 벽돌 발견으로 하라파와 무역이 이루어졌다는 것을 언급한 적이 있다. 그러므로 많은 학자들이 안드로노보 문명이 인도－이란 사람들과 연관시키고 있는 것이다. 이미 편잡 지역을 낙랑국으로 비정하였고, 오행치수 자리가 편잡의 다섯 강이란 가설을 제시한 바 있다. 노자는 편잡 사람이고, 복희가 파키스탄을 만들었으며 제풍(諸風) 사람들(풍족)이 파키스탄의 편잡이었다.

2) 지명에서 밝혀지는 정체성

(1) 아랄(Aral－우리의 얼), 우랄(Ural－우리의 얼)의 이름

우리의 얼은 무엇인가? 바로 머리족이며 태양족이고, 깨우친 사람들을 말한다. 그러므로 카스피(Caspi＝아버지 고시), 캅카스(Caucas－카우〈가우〉와 고시)를 발판으로 하는 중앙아시아 지역이 고조선의 영토가 된 것이다.

(2) 힌두쿠시(Hindu Kush－흰 머리 고시)

힌두는 즉, 白(흰 백), 頭(머리 두)와 어원이 똑 같은 것이다. 인도의 힌두교는 백두교와 같은 이치이다. 한인12분국 시대부터 파미르를 거쳐 힌두쿠시(흰 머리 고시)산맥의 이름이 지어진 것이다. 태양의 고시 이름으로 환웅시대가 증명되며 세계의 태양문명이 증명되는 것이다.

(3) 필자의 세계 언어 소개와 문화, 지명 분석

'광명, 태양족, 깨우친 사람들, 스키타이의 정체성인 어머니 사람들, 고리〈연방, 집단〉, 고시, 카우' 등으로 수 없이 증명하였으며 고대의 키워드 14글자로 세세하게 증명하였다.

3) 이집트 람세스 3세의 '빈소사원'의 기록으로 9환 증명

이미 앞에서 이집트 기록에 나타난 9문(9활, 9환)이 바로 고조선의 마한 동맹이란 것을 언어학적으로 밝혀 내었고, 고대 히타이트의 루비안 문서에서 고조선은 '투탈리아'라고 직시하였다. 투탈리아(Tutalia－머리의 달)는 고대의 토카리스탄으로 밝혀진 것도 큰 수확이었다. 탈리아는 아나톨리아의 톨리아와 어원이 같다. 고대 터키가 같은 정체성

인 '달'을 포방한 것이며 마한의 한 축을 맡게 된 것이다. 카데스의 전투 등 약 250여 년간 마한 동맹으로 이집트의 식민지로 전락하였던 지중해의 도시국가, 이집트 본토 공격을 한 일명 '바다 사람들'의 비밀을 풀 수 있었다. 또한 그 '바다 사람들'이 고대 히타이트를 멸망시켰다는 것은 하나라의 멸망과 동일시된다는 가설을 제시하였다.

4) 언어학적으로 증명

인도유럽어와 관련하여 지명의 분석에 이어 태양 문명, 달 사람들 연방(고조선의 연방)을 증명하였으며 아프리카, 중앙아시아, 오스트로네시안 언어를 통하여 그 정체성인 광명, 고시, 고리, 달 등으로 증명하였다.

5) 인류문화사적인 증명

태양숭배와 더불어 그리스, 고대 터키, 중앙아시아 및 북미의 성소인 태페(태베)가 바로 태백임을 증명하였으며 바로 백두(흰 머리)로 연결된다고 증명하였다.

6) 켈트의 이동과 인도16국 형성에 고조선의 9환족 이동의 증명

7) 아프리카의 문명이 한인, 환웅시대에 들어간 문명으로 아프리카 4대언어로 증명

8) 곰 문명은 태양 문명이며, 곰은 신화가 아닌 역사적 실체로 규명하여 증명

9) 인도에 고조선의 망명정부, 달의 왕조와 달 언어를 증명

10) 가림토문자가 세계의 언어에 공헌하였다는 것을 증명

이상 10가지의 증명으로 '환단고기'가 위서가 아님이 밝혀졌고, 고조선은 만주나 중국의 발해만 등이 아닌 중앙아시아에서 건국하였으며 오색종족의 연방국가란 것을 밝혀내었다. 달의 국가(달지국)란 것을 다시 한 번 증명하였다.

참고 문헌, 링크 등

* 프랑스정부 싸이트(http://www.culture.gouv.fr/culture/arcnat/harsova/frbaik6.htm)
* 에릭 베켓 위버 : "항가리와 세르비아 인류학적 논의"(http://users.ox.ac.uk/−oaces/weaver.html/)
* 고대 유럽문명의 유적의 발견
(http://www.nature.com/nature/journal/v426/n6965/gull/nature02029.ml)
* Gimbutas 마리아(1974) 여신과 옛 유럽의 신 : 6500 BCE 3500 : (2판) 신화와 숭배 이미지−버클리 켈리포니아 대학교 출판부. 페이지 (17)
* Gimbutas 마리아 (1963) 발트족을
(http://web.archive.org/web/20130318061550/http://www.vaidilute.com/)
* 카레, 엔드류(2008년 11월) "Gobekli 테페를"
(http://www.smithsonianmag.com/history−archaeology/gobekli−tepe.html)
* "세계 최초의 사원"(http://www.archaeology.org/0811/abstracts/turkey.html) 고고학 잡지. 11월, 12월 2008페이지(23)
* 찰스 C, 맨 "종교의 탄생 : 세계 최초의 사원" 내쇼날 지오그래픽집.(219) 제6호(헤세이23월), pp. 34~59 :
* Polz, 다니앨 C, 2001년 "테베"에서 고대 이집트의 옥스퍼드 백과사전, 도널드브루스 레드포드에 의해 편집, 3권 3, 옥스포드, 뉴욕, 카이로 : 옥스포드대학, 384~388
* Sarianidi, VI "골든 힐의 보물", JSTOR(http://www.jstor.org/stable/504260)
* KR Veenhof, Kanesh : 고대 근동 애드의 문명의 아나톨리아 올드 아시리아 식민지.
* 조셉피셔, 보이오티아의 초기 역사 S.(27)
(http://www.perseus.tufts.edu/hopper/tex?doc=paus+9.7.6&fromdoc=perseus%3Atext%3A1999.01.0160)
* 그리스와 로마 전기및 신화사전(윌리암 스미스)
(http://www.perseus.tufts.edu/cgi−bin/ptext?doc=perseus%3Atext%3A1999.04.0104;query=entry%3D%234662;layout−;loc=)
* 소티 Liolitsas, 아르고스 (http://www.panargeiakos.gr/Argolida.hyml)
* 문헌−플루타르코스 영웅전, 해로도토스, 필폰네소스 전쟁의 역사
* 에게 해의 선사시대 고고학(http://www.projectsx.dartmouth.edu/classics/history/bronze−age/index.html)
* 페루 2007 Censos Nacionales (http://iinei.inei.gob.pe/iinei/RedatamCpv2007.asp?id=ResultadosCensales?ori=C)
* C.Michael 호건,파이스 토스 Fiendnotes(2007), 현대골동품을
(http://themodemantiquarian.com/site/10857/phaistos.html#fieldnotes)
* 북 키프로스 국가 계획 기관 2013.6 (http://www.devplan.org/Nufus−2011/nufus%20ikinci−.pdf)

* 2001년 Belgaum 지구의 인구 조사를
(http://www.onefivenine.com/india/village-Directory/List-of-Villages/List-of-Villages-Alphabetical.aspx?cki=&Combostate-code=29)
* 국제노동기구(ILO)의 인구조사 자료(http://www.ilo.comell.edu/il0/data.html)
* 이란의 역사(http://iranchamber.com/history/elamite/elamite.php)
* 볼리비아의 사법 수도 수크레(http://hamsucre.gov.bo/)
* 선형 밴드 도자기에 대해-로마 Grabolle 〈1〉(http://de.wikipedia.org/benutzer/Krtek76)
* United Nations Population Division(http://esa.un.org/unup/)
* 카르낙 브리티니에서 발 굴: Bossenno 고고학 연구
(http://archive.org/stream/excavationaatcar01milnuoft#page/n7/mode/2up)
* 고르노바다흐샨 자치구
(http://tools.wmflabs.org.org/geohack/geohack.php?language=ru&pagename=%Do%BB%DO%B0%B8)
* 뱅골의 아시아학회 논문집(http://books.google.com/books?id=WUOAAAAIAAJ)
* (33)네팔문화 : NeHCA의 연간저널
* 세계 Kirat 라이 조직(http//www.Kiratrai.org)
* 키라테 역사도서관 온라인(http://www.limbulibrary.com.np/books.tem)
* 수레시 칸트 샤르마, 우샤 샤르마-2005, "동북 인도의 발견 : 지리, 역사, 문화를-제3권 248페이지, 별도의 복종 친화적인 왕국으로 Davaka와 Kamarupa.
* "Kamakya 사원"(http://indianngos.com/issue/culture&heritage/monuments/Kamakhyatemple.htm)
* 인도 비하르주 고고학 공식 웹 사이트(http://yac.bih.nic.in/Da-01.htm#AgamKuan)
* 아시아와 오세아니아의 민족의 백과사전(인도 백과사전 '인디카' "토지의 식별 Kambojas"
(http://www.ekantipur.com/the-kathmandu-post/2011/05/17/metro/dancing-to-ubhauli-tunes/221801.ht ml)
* 케메르의 공식 웹사이트(http://www.kemer.gov.tr/)
* 황소자리(http://www.ianripath.com/startales/taurus.htm)
* 고전 지명사전(http://www.ancientlibrary.com/gazetteer/0039.html)
* 이란 자그로스 산맥(http://www.peakbagger.com/range.aspx?rid=42)
* 중국(티벳)의 소금호수 http://www.mindat.org/loc-157134.html)
* 타마라 M. 그린, 달신의 도시 : 하란의 종교적 전통(ISBN9004095136,ISBN978-90-04-09513-7)
* 투르키스탄 (http://web.archive.org/20080513095483/geocities.com/ai320/turkistan.htm)
* 차낙갈레(아소스)(http://www.canakkleayvacik.bel.tr)
* 네이버 캐스트 여행-부하라(부하)
http://navercast.naver.com/contents.nhn?contents-id=2653&path=%7c&leafld=241
* 펀잡(http://ko.wikipedia.org/w/index.php?title=펀자브&oldid=10871092)
* 아모리인(http://britannica.com/eb/article-9007224/Amorite)
* 이스라엘 핀켈 스타인, 닐 애셔 실버만 : 다윗과 솔로몬 : 고고학자들은 신화를 해독.벡, 뮌헨 2006, ISBN 3-406-64676-5권,174=175

* 블레셋(http://www.nytimes.com/2007/03/13/scince/13phil.html?)
* 신학과 교회의 백과사전, 권8, 프라이 부르크, 1936쪽. 240~241
* 피에르 OBERLING : QASHQAI의 역사(http://www.iranicaonline.org/articles/qasqai-tribal-confederacy-i)
* 중앙아시아 스텝부족 연구(http://kungrad.com/history/st/masson/)
* 요르간 테페(http://www.fas.harvard.edu/semitic/hsm/NFNuziRest.htm)
* 케난 테페(kenan tepe) (http://arcserver.usc.edu/index.html)
* BBC 뉴스(http://bbc.co.uk/2/hi/science/nature/334517.stm)
* 프로 코로프,알렉산드르 Mikhailovich(1982). 위대한 러시아의 백과사전 (http://books.goole.com/books?id=mFONAQAAMAJ)맥밀란, 페이지(248).
* 카라탁 강유역(Karata)(http://www.orexca.com/img/tours/scientific/8.html)
* 고대 인도의 무역및 무역경로. 1977, p.7(94), 모티 찬드라 박사
* 팔리어 적절한 이름의 불교사전, 집1,1960. GP Malalasekera, p.526
* 무역로, 백과사전 인디카 : 인도, 파키스탄, 방글라데시, 1999, p.537, 시암싱샤시-역사)
* 초기 인도의 무역및 수출입(http://education.vsnl.com/atreyi/early-trade.html)
* 찰스에벨(1976) 알프스 저 편의 갈리아 : 로마지방의 출현 (http://books.google.com/books?id=lbwUAAAAIAAJ&pg=pa49)
* 이베리아 반도. 피셔, T(1920) : 스페인 "밀휴 로버트에서 국제지리" (http://books.google.com/books?id=wyUbAAAAYAAJ&pg=PA368)
* 타지키스탄 "파미르족 정체성의 형성과 통합"(http://etd.lib.metu.edu.tr/upload/12607111/index.pdf)
* 줄리어스 포코니를, "Spuren 폰 Grrmanen 메신저 알텐 아일랜드 보르 데르 Wikingerzeit 는" Zeitschrift celtische philologie 모피(11), 1917, 169-188(171)에서
* 헤로도토스에 의해 역사(펭귄 클레식), 존 M.Marincola 및 Aubery 드 Selincourt, ISBN 0-14-044908-6, 2003, 271 P, "트라키아 아폴로니아와 메셈 브리아 넘어 사는 사람들"
* 크리스토퍼 웨버 ; 엥거스 맥브라이드(2001). 트라키아, 700BC-AD 46 물수리 출판. 4P-ISBN 978-1-84176-329-3
* 프시케 ; 영혼의 숭배와 사이에서 불멸에 대한 믿음의 어원 : 그리스-Page 281 ISBN 0-415-22563-9, 2000 " 탈레스의 트라키아 부족의 분기"
* 존보드맨에 의해 켐브리지 고대역사 3권, 599페이지-1991 "플리니는 Moesic부족을 말한다"
* 아폴로 및 하드 1990 페이지. 103(도서3, 5.4) ; Grimal&맥스웰-Hyslop 1996, pp. 83, 230.
* 2003년 알바니아 온라인의 집(http://albanian.com/main/histoey/illyrian.html)
* 호머, 일리아드 21. 140-160
* JJ 윌크스, 1992에 의해 일리리아인들 ISBN 0-631-19807-5 쪽. 121, 156, 170-174, 190
* JJ 윌크스, 일리리아인들, 1992, ISBN 0-631-19807-5, 페이지.(92)
* 로마의 아피아가도의 역사 : 리리아 전쟁 : 02 (HTTP://WWW.LIVIUS.ORG/AP-A다/APPIAN/APPIAN-ILLYRIAN-1.HTML)
* JJ 윌크스, 1969 로마제국의 지방의 역사-달마티아(32페이지)
* JJ 윌크스, 일리리아인들, 1992, ISBN 0-631-19807-5, 페이지(203-210).

* Jt 코흐, 역사백과사전: 캘트문화(20060, 페이지 750-770.
* TF 0, Rahilly, 조기 아일랜드 역사와 문화(1946 더블린 연구소)
* "제프리키팅의 아일랜드 역사"(http://www.ucc.ie/celt/published/T100005A/index.htm)
* 맥 킬롭, 제임스(1998) "캘트신화의 사전"
* 마이어, 쿠노(에디션) "찬미 족보및 부족의 역사"(http://www.ucc.ie/celt/published/G105005/index.html)
* O, rahilly, 토마스F, 조기 아일랜드 역사와 신화 더블린연구소 1942
* 울프, 알렉스. 고대의 혈연? DAL Riata과 Cruthin(크루틴-고리의 머리족)(http://www.academia.edu/1502702/Ancient-Kindred-Dal-Riata-and-the-Cruthin)2012)
* 타타르스탄 그리고 바시키르공화국 (http://tatar-congress.org/eng/?)
* 타타르스탄에 대한 일반정보(http://www.ling.helsinki.fi/uhlcs/LENCA/LENCA-2/information/tatarstan.html)
* 아쇼카 기둥(http://flickr.com/photos/88916555@N00/3516336468)
* 중앙아시아의 고고학및 인도-유럽과 우랄을 구사하는 인구 식별의 문제(HTTP://WWW.ling.ed.ac.uk/linguist/issues/14/14-934.html)
* 말로리, JP(1997) "Afanasevo 문화", 인도-유럽문화의 백과사전, 피츠로이 디어
* 비블로스 글자 표기와 프로토-알파벳 Colless,브라이언E 묵-Nahrain/고대 근동연구 30(1992) 15-62.
* 밀라(1986) AR "알파벳의 유년기" 세계 고고학. 390-398쪽
* 레이(1986), "이집트 쓰기의 출현" 존 D. 초기 쓰기 시스템;3분의 17쪽. 307-316.
* 조기 동부 이란과 Atharvaveda, Persica-9, 1980, 87쪽, 마이클 WITZEL 박사
* 산스크리트어 Mudrarakshasa에서 원본 텍스트 Kamboja Bahlikah Shudrastathabhira의 narottama.(36)(MBH 187분의 3/28-30)
* 에드 마사 T. 로스 : 시카고. 대학의 동양 연구소의 아시리아 사전 21권. 시카고대학의 동양 연구소(26), (http://uchicago. edu/research/pubs/catalog/cad/)
* 2011. 6. 26. 인도뉴스(http://news.in.msn.com/international/article.aspx?체-documentid=5235189)
* 브리테니카 백과사전-수메르어(http://www.britannica.com/EBchecked/topic/573229/Sumerian-language)
* "수메르" 라이프 치히 : 진화인류학 막스 플랑크 연구소(독일)(http://glottolog.org/resource/languoid/sume1241)
* 작은 타타르 (http://www.raremaps.com/gallery/detail/1761RB/Tartaria-D-ouro-piccola-Tartaria-divisa-da-Giacomo-Cantelli-da/Cantelli%20da%20Vignola-Rossi.html)
* ^B Alasdair WR 깎는, 신석기시대 유럽 : 새로운 세계의 창조, 페이지(101) 캠브리지 대학 출판부, 1996
* 타타리아 테블릿의 활용-Merlini, 마르코 ; Lazarovici, 게오르게(2008)(http://arheologie.ulbsibiu.ro/publicatii/ats8/acta%207.pdf)
* 일로나 Vaskeviciute. Semigallian 문화영역(http://www.istorija.lt/la/arch20-05engVaskeviciute.htm)

* 요한슨, 라스. 1998년 "투르크의 역사"에서. 1998. 투르크 언어. 런던 : 루트리지ISBN 0-415-08200-5
* Akhatov G.Kh, 1963 "방언 서 시베리아 타타르"(논문). 우파(러시아어)
* MENGES, KH 1968 투르크 언어와 민족:투르크 연구에 대한 소개.비스바덴 : Harrassowitz.
* ∧ 선형 동부에서 Rhodopes에서 스크립트(2005년 5월) (http://kroraina.com/thracia/ovcharov/)
* 미노아의언어 (http://www.cretegazette.com/2006-02/minoan-language.php)
* 채드윅,존(1967),선형B의 해독. 케임브리지 대학출판, ISBN 0-521-39830-4.
* 성경 고고학협회(성경 고고학 리뷰) (http://www.bib-arch.org/bar/article.asp?PublD=BSBA&ssue=6&ArticlelD=9)
* 중국의 문화 역사-3 박사 애드워드 트립, A-1120 비엔나의 '하나라' (http://www.shiatsu-austria.at/einfuehrung/kultur-40.htm)
* ∧BC E. J. Peltenburg;알렉산더 Wasse;레반트(2004)에서 비블로스(Byblos): (http://books.google.com/books?id=6mKBAAAAMAAJ)
* ∧ 트레버 브라이스, 히타이트왕국의 새로운 버전, 옥스퍼드 대학 출판부, 2005페이지 : (12)
∧녹색 알베르토. RW(2003). 고대 근동의 폭풍-하나님. Wioana 호수 : Eisenbrauns. pp. 89~103. ISBN1-57506-069-8
* Akurgal, Ekrem, Hattian과 히타이트 문명 ; 터키공화국의 간행물 ; 2001 ; 300페이지, ISBN 975-17-2756-1
* ∧이집트 "람세스Ⅱ와 히타이트 하투실리3세 사이의 평화조약" (http://www.reshafim.org.il/ad/egypt/ramses-hattusili-treaty.htm)
* The Cruithni are discussed by Byrne, Irish Kings and High-Kings,pp.106-109, Early Medieval Ireiand, pp. 48-50.
* ASI 하리아나의 Bhirrana 오래된 Harappan 사이트 (http://timesofindia.indiatimes.com/city/chandigarh/Haryanas-Bhirrana-oldest-Harappan-site-Rakhigarhi-Asias-largest-ASI/articleshow/46926693.cms)
* 유네스코 세계문화 유산, 2004. "메르가르의 고고학 사이트" (http://whc.unesco.org/en/tentaivelists/1876/)
* 허스트. K.크리스를. 2005. "메르가르"(http://archaeology.about.com/od/mterms/g/mehrgarh.htm)
* 사이언스 데일리∧http://www.sciencedaily.com/releases/2009/04/090423142541.htm)
* 터어키 언어∧http://turkic-languages.scienceontheweb.net/Proto-Turkic-Urheimat.htm)
* "역사 언어학의 새로운 관점" - '폴 키파 스키' (http://web.stanford.edu/kiparsky/Papers/handbook.pdf)
* 러셀 D, 쿠엔틴 D, 엣킨슨 : 언어-인도유럽어족 : 아나톨리아 (http://language.psy.auckland.ac.nz/files/gray-and-atkinson2003/grayatkinson2003.pdf)
* 비 Invasionist 모델(http://www.voiceofdharma.com/books/ait/ch63.htm)
* 크로우 사회-까마귀(http://crow.bz/main/people.htm)
* 엘사 스피어 바이런 컬랙션 (http://www.montana.edu/wwwmor/photoarc/byron/byron-index.htm)
* Gimbutas에 마리아(1963), 발트족·런던 : 템즈와 허드슨, 고대민족과 장소(33).

* Gimbutas에 마리아(1965) 중부 및 동부 유럽의 청동기 시대 문화, 헤이그/런던
* Gimbutas에 마리아(1980) “청동기 시대 유럽에 유라시아 대초원 목축의 첫 번째 물결” ‘인도-유럽연구’ 저널 8 : 277-338
* Gimbutas에 마리아(1980), “유럽에 르간 파#2(c.3400-3200BC) 및 문화의 다음 변환 ‘인도-유럽 연구’ 저널 8 : 273-315
* Gimbutas에 마리아, 산 윈 다니엘 Shimabuku(1989) 그리스에서 신석기시대의 정착, 6400-5600BC “로스엔젤레스 : 고고학연구소”, 캘리포니아 대학
* Martiros Kavoukjian, 아르메니아, Subartu, 수메르 : 인도-유럽 고향과 고대 메소토타미아 트랜스, N,ouzounian, 몬트리올(1987), ISBN 0-921885-00-8
* B 알베르토 Ravinell 휘트니 그린(2003). 고대 근동의 폭풍 신 (http://books.google.nl/books?id=ZGjcLBYTUUgC&pg=PA62#∨=onepage&q&f=false)
* 트레버 브라이스(2014) 3천년 역사 : 고대 시리아 (http://books.google.nl/books?id=41-MAgAAQBAJ&pg=PA20#∨=onepage&q&f=false)
* 페니키아의 신학 : Sanchoniatho에서(http://www.sacred-texts.com/cla/af/af01.htm)
* B 무어, AMT(1978), 레반트지역의 신석기시대, 옥스퍼드대학 : 미공개 박사학위 논문 (http://ancientneareast.tripod.com/143.htm) pp. 329~339
* 리나G박사의 “ICOMOS유산(국제기념물 유적협의회) (http://www.international.icomos.org/risk/world-report/2006-2007/pdf/H@R-2006-2007-28-National-Report-Lebanon.pdf)
* 라틴어 사전(http://www.archives.nd.edu/cgi-bin/lookup.pl?stem=dardani&ending=)
* 페르세우스에, Dardanioi, 게오르그 Autenrieth, “호머사전을”(http://www.perseus.tufts.edu/cgi-bin/ptext?
* 알바니아의 어원 사전, V.Orel, Koninklijke 브릴, 라이덴 보스턴 쾰른 1998, p. 56.
* 알바니아어-영어의 온라인 사전(http://www.argjiro.net/fjalor/index.php)
* 전 로마시대에 중앙 발칸부족 : Fanula papazoglu에 의해-Triballi, Autariatae, Dardanians, Scordisci 및 Moesians, ISBN 90-256-0793-4, 256페이지
* 이스라엘 포스트 (http://www.jpost.com/Israel/Blaze-destroys-Arava-landmark)
* Magrill, 파멜라, 대영박물관에서 ‘라기스’컬랙션 연구원의 가이드 (http://www.britishmuseum.org/research/publications/research-publications-series/2006/the-lachish-collction.aspx)
* “canaanisms에 특별한 주의, 아마르 문자의 언어” 라이프 치히 1909 (http://archive.org/details/diesprachederama00bh)
* Kenoyer, 조나단 마크(1998). 인더스문명의 고대도시. 옥스퍼드 대학 출판부 p. 96. ISBN 0-19-577940-1 “인더스 도시의 무역 식민지”
* Bowersox, 게리 W : 챔벌린, 보니타 E 박사. D(1995). “아프가니스탄의 보석”·기원전 2,000년에 대한 인더스 계곡 문명이 ‘Shortughai’에 있는 ‘Harappan’ 식민지의 ‘라피스 광산’
* 바알, 초승달(http://www.touregypt.net/featurestories/baal.htm)
* 맥과이어 깁슨, ‘도시와 기스(Gis-고시)의 지역’

(http://www.archive.org/download/sumerianpalaceac12mack/sumerianpalaceac12mack.pdf)
* 전자 펜실베니아 수메르 사전(EPSD) (http://psd.museum.upenn.edu/epsd/epsd/e3066.html)
* 고고학의 UCL연구소(2010년)－세르비아의(기원전 5,000년) 구리 생산의 증거 발견 (HTTP://WWW.UCL.ac.uk/archaeology/calendar/articles/20100924)
* Parpola, 하기 Asko(2005) "인더스 스크립트의 연구"(http://www.helsinki.fi/~aparpola/tices-50.pdf)
* 요아 킴 Willeitner : 누비아, 아스완과 하르툼. 사이의 고대유적 Hirmer, 뮌헨 1997, ISBN 978-3-7774-7500-4
* 누비아(http://commons.wikimedia.org/wiki/Category:Nubia?uselang=de)
* 베를린의 훔볼트대학의 고고학 탐험 (http://nubianexpedition.com/)
* "이전 그리스어 신석기 시대의 개발 및 관계"(http://www.jstor.org/stable/2799647)
* '아일린 머피' 남부 시베리아, 러시아에서 선사시대 인구의 연대기 검토 (http://qub.academia.edu/EileenMurphy/Papers/607411/New-radiocarbon-dates-and-areview-of-the-chronology-of-prehistoric-populations-from-the-Minusinsk-Basin-Southem-Siberia-Russia)
* Balkdia, '막시밀리안' 유선웨어/싱글무덤문화(http://www.comp-archaeology.org/CordedWare.htm)
* 프라하에서 발견된 고대의 매장지/press TV(2011년 4월 6일)(http://www.presstv.ir/detail/173456.html)
* 하키넨, 자코(2012) "우랄과 Yukaghir(유카기르)사이의 초기 접촉 (http://www.sgr.fi/sust/sust264/sust264-hakkinenj.pdf)
* 덴마크 초기 늦은 신석기 시대의 검토(http://www.jungsteinsire.uni-kiel.de/pdf/2005-vandkilde-low.pdf)
* JP말로리, "TRB 문화", 인도-유럽문화의 백과사전, 피츠로이 디어, 1997
* 덴마크 국립박물관-선사시대의 Skarpsalling 도자기 (http://translate.googie.co.uk/translate?hl=en&sl=da&uhttp://natmus.dk/historisk-viden/danmark/oldtid-indtil-aar-1050/bondestenalderen-4000-fkr-1700-fkr/skarpsallingkarret/&prev=/search%3Fq%3DSkarpsallingkarret,%3Doff26espv%3D210%26es-sm%3D93)
* 불가리아의 영토에 문화인 Hamangia와 Savia의 마지막 단계의 기념비 (http://revistapontica.files.wordpress.com/2009/10/pontica-37-38-pag-9-20.pdf)
* Lusatian(태양의 위대한 머리족) 문화 정착의 가설-청동기 시대에 도구 사용. 폴란드(http://www.dziejba.org)
* 허버트 E,사전 식민지 서 아프리카 구리의 사용 1973 측면, 아프리카 역사저널, 14:179-194
* 슬로토록 : 메로에문화 : 캐서린 A. 바드(에드). "고대 이집트의 고고학의 백과사전" 루트리지, 런던 1999, ISBN 0-7141-0986-X.
* 커스티 로완, 메로에-아시아 아프리카 언어에서 (http://www.soas.ac.uk/linguistics/research/workingpapers/volume-14file37822.pdf)
* 구석기 시베리아 게놈은 아메리카 원주민의 이중조상을 제시(2013년 11월23일)

(http://www.nature.com/nature/jounal/vaop/ncurrent/pdf/nature12736.pdf)
* 인도의 브리지아 언어의 하위분류-오스트로아시아틱, 북한문다어, 문다어, Kher warian , Asuric 언어 (http://www.ethnologue.com/17/language/bix)
* 인도의 Mundari 언어 (http://www.ethnologue.com/language/unx)
(http://www.oneindia.com/2006/05/15/bms-to-intensify-agitation-on-mundari-langure-1147760918.html)
* "카라슈크(Karasuk)문화"-인도 유럽문화의 백과사전,(JP 말로리) 피츠로이 디어, 1997.
* 홍산 문화의 돌 석상(http://blog.sina.com.cn/s/blog-517848220100c9v5.html)
* 남서부 독일 Hohle 펠스 동굴에서 '오리냐크'문화의 여성 입상
(http://www.nature.com/nature/journal/459/n7244/pdf/nature07995.pdf)
* 고르디온(Gordion-고리의 머리 사람들)발굴 1950-1973 ; 최종보고서 4권, 로드니 스튜어트 엘렌 L,퀼러길버트 케네스 53쪽
* 역사로서의 「山海經」의 지리적 개념 고찰(최두환박사-경상사학회 2008. 12)
* 부산 사투리 사전(부산 사투리를 사랑하는 사람들의 모임/감수 : 이삼성, 발행 : 안태봉 2003년 06월 26일 ISBN 89-90586-04-6
* 조선어 방언 연구(황대화 저) 영인 : 한국문화사/발행 : 료녕민족출판사 2000년 9월 1일 ISBN 89-7171-965-6, 261-263쪽, 300-317쪽
* 전라도 방언 사전(주갑동 저) 수필과 비평사 2005년 4월 15일 ISBN 89-7135-772-1, 1-100쪽
* 이형구, 「단군을 찾아서」(살림터 출판사), 1994년 판
* 증산도의 『환단고기』-안경전 역주 ISBN 978-89-94295-23-7
* 환단고기(임승국, 정신세계사) 1986년6월 11일
* 한민족사 중앙연구회 2/4분기 학술발표회(정진만) "고대국가의 도읍지를 밝히며" "금관 가야의 위치 비정"
* 잃어버린 역사 보이는 흔적(인터넷 역사 카페)-이진우 박사-"고조선의 기원은 2546년이다."
* 이진우 박사의 "고대사 노트" 중 '한전(韓傳)'의 해석
* 과학동아 2016. 7월호(91페이지) : "DNA로 살펴본 인류의 이동"
* 사라예보 학교(http://dmc.ssst.edu.ba/ButmirNeolithicCulture/)
* 시리아(http://www.dgam.gov.sy/index.php?d=245&id=701)
* 고리(Gori)시의 웹사이트 : http://www.gori.gov.ge/
* 시리아의 '마리' 고고학사이트(http://www.dgam.gov.sy/index.php?d=245&id=701)
* 아라멘 아셀 아라라트의 사람들을. 2009쪽. 290-291. ISBN 978-4392-2567-7
* 우라르투(태양의 머리) / 아르메니아의 역사(http://www.livius.org/arl-armenia/urartu.html)
* 그루지(우리 고리),이란관계의 역사) (http://iranica.com/articles/georgia-ii-history-)
* 에프탈리테(Hephtalites-아버지의 흰 빛나는 달의 머리)
(http://www.azargoshnasp.net/history/Hephtalites/Hephtalites.htm)
* 컬럼비아 백과사전- 에프탈리테 (http://www.iranica.com/newsite/articles/v12f6/v12f6008.html)
* 에프탈리테-HW 베일리, "하라-hūṇa", Asiatica.Festschrift 프리드리히 웰러, 라이프 치히, 1954,

pp. 12～21.
* MK Dhavalikar, "아프가니스탄에서 두 Gaṇeśa 동상에 참고" 동서 21, 1971, pp. 331～36.
* 키다리테와 에프탈리테 기간 프란츠 Grenet, "Kidarite과 Hephthalite 기간에 중앙 아시아와 노스 웨스트 인도 지역의 상호 작용", 영국 아카데미 논문집 (116) 2002, pp. 203～24
* 중앙아시아의 역사-에프탈리테 BA Litvinsky, 학사 Litvinsky 등의 "에프 탈", EDS, 중앙 아시아, 3세의 문명의 역사 : 문명의 교차로 : AD 250-750 , 파리, 1996, pp. 135～62.
* IDEM, "화이트 훈족과 인도 북서부 국경의 역사에서 혈연 부족" 인도 골동품 상 (34), 1905, pp. 74～85.
* 유연의 지도(http://www.shuku.net:8080/novels/zatan/cydglngls/03.html)
* 포르투칼의 켈트족-테레샤 Judicr Gamito, 알 가르 베의 대학 (http://www.uwm.edu/celtic/ekeltoi/volumes/vo1616-11/gamito-6-11.html)
* 후안 루이스 가르시아 알론소, 살라망가 대학, "Briga 이베리아 반도에서 Toponyms" http://www4.uwm.edu/celtic/ekeltoi/volumes/vol6/6_15/garcia_alonso_6_15.html
* 시스코 마르코 시몬(사라고사 대학), "이베리아 반도의 고대 캘트족의 종교, 종교의식" (http://www4.uwm.edu/celtic/ekeltoi/volumes/vol6/6_6/marco_simon_6_6.html)
* 곤잘로 루이스 사파테로-콤 플루 텐세 마드리드 대학교 알베르토 제이 Lorrio-드 알리 칸테 대학교, "이베리아의 켈트족"(http://www4.uwm.edu/celtic/ekeltoi/volumes/vol6/6_4/lorrio_zapatero_6_4.html)
* 알프레도 곤잘레스-Ruibal-"이베리아의 켈트의 예술적 표현과 소재 연구" (http://www4.uwm.edu/celtic/ekeltoi/volumes/vo16/6-3/gonzalez-ruibal-6-3.html)
*〈마르틴 알마-Gorbea-콤 플루 텐세 대학, 알베르토 제이 Lorrio-드 알리 칸테 대학, " Celtiberian 세계의 전쟁과 사회" http://www4.uwm.edu/celtic/ekeltoi/volumes/vol6/6_2/gorbea_lorrio_6_2.html
* 초신성의 인도문명 붕괴에 관한 : 제임스 A, Marusek (http://www.breadandbutterscience.com/IndiaCataclysm.pdf)
* 하인리히 슐리만, "트로이의 유적"(NY, 아르노 압박, 1976) pp. 113～114
* 힌두쿠시의 숨겨진 땅--누리스탄(우리의 위대한 머리족) (http://users.sedona.net/～strand/Nuristani/Kamkata/Kom/kom.html)
* 2001년 미국 의회 도서관-누리스탄, 아프가니스탄(http://countrystudies.us/afghanistan/47.htm)
* 아프가니스탄(아버지 칸의 위대한 머리족)의 주요 도시와 인구 (http://www.geohive.com/cntry/afghanistan.aspx)
* 인도, 이란, 아프가니스탄의 카메라 게오르그 MORGENSTIERNE, 노르웨이 오슬로 국립도서관 (http://www.chart.ac.uk/chart2001/papers/noframes/witek.html)
* 셈족 Afrasian에서 루트확장, 형성- "비교 셈족에 바르셀로나 심포지엄 논문" (http://starling.rinet.ru/Texts/semroot.pdf)
* 오모틱(Omotic-어머니 머리)언어-비교언어학의 측면에서(알렉산더 Militarev, 모스코바) (http://starling.rinet.ru/Texts/fleming.pdf)
* 비잔틴제국시대의 '카스토리아(kastoria-고시의 달)' (http://odysseus.culture.gr/h/1/eh151.jsp?ob-id=3401)

* 핀란드(http://www.dmoz.org/Regional/Europe/Finland)-핀우그릭
* 부코바르 스리엠(Vukovar-Srijem-아버지 고리의 광명의 태양의 어머니) 〈크로아티아〉(http://www.otok.hr/)
* 중앙아시아와 캅카스 연구(http://www.oc.unito.it/en/index.html)
* 아디게야 공화국(http://www.adygheya.ru)
* 이란의 그룹(지도, 인구, 언어등) (http://www.everytongue.com/iran/)
* 킴메르(브리테니카 사전) (http://www.britannica.com/EBchecked/topic/117922/Cimmerian)
* 고대역사-킴메르(고리 어머니의 우두머리) (http://www.livius.org/cg-cm/cimmerians/cimmerians.html)
* 소말리아(위대한 우두머리) 보고서(언어 등) (http://www.ethnologue.com/country/SO/languages)
* 쿠미크(곰) 언어(http://peoples.org.ru/kumyk.html)
* 동경 외국어 대학 학술 아카데미-家島彦一, "동아프리카 스와힐리어 문화권의 형성" (http://repository.tufs.ac.jp/handle/10108/21773)
* 브라질의 탈리안언어(Talian-달의 사람들) http://www.coromarmolada.it/talian.htm
* 타르테 소스(지중해) (http://antiquity.ac.uk/ProjGall/kuhne/)
* 아모스 9장 : 7 '갑톨'에 대한(http://www.godrules.net/library/gill/28gillamo9.htm)
* 아나톨리아 문명(http://www.cliolamuse.com/spip.php?rubrique5)

(외부 링크)

* 빈카의 문화(http://pagesperso-orange.fr/atil/atil/y15.htm)
* 라 protohistoire, 마르셀 OTTE 2008년(ISBN978-2804-159238) (http://www.statemaster,com/encyclopedia/Rohonc-codex)

humanjourney.us. 인도-유럽 (http://www.humanjoumey.us/IndoEurope.html)

* 샬린 spreynak(2001), 백래쉬의 해부학 ; 마리아Gimbutasdpdml 작업에 관한 (http://www.charlenespretnak.com/file/JoA-article-by-CS-on-MG.pdf)
* 터어키어 역사학회(www.ttk.org.tr/index.php?page=sayfa&No=166)
* 아나톨리아문명-시카고대학 동양연구소(http://humanities.uchicago.edu/orgs/xstar/eCHD)
* 2011년 발굴 퀼 테페 보고서 (www.ttk.org.tr/templates/resimler/file/Kazilar/2012/3-kultepe-2011.pdf)
* 고대 테베에 관한 더 많은 정보, 세계문화유산(http://whc.unesco.org/en/list/87/)
* 아프카니스탄은 국가가 박트리아 보물을 보호 http://www.rferl.org/featuresarticle/2006/6/d33e29b5-5b79-48cc-9624-545c4a7f9b57.html).
* 설형문자 태블릿 케이스-메트로폴리탄 미술관 (http://www.metmuseum.org/tosh/works-of-art/66.245.5b)
* 아나톨리아 오리엔탈 Arslantepe 싸이트의 Missione Archeologica의 italiana (http://w3.uniromal.it/arslantepe/the%20site.htm)
* 테르매즈 박물관(http://tam.uz/?lang=en)
* Wetterprofi 독일어(http://www.wetterprofi.com/current/AF/10934)

* 아르고스 지방자치단체의 공식 웹 사이트(http://www.argos.gr)
* 그리스 세계의 재단, 아테네의 아고라(http://www.tholos254.gr/projects/agora/)
* 그리스의 역사(http://www.sikyon.com/Athens/athens-gr.html)
* 공식 올림포스 사이트(http://www.arxaiaolympia.gov.gr)
* 쿠마강(곰)(http://en.wikipedia.org/w/index.php?title=Kuma-river-(Russia)&ol양=640042585
* 쿠마라 굽타의 사진및 정보(http://coinindia.com/galleries-kumaragupta.html)
* 아타카마 사막에 대해(http://www.sanpedrodeatacama.org)
* 칠레의 고메즈 섬(http://prostir.museum/museums/en/detail?id=1413)
* 이란의 백과사전-알틴테페에서(http://www.iranica.com/newsite/)
* 유라시아 청동기 시대 1991(http://www.drummingnet.com/alekseev/ChapterVPIIpart2.html)
* 고누르테페의 고고학 사이트(http://blacksandsfilm.wordpress.com/)
* 아프가니스탄 국립박물관(http://www.metmuseum.org/special/afghanistan-treasures/more.asp)
* 캄보디아 캄포트주에 프로필(http://www.investincambodia.com/Kampot%20province%20profile.htm)
* 영국 도서관(http://www.collectbritain.co.uk/personalisation/object.cfm?uid=019PHO000001003U0210C000)
* 후르리인 왕조-미탄니(http://ancientneareast.tripod.com/Hurrian-Kingdom-of-Mitanni.html)
* 타지키스탄의 고르노-바다흐샨 지역의 지도(http://www.parmirs.org/images/maps/pamir-gr.jpg)
* 다키안을 Toponyms, hydronims 및 부족 이름(http://www.minir.개/publicat/damian/topo.html)
* 에린침략의 서, 책 1-8(http://www.maryjones.us/ctexts/leborgabala.htm)
* 알파벳은 상형문자에서(성경고고학 검토, 2010년)(http://members.bib-arch.org/publication.asp?publD=BSBA&Volume=36&ssue=02&ArticlelD=06)
* 프로토-Sinaitic의 사진 및 이후 셈족 비문(http://www.ancient-hebrew.org/6-early.html)
* 페니키아문자(http://ko.wikioedia.org/index.php?title=페니키아-문자&oldid=12877551)
* 아람어 페이지(http://arabic.gooside.com/aramaic/)
* 제국아람어문자(http://arabic.gooside.com/aramaic/moji-imp/imp-hyou.html)
* 라틴어 저서 도서관(http://thelatinlibrary.com/)
* 아람어프로토-히브리어알파벳(http://www.omniglot.com/writing/aramaic.htm)
* 고대 히브리어 알파벳(http://www.jerusalem-insiders-guide.com/ancient-hebrew-alphabet.html)
* 아카디아-영어-프랑스어 온라인 사전(http://www.assyrianlanguages.org/akkadian)
* 아카드어셈플(http://www.language-museum.com/encyclopedia/a/몸야무-cuneiform.php)
* 시카고대학의 동양연구소의 아시리아 사전(CAD)(http://oi.uchicago.edu/pdf/mad2.pdf)
* 티무르 제국(http://www.ucalgary.ca/applied-history/tutor/islam/mongols/timurid.html)
* 크리,이오아나는 Tartaria(타타리아)정제 표시판-루마니아 민속 예술에서 발견(http://www.prehistory.it/ftp/arta-populara01.htm)
* 고대 그리스어 알파벳
(http://www.webtopos.gr/archives/languages/greek/alphabet/chart-gre-anc-alphabets-

cities-1369* 1301-tr-gif)
* Merlini, 마르코, 밀라 Tartaria 및 Tartaria 정제의 발견
(http://www.prehistory.it/ftp/tartaria-tablets/merlinitartaria.htm)
* 영어, 스페인어, 아니마라어의 언어에 대한 광범위한 웹사이트(http://www.aymara.org)
* DAIDALIKA-스크립트및 미노아와 미케네 그리스의 언어
(HTTP://WWW.TEICRETE.GR/DAIDALIKA/)
* 크레타 시린 로그인(HTTP://aum-in-crete-and-america.blogspot.com/2007/08/aum-sign-in-crete.html)
* 코미어(곰)-러시아어 사전(http://foto.com.komi/vocabular/)
* 오르콘 벨리, 몽골 투르크 비문(http://gokturkanitlari.appspot.com)
* 투르크언어 : 자원-미시간대학교(http://www.umich,edu/~turkish/langres-turkic.htm)
* DAIDALIKA-스크립트및 미노아와 미케네 그리스의 언어(http://www.teicrete.gr/daidalika/)
* 레바논, 삼목의 땅 : 비블로스(http://tyros.leb.net/byblos)
* 비블로스 정보(http://www.middleeast.com/byblos.htm)
* 무르실리실록(Mursilis)(http://membres.lycos.fr/hatti/texts/mursili-8.html)
* Hattians-아나톨리아 먼저 문명
(http://ancient-anatolia.blogspot.com/2006/09/hattians-first-civilization-in-anatolia.htm)
* 역사파일 : (하투샤)(http://www.historyfiles.co.uk/KingListsMiddEast/AnatoliaHattiHattusa.htm)
* 고대사 추론 (http://atil.pag esperso-or ange.fr/atil/y15.htm)
*"석기시대 사람이 사용하는 치과 의사의 드릴 "BBC 뉴스-'메르가르'"
(http://news.bbc.co.uk/2/hi/scirnce/nature/4882968.stm)
*"메르가르, 파키스탄 : 9000년-오래된 문명 정착의 발견" SEMP
(http://www.semp.us/publications/biot-reader.php?BiotID=579)
* 인더스 메르가르 고고학 임무:고고학 연구 인더스 발루치스탄의 센터
(http://www.guimet.fr/Indus-and-Mehrgarh-archaeological)
*"Pontic의 대초원"(http://Worldwildlife.org/ecoregions/pa0814)
* 구글지도 : Pontic의 카스피해 대초원
(http://maps.gogle.com/?t=h7om=0711=49.382373,41.440437spn=11.07443,29,311523)
* 아르메니아 고원에서 인도유럽어족의 마이그레이션의 이미지
(http://www.history.upenn.edu/coursepages/hist086/material/indoeuropeanlanguagemigation.jpg)
* 언어와 하위 분기 인도-유럽을 보여주는 인도유럽어족의 가계도
http://www.public.iastate.edu/cfford/Indoeuropean%20language%20family%20tree.jpg)
* 크리어 발음안내(http://www.native-languages.org/cree-guide.htm)
* 까마귀 부족회의 웹사이트(http://tlc.wtp.net/crow.htm)
* 리틀 빅 혼 대학 도서관(http://lib.lbhc.cc.mt.us/)
* 역사적 크로우 사진집(http://www.picture-history.com/crow-index-001.htm)
* 크로우 인디언-그들의 땅, 연합군과 적
(http://www.flickr.com/photos/lakota-sioux-and-comanche-indians/13474554943/sizes/o/in/

photostream/)
* 마리(아랍어)문화 웹사이트-시리아 (http://www.dgam.gov.sy/index.php?d=245&id=701)
* 유네스코 세계의 문화유산('마리의 하리리') (http://whc.unesco.org/en/tentativelists/1294/)
* 유테인의 백과사전 :'라기스'
(http://jewishencyclopedia.com/view.jsp?artid=10&letter=L&search=Lachish)
* 늦은 청동기 시대 포터의 '라기스'에서 워크숍, 이스라엘 인터넷 고고학
(http://dx.doi.org/10.11141/ia.9.8)
* 'fkrltm'의 아시리아 부각의 이미지(http://www.lmlk.com/research/lmlk-relifs.htm)
* 아마르정제의 전자버전(http://www.tau.ac.il/humanities/semitic/amarna.html)
* 텔아비브의 대학 웹페이지(http://cdli.ucla.edu/dl/photo/p135963.jpg)
* Chalcolithic 시대 (http://www.iranicaonline.org/articles/chalcolithic-era-in-persia)
* 바르나 (광명의 사람들)고고학 박물관
(http://www.amvarna.com/eindex.php?lang=2&lid=2&slid=&slid=1)
* 고고학사이트 -Vucedol, 영어의 유물에 대한 사진,정보(크로아티아)
(http://www.hr/darko/etf/vukovar.html)
* 스트라 세보 문화(STARCEVO)-위대한 달의 고리 아버지(다뉴브)
(http://www.donau-archaeologie.de/doku.php/kulturen/starcevo-english-version)
* 데이비드 에드워즈: "메로에와 Sudanic왕국"(http://wysinger.homestead.com/sudanic.pdf)
* 대영박물관 (http://www.britishmuseum.org/explore/cultures/europe/ancient-greece.aspx)
* '콜리스 존' 철기시대의 성벽
(http://www.hillfortsstudygroup.org.uk/2010%20Celticus%20Bibracte19.pdf)
* Hillforts 연구그룹(http://www.hillfortsstudygroup.org.uk/index.html)
(http://www.tataroved.ru/obrazovanie/textbooks/2/3/)
* 코로스 문화(Koros-위대한 고리))
(http://www.donau-archaeologie.de/doku.php/kulturen/koeroes-english-version)
* Bosnien(보스니안)-헤르체고비나, Okoliste Butmir(독일어 고고학 연구소)
(http://www.dainst.org/index-930-de.html)
* 과학 기술 탬퍼 프로젝트 JEP-41058=2006의 사라예보 학교
(http://dmc.ssst.edu.ba/ButmirNeolithicCulture/)
* 고대 시베리아의 골격은 유럽과 아메리카 원주민(존 Timmer)
(http://arstechnica.com/science/2013/11/ancient-siberians-skeleton-yields-links-to-europe-and-native-americans/)
* 라이프 치히 : 진화인류학 막스 플랑크 연구소-Birjia(브리지아) 언어의 분류
(http://glottolog.org/resource/languoid/id/bijo1238)
* 언어학의학과-Mundari-오스나브 뤼크, 독일의 대학
(http://www.southasiabibligraphy.de/Bibliography/Austroasiatic/Munda/Mundari/mundari.html)
* 카시언어(북동부 인도, 방글라데시-Khasic언어-고시어)-동남아시아 언어학 학회지
(http://pacling.anu.edu.au/series/SEALS-PDFs/JSEALS-4-2.pdf)

* 퉁구스언어– 다트머스 대학(http://www.dartmouth.edu/~trg/languages/preface.html)
* 언어학자의 목록--구스언어 페밀리(http://multitree.org/codes/tung)
* 자그레브 대학(고고학)–Dolukhanov, 파벨, Shukurov, Gronenborn, "증앙에서 신석기 시대 분산의 연대기와 동부 유럽" (http://www.ffzg.hr/arheo/ska/tekstovi/neolithic–dispersal.pdf)
* "북부 유라시아에서 신석기 분산 모델링"–류블랴나 대학(고고학) (http://arheologija.ff.uni–lj.si/documenta/pdf31/31dolukhanov.pdf)
* 에스토니아 '나르바 강'에서 신석기시대의 개요 (http://ethesis.helsinki.fi/julkaisut/hum/kultt/vk/Kriiska/tekstid/02.html)
* 슬로베니아의 국립박물관(부세돌문화(Vucedol orion–아버지의 위대한 달) (http://www.narmuz–lj.si/orion/eng/the–oldest–calendar.htm)
* 바틴문화(Vatin--아버지 머리족)–세르비아 (http://www.politika.rs/rubrike/Kultura/Vatin–cheka–arheologe.lt.html)
* trypillia, tripolskaja(트리폴스카 문화– 우크라이나 (http://www.trypillia.com/)
* Chasok Tangnam(네팔의 자숙(공경)머리족 어머니 (http://www.hknepal.com/hknews/?p=406
* 초기 키클라데스(keros–시로문화–BC 2700–2300)선사시대의 고고학(다트머스 대학 고고학) (http://www.dartmouth.edu/~prehistory/aegean/?page–id=554)
* 크레타(Kommos 발굴–곰의 위대한 어머니)–캐나다 포론토 대학 (http://www.fineart.utoronto.ca/kommos/kommoslntroduction.html)
* 미노아크레타 웹사이트 Kommos페이지 (http://www.minoancrete.com/kommos.htm)
* 아테네 국립고고학 박물관(http://www.namuseum.gr/wellcome–en.html)
* 키클라데스 예술박물관 (http://www.cycladic.gr/frontoffice/portal.asp?cpage=NODE&cnode=1)
* 크노소스의 궁전(http://odysseus.culture.gr/h/3/eh30.jsp)
* 크레타(고리의 머리)역사박물관(http://www.historical–museum.gr/en/)
* Barabar(광명의 밝은) 동굴(http://www.mapability.com/travel/p2i/barabar–1.php)
* 시베리아 얼음 처녀(얼음 미이라) (http://www.pbs.org/wgbh/nova/transcripts/2517siberian.html)
* 유네스코(세계문화유산센터) "알타이의 황금산맥" (http://whc.unesco.org/en/list768)
* 쿠르간 문화(Kurgans–위대한 고리의 칸) (http://www.iras.ucalgary.ca/~volk/sylvia/Kurgans.htm)
* 폴란드 고분의 광범위한 목록 (http://forum.gazeta.pl/forum/72,2.html?f=12217&w=22873085&v=2&s=0)
* 구멜리타–카라노보 문화(Gumelnita–Karanovo–고리 사람들의 아버지) (http://www.cimec.ro/Arheologie/gumelnita/cd/default.htm)
(http://www.cimec.ro/Arheologie/gumelnita/cd/default.htm)
* Cucuteni(쿠쿠테니–고리의 머리 사람들)문화 (http://www.culture.gouv.fr/culture/arcnat/harsova/en/balk4.htm)
* 오리나크 문화 예술의 유럽–오리나크문화의 돌 도구 산업

(http://www.lithiccastinglab.com/gallery-pages/2002marchaurignacianpage1.htm)
* 금성인형은 석기시대에서(http://www.hominids.com/donsmaps/venus.html)
* CNN, 페루에서 잉카사원 발견
(http://edition.cnn.com/2008/TECH/03/15/PERU.TEMPLE.AP/INDEX.HTML)
* 흐 바르(Hvar-흰 빛의 광명) 문화--크로아티아어
(http://www.enciklopedija.hr/Natuknica.aspx?ID=26776) (HTTP://WWW.hvar.hr/portal?id=4)
* 마이코프 문화(Maikopsko)--러시아어
http://www.dissercat.com/content/drevneishie-zemledeltsy-i-skotody-predkavkazya-maikopsko-novosvobodnenskaya-obshchnost-proC.H.)
* 옥스포드 조상 웹사이트 (http://www.oxfordancestors.com/)
* '이브의 일곱 딸'의 검토 요약-사익스 브라이언
(http://www.allreaders.com/Topics/info-11088.asp?BSID=17212981)
* 36미토콘드리아 씨족중 '하나'(http://www.olypen.com/amelia/aiyana/)
* Y염색체 아담의 염기서열의 증거(http://www.pnas.org/content/97/13/7360.full)
* 세포생물학에서 미토콘드리아(독일어)(http://www.zytologie-online.net/mitochondrium.php)
* 로건의 이안 미토콘드리아 DNA사이트(http://www.ianlogan.co.uk/mtDNA.HTM)
* 몰타정부 웹사이트(http://www.gov.mt/)
* 알바니아 정부 공식사이트(http://www.parlament.al/)
* Nivkhs(Gilyak)-동부시베리아, 사할린의 종족등)
(http://www.eki.ee/books/redbook/nivkhs.shtml)
* ULCH(울치-우리의 고리)-러시아어 인구조사 2010-민족인구중에서
(HTTP://WWW.PEREPIS-2010.RU/RESULTS-OF-the-census/tab5.xls)
* 이란 '바크티아리'에 대한 평가 : 위험에 처한 소수민족
(http://www.farhangsara.com/bakhtiari.htm)
* 그리스어 종교 옥스퍼드 독서, (프리츠 그라프의)-로크리안(Locrian-태양의 고리족) 처녀
http://www.uark.edu/campus-resources/dlevine/Oxford11.html)
* 킬렌, 존 T.(2000) "Pylos에서 종교 : FN 정제의 증거"
(http://www.ulg.ac.be/archgrec/IMG/aegeum/aegaeum22(pdf)/50%20KILLEN.pdf)
* 하티-Hatti(태양의 머리) (아나톨리아고고학박물관)
(http://ancient-anatolia.blogspot.com/2006/09/hattians-first-civilization-in-anatolia.html)
* 카탈룩(Catalhoyuk)-신석기 시대 아나톨리아의 Hoyuk 발굴 (http://www.catalhoyuk.com)
* Catalhoyuk 사진(http://www.flickr.com/photos/catalhoyuk/)
* 헤로도토스. 역사-7,73(프리지아인)-고고학자 A.D.Godiey에 의해 영어로 번역
(http://www.perseus.tufts.edu/hopper/text.jsp?doc=Hdt.+7.73)
* 헤로도토스. 역사, 6.45 (http://www.parstimes.com/history/herodotus/persian-wars-erato.html)
* Brigantes(브리간테스-광명의 위대한 칸의 머리)국가 (http://www.brigantesnation.com/)
* 바바리안(아버지 광명의 사람들0의 지도 (http://www.antiquemaps.com/africa/nafrica.htm)
* (로크리스-Locris-태양의 위대한 고리)-'플라톤과 그의 대화'

(http://plato-dialogues.org/tools/loc/locris.htm)
* 야만인-Barbarian-바바리안(http://www.worldwidewords.org/qa/qa-bar3.htm)
* 터어키의 앙카라(Ankara-고리의 신)(http://www.ankara.bel.tr/)
* 나이지리아의 '테라'(Tera-머리의 태양) 언어(http://www.ethnologue.com/language/ttr)
* 라이프 치히 진화인류학 막스 플랑크 연구소-Glottolog
(http://glottolog.org/resource/languoid/id/tera1251)
* 2006년 아프리카-아시아 언어 분류 및 목록
(http://rogerblench.info/Language/Afroasiatic/General/AALIST.pdf)
* 아프리카의 쿠시틱 언어(환웅의 고시 언어)-브리테니커 백과사전
(http://www.britannica.com/EBchecked/topic/147348/cushitic-languages)
* 아프리카반투족의 '캄바-곰 아버지'언어-Kamba, 케냐
(http://www.panafril10n.org/wikidoc/pmwiki/PanAfrLoc/Kamba)
* 나이지리아의 "itsekiri"(머리의 위대한 고리)언어 (http://www.ethnologue.com/language/its)
* 숫자의 역사 (http://www.laputanlogic.com/articles/2003/06/01-95210802.html)
* 기리라(girira-태양의 고리) 언어-이디오피아의 소말리아어족
(http://www.sil.org/silesr/2002/SILESR2002-061.PDF)
* 상형 루비안(Luwian-태양의 아버지)언어를 영어로 표기한 케이스
(http://www.ancientscripts.com/luwian.html)
* 페니키아 알파벳(http://www.omniglot.com/writing/phoenician.htm)
* 남부 레바논의 페니키아인에 대한 탐구
(http://www.nowlebanon.com/NewsArticleDetails.aspx?ID=69741&MID=123&PID=2)
* 유카기르(Yukaghir-고리 언어)언어-고대 시베리아 어족, 스텐포드 대학교
(http://www.stanford.edu/~emaslova/Yukaghir.htm)
* 러시아 극동의 '유카기르' 어족(고리) (http://multitree.org/codes/yuka)
* 툰드라Yukaghir-고리 언어 프로잭트(네델란드 암스테르담 대학)
(http://home.medewerker.uva.nl/c.ode/)
* 역사 파괴자-바바리안(Barbari-아프리카의 반달족-밝고 밝은 사람들)
(http://www.roman-empire.net/articles/article-016.html)
* 짐바브웨 -은데벨레족(ndebele, Matebele -광명의 어머니 머리족)
(http://www.bulawayo1872.com/history/ndebele.htm)
* 키라타 왕국(Kirata-고리의 머리)-푸린다(Purinda-광명의 고리 사람들), 네필
(http://en.wikipedia.org/w/index.php?title=Kirata-Kingdom&oldid=656623592)
* 알파벳-그것의 생성과 발전(http://www.bbc.co.uk/dna/h2g2/A2451890)
* 코펜하겐 대학의 응용언어학-"일반언어학 및 인도-유럽의 재건"
(http://www.kortlandt.nl/publications/art130e.pdf)
* 아프로 아시아어족 (http://www.ethnologue.com/show-family.sdp?subid=89997)
* 수단의 고고학-커마문화(곰)-에드워즈, 데이비드 N
(http://www.spicey.demon.co.uk/Nubianpage/SUDANARC.htm)

* 스위스 고고학 임무-“커마문화”(Kerma-고리의 어머니)
(http://www.kerma.ch/index.php?lang=en)
* 코카서스의 언어지도 (http://www.hunmagyar.org/turan/caucasus/index.html)
* CIA 민족 언어지도 (http://www.lib.utexas.edu/maps/commonwealth/ethnocaucasus.jpg)
* 북부 백인 및 인도-유럽의 비교
(http://linguarium.iling-ran.ru/publications/caucas/alw-cau-content.shtml)
* 바르(Bar-광명)언어-러시아, 아제르바이잔, 카카흐스탄, 그루지야, 터키-Abars종족
(http://korpus.baltoslav.eu/index.php?mova=en)
* 하카스(Khakas-태양의 고시) 언어 알파벳-하카스 공화국
(http://www.tarbagan.net/fotj/KhakasLang.htm),
* 하카스 공화국 (http://www.gov.khakasnet.ru/)
* 세계의 언어(파푸아 뉴기니의 언어-칼람어, Aforo(광명), 코로미라,Baluan(광명의 신), 구리아소
(Guriaso-위대한 고리),
* 바라무(Baramu-광명의 어머니), 안간어(Angan-칸의 신)
(http://www.ethnologue.com/17/language/kmh)
* 리비아의 ‘베르베르 언어’ (http://www.oocities.com/linguaeimperii/Libyan/libyan-es.html)
* 잔지바르(Zanzivar) (http://www.zanzinet.org/)
* 고대 수단(누비아), 쿠쉬-고시왕국 (http://www.ancientsudan.org/)
* 타지기스탄(Sarazm)의 프로토 도시 사이트-유네스코
(http://commons.wikimedia.org/wiki/Category:Sarazm?uselang=de)
(http://whc.unesco.org/en/list/1141)
* 아무다리야(Amudarja) (http://www.britannica.com/eb/article-9007285/Amu-Darya)
* 파슈토어(Paahtha, pushto-아버지의 위대한 머리) (http://www.ethnologue.com/language/pus)
* 폴리비우스, 역사, 2.39, 시바리스(Sybaris-위대한 광명의 사람들)
(http://www.perseus.tufts.edu/hopper/text?doc=Plb.%202.39)
* 역사적‘브리트니’의 지도, 역사적 켈트족인 Armorica-우리 우두머리 고리)
(http://www.historyfiles.co.uk./KingListsBritain/ArmoricaDomnonia.htm)
* 루비콘 강(Rubicon-태양의 아버지 칸)(http://www.livius.org/ro-rz/rubico/rubico.html)
* 플레이아데스의 ‘루비코’(http://pleiades.stoa.org/places/393484)
* 유럽의 역사 지도모음(http://www.euratlas.net/history/europe/800/index.html)
* 투르크 언어(http://www.dmoz.org/Science/Social-Scial-Sciences/Linguistics/Languages/Natural/
Altaic/Turkic/)
* 오르콘 비문(몽골) (http://gokturkanitlari.appspot.com)
* 안데스 산맥의 ‘아이마라어(Aymara)' (http://www.aymara.org)
(http://www.dw.de/bolivians-equip-ancient-language-for-digital-times/a-16102788-1),
(http://www.illa-a.org/cd/diccionarios/LudovicoBertonioMuchosCambios.pdf)
* 볼리비아 정부의 ‘아이마라어’ 교육어휘 (http://www.illa-a.org/cd/diccionarios/arusiminee.pdf)
* 고대 히브리어 알파벳

(http://www.jerusalem-insiders-guide.com/anxient-hebrew-alphabet.html)
* 유데인 백과사전-히브리어 알파벳
(http://jewishencyclopedia.com/view.jsp?artid=1308&letter=A&search=Alphabet)
*팔라우 언어-오스트로네시아 어족 (http://www.pacificworlds.com/palau/onwards/lang8.cfm)
* 라틴어 저서 도서관(http://thelatinlibrary.com/)
* 모스코바-1732년,1736년 '타타르 지도'(http://www.davidrumsey.com/maps4540.html)
* 축지신화(Chukchee)-발데 마르, Bogoras(http://www.holyebooks.org/?=258)
* 발데 마르, Bogoras(1910)축지신화-미국 자연사 박물관 의 회고록
(http://digitallibrary.amnh.org/dspace/bitstream/2246/28/1/M12Pt01.pdf)
* '리처드 버튼' "카마수트라(영문 번역)"(http://www.indohistory.com/kamasutra.html)
* 산스크리트어 '카마수트라'
(http://titus.uni-frankfurt.de/texte/etcs/ind/aind/klskt/kamasutr/kamas.htm)
* Magadha(마가다)-비하르(Bihar)(http://www.peopleofbihar.com/page/ancient-history)
* 고대 인도 16국 (http://www.iloveindia.com/history/ancient-india/16-mahajanapadas.html)
* 고대 캄보자(Kamboja)제국
(http://www.kambojsociety.com/kamboja-ancient-kamboj-country.html)
* 성경의 목차-시편 20 : 7(성경의 전차-병거) (http://www.quranse.org/QueryEngine/index.php?)
* 카자흐스탄은 고조선의 12연방이었다.-카자흐스탄 국립대학교(카즈구 대학) 국제 관계학 김정민 박사의 4부작 동영상
(https://www.youtube.com/playlist?list=PLH0cknw1Gi3Ykq1G6vXQlBsBmfnsH4V_6)
* 페르시아 연구의 영국 연구소(http://www.bips.ac.uk/)
* 다키안(Dacian)의 용자리(http://casanoastra-romania-dacia.blogspot.com/2009/08/draconul.html)
* 항공우주국(NASA)천문학 서비스(http://adsabs.harvard.edu/abs/2001ApJ...546..455d)
* Cornell 대학의 천체 물리학(HTTP://arxiv.org/abs/astro-ph/0004258)
* 네브라(Nebra)스카이 디스크-독일(http://www.lda-lsa.de/en/nebra-sky-disc/)
* 청동 디스크 천문시계-독일(http://www.physorg.com/news11357.html)
* 산테리아 교-오리사(orisa)(http://cubanoluwo.com/index.html) (http://www.aboutsanteria.com/)
* 아시아 아프리카어 어원
(http://starling.rinet.ru/cgi/bin/response.cgi?root=config&morpho=0&basename=)
* 힌두쿠시의 어휘집(http://nuristan.info/lngFrameL.html)
* 리처드 F, 누리스탄의 언어(http://nuristan.info/Nuristani/Nuristanis1.html)
* 아프리카-아시아 언어의 가계도-Roger Blench, Mallam Dendo 케임브리지대학
(http://rogerblench.info/Language/Afroasiatic/General/AALIST.pdf)
* 지역별 비문 (http://www.csad.ox.ac.uk/CSAD/Catalogue.html)
* 중앙아프리카의 Bagirmi(아버지 고리의 어머니) 언어가족- 사라(sara-태양)
(http://morkegbooks.com/Services/World/Languages/SaraBagirmi/SaraLanguages.htm)
* 쿠리아 언어(kuria)-반투어의 케냐(http://www.ethnologue.com/language/kuj)
* 스와힐리어 UCLA 보고서(http://www.lmp.ucla.edu/Profile.aspx?LangID=17&menu=004/)

* 코모로 언어(니제르 콩고어족) http://www.chez.com/shingazidja/)
* 라이프 치히: 진화인류학 막스플랑크 연구소(콩고민주공화국의 'tetela'-머리 달 언어),
니제르, 콩고어족(토테라-Totelá-머리의 달 언어)
(http://goto.glottolog.org/resource/languoid/id/tete1253)
* 중앙아프리카 공화국-- 타르(달), 구라언어, 카라(Kara-고리 언어)
(http://www.ethnologue.com/language/kcm)
* 스코틀랜드-'얼스터의 실록'(ulster-우리의 위대한 달), 알바왕국-Alba-얼있는 아버지
(http://www.ucc.ie/celt/published/G100001A/index.html)
* Tigernach 실록(머리의 고리) (http://www.ucc.ie/celt/published/G100002/index.html)
* 픽트 왕의 목록(러시아 판), Pictish(픽트-아버지의 위대한 머리)
(http://www.webcitation.org/68BUDSq87)
* 사르마티아의 역사와 언어연구, 제이 하르마타(Harmatta)
(http://www.kroraina.com/sarm/jh/index.html)
* 메트로폴리탄 박물관- '사르마티아'
(http://libmma.contentdm.oclc.org/cdm/compoundobject/collection/p15324coll10/id/96120/rec/302)
(http://www.metmuseum.org/information/terms-and-conditio)
* '우크라이나의 '아마존'-아스가르다 학교'(sgarda-처음 고리의 머리)
(http://jezebel.com/5366963/photographer-captures-ukrainian-amazons)
(http://www.planet-mag.com/2009/art/jenna-martin/asgarda/#http://www.planet-mag.com/blog/2009/art/jenna-martin/asgarda/)
* 헤로도토스의 '아마존'(http://www.amazons-info.com/)
* 미이라의 사진등-러시아판 (http://maximus101.livejournal.com/26356.html?thread=1015028)
* 잃어버린 부족을 찾아서-karatay(카라타이-고리의 머리족)
(http://books.google.de/books?=h-Qu1ywXo-wC&q=Kutrigur#v=snippet&q=kutrigur&f=false)
* 야만인-훈족(불가리아등) (http://www.historyfiles.co.uk/KingListsEurope/BarbarianHuns.htm
* 불가리아 kubrat(고리 광명의 머리)왕조의 보물
(http://www.goldensands.bg/cultural/treasure-pres.asp)
* 시사평론-정론직필을 찾아서
(http://newslibrary.naver.com/viewer/index.nhn?articleId=1920040100209205004&edtNo=1&printCount=1&publishDate=1920-04-01&officeId=00020&pageNo=5&printNo=1&publishType=00020)
* 멕시코의 톨 루카(Toluka)란 이름이 인도의 ' 비하르 주' 에 있다는 증명
(http://en.Wikipedia.org/W/index?title=Kishanganj-(Vidhan-Sabha-constiturncy)&oldid=689501094
* 카유카어 발음(http:www.native-languages.org/cayuga-guide.htm)
* 페루에서 고대 도자기(http://www.goodprovenance.com/incapots.htm)
* 스튜워드 줄리안 H (1948) 남미 인디언의 수첩 -환,카리브 해 부족 4권. 미국 민족학 게시판

– 스미스 소니언 연구소
* 아메리카 인디언의 국립 박물관
(http://www.nmai.si.edu/searchcollections/help/referencea/cultural.aspx)
* 바리 M, Fresia(2005), 칠레의 원주민. 산티아고 데 칠레 : 기본판, ISBN 978-956-310-985-6
* 라틴아메리카, 카리브 해(아르헨티나의 리오핀투라스 암각화–기원전 7,300년–Pinturas)
(http://whc.unesco.org/en/list/936)
* 페루의 고고학(Caral –고리의 얼)(http://www.arqueologiadelperu.com.ar/caral.htm)
* 나우아틀어 발음(http://www.native–languages.org/nahuatl–guide.htm)
* 나우아틀어 방언(http://www.ethnologue.org/show–family.asp?subid=1101–16)
* 코만치어와 문화보존 위원회 (http://www.comanchelanguage.org)
* 북미의 오논다가어(Onodowaga–신이 온다, 아버지 고리의 신, 세네카어) 발음
(http://www.languagegeek.com/rotinonhsonni/seneca.html)
* 북미의 몬타리오, 케나다, 퀘백지방의 모호크(어머니 태양, 아버지 고리) 어
(http://www.languagegeek.com/rotinonhsonni/mohawk.html)
* 크리어 사전(크리어–영어)(http://www.websters–online–dictionary.org/translation/Cree/)
* 투스카로라어(Tuscarora 머리의 위대한 고리, 미국 인디언 6부족중 하나의 언어)
(http://www.tuscaroranation.com/)
* 페루 쿠스코(Cusco–고시의 고리)지역 정부 사이트(http://www.regionCusco.gob.pe)
* 페루의 앙카시(Anqash–고시의 신)
(http://www.unfpa.org.pe/publicaciones/publicacionesperu/INEI–peru–bol22–Estimaciones–proyecciones–1955–2025–pdf)
* 페루의 중앙은행(RBA) "앙카시(Ancash–고시의 신) 부서의 특성"
(http://www.bcrp.gob.pe/docs/Sucursales/Trujillo/Ancash–Caracterizacion.pdf)
* 아메리카의 새로운 빛–카랄문명(Cara–고리의 얼), 미국 위니 프레드 크리머, 교수, 인류학과, 노던 일리노이 대학, 데칼 브 일리노이
(HTTP://WWW.NIU.EDU/PubAffairs/RELEASES/2004/dec/peru.shtml)
* 카랄의 문명(기원전 3,000년경). 공식웹사이트(http://www.caralperu.gob.pe)
* 식민지의 출생 언어는 '아마존'에서 다시 번성
(http://www.nytimes.com/2005/08/28/international/americas/28amazon.html)
* 아르헨티나의 무세오 데 라 플라타(Museo de la plata–위대한 어머니 머리, 태양의 광명에 머리) 박물관(http://www.museo.fcnym.unlp.edu.ar/momias)
* 테우엘체(Tehuelches/aonikenk)의 역사
(http://web.archive.org/web/20080806000532/http://www.geocities.com/historiaaborigen/tehuelche–aonikenk.html)
* 카리티나어(Karitiana–고리의 머리족)(http://globalrecordings.net/language/6368)
* 파라과이(Paraquai) 과라니어(Guarani–고리의 우리 사람들) 〈ISO 639 –2 대가리 언어〉
(http://www–01.sil.org/iso639–3/documentation.asp?id=gug)
* 브라질 아마존 언어인 문두루쿠(Mundurukŭ–어머니 족의 달의 고리) 언어

(http://www.ethnologue.com/show-language.asp?code=kyr)
* 투피(Tupi-머리 아버지) 언어의 예술(Figueira , Luis(피게 루이스 1573 ~1643)
(http://archive.org/details/artedegrammatica01figu)-인도 언어족(DA LINGUA)
* 고시의 어머니 강(Casma)-페루의 강
(HTTP://WWW.ANA.GOB.PE/MEDIA/293393/Fuentes-agua-superficial-casma.pdf)
* 케츄아어 사전(http://yazg.wordpress.com/diccionario-quechua/)
* 언어연구가 "고구려 언어의 연구"〈임병준의 논문에서-달지(達支-Tara ti)〉
* 종교와 카스트(http://punjabrevenue.nic.in/gaz-asr9.htm)
* 스와트(swat-위대한 아버지 머리)의 지배 가족에 대한 세부사항
(http://www.uq.net.au/-zzhsoszy/ips/s/swat.htm)
* 스와트에 지리적 기사(http://www.khyber.org/pashtoplaces/swat/yusufzaistate.shtml)
* 1896년 '랄프 TH 그리피스'에 의한 배다, 번역
(http://www.sacred-texts.hin/rigveda/rv05052.htm)
* 쿠루(고리) 국가의 기원 및 개발. 마이클 WITZEL, 하버드 대학
(Http://www.ejvs.laurasianacademy.com/ejvs0104/ejvs0104a.txt)
* 고대 인도의 부족(1973), Bhandarkar 동양시리즈4호, 푸나 : Bhandarkar동양연구소 245-56
* 베다 및 우파니샤드 전집(Vedas andUpanisshads Complete set)
(http://www.gayathrimanthra.com/Library.html)
* 라지푸트(Rajputs)의 스키타이 뿌리의 유전과 역사적 증거
(http://rajputana.htmlplanet.com/scy-raj-scy-raj1.html)
* 중서부 인도 왕조의 코너(http://www.med.unc.edu/~nupam/kshatr1.html)
* 브리테니커 백과사전 : 간다라(Gandhara)
(http://concise.britannica.com/ebc/article-9035986/Gandhara)
* 간다라 문명 : 문화유산을 위한 기금 〈파키스탄〉
(http://heritage.gov.pk/html-psges/gandhara.html)
* 인도의 제국-마갈타(摩竭陀): 네이버 국어사전(2011.4.5.)
(http://krdic.naver.com/detail.nhn?.docid=1238100)
* Ancient History of Great Magadha(마가다 제국)
(http://www.peopleofbihar.com/page/ancient-history)
* Gandhari(간다리) 사람들
(http://en.wikipedia.org/w/index.php?title=Gandhari-people&oldid=699880184)
* 카스(고시)의 언어-카시미르(http://www.ethnologue.com/language/kas)
* 다르드어(Dardic-달의 머리) : 브리테니커 백과 사전
(http://www.britannica.com/topic/Dardic-languages)
* 다르디스탄(Dardestan- 달의 머리의 위대한 머리 사람들)
(http://www.iranicaonline.org/articles/dardestan-)
* 유니세프, 세계의 차별들(인도의 카스트 제도)
(http://www.unicef.org/protection/index-discrimination.html-)

* 포르투갈 인구의 100개의 가장 흔한 이름
(http://anossavida.pt/sites/anossavida.pt/files/100-apelidos-pdf)
* 포르투갈 법에 의한 인정된 이름 목록
(http://www.irn.mj.pt/sections/im/a-registral/registos-centrais/docs-da-nacionalidade/vocabulos-admitidos-e/downloadFkie/flie/NomesA)
* 우라르,투/아르메니아의 Livius(태양의 처음 아버지) 역사
(http://www.livius.org/arl-arz/armenia/urartu.html)
* 우라르투 문명(http://www.allaboutturkey.com/urartu.htm)
* 우라르투(그리스의 아라라트-Ararat-우리와 우리의 머리)
(http://ancientneareast.tripod.com/Urartu-Ararat.html))
* 서쪽 리아 강 계곡, 중국 동북의 선사시대 인간집단의 Y염색체 분석
(http://www.biomedcentral.com/1471-2148/13/216)
* 선사시대 인구의 Y염색체 하플로 그룹의 분포)
(http://www.biomedcentral.com/1471-2148/13/216/table/T1)
* 홍산문화(몽골문화,한인12분국의 동쪽문화-선비국)
(http://www.china.org.cn/english/china/217743.htm)china.org.cn)
* 홍산문화-baidu 〈아버지 머리〉 백과사전에서(http://bk.baidu.com/view/56987.htm)
* 5,000년된 피라미드(내몽고)
(http://www.igeawagu.com/news/bauwerke-tepel-pyramiden/1173456583.html)
* 유네스코에서 '부인 성명'을 발표한 '홍산문화'(몽골의 문화-선비국 문명)
http://whc.unesco.org/en/tentativelists/5804/)unesco.org
* Encyclopedia Iranica 백과 사전에서 "Qashqai 부족"
http://www.iranicaonline.org/articles/qasqai-tribal-confederacy-i)
* 터키(fars-위대한 광명, 페르시아),남부 이란의 카슈카이(Qashqai -고시의 깨우친 사람)
http:www.qashqai.net
* 'Amorite'(http://www.britannica.com/eb/article-9007224/Amorite) Britannica
* 파울 프리 샤우어(1991년 1월15일) [1968] 〈세계풍속사(상)〉. 이윤기번역. 서울 : 도서출판 까치. 35쪽, ISBN 89-7291-01`1-2
* 신러(新樂)유적(신러문명)박물관(http://city.chinaassistor.com/Shenyang/2008/0720/Xinle-Relics-Museum-(Xinle-Yizhi-Bowuguan)-10689.htmlm)
* 킹, 레오니드 w.(2015) "수메르와 아카드의 역사"(ISBN 1522847308)
* '바이드(Ubaid)문화' 대영박물관
(http://www.britishmuseum.org/explore/highlights/articles/u/ubaid-culture.aspx)
* 고대 수메르 역사-고대 근동 전자 제요의 역사(http://ancientneareast.tripod.com/Sumer.html)
* SN 크레이머(1963). 수메르, 그들의 역사, 문화, 그리고 문자. 시카고 대학, 페이지 28, 298
* 우르 III Umma의 지배 가족남부 이라크에서 엘리트 가족의 prosopographical 분석
(http://cdli.ucla.edu/staff/dahl/dissertation.pdf)
* 펜실베니아 박물관 대학의 '우르' 발굴

(http://www.sas.upenn.edu/aamw/resources/fieldwork/#Ur%20%28Iraq%29)
* 우르(Ur)보존 프로젝트
(http://globalheritagefund.org/index.php/what-we-do/overview/current-projects/ur-iraq/)
* 이란의 QASQAI, KASHKAI(고시의 깨우친 사람)의 연합 부족벡, 로이스(1986). 이란의 QASQAI(1에디션), 뉴헤이븐, CT : 예일대학 출판부 ISBN 0300032129
* 역사 파일-고대 메소포타미아(http://www.historyfiles.co.uk/MainFeaturesMesopotamia.htm)
* 미 하버드대 아시아 센터 〈2000, p. 543〉 "한국의 기원 구축"(http:www.hup.harvard.edu/about)
* 카자흐스탄의 성씨 분석에서 김씨(Kim)가 3위(출처 : 한인일보 2015. 7.25)
* Gumilev, LN "고대 터키", 모스크바, 과학 , 1967, Ch.20(
(http://gumilevica.kulichki.net/OT/ot20.htm)
* 고대 근동의 역사 -고대 수메리아(http//ancientneareast.tripod.com/Sumer.htmi)
* 아프리카의 목소리-코사어(Xhosa) -고시(http://www.africanvoices.co.za/xhosa/xhosatop.htm)
* 아프리카 Qwathi어(고리 아버지의 흰 빛나는 머리)
(http://eprints.ru.as.za/1751/5/Ndima-MA-ch8.pdf)
* 프리지아인 -interfriesischer 위원회(http://www.interfrisiancouncil.eu/)
* 호세 Bazelmans, "고전 고대의 민족 이름의 초기 중세 사용 Frisians 의 경우" 고대의 민족 구축, 전통의 역활(암스테르담 대학 출판사, 2009) (암스테르담 고고학 연구, 13) 321-329
* 라틴어, 네덜란드어와 영어 렉스(http://www.keesn.ni/iex/)
* 프리지아 민속의 역사(http://www.boudicca.de/frisian1.htm)
* Kortiandt, 프레드릭(1999) "재방문 올드 영어 방언의 기원"(pdf). 라이덴 대학
* 다양한 프리지아 자원 옴니(어머니)글롯 링크(http://www,omniglot.com/writing/frisian.htm)
* 프리지아 역사와 문학센터-Tresoar(우리의 위대한 달)(http://www.tresoar.ni/)
* 경전에서 말하는 고타마 붓다에 관한-가야(gaya)
(http://www.accesstoinsight.org/index-names.html#gandhabhaka)
* 라틴어 비문등-영어로 해석
(HTTP://Penelope.uchicago.edu/Thayer/E/Roman/Texts/inscritions/home.html)
* 쿠샨역사의 가이드(http://www.kushan.org/)
* 동호와 퉁구스의 연관성(참한역사신문 -2016, 9,10)
* 정길선-일본 도쿄대학 역사문화학(터키, 이슬람문화사 전공), 불가리아 소피아 대학, 유라시아 고고인류학 연구소)
* 클레식 제국 중국(미네소타 역사학회 도서관 웹사이트)
(http://www.mnsu.edu/emuseum/prehistory/china/classical-imperial-china/sui.html)
* 고대 투르크 국가 체제 KIYashtorny SG 형성: 부족 연합의 첫 번 째 투르크 칸의 지위까지
(http://www.turklib.uz/?category=general-history-articles-science&altname=formirovanie-drevnetyurkskoi-gosudarstvenosti-ot-plemennogo-soyuza-do-pervogo-쇼ㅕ가나ㅐ해-kaganata-1997)
* 고대의 부리야트(http://www.istmira.com/istdr/buryatiya-v-drevnosti/page/60)
* 추찬(zhuzhankogo)칸의 제국 WEI, 칸의 지위 전쟁(러시아어)

(http://gumilevica.kulichki.net/OT/ot02.htm)
* 로버츠, JAG(2011) [1999]. 중국의 역사, 필수 역사 palgrave(3에드). 뉴욕 : palgrave 맥밀란, ISBN 978-0-87220-915-2
* 유연(rouran)제국에 대하여(http://www.chinaknowledge.de/History/Altera/rouran.html)
* 휘트니, 윌리엄 드와이트 : Rhyn,GAF Van(1879) "우랄 알타이어족의 인종과 언어"
* Shirokogoroff, SM(1931), 우랄-알타이 가설의 인종학적 및 Linguistical 측면
* 그린버그, 조셉 H. 2002년 인도-유럽과 그것의 가장 가까운 친척 다음 Eurasiatic 언어가족 1권, 문법. 스텐포드 : 스텐포드 대학 출판부
* Ruhlen, Merritt(1994)언어의 기원 : 어머니 혀의 진화를 추적, New york : John Wiley&Sons, Inc
* 우랄릭 사람들에 관하여(http://finnougricworld.blogspot.com/)
* 핀란드와 관련 언어의 유래(핀란드 진흥위원회-2009. 10. 30)
(http://finland.fi/Public/default.aspx?contentid=160054&nodeid=41807&culture=en-US)
* 언어 그림자 북상(우랄어족 가족: 사실, 신화와 통계)
(http://homepage.univie.ac.at/Johanna.Laakso/am-rev.html)
* 독일 알타이 언어학과 문화 연구: Stefan Georg(스테판 게오르그), 논문 초록(링귀 스트리스트)
(http://www.ioa.uni-bonn.de/abteilungen/zentralasien/mitarbeiter/dr-stefan-georg)
(http://linguistlist.org/pubs/diss/browse-diss-action.cfm?DissID=482)
* Raimo Anttila, 역사 언어학(굴러, 1989) ISBN 90-272-3557-0
* 언어진화의 모양과 템포(The shape and tempo of language cvolution) : S. J. Greenhill, Q. D. Atkinson, A. Meade, R. D. Gray (http://dx.doi.org/10.1098%2Frspb.2010.0051)
* 마하바라타 전쟁의 날짜(http://www.sulekha.com/column.asp?=305835)
굽타왕조(320-600)
* 마하바라타의 줄거리(http://www.mekong-publishing.com/books/arasuji.htm)
* 올드 투르크 비문(http://irq.kaznpu.kz/?lang=e&mod=1)
* Oguz khan 전용페이지(http://www.taointernational.com/hapkido/dedication.htm)
* 골든, 피터 벤자민(1992) 투르크족의 역사에 대한 소개 : 중세와 초기 근대 유라시아와 중동의 민족 형성과 국가 형성, 비스바덴 : 오토하러 소위츠 , ISBN 9783447032742
* 골든 피터 B,(2001) 유라시아 대초원의 민족과 문화에 대한 연구. Editura Academiei Romane : ISBN 9789732721520
* Beckwith, Christopher 1(2009.3. 16) 청동기 시대부터 현재까지 중앙 유라시아의 역사 : 실크로드의 제국, 프린스턴 대학 출판부, ISBN 0691135894(2015, 5,30)
* Karatay, Osman(2003) 잃어버린 부족을 찾아서: 크로아티아 국가의 기원과 제작, 'Aysedemiral'. ISBN 9789756467077
* 우디족(Udis) (http://udilang.narod.ru/papers/Schulze-History-of-Udi.pdf)
* 시베리아 남부의 타이반(Tuwa , Tuva(아버지 머리)족 연구
(http://plural-world-interpretations.org/index.html)
* 올드 투르크 비문(http://irq.kaznpu.kz/?iang=e&mod=1)
* Beekrts, 로버트, Gabriner, 폴(1995) 비교-인도유럽 언어학 : 암스테르담 : j, 굴러출판사, 147,

212, 217, 233, 243 쪽 ISBN 978-1556195044
* 프로토-인도-유럽, 세계 문화학의 인도-유럽 연구(http://pielexicon.hum.helsinki.fi/)
* Qadesh-역사적인 전투와 현대 군사리더십 과정
(http://www.bibelwissenschaft.de/stichwort/Schlacht-von-Kadesch)
* 파라오 시대의 이집트 해군(http://www.hottopos.com.br/rih2/egipto.htm)
* 바다 사람들의 인종-논문 .로테르담 2006. FC Woudhuizen
(http://www.academia.edu/7034719/FREDERK-CHRISTIAN-WOUDHUIZEN-The-ethnicty-of the-ses-peoples)
* 바다 민족의 침략-지도의 역사(스페인)
(http://www.lahistoriaconmapas.com/2011/12/las-invasiones-de-los-pueblos-del-mar.html)
* 바다의 사람-블레셋(스페인, 세르반테스)
(http://www.cervantesvirtual.com/portal/Antigua/franja-textos.shtml)
* 바다 민족-Eberhard Zangger(1995 5.6, pp20-31)
(http://archive.aramcoworld.com/issue/199503/who.were.the.sea.people.htm)
* 힉소스와 그 후손(러시아)(http://www.hapiru.ru/Text3-4.html)
* 중미 올맥(Olmek)문명과 관련 고고학자들의 증거 제시
출처 : 연합뉴스 ash@yna.co.kr
* [과학으로 푸는 우리 유산] 고조선인은 한국인인가?-이종호(과학 저술가)

21세기에 새로 조명하는 고대사(2)

초판 1쇄 인쇄　2018년 8월 30일
초판 1쇄 발행　2018년 9월 10일

저　자　鄭鎭晩

발행인　孫光春
인쇄처　圖書出版 修書院
발행처　서울특별시 성북구 삼선교로 2길7-3
TEL. 765-0924~5, FAX. 765-0927
E-mail　suseowon@hanmail.net
등　록　1971.12.9. No.2-282

ISBN / 978-89-6798-049-8
978-89-6798-042-9(set)

〈정가 30,000원〉